4 HORAS PARA O CORPO

4 HORAS PARA O CORPO

UM GUIA POUCO CONVENCIONAL PARA PERDER GORDURA DEPRESSA, TER UMA VIDA SEXUAL INCRÍVEL E SE TORNAR UM SUPER-HUMANO

TIM FERRISS

Tradução de Paulo Polzonoff Junior

TÍTULO ORIGINAL
The 4-Hour Body

Tradução publicada mediante acordo com a Crown Archetype, um selo do Crown Publishing Group, uma divisão da Random House, Inc.

PREPARAÇÃO
Clarissa Peixoto

REVISÃO TÉCNICA DA TRADUÇÃO
Fred Furtado

REVISÃO
Cláudia Amorim
Clara Diament
Rodrigo Rosa

DIAGRAMAÇÃO
ô de casa
Victor Gerhardt | CALLIOPE

CIP-BRASIL. CATALOGAÇÃO NA PUBLICAÇÃO
SINDICATO NACIONAL DOS EDITORES DE LIVROS, RJ

F451q

Ferriss, Tim, 1977-
4 horas para o corpo : um guia pouco convencional para perder gordura depressa, ter uma vida sexual incrível e se tornar um super-humano / Timothy Ferris ; tradução Paulo Polzonoff Junior. - [1. ed.]. - Rio de Janeiro : Intrínseca, 2024.
592 p. ; 23 cm.

Tradução de: The 4-hour body: an uncommon guide to rapid fat-loss, incredible sex, and becoming superhuman
Inclui índice
ISBN 978-85-510-0959-8

1. Saúde. 2. Exercícios físicos. 3. Aptidão física. 4. Emagrecimento. I. Polzonoff Junior, Paulo. II. Título.

24-93330 CDD: 613.7
CDU: 613.7

Meri Gleice Rodrigues de Souza - Bibliotecária - CRB-7/6439

[2024]

EDITORA INTRÍNSECA LTDA.
Av. das Américas, 500, bloco 12, sala 303
22640-904 – Barra da Tijuca
Rio de Janeiro – RJ
Tel./Fax: (21) 3206-7400
www.intrinseca.com.br

Para meus pais, que ensinaram a um pequeno
desordeiro que marchar num ritmo diferente
era bom. Amo os dois e devo tudo a vocês.
Mamãe, desculpe por todos aqueles
experimentos malucos.

Ajude a boa ciência:
10% dos direitos do autor são doados
para pesquisas voltadas para a cura de doenças,
entre elas o excelente trabalho realizado pelo
St. Jude Children's Research Hospital.

SUMÁRIO

APERFEIÇOANDO O SEXO

O SONO PERFEITO

REVERTENDO LESÕES

CORRENDO MAIS RÁPIDO E INDO MAIS LONGE

FICANDO MAIS FORTE

DE NATAÇÃO A REBATIDAS

UMA VIDA MAIS LONGA E MELHOR

CONSIDERAÇÕES FINAIS

APÊNDICES E EXTRAS

RESSALVA DE TIM

Por favor, evite ser estúpido e acabar se matando. Nós dois ficaríamos tristes com isso. Consulte um médico antes de seguir qualquer informação contida neste livro.

RESSALVA DO EDITOR

O conteúdo deste livro é apenas informativo. Como a situação de cada indivíduo é única, você deve lê-lo com cuidado e consultar um profissional de saúde antes de se submeter às dietas, aos exercícios e às técnicas descritos neste livro. O autor e a editora não se responsabilizam por quaisquer efeitos adversos que possam resultar da aplicação das informações deste livro.

SOBRE OS OMBROS DE GIGANTES

Não sou especialista. Sou um guia e explorador.

Se você descobrir alguma informação interessante neste livro, é graças às mentes brilhantes que me ajudaram com fontes, críticas, contribuições, na leitura das provas e me fornecendo referências. Se você encontrar algo ridículo neste livro, é porque não ouvi seus conselhos.

Apesar de estar em débito com centenas de pessoas, gostaria de agradecer a algumas delas nominalmente, aqui listadas em ordem alfabética (há outras ainda em Agradecimentos):

Alexandra Carmichael
Andrew Hyde
Ann Miura-ko Ph.D.
Barry Ross
Ben Goldacre M.D.
Brian MacKenzie
Casey Viator
Chad Fowler
Charles Poliquin
Charlie Hoehn
Chris Masterjohn
Chris Sacca
Club H Fitness
Craig Buhler
Daniel Reda
Dave Palumbo
David Blaine
Dean Karnazes
Dorian Yates
Doug McGuff M.D.
Dr. John Berardi
Dr. Justin Mager
Dr. Lee Wolfer
Dr. Mary Dan Eades
Dr. Michael Eades
Dr. Ross Tucker
Dr. Seth Roberts
Dr. Stuart McGill
Dr. Tertius Kohn
Dr. Timothy Noakes
Dustin Curtis
Ellington Darden Ph.D.
Eric Foster
Gary Taubes
Gray Cook
Jaime Cevallos
JB Benna
Jeffrey B. Madoff
Joe DeFranco
Joe Polish
John Romano
Kelly Starrett
Marie Forleo
Mark Bell
Mark Cheng
Marque Boseman
Marty Gallagher
Matt Brzycki
Matt Mullenweg
Michael Ellsberg
Michael Levin
Mike Mahler
Mike Maples
Nate Green
Neil Strauss
Nicole Daedone
Nina Hartley
Pavel Tsatsouline
Pete Egoscue
Phil Libin
Ramit Sethi
Ray Cronise
Scott Jurek
Sean Bonner
Tallulah Sulis
Terry Laughlin
The Dexcom Team (especialmente Keri Weindel)
The OneTaste Team
The Kiwi
Thomas Billings
Tracy Reifkind
Trevor Claiborne
Violet Blue
William Llewellyn
Yuri V. Griko Ph.D.
Zack Even-Esh

COMECE AQUI

MAIS MAGRO, MAIOR, MAIS RÁPIDO, MAIS FORTE?

Como usar este livro

> Por acaso a história registra alguma situação em que a maioria tinha razão?
> – Robert Heinlein

> Adoro experimentos tolos. Estou sempre realizando algum.
> – Charles Darwin

MOUNTAIN VIEW, CALIFÓRNIA, 22H, SEXTA-FEIRA

O anfiteatro Shoreline estava em polvorosa. Mais de 20.000 pessoas viajaram até o maior palco do norte da Califórnia para ouvir Nine Inch Nails, em alto e bom som, no que esperavam que fosse a última turnê do grupo.

Nos bastidores, havia um tipo diferente de diversão.

— Cara, eu entro na cabine do banheiro para fazer minhas necessidades e dou de cara com o topo da cabeça do Tim, que surgia e desaparecia sobre a divisória. Ele estava fazendo agachamentos no banheiro masculino em completo silêncio, porra!

Glenn, um cineasta amigo meu, caiu na gargalhada e reproduziu minha técnica. Sinceramente, ele precisava juntar mais as coxas.

— Quarenta agachamentos, para ser exato — acrescentei.

Kevin Rose, fundador do Digg, um dos 500 websites mais populares do mundo, também riu e ergueu uma garrafa de cerveja para brindar o incidente. Eu, por outro lado, estava ansioso pelo evento principal.

Nos 45 minutos seguintes, consumi quase duas pizzas inteiras de frango com molho barbecue e três punhados de castanhas variadas, num total de 4.400 calorias. Era minha quarta refeição do dia. No café da manhã havia tomado dois copos de suco de toranja, uma xícara grande de café com canela, dois croissants de chocolate e duas rosquinhas.

Contudo, a parte mais interessante da história começou bem depois que Trent Reznor deixou o palco.

Cerca de 72 horas mais tarde, testei meu percentual de gordura corporal com um medidor por ultrassom criado por um físico do Laboratório Nacional Lawrence Livermore.

Os resultados do meu mais recente experimento indicavam que o índice caíra de 11,9% para 10,2%, uma redução de 14% da gordura total no meu corpo em 14 dias.

Como? Doses programadas de alho, açúcar e chás, entre outras coisas.

O processo não era punitivo. Não era difícil. Tudo que ele exigia eram minúsculas mudanças. Mudanças que, apesar de pequenas isoladamente, produziam gigantescas alterações quando combinadas.

Quer estender a meia-vida da cafeína na queima de gordura? A naringenina, uma moleculazinha útil presente no suco de toranja, exerce exatamente essa função.

Precisa aumentar a sensibilidade à insulina antes de enfiar o pé na jaca uma vez por semana? Basta acrescentar um pouco de canela aos seus doces na manhã de sábado e você consegue.

Quer diminuir de forma rápida a glicose no seu sangue por 60 minutos para ingerir uma refeição cheia de carboidratos e sem culpa nenhuma? Existe meia dúzia de alternativas.

Perder 2% da gordura corporal em duas semanas? Como isso é possível se a maioria dos especialistas diz que é *impossível* perder mais de 1 kg de gordura por semana? Eis a triste verdade: a maioria das regras gerais, e essa é um exemplo delas, não foi testada levando em conta as exceções.

Não é possível mudar a constituição fibrosa dos seus músculos? Lógico que é possível. A genética que se dane.

Calorias consumidas e calorias despendidas? Essa é, na melhor das hipóteses, uma meia verdade. Perdi gordura enquanto me empanturrava. Viva o cheesecake.

A lista é interminável.

É óbvio que as regras precisam ser reescritas.

E é para isso que serve este livro.

Diário de um louco

A primavera de 2007 foi uma época interessante para mim.

Meu primeiro livro, depois de ser rejeitado por 26 das 27 editoras para as quais o enviei, havia acabado de chegar à lista dos mais vendidos do *The New York Times* e parecia destinado a ser o primeiro na lista de livros sobre negócios, na qual permaneceu durante vários meses. Ninguém ficou mais impressionado com isso do que eu.

Numa manhã especialmente bela em San Jose, concedi minha primeira entrevista importante por telefone ao jornalista Clive Thompson, da revista *Wired*. Durante o bate-papo prévio, pedi desculpas caso parecesse agitado. Eu estava mesmo. Acabara de malhar por 10 minutos e, em seguida, tomara um café expresso duplo com o estômago vazio. Era um novo experimento que me levaria a atingir a taxa de gordura corporal de um só dígito com duas sessões daquelas por semana.

Clive queria conversar comigo sobre e-mails e websites como o Twitter. Antes de começarmos, e no ensejo do comentário sobre exercícios físicos, brinquei falando que os maiores temores do homem moderno podiam ser resumidos a duas coisas: excesso de e-mails e obesidade. Clive riu e concordou. Então continuamos.

A entrevista correu bem, mas foi essa piada de improviso que me marcou. Eu a contei para dezenas de outras pessoas no mês seguinte, e a reação foi sempre a mesma: todos concordavam.

Este livro, ao que parecia, tinha de ser escrito.

O mundo inteiro acha que sou obcecado por gerenciamento de tempo, mas ninguém conhece minha outra — muito mais legítima e ridícula — obsessão.

Guardo os registros de quase todos os exercícios que pratiquei desde os 18 anos. Fiz mais de mil exames de sangue[1] desde 2004, às vezes quinzenalmente, analisando tudo, de lipídios, insulina, hemoglobina A1c a IGF-1 e testosterona. Importei células-tronco de Israel para reverter lesões "permanentes" e me encontrei com produtores de chá na China para discutir os efeitos do Pu-Erh na queima de gorduras. No total, gastei na última década mais de US$250.000 em exames e experiências.

1 Testes múltiplos geralmente são feitos com uma coleta única de sangue em 10 a 12 tubos.

Assim como algumas pessoas têm móveis e obras de arte de vanguarda para decorar suas casas, eu tenho oxímetros de pulso, aparelhos de ultrassom e equipamentos médicos para medir de tudo, desde a resposta galvânica da pele até o sono REM. A cozinha e o banheiro da minha casa parecem a emergência de um hospital.

Se você acha isso loucura, tem razão. Felizmente, não é preciso ser cobaia para tirar proveito de outra.

Centenas de homens e mulheres testaram as técnicas descritas em *4 horas para o corpo* (4HC) nos últimos dois anos, e eu registrei e fiz gráficos de centenas de resultados (194 pessoas neste livro). Muitos perderam mais de 10 kg de gordura no primeiro mês da experiência, e, para a grande maioria, foi a primeira vez que eles conseguiram isso.

Por que a abordagem do 4HC funciona e as outras não?

Porque as alterações são pequenas ou simples, e geralmente as duas coisas. Não há espaço para equívocos, e os resultados visíveis incentivam a continuidade do programa. Se os resultados são rápidos e mensuráveis,[2] a autodisciplina é dispensável.

Posso resumir todas as dietas famosas em quatro linhas. Preparado?

- Coma mais folhas.
- Coma menos gordura saturada.
- Faça mais exercícios e queime mais calorias.
- Coma mais alimentos com ômega 3.

Não trataremos disso. Não que não funcione. Funciona... Até certo ponto. Mas não é o tipo de conselho que fará com que, ao vê-lo, seus amigos digam: "Caramba! O que você está fazendo para ficar assim?!", seja num camarim, seja numa quadra de esportes.

Para que isso aconteça, é necessária uma abordagem completamente diferente.

O azarão involuntário

Sejamos objetivos: não sou médico nem um Ph.D. nessa área. Sou só um cara muito bom e meticuloso com dados e com acesso a vários dos melhores cientistas e atletas do mundo.

Isso me coloca numa posição bem incomum.

2 E não apenas perceptíveis.

Consigo aprender muito com disciplinas e subculturas que raramente se misturam e sou capaz de testar hipóteses por meio de um tipo de autoexperimentação que os estudiosos não podem aprovar (apesar de a ajuda deles nos bastidores ser fundamental). Ao desafiar axiomas básicos, é possível se deparar com soluções simples e incomuns para problemas antigos.

Sobrepeso? Experimente proteínas em horários determinados e suco de limão antes das refeições.

Músculos flácidos? Tente gengibre e chucrute.

Insônia? Que tal aumentar sua gordura saturada ou se expor ao frio?

Este livro contém as descobertas de mais de 100 pesquisadores com Ph.D., cientistas da Nasa, médicos, atletas olímpicos, treinadores profissionais (da Liga Nacional de Futebol Americano à Liga Americana de Beisebol) detentores de recordes mundiais, especialistas em reabilitação do Super Bowl e até treinadores da antiga Cortina de Ferro. Você encontrará exemplos incríveis e transformações radicais como você jamais viu.

Não tenho carreira acadêmica a zelar, e isso é bom. Como um médico de uma das mais renomadas universidades dos Estados Unidos me disse durante um almoço:

> **Por 20 anos fomos doutrinados a evitar riscos. Gostaria de fazer experiências, mas arriscaria tudo que construí ao longo de duas décadas de ensino e aprendizado. Eu precisaria ganhar imunidade. A universidade jamais toleraria tal coisa.**

Ele, então, acrescentou:

"Você pode correr por fora."

São palavras estranhas, mas ele estava certo — não só porque eu não tenho prestígio nenhum a perder, mas também porque já fiz parte desse ramo.

De 2001 a 2009, fui o CEO de uma empresa de nutrição esportiva com distribuição em mais de 10 países, e, apesar de seguirmos as regras, logo ficou evidente que muitos no mercado não faziam o mesmo. Não era a opção mais lucrativa. Testemunhei mentiras descaradas em seminários sobre nutrição, executivos de marketing reservando parte do orçamento para as multas do Departamento Federal do Comércio (FTC, na sigla em inglês), para se antecipar aos processos, e muita coisa pior de algumas das mais conhecidas marcas do ramo.[3] Entendo como e onde os consumidores são enganados. Os truques

3 É lógico que existem empresas extraordinárias, com sólidos departamentos de pesquisa e uma política ética incontestável, mas estas são poucas e raras.

mais macabros do comércio de alimentos e suplementos esportivos — encobrir resultados de "ensaios clínicos" e usar criatividade nos rótulos seriam apenas dois exemplos disso — são praticamente os mesmos vistos na biotecnologia e na indústria farmacêutica.

Ensinarei você a identificar a má ciência e, portanto, os maus conselhos e os maus produtos.[4]

Certa noite, no outono de 2009, estava comendo cassoulet e coxas de pato com a doutora Lee Wolfer em meio à névoa conhecida como San Francisco. O vinho corria solto e eu lhe contei sobre minhas fantasias de voltar a Berkeley ou Stanford para um doutorado em Ciências Biológicas. Por algum tempo, estudei Neurociência na Universidade de Princeton e sonhei em ser um Ph.D. Lee publica artigos em revistas científicas e passou por alguns dos melhores centros de ensino do mundo, entre eles a Universidade da Califórnia em San Francisco e em Berkeley, a Faculdade de Medicina de Harvard, o Instituto de Reabilitação de Chicago e o Centro de Diagnóstico Neuroespinhal em Daly City, na Califórnia.

Ela apenas sorriu e ergueu uma taça de vinho antes de dizer:

— Você, Tim Ferriss, pode fazer muito mais fora do sistema do que dentro dele.

O laboratório de um homem só

> Muitas dessas teorias foram desprezadas somente depois de alguns experimentos decisivos mostrarem suas falhas (...) Portanto, o trabalho braçal em qualquer ciência (...) é feito pelo experimentalista, que deve zelar pela honestidade dos teóricos.
>
> *– Michio Kaku (Hyperspace), físico teórico e cocriador da teoria de campos de corda*

A maior parte das revoluções na melhoria do desempenho (e da aparência) começa com animais e passa pela seguinte curva de aceitação:

Cavalos de corrida → pacientes com aids (por causa da perda muscular) e fisiculturistas → atletas de elite → ricos → o restante das pessoas

O último salto, dos ricos para o público em geral, pode levar de 10 a 20 anos, se é que ele acontece. Em geral, não acontece.

4 Não tenho interesse financeiro algum em qualquer suplemento que recomendo neste livro. Se você comprar um suplemento por um link indicado neste livro, uma comissão será enviada diretamente para a instituição filantrópica DonorsChoose.org, que ajuda as escolas públicas nos Estados Unidos.

Não estou sugerindo que você comece a se injetar com substâncias estranhas jamais testadas em seres humanos. Estou sugerindo, contudo, que os órgãos governamentais (como o Departamento de Agricultura dos Estados Unidos e a FDA — Agência Reguladora de Alimentos e Medicamentos) estão pelo menos 10 anos atrasados diante das pesquisas atuais e 20 anos defasados em relação a evidências convincentes nesse ramo.

Há mais de uma década, meu grande amigo Paul sofreu um acidente de automóvel e teve um dano cerebral que diminuiu a produção de testosterona em seu corpo. Mesmo depois de passar por tratamentos suplementares à base de testosterona (cremes, gel, injeções de curta duração) e ir a vários dos mais renomados endocrinologistas, ele ainda sofria dos sintomas. Tudo mudou — literalmente de um dia para o outro — quando ele começou a usar enantato de testosterona, uma variedade raramente encontrada nos meios médicos dos Estados Unidos. Quem sugeriu isso a ele? Um fisiculturista que conhecia bioquímica. Não deveria ter feito diferença alguma, mas fez.

Em geral os médicos tiram proveito dos mais de 50 anos de experiência que os fisiculturistas profissionais têm em testar e até mesmo sintetizar ésteres de testosterona? Não. A maioria dos médicos vê os fisiculturistas como amadores displicentes e os fisiculturistas veem os médicos como pessoas resistentes demais a qualquer inovação. Essa segregação do conhecimento faz com que os dois lados obtenham resultados inferiores.

Deixar sua saúde nas mãos do maior gorila da academia não é uma boa ideia, mas é importante procurar descobertas fora dos círculos de sempre. As pessoas mais próximas do problema são, em geral, as menos capazes de lançar um novo olhar.

Apesar do incrível progresso em alguns ramos da medicina nos últimos 100 anos, um homem de 60 anos em 2009 poderia esperar viver, em média, apenas seis anos a mais que um homem da mesma idade em 1900.

Quanto a mim? Pretendo viver até os 120 anos, comendo as melhores carnes que eu puder encontrar. Falaremos mais sobre esse assunto a seguir.

Por ora, basta dizer que, para soluções incomuns, é preciso procurar em lugares incomuns.

O futuro já chegou

Hoje, só para dar um exemplo, mesmo que sejam realizados os testes adequados à pesquisa sobre a obesidade, isso talvez leve entre 10 e 20 anos para produzir algum resultado. Você está preparado para esperar?

Espero que não.

"A Kaiser Family Foundation não pode falar com a Universidade da Califórnia, que não pode falar com a seguradora Blue Shield. *Você* é o árbitro das informações sobre a sua saúde." Eis as palavras de um importante cirurgião da UCSF, que me incentivou a levar meus documentos embora antes que o hospital os reivindicasse.

Agora, vamos às boas notícias: com um pouco de ajuda, nunca foi tão fácil reunir dados (a um custo baixo), verificá-los (sem ter formação para isso) e fazer pequenas alterações para alcançar resultados incríveis.

Alguém com diabetes tipo 2 se livra da medicação 48 horas depois de começar uma dieta? Idosos presos a cadeiras de roda voltam a andar com 14 semanas de exercícios? Não é ficção científica. Está acontecendo agora mesmo. Como William Gibson, que cunhou o termo "ciberespaço", uma vez disse:

"O futuro já chegou. Ele só está mal distribuído."

O princípio 80/20: de Wall Street para a máquina humana

Este livro foi elaborado para fornecer a você os 2,5% mais importantes das ferramentas necessárias para a recomposição corporal e o aumento do desempenho. Podemos explicar esse estranho número — 2,5% — com uma história bem curta.

Vilfredo Pareto foi um polêmico economista e sociólogo que viveu de 1848 a 1923. Sua obra mais impactante, *Cours d'économie politique*, mostrava uma "lei" de distribuição de rendimentos, até então pouco explorada, que mais tarde receberia seu nome: "lei de Pareto" ou "distribuição de Pareto", popularmente conhecida como "o princípio 80/20".

Pareto demonstrou uma distribuição de riqueza na sociedade extremamente desigual mas previsível — 80% da riqueza e da renda é produzida e detida por 20% da população. Também mostrou que o princípio 80/20 pode ser encontrado em quase qualquer lugar, e não apenas na economia. Oitenta por cento das ervilhas do jardim de Pareto foram produzidas por 20% das plantas, por exemplo.

Na prática, o princípio 80/20 costuma ser muito mais desproporcional.

Para ser considerado uma pessoa fluente em espanhol, por exemplo, é preciso um vocabulário ativo de aproximadamente 2.500 palavras que ocorrem com muita frequência na língua. Isso permitirá que se compreenda mais de 95% de tudo que é dito. Para alcançar 98% de compreensão, é necessário ter pelo menos cinco anos de prática, e não cinco meses. Fazendo as contas, descobre-se que 2.500 palavras equivalem a meros 2,5% das 100.000 palavras que se estima existirem no idioma espanhol.

Isso significa que:

1. 2,5% do conteúdo é responsável por 95% dos resultados desejáveis.
2. Os benefícios obtidos com esses mesmos 2,5% são apenas 3% menores que o que você conseguiria com um esforço 12 vezes maior.

Esses fantásticos 2,5% são o segredo, a alavanca de Arquimedes, para quem deseja obter os melhores resultados no menor tempo possível. O truque é encontrar os tais 2,5%.[5]

Este livro não pretende ser um estudo completo sobre todas as coisas relacionadas ao corpo humano. Meu objetivo é compartilhar o que descobri ser os 2,5% que produzem os 95% de resultados desejados num rápido processo de recomposição corporal e melhora de desempenho. Se você já tem um índice de gordura corporal de 5% ou levanta 180 kg de peso, então faz parte de uma elite de 1% da humanidade e agora vive no mundo das vantagens extraordinárias. Este livro é para os outros 99%, que podem obter benefícios quase inacreditáveis em pouquíssimo tempo.

Como usar este livro — cinco regras

É importante seguir cinco regras ao ler este livro. Se resolver ignorá-las, você ficará por sua própria conta e risco.

REGRA Nº 1. PENSE NESTE LIVRO COMO UM BUFÊ.

Não leia este livro do começo ao fim.

A maioria das pessoas não precisa de mais de 150 páginas para se reinventar. Dê uma olhada no Sumário, escolha os capítulos mais relevantes e desconsidere o restante... por enquanto. Escolha um objetivo de aparência e um de desempenho para começar.

As únicas partes obrigatórias são "Fundamentos" e "Marco zero". Eis alguns objetivos populares, junto com os capítulos correspondentes, para ler na seguinte ordem:

5 O filósofo Nassim N. Taleb observou uma importante diferença entre a linguagem e a biologia que eu gostaria de enfatizar: a linguagem é bem conhecida, ao passo que a biologia é, na maior parte, desconhecida. Assim, nossos 2,5% não são 2,5% de um corpo de conhecimento perfeitamente finito, mas, empiricamente, os mais valiosos 2,5% do que sabemos hoje.

PERDA RÁPIDA DE GORDURA

Todos os capítulos de "Fundamentos"
Todos os capítulos de "Marco zero"
"A Dieta Slow Carb I e II"
"Construindo o bumbum perfeito"

Total de páginas: 100

GANHO RÁPIDO DE MÚSCULOS

Todos os capítulos de "Fundamentos"
Todos os capítulos de "Marco zero"
"De nerd a monstro"
"O Protocolo de Occam I e II"

Total de páginas: 98

GANHO RÁPIDO DE FORÇA

Todos os capítulos de "Fundamentos"
Todos os capítulos de "Marco zero"
"Super-humano sem esforço" (pura força, pouca massa muscular)
"Pré-habilitação: protegendo o corpo de lesões"

Total de páginas: 93

SENSAÇÃO RÁPIDA DE BEM-ESTAR TOTAL

Todos os capítulos de "Fundamentos"
Todos os capítulos de "Marco zero"
Todos os capítulos de "Aperfeiçoando o sexo"
Todos os capítulos de "O sono perfeito"
"Revertendo lesões 'permanentes'"

Total de páginas: 140

Assim que você tiver selecionado o mínimo para começar, comece.

Então, uma vez que esteja comprometido com um plano de ação, mergulhe fundo neste livro sempre que desejar e o explore à vontade. Você encontrará conselhos práticos de aplicação imediata em todos os capítulos — por isso, não ignore nada com base no título. Mesmo que seja um carnívoro (assim como eu), por exemplo, você poderá se beneficiar com a leitura de "A máquina sem carne", nos Apêndices.

Só não leia tudo de uma vez.

REGRA Nº 2. PULE AS PARTES MAIS CIENTÍFICAS SE CONSIDERÁ-LAS DENSAS DEMAIS.

Você não precisa ser um cientista para ler este livro.

Contudo, incluí vários detalhes interessantes para os nerds e os curiosos. Em geral, isso pode melhorar seus resultados, mas não é leitura obrigatória. Essas partes estão marcadas com o símbolo "DC", de "Detalhes para os Curiosos".

Mesmo que, no passado, você tenha se sentido intimidado pela ciência, eu o encorajo a dar uma olhada nas seções DC — no mínimo algumas delas irão proporcionar momentos de surpresa e aumentar seus resultados em cerca de 10%.

Entretanto, se achar que pode ser demais, pule-as, pois não são obrigatórias para obter os resultados que você almeja.

REGRA Nº 3. POR FAVOR, SEJA CÉTICO.

Não presuma que algo seja verdade só porque eu digo que é.

Como o lendário Timothy Noakes, Ph.D., autor e coautor de mais de 400 trabalhos científicos, gosta de afirmar: "Metade do que sabemos é errado. O problema é que não sabemos qual metade." Tudo neste livro funciona, mas com certeza eu entendi alguns dos mecanismos de forma equivocada. Em outras palavras, acredito que o "como fazer" é totalmente confiável, mas alguns dos "porquês" acabarão sendo cortados à medida que aprendermos mais.

REGRA Nº 4. NÃO USE SEU CETICISMO COMO JUSTIFICATIVA PARA A INATIVIDADE.

Como o bom doutor Noakes também me disse sobre o regime de treinamento de um atleta olímpico: "Esta [abordagem] pode estar totalmente equivocada, mas é uma hipótese que vale a pena contestar."

É importante buscar as que valem.

A ciência começa com hipóteses (leia-se: "achismos") eruditas. Então tudo se resume a tentativa e erro. Às vezes sua previsão se mostra correta desde o princípio. Contudo, o mais comum é que você cometa erros e se depare com descobertas inesperadas, que resultem em novas perguntas. Se quiser ficar com o pé atrás e brincar de cético em tempo integral, sem agir, até que consiga alcançar um consenso científico, a escolha é sua. Entretanto, perceba que, infelizmente, a ciência é quase sempre tão política quanto um jantar entre democratas e republicanos xiitas. Demora-se muito para chegar ao consenso, isso na melhor das hipóteses.

Não use o ceticismo como justificativa velada para não agir e permanecer na zona de conforto. Seja cético, mas por um bom motivo: porque você está em busca da alternativa mais promissora para experimentar na vida real.

Seja cético de uma forma proativa, e não defensiva.

Avise-me se fizer alguma descoberta legal ou se provar que estou equivocado. Este livro evoluirá com suas respostas e sua ajuda.

REGRA Nº 5. DIVIRTA-SE.

Incluí aqui, por pura diversão, várias experiências curiosas e casos que deram errado. Nem só de fatos vive o homem.

Boa parte do conteúdo deste livro é para ser lida como o diário de um lunático. Aproveite. Mais que tudo, gostaria de compartilhar a maravilha da exploração e da descoberta. Lembre-se: isto não é um dever de casa. Leia-o em seu próprio ritmo.

O segredo da produtividade do bilionário e o estilo de vida experimental

— Como se tornar mais produtivo?

Richard Branson se recostou na poltrona e pensou um pouco. Os sons tropicais de seu oásis privado, a ilha Necker, murmuravam ao fundo. Vinte pessoas estavam sentadas a sua volta, prestando atenção esperando a resposta de um bilionário para uma das grandes questões — talvez *a* maior questão — do mundo dos negócios. O grupo fora reunido pelo empresário Joe Polish para compilar ideias de crescimento para a Virgin Unite, braço filantrópico da empresa de Richard. Era um de seus muitos projetos novos e ambiciosos. O Virgin Group já detinha mais de 300 empresas, com mais de 50.000 empregados e faturamento anual de US$25 bilhões. Em outras palavras, Branson construíra sozinho um império maior do que o PIB de alguns países em desenvolvimento. Foi então que ele quebrou o silêncio:

— Exercícios.

Ele falava sério, e forneceu detalhes: os exercícios físicos lhe proporcionavam ao menos quatro horas adicionais de produtividade por dia.

A brisa fria realçou sua resposta como um ponto de exclamação.

O 4HC pretende ser muito mais do que um livro.

Vejo o 4HC como um manifesto, um chamado para um novo modelo mental, uma nova forma de viver: o estilo de vida experimental. Cabe a você — e não a seu médico nem ao jornal que você lê — descobrir aquilo que funciona para você. Os benefícios vão muito além do físico.

Se você entende de política o suficiente para votar para presidente ou se algum dia já preencheu o formulário de imposto de renda, você pode aprender as mais importantes regras científicas para remodelar seu corpo. Elas irão se tornar suas amigas, 100% fiéis e confiáveis.

Isso muda tudo.

Espero sinceramente, se você estiver insatisfeito com seu corpo ou se sentindo confuso em relação a dietas e exercícios, que sua vida fique dividida em "antes do 4HC" e "depois do 4HC". Este livro pode ajudá-lo a realizar o que a maioria das pessoas considera um feito sobre-humano, seja ele perder 50 kg de gordura ou correr 150 km. Tudo funciona.

Não existe um grande mestre aqui — existem causa e efeito.

Bem-vindo à cadeira do diretor.

Alles mit Maß und Ziel,

Timothy Ferriss
San Francisco, Califórnia
10 de junho de 2010

PARA LER COM PRAZER

Sendo examinado

Dezenas de exames são mencionados neste livro. Se você alguma vez se perguntar "Como faço este teste?" ou se questionar por onde deve começar, a lista em "Sendo examinado" na página 484 será seu guia passo a passo.

Referências rápidas

Não sabe ao certo quanto é 1 g ou o que significam 120 ml? Apenas consulte as medidas mais comuns na página 482 e liberte a Julia Child dentro de você.

Notas de rodapé e citações

Este livro é fruto de muita pesquisa.

Ele também é grosso para caramba. Se você quiser mesmo esgotar o assunto, mais de 300 citações científicas podem ser encontradas em www.fourhourbody.com/endnotes, separadas por capítulo e incluindo frases relevantes.

Fontes

Os websites indicados ao longo do livro estão em inglês. Para poupá-lo do trabalho de digitar endereços do tamanho de parágrafos inteiros, os mais compridos foram substituídos por links em www.fourhourbody.com que o levarão ao destino certo.

Entendeu? Ótimo. Vamos começar a brincadeira.

FUNDAMENTOS – ANTES DE QUALQUER COISA

A DOSE MÍNIMA EFICAZ

Das micro-ondas à perda de gordura

> A perfeição não é alcançada quando não há nada mais a acrescentar, e sim quando não há nada mais a retirar.
> — Antoine de Saint-Exupéry

Arthur Jones foi uma criança precoce que tinha predileção por crocodilos.

Ele leu toda a biblioteca médica do pai antes de completar 12 anos. O ambiente familiar talvez influenciasse, pois ele cresceu vendo seus pais, avô, bisavô, meio-irmão e meia-irmã atuarem como médicos.

Da origem humilde em Oklahoma, ele viria a se tornar uma das personalidades mais respeitadas no mundo da ciência do exercício físico. Ele também iria se transformar, nas palavras de muitas pessoas, em um "gênio particularmente raivoso".

Um dos protegidos de Jones, Ellington Darden, Ph.D., conta uma história típica dele:

> Em 1970, Arthur convidou Arnold [Schwarzenegger] e Franco Colombu para visitá-lo em Lake Helen, na Flórida, logo depois do concurso Mister Universo de 1970. Arthur foi buscá-los no aeroporto com seu Cadillac. Arnold sentou-se no banco do carona e Franco foi atrás. Existem uns 12 sinais de trânsito entre o aeroporto e a rodovia interestadual, e, por isso, toda hora é preciso parar no caminho.

Aqui vai uma informação importante: Arthur era um homem que falava alto e dominava a conversa, mas não estava conseguindo fazer com que Arnold se calasse. Ele balbuciava em alemão ou qualquer outro idioma, e Arthur tinha dificuldade em entender o que Arnold dizia. Então Arthur começou a se irritar e lhe disse para se calar, mas Arnold simplesmente continuou falando sem parar.

Quando chegaram à interestadual, Arthur estava farto. Ele então parou no acostamento, saiu, deu a volta no carro, abriu a porta de Arnold, agarrou-o pelo colarinho da camisa, tirou-o do carro e disse algo como: "Ouça aqui, seu filho da mãe. Se você não calar a boca, um homem com o dobro da sua idade vai te dar um chute no traseiro bem aqui na I-4, diante de todos. Experimente só para ver o que vai acontecer."

Em cinco segundos, Arnold pediu desculpas, voltou para o carro e foi um perfeito cavalheiro durante os três ou quatro dias seguintes.

Jones passava a maior parte do tempo irritado.

Ele ficava furioso com o que considerava estupidez em cada canto do mundo da ciência do exercício físico e canalizava sua raiva ao desafiar as probabilidades. Entre seus feitos, ele conseguiu acrescentar 28,67 kg ao campeão de fisiculturismo Casey Viator em 28 dias e ser incluído na lista dos 400 homens mais ricos da *Forbes* ao fundar e vender a empresa de equipamentos físicos Nautilus, que no seu auge faturava US$300 milhões por ano.

Ele não tinha paciência para raciocínios confusos nos campos que dependiam de evidência científica. Em resposta a um grupo de pesquisadores que tirou conclusões sobre a função muscular usando eletromiografia (EMG), Arthur ligou as mesmas máquinas a um cadáver e moveu os membros do morto para registrar uma "atividade" semelhante, ou seja, fricção interna.

Jones lamentava sua vida fugaz: "Dada minha idade, a aceitação universal do que estamos fazendo hoje pode não acontecer antes da minha morte; mas acontecerá, pois está nitidamente fundamentado em leis simples da física básica que não podem ser negadas para sempre." Ele faleceu em 28 de agosto de 2007 aos 80 anos, de causas naturais, e mal-humorado como sempre.

Jones deixou vários legados importantes, e um deles é a pedra fundamental de tudo que vamos discutir neste livro: a dose mínima eficaz.

A dose mínima eficaz

A dose mínima eficaz (DME) tem uma definição simples: é a menor dose capaz de produzir o resultado desejado.

Jones se referia a esse ponto crítico como a "carga mínima eficaz", já que ele se preocupava exclusivamente com os exercícios de levantamento de peso. Nós vamos nos ater a "dosar" com precisão tanto os exercícios quanto tudo que você for ingerir.[1]

Qualquer coisa além da DME é desperdício.

Para ferver a água, a DME é 100°C na pressão padrão. Fervura é fervura. Temperaturas mais altas não tornarão a água "mais fervida". Apenas consomem mais recursos que poderiam ser usados em algo mais produtivo.

Se você precisa de 15 minutos de sol para que sua melanina reaja, 15 minutos constituem a sua DME para o bronzeamento. Mais do que 15 minutos é redundante e só resultará em queimaduras e no afastamento forçado da praia. Durante esse tempo longe da praia, digamos que uma semana, outra pessoa, que se ateve a seus 15 minutos naturais de DME, poderá se expor a mais quatro sessões de bronzeamento. Ela estará quatro tons mais bronzeada, enquanto você terá voltado à cor pálida de antes. Coitado. No que diz respeito aos sistemas biológicos, ultrapassar a DME pode paralisar seu progresso por semanas e até meses.

No contexto da remodelação corporal, há duas DMEs fundamentais para se ter em mente:

Para remover a gordura acumulada → faça o mínimo necessário para dar início a uma cascata de hormônios específicos para a queima de gordura.

Para ganhar músculos em pequena ou grande quantidade → faça o mínimo necessário para acionar mecanismos de crescimento local (músculos específicos) e sistêmico (hormonais).[2]

Derrubar as peças de dominó que dão início a esses dois eventos exige surpreendentemente pouco. Não complique.

Em determinado grupo de músculos, como os dos ombros, para ativar o mecanismo de crescimento local podem ser necessários somente 80 segundos de tensão usando 23 kg por vez, a cada sete dias, por exemplo. Esse estímulo, assim como os 100°C que fervem a água, basta para ativar certas prostaglandinas, fatores de transcrição e todos os tipos de reações biológicas complexas. O que são "fatores de transcrição"? Você não precisa saber. Na verdade, não precisa entender nada de biologia, assim como não precisa conhecer nada sobre radiação para usar um forno de micro-ondas. Aperte alguns botões na ordem correta e está feito.

1 Crédito do doutor Doug McGuff, que escreveu extensamente sobre o assunto e reaparecerá mais tarde.
2 Em termos mais elegantes e precisos, *sistema neuroendócrino*.

No nosso contexto: tudo que você precisa compreender é que 80 segundos são o objetivo. Esse é o botão.

Se, em vez de 80 segundos, você seguir a rotina sugerida por uma revista sofisticada — digamos, cinco sequências arbitrárias de 10 repetições —, isso é o equivalente muscular a se sentar ao sol por uma hora com uma DME de 15 minutos. Não é apenas um desperdício, como também um caminho previsível para se evitar e reverter os ganhos obtidos. Os órgãos e glândulas que ajudam a reparar tecidos lesionados têm mais limitações do que o seu entusiasmo. Os rins, por exemplo, podem limpar o sangue de uma concentração máxima finita de rejeitos por dia (cerca de 450 mmol, ou milimoles por litro). Se você fizer uma maratona de três horas de exercício e transformar seu sangue em algo parecido com um congestionamento de Los Angeles, corre um sério risco de atingir um engarrafamento bioquímico.

Mais uma vez: a boa notícia é que você não precisa saber nada sobre seus rins para utilizar essa informação. Tudo que você precisa saber é:

80 segundos são a dose prescrita.

Mais não é melhor. Na verdade, seu maior desafio será resistir à tentação de fazer mais.

A DME não apenas proporciona os resultados mais drásticos, mas faz isso no menor tempo possível. As palavras de Jones devem ecoar em sua mente: “LEMBRE-SE: é impossível avaliar ou até mesmo entender qualquer coisa que não se possa medir.”

80 segundos de 9 kg
10 minutos de água a 12°C
200 mg de alicina antes de dormir

Esses são os tipos de receita que você deve buscar e são esses tipos de prescrição que eu lhe fornecerei.

REGRAS QUE MUDAM AS REGRAS

Tudo que é popular é errado

Tudo que é popular é errado.
– Oscar Wilde, *A importância de ser Ernesto*

Conheça bem as regras, para poder rompê-las com eficácia.
– Dalai Lama XIV

"Isso é nitidamente mentira. Para ganhar 15 kg em 28 dias é necessário um excedente calórico de 4.300 calorias por dia. Então, para um cara daquele tamanho, ele deve ter ingerido 7.000 calorias por dia. Espera que eu acredite que ele perdeu 4% da gordura corporal com 7.000 calorias diárias?..."

Tomei um belo gole de Malbec e reli o comentário no blog. Ah, a internet... A que ponto chegamos!

Era divertido, e só um entre centenas de comentários nesse post específico, mas o fato não se alterava: eu havia ganhado 15 kg de músculo, perdido 1,4 kg de gordura e diminuído meu colesterol total de 222 para 147, tudo em 28 dias, sem anabolizantes ou estatinas como Lipitor.

O experimento todo foi registrado pela doutora Peggy Plato, diretora do Programa de Esportes e Avaliação Física da Universidade Estadual de San Jose, que usou tanques de pesagem hidrostática, balanças médicas e uma fita métrica para medir desde a circunferência abdominal até o percentual de gordura. Sabe quanto tempo total passei na academia ao longo de quatro semanas?

Quatro horas.[1] Oito sequências de 30 minutos.
Os dados não mentem.

A perda de peso não é uma simples questão de calorias ingeridas e gastas?

Essa ideia nos atrai pela simplicidade, é verdade, mas, até aí, a fusão a frio também é simples. A questão é que isso não funciona tão bem quanto anunciam.

O poeta alemão Johann Wolfgang Goethe via as coisas sob a perspectiva correta: "Mistérios não são necessariamente milagres." Para fazer o impossível (navegar ao redor do mundo, romper a marca de uma milha em quatro minutos, viajar para a Lua), é preciso ignorar a sabedoria popular.

Charles Munger, braço direito de Warren Buffett, na época o homem mais rico do planeta, é conhecido por seu raciocínio inigualavelmente objetivo e seu histórico, quase à prova de falhas. Como ele refinou seu raciocínio e ajudou a construir um negócio de US$3 trilhões na Berkshire Hathaway?

A resposta está nos "modelos mentais", regras analíticas[2] vindas da prática em disciplinas fora da área de finanças que vão da física à biologia evolutiva.

De 80 a 90 modelos ajudaram Charles Munger a desenvolver, nas palavras de Warren Buffett, "o melhor raciocínio rápido do mundo. Ele vai de A a Z num segundo. Ele vê a essência de tudo antes que você seja capaz de concluir a frase".

Charles Munger gosta de citar Charles Darwin:

Até mesmo pessoas que não são gênios podem superar o restante da humanidade se desenvolverem certos hábitos de raciocínio.

No 4HC, os seguintes modelos mentais, tirados de várias disciplinas, vão separar seus resultados do restante da humanidade.

Novas regras para uma rápida remodelação

NÃO FAZER EXERCÍCIO QUEIMA MUITAS CALORIAS

Você comeu metade de um biscoito recheado? Sem problemas. Se você é um homem de 100 kg, precisa subir apenas 27 andares de escada para desgastá-lo.

1 Neste caso, o "4 horas para o corpo" é quase literal.
2 Esses "modelos mentais" são geralmente chamados de heurísticos ou estrutura analítica.

DC

(Lembre-se: pule os campos "DC" se você não gosta das informações densas).

Em outras palavras, transportar 100 kg ao longo de 100 m (aproximadamente 27 lances de escada) exige 100 quilojoules (kJ) de energia, ou 23,9 calorias (chamadas pelos cientistas de quilocalorias ou kcal). Quatrocentos e cinquenta gramas de gordura pura contêm 4.082 calorias.[3] Quantas calorias são consumidas por um maratonista? Cerca de 2.600.

O argumento da caloria para exercícios pode ficar ainda mais desanimador. Você se lembra daquelas 106 calorias[4] que queimou durante 30 minutos na Stairmaster™ da academia? Não se esqueça de subtrair sua taxa de metabolismo basal (TMB), a quantidade de calorias que você queimaria se estivesse sentado no sofá assistindo a um episódio de Os Simpsons. Para a maioria das pessoas, essa taxa é de aproximadamente 100 calorias por hora, ou 50 calorias durante 30 minutos, queimadas para gerar calor (BTU).

Aquela sessão na Stairmaster valeu 56 calorias a mais.[5]

Por sorte, meia colher de sopa de uma deliciosa manteiga de amendoim contém cerca de 50 calorias — portanto você tem seis calorias de sobra. Mas espere: quantas calorias havia naquela bebida isotônica e naquela enorme refeição pós-academia? Não se esqueça de que você precisa queimar mais calorias do que acaba ingerindo mais tarde em virtude do aumento do apetite gerado pelo exercício.

Que droga, não é? O bastante para fazer um lenhador chorar. Você está confuso e com raiva? Pois deveria estar mesmo.

Como sempre, o foco está na peça menos importante do quebra-cabeça.

Por que os cientistas insistem nas calorias? Simples. É uma estimativa barata e uma variável popular para publicações em periódicos. Isso, meus caros, é conhecido como ciência "de estacionamento", assim chamada por causa de uma piada sobre um pobre bêbado que perde as chaves do carro durante uma noite na cidade.

Seus amigos o encontram de quatro procurando as chaves sob o poste de luz, apesar de ele próprio saber que as perdeu em algum outro lugar.

— Por que você está procurando as chaves embaixo do poste? — perguntam eles.

3 Na verdade, "450 g de gordura" não são exatamente "450 g de gordura". A gordura contém proteínas e água, por isso você deve descobrir que 450 g, sendo que cada grama contém 9 calorias, equivalem a 4.082 calorias, mas 10% da gordura é água, portanto: 0,9 x 4.082 = 3.674 calorias. De qualquer forma, seja usando 3.500 kcal ou 4.000 kcal como estimativa, ambas têm uma margem de erro de 10%.

4 Com base em tabelas e cálculos do livro *Essentials of Exercise Physiology*, W. D. McArdle et al. (http://www.brianmac.co.uk/energyexp.htm).

5 Com base em medidas e cálculos de calorímetros de bomba que são, na melhor das hipóteses, uma estimativa.

O homem responde com confiança:

— Porque tem mais luz aqui. Consigo enxergar melhor.

Para o pesquisador que está em busca de um cargo permanente, financiamento ou contratos lucrativos como consultor de empresas, a máxima do "publicar ou perecer" se aplica. Se você precisa incluir 100 ou 1.000 amostras e só pode pagar pela medida de algumas coisas simples, então precisa apresentá-las como algo extremamente importante.

É uma pena, mas passar a vida mentalmente de quatro não é uma boa forma de viver, muito menos ficar esfolando seu bumbum numa bicicleta ergométrica.

Em vez de focar as calorias queimadas como algo que depende de exercícios, analisaremos dois caminhos ainda não explorados: o calor e os hormônios.

Então, relaxe. Você será capaz de comer o quanto quiser e um pouco mais. Novos canos de descarga resolverão o problema.

UMA DROGA É UMA DROGA É UMA DROGA

Chamar algo de "droga", "suplemento dietético", "venda sem prescrição médica" ou "nutracêutico" é uma distinção jurídica, não bioquímica.

Nenhum desses rótulos significa que algo é seguro ou eficiente. Ervas permitidas por lei podem ser tão fatais quanto narcóticos ilegais. Suplementos, geralmente moléculas livres de patentes e, portanto, de pouco interesse para a pesquisa de novas drogas, podem diminuir seu colesterol de 222 para 147 em quatro semanas, como eu já testei, ou podem ser inertes e não surtir efeito algum.

Acha que o totalmente natural é mais seguro do que aquilo que é sintético? Ervilhas secas são naturais, mas o arsênico também é. O hormônio do crescimento (hGH) pode ser extraído do cérebro de cadáveres totalmente naturais, mas, para nossa infelicidade, ele costuma vir com a doença de Creutzfeldt-Jakob, e por isso hoje o hGH é fabricado usando-se DNA recombinante.

Com exceção dos alimentos integrais (que trataremos separadamente como alimentos "comuns"), qualquer coisa que você coloca em sua boca ou em sua corrente sanguínea e que surte algum efeito — um creme, injeção, comprimido ou pó — é uma *droga*. Então trate-os como tal. Não se deixe enganar por rótulos que não significam nada para nós.

A META DA RECOMPOSIÇÃO DE 9 KG

Para a imensa maioria de vocês que estão lendo este livro e pesam mais de 54 kg, 9 kg de *recomposição* (que definiremos a seguir) farão com que você pareça e se sinta uma nova pessoa, e é por isso que sugiro essa meta. Se você pesa menos de 54 kg, tenha uma meta de 4,5 kg; do contrário, 9 kg será seu novo objetivo específico.

Mesmo que você precise perder mais de 40 kg, comece com uma meta de 9 kg. Numa escala de atratividade de 1 a 10, 9 kg parecem ser o patamar para se passar da nota 6 para 9 ou 10 — ao menos como foi testado com a percepção masculina sobre as mulheres.

O termo "recomposição" é importante. Ele *não* significa uma redução de peso de 9 kg. É uma mudança de 9 kg na aparência. Uma recomposição de 9 kg pode significar perder 9 kg de gordura ou ganhar 9 kg de músculo, mas, em geral, envolve a perda de 7 kg de gordura e o ganho de 2 kg de músculo, ou algo em torno disso.

O melhor físico exige tanto subtração quanto adição.

O CONTROLE DE 100 UNIDADES: DIETA, DROGAS E EXERCÍCIO

Como chegamos aos 9 kg então?

Imagine uma régua dividida em 100 unidades e duas barras que nos permitem separar as 100 unidades em três partes maiores que totalizam 100. Essas três partes representam a dieta, as drogas e o exercício.

Uma divisão por igual seria assim:

————/————/———— (33% dieta, 33% drogas, 33% exercício)

É possível alcançar sua meta de recomposição de 9 kg com qualquer combinação dos três itens, mas algumas combinações são melhores que outras. O uso exclusivo de drogas, por exemplo, pode levá-lo a atingir esse objetivo, mas produzirá efeitos colaterais de longo prazo. Somente exercitar-se também pode ajudá-lo a alcançar sua meta, mas, caso ocorra a interferência de certas lesões e circunstâncias, o retorno à estaca zero será rápido.

/————/ (100% drogas) = efeitos colaterais
/————/ (100% exercício) = fácil de arruinar

Eis a proporção da maioria dos estudos de perda de gordura encontrados neste livro:

——————/—/——— (60% dieta, 10% drogas, 30% exercício)

Se você for incapaz de seguir uma dieta prescrita, como às vezes é o caso de quem viaja muito ou é vegetariano, precisará mover as barras para aumentar a porcentagem de atenção dada aos exercícios e às drogas. Por exemplo:

—/————/———— (10% dieta, 45% drogas, 45% exercício)

Os valores não podem ser medidos, mas é fundamental manter esse conceito em mente enquanto o mundo interfere nos seus planos. Aprender os princípios da dieta e do exercício é a prioridade nº 1, já que esses são os elementos básicos. Depender excessivamente das drogas fará com que fígado e rins sofram.

As porcentagens também dependerão das suas preferências pessoais e da sua "adesão", a qual abordaremos a seguir.

O TESTE DA ADESÃO: VAI DURAR?

Comer ao menos um pé de alface por dia é bom para perder gordura e controlar os níveis de insulina.

Isso se você for um paciente que precisa de intervenção crítica, como um obeso mórbido com diabetes tipo 2. As opções para pessoas assim, como explicam os médicos, são (1) altere sua dieta de acordo com essa receita ou (2) morra. Não é de surpreender que a adesão seja incrível. Para alguém que queira perder 9 kg, mas está mais interessado em como a bunda ficará na calça jeans, a adesão será mínima. Ter de cortar legumes e limpar o processador três vezes ao dia só levam a um resultado: o abandono do método. Isso significa que não funcionará para algumas pessoas? Não. Significa apenas que será um fracasso para *a maioria* das pessoas. Queremos evitar todos os métodos com alta taxa de desistência mesmo que você acredite estar entre a minoria que obedece. No início, todos que começam um programa acham que fazem parte dessa minoria.

Leve a adesão a sério: você vai mesmo se apegar a essa mudança até atingir seu objetivo?

Se não, encontre outro método, mesmo que seja menos eficiente e menos eficaz. O método razoável que você consegue seguir é melhor que o perfeito que você abandona.

NÃO CONFUNDA RECREAÇÃO FÍSICA COM EXERCÍCIO

Recreação física pode ser várias coisas: beisebol, natação, ioga, escalada, rodeio... a lista é interminável. Exercício, por outro lado, significa praticar uma DME de movimentos precisos que produzirão a alteração esperada. É só isso. É quase impossível obter relações de causa e efeito com a recreação. Há variáveis demais. O exercício eficaz é simples e verificável.

A recreação física é ótima. Adoro correr com os cachorros no parque tanto quanto qualquer pessoa. Já os exercícios, no nosso contexto, são a aplicação de um estímulo mensurável à perda de gordura, ao aumento de músculos ou de desempenho.

Recreação é para se divertir. Exercício é para provocar alterações. Não confunda os dois.

NÃO CONFUNDA CORRELAÇÃO COM CAUSA E EFEITO

Quer ter a aparência de um maratonista, magro e elegante? Treine como um maratonista.

Quer ter a aparência de um fundista, definido e musculoso? Treine como um fundista.

Quer ter a aparência de um jogador de basquete de 2 m de altura? Treine como um jogador de basquete.

Espere um pouco. A última opção não funciona. E os dois primeiros exemplos também não. É uma lógica falsa, mais uma vez atraente e tentadora por sua simplicidade. Eis aqui três perguntas simples que podemos fazer para evitar erros como esses.

1. É possível que a seta da causalidade seja invertida? Por exemplo, que uma pessoa naturalmente musculosa e definida geralmente se torne fundista? Sim.
2. Estamos confundindo ausência e presença? Por exemplo, se afirmamos que uma dieta sem carne aumenta a expectativa de vida em 5 a 15%, é possível que seja a presença de mais legumes, e não a falta de carne, que esteja aumentando a expectativa de vida? Certamente.
3. É possível que você tenha examinado um grupo demográfico específico e que haja outras variáveis responsáveis pela diferença? Por exemplo, quando se afirma que a ioga melhora a saúde cardíaca e o grupo examinado é composto de pessoas de classe alta, é possível que elas tenham, por esse motivo, mais chances de se alimentar bem do que um grupo de controle? Pode apostar que sim.

A questão aqui não é especular sobre centenas de explicações possíveis. É ser cético, principalmente no que diz respeito às manchetes sensacionalistas. A maioria das "novas pesquisas" que aparecem na imprensa são estudos que podem, na melhor das hipóteses, estabelecer uma correlação (A acontece enquanto B acontece), mas não causalidade (A faz com que B aconteça).

Se eu enfio o dedo no nariz quando entra um comercial durante o Super Bowl, fui eu que provoquei isso? Não, isso não é um haikai. Só estou resumindo: correlação não prova relação de causa. Seja cético quando as pessoas lhe dizem que A causa B.

Elas estão equivocadas muito mais do que 50% das vezes.

USE O IOIÔ: ADOTE OS CICLOS

A dieta do ioiô tem uma péssima reputação.

Em vez de se autoflagelar, ir a um psiquiatra ou comer um cheesecake inteiro por estragar tudo com um biscoito, permita-me lhe dizer uma coisa: isso é normal.

Comer mais, depois menos, depois mais e assim por diante, numa onda contínua, é um impulso que podemos usar para alcançar mais rápido nossos objetivos. Quando tentamos evitá-lo — procurando manter uma dieta de calorias reduzidas, por exemplo —, o ioiô se torna patológico e incontrolável. Agendar refeições maiores em momentos específicos, por outro lado, resolve os problemas em vez de causá-los.

Os maiores fisiculturistas do mundo entendem isso e, mesmo quando há uma fase de dieta antes de uma competição, revezam calorias para prevenir a *down-regulation*[6] (infrarregulação) dos hormônios. A média diária pode alcançar 4.000 calorias, mas é consumida em ciclos: 4.000 na segunda-feira, 4.500 na terça-feira, 3.500 na quarta-feira etc.

Ed Coan, conhecido como o Michael Jordan do levantamento de peso, bateu mais de 70 recordes mundiais. Entre outras façanhas, ele levantou inacreditáveis 409 kg com seu corpo de 100 kg, superando até mesmo atletas da categoria superpeso pesado. Seu treinador na época, Marty Gallagher, afirmou com tranquilidade que "manter-se em condição física máxima durante todo um ano é um caminho sem volta para o hospício".

Você pode comer seu cheesecake, desde que o faça no momento certo. A melhor parte disso é que esse planejamento de altos e baixos acelera, e não reverte, o progresso.

Esqueça o equilíbrio e adote os ciclos. É um ingrediente fundamental para uma remodelação corporal rápida.

PREDISPOSIÇÃO VERSUS PREDESTINAÇÃO: NÃO CULPE SEUS GENES

Os maratonistas do Quênia são lendários.

Os quenianos só não venceram uma das últimas 12 maratonas de Boston. Nos Jogos Olímpicos de 1988, venceram as corridas de 800, 1.500 e 5.000 m, além dos 3.000 m com obstáculos. Nascidos num país cuja população soma cerca de 30 milhões, a probabilidade estatística de isso acontecer numa competição internacional com a abrangência das Olimpíadas é de aproximadamente uma em 1,6 bilhão.

Se você já frequentou o mundo da ciência do exercício físico durante algum tempo, pode achar que isso se deve à composição das fibras musculares dos quenianos — de contração lenta —, uma característica transmitida geneticamente.

6 Por exemplo, a conversão apropriada do hormônio da tireoide T4 no T3, termogenicamente mais ativo.

Fibras musculares de contração lenta são mais adequadas para trabalhos que exigem resistência. Malditos sortudos!

Só há um problema: isso não parece ser totalmente verdade. Para surpresa dos pesquisadores que conduziram biópsias musculares em corredores quenianos, havia uma alta proporção de fibras musculares de contração rápida, do tipo que você espera encontrar em arremessadores de peso e velocistas. Por quê? Porque, como se revelou mais tarde, eles geralmente treinam usando uma pista curta e de alta intensidade.

Se você está acima do peso e seus pais também, a tendência é culpar a genética, mas essa é apenas uma das explicações possíveis.

Os genes da obesidade é que foram passados adiante ou foi o hábito de comer exageradamente? Afinal, pessoas gordas costumam ter bichos de estimação também gordos.

Mesmo que você seja *predisposto* à obesidade, não está *predestinado* a ela.

Eric Lander, chefe do Projeto Genoma Humano, enfatizou repetidas vezes a tolice que é justificar a impotência com o determinismo genético:

> **As pessoas pensarão que, como os genes exercem determinado papel, eles determinam tudo. Vemos, vezes sem fim, as pessoas dizerem: "Tudo é uma questão de genética. Não posso fazer nada." Isso é besteira! Dizer que algo tem um componente genético não significa que não se possa alterá-lo.**

Não aceite a predisposição. Você não precisa, e podemos alimentá-lo e treiná-lo em direção a um futuro físico diferente.[7] Quase todos meus experimentos pessoais envolvem a melhoria de algo que deveria ser geneticamente determinado.

É possível redirecionar seu perfil genético. A partir de hoje, a "genética ruim" não pode mais ser sua justificativa oficial.

ELIMINE AS PROPAGANDAS E OS TERMOS CONFUSOS

> A palavra ***aeróbica*** surgiu quando os instrutores das academias de ginástica se reuniram e disseram: "Se vamos cobrar US$10 por hora, não podemos chamar isso de 'dar pulinhos'."
>
> — *Rita Rudner*

Uma pergunta que você deve aprender a fazer ao se deparar com conselhos ou artimanhas de vendas é: "Se este [método/produto/dieta/etc.] não funcionar como o anunciado, quais são os demais incentivos que eles oferecem para vendê-lo?"

7 Os genes, sozinhos, não podem responder pela diversidade de características que vemos. Acredita-se, hoje, que o RNA mensageiro (mRNA) é o responsável por boa parte dessa diversidade, e há boas notícias: assim como você pode ativar e desativar genes, também pode influenciar drasticamente o mRNA com o ambiente — e até mesmo encerrar por completo certos processos por meio dessa interferência.

Aulas de aeróbica? O motivo por que são vendidas: a aeróbica é mais eficiente do que a alternativa X. A realidade: não há investimento em equipamentos e a academia pode aumentar o número de alunos por metro quadrado. Muitas das recomendações "novas e aperfeiçoadas" se baseiam primeiro em cálculos de lucro e depois em invenções publicitárias para justificar o método.

O discurso publicitário e palavras ambíguas não têm vez no 4HC ou nos seus esforços. Ambos virão à tona em papos com amigos que, na melhor das intenções, vão prejudicá-lo mais do que ajudar. Para quem está despreparado, uma conversa desse tipo pode arruinar, sozinha, todo o programa.

Há duas categorias de palavras que você não deve usar nem dar ouvidos. A primeira, a do discurso publicitário, contém todos os termos usados para assustar ou vender que não têm base fisiológica alguma:

Tonificação
Celulite
Firmeza
Modelação
Aeróbica

A palavra "celulite", por exemplo, apareceu pela primeira vez no dia 15 de abril de 1968, na revista *Vogue*, e essa doença inventada em pouco tempo conquistou um imenso número de crédulos no mundo inteiro:

> **A revista *Vogue* começou a se ater ao corpo tanto quanto às roupas, em parte porque havia pouco que eles podiam ditar com os estilos anárquicos (...) Numa estratégia surpreendente, toda uma nova cultura foi criada ao chamarem de "problema" algo que mal existia antes, centrando-se no estado natural das mulheres e elevando-o à condição de "o dilema existencial feminino" (...) A quantidade de artigos relacionados a dietas cresceu 70% de 1968 a 1972.**

Celulite é gordura. Nada de especial. Não é uma doença nem um problema unicamente feminino sem solução. Ela pode ser removida.

Menos óbvias, mas em geral mais prejudiciais do que o discurso publicitário, são as **palavras que *parecem* científicas** e são tão usadas que chegam a ter um significado dúbio:

Saúde
Aptidão física
Ideal

Para eliminar as palavras que não devem ser usadas na remodelação corporal, a pergunta a se fazer é: **é possível medi-lo(a)?**

"Só quero ser mais saudável" não é algo mensurável. "Quero aumentar meu colesterol HDL e reduzir meu tempo de corrida (ou caminhada) em 1 km" é mensurável. "Ser saudável" está sujeito às modas e aos regimes em voga. É inútil.

A palavra "ideal" também se espalhou com muito alarde. "Seu nível de progesterona ainda está dentro da taxa média normal, mas não é o ideal." A pergunta aqui, raramente feita, deveria ser: ideal para quê? Para treinar triátlon? Para ampliar a expectativa de vida em 40%? Para aumentar a densidade óssea em 20%? Para fazer sexo três vezes ao dia?

"Ideal" depende por completo de seu objetivo, e esse objetivo deve ser numericamente preciso. "Ideal" é uma palavra que se pode usar, mas apenas quando o "para quê" estiver evidente.

Se não estiver, trate "ideal" como a Wikipédia faria: uma palavra vazia.

POR QUE UMA CALORIA NÃO É UMA CALORIA

Calorias são todas iguais, sejam elas de um bife ou um copo de uísque, de açúcar ou amido de milho, de queijo ou biscoitos. Calorias demais são apenas calorias demais.

— Fred Stare, fundador e ex-presidente do Departamento de Nutrição da Universidade de Harvard

A frase acima é tão ridícula que é difícil de acreditar, mas vamos analisar o assunto através de lentes mais racionais: cenários hipotéticos.

Situação nº 1: Dois gêmeos idênticos comem a mesma refeição durante 30 dias. A única diferença é que uma das cobaias acabou de sair de um forte tratamento com antibióticos e agora não tem boas bactérias o suficiente para ajudá-lo na digestão.

O resultado dos corpos será o mesmo?

Óbvio que não. Regra nº 1: Não é o que você põe em sua boca que importa, e sim o que vai para a sua corrente sanguínea. Se entrar e sair, não conta.

O criador da "caloria" como a conhecemos, Wilbur Olin Atwater, químico do século XIX, não dispunha da tecnologia que temos hoje. Ele incinerava comida, o que não é equivalente à digestão humana; se você comer um pedaço de lenha não armazenará a mesma quantidade de calorias que a incineração da lenha produzirá. O estômago tem problemas com cascas de árvores, entre várias outras coisas.

Situação nº 2: Três mulheres da mesma raça, idade e composição corporal consomem 2.000 calorias por dia durante 30 dias. A cobaia nº 1 não come nada além de açúcar; a cobaia nº 2 só se alimenta de peito de frango; e a cobaia nº 3 consome somente maionese (2.000 calorias equivalem a apenas 19,4 colheres de sopa, se você tem interesse em saber).

O resultado corporal será o mesmo?

Lógico que não. Regra nº 2: As reações hormonais aos carboidratos, proteínas e gorduras são diferentes.

Não faltam estudos clínicos que provem que as calorias de um bife[8] não são iguais às de um copo de uísque.

Um desses estudos, conduzido por Kekwick e Pawan, comparou três grupos colocados em dietas de semi-inanição com quantidade igual de calorias (isocalórica), compostas por 90% de gordura, 90% de proteína ou 90% de carboidrato. Embora garantir a adesão das cobaias tenha sido um desafio e tanto, os resultados diferiram nitidamente entre si:

1.000 calorias de 90% de gordura = perda de peso de 400 g por dia
1.000 calorias de 90% de proteína = perda de peso de 250 g por dia
1.000 calorias 90% de carboidrato = *ganho* de peso de 100 g por dia

Diferentes fontes de calorias = resultados diferentes

8 A proteína, por exemplo, tem um efeito térmico do alimento (ETA) maior que a gordura e o carboidrato. Em termos mais simples, durante a digestão, uma porcentagem maior de calorias oriundas de proteínas são "perdidas" como calor em comparação com as obtidas com carboidratos e gorduras. Isso levou alguns cientistas a sugerir que as 4 calorias por grama de proteína deveriam ser reduzidas em 20%, para 3,2 calorias por grama.

Entre os fatores que afetam a disposição calórica — e que podem ser modificados para se perder gordura e ganhar massa muscular — estão a digestão, a proporção entre proteína/carboidrato/gordura e o tempo.

Vamos falar sobre esses três fatores.

MARKETING ESSENCIAL: O MACHISMO VENDE

Mais de 50% dos exemplos deste livro são de mulheres.

Os publicitários condicionaram as mulheres a acreditar que precisam de programas e dietas específicas "para mulheres". Este é um exemplo do pior lado do capitalismo: criar falsas necessidades e confusão.

Isso significa que vou recomendar que uma mulher faça exatamente a mesma coisa que um homem de 110 kg que deseja ter braços com 50 cm de circunferência? Lógico que não. Os dois têm objetivos diferentes. Mas em 99% do tempo ambos os gêneros querem exatamente a mesma coisa: menos gordura e um pouco mais de músculo nos lugares certos. Adivinhe? Em 99% dos casos, homens e mulheres deveriam fazer *exatamente* a mesma coisa.

Marilyn Monroe moldando seu corpo mundialmente famoso.

Em média, as mulheres têm menos de um décimo (geralmente menos de 0,025) da testosterona de um homem. Essa receita bioquímica simplesmente não suporta o crescimento muscular rápido, a não ser que você seja uma pessoa fora dos padrões. Assim, ao longo deste livro, por favor, esqueça qualquer medo de "ficar musculosa".

Mesmo que seu corpo reaja rapidamente, à medida que você observar as alterações, pode omitir exercícios ou reduzir a frequência deles. Não se preocupe em acordar se parecendo com o Hulk pela manhã depois de uma sessão de exercícios. Isso não vai acontecer, por mais que os homens desejem. Haverá tempo de sobra para ajustar e aprimorar, reduzir ou mudar de tática, à medida que você for avançando.

Uma objeção que pode surgir entre os cientistas no grupo é: *Mas as mulheres não têm mais fibras musculares de contração lenta? Isso não significa que elas deveriam se exercitar de outro modo?* Acho que não, e não sou o primeiro. Com base nos dados deste livro e na literatura especializada, você verá que (1) a composição das fibras musculares pode ser alterada e (2) você deve comer e fazer exercícios para alcançar o resultado que deseja, e não para se acomodar com a situação atual.

Não seja vítima do machismo da academia. Ele é quase sempre uma fraude ou uma estratégia de vendas.

FERRAMENTAS E TRUQUES

Seeking Wisdom: From Darwin to Munger **[Em busca da sabedoria: de Darwin a Munger] (www.fourhourbody.com/wisdom)** Esse é um dos melhores livros sobre modelos mentais, como usá-los e como não passar vergonha. Fui apresentado a esse manual do raciocínio crítico por Derek Sivers, que vendeu sua empresa CD Baby por US$22 milhões.

Poor Charlie's Almanack: The Wit and Wisdom of Charles T. Munger **[O almanaque do pobre Charlie: o humor e a sabedoria de Charles T. Munger] (http://poorcharliesalmanack.com)** Esse livro contém a maior parte das conversas e palestras de Charlie Munger, vice-presidente da Berkshire Hathaway. Ele vendeu quase 50.000 exemplares sem aparecer em nenhum anúncio publicitário ou ser exposto em livrarias.

Munger's Worldly Wisdom [A sabedoria secular de Munger] (www.fourhourbody.com/munger) Transcrição de uma palestra proferida por Charlie Munger na Faculdade de Negócios da Universidade do Sul da Califórnia. Esse livro discute os 80 a 90 modelos mentais importantes que abarcam 90% das decisões que ele toma.

MARCO ZERO –

Começando e Swaraj

No âmbito do indivíduo, Swaraj está vitalmente ligado a ser capaz de conservar uma autoavaliação imparcial, uma autopurificação eterna e uma crescente autoconfiança (...) Swaraj é quando aprendemos a governar a nós mesmos.

– Mahatma Gandhi, *Young India*, 28 de junho de 1928, p. 772

O MOMENTO HARAJUKU

A decisão de se tornar um ser humano completo

Não terei medo. O medo mata a mente. O medo é a pequena morte que leva à aniquilação total. Enfrentarei meu medo. Permitirei que passe por cima e me atravesse. E, quando tiver passado, voltarei o olho interior para ver seu rastro. Onde o medo não estiver mais, nada haverá. Somente eu restarei.

— "Ladainha contra o medo" das Bene Gesserit, do livro *Duna*, de Frank Herbert

Para a maioria de nós, os livros de autoajuda em nossas estantes representam uma lista crescente de afazeres, e não de conselhos que seguimos.

Vários dos mais conhecidos CEOs do ramo de tecnologia de San Francisco me pediram, em momentos diferentes, o mesmo favor: um cartão com instruções resumidas para que conseguissem eliminar a gordura abdominal. Cada um deles foi muito objetivo: "Simplesmente me diga o que fazer e eu o farei."

Dei a todos eles os conselhos táticos necessários, escritos em cartões de 8 × 13 cm, sabendo, de antemão, o resultado. E a taxa de sucesso foi impressionante... 0%.

As pessoas são péssimas em seguir conselhos. Mesmo os indivíduos mais eficientes do mundo são terríveis nisso, e há dois motivos:

1. A maioria das pessoas não tem motivos suficientes para agir. A dor não é tanta assim. Ou é algo que seria *bom*, e não *necessário*. Não há um "Momento Harajuku".
2. Não existem lembretes. Sem acompanhamento constante, não há consciência

nem mudança comportamental. O acompanhamento constante, mesmo que você não tenha nenhum conhecimento sobre perda de gordura ou exercícios, geralmente funciona mais que os conselhos dos melhores treinadores do mundo.

Mas o que é esse tão importante "Momento Harajuku"?

É uma epifania que transforma aquilo que seria *bom* em algo *necessário*. Não há sentido em se começar até que isso aconteça. E se aplica à perda de gordura, assim como ao ganho de resistência, à força e ao sexo. Não importa quantas dicas e receitas eu lhe forneça, você precisará de um Momento Harajuku para despertar a mudança de atitude em si.

Chad Fowler sabe disso.

Chad, CTO da InfoEther, Inc., passa boa parte do tempo resolvendo para seus clientes problemas difíceis na linguagem de programação Ruby. Ele também é co-organizador das conferências anuais RubyConf e RailsConf, nas quais o conheci. Nosso segundo encontro foi em Boulder, no Colorado, onde ele usava sua experiência natural com a língua hindi para ensinar a um homem das cavernas (eu) os ensinamentos básicos da linguagem Ruby.

Chad é um professor incrível, que sabe fazer uso de analogias, mas eu me distraí durante sua aula por causa de algo que ele mencionou de passagem. Ele havia perdido recentemente mais de 30 kg em menos de 12 meses.

Não foi a quantidade de peso que achei fascinante. Foi o tempo. Ele fora obeso por mais de uma década, e a mudança parecia ter surgido do nada. Depois de voltar a San Francisco, enviei-lhe uma pergunta por e-mail:

> Quais foram os fatos marcantes, os momentos e os insights que o levaram a perder aqueles 30 kg?

Eu queria saber qual fora o momento decisivo, a conversa ou a percepção que acionou o gatilho depois de 10 anos vivendo daquela forma.

A resposta está neste capítulo.

Mesmo que você não esteja interessado em eliminar gordura, as ideias fundamentais (completude parcial, dados e simplificação excessiva, entre outras coisas) o ajudarão a erguer 230 kg, correr 50 km, ganhar mais de 20 kg ou fazer qualquer outra coisa mencionada neste livro.

Por ora, tratemos de algo que causa estranheza desde já: a contagem de calorias. Acabei de jogar no lixo a contagem de calorias e estou incluindo aqui a abordagem de Chad, que se baseia nas calorias, para provar minha teoria.

Este livro não existia quando Chad emagreceu, e há coisas muito melhores do que calorias para se contar. Entretanto, eu recomendaria o controle das calorias como alternativa mais eficaz do que não controlar nada? Pode apostar que sim. Controlar qualquer coisa é melhor do que não controlar nada.

Se você estiver muito acima do peso, muito fraco, sem flexibilidade alguma ou *muito* qualquer coisa negativa, controlar até mesmo uma variável medíocre o ajudará a desenvolver a consciência que conduz às alterações comportamentais certas.

Isso ressalta uma lição estimulante: você não precisa fazer tudo certo. Só deve ser muito objetivo em relação a alguns conceitos.

Os resultados surgirão.

Com vocês, Chad Fowler.

O Momento Harajuku

"Por que passei 10 anos perdendo o controle de minha forma física (e me tornando uma pessoa nada saudável) para, finalmente, resolver esse problema agora?

Eu me lembro exatamente do momento em que decidi tomar uma atitude.

Estava em Tóquio com um grupo de amigos, e todos nós decidimos ir a Harajuku para tentar ver jovens vestidos de modo artístico e também para comprar roupas fabulosas, pois a região é famosa por isso. Algumas pessoas do grupo se vestiam muito bem e sabiam o que comprar. Depois de entrar em várias lojas e sair delas sem conseguir encontrar nada, um de meus amigos e eu desistimos e simplesmente ficamos do lado de fora enquanto os demais faziam compras.

Nós dois lamentamos nossa falta de estilo.

Foi então que me vi dizendo para meu amigo o seguinte:

— Para mim, não importa o que eu visto. Não vai cair bem mesmo.

Acho que ele concordou comigo. Não me lembro ao certo, mas essa não é a questão. A questão era que aquelas palavras ficaram pairando no ar como quando você diz algo muito vergonhoso num ambiente barulhento durante o único instante de silêncio da noite. Todos olham para você como se você fosse um idiota. Mas dessa vez era eu que estava encarando a mim mesmo com reprovação. Eu me ouvi dizer aquelas palavras e as reconheci não pelo conteúdo, e sim pelo tom de impotência. Sou, na maioria dos meus empreendimentos, uma pessoa extremamente bem-sucedida. Decido que quero as coisas de certo modo e faço tudo acontecer. Foi o que fiz com minha carreira, o que fiz quando quis aprender música e línguas estrangeiras e basicamente com tudo o mais que tentei realizar.

Por muito tempo, eu soube que o segredo para trilhar o caminho para ser notável em tudo era simplesmente agir com a intenção de se destacar.

Se eu queria uma carreira acima da média, não podia simplesmente 'seguir a boiada'. A maior parte das pessoas faz justamente isto: deseja obter um resultado, mas não toma atitudes para atingir tal resultado. Se fizessem *qualquer coisa*, descobririam ser capazes de conseguir uma versão do resultado que almejam. Este sempre foi meu segredo: parar de desejar e começar a agir.

Mesmo assim lá estava eu, conversando sobre aquela que supostamente era a parte mais importante da minha vida — minha saúde — como se fosse algo sobre o qual eu não exercesse qualquer controle. Segui a boiada durante anos, desejando um resultado e esperando que ele acontecesse. Eu era o ego fraco e impotente que tanto odeio nas pessoas.

De algum modo, como o nerd que era sempre escolhido por último em tudo, eu havia permitido que 'não ser bom em esportes' e 'não estar em forma' se tornassem parte dos atributos que considerava inerentes a mim mesmo. O resultado disso foi que passei a me ver como uma pessoa *incompleta*. Apesar de eu (talvez) ter compensado essa incompletude vencendo em tudo mais, ainda carregava essa impotência; e era algo que, lenta e sutilmente, estava me consumindo por dentro.

Assim, embora seja verdade que eu não teria ficado lindo em roupas da moda, o catalisador aparentemente superficial que me levou a finalmente fazer alguma coisa não era de todo superficial. Ele na verdade arrancou uma raiz profunda que estivera, acredito eu, guiando parte importante da minha personalidade durante toda a minha vida.

Agora percebo que isso é um padrão. No meio em que vivo (programadores de computador e pessoas ligadas à tecnologia), essa incompletude parcial não só é comum como talvez seja até mesmo a regra. Ultimamente minha vida assumiu um novo foco: arrancar as ervas daninhas, ver os buracos que eu não notava em mim mesmo. Agora estou preenchendo um de cada vez.

Depois que comecei a perder peso, o processo todo não foi apenas fácil, mas também prazeroso.

Comecei de leve, simplesmente prestando atenção à alimentação e fazendo exercícios aeróbicos leves de três a quatro vezes por semana. Foi quando comecei a pensar em melhorar, em fazer um pouco melhor do que no dia anterior. No primeiro dia foi fácil. Qualquer exercício era melhor do que aquilo que eu vinha fazendo.

Se você perguntar a uma pessoa obesa 'se você fosse capaz de fazer exercícios durante UM ano para conseguir ficar em forma, você o faria?', acho que todos diriam enfaticamente que sim. O problema é que, para a maioria das pessoas normais, não existe um caminho definido que as leve da obesidade à boa forma em apenas um ano. Para quase todo mundo, o caminho está logo ali e é óbvio se a pessoa souber o que está fazendo, mas é quase impossível imaginar um resultado tão distante como esse.

A primeira coisa que me levou a ser capaz de continuar com o treinamento e tomar as decisões certas foi **usar dados.**

Aprendi tudo sobre a taxa metabólica basal (TMB), também chamada de metabolismo basal, e fiquei impressionado quando soube quantas calorias precisaria ingerir para manter aquele peso. Era muita coisa. À medida que comecei a ficar atento às calorias dos alimentos que não eram obviamente ruins, senti como se tivesse que me alimentar como um glutão o dia inteiro se quisesse permanecer gordo. A TMB me mostrou que (1) não seria difícil diminuir as calorias e que (2) eu devo ter cometido ENORMES erros para consumir tantas calorias assim — e não erros pequenos. Contudo, essa era uma boa notícia. Grandes erros significavam que meus objetivos seriam mais fáceis de alcançar.[1]

Depois, aprendi que 4.000 calorias equivalem a aproximadamente 500 g de gordura. Sei que é uma simplificação grosseira, mas tudo bem. **Simplificar é um dos instrumentos que mencionarei.** Entretanto, se 4.000 calorias equivaliam a cerca de 500 g de gordura e minha TMB tornava fácil a queima de muitas calorias por dia, de repente ficou evidente para mim como perder peso sem sequer me exercitar. Acrescente a isso alguns cálculos de quantas calorias você elimina fazendo, digamos, 30 minutos de exercício e você obterá rapidamente uma fórmula parecida com esta:

TMB = 2.900
Ingestão real = 1.800
Déficit calórico = TMB – ingestão real = 1.100
Calorias consumidas durante 30 minutos de exercício aeróbico = 500
Déficit total calórico = déficit calórico + calorias consumidas durante 30 minutos de exercício aeróbico = 1.600

Ou seja, essas são as 1.600 calorias que deixei de consumir por dia, ou quase 250 g de peso extra que eu podia perder num único dia. Assim, arredondando os números, posso perder 2,3 kg em uma semana e meia sem nem mesmo

1 Tim: As pessoas que desejam ganhar peso também costumam se deparar com esse tipo de objetivo fácil de alcançar quando registram o consumo de proteína pela primeira vez. Muitos estão consumindo apenas 40 ou 50 g de proteína por dia.

fazer muito esforço. Quando você está 20 kg acima do peso, alcançar 10% do seu objetivo com tamanha rapidez faz **toda a diferença.**

Uma coisa importante que mencionei antes é que todos esses números são, de certo modo, besteira. Mas tudo bem, e constatar que está tudo bem foi uma das maiores mudanças que precisei enfrentar. Quando você está com um sobrepeso de 20 ou 30 kg (ou sempre que tiver de passar por uma mudança DRÁSTICA), ficar se preocupando em contar calorias consumidas ou queimadas de uma maneira ligeiramente imprecisa pode matá-lo. A verdade é que não existem instrumentos disponíveis para pessoas comuns que digam com precisão quanta energia queimamos ou consumimos. No entanto, se você estiver apenas *quase* certo e, mais importante, se os números estiverem na *direção* certa, dá para fazer grande diferença com eles.

Eis outro número pseudocientífico útil: aparentemente, 5 kg perdidos equivalem a um número de roupa [XG → G → M]. Isso foi uma GRANDE motivação. Adoro doar roupas todos os anos e comprar novas sem culpa.

Como um nerd, fico desencorajado demais por projetos de coleta de dados quando é difícil ou impossível reuni-los precisamente. Educar-me para esquecer isso fez toda a diferença.

Além desse conhecimento, havia um entendimento básico de como o metabolismo funciona. Eis aqui as principais mudanças que fiz: café da manhã até 30 minutos depois de acordar e de cinco a seis refeições ao dia, com cerca de 200 calorias cada. Como medi as calorias? Não medi. Criei um plano de refeições para somente UMA semana, comprei todos os ingredientes e segui a dieta com rigor. A partir daí, não precisei mais me esforçar tanto. Aprendi, depois de apenas uma semana, a contar *aproximadamente* quantas calorias havia numa porção de diferentes tipos de alimentos e passei a chutar. Mais uma vez, tentar *contar* as calorias uma a uma é chato e desmotivante. Montar um esquema rígido para uma semana e depois usá-lo como um guia básico é sustentável e divertido.

Aí vão mais algumas dicas:

Adaptei uma mesa para poder pedalar numa bicicleta reclinável enquanto trabalhava. Trabalhei de verdade, escrevi trechos do livro *The Passionate Programmer* [O programador apaixonado], joguei videogame, conversei com amigos e assisti a ridículos programas de televisão com os quais normalmente teria vergonha de perder tempo, tudo durante meu exercício aeróbico. Conheço muitas pessoas criativas que odeiam exercícios porque os consideram entediantes. Eu fazia parte desse grupo (não faço mais... tudo muda depois que você pega o espírito da coisa). A bicicleta/mesa me salvou — aliada a um sistema de medidas.

Comprei um frequencímetro e comecei a utilizá-lo para TUDO. Usei-o pedalando para ter certeza de que, mesmo quando estava me divertindo com um videogame, aquilo me fazia bem. Se você sabe os limites da sua frequência cardíaca (algo fácil de encontrar na internet), desaparece a ambiguidade que as pessoas que não são especialistas em preparo físico sentem em relação aos exercícios. Trinta minutos de atividade dentro da sua zona aeróbica são um bom exercício e fazem queimar gordura. Calcule quantas calorias você queima (um bom frequencímetro fará isso por você), e a experiência será divertida e motivante. Comecei a usar meu frequencímetro enquanto realizava tarefas domésticas irritantes. Você pode limpar a casa mais rápido e queimar muitas calorias. Não é besteira — é sério. Graças ao uso constante do frequencímetro, fui capaz de combinar diversão ou tarefas irritantes com exercícios, tornando tudo muito mais recompensador e reduzindo as chances de ficar com preguiça e decidir não fazer nada.

Ganhar músculos é, como você sabe, uma das melhores maneiras de se queimar gordura, mas nerds não sabem como ganhar músculo. Já mencionei antes: nerds não gostam de fazer aquilo que não *sabem* se dará certo. Gostamos de dados. Valorizamos a experiência. Assim, contratei uma personal trainer para me ensinar o que fazer. Acho que devia tê-la dispensado depois de algumas sessões, uma vez que já havia aprendido os exercícios 'certos', mas estou com ela há um ano inteiro.

Por fim, como um amigo me disse sobre a dificuldade de escrever meus insights quanto à perda de peso, um insight fundamental é a falta de insights específicos.

De certa forma, a resposta é apenas 'dieta e exercícios'. Não houve truques. **Usei dados aos quais todos nós temos acesso** e confiei que a biologia faria sua mágica. Experimentei durante 20 dias e perdi quantidade significativa de peso. Melhor ainda, comecei a acordar pensando em me exercitar porque me sentia melhor.

Foi fácil."

Foi fácil para Chad por causa do seu Momento Harajuku. Deu certo porque ele usou números.

No próximo capítulo, você ganhará números.

É aí que a diversão começa.

Chad Fowler, antes e depois do seu Momento Harajuku. (Fotos: James Duncan Davidson)

FERRAMENTAS E TRUQUES

"Practical Pessimism: Stoicism as Productivity System" ["Pessimismo prático: o estoicismo como um sistema produtivo"], Google Ignite (www.fourhourbody.com/stoicism)
Essa é uma apresentação de cinco minutos que fiz em 2009 sobre meu próprio Momento Harajuku. O vídeo lhe mostrará como ficar imune a seus medos ao mesmo tempo que você os emprega para realizar o que deseja.

Clive Thompson, "Are Your Friends Making You Fat?" ["Seus amigos estão engordando você?"], *The New York Times*, 10 de setembro de 2009 (www.fourhourbody.com/friends)
Alcançar seus objetivos é, em parte, resultado da proximidade com pessoas que exibem o que você está almejando. Esse artigo explica a importância — e as implicações — de escolher seu grupo de amigos.

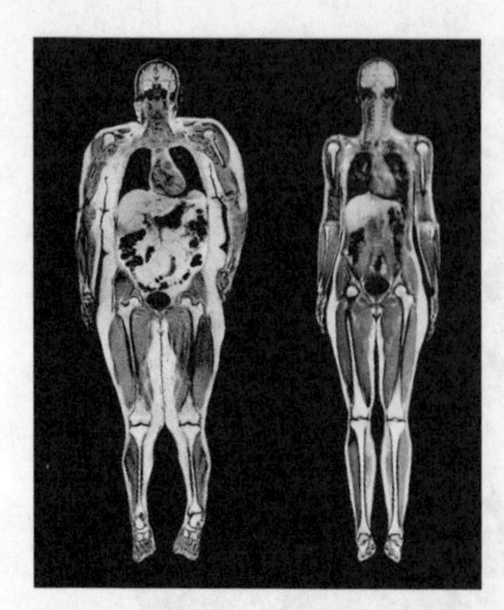

Você acha que a gordura só existe sob a pele? Pense de novo. A imagem de ressonância magnética acima, de uma mulher de 110 kg, comparada com a de uma mulher de 55 kg, mostra grandes depósitos de gordura ao redor dos órgãos internos. A comida não digerida é um bônus indesejado.

O primeiro princípio é que você não deve se enganar, e você é a pessoa mais fácil de enganar.
— Richard P. Feynman, ganhador do Prêmio Nobel de Física

γνωθι σεαυτόν
[“Conhece-te a ti mesmo”]
— Inscrição no Templo de Apolo, em Delfos

A ENGANOSA GORDURA CORPORAL

Onde ela realmente está?

E-mail de atualização da cobaia X, do sexo masculino:

27/12/08
Peso inicial: 111 kg

30/01/09
Fim do primeiro mês: 103 kg

01/03/09
Fim do segundo mês: 100 kg
[Muito pouca proteína pela manhã nas últimas quatro semanas; acrescentei 30 g nos primeiros 30 minutos do dia para reiniciar a perda de gordura]

02/04/09
Fim do terceiro mês: 92 kg
[perda de peso em 90 dias: 19 kg]

01/05/09
Fim do quarto mês: 90 kg

01/06/09
Fim do quinto mês: 87,5 kg

01/07/09
Fim do sexto mês: 85 kg

31/7/09
Fim do sétimo mês .... 84 kg

De certo modo, é desmoralizante perder apenas 3,5 kg nos últimos dois meses.

Nos meus exercícios com pesos, são cinco os levantamentos básicos.[1] Os dois pesos que estou fornecendo aqui são o de quando comecei e o atual.

1. Desenvolvimento de ombros: 10 repetições lentas
Peso inicial: 7 kg Peso atual: 34 kg
2. Puxada: 8 repetições lentas
Peso inicial: 23 kg Peso atual: 61 kg
3. Supino: 8 repetições lentas
Peso inicial: 14 kg Peso atual: 41 kg
4. Remada: 8 repetições lentas
Peso inicial: 23 kg Peso atual: 54 kg
5. Rosca bíceps: 12 repetições lentas
Peso inicial: 7 kg Peso atual: 23 kg

A cobaia X, com 65 anos, ficou deprimida por sua taxa lenta de perda de peso. A questão verdadeira era: deveria mesmo se deprimir?

A balança enganadora

Quando analisamos esses registros de exercícios, vemos que ele mostrou incríveis ganhos de força nos três meses em que mostrou pouca perda de *peso*.

Não acho que seja coincidência. Ele quase triplicou sua força em todos os movimentos, e estimar 4,5 kg de ganho de massa magra em três meses seria até pouco. Isso quer dizer que houve perda real de gordura de aproximadamente 8 kg, e não os 3,5 kg da balança.

O ganho de músculo diminuiu depois desse e-mail, e a perda de gordura novamente começou a se mostrar na balança. O peso diminuiu de 84 kg para 78 kg. Uma perda total de *peso* de 33 kg.

1 Esta cobaia teve mais de 10 fraturas nos joelhos e não podia realizar exercícios da cintura para baixo.

E quanto à perda de *gordura*? É impossível dizer. Na pressa de começar, não insisti em pedir que sua porcentagem de gordura corporal fosse medida.

Não que eu me importasse muito. Pela primeira vez na vida, vi meu pai pesando menos do que eu. Durante seu check-up anual, quatro meses mais tarde, o médico disse:

— Você percebe que está mais jovem agora do que há um ano? Talvez você viva para sempre.

Foi um contraste marcante em relação a seus 111 kg distribuídos por 1,70 m do ano anterior. Em 12 meses, meu pai deixou de correr o risco de sofrer um ataque cardíaco e passou a parecer e a se sentir 10 anos mais jovem.

Infelizmente, ele ficou deprimido com os resultados justamente quando deveria estar celebrando com os amigos. É necessário apenas um incidente para arruinar todo um programa e meses de progresso.

Como *você* pode evitar momentos de dúvida desnecessários?

Bastam alguns números simples para manter o rumo certo — e saber, sem sombra de dúvida, quando algo está dando certo ou não.

Até você terminar este capítulo, perca o foco.

Se quiser pular diretamente para a ação, vá até a seção "Começando seu GPS Físico", na página 62. Na verdade, sugiro que faça isso caso seja sua primeira leitura.

Escolhendo os instrumentos corretos

Eu costumava cometer um erro característico enquanto dirigia.

Cerca de 400 m antes de chegar, muitas vezes a 60 m, eu chegava à irremediável conclusão de que tinha passado do destino. Então, fazia o retorno e dirigia no sentido oposto, só para depois ter de repetir o trajeto como um cão amarrado a uma corda. Na melhor das hipóteses, esse vaivém dobrava meu tempo de viagem. Na pior, eu ficava tão frustrado que abandonava a viagem toda.

Isso é exatamente o que a maioria das pessoas faz no que diz respeito à perda de gordura e exercícios.

Ao usar um instrumento objetivo como uma balança (o equivalente ao odômetro, no meu exemplo), as pessoas geralmente concluem que não estão progredindo quando, na verdade, estão fazendo um imenso progresso, levando ao desfile incessante de dietas da moda e desmoralizantes esforços de última hora que causam mais prejuízo do que benefício. Para atingir seu objetivo de recomposição de 9 kg você precisa avaliar os números corretos.

A balança é um instrumento e você deve utilizá-la, mas não é o único. Além disso, ela pode levar a conclusões erradas. Leia esta resposta sem cortes de Angel, que, na ocasião, fazia a Dieta Slow Carb havia duas semanas (veja os capítulos "A Dieta Slow Carb" I e II):

> Depois do meu dia de folga da dieta, no sábado, ganhei cerca de 500 g, o que é normal para mim... Na segunda semana é que eliminei aquele meio quilo. Não perdi mais peso na segunda semana, mas isso não me desestimulou. Consegui diminuir alguns centímetros. Reduzi 1,3 cm no quadril, o que é fantástico. Perdi 2,5 cm nas coxas. Nada mau. Isso significa um total de 3,8 cm na semana. Fico com os centímetros. O total perdido desde o primeiro dia: 12 cm. Maravilha! E sem exercícios.

Meu problema com a direção terminou quando comprei um aparelho de GPS.

O GPS resolveu meus problemas porque era capaz de responder a uma simples pergunta: eu estava me *aproximando* do meu destino?

No que diz respeito à remodelação corporal, nosso "destino" é uma taxa melhor de *composição* corporal, e não peso.

Quanto de você são músculos úteis e quanto de você são gorduras inúteis? Nossas companhias constantes serão a circunferência e a medida da gordura corporal. Ao final deste capítulo, você terá um ponto de partida para seu próprio GPS físico. Ele o guiará até seu objetivo de recomposição de 9 kg.

Circunferência é algo bem simples: basta usar uma fita métrica. Trataremos dos detalhes no final do capítulo.

Como medimos o percentual de gordura corporal?

A verdade é que existem várias opções, e as mais conhecidas são as piores.

Chegando lá

Num período de 24 horas,[2] fiz mais de uma dúzia de medições da gordura corporal usando desde os equipamentos mais fáceis de encontrar até os mais sofisticados.

Eis aqui alguns dos resultados, do menor para o maior:

7% — três posições com os adipômetros SlimGuide

7,1 a 9,4% — Accu-measure

2 De meio-dia do dia 3 de outubro de 2009 ao meio-dia de 4 de outubro de 2009.

9,5% — ultrassom BodyMetrix
11,3% — DEXA
13,3% — BodPod
14,7 a 15,4% — Impedância bioelétrica manual Omron (a segunda medida depois de beber dois litros de água em cinco minutos)
15,46 a 16,51% — quatro posições com os adipômetros SlimGuide

A variação foi de 7 a 16,51%. Então, qual desses instrumentos é preciso?

A verdade é que nenhum deles é exato. E a melhor parte é que isso não importa. Só precisamos ter certeza de que o método que escolhemos é consistente.

A tabela a seguir mostra as várias técnicas que analisei, ordenadas da mais propensa ao erro à menos propensa.[3]

COMPARAÇÃO DOS MÉTODOS PARA ESTIMAR O PERCENTUAL DE GORDURA CORPORAL

	Custo do procedimento	Tempo (minutos)	Habilidade técnica	Conforto do paciente	Margem de erro em % GC	Comentários
Circunferência	Baixo	± 5	Baixa a moderada	Alto	± 3 a 3,6%	—
Impedância bioelétrica	Baixo	± 5	Baixa	Alto	± 2,5 a 4%	Sensível à hidratação do paciente
Dobras na pele	Baixo	± 5	Alta	Baixo	± 2 a 3,5%	Depende da fórmula
Ultrassom	Baixo	± 5	Moderada	Alto	± 2,3 a 3%	Único método de baixo custo que também pode medir a espessura muscular
BodPod	Alto	± 30	Alta	Moderado	± 2,3 a 2,8%	—
Peso debaixo d'água	Alto	± 30 a 60	Alta	Baixo	± 2,3 a 2,8%	Requer medição cuidadosa e pode ser afetado pelo paciente
DEXA	Alto	± 15 a 30	Alta	Alto	± 1,2 a 2,5%	Pode medir massas magra e óssea
Tomografia computadorizada	Alto	± 10 a 15	Alta	Alto	± 1 a 2%	Radiação significativa
Ressonância magnética	Alto	± 30 a 45	Alta	Alto	± 1 a 2%	—

Fornecida por Luiz da Silva, Ph.D., conselheiro científico, Centro para Ciência e Tecnologia Biofotônica da Fundação Nacional da Ciência da Universidade da Califórnia em Davis.

3 Essas variações de erro pressupõem a presença de profissionais treinados e condições ideais (isto é, boa hidratação para a impedância bioelétrica corporal). A ordem foi determinada usando-se a média da menor e da maior porcentagem de erro.

Depois de dezenas de exames com vários voluntários e levando em conta tanto a constância quanto a conveniência (incluindo o custo), houve três vencedores indiscutíveis:[4]

1. DEXA
2. BodPod
3. Ultrassom (BodyMetrix)

Os três melhores

DEXA

A absorciometria de feixe duplo de raios X (DEXA, na sigla em inglês), que custa de US$50 a US$100 por sessão,[5] foi o meu método preferido, pois pode ser repetida e proporciona informações valiosas além do percentual de gordura corporal. A GE Lunar Prodigy, máquina que usei, foi criada para examinar a densidade óssea, e divide o corpo em diferentes zonas:

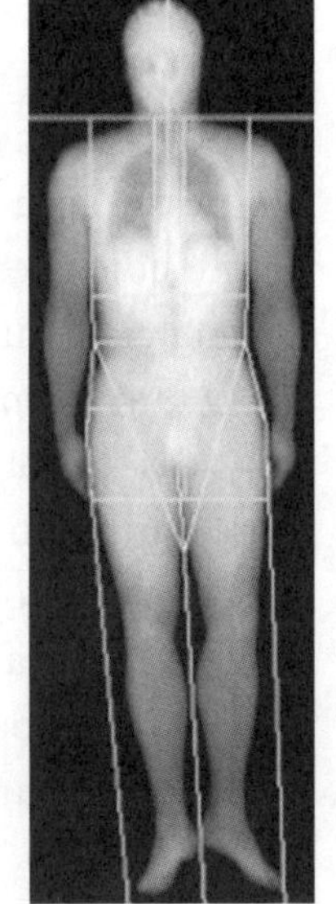

Minha imagem do exame DEXA.

Se você não está preocupado com a osteoporose, por que ela seria interessante?

Porque dá ênfase a desequilíbrios musculares entre os lados direito e esquerdo do corpo. No meu caso:

Braço esquerdo: 4,6 kg
Braço direito: 4,7 kg (sou destro, por isso não é surpreendente)
Perna esquerda: 12,4 kg
Perna direita: 12,8 kg
Parte esquerda do tronco: 18,9 kg
Parte direita do tronco: 17,9 kg

Como veremos em “Profilaxia”, tornar-se uma pessoa à prova de lesões requer, acima de tudo, corrigir desequilíbrios entre os lados direito e esquerdo. Em cinco a 10 minutos, a DEXA lhe dá uma imagem nítida dos desequilíbrios de massa que até mesmo extraordinários fisioterapeutas podem ignorar após horas de observação.

4 No mundo ideal, a ressonância magnética e a tomografia computadorizada seriam utilizadas, mas eu as omiti por causa do custo e da radiação, respectivamente.

5 Os valores citados neste livro são válidos para os Estados Unidos e não são necessariamente aplicáveis ao Brasil. (N. do T.)

BODPOD

Com custo de apenas algo entre US$25 e US$50, o BodPod usa o deslocamento do ar e é comparável ao "padrão ideal" clínico da pesagem subaquática. O paciente (você) se senta dentro de uma cápsula hermeticamente fechada, e pressões alternadas de ar determinam a composição corporal. Infinitamente mais rápido e confortável do que a medida de peso subaquática, o BodPod é o instrumento de medição de gordura corporal oficial do NFL Combine, no qual os 330 melhores jogadores de futebol americano das faculdades dos Estados Unidos são examinados por treinadores e "olheiros" para determinar seu valor.

Ao contrário dos adipômetros e de outros métodos, o BodPod pode acomodar voluntários obesos com mais de 200 kg.

BODYMETRIX

O BodyMetrix é um aparelho de ultrassom manual que informa exatamente a espessura da gordura (com uma exatidão de milímetros) onde quer que você o coloque. Ele acabou se tornando o instrumento que utilizei com mais frequência e ainda uso.

O ultrassom é empregado há mais de uma década para determinar as características de gordura e músculo em animais. Quer saber quanta gordura intramuscular há no seu futuro bife de Kobe?[6] Use a câmera de ultrassom!

É incrível que esse aparelho tenha demorado tanto a ser escolhido por atletas. A nova geração de bastões BodyMetrix, pequenos o suficiente para caber no bolso do paletó, conecta-se a qualquer computador com um cabo USB e é hoje utilizada por equipes mundialmente famosas como a do New York Yankees, de beisebol, e o time de futebol do Milan. É o retrato da simplicidade: pude obter várias leituras em menos de dois minutos, e tanto os dados quanto as imagens foram automaticamente enviados para meu Mac. (O programa para PC na verdade roda mais rápido num Mac usando o Parallels®, que permite utilizar softwares de PC em Macs.)

Em vez de tentar encontrar uma academia que ofereça esse exame e cobre por cada sessão, decidi comprar meu próprio aparelho. Ao custo de US$2.000 pela versão profissional, valeu pela conveniência. Há uma versão para uso pessoal em desenvolvimento que custará menos de US$500.

6 Corte de carne bovina japonês; supostamente, o mais caro do mundo. (*N. do T.*)

Não consegue encontrar os melhores?

Se você opta por usar adipômetros ou a bioimpedância (qualquer instrumento que você segure ou no qual precise subir) por conveniência, ou se os usa para fazer medições mais frequentes juntamente com os três melhores métodos, eis aqui alguns pontos fundamentais a serem considerados:

1. NUNCA COMPARE RESULTADOS DE MEDIDAS REALIZADAS EM INSTRUMENTOS DIFERENTES.[7]

Resultados obtidos com instrumentos diferentes não podem ser comparados. Na minha maratona de 24 horas de medições, obtive um resultado de 13,3% com o BodPod e de 11,3% com a DEXA. Digamos que eu tivesse medido a gordura usando apenas a DEXA, com um resultado de 11,3%, e depois repetisse o exame com BodPod para me certificar, o que daria 12,3%. Eu concluiria, equivocadamente, que ganhei 1% de gordura corporal, ao passo que veria um resultado mais preciso de perda de 1% se tivesse usado o BodPod para ambos.

2. SE OPTAR POR USAR A IMPEDÂNCIA BIOELÉTRICA (BEI),[8] VOCÊ PRECISA DE CONSISTÊNCIA NOS NÍVEIS DE HIDRATAÇÃO.

Usando aparelhos de bioimpedância, fiz com que minha gordura corporal aumentasse quase 1% em cinco minutos apenas bebendo dois livros de água entre as medições. Eis uma solução simples que resolve em grande parte problemas de hidratação:

Imediatamente depois de acordar, beba 1,5 litro de água gelada[9] — certifique-se de que a temperatura da água é a mesma todos os dias — e aguarde meia hora. Urine e depois meça sua gordura corporal usando a bioimpedância. Não coma nem beba nada antes do exame. Eu usei duas garrafas de Bulleit Bourbon (750 ml × 2 = 1,5 litro), porque adoro garrafas com estilo antigo, mas as Nalgene geralmente têm capacidade de um litro cada, com uma linha de submedidas na lateral. Vinhos e a maioria das bebidas alcoólicas são vendidos em garrafas padronizadas de 750 ml.

3. SE OPTAR PELOS ADIPÔMETROS, VOCÊ PRECISARÁ DE UM ALGORITMO CONSISTENTE.

Mesmo com adipômetros iguais, ao usar fórmulas diferentes obtêm-se resultados diferentes. Sugiro que você peça à academia ou ao treinador que use um

7 Você também não deve comparar algoritmos diferentes do mesmo equipamento. Isso, em geral, causa confusão quando você obtém leituras com adipômetros de diferentes treinadores. Use a mesma pessoa e o mesmo algoritmo (por exemplo, 3 pontos na fórmula Jackson-Pollock).

8 Também conhecida como bioimpedância, ou BI.

9 A temperatura fria da água também ajuda na perda de gordura.

algoritmo Jackson-Pollock de 3 ou 7 pontos, que, descobri, fornece os resultados mais consistentes em comparação com os três melhores instrumentos.[10] Isso é tão simples quanto escolher uma opção no menu do programa deles.

Começando seu GPS físico — os passos

Começar seu programa de recomposição corporal sem medidas é como marcar uma viagem sem um ponto de partida. Eu lhe *garanto* que você se arrependerá disso mais tarde. Não voe às cegas.

Meu pai, que perdeu mais de 30 kg e mais do que triplicou sua força, ainda está se autoflagelando por não ter os valores de sua gordura corporal.

Gaste algum dinheiro e obtenha seus dados. Se precisar, deixe de beber uns cafés e de sair para jantar vez ou outra.

Próximos passos:

1. Meça sua circunferência de "antes". Pegue uma simples fita métrica e meça quatro pontos: seus braços (no meio dos bíceps), cintura (na altura do umbigo), quadris (no ponto mais largo abaixo da cintura) e pernas (no meio das coxas). Some esses números e você chegará à sua **centimetragem total** (CT). Alterações nesse valor serão importantes o suficiente para que você os acompanhe.
2. Estime sua gordura corporal (GC%) com base no "guia visual" da página 64.
3. Escolha o melhor instrumento e agende uma sessão.

Se sua gordura corporal estiver acima de 30%, evite os adipômetros e use DEXA, BodPod ou ultrassom, nessa ordem. Se você não conseguir encontrar tais equipamentos, opte pela bioimpedância e siga as regras de hidratação já mencionadas.

Se estiver inferior a 25%, tente ainda usar DEXA, BodPod ou ultrassom. Se não conseguir encontrá-los, opte por adipômetros com um profissional qualificado (use a mesma pessoa para consultas futuras) e peça para ele usar o algoritmo de 3 ou 7 pontos Jackson-Pollock. Caso não estejam disponíveis, use outro algoritmo que inclua uma medida da perna e pelo menos 3 pontos no total.

10 Há fórmulas específicas para cada tipo populacional que fornecem números mais precisos, mas elas não são muito usadas, uma vez que a maior parte das academias e dos personal trainers lida com uma população bem variada.

A gordura da perna é traiçoeira e precisa constar no seu exame. Grave o nome do algoritmo usado para referências futuras.

FERRAMENTAS E TRUQUES

Fita Métrica Manual OrbiTape (www.fourhourbody.com/orbitape) Meça qualquer parte do corpo com precisão militar. Essa fita métrica é a preferida das forças armadas para realizar exames físicos.

DEXA O exame deve ser administrado por uma equipe médica licenciada, o que elimina a maior parte das academias de ginástica e clubes. Antes de mais nada, procure no Google o nome da sua cidade e depois o termo "DEXA gordura corporal". Se não der certo, procure "DEXA", "exame de osteoporose" ou "exame de densitometria óssea" para sua cidade ou CEP. Acrescente o termo "consultório" se a busca resultar em muitas respostas. Gastei US$49 no exame realizado em Redwood City, na Califórnia, no Body Composition Center (www.bodycompositioncenter.com).

Localizadores de BodPod (www.lifemeasurement.com/clients/locator) O BodPod é usado para examinar atletas do NFL Combine, fornecendo medidas de gordura e massa magra, assim como capacidade respiratória. Use esse website para encontrar centros de exame de BodPod, que existem em quase todos os estados americanos, mas não são tão comuns no Brasil.

BodyMetrix (www.fourhourbody.com/bodymetrix) O aparelho manual BodyMetrix usa ultrassom para medir a composição corporal em milímetros. Para quem puder comprar, é uma ótima opção e minha escolha pessoal.

Balança de bioimpedância Escali (www.fourhourbody.com/escalibio) A balança de bioimpedância Escali mede o peso e a porcentagem de gordura corporal de até 10 usuários.

Adipômetros Slim Guide (www.fourhourbody.com/slimguide) Esses são os adipômetros mais usados do mundo. Eles têm baixo custo, mas são precisos o suficiente para o uso profissional. Tenha certeza de incluir ao menos uma medida da perna em todos os cálculos.

Gordura cosmética *versus* gordura do mal: como medir a gordura visceral (www.fourhourbody.com/evil) Já se perguntou como algumas pessoas, principalmente homens mais velhos, conseguem ter uma barriga de cerveja que parece um tambor? Abdomens inchados que parecem músculos quando você toca neles? A resposta é desagradável: em vez de gordura sob a pele, é a gordura em volta dos órgãos internos o que pressiona a parede abdominal para fora.

Um dos pontos fracos dos adipômetros e do ultrassom é que eles só conseguem medir gordura subcutânea (sob a pele), e não o que é conhecido como gordura visceral (em torno dos órgãos).

Esse artigo, de autoria dos médicos Michael Eades e Mary Dan Eades, explica um método primitivo de estimar a gordura visceral, o que é importante principalmente para as pessoas com mais de 25% de gordura corporal ou que estejam da meia-idade em diante.

O OLHÔMETRO: UM GUIA VISUAL DA GORDURA CORPORAL

Qual deveria ser seu objetivo em relação à gordura corporal? Para a maioria das pessoas, sugiro o seguinte como ponto de partida:

Para homens:
Se estiver obeso, tente 20%.
Se estiver apenas um pouco acima do peso, tente 12%.

Para mulheres:
Se estiver obesa, tente 25%.
Se estiver apenas um pouco acima do peso, tente 18%.

Se você (homem ou mulher) quiser alcançar os 5%, nós o ajudaremos mais tarde.

Use as imagens das páginas 66 e 67 e as descrições (o que for mais útil) para estimar seu percentual de gordura corporal atual. Em que ponto você está realmente? Olhe as imagens antes de ler o restante, assim você talvez possa pular o texto.

Os percentuais e as descrições a seguir pretendem refletir medidas de alta precisão feitas com adipômetros em homens, mas as instruções também são úteis para as mulheres. Tenha em mente que, como os adipômetros medem a dobra da pele, tanto a gordura subcutânea quanto a água subcutânea aparecem nos resultados. Um agradecimento especial a Surferph34 pelas instruções e pelos links das fotografias.[11]

20% de gordura corporal

Não há definição muscular visível e existe apenas um quê de separação entre os principais grupos musculares se esses grupos forem grandes e bem desenvolvidos. Veja exemplos em:

www.fourhourbody.com/20a
www.fourhourbody.com/20b
www.fourhourbody.com/20c

15% de gordura corporal

Alguma separação muscular aparece entre os músculos dos ombros (deltoides) e braços. Os músculos abdominais não são visíveis. Veja exemplos em:

www.fourhourbody.com/15a

12% de gordura corporal

Nota-se mais separação muscular, principalmente no peito e nas costas, e um traço do abdômen começa a surgir. De pé sob a luz de um teto com iluminação favorável, é possível ver alguma definição nos músculos abdominais. Veja exemplos em:

www.fourhourbody.com/12a
www.fourhourbody.com/12b

11 www.fourhourbody.com/bodyfat-examples

10% de gordura corporal

Separação muscular bastante definida nos braços, peito, pernas e costas, e músculos abdominais bem visíveis quando flexionados. Veja exemplos em:

www.fourhourbody.com/10a

7 a 9% de gordura corporal

Os músculos abdominais são nitidamente visíveis o tempo todo, vascularidade nos braços proeminente e separação óbvia das costas e do tórax. O rosto começa a parecer mais angular. Veja exemplos em:

www.fourhourbody.com/7a
www.fourhourbody.com/7b

5 a 7% de gordura corporal

Estrias surgem nos grandes grupos musculares quando flexionados. Vasos sanguíneos aparecem no baixo abdômen e nas pernas. Fisiculturistas profissionais geralmente buscam esse tipo de definição para as competições. Veja exemplos em:

www.fourhourbody.com/5a

EXEMPLOS MASCULINOS

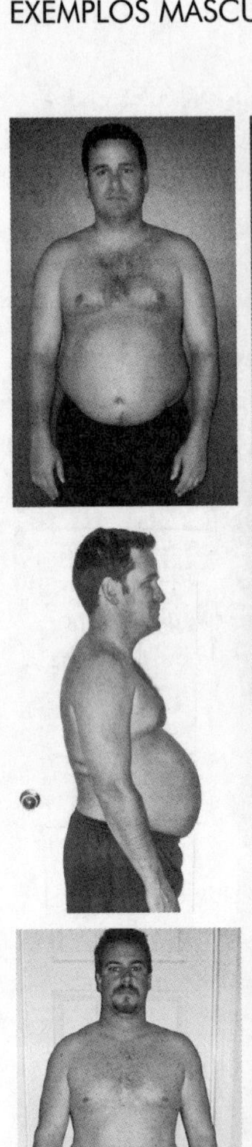

Trevor Newell
33% de gordura corporal, 19% de gordura corporal, 9% de gordura corporal

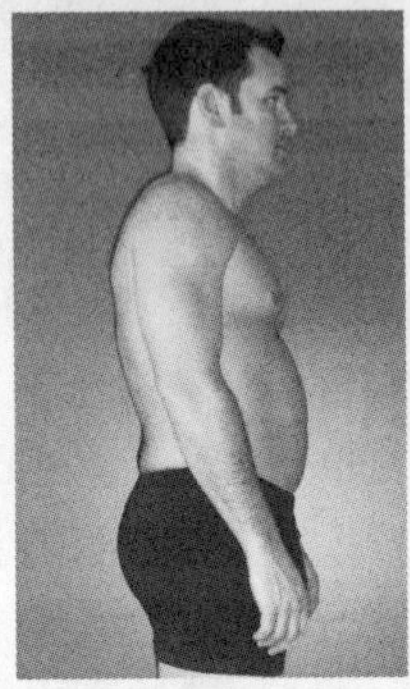
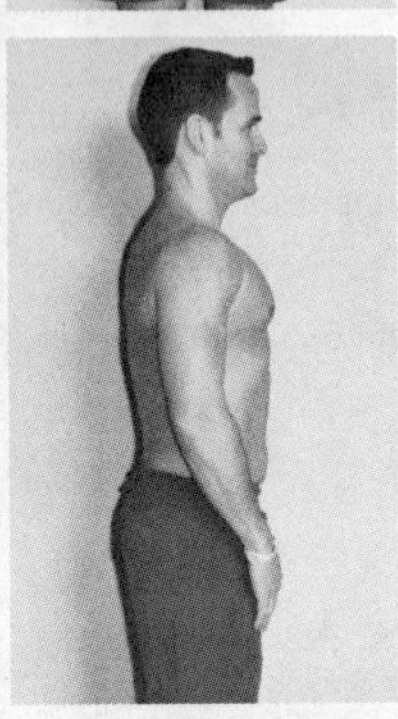

Trevor Newell
33% de gordura corporal, 19% de gordura corporal, 9% de gordura corporal

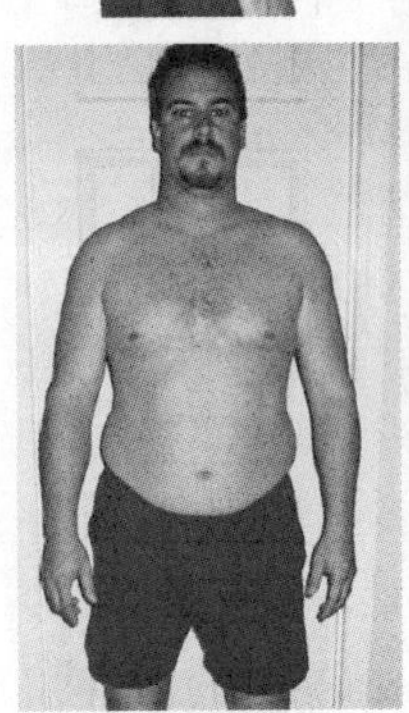
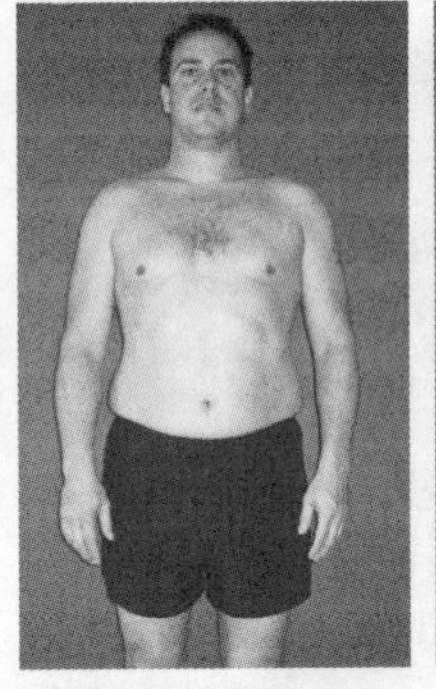
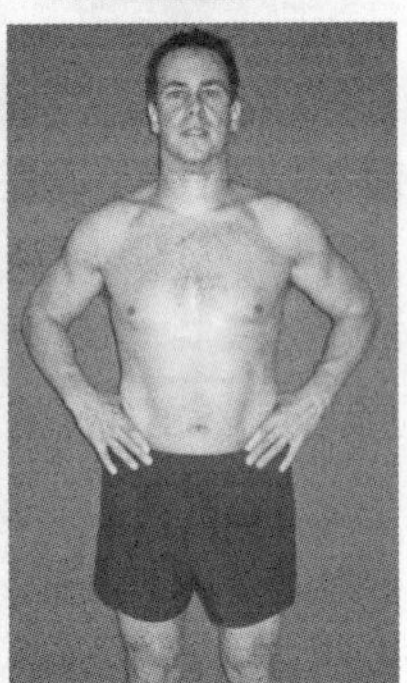

Ray Cronise
31,56% de gordura corporal, 24,7% de gordura corporal, 12,65% de gordura corporal

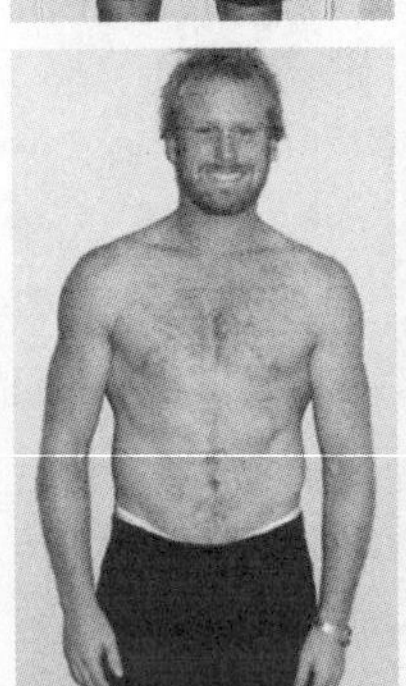
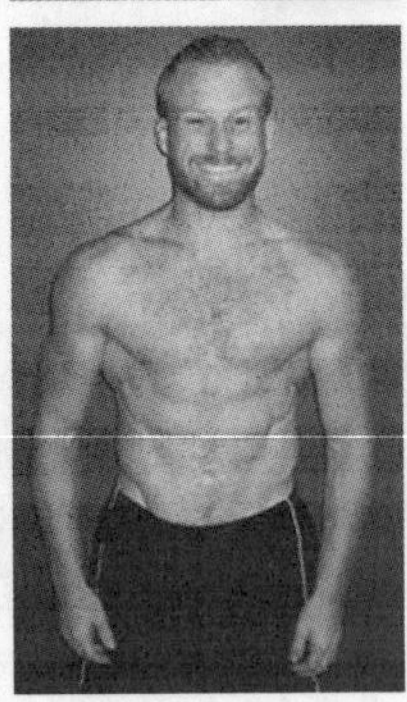

Nic Irwin
22% de gordura corporal, 5% de gordura corporal

Nathan Zaru: 8% de gordura corporal. Apesar da iluminação tipo "Incrível Hulk", acredito que seja (entre estas fotografias) a que melhor representa 8% de gordura corporal em homens. As pessoas subestimam drasticamente o percentual de gordura corporal. Se você tem um pouco de músculo e menos de 10% de gordura corporal, deve apresentar definição semelhante a esta.

EXEMPLOS FEMININOS

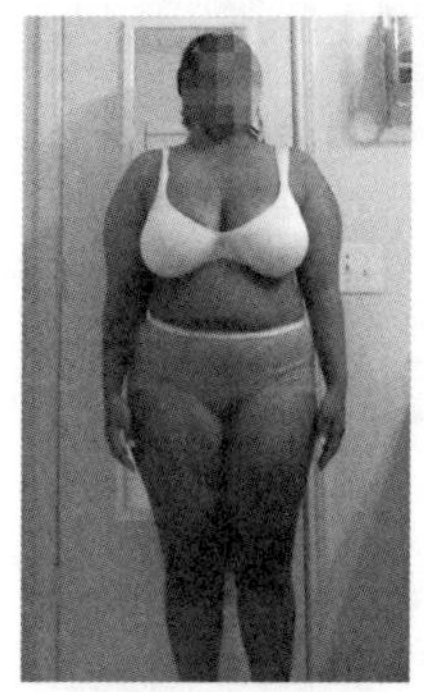

103 kg, 39,8% de gordura corporal

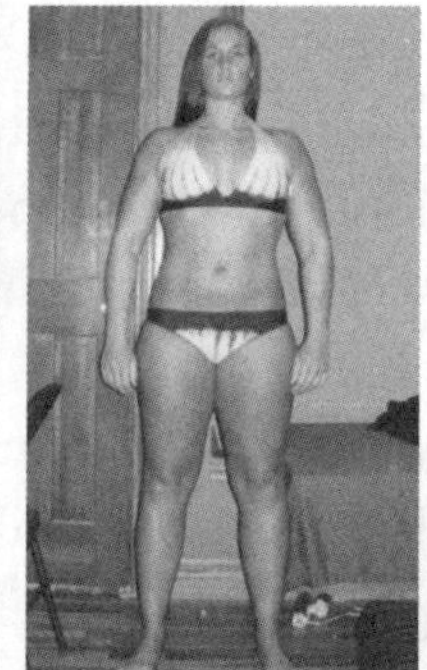

Erin Rhoades
30% de gordura corporal, 25% de gordura corporal, 12% de gordura corporal

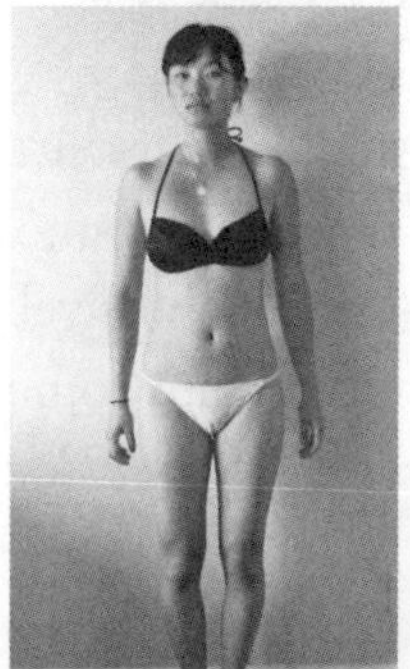

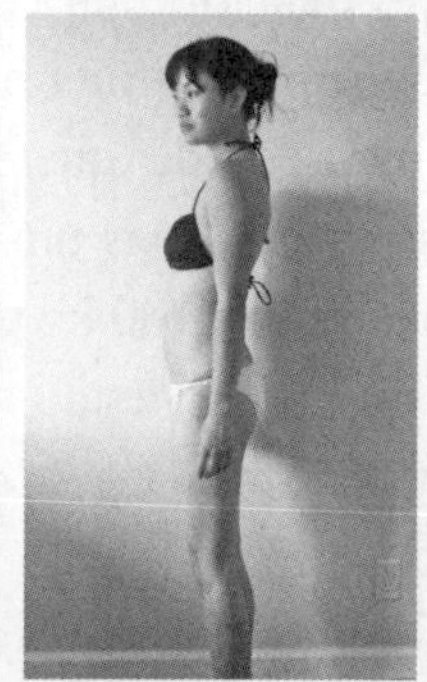

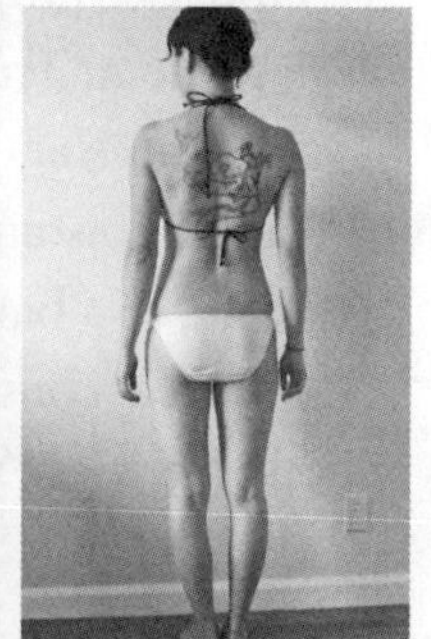

Julee
22% de gordura corporal (compare com Trevor ou Nic com suas imagens de 19 e 22% de gordura corporal — a aparência é semelhante)

Andrea Bell
13,4% de gordura corporal

DAS FOTOS AO MEDO

Impossibilitando o fracasso

Tenho uma ótima dieta. Você pode comer tudo o que quiser, mas tem que comer na companhia de pessoas gordas e nuas.
— Ed Bluestone

O que é medido é administrável.
— Peter Drucker, detentor da Medalha Presidencial da Liberdade

90,4...

Trevor olhou para a tela de LCD que lhe dava as notícias. Ele piscou algumas vezes: 90,4. Depois ele piscou mais um pouco.

— Caramba!

Ele ganhou aproximadamente 4,5 kg por ano depois do segundo ano do ensino médio, chegando a pesar 108 kg na formatura da faculdade. Hoje, pela primeira vez desde a adolescência, Trevor pesava menos de 100 kg.

Era sua meta desde que subira na esteira quase dois anos antes, mas um objetivo distante. Romper a barreira dos 100 kg parecia impossível. Hoje ele conseguiu. A questão nem é tanto como ele fez isso. A pergunta a se fazer é: *por que* deu certo?

Simples. Ele fez um acordo com um colega de trabalho: eles iriam à academia juntos três vezes por semana e, se um deles faltasse a uma aula, deveria pagar ao outro um dólar.

Na primeira visita à academia, Trevor caminhou na esteira por quatro minutos.

Não muito tempo depois, ele correu uma milha (1,6 km) pela primeira vez desde a quarta série.

Hoje ele já correu duas meias maratonas.

Não é o dólar que importa (Trevor até que ganhou muitos), e sim a psicologia que há por trás disso.

Seja um dólar ou um centímetro, sempre existem maneiras de garantir que os primeiros passos que você der o levarão aonde você quer chegar.

Seguro barato: quatro princípios à prova de fracasso

Adoro as revistas *SkyMall*, mas, numa fatídica terça-feira, apesar do meu esforço para ler sobre redes para relaxar à beira da piscina e mapas gigantescos, eu não conseguia me concentrar. Havia uma batalha sendo travada no outro lado do corredor do avião da Frontier Airlines, e eu assistia de camarote.

Em completo silêncio, eu observava um homem — tão obeso que precisava de uma extensão do cinto de segurança — enquanto ele comia todo um saco de balas antes da decolagem. Depois ele passou para um pacote de biscoito recheado, que consumiu inteiro antes de atingirmos a altitude de cruzeiro. Foi uma demonstração impressionante.

Lembro de ter me perguntado: *Como ele consegue justificar comer tudo isso?* Meu Deus, o sujeito precisava usar uma bengala. A resposta, obviamente, era que ele não conseguia. Duvido que até mesmo tentasse. Não havia justificativa lógica para aquele comportamento — se bem que também não há nada que explique por que eu aperto o botão "soneca" de 10 em 10 minutos, por uma ou duas horas, todos os sábados.

Deixamos de cumprir promessas que fazemos a nós mesmos com uma frequência vergonhosa. Como uma pessoa que está tentando perder peso pode tomar um pote inteiro de sorvete antes de dormir? Como é possível que o mais disciplinado dos executivos seja incapaz de arranjar meia hora por semana para praticar exercícios? Como alguém cujo casamento está em risco por causa do vício em nicotina ainda consegue acender um cigarro?

O motivo é simples: a lógica fracassa. Se fôssemos resumir os últimos 100 anos da psicologia comportamental em três palavras, seriam essas.

Por sorte, quando se tem consciência disso, é possível produzir a adesão. Partindo tanto de dados novos quanto de outros que costumam ser ignorados, como pesquisas fotográficas e leilões, são quatro os princípios do comportamento à prova de fracasso.

Pense neles como uma apólice de seguro contra a fraqueza da natureza humana — suas fraquezas, minhas fraquezas, *nossas* fraquezas.

1. Tenha consciência.
2. Transforme isso num jogo.
3. Faça disso uma competição.
4. Comprometa-se com metas pequenas e por períodos curtos.

1. TENHA CONSCIÊNCIA: IMAGENS RÁPIDAS E FOTOS DO "PASSADO"

A maneira mais rápida de se corrigir o comportamento é ter consciência dele em tempo real, e não depois do ocorrido.

O curioso caso da chamada "dieta do flash" é um ótimo exemplo dessa diferença. Os doutores Lydia Zepeda e David Deal, da Universidade de Wisconsin-Madison, convocaram 43 voluntários que fotografariam todas as suas refeições ou lanches antes de comerem. Ao contrário dos diários alimentares, que requerem tempo para escrever textos, geralmente muito depois da refeição, as fotos funcionavam como uma intervenção instantânea e obrigavam as pessoas a refletir melhor sobre as suas escolhas *antes* de o estrago ser feito. Nas palavras de um participante: "As chances de comer um pacote gigantesco de M&M's eram menores. Isso restringiu minhas opções. Não as mudei por completo, mas quem deseja ser fotografado com um saco gigante de M&M's na mão?"

Os pesquisadores concluíram que as fotografias eram mais eficientes do que os diários alimentares. Isso é importante, pois estudos anteriores confirmaram que voluntários que usavam diários por escrito perdiam *três vezes* mais peso do que os que não os escreviam. Conclusão: use a câmera do seu telefone celular para tirar uma fotografia antes de abrir a boca. Mesmo sem uma dieta prescrita, essa consciência basta para resultar em perda de gordura.

A câmera também pode ser usada para ressaltar seus fracassos... para que você possa tirar proveito deles.

Se analisarmos as inscrições dos ganhadores do Desafio Body-for-Life, o maior concurso de transformação física nos últimos 50 anos, podemos isolar um elemento fundamental em comum: fotografias de como as pessoas eram "antes". Os métodos de exercícios e as dietas variavam, mas aqueles que passavam por experiências mais drásticas disseram que as fotografias de como eram antes é que foram as responsáveis por terem permanecido no programa. As imagens eram colocadas num lugar sempre visível, geralmente na geladeira, e serviam como uma vacina contra a autossabotagem.

Pegue uma imagem exata do seu ponto de partida. Vai ser pior do que você espera, mas isso não é necessariamente ruim. Ignorar sua imagem atual não a mudará; por isso, registre-a e use-a.

2. TRANSFORME ISSO NUM JOGO: JACK STACK E AS CINCO SESSÕES NECESSÁRIAS PARA PERSISTIR

Jack Stack estava nervoso. O ano era 1983, e ele acabara de se juntar a seus empregados para comprar a SRC, uma fabricante de motores quase falida, da empresa a que ela pertencia, a International Harvester. Tudo saiu maravilhosamente bem, com US$100.000 aplicados num empréstimo de US$9 milhões e uma taxa de débito de 89 para 1. O gerente do banco que aprovou o empréstimo foi demitido horas depois de assinar o contrato.

Os 13 gerentes que contribuíram com as economias de suas vidas para tornar isso possível também estavam muito ansiosos, mas não precisavam estar. Aqueles US$100.000 valeriam US$23 milhões em 1993, apenas 10 anos mais tarde. Em 2008, as vendas haviam crescido de US$16 milhões para mais de US$400 milhões, e o valor de mercado da empresa subira de US$0,10 por ação para US$234 por ação.

A quem se deve agradecer?

Aos jogos. Jogos frequentes.

Jack Stack ensinou todos os seus funcionários a ler os relatórios financeiros, abriu os livros-caixa da empresa e estabeleceu metas numéricas juntamente com registros de desempenho individual em murais por toda a fábrica. Objetivos diários e responsabilidade pública foram combinados a recompensas diárias e reconhecimento público.

A fábrica Hawthorne da Western Electric Company, em Cicero, Illinois, descobriu a mesma coisa, ainda que acidentalmente. O ano era 1955, e a descoberta foi importante: aumentar a luminosidade da fábrica fazia com que os operários fossem mais produtivos. Foi quando alguém atentou (imagino um estagiário nervoso) para um detalhe intrigante. A produtividade também aumentava quando eles diminuíam a iluminação! Na verdade, qualquer alteração que fizessem parecia resultar em aumento de produtividade.

Revelou-se que, a cada mudança, os trabalhadores suspeitavam que estavam sendo observados e, por isso, trabalhavam mais. Esse fenômeno — também chamado de "efeito do observador" — acabou conhecido como o "efeito Hawthorne".

Reforçados por pesquisas de elaboração de jogos, os resultados de Jack Stack e da Western Electric podem ser resumidos numa equação bastante simples: **medição = motivação.**

Testemunhar o progresso nos números torna o repetitivo fascinante e cria um círculo virtuoso. Mais uma vez, o ato de medir é geralmente mais importante do que aquilo que está sendo mensurado. Para citar o estatístico industrial George Box: "Todo modelo está errado, mas alguns são muito úteis."

É fundamental que você meça algo, mas isso levanta uma questão: para substituir a autodisciplina, com que frequência você precisa mensurar as coisas?

Ou melhor, quantas vezes você precisa registrar dados até ser fisgado e nunca mais parar? Na experiência da brilhante equipe Nike+ e de seus usuários, mais de 1,2 milhão de corredores que percorreram mais de 200 milhões de quilômetros, o número mágico é cinco:

> Se alguém envia apenas umas duas corridas para o website, talvez esteja apenas experimentando. Mas, depois que atingem cinco corridas, os corredores, em massa, têm maiores chances de continuar correndo e enviando dados. Com cinco corridas, eles já foram atraídos pelo que os dados lhes dizem sobre si mesmos.

Aristóteles acertou em cheio, mas ignorava um número: "Somos o que fazemos repetidamente." Meras cinco vezes (cinco sessões de musculação, cinco refeições, cinco o que quer que você queira) serão seu objetivo.

Quando estiver em dúvida, "use cinco" como a regra.

3. FAÇA DISSO UMA COMPETIÇÃO: O MEDO DE PERDER E OS BENEFÍCIOS DA COMPARAÇÃO

Você trabalharia mais se fosse para ganhar US$100 ou para não perder US$1.000? Se a pesquisa do Centro de Experimentos em Ciências Sociais da Universidade de Nova York estiver correta, o medo da perda é maior.

A experiência que fizeram com três grupos era assim: o primeiro grupo recebia US$15 e lhes era dito que os US$15 seriam tomados de volta se perdessem um leilão que seria feito em seguida; ao segundo grupo foi informado que receberiam US$15 se ganhassem o leilão; e o terceiro foi o grupo de controle, sem incentivo algum. O primeiro foi o que fez as maiores ofertas.

O economista Eric Schotter, que participou da experiência, explicou os resultados:

> Economistas costumam atribuir ofertas excessivas à aversão ao risco ou à alegria do ganho. O que descobrimos foi que a causa real da supervalorização é o medo da perda, uma teoria completamente nova em relação às investigações anteriores.

Essa não é uma constatação desanimadora, mas útil. Sabendo que a perda em potencial é um motivador mais eficiente do que a recompensa em potencial, podemos nos preparar para o sucesso incluindo um risco tangível de fracasso público. Números reais de perda de peso corroboram a ideia. Examinando ao acaso 500 pessoas do universo de mais de 500.000 usuários do website de dieta e exercício DailyBurn, as pessoas que competiam com seus colegas em "desafios" perdiam, em média, 2,6 kg a mais do que as que não o faziam.

Há outro fenômeno que torna os grupos um ambiente ideal para mudanças: a comparação social teórica. Em termos mais simples, isso significa que, num grupo, algumas pessoas se sairão pior do que você ("Sarah perdeu apenas 500 g — que bom para mim!") e outras se sairão melhor ("Mike não tem nada de especial. Se ele consegue, eu também consigo."). Ver pessoas com desempenhos inferiores o faz ter orgulho até mesmo de seu progresso mínimo, enquanto pessoas com desempenho melhor no seu grupo fazem com que resultados melhores pareçam mesmo possíveis.

Analisando os dados do DailyBurn, aquelas pessoas que têm três ou mais "motivadores" em seu grupo perderam em média 2,5 kg a mais do que as que tinham menos companheiros.

Aceite a pressão dos amigos. Ela não é apenas para crianças.

4. COMPROMETA-SE COM METAS PEQUENAS E POR PERÍODOS CURTOS

Isso nos leva aos seus próximos passos mais importantes. Os detalhes você encontra a seguir.

Perguntas e ações

Antes de avançar para o próximo capítulo, faça (ou, no caso do número 2, *comece*) ao menos duas das quatro ações seguintes, à sua escolha.

1. **Eu realmente sou assim sem roupa?** Fotografe a si mesmo de frente, de trás e de lado. Use roupa íntima ou de banho. Não quer pedir esse favor ao vizinho? Então use uma câmera com um disparador automático ou uma webcam como a Mac iSight. Coloque a fotografia mais horrenda em algum lugar onde você possa vê-la com frequência: na geladeira, no espelho do banheiro, na testa do cachorro etc.
2. **Eu como mesmo isso?** Use uma câmera digital ou a câmera do seu celular para tirar fotografias de tudo que você comer durante três a cinco dias, de preferência incluindo ao menos um dia do fim de semana. Para dar uma noção de escala, coloque sua mão perto de cada item ou prato fotografado. Para um efeito ainda maior, exponha essas fotografias na internet para que as outras pessoas possam vê-las.

3. **Quem pode ser meu companheiro?** Encontre ao menos uma pessoa que aceite participar de uma competição amigável usando a centimetragem total (CT) ou o percentual de gordura corporal. O peso é uma opção pior, mas, ainda assim, uma opção. Use seu lado competitivo, a culpa e o medo da humilhação a seu favor. Aceite o desafio. Recompensas são supervalorizadas.
4. **Como tomo minhas medidas?** Use uma fita métrica simples e meça quatro pontos: ambos os braços (no meio dos bíceps), a cintura (na altura do umbigo), o quadril (no ponto mais largo abaixo da cintura) e ambas as pernas (no meio das coxas). A soma desses números lhe dará sua **centimetragem total (CT)**. Estou lhe dizendo isso agora porque sei que você não fez isso depois do último capítulo. Levante-se do sofá e tire suas medidas. Você só vai precisar de cinco minutos.
5. **Qual é a menor alteração significativa que posso alcançar?** Estabeleça uma meta pequena, possível. Por enquanto, isso significa adotar pelo menos dois dos quatro passos citados antes de continuar. O restante e o melhor ainda estão por vir.

FERRAMENTAS E TRUQUES

Réplicas extremamente nojentas e realistas de gordura (www.fourhourbody.com/fatreplica) Essas réplicas são nojentas, mas dão ótimos motivadores. Eu mantenho 500 g de gordura na minha geladeira. A réplica de 2,5 kg é o motivador mais eficaz que já vi para fazer com que pessoas teimosas comecem a perder peso. Um conhecido meu, CEO de uma empresa de biotecnologia, chega ao ponto de andar com uma dessas réplicas na pasta para mostrar às pessoas que podem estar precisando de um pouco de exercício. Se você quer agradecer a si mesmo, quer que outros lhe agradeçam ou talvez levar um soco no rosto, compre uma dessas réplicas.

Serviços de publicação de imagens de "antes" (e "depois")
Posterous (www.posterous.com)
Evernote (www.evernote.com)[1]
Flickr (www.flickr.com)

Wikis pessoais PBworks (www.fourhourbody.com/pbworks) Ramit Sethi (no texto em destaque a seguir) criou uma wiki (uma página simples como as encontradas na Wikipédia) gratuita no PBworks e convidou todo mundo que quisesse apostar com ele e ser notificado quando ele atualizasse seu peso. Ramit também usou o PBworks para falar muita besteira.

1 Um aviso: hoje sou consultor tanto do Posterous quanto do Evernote porque acredito nesses serviços.

Eat.ly (http://eat.ly) Eat.ly é um dos modos mais fáceis de começar um diário fotográfico de alimentação. Esse website ajuda você a acompanhar e manter um registro visual dos alimentos que consumiu.

Habit Forge (www.habitforge.com) O Habit Forge é uma ferramenta de e-mail para ajudá-lo a incluir hábitos novos na sua rotina atual. Escolha o hábito que desejar e o Habit Forge lhe enviará um e-mail durante 21 dias consecutivos. Se você não conseguir manter o hábito, o ciclo de e-mails recomeçará.

stickK (www.stickk.com) stickK foi fundado com base no princípio de que criar incentivos e assumir a responsabilidade são dois dos elementos mais importantes para se alcançar um objetivo. O cofundador Dean Karlan, professor de Economia em Yale, teve a ideia de montar um "Depósito de Comprometimentos" on-line que, mais tarde, se transformou no stickK. Se você não cumprir seu compromisso com o stickK, ele automaticamente conta a seus amigos e o expõe a zombarias infinitas.

BodySpace (www.bodybuilding.com/superhuman) ou DailyBurn (www.dailyburn.com/superhuman) Precisa de alguém para controlar você? Para estimulá-lo ou atormentá-lo quando você precisar? Junte-se aos mais de 600.000 membros do BodySpace ou aos mais de 500.000 do DailyBurn, pessoas que estão mantendo controle de suas dietas e seus programas de exercícios. Os endereços citados levam às comunidades do 4HC nesses websites.

RAMIT, O GRANDE FALASTRÃO — COMO GANHAR 2,5 KG NUMA SEMANA

Ramit Sethi sempre riu da sua "fragilidade indiana".

Há anos ele queria acrescentar músculos ao seu corpo de 58 kg, mas isso só aconteceu depois que tomou uma decisão simples em sua vida: fez uma aposta. Ramit tem uma pasta inteira em seu Gmail dedicada a apostas com amigos, acumulando cerca de US$8.000 em prêmios em dinheiro.

Desta vez, ele apostou contra todos que era capaz de ganhar 7 kg de músculo em três meses.

Só nos primeiros sete dias ele ganhou 2,5 kg, e foi o máximo que conseguira até então. Por fim, ele acrescentou 20% a seu peso — ultrapassando os 7 kg — e ao mesmo tempo manteve sua taxa de gordura corporal baixa. Agora, três anos mais tarde, ele continua mantendo sua nova medida de massa magra com precisão quase constante.

Houve três razões para que isso funcionasse depois de anos de fracasso para ganhar peso.

1. Ele usou uma aposta e controlou os resultados publicamente

Ramit criou uma wiki (página com formatação semelhante à da Wikipédia) no website gratuito PBworks e convidou as pessoas que apostavam com ele a receber notificações quando atualizasse seu peso. Ele, então, se pôs a falar um monte de besteira.

É desnecessário dizer que a conversa mole o faria parecer duplamente idiota se ele não ganhasse a aposta. Ramit fala sobre seu sistema de controle:

"Use a psicologia para ajudar; não apenas 'se esforce mais'. Se você já tentou (ou se comprometeu com) alguma coisa repetidas vezes e não deu certo, pense na possibilidade de se expor publicamente ou de fazer uma aposta."

MUDANÇA	COMENTÁRIO (SINTA-SE LIVRE PARA ACRESCENTAR SUA PRÓPRIA OPINIÃO)
PESO INICIAL (em kg)	• O começo do fim para os meus apostadores. — Ramit
+1,4	• Fiquem com medo. — Ramit
+1	• Quase meu maior peso. As mulheres e as crianças estão começando a ficar com medo de mim. — Ramit
+1	• Um novo recorde pessoal, e ainda há mais por vir. Não sinto fome desde o dia 29/9. — Ramit
−0,6	• Uma mortalha cobre este desafiante quando me deparo com minha primeira semana de peso perdido. Vou me recuperar. — Ramit
+0,6	• De volta ao caminho correto. — Ramit
−0,9	• Será que estagnei? — Ramit
+1,7	• SOU UM HOMEM ENORME, O MAIOR QUE JAMAIS FUI. NÃO PASSAREI SOBRE NENHUMA PONTE PORQUE TENHO MEDO DE QUE ELA DESMORONE. TAMBÉM ESTOU EVITANDO PEGAR BEBÊS NO COLO, POIS TEMO ACIDENTALMENTE JOGÁ-LOS NA ESTRATOSFERA. PODEM VIR COM TUDO!!!!!!!!!!!!!! — Ramit

2. Ele ignorou quase todo mundo

Do próprio Ramit:

"Todo mundo tem uma opinião. Algumas pessoas me disseram que eu ficaria gordo, como se eu fosse deixar isso acontecer por causa de algumas centenas de dólares. E, lógico, todos tinham teorias quanto ao que comer, beber e até combinações de pesos para usar nos meus exercícios.

Várias pessoas estremeceram diante da minha estratégia (musculação, corrida e comer mais e melhor): 'O quê?! Você não pode correr! Vai perder peso demais!' Eu só podia alegar que parecia estar dando certo: já havia completado um terço da aposta nos primeiros sete dias. Não havia muito que eles podiam dizer.

Todos tinham uma opinião sobre o que eu 'deveria' fazer. Mas a verdade é que a maioria delas não serve de nada, e você pode alcançar seu objetivo ao seguir alguns passos bem simples.

Ignorei todo mundo."

3. Ele se concentrou no método, não no mecanismo

"As pessoas me alertavam dizendo que antes de começar eu precisava entender como os lipídios, carboidratos e ácidos graxos agiam. Que besteira! E se eu simplesmente começasse a me exercitar e a comer mais? Será que eu não podia aprender tudo isso depois? Você não precisa ser um gênio para ganhar ou perder peso."

4. Comprometa-se com metas pequenas e por períodos curtos: a imensa aplicabilidade dos pequenos passos

"Livre-se da pressão."

Michael Levin fez carreira se livrando da pressão que sofria, e deu certo. Sessenta obras literárias mais tarde, de best-sellers de não ficção a roteiros de cinema, ele sugeria que eu (Tim) fizesse o mesmo: estabelecesse um objetivo parco de escrever duas páginas por dia. Eu havia transformado o livro que você tem em mãos num monstro mental, e, estabelecendo uma meta baixa, foi possível fazer o que mais importava: começar a escrever todas as manhãs.

O doutor B. J. Fogg, fundador do Laboratório de Tecnologia Persuasiva da Universidade de Stanford, escreveu toda a sua tese de graduação com um compromisso muito menos agressivo. Mesmo que voltasse para casa de uma festa às três da madrugada, ele tinha de escrever uma frase por dia. Ele concluiu sua tese num tempo recorde, enquanto seus colegas de classe levaram anos para finalizar seus trabalhos, assustados com a monstruosidade da empreitada.

Compreendendo esse princípio, a IBM liderou o mundo dos computadores durante décadas. As cotas para seus vendedores eram as menores do mercado porque os gerentes queriam que os representantes não se sentissem intimidados a fazer uma única coisa: pegar o telefone para vender. O ritmo foi sendo estabelecido, e as cotas foram superadas trimestre a trimestre.

Livrar-se da pressão no 4HC significa fazer experimentos de curta duração, sem grandes inconvenientes.

Não encare uma mudança na alimentação ou um novo exercício como algo com que você tem de se comprometer pelos próximos seis meses, muito menos pelo restante da sua vida. Enxergue-os como um teste, uma experiência de uma ou duas semanas.

Se você quer caminhar uma hora por dia, não comece com uma hora. Escolher uma hora é criar de imediato uma justificativa para não ter tempo suficiente. Em vez disso, comprometa-se com um tempo à prova de falhas: cinco minutos. Foi exatamente isso que o doutor Fogg sugeriu à sua irmã, e essa única mudança (a menor capaz de criar um estímulo permanente) a levou a comprar um par de tênis de corrida e deixar de comer sobremesas, coisas que ele não havia sugerido. As decisões subsequentes são chamadas, na literatura especializada, de "decisões congruentes", isto é, decisões que tomamos para nos manter alinhados a uma decisão anterior.

Esqueça a pressão e faça algo pequeno.

Você se lembra da nossa meta de realizar cinco sessões de novas atitudes? O que importa são as cinco sessões, e não a duração delas. Monte o jogo de modo que você possa ganhar. Faça o que puder para tornar as primeiras cinco sessões menos doloridas. Você só precisa de cinco flocos de neve para dar início a um efeito de bola de neve de decisões congruentes.

Tire a pressão dos ombros e dê início às suas cinco sessões fáceis, sejam elas referentes a alimentação ou exercícios. O restante acontecerá naturalmente.

PREGUIÇA PRAGMÁTICA: COMO UM GRÁFICO VENCEU O CONSELHO DE UM ESPECIALISTA

Em 2008, Phil Libin, então com 117 kg, decidiu fazer uma experiência com a preguiça.

Ele queria perder peso, o que é bem comum. Mas — e isso também é bastante comum — ele não estava especialmente interessado em fazer uma dieta ou se exercitar. Ele tentou e abandonou as duas coisas durante anos. Os programas intermitentes de quatro a oito semanas o ajudavam a perder alguns quilos — porém, seu comportamento depois fazia com que os recuperasse ainda mais rápido.

Phil começou a suspeitar que talvez houvesse um modo mais fácil: não fazer nada.

Ele tinha um plano simples em mente: "Eu queria ver qual efeito o fato de ter a consciência precisa do meu próprio peso teria sobre meu peso."

Aqui a história deixa de ser comum. Phil perdeu 12 kg em seis meses sem fazer qualquer tentativa de mudar seu comportamento.

Primeiro, após decidir arbitrariamente que 104 kg eram seu peso ideal, Phil desenhou uma linha azul numa planilha de Excel. A linha descendente representava sua perda de peso, de 117 para 104 kg, ao longo de dois anos. O peso almejado por dia, representado na linha azul, era apenas 0,1% (aproximadamente) menor do que o peso no dia anterior. Devagar e sempre. Veja a seguir o gráfico dele, onde a linha "azul" é a tracejada do meio.

Phil, então, acrescentou duas linhas importantes, uma acima e outra abaixo da sua linha azul de "meta": seu peso mínimo permitido (linha verde) e seu peso máximo permitido (linha vermelha) para cada dia. Ele não planejava atingir essa meta exata todos os dias, já que seria estressante demais. Phil apenas se manteve entre os dois extremos.

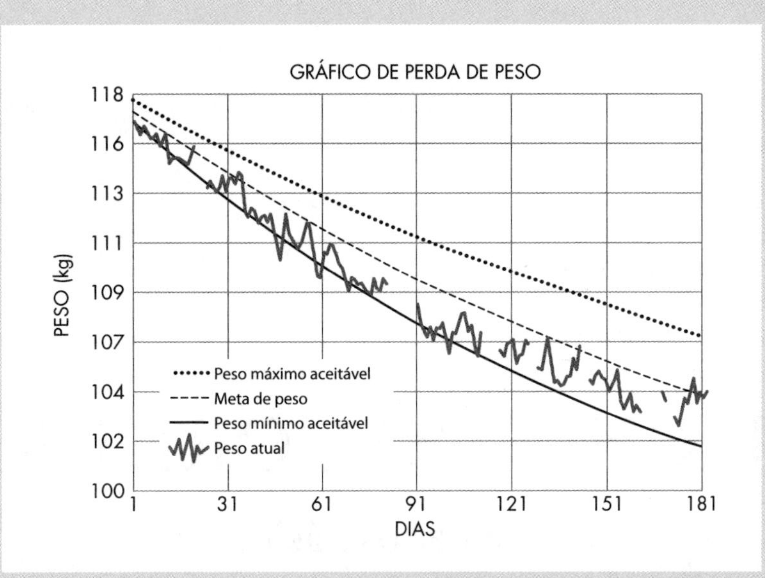

Ficou interessado na tabela de Phil? Baixe uma versão em branco em www.fourhourbody.com/phil. É só inserir seu peso inicial e o peso final desejado e você pode reproduzir o experimento dele.

Como?

Ele se pesou, nu, todas as manhãs, à mesma hora, antes do café da manhã. Phil subia na balança algumas vezes e inseria a média dos resultados na sua planilha de Excel. A linha irregular mostra suas alterações reais de peso. As falhas representam períodos de viagens, quando Phil não tinha acesso a uma balança.

Phil manteve a tabela no programa do qual foi um dos pioneiros, o Evernote.com, para que pudesse acessá-la de qualquer computador ou telefone. Tudo estava ao seu alcance.

Era puro treinamento de conscientização; nada além de manter um registro dos dados.

Na verdade, Phil fez um esforço consciente para *não* mudar:

"Fiz um esforço consciente para não me desviar da minha dieta ou da minha rotina de exercícios durante esse experimento. Isto é, continuei a comer o que queria e a não fazer exercício algum. O objetivo era ver o quanto a consciência da situação em que me encontrava todos os dias afetava meu peso. Eu suspeitava que isso afetava milhares de decisões por minuto que eu tinha que fazer, mesmo sem perceber."

O mais estranho é que ele tratava ganhos e perdas excessivas de peso como algo igualmente ruim.

"Os únicos momentos em que agi deliberadamente foram nas poucas ocasiões (vistas no gráfico) em que meu peso caiu abaixo do nível mínimo aceitável. Então eu comi rosquinhas e me empanturrei para garantir que voltaria à "zona de segurança" no dia seguinte. Foi bem divertido. Acho que teria feito o oposto e comido menos quando ultrapassasse a linha do peso máximo permitido, mas isso nunca aconteceu. A questão toda era não perder peso *rapidamente*. Era ver se eu conseguia perder peso *devagar* e *sem qualquer esforço*."

A conscientização, mesmo que de forma inconsciente, supera dietas elaboradas.

Registre os dados ou você fracassará.

PERDENDO GORDURA

Conceitos básicos

A DIETA SLOW CARB I

Como perder 9 kg em 30 dias sem exercícios

> No meio da confusão, encontre a simplicidade.
> — Albert Einstein

11h34 DA MANHÃ, SÁBADO, 20 DE JUNHO DE 2009, SAN FRANCISCO

Mensagem de texto vinda de Londres, oito horas à frente, com a intenção de impressionar:

> Este é meu jantar. Bons momentos!

A fotografia anexada: uma pizza de pepperoni e calabresa tão grande que não cabia na tela.

Chris A., um colega de experiências, e eu estávamos realizando nosso encontro virtual da semana.

Minha resposta:

> Este é meu café da manhã. CAFÉ DA MANHÃ. Dá para ouvir a insulina vazando pelos meus olhos? Uhu! Ganhe disso, seu gordo!

A fotografia que enviei: dois pães doces, dois croissants de chocolate, suco de toranja e uma enorme caneca de café.

A resposta de Chris:

> HAHAHA... por favor, não me obrigue a fazer isso...

E assim o diálogo continuou, como num concurso de quem come mais por mensagens de texto. A verdade é que eu faço algo parecido todos os sábados, e milhares de pessoas nos últimos quatro anos se juntaram a mim. Entre pizzas e pães doces, o resultado é que o seguidor médio perdeu 8,6 kg de gordura, e uma quantidade surpreendente deles perdeu mais de 45 kg no total.

Essa estranha abordagem gerou uma espécie de pequena revolução.

Deixe-me explicar como, exatamente, Chris e eu alcançamos e mantemos um índice de gordura corporal inferior a 12%, e muitas vezes abaixo de 10%, tendo como estratégia comer feito porcos.

A Dieta Slow Carb – uma perda melhor da gordura por meio da simplicidade

É possível perder 9 kg de gordura corporal em 30 dias aperfeiçoando qualquer um destes três fatores: exercícios, dietas ou um regime de drogas e suplementos. Para a maior parte das pessoas, 9 kg a menos significam diminuir até dois tamanhos de roupa, seja usar um vestido 38 em vez de 42 ou uma camiseta G em vez de uma GGG. A cintura e os quadris mostram uma redução ainda maior de circunferência.

No dia 6 de abril de 2007, por exemplo, eu havia saído de quase 82 kg para 75 kg em seis semanas, e ao mesmo tempo ganhara 4,5 kg de músculo, o que significa que perdi, aproximadamente, 11 kg de gordura. Não foram alterações sutis.

A dieta que apresentarei neste capítulo — a Dieta Slow Carb — é a única, além da radical Dieta Cetogênica Cíclica (CKD, na sigla em inglês), que gerou veias ressaltadas por todo o meu abdômen, a parte do corpo onde perdi gordura por último.

Há apenas cinco regras simples a serem seguidas:

REGRA Nº 1: EVITE CARBOIDRATOS "BRANCOS".

Evite qualquer carboidrato que seja ou possa ser branco. Os seguintes alimentos estão proibidos, exceto durante os 30 minutos finais do *treinamento de resistência*, como os descritos nos capítulos "De nerd a monstro" ou "O Protocolo de Occam": pão, arroz (inclusive integral), cereais, batatas, massas, tortilhas e fritura à milanesa. Se você evitar esses alimentos e qualquer outra coisa branca, estará a salvo.

Por diversão, eis outro motivo para evitar os alimentos brancos: o dióxido de cloro, um dos produtos químicos usados para embranquecer a farinha (mesmo que depois vire farinha integral novamente, um truque bastante comum), combina-

-se com proteínas residuais na maioria desses alimentos na forma de aloxana. Os pesquisadores usam a aloxana em ratos de laboratório para induzir diabetes. Isso mesmo — ela é usada para *produzir* diabetes. É uma má notícia se você come algum tipo de comida branca ou "enriquecida".

Não coma alimentos brancos a não ser que você queira ficar mais gordo.

REGRA Nº 2: COMA AS MESMAS POUCAS REFEIÇÕES REPETIDAS VEZES.

As pessoas mais bem-sucedidas nas dietas, seja com o objetivo de ganhar músculo ou perder gordura, comem os mesmos alimentos em porções pequenas várias vezes ao dia. Num supermercado norte-americano há, em média, 47.000 produtos alimentícios, mas apenas um punhado deles não o engordará.

Misture e combine acompanhamentos a partir da lista a seguir, criando cada refeição com um item de cada um dos três grupos. Usei asteriscos nas opções que me fizeram perder peso mais rápido.

Proteínas

*Claras de ovo com 1-2 ovos inteiros para acrescentar sabor (se os ovos forem orgânicos, de 2-5 ovos, incluindo as gemas)
*Peito ou coxa de frango
*Carne bovina (de preferência de boi alimentado em pastos)
*Peixe
Porco

Leguminosas

*Lentilhas
*Feijão-preto
Feijão-rajado
Feijão-vermelho
Soja

Legumes e verduras

*Espinafre
*Hortaliças variadas (brócolis, couve-flor ou quaisquer verduras entre as crucíferas)
*Chucrute, kimchi (uma explicação completa sobre estes itens estará no capítulo "Situações de emergência")
Aspargo
Vagens
Brócolis
Ervilhas

Coma o quanto quiser dos itens acima, mas de uma maneira simples.

Escolha três ou quatro refeições e as repita. Quase todos os restaurantes oferecem uma salada ou legumes em vez de batatas fritas, batatas assadas ou arroz. Surpreendentemente, descobri que a comida mexicana (depois de trocar o arroz por legumes e verduras) é uma das mais úteis para a Dieta Slow Carb. Se você tem que pagar um pouco mais para substituir algo num restaurante, pense nisso como o imposto do "abdômen sarado", a taxa que você paga para ser esbelto.

A maioria das pessoas que passam por dietas de baixo carboidrato reclama da falta de energia e desiste porque consome calorias em quantidade insuficiente. Meia xícara de arroz equivale a 300 calorias, enquanto meia xícara de espinafre equivale a 15 calorias! Legumes e verduras não são ricos em calorias, por isso é fundamental que você acrescente leguminosas para compensar suas necessidades.

Comer mais de quatro vezes ao dia talvez seja útil para que pessoas acostumadas a dietas de alto índice glicêmico evitem se empanturrar, mas não é necessário com os ingredientes que estamos usando. Ingerir alimentos com maior frequência também parece não melhorar a taxa de metabolismo basal, apesar de afirmativas em contrário. Refeições frequentes podem ser usadas em certas circunstâncias (leia "A reta final"), mas não por esse motivo.

A tabela de alimentação a seguir é baseada numa rotina intensa de sono tardio, pois sou uma coruja que só se entrega às duas da madrugada no mínimo, geralmente com uma taça de vinho ou um livro ainda à mão, como um viciado em heroína. Ajuste suas refeições para que elas se adaptem aos seus horários, mas certifique-se de comer pela primeira vez no máximo uma hora depois de acordar.

As refeições são feitas em intervalos de aproximadamente quatro horas.

10h: café da manhã
14h: almoço
18h30: lanche
20h a 21h: recreação ou esporte, se quiser
22h: jantar
0h: uma taça de vinho tinto e um pouco de Discovery Channel antes de dormir

Eis aqui umas das minhas refeições mais recorrentes:

- Café da manhã (em casa): claras de ovos líquidas Scrambled Eggology® com um ovo inteiro, feijão-preto e legumes e verduras variados aquecidos ou cozidos em micro-ondas usando uma vasilha Pyrex®.
- Almoço (restaurante mexicano): carne bovina orgânica, feijão-rajado, legumes e verduras variados e guacamole.

- Jantar (em casa): carne bovina orgânica (da Trader Joe's),[1] lentilhas e legumes e verduras variados.

Lembre-se apenas de uma coisa: essa dieta é concebida principalmente para ser eficaz, e não divertida. Ela *pode* ser divertida com alguns truques (o próximo capítulo fala sobre isso), mas esse não é o propósito.

REGRA Nº 3: NÃO BEBA CALORIAS.

Beba muita água e o máximo de chá sem açúcar, café (com não mais do que uma ou duas colheres de sopa de creme; em vez disso, sugiro usar canela) ou outra bebida de baixa caloria ou sem caloria que você prefira. Não beba leite (inclusive leite de soja), refrigerantes ou sucos de fruta. Limite os refrigerantes dietéticos a não mais do que meio litro por dia, se possível, já que o aspartame pode estimular o ganho de peso.

Adoro vinho e bebo uma ou duas taças de vinho tinto quase todas as noites. Isso não parece ter tido algum impacto negativo no funcionamento da minha taxa de perda de gordura. Vinho tinto não é obrigatório para que essa dieta funcione, mas é totalmente permitido (ao contrário do vinho branco e da cerveja, que devem ser evitados).

No máximo duas taças de vinho tinto por noite, não mais do que isso.

REGRA Nº 4: NÃO COMA FRUTAS.

Os seres humanos não precisam ingerir frutas seis dias por semana e com certeza não precisam delas o ano todo.

Se seus ancestrais eram europeus, por exemplo, quantas frutas eles comiam no inverno há 500 anos? Você acha que eles tinham laranjas da Flórida no inverno? Nenhuma chance. Mas você ainda está aqui — portanto a linhagem, de algum modo, sobreviveu.

As únicas exceções à regra contra as frutas são o tomate e o abacate, mas este último deve ser consumido com moderação (não mais do que uma xícara ou uma refeição por dia). Do contrário, apenas diga não para as frutas e seu principal açúcar, a frutose, que se converte em glicerol fosfato com mais eficiência do que quase todos os carboidratos. Glicerol fosfato → triglicerídeos (por meio do fígado) → reserva de gordura. Há algumas exceções bioquímicas a essa reação, mas evitar frutas seis dias na semana é a conduta mais confiável.

Mas por que isso de uma semana com seis dias?

É o sétimo dia que permite que você, se assim desejar, coma crepes de pêssego ou bolo de banana até entrar em coma.

1 Cadeia de supermercados com base na Califórnia. (*N. do T.*)

REGRA Nº 5: TIRE UM DIA DE FOLGA POR SEMANA.

Recomendo que o sábado seja o seu Dia de Adeus à Dieta (DAD). Eu me permito ingerir o que quiser aos sábados e saio do bom caminho para tomar sorvete, comer chocolates e todos os outros vícios em excesso. Se eu bebesse cerveja, seriam algumas canecas de Paulaner Hefe-Weizen.[2]

Fico um pouco enjoado todos os sábados e não tenho vontade nem de olhar para nenhum tipo de porcaria no resto da semana. Paradoxalmente, ampliar drasticamente o consumo de calorias desse modo uma vez por semana aumenta também a perda de gordura, por garantir que sua taxa metabólica (função tireóidea e conversão de T3 em T4 etc.) não diminua de ritmo por conta da restrição calórica estendida.

É isto mesmo: comer porcaria pode ajudá-lo a perder gordura. Bem-vindo ao paraíso.

Não há limites nesse dia para a alegria dos glutões. Não há absolutamente **nenhuma contagem calórica** nessa dieta, seja no sábado ou em qualquer outro dia.

Comece a praticar a dieta no mínimo cinco dias antes do seu dia de folga predeterminado. Se você optar pelo sábado, por exemplo, sugiro começar sua dieta na segunda-feira.

Isso é tudo, pessoal!

Se os pioneiros da nação americana puderam resumir sua forma de governo numa constituição de apenas seis páginas, as regras que já listamos resumem tudo de que 99,99% da população necessita para perder gordura rapidamente. Quando seguida *à risca*, nunca vi essa dieta falhar. Nunca.

Se você se sentir perdido com os detalhes ou confuso por causa do último e melhor dos conselhos contraditórios, retorne a este curto capítulo. Tudo que você precisa lembrar é:

Regra nº 1: Evite carboidratos "brancos" (ou qualquer coisa branca).
Regra nº 2: Coma as mesmas poucas refeições repetidas vezes.
Regra nº 3: Não beba calorias.
Regra nº 4: Não coma frutas.
Regra nº 5: Tire um dia de folga por semana e se esbalde.

Você encontrará mais detalhes no próximo capítulo.

2 Está certo, eu bebi algumas canecas geladas em Munique, sim, mas lá elas custam um terço do preço de uma garrafa d´água.

US$1,34 POR REFEIÇÃO?

Andrew Hyde é diretor comunitário da TechStars, uma conhecida incubadora de empresas de Boulder, no Colorado. Ele é também um grande caçador de pechinchas na internet. Uso a palavra "grande" tanto no sentido figurado quanto no literal: ele tem 1,96 m de altura e pesa 111 kg.

Eu deveria dizer que ele *tinha* 111 kg. Em suas primeiras semanas seguindo a Dieta Slow Carb, ele perdeu 4,5 kg e, o que talvez seja mais impressionante, teve com isso uma despesa incrivelmente *baixa*:

Custo total em alimentos por semana: US$37,70
Custo médio por refeição: US$1,34

E isso incluiu carne bovina orgânica! Se ele tivesse comido uma salada enorme três vezes por semana em vez de um pouco de proteína, seu custo semanal teria sido de US$31,70.

Ele repetiu quatro refeições:

CAFÉ DA MANHÃ: Claras, um ovo inteiro, legumes e verduras variados, peito de frango
ALMOÇO: Legumes e verduras variados, ervilhas, espinafre (salada)
LANCHE: Coxa de frango, feijão-preto, legumes e verduras variados
JANTAR: Carne bovina (ou suína), aspargo, feijão-rajado

A lista de compras exata dele era a própria simplicidade. Os preços são os totais por item:

1× ovos (uma dúzia): US$1,20
4× legumes e verduras variados (embalagens de 0,5 kg): US$6
1× peito de frango: US$2
1× ervilhas orgânicas (embalagens de 1 kg): US$2
2× espinafre (embalagens de 1,5 kg): US$6
3× coxas de frango: US$9
2× carne bovina orgânica (filés de 250 g): US$4
2× carne suína (filés de 0,5 kg): US$3
2× maços de aspargos: US$2
1× feijão-rajado (embalagem de 0,5 kg): US$1,50
1× feijão-preto (embalagem de 0,5 kg): US$1

Para conseguir esses preços não é necessário um diploma de Economia nem dezenas de horas de pesquisa. Andrew procurou itens com desconto, perto da data de validade, e fez compras em lojas menores, entre elas uma mercearia mexicana, onde comprou os feijões.

Só para reafirmar um ponto importante: Andrew é um homem ativo de 26 anos, 111 kg e 1,96 m, e fazia exercícios três vezes por semana durante sua experiência com a Dieta Slow Carb. Não é um organismo pequeno para alimentar.

Ele também não é o único a passar por isso.

Embora talvez você não consiga pagar US$1,34 por refeição, a experiência dele em duas semanas mostra o que milhares de outras pessoas ficaram surpresas de descobrir sobre a Dieta Slow Carb: ela é muito barata.

O mito de que se alimentar corretamente custa caro é exatamente isto: um mito.

O FRUTO PROIBIDO: FRUTOSE

Suco de frutas pode mesmo arruinar a perda de gordura?

Ah, sim. E arruína muitas outras coisas.

Sem especular, testei o efeito da frutose em duas experiências: a primeira durante uma dieta sem frutose (nem suco nem fruta) e a segunda depois de uma semana consumindo 400 ml — aproximadamente dois copos — de suco de laranja sem polpa ao acordar e antes de dormir. O suco de laranja foi a única coisa que diferenciou as dietas A e B.

As mudanças foram incríveis.

Antes (16/10, sem frutose) e depois (23/10, suco de laranja):

Colesterol: 203 → 243 (fora do índice "saudável")

LDL: 127 → 165 (também fora do normal)

E surgiram outros dois valores inesperados:

Albumina: 4,3 → 4,9 (fora do normal)

Ferro: 71 → 191 (!) (fora do normal, ou melhor, chegando à estratosfera)

A albumina se une à testosterona e a torna inerte, de um modo bem parecido com a SHBG (discutida em "A máquina de sexo"), mas de uma maneira mais fraca. Não quero nenhuma das duas com níveis altos. Isso é ruim para as artes da masculinidade.

Se você disse "Caramba!" quando notou o aumento súbito no nível de ferro, estamos falando a mesma língua. Esse é um resultado completamente inesperado e ruim, principalmente para os homens. Talvez você não saiba, mas os homens não menstruam. Isso significa que falta ao homem um bom método para se livrar do excesso de ferro, que pode ser tóxico.[3] O aumento no nível de ferro foi muito mais alarmante para mim do que as alterações nos índices de colesterol.

Eis aqui apenas uma das muitas explicações encontradas na literatura especializada:

> Além de contribuir para anormalidades metabólicas, descobriu-se que o consumo de frutose afeta a homeostase de vários microelementos. A frutose demonstrou um aumento no nível de absorção de ferro em seres humanos e cobaias. A ingestão de frutose [também] diminui a atividade da enzima antioxidante superóxido dismutase (SOD) e reduz a concentração do cobre do fígado e do soro sanguíneo.

A moral da história? Não beba suco de fruta e evite uma dieta à base de frutas. Elas não fazem bem nenhum ao seu organismo.

3 Leia o capítulo "Vivendo para sempre" para obter mais informações sobre esse assunto.

FERRAMENTAS E TRUQUES

O café da manhã Slow Carb em três minutos (www.fourhourbody.com/breakfast) O café da manhã é uma encrenca. Nesse vídeo, eu ensino como preparar um café da manhã Slow Carb com alto teor de proteína em três minutos, perfeito para perder gordura e começar bem o dia.

Still Tasty (www.stilltasty.com) Não tem certeza se ainda é seguro consumir aqueles ovos ou os restos daquela comida tailandesa? Cansado de ligar para sua mãe para perguntar essas coisas? Esse website permite pesquisar a validade de milhares de alimentos cozidos ou crus.

Food Porn Daily (http://www.foodporndaily.com) Precisa de alguma inspiração para seu dia de folga da dieta? O website Food Porn Daily fornece uma deliciosa abundância de alimentos nocivos (mas saborosos). Acesse-o aos sábados.

Gota: o capítulo perdido (http://www.fourhourbody.com/gout) Preocupado com o consumo de proteína e com a gota? Leia esse capítulo tirado do livro *Good Calories, Bad Calories* [Boas calorias, más calorias], generosamente cedido pelo maravilhoso escritor Gary Taubes. Talvez ele faça você mudar de ideia.

A DIETA SLOW CARB II

Detalhes e dúvidas frequentes

> **Quanto aos métodos, deve existir um milhão e até mais, mas os princípios são poucos. O homem que compreende os princípios pode, com sucesso, escolher seus próprios métodos.**
> — Ralph Waldo Emerson

> **O sistema é a solução.**
> — AT&T

Este capítulo elucida as dúvidas mais comuns relacionadas à Dieta Slow Carb, compartilha lições aprendidas no mundo real e ressalta alguns dos erros mais comuns.

Determinei que os sábados seriam os "dias de folga da dieta" em todas as minhas respostas, mas, na prática, você pode substituí-lo por qualquer dia da semana.

Há grandes chances de pelo menos 50% das perguntas neste capítulo lhe ocorrerem em algum momento. Se você estiver levando a sério o objetivo de perder gordura o mais rápido possível, leia-o por inteiro.

Dúvidas e preocupações comuns

COMO É POSSÍVEL SEGUIR ESSA DIETA? ELA É RESTRITA DEMAIS!

Comece mudando somente seu café da manhã. Você perderá uma gordura perceptível. Não deixe de ver Fleur B. no capítulo "Construindo o bumbum perfeito"; ela perdeu cerca de 3% de gordura corporal em quatro ou cinco semanas apenas com essa substituição. Quando tiver percebido os resultados, respire fundo e mergulhe de cabeça na Dieta Slow Carb por seis dias — depois disso você pode se permitir 24 horas de folga.

Mais uma vez eu pergunto: fazer uma semana de teste para pegar o embalo seria demais? Duvido. "Pritibrowneyes" ["Lindosolhoscastanhos", um pseudônimo] desenvolveu um método simples para aumentar seu autocontrole:

> Uma coisa que funcionou bem foi manter um caderninho comigo. Sempre que eu tinha vontade de comer algo (um doce ou simplesmente uma comida normal), acrescentava aquilo à lista das coisas com as quais me deliciaria durante meu dia de folga. Esse foi meu jeito de reconhecer meu desejo e lembrar que eu poderia comer o que quisesse, só não naquele momento. É como adiar a comilança.

Se isso não basta, não se esqueça da gelatina dietética. Quando você estiver prestes a perder o controle, geralmente no meio da noite, algumas colheradas bastarão para dominar seus demônios.

MAS COMER SEMPRE A MESMA COISA É CHATO!

A maior parte das pessoas superestima a variedade de suas refeições.

Presumindo que você não esteja viajando, o que comeu no café da manhã durante a última semana? E no almoço? Há grandes chances de, principalmente no café da manhã, você ter repetido de uma a três refeições.

Alternar entre cinco a seis refeições por semana não é nem um pouco difícil, embora você talvez imagine que estou enganado. Sentir-se bem e ter uma aparência melhor a cada semana justifica facilmente a ingestão de alimentos semelhantes (e saborosos) de domingo a sexta-feira. Aos sábados não há limites. Eis um entre centenas de exemplos de resultados que superam a diversidade — o depoimento de Jeff:

> Estou seguindo a dieta há duas semanas e já perdi quase 7 kg! Tenho um plano de "perder 13 kg antes de completar 30 anos" e agora estou no meio do caminho, com mais quatro meses pela frente.
>
> Como claras de ovos, lentilhas e brócolis pela manhã, uma tigela de burritos (frango, feijão-preto e vegetais) no almoço e depois janto frango, lentilhas e vegetais variados. Tudo acompanhado de um pouco de um delicioso vinho tinto antes de dormir.
>
> Admito que estou cansado das refeições, mas os resultados que estou vendo fazem disso um problema menor. Acrescento alguns temperos diferentes ou molhos leves ao frango para variar o sabor...

Só tive um dia de folga até agora, mas estou ansioso pelo próximo, que será amanhã. Talvez eu tenha exagerado na semana passada, pois consumi 5.000 calorias, quando normalmente eu consumiria cerca de 1.200 a 1.300. :) Surpreendentemente, o monstruoso dia de folga da semana passada não me atrasou tanto, pois já havia voltado ao meu peso pré-folga na segunda-feira pela manhã.

Não gosto de exercícios e não me comprometi com essa parte do meu plano de perder peso, mas alguns colegas do trabalho me obrigaram a praticar 30 a 45 minutos de elíptico ou bicicleta algumas vezes por semana. Não sei se isso basta para ter um impacto verdadeiro ou não, mas ao menos estou me mexendo.

Quero ver como serão as duas próximas semanas. Estou pesando menos de 90 kg pela primeira vez em anos, e meu objetivo é chegar a 84 kg.

DEVO CONSUMIR SUPLEMENTOS?

Sugiro potássio, magnésio e cálcio. Essa dieta faz perder água em excesso, e os eletrólitos podem desaparecer com ela.

O potássio pode ser consumido durante as refeições usando um sal enriquecido artificialmente com potássio ou, como prefiro, comendo um pouco mais de guacamole com comida mexicana. O abacate, ingrediente principal do guacamole, contém 60% mais potássio do que a banana. Contém ainda 75% de fibras insolúveis, o que ajuda a manter seu intestino regular. Se você preferir comprimidos, pílulas de 99 mg com as refeições darão conta.

O magnésio e o cálcio são mais fáceis de consumir como comprimidos, e 500 mg de magnésio antes de dormir também irão melhorar seu sono.

Se você preferir obter os eletrólitos por meio da alimentação, eis aqui algumas boas opções de baixo teor glicêmico, em ordem descendente de concentração. Note que o espinafre é o único item citado nas três listas.

Potássio (4.700 mg por dia são a quantidade recomendada para um homem saudável de 25 anos)

1. Feijão-de-lima, cozido, 4,9 xícaras (1 xícara = 969 mg)
2. Acelga, cozida, 4,9 xícaras (1 xícara = 961 mg)
3. Halibute (tipo de peixe de água salgada), cozido, 2,6 filés (meio filé = 916 mg)
4. Espinafre, cozido, 5,6 xícaras (1 xícara = 839 mg)
5. Feijão-rajado, cozido, 6,3 xícaras (1 xícara = 746 mg)
6. Lentilhas, cozidas, 6,4 xícaras (1 xícara = 731 mg)
7. Salmão, cozido, 3,4 filés (meio filé = 683 mg)

8. Feijão-preto, cozido, 7,7 xícaras (1 xícara = 611 mg)
9. Sardinhas, 7,9 xícaras (1 xícara = 592 mg)
10. Cogumelos, cozidos, 8,5 xícaras (1 xícara = 555 mg)

Cálcio (1 g por dia é a quantidade recomendada para um homem saudável de 25 anos)

1. Salmão com ossos, 1,1 xícara (1 xícara = 919 mg) (o sabor é excelente se você for um gato)
2. Sardinhas com ossos, 1,8 xícara (1 xícara = 569 mg)
3. Cavala, enlatada, 2,2 xícaras (1 xícara = 458 mg)
4. Tofu, firme, 3,6 xícaras (1 xícara = 280 mg)
5. Couve, cozida, 3,8 xícaras (1 xícara = 266 mg)
6. Espinafre, cozido, 4,1 xícaras (1 xícara = 245 mg)
7. Feijão-fradinho, cozido, 4,7 xícaras (1 xícara = 211 mg)
8. Folha de nabo, cozida, 5,1 xícaras (1 xícara = 197 mg)
9. Carne de soja, 5,4 xícaras (1 xícara = 184 mg)
10. Ágar, seco, 5,7 xícaras (1 xícara = 175 mg)

Magnésio (400 mg por dia são a quantidade recomendada para um homem saudável de 25 anos)

1. Sementes de abóbora, 78 ml (60 ml = 300 mg)
2. Sementes de melancia, secas, 84 ml (60 ml = 288 mg)
3. Amendoim, 1,6 xícara (1 xícara = 245 mg)
4. Halibute, cozido, 1,2 filé (meio filé = 170 mg)
5. Amêndoas, 150 ml (60 ml = 160 mg)
6. Espinafre, 2,5 xícaras (1 xícara = 157 mg)
7. Grãos de soja, cozidos, 2,7 xícaras (1 xícara = 148 mg)
8. Caju, 165 ml (60 ml = 146 mg)
9. Pinhão, 171 ml (60 ml = 140 mg)
10. Castanha-do-pará, 6,3 colheres de sopa (2 colheres de sopa = 128 mg)

SEM LATICÍNIOS? MESMO? MAS O LEITE NÃO TEM BAIXO ÍNDICE GLICÊMICO?

É verdade que o leite tem índice glicêmico (IG) e carga glicêmica (CG) baixos. Quanto à carga glicêmica, o leite integral apresenta o atrativo valor de 27. Entretanto, para nossa infelicidade, os laticínios paradoxalmente apresentam alta *resposta insulínica* na escala de índice insulínico (II ou InIn). Cientistas da Universidade de Lund, na Suécia, investigaram essa descoberta surpreendente:

Apesar do baixo índice glicêmico (entre 15 e 30), todos os laticínios produzem índices insulínicos de 90 a 98, o que não é muito diferente do pão tradicional [pão branco em geral]... Conclusão: produtos à base de leite parecem insulinotrópicos por apresentarem o triplo ou até seis vezes mais do que o índice insulínico esperado de índices glicêmicos correspondentes.

Tirar até mesmo um pouco dos laticínios acelera drasticamente a perda de gordura, como notou Murph:

Certo, faz uma semana desde que aceitei o conselho de Tim e cortei todos os laticínios da minha dieta. Perdi mais de 2,5 kg, e o mais inacreditável, para mim, é que eu nem consumia tantos laticínios assim antes. Acho que só um pouco de queijo nos ovos do café da manhã e um copo de leite por dia.

Precisa de algo para dar mais sabor ao seu café? Se sim, use creme (não leite), e não mais do que duas colheres de sopa. Eu opto por algumas pitadas de canela e, às vezes, um pouco de extrato de baunilha.

NADA DE FRUTAS? MAS EU NÃO PRECISO DE UMA "DIETA BALANCEADA"?

Não.

Para começar, não há consenso quanto ao que significa a tal da "dieta balanceada". Meus pesquisadores e eu tentamos encontrar alguma definição oficial no Departamento Americano de Agricultura e em outras agências, sem sucesso. Não vi nenhuma evidência que comprove a necessidade de consumir frutas mais do que uma vez por semana, no seu dia de folga da dieta.

Leia o quadro "O fruto proibido: frutose", na página 88 para maiores informações.

MEU DEUS, EU ODEIO FEIJÃO. POSSO SUBSTITUÍ-LO POR OUTRA COISA?

Talvez você apenas odeie soltar gases, e não o feijão.

Antes de mais nada, vamos elucidar essa questão do feijão e depois falarei sobre como e quando você pode evitá-los.

Lentilhas raramente levam à produção de gases e são as minhas favoritas na categoria das leguminosas. Quanto ao feijão, optar por um orgânico geralmente resolve o problema dos gases, e, se isso não funcionar, deixe o feijão de molho na água durante algumas horas para ajudar a quebrar a estrutura que provoca os gases: os oligossacarídeos. Esse é um dos muitos motivos pelos quais eu como feijão e lentilha enlatados e prefiro jogar fora o resíduo líquido da lata e lavá-los, em vez de comprá-los secos. Se tudo isso der errado, acrescente um pouco de Beano (Bean-zyme para os vegans) ou erva-de-santa-maria (à venda, nos Estados Unidos, em mercados especializados em comida mexicana ou na internet, e no Brasil em feiras livres) ao feijão e você ficará bem.

O problema é a falta de sabor? Isso é ainda mais fácil de resolver: acrescente um pouco de vinagre balsâmico ou alho em pó. Pessoalmente, adoro molhos picantes (www.cholula.com é, atualmente, meu preferido). Experimente comer feijão-vermelho em vez do preto ou rajado.

Talvez seja a consistência pesada e a textura? Experimente preparar o falso purê de batata, conforme ensina Dana, seguidora da Dieta Slow Carb:

> Coloque um pouco de azeite de oliva numa panela... Acrescente uma lata de feijão-branco (ou um pouco de couve-flor), amasse-o com uma colher ou qualquer outro utensílio que preferir, acrescente um pouquinho de água para conseguir a consistência que deseja, tempere com um pouco de sal, pimenta, alho em pó e queijo parmesão a gosto, se quiser... É delicioso e muito rápido de fazer!

O falso purê de batata também funciona bem com feijão refrito... e não se esqueça de combinar o feijão com alguma coisa. Meu café da manhã é geralmente uma mistura de legumes e verduras com lentilhas e salada de repolho industrializada feita com pouquíssima maionese. Ficam muito mais saborosos se você comê-los juntos.

Você precisa mesmo comer feijão em todas as refeições? Não. O que nos leva às regras da omissão.

Não como feijão com todas as refeições porque quase todos os dias almoço e janto fora. Quando cozinho, lentilha e feijão-preto são a minha escolha. Na rua, peço proteína com legumes e verduras como prato principal e os complemento com um ou dois petiscos de baixo teor glicêmico, como lula (mas não à milanesa) e uma salada com azeite de oliva e vinagre. Se você omitir as leguminosas numa refeição, **precisa necessariamente** fazer um esforço concentrado para comer porções maiores do que antes de começar a dieta. Lembre que você está consumindo menos calorias por centímetro cúbico. Coma mais do que de costume.

POR BACO! GANHEI 3 KG DEPOIS DO MEU DIA DE FOLGA! PERDI TODO O MEU PROGRESSO?

Não, de jeito nenhum. Mesmo para uma mulher de 55 kg é comum ganhar até 3 kg de água acumulada depois de 24 horas de um aumento no consumo de carboidrato.

Homens grandes podem ganhar de 4,5 a 9 kg. Prepare-se para ENORMES variações de peso depois do seu dia de folga. Relaxe. Tudo desaparecerá nas 48 horas seguintes.

A experiência vivida por Mark é um exemplo típico:

> Já estou seguindo essa dieta há cerca de 10 semanas e me pesei diariamente durante o processo. Ganhei 2 kg em cada dia de folga, voltando ao peso normal no mais tardar na quarta-feira, e tenho perdido em média 1 kg por semana depois de cada dia de folga.
>
> Até agora perdi 12 kg. Sou bastante rígido durante a semana (proteína + feijão + legumes, verduras e mais nada) e corro e pratico jiu-jítsu de três a quatro vezes por semana. A única variação que fiz no guia de Tim foi consumir um shake de whey, proteína do soro do leite, depois de cada hora de exercício.

Pese-se antes da sua primeira refeição no dia de folga e ignore as variações de curto prazo, que não refletem a perda ou o ganho de gordura. *Lembre-se de medir sua circunferência nos dias de pesagem*, uma vez que é comum ganhar um pouco de massa magra enquanto se mantém em dieta.

As mitocôndrias no músculo aumentam sua capacidade de oxidar a gordura, por isso queremos estimular esse processo, mas o ganho de massa magra também pode mantê-lo com o mesmo peso por uma ou duas semanas.

Os quilos podem mentir, mas as medidas não.

É desnecessário dizer que algumas pessoas pulam fora, frustradas. Angel, já mencionada uma vez aqui antes, não desistiu. Por que não? Correndo o risco de soar repetitivo, deixe-me reafirmar, pois sei que a maioria dos leitores ignorará isso:

> [Primeira semana] Olá a todos. Quero apenas falar da minha primeira semana com vocês. Perdi um total de 3 kg... As segundas-feiras também são o dia em que verifico minhas medidas. Perdi 2,5 cm em cada coxa, 2,5 cm na cintura e pouco mais de 1 cm nos quadris. Já notei que as calças que há algum tempo eu não usava agora estão perfeitas. Essa é a motivação de que preciso para continuar.
>
> [Segunda semana] Depois do meu dia de folga da dieta, no sábado, ganhei cerca de 500 g, o que é normal para mim. Na semana anterior ganhei praticamente a mesma coisa, mas depois perdi. Assim, na segunda semana é que eliminei aquele meio quilo. Não perdi mais peso na segunda semana, mas isso não me desestimulou. Consegui diminuir alguns centímetros. Reduzi 1,3 cm no quadril, o que é fantástico. Perdi 2,5 cm nas coxas. Nada mau. Isso significa um total de 3,8 cm na semana. Fico com os centímetros. O total perdido desde o primeiro dia: 12 cm. Maravilha! E sem exercícios.

Aproveite seu dia de folga sem culpa. Meça as coisas certas na hora certa.

POSSO USAR TEMPEROS, SAL OU MOLHOS LEVES? O QUE POSSO USAR PARA COZINHAR?

Temperos e ervas são seus amigos, mas molhos cremosos não. Faça uma visita à feira com US$50 e aprenda. Esses US$50 iniciais durarão pelo menos alguns meses.

Ervas moídas para temperar carne, molhos encorpados sem açúcar, alho com sal, sal trufado (adicione-o aos ovos junto com estragão), molho de pimenta — isso basta para você começar. Para as saladas, algumas gotas de adoçante natural como estévia misturadas a vinagre e mostarda lhe darão um molho que satisfaz qualquer paladar mais doce. O molho que mais peço em restaurantes é simplesmente vinagre balsâmico e azeite de oliva.

Não há nada errado com a manteiga, desde que os ingredientes sejam apenas manteiga e sal.

Para cozinhar, você pode usar azeite de oliva para alimentos preparados em fogo baixo e óleo de uva ou macadâmia para fogo alto.

POSSO BEBER ÁLCOOL? QUAIS SÃO OS MELHORES TIPOS DE VINHO?

Nos dias de folga, você pode tudo. Beba um barril inteiro se estiver com vontade. Nos dias da dieta, contudo, restrinja-se aos vinhos tintos "secos", isto é, com menos de 1,4% de açúcar residual. As castas mais secas são as das uvas Pinot Noir, Cabernet Sauvignon e Merlot, ao passo que os vinhos brancos mais secos são de uvas Sauvignon Blanc e Albariño. Isso certamente não me impede de saborear meus tintos encorpados preferidos: Malbec da Argentina e Zinfandel da Califórnia. Obtive melhores resultados de perda de gordura com vinho tinto em comparação com o branco.

Contudo, há exceções, e é melhor evitar Riesling, Zinfandel branco e champagne.

O QUE COMER COMO PETISCO?

Não deveria haver nenhuma necessidade, ou vontade física, de beliscar. Se você estiver com fome, não está comendo proteínas e leguminosas o suficiente em cada refeição. Esse é um erro extremamente comum entre os novatos. Acredite em mim. Coma mais.

Se você está comendo bastante e ainda sente vontade de beliscar, trata-se de um vício psicológico, o que geralmente anda lado a lado com a procrastinação. Alguns de nós vão ao banheiro, outros visitam o bebedouro, e outros comem. Já fiz as três coisas, então sei bem como é isso.

A VERSÃO NOVA E APERFEIÇOADA DO AZEITE DE OLIVA? APRESENTANDO O ÓLEO DE MACADÂMIA

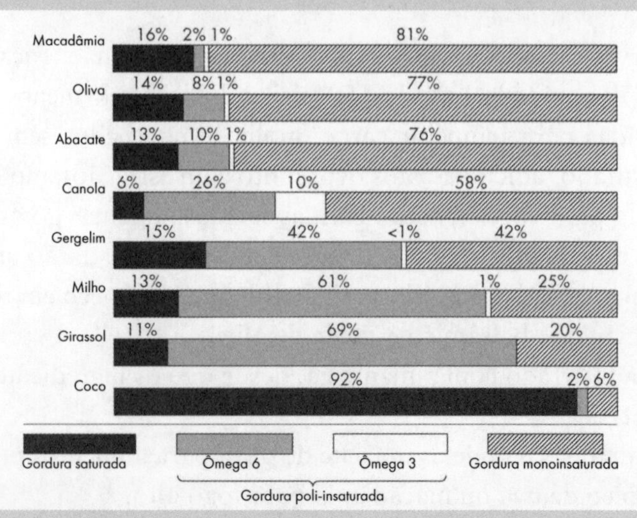

"Comparação entre gorduras e óleos na dieta", extraída do livro ***Agricultural Handbook***, nº B-4, Serviço de Informação Nutricional dos Estados Unidos, http://www.adoctorskitchen.com/about/about-fats. (Cortesia: Deborah Chud, M.D.)

O óleo de macadâmia é a versão nova e aperfeiçoada do azeite de oliva. Desde que vários treinadores de fisiculturistas de alto nível me apresentaram a essa novidade, fiquei viciado.

Leve em consideração o seguinte:

- O sabor é parecido com o da manteiga. Azeite de oliva extravirgem vai bem com salada, mas, sejamos honestos, deixa os ovos mexidos com gosto de vômito.
- Ao contrário do azeite de oliva, o óleo de macadâmia tem um ponto de ebulição mais alto (234°C) e é ideal para pratos *sauté* e todos os tipos de preparo. Hoje uso exclusivamente manteiga orgânica, manteiga clarificada e óleo de macadâmia para todos os tipos de alimentos preparados no fogão.
- O óleo de macadâmia é mais durável e mais estável que o azeite de oliva quando exposto à luz. Se alguma vez você consumiu azeite de oliva conservado em um recipiente transparente, é bem provável que tenha provado azeite rançoso. Alguns analistas do mercado estimam que mais de 50% de todo o azeite de oliva industrializado já está estragado ao ser consumido.
- Dentre os óleos comestíveis, é o que tem o menor nível de ácidos graxos ômega 6, mas apresenta níveis altos de ácido palmitoleico, que não é encontrado em nenhum outro óleo vegetal. Como o ácido palmitoleico é encontrado no sebo da pele humana, o óleo de macadâmia também pode ser usado como um potente hidratante para a pele. Não sugiro que você faça o mesmo com azeite de oliva, a não ser que queira ficar tão atraente quanto uma salada grega.
- A gordura no óleo de macadâmia é 80% monoinsaturada, a maior porcentagem entre os óleos comestíveis.

Fontes e informações: Species Nutrition (http://www.speciesnutrition.com) — Dave Palumbo foi a primeira pessoa a me apresentar o óleo de macadâmia, e eu compro minhas garrafas de seus produtores.

Se tudo der errado e você *precisar* comer um petisco, opte por cenouras, mas um saco inteiro de cenouras terá o efeito de um chute no seu estômago, por isso não exagere. Se eu como um petisco, geralmente é um pouco — de 200 a 300 calorias — das sobras da refeição num restaurante, como o frango tailandês, mas *sem* o arroz. Se você estiver mesmo faminto, simplesmente faça outra refeição de baixo teor glicêmico. Não vai lhe causar mal algum.

Se tiver dor de cabeça ou outros sintomas de hipoglicemia, em 90% das vezes isso significa que você não está se alimentando o suficiente. Os novatos estão acostumados a ingerir pequenas porções de carboidratos caloricamente densos (pães ou massas) e dobram o tamanho das porções com alimentos de menor teor glicêmico, o que resulta em calorias insuficientes. Pense que você é capaz de comer de duas a três vezes mais e presuma que isso é o que você deve fazer.

Do mesmo modo, se tiver problemas para dormir por causa da fome, é porque não está se alimentando o bastante. Nesses casos, consuma um pouco de proteína antes de dormir, algo simples como uma ou duas colheres de sopa de pasta de amêndoa (o ideal) ou manteiga de amendoim sem aditivos (os únicos ingredientes devem ser amendoim e, talvez, sal). Uma observação para as moças, que parecem considerar a manteiga de amendoim um tipo de crack: uma colher de sopa não deve ser maior do que um montinho na colher, e não metade do pote se equilibrando na colher.

TENHO MESMO QUE IR À FORRA UMA VEZ POR SEMANA?

É importante aumentar o consumo de calorias uma vez por semana.

Isso provoca várias alterações hormonais que aumentam a perda de gordura, desde o aumento do cAMP e do GMP à melhora da conversão do hormônio tireóideo T4 na versão T3, mais ativa.

Numa dieta, todo mundo vai à forra em algum momento, e é melhor agendar isso com antecedência a fim de reduzir o dano. Os benefícios psicológicos superam até mesmo os benefícios hormonais e metabólicos. Eu como dessa maneira o tempo todo, e já o faço há sete anos. Poucas maneiras de se alimentar são tão sustentáveis e benéficas.

NÃO POSSO RESOLVER TUDO COM APENAS UMA REFEIÇÃO LIVRE POR SEMANA?

A maioria dos homens consegue. Algumas mulheres não.[1]

A menstruação pode ser interrompida se o nível de leptina cair demais. Isso aconteceu com uma de minhas leitoras durante sete meses até que ela voltou a se "realimentar", como chamava o dia de esbórnia, mas ainda assim

1 Principalmente se estiver consumindo menos de 30% das calorias na forma de gordura.

ela só se permitia fazer isso a cada duas semanas. A superalimentação forçada pode aumentar temporariamente a circulação da leptina em 40%. Ainda sugiro que uma vez por semana seja o padrão. Aumentar a ingestão de comida durante 12 a 24 horas, não necessariamente até passar mal, é um importante recomeço. Se você ganhar peso demais ou estagnar e ficar nervoso, coma uma boa refeição rica em proteína no café da manhã no dia de folga e depois vá à forra no almoço ao jantar – é o que eu faço hoje na maioria das vezes.

Nem sempre me esbaldo até ficar enjoado. Numa resposta a um seguidor da dieta, expliquei:

> Sim, você pode ingerir tudo que quiser — e em qualquer quantidade — aos sábados. Geralmente eu enlouqueço a cada quatro semanas e como tanto que chego a passar mal, o que me faz moderar nas três semanas seguintes. Adoro chocolate, pães doces (e todos os doces de confeitaria) e sorvete. Aproveite.

Mais uma dica: sempre que possível, coma fora nos seus dias de folga.

E o mais importante: jogue fora todos os alimentos ruins até a manhã seguinte. Se ainda tiver comida ruim em casa, você acabará comendo antes do seu dia de folga — também chamado de "Quaresma ao contrário" por alguns seguidores da dieta.

E QUANTO AO CAFÉ DA MANHÃ?

Meu café da manhã mais frequente costuma ser ovos, lentilhas e espinafre. Prefiro lentilha — diretamente da lata — a feijão-preto, e cozinhar uma dúzia de ovos com antecedência facilita tudo.

Para a maioria das pessoas, o café da manhã é a refeição mais difícil de mudar, uma vez que estamos viciados em comer torradas e cereais. Mudar para carboidratos de baixo teor glicêmico e proteínas exige um café da manhã que parece um almoço. Fica mais fácil quando você percebe que o café da manhã pode ser uma refeição menor se for seguido por um almoço entre três e cinco horas mais tarde. Experimente fazer isso durante cinco dias e você perceberá a diferença. Não apenas o maior consumo de proteína diminui a retenção de líquidos, como também a taxa metabólica de repouso aumenta em aproximadamente 20% se as calorias do seu café da manhã forem compostas por pelo menos 30% de proteínas.

Se você quiser um café da manhã mais comum, experimente ovos com bacon de peru (ou bacon normal orgânico)[2] e tomates fatiados. É uma delícia. Já prepa-

2 Resíduos de drogas e outras toxinas geralmente são armazenados na forma de gordura, por isso você vai querer comprar produtos de boa qualidade quando estiver consumindo gordura animal do alto da cadeia alimentar, como porco ou carne bovina. Comer animais de grande porte de fazendas comuns é pedir para ter problemas.

rou ovos com manteiga clarificada? Experimente e me agradeça. Posso sugerir, a contragosto, queijo cottage puro com moderação, dados o alto teor de caseína e o baixo teor de lactose, se você não tiver estômago para outra proteína pela manhã.

Está interessado em saber por que escolhi especificamente ovos, espinafre e lentilhas? Para aqueles que querem se aprofundar, a explicação científica está a seguir.

Em experimentos aleatórios e controlados, comer ovos acarreta mais perda de gordura e acelera o metabolismo basal. Numa dessas situações, mulheres acima do peso que tomaram um café da manhã com dois ovos por dia durante oito semanas (ao menos cinco dias por semana) em vez de um pão com mesmo peso e mesmo valor calórico emagreceram 65% a mais e — o mais importante — tiveram uma redução 83% maior na circunferência abdominal. Não houve diferenças significativas entre os níveis de colesterol HDL, LDL e total no plasma e os níveis de triglicerídeos em nenhum dos grupos.

Gemas fornecem colina, que ajuda a proteger o fígado e aumenta a perda de gordura em comparação com o grupo de controle. A colina se transforma em betaína e fornece metila para processos de metilação. Steven Zeisel, da Universidade da Carolina do Norte, em Chapel Hill, explica: "A exposição ao estresse oxidante é um potente estimulante de inflamações. A betaína é formada da colina dentro da mitocôndria, e essa oxidação contribui para o estado redox mitocondrial." Sabe qual é outra fonte primária de betaína? O espinafre.

Daí é que surgiu o mito: Popeye acertou em cheio. O espinafre é excelente para a recomposição corporal.

Os fitoecdisteroides (especificamente a 20-hidroxiecdisona, ou 20E) no espinafre elevam a taxa de crescimento do tecido muscular humano em até 20% quando aplicados numa cultura (tipo placa de Petri). Mesmo que você não esteja interessado no aumento muscular, essa substância também acelera o metabolismo da glicose. Os fitoecdisteroides são estruturalmente semelhantes aos hormônios de muda de insetos — finalmente uma forma de comer hormônios de muda de insetos! — e ambos aumentam a síntese proteica e o desempenho muscular. Até mesmo camundongos ficam com patas mais fortes. A boa notícia para as mulheres é que o hormônio ecdisteroide 20E testado demonstra não ter propriedades androgênicas. Em outras palavras, não vai deixá-las com pelos no peito ou com pomo de adão.

Os pesquisadores da Universidade Rutgers responsáveis pelo estudo principal enfatizam, quase como se fosse um impeditivo, que uma pessoa precisaria comer 1 kg de espinafre por dia para reproduzir a dose aplicada. Nas minhas experiências, descobri que não é tão difícil assim ver efeitos visíveis com quantidades menores. Como diariamente de duas a três xícaras de espinafre, menos do que se imagina, e cada xícara pesa 81 g. Duas xícaras, 162 g, representam cerca de 16% de 1 kg. Já três xícaras são quase 25%. Se os resultados do estudo dependessem da dose ingerida, talvez fosse esperado um aumento na síntese fibriótica muscular de 3%, no caso de duas xícaras, e 5%, no caso de três xícaras, sem mencionar o efeito na aceleração do metabolismo do carboidrato. Isso é significativo ao longo do tempo. Se o efeito não depende da dose, e sim é estimulado por uma quantidade menor do que 1 kg de espinafre por dia, é possível que se alcance o valor de 20% com muito menos. Também acredito que o espinafre aumenta o hormônio cAMP, mas esse é um assunto para os especialistas explorarem.

Não menos importantes, as lentilhas são fonte rica e barata de proteína (aminoácidos), isoleucina e lisina principalmente. Tanto a lisina quanto a isoleucina — aminoácidos ramificados (BCAA, do inglês *branched-chain amino acid*) — merecem destaque pelos papéis que exercem no reparo de músculos; a isoleucina ainda influencia o metabolismo da glicose.

PRECISO ME LIMITAR AOS VEGETAIS CITADOS?

Não há necessidade de limitar os vegetais àqueles listados, mas descobri que, quanto mais variedade você procura, maiores as chances de você desistir, uma vez que tudo, das compras à limpeza, fica mais complicado.

Como disse, essa dieta não foi pensada para ser divertida, apesar de a maioria das pessoas acabar gostando dela. Foi criada para ser eficiente. Os vegetais que listei são os que achei mais toleráveis de comer repetidas vezes, mas sinta-se livre para substituir o que quiser, sem se esquecer de incluir as leguminosas para consumir calorias.

Um vegetal que geralmente é desprezado por causa da primeira regra (não coma alimentos brancos) é a couve-flor. Coma quanto quiser. Ela é ótima para o preparo de falso purê de batata. Fora isso, mantenha-se fiel à regra de não comer nada que seja branco.

HÁ ALGUM PROBLEMA COM ALIMENTOS ENLATADOS?

Alimentos enlatados são totalmente permitidos. Sem problema. Quase todos os legumes que uso são congelados (80%) ou enlatados (20%). Sou muito fã de atum enlatado em água, misturado a lentilha e a cebolas picadas.

POSSO COMER AVEIA EM FLOCOS OU EM FARINHA?

Não.

POSSO FAZER ESSA DIETA SENDO OVOLACTOVEGETARIANO?

Ovolacto tudo bem. Carne não é necessária, mas facilita o trabalho. Ovos e grãos bastam para se perder peso, mas eu evitaria a maioria dos laticínios. Uma exceção é o queijo cottage. Ele não atrapalha, e o alto teor de caseína parece facilitar a perda de gordura.

Um leitor usou salsichas vegetarianas Yves e pudim Instone com alto teor proteico, além de ovos, para satisfazer suas necessidades. A proteína do arroz integral, assim como a do cânhamo ou das vagens, funcionará se você suportá-las. Se possível, desestimulo o consumo de qualquer produto à base de soja refinada, entre eles o leite de soja e suplementos de proteína de soja. Veja os apêndices "A máquina sem carne" para mais advertências quanto à soja e às alternativas.

POSSO COMER SALSA MEXICANA?

A salsa mexicana é maravilhosa, principalmente a de composição média e picante, com milho, feijão etc. Não suporto claras de ovos puras, que até para mim são sem graça. Eis por que eu quase sempre como ovos inteiros. Mas, se você acrescentar umas poucas colheradas de salsa mexicana nas claras ou nos ovos inteiros, terá uma deliciosa refeição. Só não junte salsa mexicana e lentilhas. A mistura fará você ter ânsias de vômito como um camelo tentando expelir uma bola de pelo.

POSSO COMER FRITURAS?

O salteado à moda oriental é ideal para essa dieta, assim como muitas culinárias asiáticas (por exemplo, a tailandesa) que dependem dele. Já a fritura por imersão deve ser evitada por causa da farinha dos empanados e da baixa densidade nutricional das calorias.

O feijão refrito funciona muito bem, e mais de 30 seguidores da dieta perderam até 500 g por dia usando-o como alimento principal. O leitor David C. perdeu quase 10 kg em 30 dias ao comer exclusivamente feijão refrito enlatado. Na sua atualização mais recente, ele tinha perdido 19 kg e sua esposa, 16 kg.

Contudo, o feijão refrito contém uma tonelada de sódio, cerca de 45% da necessidade diária por xícara. Se você não é hipertenso, provavelmente não vai morrer, mas se esforce para consumir outros tipos de feijão ou misturar os dois, às vezes. Assim, a retenção de líquidos diminui. Inchaços não são bonitos, por mais baixo que seja seu teor de gordura corporal.

Adoro feijão refrito também, mas tente diversificar depois que estiver acostumado à dieta.

E QUANDO VIAJO E ME ALIMENTO EM AEROPORTOS?

Se você é um frequentador de aeroportos e não consegue encontrar um restaurante mexicano ou de grelhados, compre um pacote de nozes ou amêndoas cruas num quiosque e se comprometa a não consumir amido pelo resto da viagem. Há calorias suficientes num único saco de nozes para abastecê-lo por duas ou três pequenas "refeições" e fazê-lo aguentar por 12 horas. A maioria dos aeroportos também tem saladas de frango (evite molhos, exceto pelo azeite de oliva ou vinagre) que você pode combinar com as nozes.

Caso a situação seja grave, opte por ficar com um pouco de fome em vez de se desviar da dieta. Se você costuma comer no mesmo horário, talvez já não sinta fome de verdade há alguns anos.

Depois de seguir essa dieta em mais de 30 países, posso afirmar, sem dúvida, que viagens não são uma justificativa legítima para quebrar as regras.

E QUANTO AOS REMÉDIOS PARA EMAGRECER?

Eu poderia recomendar para você termogênicos barra-pesada, mas o potencial deles para provocar dependência, danos a órgãos e problemas crônicos menos conhecidos (como a sinusite) simplesmente não vale a pena.

O "combo" mais eficiente e com menos efeitos colaterais que encontrei é o PAGG, que será explicado em detalhes no capítulo intitulado "Os quatro cavaleiros da perda de gordura".

COMER MUITA PROTEÍNA NÃO SOBRECARREGA OS RINS? E SE EU TIVER GOTA?

Primeiro, não sou médico nem banco o doutor na internet. Se você tem qualquer tipo de problema de saúde, consulte um médico. Agora, eis minha interpretação sobre os dados.

Se você não tem doença preexistente séria, a quantidade de proteína que eu sugiro não deve fazer mal. Não há evidências convincentes de que as proteínas causem danos aos rins. Isso é o que o médico Michael Eades chama de um "mito vampiro", que se recusa a morrer, apesar da falta de provas.

COMENDO FORA E O MÉTODO CHIPOTLE

Falando como um solteirão incapaz de cozinhar e como alguém que comeu fora em média duas vezes ao dia nos últimos cinco anos, a solução para a Dieta Slow Carb em restaurantes contém 10 palavras:

"Vou comer mais legumes e verduras [em vez de amido]."

Na maior parte dos restaurantes, é uma simples questão de escolher mais legumes e verduras — espinafre ou o que houver — em vez de comer o arroz, o pão ou a batata que costumam acompanhar a refeição. O cardápio não permite substituições? Sem problemas. Acrescente algumas palavras e a mágica se faz:

"Vou comer mais legumes e verduras [em vez de amido]. Se for preciso pagar um pouco mais por isso, tudo bem."

Se não der certo, respire fundo e simplesmente peça um acompanhamento extra de legumes e verduras, sem amido. No total, a substituição custará, em média, US$3 por refeição e muitas vezes é gratuita. Pense nisso como seu imposto do abdômen sarado. Até porque, se você está comendo fora, é porque pode pagar US$3 a mais, então saiba gastar direito o seu dinheiro. Se não puder pagar, abra mão do café com leite ou do jornal.

As culinárias com melhor relação custo-benefício que encontrei para a Dieta Slow Carb foram a tailandesa[3] e a mexicana, e essa última nos leva ao exemplo maravilhosamente simples de Eric Foster e sua Dieta Chipotle®.

Eric perdeu 41 kg, e sua gordura corporal passou de 44 a 23,8% em menos de 10 meses aderindo ao seguinte cardápio:

CAFÉ DA MANHÃ: Uma xícara de café e um ovo (mexido ou cozido)

ALMOÇO: Fajita bowl (pimenta, pimentões, cebola, carne, salsa mexicana de tomate, salsa mexicana de tomate verde, queijo, creme azedo, guacamole e alface romana)

JANTAR: Fajita bowl (pimenta, pimentão, cebola, carne, salsa mexicana de tomate, salsa mexicana de tomate verde, queijo, creme azedo, guacamole e alface romana)

Eric poderia ter perdido ainda mais gordura se ignorasse o queijo e acrescentasse um ovo ao seu café da manhã, mas o cardápio acima deu certo: essas três refeições totalizavam aproximadamente 1.480 calorias e 29 g de carboidratos não fibrosos. Brent, outro seguidor da Dieta Chipotle, perdeu 54 kg em 11 meses, uma redução de 136 para 82 kg.

Mas não enjoa? Eric suspeitava que sim:

> Honestamente, achei que enjoaria dos burritos depois de alguns meses, mas isso ainda não aconteceu. Graças a Deus! Antes de começar a dieta, o Chipotle era meu lugar preferido para comer. Fiz alguns ajustes aos itens do cardápio para diminuir o teor glicêmico e eles ficaram ótimos, como se eu não tivesse mudado nada.

Perder gordura não precisa ser um castigo. Não precisa nem mesmo ser inconveniente. Experimente a Dieta Slow Carb durante uma semana e você nunca mais voltará atrás.

3 Sugiro que se evite o curry, que pode causar desconforto intestinal se ingerido sem arroz.

Gota?

A gota é geralmente causada por purinas e, portanto, proteínas; assim, quem recebe esse diagnóstico, como minha mãe, é colocado em uma dieta com pouca proteína e poucas leguminosas. Eu lembro aqui da interpretação de Gary Taubes para a literatura científica, que indica que a frutose (e, portanto, a sacarose, o açúcar de mesa) e outros fatores são os mais prováveis causadores da gota. O ácido fosfórico em bebidas gaseificadas também deve ser evitado.

Os níveis de ácido úrico da minha mãe se normalizaram com a Dieta Slow Carb, apesar do consumo muito maior de proteína. Ela continua tomando doses baixas de alopurinol durante a dieta, e a comida foi a única coisa que mudou.

Dito isso, não importa o que você faça com sua dieta ou seus experimentos, não deixe de tomar nem modifique sua medicação sem consultar um médico.

O PROCESSO ESTACIONOU — O QUE DEVO FAZER?

Os três primeiros erros que discutiremos nas próximas páginas (comer tarde demais, não ingerir proteína suficiente e beber pouca água) são as causas mais comuns.

Apesar disso, o percentual total de gordura perdida mensalmente diminui com o tempo em virtude de processos naturais. A quantidade de mitocôndrias no tecido muscular determina, em grande parte, a taxa de perda de gordura sustentável. Exercícios voltados para isso, mesmo que apenas 20 minutos por semana, geralmente dobram a perda de gordura que se estabilizou e continuam agindo por pelo menos dois a quatro meses. As melhores opções são citadas nos capítulos da parte "Ganhando massa muscular".

Erros e equívocos mais comuns

Os três primeiros erros são responsáveis por mais de 90% dos problemas de estagnação, mas também compensa ler os outros. Um grama de prevenção equivale a um quilo de cura, e alguns minutos de conhecimento valem muitos quilos de gordura perdida.

ERRO Nº 1: NÃO COMER NA PRIMEIRA HORA DEPOIS DE ACORDAR, DE PREFERÊNCIA NOS PRIMEIROS 30 MINUTOS

Este é o problema do meu pai e quase sempre um impeditivo determinante. Veja o que aconteceu depois que resolvemos isso:

27/12/2008

Peso inicial 111,1 kg

30/01/2009

Fim do 1º mês 103,4 kg

01/03/2009

Fim do 2º mês 100,9 kg [Pouquíssima proteína no café da manhã durante as últimas quatro semanas — acréscimo de 30 g provenientes do shake Myoplex 30 minutos depois de acordar para recomeçar a perda de gordura]

02/04/2009

Fim do 3º mês 92,4 kg

Perda de peso em 90 dias = 18,7 kg

No primeiro mês, a taxa de perda foi de **7,7 kg por mês.** No segundo mês, quando ele adiou o café da manhã, sua taxa de emagrecimento caiu para **2,5 kg.** No terceiro mês, depois de ingerir 30 g de proteína nos primeiros 30 minutos depois de acordar, essa taxa mais do que triplicou para **8,5 kg por mês!**

Esses números não são tudo, é lógico, já que ele estava ganhando músculo ao mesmo tempo, mas esse tipo de aceleração drástica é comum. Pular o café da manhã também está associado ao consumo exagerado de comida à noite. Está sem apetite pela manhã? Sem problemas. Faça uma refeição pequena, mas rica em proteínas: dois ou três ovos salpicados com sal marinho trufado.

Eis outro caso, desta vez de JayC:

18/10/2008-14/02/2009: Peso inicial: 118 kg, peso atual: 96 kg

Uau! Esta é a primeira vez que estou com menos de 97,5 kg desde meu primeiro ano na faculdade! Atingi uma espécie de platô depois de chegar aos 100 kg no Natal. Estava comendo e bebendo as mesmas coisas, mas continuava com 100 kg! Então como eu superei??? Comendo mais! Você acredita como esse estilo de vida é maravilhoso? Tim escreveu [...] para comer pelo menos 30 g de proteína depois de acordar e também beber mais água. Com alguma relutância, aumentei as porções do café da manhã e do almoço e BAM!

Pule o café da manhã, esqueça de comer na primeira hora do dia e você fracassará.

ERRO Nº 2: NÃO INGERIR PROTEÍNA SUFICIENTE

Consuma pelo menos 20 g de proteína por refeição.

Isso é ainda mais vital no café da manhã. Consumir pelo menos 40% das calorias do seu café da manhã na forma de proteína diminuirá a necessidade de carboidrato e promoverá uma queda no nível de gordura. Até mesmo 20% de proteína — mais do que a imensa maioria da população consome — não basta. A primeira opção: dois ou três ovos inteiros no café da manhã. A segunda opção: se isso for impossível para seu estômago, acrescente outro alimento rico em proteína, como bacon de peru, bacon orgânico, salsichas orgânicas ou queijo cottage. Terceira opção: tome um shake com 30 g de proteína com gelo e água, como fez meu pai.

Nos primeiros dias vai parecer que você está se obrigando a comer, mas depois tudo mudará e você vai se sentir incrível. Ingira ao menos 20 g de proteína por refeição — sempre.

Possível problema: consumo insuficiente de comida. NÃO tente restringir as porções ou calorias. Coma até se sentir satisfeito e coma o máximo que puder dos alimentos aprovados. Se não fizer isso, você diminuirá o ritmo do seu metabolismo ou sairá da dieta beliscando alimentos proibidos entre as refeições.

Kristal não conseguia perder peso e estava irritada com a dieta. Por quê? Porque estava ignorando as leguminosas e se atendo a um volume maior de verduras, o que resultava em quantidade insuficiente de calorias. Não é preciso contar as calorias quando se seguem as regras, e uma delas é justamente esta: comer muitas leguminosas. Os resultados de Kristal se multiplicaram depois de uma única alteração:

> **Segui seu conselho: transformei o feijão no ingrediente principal nesta semana e agora tenho muito mais energia e meu humor melhorou nitidamente. Nas duas primeiras semanas, os legumes e as verduras foram meu alimento principal, com um pouco de feijão e carne no meio. Esta semana é feijão, feijão, feijão (...) e até agora já perdi 4,5 kg. Maravilha!**

ERRO Nº 3: NÃO BEBER ÁGUA O BASTANTE

Para garantir uma função excelente do fígado para a perda de gordura, aumentar a hidratação é obrigatório.

O consumo insuficiente de água ("Eu só não gosto muito de beber água") parece ser bem comum entre as mulheres. Minha mãe estacionou na perda de gordura, e, analisando seu consumo de água, insisti que ela acrescentasse alguns copos. Ela voltou a perder gordura de imediato e, na semana seguinte, perdeu 1,4 kg.

Esforce-se principalmente para beber muita água no seu dia de folga, já que a carga extra de carboidrato tirará água do seu trato digestivo e do glicogênio muscular. Sem consumir água o bastante, o resultado serão enxaquecas.

ERRO Nº 4: ACREDITAR QUE VOCÊ IRÁ COZINHAR, PRINCIPALMENTE SE FOR SOLTEIRO

Numa frase: se você não está habituado a cozinhar, compre alimentos congelados ou enlatados nas primeiras semanas da dieta.

Não adquira muita comida que exija certa habilidade no preparo se você não sabe cozinhar. Não escolha alimentos que estraguem fácil se você nunca preparou uma refeição decente. O otimismo sem fundamento só resultará em comida podre e frustração. À direita você vê uma imagem denunciadora do que acontece com a maior parte das cebolas na minha geladeira.

Jack e seu estoque de cebolas

Tenho sacos e mais sacos de lentilhas secas na despensa há mais de seis meses. Por quê? Porque tenho preguiça demais de cozinhá-las e escorrê-las.

Faça o mais simples: use alimentos congelados e enlatados pelo menos nas duas primeiras semanas. Mude um hábito de cada vez: primeiro a seleção dos alimentos, depois o preparo.

ERRO Nº 5: PESAGENS NO MOMENTO ERRADO DO CICLO MENSTRUAL (HOMENS NÃO TÊM ESTE PROBLEMA)

As mulheres tendem a reter muito mais água pouco antes do ciclo menstrual. Leve isso em conta quando começar a dieta e tirar suas medidas.

Ignore as leituras das balanças nos 10 dias que antecedem a menstruação. Esse número não reflete o que está acontecendo. Se você estiver seguindo a dieta à risca, perderá gordura. Considere sua primeira pesagem pós-menstrual (depois do último dia) como suas medições do "depois".

Não se deixe desencorajar pelas flutuações de curto prazo na retenção de líquidos. Conheça seu ciclo menstrual e assim você não vai achar, equivocadamente, que a dieta não está funcionando.

ERRO Nº 6: ABUSAR DAS "COMIDAS DOMINÓ": NOZES, GRÃO-DE-BICO, HOMUS, AMENDOIM, MACADÂMIA

Há certos alimentos que, embora tecnicamente possam ser comidos durante a dieta, costumam levar ao consumo abusivo. Chamo-os de "comidas dominó", porque, ao comer a primeira porção, você dá início a um efeito dominó de ingestão em excesso.

Minha perda de gordura já se estagnou três vezes por culpa das amêndoas, que são fáceis de comer aos punhados e simples de justificar por serem nutritivas. Infelizmente, elas também contêm 824 calorias por xícara, 146 calorias a mais do que um Whopper do Burger King (678 quilocalorias).

Não há problema algum numas poucas amêndoas (5-10), porém ninguém come tão poucas assim.

O leitor Caro aprendeu a evitar as "comidas dominó", mas perdeu um tempo precioso nesse processo, assim como dezenas de outras pessoas:

> Tive que reiniciar o plano de alimentação. Quando comecei, não estava seguindo exatamente como Tim havia me explicado (...) eu acrescentei amendoim, comia grão-de-bico e não perdia peso, por isso achei que já era hora de levar a coisa a sério. Recomecei a dieta há cinco dias e fico feliz por poder dizer que perdi 2,3 kg nesse período depois de seguir o planejamento EXATAMENTE como Tim indica, sem qualquer tipo de adaptação ou substituição, levando a sério e sendo honesto quanto ao que posso ou não comer.

Acha que vai comer apenas um biscoito ou poucas batatas chips?

Não se você tiver um pacote inteiro na cozinha. A autodisciplina é superestimada e nada confiável. Não se alimente de nada que exija controle da porção. Tire as "comidas dominó" de casa e do seu alcance.

ERRO Nº 7: EXAGERAR NO USO DE ADOÇANTES ARTIFICIAIS (OU "NATURAIS"), INCLUINDO O NÉCTAR DE AGAVE

Mesmo sem calorias, a maioria dos substitutos artificiais e naturais do açúcar provoca aumento da liberação de insulina, embora o aspartame tenha um efeito surpreendentemente baixo na insulina. Não que isso nos dê o direito de consumi-lo em excesso: geralmente ele é comparado ao acessulfame-K, que apresenta uma avalanche de efeitos negativos para a saúde. Tanto os adoçantes com poucas calorias quanto os sem nenhuma caloria foram associados a ganho de peso. Já vi quase todos eles interromperem a perda de gordura.

Não pense que estou passando sermão. Sou totalmente viciado em Coca-Cola dietética. Não consigo evitar.

Dar vazão a esse meu vício com até meio litro por dia não parece interferir no emagrecimento. O que descobri, assim como outros seguidores da Dieta Slow Carb, é que mais de meio litro paralisa o processo de perda de gordura em pelo menos 75% dos casos.

Adoçantes "naturais" talvez sejam, com base no papel da frutose nos transtornos metabólicos, ainda piores para você do que o xarope de milho rico em frutose, o temido HFCS, do inglês *high-fructose corn syrup*.

Os chamados alimentos saudáveis "sem açúcar" estão cheios de adoçantes como "sucos concentrados de maçã e pera", que são compostos por dois terços de frutose, e os mais recentes e considerados grandes salvadores são ainda mais nocivos. O néctar do agave cru, por exemplo, tem até 90% de frutose e não é nada melhor do que o açúcar refinado ou o HFCS no que diz respeito aos antioxidantes.

Dispense os adoçantes sempre que possível. Se for realmente doce, é porque provavelmente libera muita insulina ou arruína seu metabolismo. Faça experiências com temperos ou essências como as de canela e baunilha.

ERRO Nº 8: MALHAR EM EXCESSO

Uma seguidora da Dieta Slow Carb me escreveu:

> Vou à academia cinco vezes por semana, duas horas na esteira, mais uma hora de spinning duas vezes por semana (...) Tenho feito exercícios assim há quase três meses. Nas primeiras três semanas, perdi quase 9 kg, mas desde então recuperei aproximadamente 3 kg. Também faço vários exercícios voltados para grupos musculares distintos (duas vezes por semana para pernas, quadris, braços etc.).

Os 3 kg podem ter sido ganho de massa magra, o que é bom, mas ela passava mais de 12 horas por semana na academia. Suspeito que o problema dela, que já vi acontecer a outras pessoas, tenha sido o treinamento intensivo insustentável e uma alimentação de "recompensa" relacionada a ele:

> Suspeito que você esteja se exercitando demais e na verdade perdendo músculo, de acordo com sua descrição. Isso diminuirá sua taxa de metabolismo basal e estacionará sua perda de gordura. Tente fazer a dieta com no máximo duas ou três sessões curtas de musculação por semana (se você quiser se exercitar, pois não é obrigatório) e lembre-se de controlar o seu percentual de gordura corporal, e não apenas o peso.

Exagerar no exercício não só *não* ajudará como também reverterá seu progresso, uma vez que acaba levando à alimentação exagerada, ao consumo de bebidas energéticas e a outras formas de autossabotagem.

Lembre-se da DME: Menos é mais.

SITUAÇÕES DE EMERGÊNCIA

Evitando ganhar gordura no dia de folga

A vida em si é o melhor banquete.
— Julia Child

Os donuts fazem parte de uma dieta saudável e balanceada.
— Brooke Smith, porta-voz da Krispy Kreme

Era meu primeiro encontro com uma mulher, na Samovar, casa de chá, em San Francisco. O incenso, a música étnica ao fundo e uma iluminação meticulosamente planejada faziam com que o lugar parecesse um misto de templo budista com um *coffeeshop* holandês. Então, como se fosse um sinal, ambos pedimos chá de schizandra. A descrição?

> Há dois mil anos, Shen Nong foi o primeiro a identificar esse potente elixir como um "tônico adaptogênico" (isto é, ele lhe dá exatamente aquilo de que você precisa: energia, relaxamento, beleza ou virilidade).

Parecia um bom começo.

Depois de alguns flertes e palavras insinuantes, tentei a sorte:

— Espero que você não se assuste.

Tirei uma balança digital nutricional da bolsa masculina[1] que uso para carregar objetos estranhos, e comecei a separar todos os alimentos para pesá-los individualmente. Isso, é óbvio, foi o começo do fim.

1 O que já era estranho por si só.

Ah, o amor... é fugaz e não combina com atitudes típicas de um *serial killer*. Mas o amor podia esperar. Eu tinha outras coisas em mente.

Era apenas o começo de uma jornada de 12 horas para aumentar meu peso, e aquela era minha segunda tentativa. Na primeira, feita com mais de 5 kg de cortes gordos de carne bovina orgânica, eu fracassei. Só consegui ingerir uns 3 kg sem vomitar e não ganhei um só grama de gordura.

"Mas por que partir numa busca para ganhar gordura?", você se pergunta. Porque eu queria provar, de uma vez por todas, que o modelo de calorias ingeridas *versus* calorias gastas estava totalmente errado ou, pelo menos, era incompleto. E a maneira mais simples de fazer isso era consumindo uma quantidade obscena de calorias num curto período e registrar os efeitos posteriores.

Dessa vez, contudo, minha abordagem foi diferente.

Às 23h43, com dois minutos de antecedência, eu havia ingerido com dificuldade um último pacote de biscoitos recheados de amendoim. Na noite anterior, havia perguntado aos meus — na época — 60.000 seguidores no Twitter quais eram suas comidas muito calóricas preferidas e me comprometera a consumir o máximo que pudesse delas. Tudo que eu comesse ou bebesse seria fotografado, medido ou pesado.

Eis o resultado, com os eventos que não tinham relação direta com a alimentação, mas eram importantes, indicados por um asterisco:

11h45 início

- 1 xícara de espinafre cozido no vapor (30 kcal)
- 3 colheres de sopa de manteiga de amêndoa sobre um talo de aipo grande (540 kcal)
- 2 colheres de sopa cheias do suplemento Athletic Greens com água (86 kcal)
- Salada de frango ao curry, 195 g (aproximadamente 350 kcal)
  Total = 1.006 kcal

12h45

- Suco de toranja (90 kcal)
- Café grande com uma colher de chá de canela (5 kcal)
- 315 ml de leite semidesnatado com 2% de gordura (190 kcal)
- 2 croissants de chocolate grandes, 168 g (638,4 kcal)
  Total = 923,4 kcal

14h

- 480 ml de kombucha (bebida feita com base na fermentação de chá) (60 kcal)

*14h15

- Evacuação
- AGG (abordaremos adiante)
- Gordura de manteiga e óleo de fígado de bacalhau fermentado

*15h-15h20

- 3 séries de 15 repetições de cada:
  1. Remada curvada
  2. Supino inclinado
  3. Leg press

15h30

- 1 l de leite integral orgânico com nata Straus (600 kcal)

*16h

- Probióticos
- 20 minutos de banho de gelo

16h45

- Quinoa, 230 g (859 kcal)

17h55

- Barra de chocolate Zzang (216 kcal)
- Mate (30 kcal)

  Total = 246 kcal

*18h20

- Evacuação

*18h45

- 40 agachamentos e 30 flexões de tríceps na parede

18h58

- Queijos variados, 33 g (116 kcal)
- Mel, 30 g (90 kcal)
- Maçã média (71 kcal)
- Biscoitos de água e sal, 8 g (30 kcal)
- Chá com leite de soja (não por minha escolha), 360 ml (175 kcal)

  Total = 482 kcal

*21h30

- 40 agachamentos no banheiro masculino

21h36

- Pizza (urtiga, cebola roxa, provolone, cogumelos, pancetta e azeite de oliva com um ovo), 8 fatias (64 g cada) (1.249 kcal)
- 1 taça pequena de vinho tinto Nero d'Avola, 150 ml (124 kcal)
- Sorvete de baunilha Bi-Rite, 59 g (140 kcal)
- Expresso duplo (0 kcal)

  Total = 1.513 kcal

22h37

- 2 colheres de sopa cheias do suplemento Athletic Greens dissolvidas em água (86 kcal)

*22h40

- PAGG (abordaremos adiante)
- 60 crucifixos verticais (ou em pé) com elástico

*23h10

- Evacuação

23h37

- Cookie de amendoim, 40 g (189 kcal)
- Pacote pequeno de biscoitos recheados de amendoim (250 kcal)

  Total = 439 kcal

2h15

- Cama/sono profundo

Um total geral de — rufem os tambores! — 6.214,4 calorias em 12 horas.

De acordo com cálculos que levam em conta a massa magra e a massa gorda, minha taxa de metabolismo basal (TMB) para 24 horas é de aproximadamente 1.764,87 calorias, ou seja, minha TMB de 12 horas é de 882,4 calorias.

É preciso acrescentar ainda duas coisas: os 20 minutos de levantamento de peso de intensidade moderada (80 calorias, no máximo, que usaremos aqui) e as caminhadas.

Andei 16 quarteirões em terreno plano e mais um em ladeira suave durante esse tempo, o que, nesse caso, adiciona não mais do que 110 calorias, levando em conta a distância de 2,2 km a uma velocidade de 3,2 km/h e meu peso de 76 kg. Fora isso, evitei me movimentar e ficar de pé sempre que possível, exceto pelos poucos agachamentos. Vinte minutos de levantamento de peso + caminhadas = 190 calorias. Vamos arredondar para 200.

Segundo esses cálculos, **ainda consumi 6,8 vezes a minha taxa metabólica basal na minha tentativa de engordar em 12 horas.**

O que aconteceu? Vamos analisar minha gordura corporal e o meu peso, obtidos com o aparelho de ultrassom BodyMetrix, e a média de três pesagens separadas:

Sábado, 29 de agosto de 2009 (manhã da esbórnia): 9,9% de gordura e 76,7 kg.

Segunda-feira, 31 de agosto de 2009 (48 horas mais tarde): 9,6% de gordura e 74,8 kg.

O quê?!

Agora vamos analisar como eu fiz isso.

A arte perdida da esbórnia

Preparado para o jantar do Dia de Ação de Graças ou para os biscoitos amanteigados do Natal?

Parece que vai ser uma farra. Isso, por si só, não precisa ser motivo para uma terrível culpa nem significa que você vai ganhar mais pneuzinhos. Planejando com antecedência e entendendo um pouco de ciência, é possível reduzir os danos. Eu como tudo que quero todos os sábados e sigo passos específicos para que meu ganho de peso seja o menor possível quando faço isso.

Em termos gerais, nosso objetivo é simples: fazer com que toda a porcaria ingerida se transforme em tecido muscular ou saia de nosso corpo sem ser absorvida.

Para fazer isso, concentro-me em três princípios:

PRINCÍPIO Nº 1: DIMINUA A LIBERAÇÃO DE INSULINA, UM HORMÔNIO DE ARMAZENAMENTO.

A liberação de insulina diminui quando se altera bruscamente o nível de açúcar no sangue:

1. Certifique-se de que sua primeira refeição do dia não seja um exagero. Ingira muita proteína (pelo menos 30 g) e fibra insolúvel (leguminosas funcionam bem). A proteína reduzirá seu apetite e impedirá a autodestruição total. A fibra será importante mais tarde, para evitar a diarreia. No total, pode ser uma refeição menor, num total de 300 a 500 calorias.
2. Consuma uma pequena quantidade de frutose, o açúcar das frutas, na forma de suco de toranja antes da segunda refeição, que é a primeira refeição da esbórnia. Até mesmo uma quantidade mínima de frutose tem

um efeito impressionante de redução da glicose do sangue.[2] Eu poderia bebê-lo na primeira refeição, mas prefiro combinar a naringina do suco de toranja com o café, pois ela amplia os efeitos da cafeína.

3. Use suplementos que aumentam a sensibilidade à insulina: AGG (parte do PAGG) e PAGG (que abordaremos no próximo capítulo). A ingestão que serviu como exemplo neste capítulo é bastante moderada, por isso ingeri apenas duas doses. Se fosse me esbaldar, teria ingerido outra dose de PAGG logo depois de acordar. Isso reduz a quantidade de insulina que o pâncreas libera em picos glicêmicos médios ou altos de glicose. Pense nisso como uma apólice de seguros.
4. Beba suco de frutas cítricas, como uma limonada, suco de limão como tempero na comida ou ainda uma bebida como o kombucha cítrico que citei.

PRINCÍPIO Nº 2: ACELERE O ESVAZIAMENTO GÁSTRICO OU O TEMPO QUE A COMIDA LEVA PARA DEIXAR O ESTÔMAGO

A esbórnia é uma rara circunstância em que quero que a comida (ou parte dela) passe tão rápido pelo trato gastrointestinal que não seja totalmente absorvida.

Posso conseguir isso principalmente com a cafeína e o chá-mate, que contém os estimulantes adicionais teobromina (encontrada também no chocolate amargo) e teofilina (encontrada também no chá verde). Consumo de 100 a 200 mg de cafeína, ou 480 ml de mate frio, junto com a maior parte das porcarias que como. Meu suplemento alimentar natural preferido, Athletic Greens (mencionado nas anotações), não contém cafeína, mas também ajuda.

Isso funciona mesmo? Levar as coisas gostosas das papilas gustativas para o vaso sanitário sem se acumularem muito no meio do caminho?[3]

Não foram poucas as pessoas que me disseram que isso não passa de ficção científica.

Alerta para algo que você não precisava saber: Discordo e por um bom motivo. Em vez de discutir metaestudos, simplesmente pesei meu cocô. Volumes idênticos de comida dentro e fora, conforme o protocolo. Dentro do protocolo = mais massa fecal (com mesma consistência, daí a importância das fibras) = menos absorção = menos croissants de chocolate que se acumulam na minha barriga. Simples e eficiente? Talvez. De qualquer maneira, será melhor omitir esse assunto num primeiro encontro? Com certeza.

Agora vamos a um dos aspectos mais interessantes desta loucura toda: o GLUT-4.

2 Leia "A alteração da glicose" para mais informações.

3 É verdade que aumentar a velocidade do esvaziamento gástrico pode aumentar o índice glicêmico das refeições; por isso é ainda mais importante combater essa reação com uma pequena dose de frutose.

PRINCÍPIO Nº 3: FAÇA BREVES CONTRAÇÕES MUSCULARES DURANTE A ESBÓRNIA. Minhas opções preferidas de contrações musculares são agachamentos, flexões na parede (extensões de tríceps contra uma parede) e exercícios para o peitoral com elástico, pois os três são portáteis e podem ser realizados sem causar lesões musculares que arruínam seu treinamento. Os dois últimos podem ser feitos por qualquer pessoa, mesmo aquelas com dificuldades de locomoção.

Mas por que você iria querer fazer 60 a 90 segundos de exercícios bizarros poucos minutos antes de comer e, no mundo ideal, repeti-los novamente cerca de 90 minutos depois?

Resposta breve: porque os exercícios levam o transportador de glicose tipo 4 (GLUT-4) para a superfície das células musculares, abrindo mais passagens para que as calorias entrem. Quanto mais passagens abertas você tiver no músculo antes que a insulina desperte o mesmo GLUT-4 na superfície das células adiposas, mais ganho de massa muscular você terá, em vez de gordura.

Uma explicação mais detalhada:

O GLUT-4 tem sido estudado com mais intensidade nas últimas décadas, e ficou evidente, por volta de 1995, que os exercícios e a insulina aparentemente ativam (transportam) o GLUT-4 através de caminhos diferentes mas sobrepostos. Isso me interessou, pois significava que talvez fosse possível usar exercícios para combater a liberação de insulina induzida pelas refeições — e assim, por prevenção, mudar a direção dos trilhos biológicos para que a comida (glicose) fosse dirigida prioritariamente para os tecidos musculares.

E quantas contrações são necessárias? A verdade é que, pelo menos para os animais, muito menos do que se imaginava. Numa fascinante pesquisa japonesa com ratos, exercícios intermitentes de alta densidade (EIAI) — 14 repetições de corridas rápidas de 20 segundos com 10 segundos de intervalo entre elas — foram comparados a exercícios prolongados de baixa intensidade (EPBI) — seis horas de exercícios — ao longo de oito dias.

Quer saber o surpreendente resultado? Os destaques são meus:

> Concluindo, a pesquisa demonstrou que oito dias de **EIAI de apenas 280 segundos de duração** elevavam tanto a quantidade de GLUT-4 quanto a atividade máxima de transporte da glicose para o músculo esquelético dos ratos a um nível **semelhante ao obtido depois de sessões de seis horas de EPBI,** que era considerada a forma de aumentar a quantidade de GLUT-4 ao máximo.

Em comparação com o grupo de controle, a quantidade de GLUT-4 nos músculos aumentou 83% com 280 segundos de EIAI contra 91% com seis horas de EPBI.

É lógico que modelos com animais nem sempre servem para os seres humanos. Mas fiquei me perguntando: e se fossem necessários mesmo apenas 280 segundos? Essa pergunta acabou gerando outras:

Precisamos realizar os 280 segundos de exercícios de uma só vez ou podemos dividi-los?

Esse é mesmo o número mágico ou alguns segundos a menos podem conseguir o mesmo efeito?

Seria plausível que 60 a 90 segundos de contrações moderadas tivessem um impacto considerável?

Numa tentativa de elucidar essas dúvidas, entrei em contato com vários pesquisadores em três continentes, entre eles especialistas em GLUT-4 do Laboratório de Biologia Muscular da Universidade de Michigan em Ann Arbor.

A resposta simples era: parecia possível.

A descoberta mais importante veio da pesquisa dos doutores Gregory D. Cartee e Katsuhiko Funai:

O efeito de captação de glicose independente de insulina do exercício começa a se perder minutos depois do término dos exercícios, e a maior parte ou toda a perda se dá dentro de 1 a 4 horas. Um efeito muito mais duradouro é a melhora da sensibilidade à insulina, muitas vezes encontrada em 2 a 4 horas, podendo durar até 1 ou 2 dias depois da prática de exercícios intensos.

Comecei com um total de 60 a 120 segundos de agachamentos e flexões de braço na parede pouco antes das refeições. Depois, para um efeito maior, experimentei praticar mais 60 a 90 segundos de exercícios cerca de uma hora e meia depois dessas refeições, quando os níveis de glicose no sangue deveriam ser os mais altos, com base em avaliações com glicosímetros.[4]

É melhor realizar tais exercícios em um banheiro, e não à mesa. Se não puder sair, faça contrações isométricas (sem se mover) com as pernas. Tente parecer normal e não uma pessoa com prisão de ventre.

É necessário um pouco de prática.

Na China, há um provérbio rimado que diz: *Fàn hòu bǎi bù zǒu, néng huó dào jiǔ shí jiǔ* [飯後百步走，能活到九十九] — em português, “com cem passos após comer, 99 anos você pode viver”.

4 Mais uma vez, leia “A alteração da glicose” para mais informações.

Seria possível que os chineses tivessem identificado os efeitos dos transportadores GLUT-4 muito antes de cientistas explicarem seu mecanismo de ação? É possível. Contudo, o mais provável é que eles apenas gostassem de rimas.

Em todo caso, com 60 a 90 segundos de contrações musculares depois de cada refeição (um pouco antes também seria o ideal), você poderá ver seus músculos abdominais nessa vida.

Não se esqueça dos agachamentos.

MANOBRAS NO BANHEIRO: AGACHAMENTOS, FLEXÕES DE BRAÇO NA PAREDE E FLEXÕES HORIZONTAIS DE OMBRO COM ELÁSTICO

Meu objetivo são 30 a 50 repetições para cada um dos seguintes exercícios:

Agachamentos

Flexões de braço na parede

Abdução de ombros com elástico

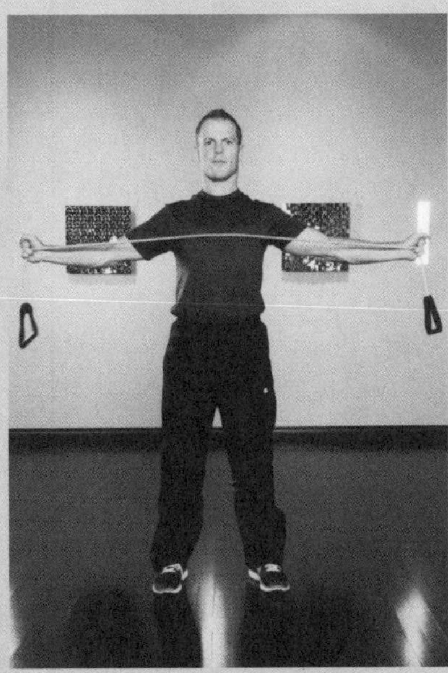

O DIFERENCIAL: *CISSUS QUADRANGULARIS*

A *Cissus quadrangularis* (CQ) é uma planta nativa da Índia.

Ela é novata no mundo dos suplementos alimentares, geralmente receitada para as articulações. Em julho de 2009, experimentei tomar uma dosagem alta de CQ depois de uma cirurgia no ombro decorrente de infecção bacteriana. Associada ao PAGG, surpreendentemente, ela pareceu ter efeitos sinérgicos antiobesidade e anabólicos (de crescimento muscular). Após realizar uma segunda pesquisa na literatura sobre sua utilização na medicina ayurvédica e no reparo de fraturas, ficou evidente que ela evitava o ganho de gordura quando se come em excesso.

No interior da China, onde continuei realizando experiências com a CQ, pratos com grande volume de arroz são servidos ao lado de doces nas refeições à mesa, feitas obrigatoriamente três a cinco vezes ao dia. Era o ambiente perfeito para ganhar peso.

Mas a CQ preservou meu abdômen sarado. Percebi efeitos mensuráveis tanto tonificantes quanto de perda de gordura depois que passei a consumir 2,4 g (ou 2.400 mg), três vezes ao dia, meia hora antes das refeições, num total de 7,2 g por dia. Seria essa a dose mágica? Eu tinha aproximadamente 73 kg de massa magra, por isso não dá para saber se o efeito é causado numa razão de 90 miligramas por quilo de massa magra ou se há uma dosagem padrão independente do peso. Até que sejam realizadas pesquisas a respeito dos efeitos colaterais de longo prazo para dosagens maiores, desaconselho o consumo de mais de 7,2 g por dia.

Em Pequim, depois de três dias comendo feito um porco.

Se você puder comprar a CQ, acredito que ela é muito eficiente para diminuir o ganho de gordura indesejado durante a alimentação excessiva. Mas, até que sejam realizados mais estudos com seres humanos, não planejo dar continuidade ao uso, embora pretenda ingeri-la durante ciclos de crescimento muscular de 8 a 12 semanas, em dias de folga da dieta ou em caso de lesão nas articulações.

Kevin Rose, um dos meus companheiros de viagem durante essa aventura de três semanas, reclamou: "Glenn e eu estávamos ficando cada vez mais gordos, enquanto esse filho da mãe estava todo definido. Como assim?!"

Outro amigo, executivo da área de tecnologia, referiu-se à *Cissus quadrangularis* como a "pílula do dia seguinte" para dietas, depois de me ver ingeri-las enquanto me fartava de sorvete de manteiga de amendoim e brownies.

A CQ funciona.

POR DENTRO DO MICROBIOMA: EQUILIBRANDO AS BACTÉRIAS PARA QUEIMAR GORDURA

Por que a obesidade é tão mais comum hoje do que era há algumas décadas?

Os pesquisadores estão começando a encontrar pistas bacterianas que podem apontar para uma resposta. Houve uma profunda mudança em nossas populações de bactérias intestinais — as criaturinhas que vivem em nosso trato digestivo —, e estudos mostram que essas transformações estão relacionadas à crescente onda de obesidade.

Na verdade, há 10 vezes mais células bacterianas em seu corpo do que células humanas: 100 trilhões delas para 10 trilhões de você. Em sua maioria, elas nos beneficiam, melhorando o sistema imunológico, fornecendo vitaminas e evitando que bactérias nocivas nos infectem. Também regulam a eficiência com que absorvemos a energia dos alimentos.

Até agora, foram descobertas duas linhagens principais que influenciam a absorção de gordura, quase sem relação com a dieta: Bacteroidetes e Firmicutes. Pessoas magras têm mais Bacteroidetes e menos Firmicutes; já as pessoas obesas têm mais Firmicutes que Bacteroidetes. À medida que os obesos perdem peso, a proporção de bactérias em seus intestinos muda consideravelmente para mais Bacteroidetes.

Essa descoberta tem implicações tão importantes para a saúde pública que, no final de 2007, o Instituto Nacional de Saúde dos Estados Unidos lançou o Projeto Microbioma Humano, um estudo de longo prazo. É algo como um Projeto Genoma Humano para bactérias e pretende investigar a forma com que mais de 40 mil espécies de microamigas (e inimigas) afetam nossa saúde e como podemos modificá-las para que nos ajudem ainda mais.

Tal empreitada pode demorar, mas você não precisa esperar para agir. Há algumas decisões que você pode tomar agora para cultivar uma flora intestinal saudável que o ajude a perder gordura.

1. **Livre-se da sucralose.** Um estudo de 2008 realizado pela Universidade de Duke descobriu que, ao dar sucralose para ratos, o produto diminuiu consideravelmente a quantidade de bactérias úteis no intestino. Mais uma vez, adoçantes se revelam tão nocivos quanto o próprio açúcar, ou talvez piores.
2. **Ingira fermentados.** O doutor Weston Price é famoso por suas pesquisas sobre as dietas de 12 comunidades indígenas quase imunes a doenças espalhadas pelo mundo. Ele descobriu que um dos elementos comuns entre elas eram os alimentos fermentados, consumidos diariamente. Os principais produtos variavam de uma cultura para outra, mas entre eles estavam o queijo, o natto japonês, o kefir, o kimchi, o chucrute e o peixe fermentado. Iogurte natural sem açúcar e chá fermentado (kombucha) são outras duas opções. Os alimentos fermentados contêm níveis altos de bactérias saudáveis e devem ser vistos como peça obrigatória do nosso quebra-cabeça nutricional. Eu como cinco colheradas de chucrute pela manhã, antes do café, e também acrescento kimchi a quase todas as refeições preparadas em casa.
3. **Considere o uso de probióticos e prebióticos.** *Probióticos* são bactérias. Usei os probióticos iFlora do laboratório Sedona durante os exercícios (para ajudar a "assentar" os alimentos em excesso) e depois de tomar antibióticos.

Prebióticos são substratos fermentados que auxiliam no crescimento e na proliferação de bactérias. Nessa categoria, experimentei inulina orgânica e fruto-oligossacarídeos, geralmente conhecidos como FOS. Prefiro a inulina por vários motivos e a obtenho com o consumo do suplemento Athletic Greens, já mencionado. A inulina tem aproximadamente 10% do sabor doce do açúcar, mas, ao contrário da frutose, não é insulinêmica. Entre os alimentos integrais, o alho, o alho-poró e a chicória contêm altas dosagens tanto de inulina quanto de FOS.

Apesar da fase ainda preliminar da pesquisa, introduzir prebióticos e probióticos na dieta pode ter efeitos benéficos quanto a alergias, envelhecimento, obesidade e várias doenças, desde aids até diabetes tipo 2. Descobri outro benefício em potencial especialmente fascinante, levando em conta nosso foco no GLUT-4: tanto a inulina quanto o FOS aumentam a absorção de cálcio, que por sua vez promove o transporte do GLUT-4 dependente de contração!

Como se não bastassem os efeitos antiobesidade, pense que o equilíbrio bacteriano é um passo fundamental para o sustento do seu "segundo cérebro".

Quase todo mundo já ouviu falar da serotonina, um neurotransmissor de ação múltipla que, quando deficiente, está intimamente associado à depressão. O Prozac e outros inibidores seletivos da recaptação de serotonina (ISRS) agem para aumentar os efeitos da serotonina. Apesar de ser considerada um "neurotransmissor", o que faz com que a maioria das pessoas a relacione ao cérebro, apenas 5% de nossa serotonina está, de fato, na cabeça. Os 95% restantes são produzidos no intestino, por isso mesmo às vezes chamado de "segundo cérebro".

Num estudo aleatório, duplo-cego e controlado por placebo com 39 pacientes portadores de síndrome da fadiga crônica, descobriu-se que a variedade Shirota do *Lactobacillus casei* diminuía significativamente os sintomas da ansiedade. Os probióticos (*Bifidobacterium* é um exemplo) também se mostraram uma eficiente alternativa para o tratamento da depressão devido ao seu poder de inibir as moléculas inflamatórias chamadas citocinas, diminuir o estresse oxidativo e corrigir o crescimento exagerado de bactérias indesejáveis que impedem a absorção ideal dos nutrientes pelos intestinos.

Reforce suas bactérias boas e mantenha seu microbioma em forma. A perda de gordura mais rápida e o bem-estar mental são apenas dois dos bons motivos para fazer isso.

FERRAMENTAS E TRUQUES

Doze horas de esbórnia em fotos (www.fourhourbody.com/binge) Veja a farra que serviu de exemplo neste capítulo registrada por mim em tempo real com fotos no Flickr. Assim você terá uma ideia da quantidade.

Super Cissus Rx (www.fourhourbody.com/cq) Esta é a marca de CQ que usei durante a experiência.

Athletic Greens (www.athleticgreens.com) Esta é minha apólice de seguro natural para tudo. É um suplemento que contém 76 ingredientes, entre eles a inulina, que melhora o equilíbrio da flora intestinal.

Balança digital nutricional portátil Escali Cesto (www.fourhourbody.com/cesto) Este é o medidor de precisão que carreguei na bolsa para obter o peso e a composição nutricional das minhas refeições. A Escali Cesto mostra as calorias, a quantidade de sódio, proteína, gordura, carboidratos, colesterol e fibras de quase mil tipos de alimentos diferentes. Que a força esteja com vocês, colegas obsessivo-compulsivos.

Nutrition Data (www.nutritiondata.com) Quer saber quantas calorias tem seu prato preferido ou aquela receita de família? Utilize a ferramenta de Analyze Recipe [Analisador de receitas] nesse website para calcular o valor nutricional da refeição. Você também pode salvar suas receitas e compartilhá-las. Uso esse site com frequência, inclusive para fazer os cálculos que estão neste capítulo.

Thera-Bands (www.fourhourbody.com/thera) Comecei a fazer exercícios com as faixas elásticas Thera-Bands (principalmente a cinza), populares entre fisioterapeutas para uso em exercícios de reabilitação. Depois que alcancei 75 repetições sem me cansar, passei a usar as minifaixas abaixo.

Mini-bands (www.fourhourbody.com/minibands) Hoje uso essas minifaixas para exercícios. Promovidas por Louie Simmons, da academia Westside Barbell, geralmente são usadas por levantadores de peso para dar mais resistência a levantamentos-terra, supinos e agachamentos nos estágios mais avançados do exercício. Por falar nisso, você acha que a idade é um problema? Diga isso a Louie. Aos 50 anos, ele fez um agachamento com 417 kg.

OS QUATRO CAVALEIROS DA PERDA DE GORDURA

PAGG

Sem alho, eu simplesmente não me daria o trabalho de viver.
— Louis Diat, chef do Ritz-Carlton de Nova York

VERÃO DE 2007, NORTE DA CALIFÓRNIA

A fumaça permeava o ar em meio aos sons das refeições de verão: risadas, brindes com garrafas de cerveja e o inconfundível chiado de filés sendo grelhados em três enormes churrasqueiras ao ar livre. Tudo corria bem em Willow Glen, San Jose, durante a visita dos meus pais. Eu estava em casa, mas eles tinham saído para explorar a avenida Lincoln, no centro da cidade, numa bela tarde, o que os levou até o restaurante italiano La Villa.

Meu pai estava parado na esquina admirando uma das churrasqueiras quando um mendigo magro se pôs a seu lado. Depois de um ou dois minutos de silêncio, fitando as carnes, o mendigo começou:

— Sabe como perdi todo o meu peso? Quase 50 kg?

Meu pai tinha 1,70 m e pesava quase 115 kg na época. O silêncio perdurou por alguns segundos, e meu pai, admirado pela abordagem do mendigo e bastante curioso, cedeu:

— Como?

— Alho. Dente por dente. Simples assim.

O mendigo não queria nada e nem pediu nada. Estava falando sério. Depois de dar seu conselho, simplesmente se afastou.

Por mais curiosa que tenha sido essa situação, eu, na verdade, já estava intrigado com o alho havia algum tempo. Esse era apenas mais um incentivo de que eu precisava para fazer experiências com doses bem mais altas. A contribuição do mendigo para o meu mais recente coquetel fez com que tudo ganhasse sentido.

A reação final de uma das cobaias, um atleta semiprofissional com aproximadamente 9% de gordura corporal e 90 kg, foi representativa: "Perdi 3 kg de gordura na última semana. Isso é inacreditável!"

A alicina, um dos componentes do alho, parecia ser o que faltava, o quarto ingrediente de um suplemento alimentar que eu vinha aperfeiçoando havia dois anos: PAGG.

Antes: ECA

De 1995 a 2000, experimentei um coquetel emagrecedor que continha cloridrato de efedrina, cafeína e aspirina — o famoso e cientificamente comprovado ECA, na sigla em inglês. Era essa a mistura que eu tomava três vezes ao dia durante a Dieta Cetogênica Cíclica para ganhar veias visíveis no meu abdômen pela primeira vez na vida, tudo em menos de oito semanas.

Cloridrato de efedrina: 20 mg
Cafeína: 200 mg
Aspirina: 85 mg

A bioquímica estava na moda, e dezenas de estudos comprovavam os efeitos da mistura. Se E = 1, C = 1 e A = 1, os três combinados obtêm o efeito sinergístico de 1 + 1 + 1 = 6-10.[1]

Infelizmente, o suplemento ECA não é tão inofensivo assim. Os efeitos são belos e previsíveis, mas há um preço a se pagar: os efeitos colaterais.

A tolerância ao efeito estimulante[2] se desenvolve rápido, e a suspensão do uso pode causar graves enxaquecas. As dores geram um efeito dominó do

1 A efedrina aumenta os níveis de AMPc (adenosina monofosfato cíclico), a cafeína diminui o ritmo de rompimento do AMPc, e a aspirina ainda ajuda a sustentar os níveis crescentes de AMPc ao inibir a produção de prostaglandinas.
2 Nos medicamentos que não requerem prescrição médica, a efedrina é geralmente misturada com guaifenesina (um expectorante), uma vez que pode ser transformada, com materiais básicos de laboratório, em metanfetamina.

uso de estimulantes. As pessoas ou nunca deixam de tomar ECA ou o substituem por drogas igualmente pesadas para evitar a fadiga crônica. Suspeito que haja toda uma geração de atletas de esportes de força e resistência com fadiga suprarrenal causada pelo ECA que hoje sejam dependentes de estimulantes para conseguir realizar atividades cotidianas. Alguns que conheço optam por tomar algo entre 6 e 10 expressos duplos diariamente. Utilizadas em altas doses ou em condições de calor e umidade elevados, tanto a efedrina quanto a éfedra também estão associadas a ataques cardíacos e mortes.

Sofri tantas sinusites pós-ECA que visitei uma especialista formada em Stanford que, depois de analisar minha ressonância magnética craniana, me perguntou sem hesitar:

— Você bebe muita cafeína ou usa outros estimulantes?

Quase todas as minhas cavidades nasais estavam completamente entupidas com matéria seca e comprimida. Ela considerou incrível o simples fato de eu conseguir me levantar da cama pela manhã.

Dali em diante, aboli os estimulantes por períodos breves mas crescentes, por mais doloroso que fosse, até restabelecer minhas funções suprarrenais básicas. Ficou evidente que era necessária uma nova abordagem em relação à perda de gordura, com algo mais sustentável.

Queria encontrar um suplemento não estimulante que funcionasse de uma forma diferente.

Depois: PAGG

O resultado final foi o PAGG, da sigla em inglês.

Policosanol: 20 a 25 mg
Ácido alfalipoico: 100 a 300 mg (consumo 300 mg por refeição, mas algumas pessoas têm sintomas de refluxo ácido até mesmo com doses de 100 mg)
Flavanóis do chá verde — em inglês, *green tea flavanols* (descafeinado, com pelo menos 325 mg de EGCG): 325 mg
Extrato de alho — em inglês, *garlic extract*: pelo menos 200 mg (geralmente uso mais de 650 mg)

A ingestão diária de PAGG deve ser feita antes das refeições e do sono, de acordo com o seguinte esquema:

Antes do café da manhã: AGG
Antes do almoço: AGG
Antes do jantar: AGG
Antes do sono: PAG (omita o extrato de chá verde)

AGG é simplesmente o PAGG sem o policosanol.

Essa dosagem prescrita é seguida durante seis dias na semana. Tire um dia de folga por semana e uma semana de folga a cada dois meses. A semana de folga é fundamental.

Vamos analisar nosso novo elenco:

POLICOSANOL

O policosanol, um extrato de ceras de plantas, em geral da cana-de-açúcar, é o elemento mais polêmico no composto PAGG. Originalmente, experimentei o policosanol em dosagens altas e baixas para aumentar o colesterol HDL e diminuir o LDL. Usado em combinação com a niacina (ou vitamina B3), uma laranja antes de dormir e o polinicotinato de cromo (*não* confundir com o picolinato) durante as quatro semanas do projeto "De nerd a monstro" que será detalhado alguns capítulos à frente, o policosanol diminuiu meu colesterol total de 222 para 147, ao mesmo tempo que quase dobrou o colesterol HDL.

Havia um agradável efeito colateral: uma inesperada, mas significativa, redução da gordura corporal. Isolei o policosanol ao longo de várias semanas de testes. As pesquisas sobre seu efeito no colesterol estão longe de ser conclusivas; a maioria não indica nada. Uma explicação para isso seria o policosanol não ser administrado antes do pico de produção de colesterol, entre 0h e 4h. Apesar disso, o acréscimo do policosanol (de 10 a 25 mg antes de dormir) ao composto PAGG (até então somente AGG) produz, nas experiências comigo e com as minhas cobaias, efeitos muito superiores de perda de gordura em comparação ao AGG sozinho. Fiz os testes usando três marcas e três dosagens diferentes (10, 23 e 40 mg por dia). Descobri que 23 mg são ideais para a perda de gordura, pois doses mais altas fazem pouca diferença nos benefícios.

ÁCIDO ALFALIPOICO

O ácido alfalipoico (também conhecido como ALA, do inglês *alpha-lipoic acid*) é um poderoso antioxidante e neutralizador de radicais livres que provou ser capaz de regenerar as vitaminas C e E; além disso, ele restaura os níveis de glutationa intracelular, um importante antioxidante que diminui com a idade; e ainda aumenta a excreção de metais pesados tóxicos como o mercúrio.

Ele foi sintetizado e testado pela primeira vez na década de 1970 para o tratamento de doenças crônicas do fígado. As intervenções intravenosas curaram a doença em 75 das 79 cobaias.

Levando em consideração os impressionantes efeitos da substância, a característica mais marcante do ALA é o fato de aparentemente não ser tóxico para os seres humanos.[3] Ele tem um nível de efeito adverso não observado (NOAEL, do inglês *no observable adverse effect level*) de 60 miligramas por quilo, o que perfaz um total de 4.091 mg por dia para uma pessoa de 70 kg. Nossa dosagem será de 300 a 900 mg diários.

Apesar de o ácido lipoico ocorrer naturalmente em algumas carnes e legumes, entre eles o espinafre e o brócolis, a quantidade é insignificante. Não quero ter de consumir 10 toneladas de fígado para obter apenas 30 mg de ácido lipoico, por isso comecei a usar o ácido alfalipoico sintético em 1995.

Comecei a consumir ALA por causa de seu impressionante impacto na absorção de glicose e na redução na produção de triglicerídeos.

Antes de mais nada, eu desejava aumentar a absorção muscular das calorias (e dos suplementos) que consumia, e o ALA se revelou a perfeita força multiplicadora. Mais calorias absorvidas pelos músculos significam menos calorias armazenadas na forma de gordura e um ganho mais rápido de resistência.

O ALA faz isso, em parte, ao recrutar os transportadores GLUT-4 de glicose para a membrana das células musculares. Isso imita o efeito da insulina e ao mesmo tempo aumenta a sensibilidade à insulina; assim, o ALA está sendo explorado como um "imitador da insulina" que pode ser usado no tratamento do diabetes tipo 2 e de síndromes metabólicas.

O ALA não apenas aumenta a absorção da glicose e de nutrientes como também demonstra ser um bom inibidor dos triglicerídeos e — por extrapolação — do armazenamento de gordura. Um resumo de um artigo de 2009 tirado da revista *Archives of Biochemistry and Biophysics* vai direto ao ponto:

Os fígados de ratos tratados com ácido lipoico exibiram elevado conteúdo glicogênico, o que sugeriu que os carboidratos consumidos eram armazenados como glicogênio, e não na forma de substrato lipídico.

3 Exceto para quem tem predisposição à síndrome da hiperinsulinemia autoimune (SHI).

Em uma frase, eis por que o ácido alfalipoico é o cara: **o ALA ajuda a armazenar os carboidratos que você ingere nos músculos e no fígado, e não na forma de gordura.**

FLAVANÓIS DO CHÁ VERDE (EGCG)

A epigalocatequina-3-galato (EGCG) é uma catequina/flavanol encontrada nos chás verdes.

Ela tem sido estudada em vários tipos de aplicações, entre elas a diminuição do risco de danos à pele causados pelos raios UV, a inibição do crescimento de tumores e a redução do estresse oxidativo mitocondrial (antienvelhecimento).

Testei o chá verde e a EGCG, mais uma vez, em busca de seus menosprezados benefícios "*off-label*" — dois benefícios, em especial, relacionados à recomposição corporal:

- Assim como o ALA, a EGCG aumenta a concentração dos transportadores GLUT-4 na superfície das células musculoesqueléticas. Além disso, *impede que o GLUT-4 transporte a glicose para as células de gordura.* Em outras palavras, ela inibe o armazenamento dos carboidratos em excesso na forma de gordura e os direciona prioritariamente para as células musculares.
- A EGCG parece aumentar a morte celular programada (apoptose) nas células de gordura maduras — o que significa que essas "duronas cometem suicídio". A facilidade com que as pessoas recuperam peso se deve a certa "memória gorda" (o tamanho das células diminui, mas não a quantidade), e isso torna a EGCG uma fascinante candidata à luta contra o terrível efeito sanfona que afeta a maior parte das pessoas que fazem dieta. Muito legal e muito importante.

Estudos com seres humanos mostraram perda de gordura em potencial com a ingestão de uma dose minúscula de 150 mg de EGCG, mas vamos usar 325 mg de três a quatro vezes ao dia, já que a perda de gordura parece aumentar exponencialmente com algo entre 900 e 1.100 mg diários nas cobaias de 70 a 90 kg com as quais trabalhei. Sugiro pílulas de extrato de chá verde descafeinado, a não ser que você não queira dormir mais e deseje passar mal. Usar folhas de chá e beber xícara após xícara é algo impreciso e cafeinado demais.

Se você estiver fazendo algum tratamento contra câncer, por favor, consulte seu médico antes de usar a EGCG, pois ela pode potencializar os efeitos de certas drogas (o tamoxifeno, por exemplo, que é uma substância que impede a ação do estrogênio), ao mesmo tempo que pode inibir o efeito de outros medicamentos,[4] como o Velcade®, ao qual ela se une. Se estiver tratando um mieloma múltiplo ou um linfoma de células do manto, também evite a EGCG.

EXTRATO DE ALHO (ALICINA CONCENTRADA, S-ALIL CISTEÍNA)

O extrato de alho e as substâncias que o compõem são usados para aplicações que vão desde o controle do colesterol ao tratamento da bactéria mortal SARM (*Staphylococcus aureus* resistente à meticilina).

O estranho é que algumas cobaias e eu tivemos os melhores resultados quanto à perda de gordura com extratos elaborados para liberar doses relativamente altas de alicina. A alicina, se liberada na sua forma estável, parece ter a capacidade de impedir a recuperação de gordura. O motivo por que nossos resultados eram "estranhos" está relacionado à questão da "forma estável". A maioria das pesquisas indica que a alicina deveria ter biodisponibilidade quase nula seis dias após ser extraída dos dentes de alho, principalmente depois da exposição ao suco gástrico. Nossos resultados conflitantes talvez se devam à combinação com outros componentes orgânicos, em especial um precursor da alicina: a S-alil cisteína (aliina). A S-alil cisteína exibe uma incrível biodisponibilidade oral, de quase 100% em mamíferos de grande porte.[5]

Até que outras pesquisas concluam o contrário, sugiro que se use extrato de alho envelhecido (EAE) com alicina concentrada e as substâncias que a compõem, incluindo a S-alil cisteína. Se não conseguir o EAE, extrato de alho não envelhecido parece funcionar em dosagens ligeiramente maiores.

Tentei consumir o extrato fresco, separando os dentes de alho, e não é algo que faça bem ao trato digestivo. Se você preferir o caminho da alimentação natural, use-o no preparo dos alimentos para evitar a autodestruição do seu estômago.

Por uma questão de precisão e conveniência, apelo para suplementos para alcançar minha dosagem desejável e também uso mais alho na comida para ter garantia maior e mais saborosa (embora não necessária).

4 Se você é um homem fisiculturista, esse efeito do tamoxifeno pode ser bom, mas fique de olho no seu HDL, que pode despencar como uma pedra ladeira abaixo.

5 Embora a S-alil cisteína (SAC) seja uma molécula mais fácil de entrar na corrente sanguínea e tenha sido associada à minimização de danos da glicação e dos radicais livres no diabetes, pode ser prematuro afirmar que ela é o único componente responsável pelas alterações lipídicas ou pela perda de gordura. A perda de gordura poderia estar associada a vários compostos sinergéticos do alho que ativam as enzimas desintoxicantes de fases I e II.

Advertências

Não deixe de consumir vitaminas do complexo B em quantidade adequada enquanto estiver usando o PAGG e consulte seu médico antes de usá-lo se você tiver algum problema de saúde (por exemplo, hipertensão, hipoglicemia, diabetes) ou se estiver tomando qualquer medicamento. Isso vale principalmente para medicamentos anticoagulantes (como varfarina, aspirina etc.), para a tireoide ou contra ansiedade, como a clozapina.

Caso você esteja grávida ou amamentando, não use o PAGG. Compostos anticoagulantes não são feitos para bebês.

FERRAMENTAS E TRUQUES

Utilizei os produtos a seguir nos meus testes, mas atualizarei os links com base na disponibilidade deles e nas respostas dos leitores. Não tenho interesse financeiro em nenhum deles:

Allicin 6000 Garlic – 650 mg, 100 pílulas (www.fourhourbody.com/garlic)

Mega Green Tea Extract – mais de 325 mg de EGCG, 100 cápsulas (www.fourhourbody.com/greentea)

Vitamin Shoppe – ácido alfalipoico, 100 mg, 60 cápsulas (www.fourhourbody.com/ala)

Nature's Life – policosanol, 60 tabletes (www.fourhourbody.com/policosanol)

Avançado

Não me diga que algo é impossível; diga-me que você não consegue fazê-lo. Diga-me que nunca foi feito (...) As únicas coisas que realmente sabemos são as equações de Maxwell, as três leis de Newton, os dois postulados da relatividade e a tabela periódica. Isso é tudo que sabemos ser verdade. Todo o resto são leis dos homens.

— Dean Kamen, inventor do Segway e detentor da Medalha Nacional de Tecnologia e do Prêmio Lemelson-MIT

A ERA DO GELO

Dominando a temperatura para manipular o peso

— Michael Phelps consome 12.000 calorias por dia...

Foi tudo que Ray Cronise ouviu do outro lado da sala. Ele desviou rapidamente seu olhar da planilha eletrônica e buscou o controle para pausar a TV.

Doze mil calorias.

Ray Cronise trabalhara como cientista de materiais do alto escalão da Nasa durante 15 anos, e entre suas especialidades estavam a biofísica e a química analítica. Ele havia atuado em operações de missão e testemunhara — ou melhor, ajudara a *realizar* — pesquisas que só chegariam ao público décadas mais tarde.

Mas pagara um preço alto por passar metade da sua vida atrás de uma tela de computador — havia ganhado assustadores 1 a 2 kg por ano, que o fizeram chegar a 104 kg, com 1,75 m de altura.

Agora era uma versão bem melhor de Ray Cronise, com 95 kg, que se sentava diante de uma planilha eletrônica com os olhos fixos na televisão pausada. Ele ainda precisava perder quase 15 kg. Levaria de 18 a 24 semanas para conseguir isso no ritmo atual.

A planilha foi criada para dar um jeito nisso ao comparar todas as atividades humanas que ele era capaz de isolar, cada uma relacionada à quantidade de calorias gastas por hora, de acordo com seu peso. Estava cansado de ser gordo e esperava que os números lhe fornecessem uma solução mais rápida. Em vez disso, os números se mostraram inúteis: ainda que corresse uma maratona inteira, ele queimaria apenas 2.600 calorias, ou aproximadamente 340 g de gordura.

Como era possível que Phelps consumisse 9.000 calorias *a mais* do que isso por dia? Ray passou os dedos pelas suas anotações, rabiscou mais algumas coisas e voltou à calculadora. Não fazia o menor sentido.

"Para que Phelps queimasse todas aquelas calorias além da sua taxa metabólica basal (TMB)" recorda Ray, "lembrando que eu possuía todos os cálculos diante dos meus olhos e que são gastas cerca de 860 calorias por hora em competições de natação, ele precisaria fazer mais de 10 horas de nado borboleta todo dia. Nem mesmo Phelps é capaz de algo assim."

Então o que estava acontecendo? Estaria Phelps enganando os jornalistas durante a entrevista coletiva nos Jogos Olímpicos? Ou sabotando concorrentes tolos o bastante para imitá-lo com base em suas declarações?

Era fisicamente impossível.

De uma hora para outra, parado diante da planilha eletrônica e depois de 15 anos de frustração, Ray começou a entender:

"Tratava-se da carga térmica da água. A água é uma condutora de temperatura 24 vezes melhor do que o ar. Phelps passava três a quatro horas por dia na água."

O efeito era o mesmo de se servir de café quente numa xícara de metal em vez de usar uma de cerâmica. O metal perde calorias (calor) com muito mais rapidez. Ray refez seus cálculos levando em consideração essa variável, e, de forma incrível, tudo pareceu fazer sentido.

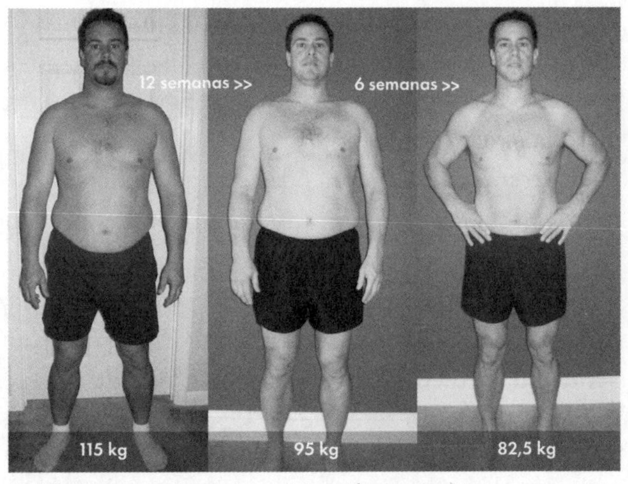

As 12 primeiras semanas **sem** exposição ao frio ***versus*** as 6 semanas seguintes **com** exposição ao frio.

Ao longo das seis semanas seguintes, do dia 27 de outubro até 5 de dezembro, ele perderia 13 kg de gordura e jamais os recuperaria.

O jogo havia virado.

Da Nasa ao Everest: corrigindo a equação metabólica

Parecia bom demais para ser verdade. Por isso, como todo bom cientista faria, Ray tentou contestar a si mesmo.

Nos estudos e nas pesquisas que examinou, o que mais o impressionou não foi ter encontrado algo que desmentisse suas conclusões, e sim a quase completa omissão de referências ao calor como fator na perda de peso.

A equação mais comum na literatura do gênero era simples: perda ou ganho de peso = calorias ingeridas – calorias gastas.

Esse não era o problema.

O problema era que todas as tabelas de consumo calórico se concentravam nos níveis de atividade. De alguma forma, o calor fora subtraído da *termo*dinâmica. No mundo de Ray, repleto de ônibus espaciais e reentradas atmosféricas, o calor era o rei. As leis da termodinâmica estavam sendo usadas por pessoas que não as compreendiam. Vejamos a primeira lei como exemplo. Em termos simples:

A energia não pode ser criada ou destruída. Ela só pode mudar de forma.

As pessoas equivocadamente limitavam as maneiras como as calorias ingeridas podiam ser transformadas. Tratavam os exercícios e o armazenamento como as duas únicas opções. Na verdade, o corpo humano é um sistema termodinâmico *aberto* e possui diversas alternativas. Ray, com seu corpo de 95 kg na época, podia trocar energia com o ambiente na forma de trabalho (exercícios), calor ou matéria (excreção).

Correr uma maratona ocasiona a queima de 2.600 calorias, mas se exercitar numa piscina a 28°C durante quatro horas pode provocar a queima de 4.000 calorias *a mais*, se considerarmos a carga termal.

De que outra maneira alguém como Scott Parazynski, amigo de Ray, seria capaz de comer sem parar presunto enlatado e outros alimentos gordurosos? Scott era médico e ex-astronauta e por duas vezes se aventurou a escalar o Everest, perdendo cerca de 11 kg em cada tentativa. Ele conseguiu na segunda vez. Sua equipe se alimentou de banha e tabletes de manteiga para evitar a perda de peso excessiva. O esforço da escalada não era o único responsável pelo gasto das calorias, com um déficit de 5.000 calorias. Era o frio. Muito frio.

Assim, Ray começou a tratar a si mesmo como um aquecedor humano.

Ele tentou de tudo: bebia quase 4 l de água com gelo desde a hora em que acordava até as 11h; dormia sem se cobrir; caminhava de 20 a 30 minutos em pleno inverno norte-americano usando na parte de cima do corpo apenas uma camiseta, protetores de orelhas e luvas.

Mais tarde, descobriu alternativas menos dolorosas, mas os resultados eram inegáveis. Ray perdeu quase 3 kg na primeira semana.

A coisa melhora – o diabo está nos detalhes

Esta não era a primeira vez que Ray tentava emagrecer.

Em 2006, ele perdera respeitáveis 9 kg com o programa de exercícios e dieta Body-for-Life (BFL), criado por Bill Phillips. O BFL foi seguido à risca, e Ray eliminou 8 kg de gordura em 12 semanas, uma média de **670 g** por semana. Isso significava, para todos os métodos tradicionais, um enorme sucesso. Contudo, infelizmente, seguindo um padrão que atinge milhões de pessoas, ele recuperou todo o peso com juros.

Já numa segunda experiência, ao repetir o programa BFL associado com a exposição intermitente ao frio, Ray perdeu 13 kg em seis semanas, uma média de **pouco mais de 2 kg** por semana. Sozinho, o acréscimo da exposição ao frio triplicou a taxa de perda de peso. Isso significou perda total de 61% *a mais* em *metade* do tempo.

Achei os resultados de Ray ao mesmo tempo incríveis e factíveis, mas parecia estar faltando alguma coisa.

Em primeiro lugar, ele também ganhara mais massa muscular com a exposição ao frio. O aumento da perda de calor não pode ser responsável por isso. Embora fosse possível creditar o ganho de massa magra ao uso de adipômetros caseiros ligeiramente imprecisos (com uma variação de 1 kg para mais ou para menos), suspeitei que havia algo mais.

Além disso, ao analisar a pesquisa, os cálculos não estavam tão corretos quanto eu esperava.

Ela mostrava que era possível queimar quatro vezes mais gordura do que o normal com duas horas de exposição ao frio[1] (176,5 mg por minuto, em vez de 46,9 mg por minuto). Isso é ótimo, mas as mudanças na porcentagem podem ser enganadoras. Se 1 g de gordura apresenta 9 calorias, e presumindo que o efeito

1 Observou-se que homens expostos ao frio intenso durante duas horas (num traje apropriado contendo água a 10°C) aumentaram a produção de calor em 2,6 vezes e elevaram também as taxas de oxidação da glicose plasmática em 138%, do glicogênio muscular em 109% e dos lipídios em 376%. Aumenta-se a temperatura corporal em resposta à exposição ao frio quase sempre ao queimar lipídios (50%), depois o glicogênio muscular (30%) e, então, a glicose sanguínea e as proteínas (10% cada).

dure o tempo que se permanece na água, então essa exposição ao frio queimaria 139 calorias,[2] ou *15,5 g de gordura*, a mais.

Mais 15,5 g?! Isso equivale a aproximadamente 11 clipes de papel... em troca de duas horas de tortura!

Ray estava perdendo 1,5 kg a mais de gordura por semana com a exposição ao frio. Para conseguir isso somente com a imersão na água, considerando os mesmos estudos, ele precisaria passar 174,2 horas por semana na água a 10°C. Parece improvável que Ray pudesse ficar mais de 24 horas por dia na água. Na verdade, ele não havia passado duas horas por dia nadando ou consumindo água a 10°C.

	BFL		BFL + FRIO	
	10/7/2006	2/10/2006	27/10/2008	8/12/2008
MEDIDA	INÍCIO	12ª SEMANA	INÍCIO	6ª SEMANA
Braço direito	36,8	35,6	36,2	34,9
Braço esquerdo	36,2	35,6	36,2	35,6
5 cm acima do umbigo	99,1	86,4	99,1	84,5
Umbigo	101,6	91,4	102,9	91,4
5 cm abaixo do umbigo	104,1	94,7	104,1	94
Quadris (pontos mais distantes)	107,3	101,6	107,3	100
Coxa direita	64,1	55,9	64	55,2
Coxa esquerda	62,9	56,6	62,9	55,2
Centimetragem total	612,1	557,8	612,7	550,8
CENTÍMETROS (PERDA)	NA	54,3	NA	61,9
Pregas cutâneas (mm)	20	13	20	7-8
% de gordura corporal (Accu-Measure)	**24,70%**	**17,80%**	**24,70%**	**12,65%**
Gordura corporal total (kg)	23,4	15,3	23,4	10,5
Massa magra total	71,2	70,6	71,4	72,2
Peso	94,5	85,9	94,8	82,7
Total de peso perdido	**NA**	**8,6**	**NA**	**12,1**
Total de gordura perdida	**NA**	**8,1**	**NA**	**12,9**
Total de massa magra ganha	**NA**	**–0,6**	**NA**	**0,8**

Planilha de perda de gordura de Ray Cronise. 12 semanas sem frio *versus* 6 semanas com frio.

Alguma coisa a mais tinha de estar acontecendo. Podiam ser as outras cargas termais a que ele tinha se exposto: caminhadas no frio, dormir sem se cobrir etc.

Analisando mais a fundo, hoje acredito que esse "algo a mais" envolva dois elementos sobre os quais você ouvirá falar muito nos próximos anos: a adiponectina e o TAM.

A adiponectina é um hormoniozinho simpático, secretado pelas células adiposas, que pode tanto aumentar a oxidação (queima) dos ácidos graxos nas mitocôndrias quanto aumentar a captação de glicose pelos tecidos musculares. Acredito que a adiponectina tenha sido a maior responsável pelo ganho de

2 (176,5 – 46,9)/1.000 g/min x 120 min x 9 cal/g.

massa magra de Ray.[3] Especulação à parte, a pesquisa está na etapa inicial, por isso deixarei a adiponectina para os nerds se deliciarem intelectualmente. Minhas incursões pelo seu potencial podem ser encontradas nas fontes on-line.

Por outro lado, o TAM e os experimentos torturantes que fiz com ele merecem análise mais cuidadosa.

Se a linguagem científica ficar pesada demais e você sentir que prefere ler um resumo, pule para "A era do gelo revista — quatro lugares por onde começar", na página 143. Prometo que não ficarei ofendido.

Gordura que queima gordura

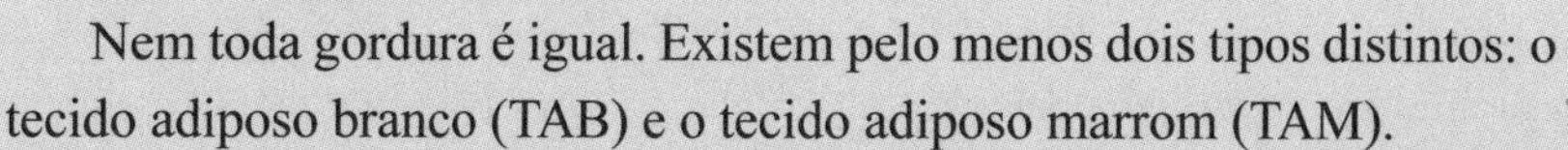

Nem toda gordura é igual. Existem pelo menos dois tipos distintos: o tecido adiposo branco (TAB) e o tecido adiposo marrom (TAM).

TAB é o que geralmente consideramos gordura, como aquela que fica em volta de um bife. Uma célula de TAB — um adipócito — é composta de uma única gotícula de gordura com um único núcleo.

Já o TAM, ao contrário, é às vezes chamado de "gordura que queima gordura" e parece derivar das mesmas células-tronco que os tecidos musculares. Uma célula do TAM é composta por várias "gotículas" marrons que têm essa tonalidade porque contêm muito mais mitocôndrias com ferro que as demais células. Normalmente associadas aos tecidos musculares, as mitocôndrias são mais conhecidas por produzirem trifosfato de adenosina (ATP) e por oxidarem a gordura no tecido muscular. O TAM ajuda a dissipar calorias em excesso na forma de calor; caso contrário, elas seriam armazenadas como o já mencionado TAB e acabariam na sua barriguinha de cerveja ou nos seus pneuzinhos.[4]

Em resumo, o frio estimula o TAM a queimar gordura e glicose na forma de calor. O frio, assim como drogas denominadas agonistas beta-adrenérgicos,[5] também pode fazer com que o TAM apareça dentro do TAB em camundongos e ratos. Em outras palavras, o frio talvez o ajude a aumentar a quantidade de "gordura que queima gordura". Isso tem tremendas consequências.

3 Tremer de frio também contribui para o aumento da atividade muscular do GLUT-4, exatamente como nos agachamentos.

4 Esse "desperdício" de energia é possível graças à proteína desacopladora 1 (UCP1, do inglês *uncoupling protein* 1), também conhecida como termogenina.

5 A efedrina e o Clenbuterol, os quais eu não recomendo, são dois exemplos de beta-agonistas. Segundo fontes confiáveis entrevistadas para este livro, várias celebridades que aparecem em comerciais de aparelhos de fitness conseguiram suas incríveis transformações com o uso abusivo do Clenbuterol, e não com os exercícios que anunciam. O "Clen" funciona, mas não pense que seu sistema endócrino trabalhará direito depois de tomar megadoses dele.

MINHA EXPERIÊNCIA

Em 1995, comecei a conduzir experimentos em mim mesmo com o poderoso suplemento "ECA", mencionado no capítulo anterior.

Era um coquetel termogênico eficiente. Na verdade, tão eficiente que tive três episódios de insolação e deveria ter sido internado em dois deles. De nada adianta ficar em forma se você estiver morto.

Em 1999, após quatro anos de experiências e muito mais sábio, eliminei os fatores que contribuíram para a insolação (no meu caso, qualquer exercício ou exposição ao sol com umidade relativa do ar superior a 70%) e comecei a combinar o ECA com a exposição controlada ao frio.

O resultado: em quatro semanas, emagreci o que geralmente levaria até oito semanas para perder se utilizasse apenas o ECA, e tudo isso sem efeitos colaterais. Usei dois protocolos diferentes, e ambos funcionaram.

PROTOCOLO A

1. Consumi o composto ECA 45 minutos antes da imersão no banho de gelo com o estômago vazio. Embora o metabolismo da cafeína (eliminação da cafeína) varie de pessoa para pessoa, presumi que a concentração sanguínea atingiria seu pico entre 60 e 90 minutos depois do consumo por via oral, estimativa que se baseava na *farmacocinética* média da cafeína em cobaias brancas do sexo masculino. A farmacocinética, geralmente na forma de um gráfico, mostra as concentrações sanguíneas de determinada droga ao longo do tempo depois de sua administração. O chiclete de cafeína, em comparação com a cafeína em comprimido, tem níveis máximos em 15 minutos. A forma de ingestão é relevante.
2. Coloquei dois sacos de 5 kg de gelo numa banheira com água fria e fiquei imerso por um total de 20 minutos, do seguinte modo:

Primeiros 10 minutos: até a cintura e pernas submersas; peito e braços não submersos.

10 a 15 minutos: submerso até o pescoço com as mãos fora da água (sentar-se com as pernas cruzadas e depois se reclinar torna isso mais fácil numa banheira comum).

15 a 20 minutos: submerso até o pescoço, inclusive as mãos.

Parece doloroso? E é.

O segundo protocolo, realizado sem o suplemento ECA e testado separadamente, ativou o TAM e foi bem mais fácil.

PROTOCOLO B

1. Coloquei uma bolsa de gelo na nuca e sobre os trapézios durante 30 minutos, geralmente à noite, quando minha sensibilidade à insulina é menor do que pela manhã.[6]

E foi só isso.

Testei o protocolo A três vezes na semana (segunda, quarta e sexta-feira) e o protocolo B cinco vezes por semana (de segunda a sexta-feira). O primeiro me causou tremedeiras que quase pareciam convulsões; o segundo não provocou tremor nenhum.

Apesar disso, ao analisar os resultados na gordura corporal, o protocolo B pareceu ser cerca de 60% mais eficiente do que os torturantes banhos do protocolo A.

Um resultado nada mau, ainda mais ao se levar em conta que não houve tremedeira.

O incrível é que, em 1999, a maior parte dos pesquisadores acreditava firmemente que o TAM, apesar de abundante em bebês, não existia ou existia em quantidades desprezíveis nos adultos. Eu estava testando os banhos da Baía de Guantánamo[7] na época, e tais conclusões não se enquadravam na minha experiência. Somente anos mais tarde é que instrumentos melhores, com destaque para a tomografia com emissão de pósitrons (PET, do inglês *positron emission tomography*), começaram a ser mais usados e demonstraram que o TAM com certeza está presente nos adultos, em especial nas regiões do tórax superior e do pescoço.

Isso explica por que as bolsas de gelo colocadas sobre meu pescoço e trapézios funcionaram.

O exemplar de maio de 2009 da revista *Obesity Review* publicou um trabalho intitulado "Será que entramos na renascença do TAM?". Eu diria que sim. O resumo conclui: "Essas descobertas recentes deveriam reavivar nosso esforço para mapearmos o desenvolvimento molecular da adipogênese marrom no tratamento da obesidade."

Vamos começar com o frio. Não é sofisticado, mas funciona bem.

A era do gelo revista – quatro lugares por onde começar

Se combinarmos a pesquisa com os dados de pessoas como Ray e suas mais de 50 cobaias informais, há quatro opções simples que você pode escolher para perder gordura:

6 Essa queda noturna é bem mais evidente em pessoas não obesas. Os obesos tendem a ter sensibilidade uniformemente menor à insulina o tempo todo.

7 A analogia foi cortesia de uma cobaia que o experimentou em 2009.

1. Coloque uma bolsa de gelo sobre a nuca e a área dos trapézios durante 20 a 30 minutos, de preferência à noite, quando a sensibilidade à insulina é menor. Eu coloco uma toalha apoiada no sofá enquanto estou escrevendo ou assistindo a um filme ou simplesmente me recosto sobre a bolsa de gelo.
2. Consuma, como Ray fez, pelo menos meio litro de água com gelo com o estômago vazio imediatamente depois de acordar. Em pelo menos dois estudos, isso mostrou um aumento na taxa metabólica basal de 24 a 30%, chegando ao pico de 40 a 60 minutos após ser consumida, apesar de um estudo ter demonstrado um efeito menor, de 4,5%. Tome café da manhã 20 a 30 minutos depois, seguindo a Dieta Slow Carb detalhada nos capítulos anteriores.
3. Tome banhos frios com duração de cinco a 10 minutos antes do café da manhã ou antes de dormir. Use a água quente por um ou dois minutos sobre o corpo todo, depois saia da água e aplique o xampu e o sabonete nos cabelos e no rosto. Ligue apenas a água fria e enxágue somente a cabeça e o rosto. Depois, vire-se e volte para debaixo d'água, de modo que ela caia principalmente sobre a nuca e a parte superior das costas. Mantenha-se nessa posição por um a três minutos, até se acostumar, e use o sabonete em todo o corpo. Vire-se e enxágue-se normalmente. Espere que isso o desperte como a buzina de um navio.
4. Se você é uma pessoa impaciente e tem uma tolerância maior, tome banhos que o façam tremer por 20 minutos. Veja o protocolo A citado anteriormente neste capítulo, mas omita a parte do suplemento ECA. Para maiores efeitos termogênicos, consuma 200 a 450 mg de pimenta-malagueta (eu uso aproximadamente 40.000 BTUs) meia hora antes com algo entre 10 e 20 g de proteína (um peito de frango ou um shake proteico bastam). Não sugiro que você coma pimenta-malagueta ou capsaicina com o estômago vazio. Acredite em mim: é uma péssima ideia.

SEIS MOTIVOS PARA TOMAR UM BANHO GELADO

1. A exposição curta ao frio (30 minutos) nos seres humanos provoca a liberação de ácidos graxos que servem como combustível para a produção de calor por meio dos tremores. Esses mesmos tremores podem ser suficientes para trazer o GLUT-4 à superfície das células musculares, contribuindo para o aumento do ganho de massa magra.
2. Mesmo exposições ao frio de menor duração que causem tremores podem aumentar os níveis de adiponectina e a captação de glicose pelos tecidos musculares. Esse efeito pode persistir por períodos prolongados depois que a exposição ao frio terminar.
3. Mesmo sem tremores, ainda é possível tirar proveito da "gordura que queima gordura" por meio do estímulo termogênico do TAM. Curiosamente, mesmo sem tremer, há pequenos, embora não medidos, aumentos no tecido muscular magro quando se comparam exercícios sob a água (melhores) com aqueles feitos em terra.
4. A água fria aumenta a imunidade. A exposição extrema ao frio tem efeitos imunoestimulantes, e o aquecimento prévio por meio de exercícios físicos ou de um banho quente pode aumentar essa reação. É possível que o responsável por isso seja o aumento nos níveis de norepinefrina (noradrenalina) circulante.
5. A despeito da perda de gordura, eis outro motivo para expor-se ao frio: tomar banho frio é um eficiente tratamento contra a depressão. Um estudo usou banhos de dois a três minutos com água a 20°C, precedidos de uma adaptação gradual de cinco minutos, a fim de tornar o procedimento menos brusco.
6. Os resultados são visíveis, lógico:

Antes

Depois

FERRAMENTAS E TRUQUES

ColPaC Gel Wrap (www.fourhourbody.com/colpac) Essas embalagens flexíveis, usadas em clínicas de fisioterapia, podem ser resfriadas rapidamente e aplicadas em qualquer parte do corpo, incluindo a nuca, para a ativação do TAM.

"Como fazer uma bolsa de gelo de verdade com US$0,30" (www.fourhourbody.com/diy-ice) Se você prefere uma abordagem mais simples, este artigo lhe mostrará como fazer, de forma fácil e rápida, sua própria bolsa de gelo reutilizável a um preço bem menor que o das vendidas por aí.

"Palestra de Lewis Pugh sobre nadar no Polo Norte" (www.fourhourbody.com/pugh) Lewis Pugh é conhecido como o urso-polar humano. Por quê? Ele é capaz de nadar nas águas gélidas do Polo Norte usando apenas uma sunga e costuma fazer natação em águas com temperatura abaixo de zero. Assista à palestra e veja cenas incríveis e comentários honestos sobre seus nados em temperaturas baixíssimas.

Experiências de Ray Cronise (www.raycronise.com) Conheça os experimentos de Ray com exposições ao frio para descobrir mais alternativas para acelerar a perda de gordura. Se ele é capaz de impedir que os ônibus espaciais da Nasa peguem fogo, pode ajudar você a perder um pouco de calor.

A ALTERAÇÃO DA GLICOSE

O belo número 100

RESSALVA:
Este capítulo fala do uso de aparelhos médicos. Fale com seu médico antes de enfiar esses aparelhos na pele.

Tudo é um milagre. É um milagre que uma pessoa não se dissolva no banho como um pedaço de açúcar.
— Pablo Picasso

7H DA MANHÃ, HORÁRIO DO PACÍFICO, FILA DA SEGURANÇA, DELTA AIRLINES

Minhas mãos estavam suadas.

Ficar ensaiando explicações curtas em minha mente estava me deixando cansado, e a fila à frente não andava. Comecei a me balançar impacientemente, apoiando-me num pé e no outro, como um boxeador aguardando o sino ou um menino de três anos que quisesse urinar.

Era compreensível que esse comportamento deixasse o idoso casal do interior nervoso. Pensei em dizer a eles algo como "fiquem felizes por eu não ter optado pelo plano A", mas tive a sensação de que isso só pioraria as coisas.

O plano A, para ser bem objetivo, era algo imensamente estúpido.

Consistia em usar um colete de 23 kg, passar pela segurança e entrar num avião rumo à América Central.

Dois dias antes, eu explicara o motivo para um amigo.

— Não sei se as academias terão tudo de que precisamos; assim eu teria pelo menos o colete.

— Hummm... tudo bem.

— Mas é pesado demais para despachar como bagagem, então simplesmente vou vesti-

-lo. O único problema é que talvez seja impossível guardá-lo no bagageiro da cabine, portanto eu teria que usar aquilo durante o voo inteiro. Os tijolos com 1 kg cada são nitidamente feitos de um material plástico preto e denso, então não deve haver problema com a segurança.

— Tijolos? Ha ha ha... Com certeza, é uma ótima ideia. Bem, ligue-me quando você estiver com a bota de um segurança na cabeça e um fuzil encostado no olho. Cara, isso é uma PÉSSIMA ideia.

— Você acha mesmo?

— Uma jaqueta de terrorista suicida? É, eu acho.

Por isso o colete ficou em casa.

E era apenas um dos itens. Por sorte, os detectores de metal não encontraram nada de suspeito no plano B, que eu não estava carregando *comigo*, mas *dentro* de mim. Para isso, precisei de alguma estratégia. Fui até um restaurante perto do portão de embarque para dar uma olhada nas coisas. Havia algo errado.

Sentado no canto mais escuro que encontrei, levantei a lateral da camiseta e dei uma olhada no estrago. O sensor não funcionava.

— Desgraçado — resmunguei enquanto estremecia e lentamente o tirava do meu abdômen. Segurei os dois pinos de metal que havia inserido sob a pele na noite anterior e os analisei de todos os lados, como se fossem diamantes. Nenhum problema visível. Talvez os detectores de metal tivessem estragado o aparelho.

Os nicaraguenses na mesa ao lado pararam de comer e me encaravam de boca aberta.

— *No pasa nada. Soy diabético.* — "Não há nada de errado. Sou diabético." Essa era a explicação mais simples, apesar de não ser verdadeira. Eles assentiram com a cabeça e voltaram a comer.

Pedi um café e peguei um caderno. Apesar desse pequeno defeito, já tinha obtido alguns dados fantásticos.

Eu instalaria um novo implante assim que chegasse a Manágua.

Dois meses antes – Restaurante Firefly, San Francisco

— Isto interessa mesmo a você?

Estava num jantar com várias pessoas, e o homem à minha frente pensou que eu estava apenas sendo educado. Perguntei o que ele fazia, e sua resposta foi que criava aparelhos médicos. Demorou apenas um "É mesmo?!" para que eu estivesse sobre ele como um cão labrador de dois anos pulando em alguém. Eu havia começado minha série de 20 perguntas antes mesmo que o vinho chegasse.

O primo dele, meu amigo, interrompeu a conversa, pois viu que eu já criava experiências em minha mente:

— Acredite, ele está mesmo interessado. Ele só pensa nisso. É bizarro.

E foi assim que ouvi pela primeira vez o nome "DexCom". Escrevi o nome num papel e me esforcei ao máximo para agir normalmente. Foi difícil conter meu entusiasmo.

Logo depois, fiquei sabendo tudo sobre o DexCom. Liguei para a sede da empresa, para o diretor de marketing, o diretor de treinamento e o diretor de pesquisas e li sobre Charlie Kimball repetidas vezes.

Charlie Kimball tem diabetes tipo 1. Ao contrário dos diabéticos tipo 2, ele precisa injetar insulina várias vezes ao dia. Ele também é piloto profissional de automobilismo.

Em 2006, Charlie se tornou o primeiro americano a ganhar o campeonato europeu de Fórmula 3. Mais tarde, em 2007, aos 22 anos, ele foi ao médico por causa de uma irritação na pele e deixou o consultório com o diagnóstico de diabetes tipo 1. Tragicamente, isso significava que ele seria obrigado a abandonar as corridas. Furar os dedos para fazer testes da glicose é algo impossível quando se voa em curvas a 240 km/h.

Em 2008, Charlie voltou ao volante e chegou ao pódio na primeira corrida. Como?

Ele foi o primeiro piloto do mundo a ter um estranho aparelho preso a seu volante: o SEVEN, da DexCom, um monitor contínuo de glicose (CGM, do inglês *continuous glucose monitor*).

Eu o consultava como se fosse um dos aparelhos do carro enquanto dirigia na pista. São dados do meu corpo. E não é uma sobrecarga de informações. É perfeito.

Para ficar mais fácil de entender, esta é a aparência do equipamento:

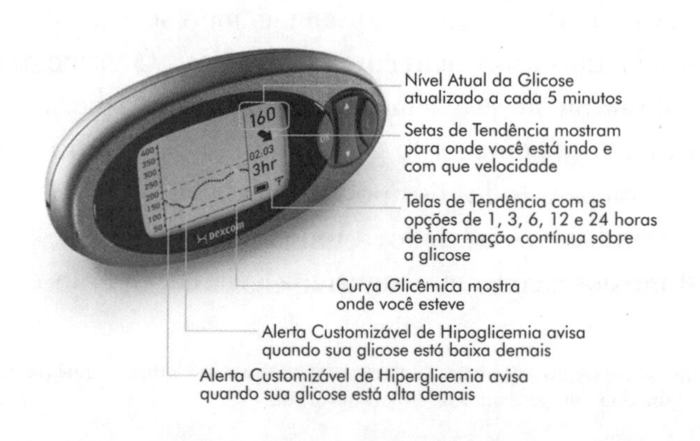

Charlie implantou na lateral do corpo um aparelho (como eu fiz) que analisa os níveis de glicose no sangue[1] a cada cinco segundos. Esses dados são enviados a um receptor, um aparelho do tamanho da palma da mão com uma tela na qual Charlie pode ver seus níveis de glicose em um gráfico, atualizados a cada cinco minutos, indicando os altos e baixos extremos, que avisa quando o nível está caindo rápido demais e alerta para o risco de hipoglicemia (pouco açúcar no sangue).

Mas por que cargas-d'água eu iria querer usar esse aparelho não sendo diabético? Por que você usaria?

E se você pudesse saber quais refeições têm maior probabilidade de fazê-lo engordar?

E se você pudesse prever quando a comida atingiria sua corrente sanguínea e agendar exercícios para aumentar a perda de gordura ou o ganho de massa magra?

E se, como um atleta de resistência, você pudesse comer carboidratos apenas quando mais precisasse deles em vez de tentar adivinhar com um cronômetro?

A lista de desejos não tinha fim. Agora eu só precisava repassá-los, um a um.

Fazendo uma lista (de desejos)... e checando-a duas vezes

Depois do jantar no Firefly, imediatamente comecei a rascunhar testes, pois o aparelhinho parecia capaz de elucidar algumas besteiras teóricas há muito consagradas.

Eu já era fascinado por índice glicêmico (IG) e carga glicêmica (CG) havia muito tempo, pois eles refletem o quanto certos alimentos elevam os níveis de açúcar no sangue em comparação com um alimento-controle (geralmente pão ou glicose com o valor determinado de 100). Quanto mais altos forem os valores de IG e CG (este último leva em conta o tamanho da porção),[2] mais o alimento faz com que os níveis de açúcares aumentem. E, em geral, quanto mais o alimento eleva o nível de açúcar no sangue, mais se engorda.

Entretanto, há dois problemas com esses índices. O primeiro é que a comida do mundo real raramente se assemelha a alimentos de laboratório. Quando foi a última vez que você comeu 100 g de amido de batata? O segundo é que os índices são usados para todos os tipos de pessoas.

A mesma realidade não se aplica a todo mundo. Se um descendente de europeus — acostumados a consumir baguete — ingerir pão branco, a reação do seu

1 Tecnicamente, níveis de líquido intersticial, a partir do qual se deduz o nível de glicose sanguínea.
2 CG = (IG x quantidade de carboidratos em gramas)/100.

sangue será a mesma de alguém de uma linhagem pastoril, que sempre se alimentou de muita carne e pouco amido? É improvável, já que os membros do primeiro grupo têm altos níveis da enzima amilase, que transforma o amido em açúcar.

A glicemia é algo bastante pessoal.

Alguns resultados são previsíveis — comer donuts aumenta o açúcar no sangue bem mais do que se a pessoa tivesse comido a mesma quantidade de melão —, mas e quanto às escolhas mais sutis? E quanto à antiga medicina popular e aos relatos dos fisiculturistas? Eis aqui uma pequena lista de coisas que o aparelho da DexCom nos permite testar:

O limão e o vinagre diminuem mesmo a CG numa refeição?

O que diminui mais a reação à glicose, se é que diminuem mesmo: a proteína ou as hortaliças e fibras?

Comer gordura e proteína *com* uma refeição de alto índice glicêmico diminui a CG mais do que comer qualquer um dos dois *antes* da refeição?

Beber água com a refeição aumenta ou diminui a CG?

Como o utilizei e o que aprendi

O dia 23 de setembro foi um dos primeiros em que testei o implante.

Experimentei de tudo, já que queria saber os pontos mais altos e mais baixos. Os gráficos a seguir mostram os dados referentes àquelas 24 horas, e as setas para baixo no primeiro gráfico indicam quando inseri as leituras do glicosímetro.

Obter as leituras com sangue no glicosímetro é a única parte ruim.

O SEVEN foi criado para mostrar tendências e alertar quando as mudanças para mais ou para menos são drásticas demais. Para garantir que o número mostrado é o mais preciso possível, é preciso calibrar o glicosímetro pelo menos duas vezes ao dia.

Você não quer ficar diabético? Quer controlar coisas como a ingestão de doces, que podem levar ao diabetes na idade adulta? Tente usar o glicosímetro durante 24 horas. Para cada calibragem do glicosímetro, você fura o dedo com uma agulha e deixa cair uma gotícula de sangue na fita de teste, que é lida pelo aparelho portátil (o glicosímetro) e mostra um número. Muitos diabéticos tipo 1 furam os dedos mais de quatro vezes ao dia.

Comecei usando o OneTouch UltraMini®, um dos glicosímetros mais usados nos Estados Unidos, mas o abandonei depois de três semanas. Era tão irregular que não dava para confiar. Para cada calibragem, eu queria obter duas leituras com uma diferença de no máximo cinco pontos (miligramas por decilitro [mg/dl]) entre elas e depois inserir essa informação, a média obtida, no aparelho da DexCom. Isso diminuiria a probabilidade de usar uma calibragem errada. Eu imaginava que esse processo precisaria de duas ou três picadas, mas geralmente eram necessárias mais de oito. A DexCom recomenda que a calibragem seja feita duas vezes por dia, mas tentei fazer isso ao menos três vezes (o que significou até 24 picadas com a agulha). Não é nada divertido se a pessoa precisar usar as mãos para fazer qualquer coisa.

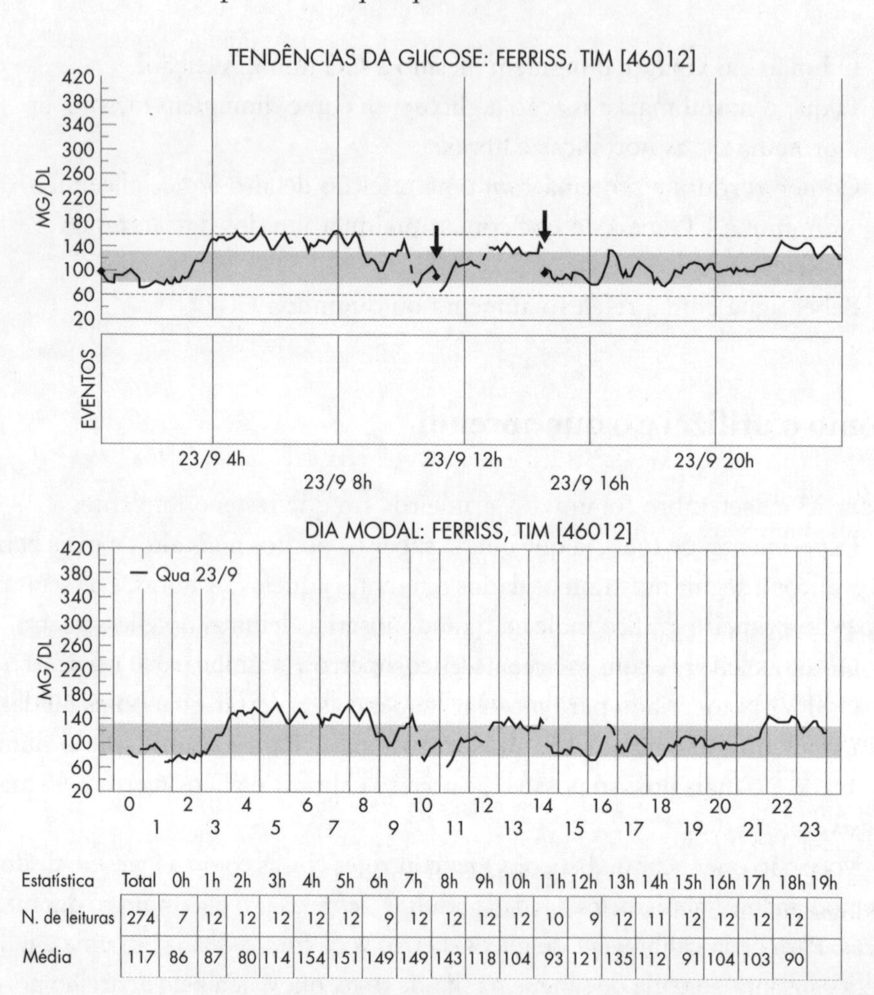

Estatística	Total	0h	1h	2h	3h	4h	5h	6h	7h	8h	9h	10h	11h	12h	13h	14h	15h	16h	17h	18h	19h
N. de leituras	274	7	12	12	12	12	12	9	12	12	12	12	10	9	12	11	12	12	12	12	
Média	117	86	87	80	114	154	151	149	149	143	118	104	93	121	135	112	91	104	103	90	

Tudo, da umidade e do suor à temperatura e exposição ao ar, pode arruinar as leituras. Acabei me tornando dependente do glicosímetro WaveSense® Jazz, o melhor que encontrei para corrigir tais variáveis. Ele diminuiu a quantidade de picadas para duas ou três. Esse é o aparelho que recomendo.

Contudo, averiguar os níveis de glicose 24 horas por dia é apenas metade do quebra-cabeça.

Registrei tudo que comi e quase tudo que fiz num Moleskine, e depois esses registros foram transcritos.

Eis aqui o dia 23 de setembro, exatamente como consta e com comentários entre parênteses, correspondendo aos gráficos na página anterior. Usei o OneTouch aqui, e os nomes dos dedos são seguidos pelos números que indicam as picadas sucessivas do glicosímetro.

Quarta-feira 23/9
0h22:
Glicosímetro: [eu geralmente limpava os dedos com álcool, esperava 30 segundos e depois os picava com várias agulhas]
Dedo médio 102
Anular 88
Mínimo 94
Indicador 95
1h42: 230 g de filé de costela
1h54: glicose 74 (CGM)
1h40 a 2h30: 3 taças de vinho tinto Stag's Leap
2h13 a 2h30: bife de 200 g
Sono
10h57: Erro 5 [foi uma leitura errada do glicosímetro]
Mínimo 90 (exposição ao ar: 5 segundos)
Indicador 96
Indicador 114 (mesma agulha)
Dedo médio 93 (agulha nova)
11h11: 20 amêndoas
11h16: glicose 67
11h19: 2 colheres de sopa de Athletic Greens + 2 g de vitamina C
Intervalo: 11h37:
2 ovos mexidos
4 colheres de sopa de azeite de oliva
molho picante
11h56:
1 xícara de espinafre
133 g de lentilhas (primeiras leguminosas desde 5/9, 18 dias antes)[3]
12h10: 2 a 2,5 colheres de sopa de manteiga de amêndoa com aipo
13h10: 400 ml de água fria
13h54: 40 agachamentos
Fora do alcance por 10 minutos [deixei o receptor sobre uma mesa e saí de perto]
14h35: 128 DexCom
——> glicose de 94 a 96
14h37: Lipo-6 1 comprimido [um termogênico] + 2 g de vitamina C
15h50: kombucha
Almoço: 16h06: bife com molho picante e azedo e berinjela
16h46: mate (com 20 g de açúcar)
19h09: mate sem açúcar
19h25: 15 amêndoas + 2 g de vitamina C
21h: início dos exercícios
21h30: fim dos exercícios
21h35: proteína supermonstro (Odwalla)
22h: salada de algas (enorme)
22h15: 12 a 15 peças de sashimi
1,75 tigela de arroz
3 xícaras de chá verde
23h05: 300 mg de ALA
23h33: 50 agachamentos

3 Eu estava tentando criar artificialmente uma alergia a determinado alimento e depois eliminá-la, uma experiência que não entrou neste livro.

Compare o gráfico completamente irregular de 23 de setembro na página 152 com o gráfico a seguir, de 25 de setembro, que é quase retilíneo. No dia 25, consumi intencionalmente alimentos ricos em gordura e biscoitos para a testosterona antes do sexo (leia "A máquina de sexo" para descobrir como fazer isso).

É importante notar que, às 22h15 da noite anterior (24 de setembro), também consumi dois filés de costela (200 g cada), acompanhados de brócolis e espinafre, o que explica a linha reta mesmo antes do café da manhã.

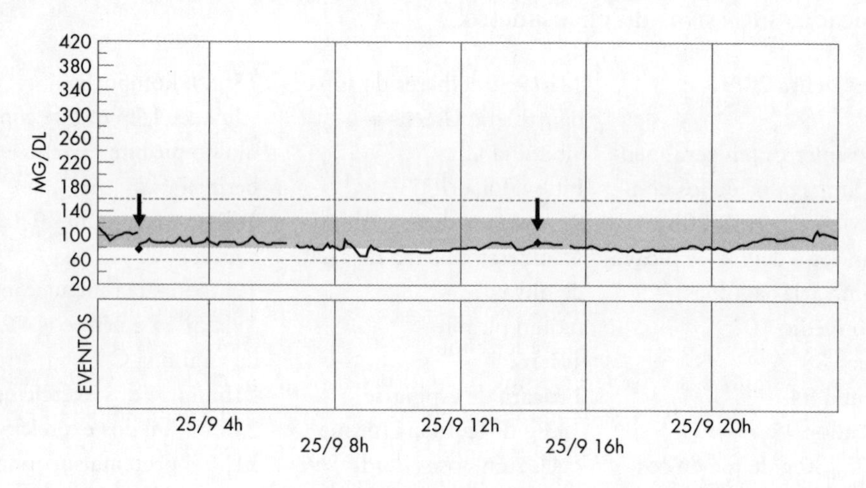

Sexta-feira 25/9
11h50: 1 Lipo-6
12h10: glicose: 91, 86, 95, 108
12h30: almôndegas de carne orgânica com pesto de nozes e azeite de oliva[4]
12h42: salada cobb (enorme)
17h20: 25 amêndoas + 300 mg de ALA
18h39: 4 castanhas-do-pará + peixe/óleo de bacalhau
2 colheradas de Athletic Greens
20h26: LIBIDO LOUCA
Restaurante Americano
Tomate
Antepastos variados (azeitonas, carne de porco e almôndegas)
21h29: frango com pancetta
23h a 0h: sexo [Você pode reparar que há um pequeno aumento na glicose, o que, em parte, se deve ao glicogênio sendo liberado. Também observei esse efeito em exercícios anaeróbicos como os feitos com peso.]

O dia 26 de setembro, um sábado e meu dia de esbórnia semanal, gerou um gráfico curiosamente plano levando em consideração o consumo de croissants de chocolate e outras guloseimas goela abaixo.

4 Se algum dia for a Mill Valley, na Califórnia, conheça o Small Shed Flatbreads e peça esse prato.

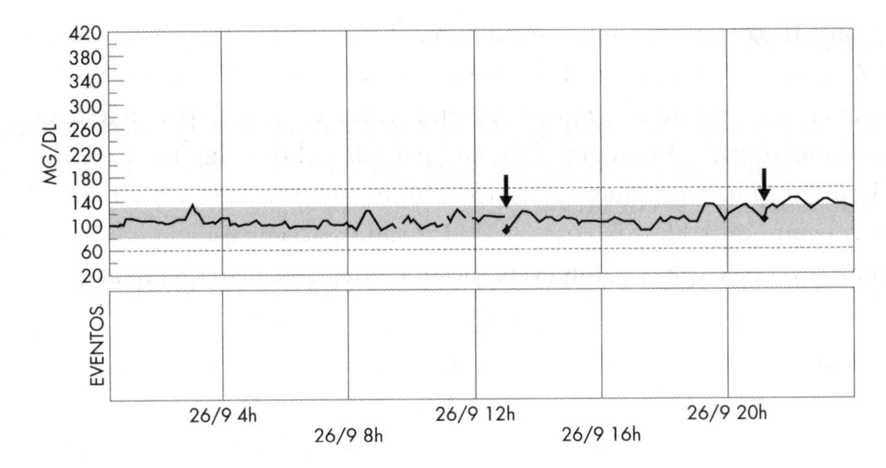

Sábado 26/9
10h40 a 11h40: sexo
12h40: 4 castanhas-do-pará
2 cápsulas de óleo de bacalhau
1 pílula de recuperação suprarrenal e 3 fígados secos
12h50: 1 xícara de suco de laranja
13h03: 2 croissants de chocolate (3)
pão doce (1)
café com canela (3)
13h13: já chega [às vezes eu anotava quando concluía as refeições, para ter uma ideia da duração delas]
13h44:
suco de cenoura
croissant de amêndoas
15h45: kombucha
16h08 a 16h35:
bife com molho picante e azedo e berinjela
¾ de xícara de arroz integral
17h45:
20 amêndoas
120 ml de fígado
18h45: proteína-monstro Odwalla de baunilha
19h30: 2 castanhas-do-pará
230 g de salada de frango com curry
180 g de quinoa
AGG
Mais de 40 repetições com elástico mini-band para o peitoral
22h04: 1 taça de vinho tinto [que começou a ser bebido aqui e foi degustado]
22h45: salada de espinafre + antepasto de ostras
23h: bife

Como é possível que o gráfico seja tão plano no dia 26 de setembro depois de comer tanta porcaria? Várias dicas são encontradas no capítulo "Situações de emergência", mas há outros padrões que surgiram ao longo das semanas de teste com meu implante, padrões estes dos quais você pode tirar proveito.

Os resultados

Os dados, por mais limitados que fossem, permitiram que eu chegasse a algumas conclusões pessoais preliminares que outros foram capazes de reproduzir. Eis aqui algumas a se considerar:

O QUE CONTA NÃO É QUANDO VOCÊ COLOCA A COMIDA NA BOCA, E SIM QUANDO A COMIDA CHEGA ÀS SUAS CÉLULAS.

O alimento não é transferido para a corrente sanguínea tão rápido quanto eu pensava.

Assim que implantei o sensor SEVEN, estava animado como uma menininha de 10 anos em dia de aniversário e verificava compulsivamente os valores a cada cinco minutos durante as refeições. Acabei cometendo vários equívocos. Minha glicemia chegava a 200 durante o sexo, e eu achava que era a ginástica na horizontal que provocava isso, sem levar em conta o enorme prato de sushi que havia comido duas horas e meia antes. Provavelmente mais de 80% dessa glicose vinha do sushi.

O fato é que alimentos sólidos e líquidos demoram muito mais para entrar na corrente sanguínea do que era de se esperar. Na maior parte dos casos, somente entre uma hora e meia e duas horas depois da ingestão é que minha glicose atingia seu pico, até mesmo com iogurte. O suco de laranja aparecia 40 minutos depois de ser bebido.

Isso tem efeitos enormes e fez com que o experimento inteiro valesse a pena.

Que tal comer alguma coisinha para ter energia 20 minutos antes da academia? O problema é que essa coisinha talvez não esteja disponível para seus músculos até que tenha se passado uma hora da sessão na academia. A solução: comer uma hora mais cedo.

Acha que aquele shake de proteína entrará nos seus músculos nos valiosos 30 minutos depois dos exercícios? No meu caso, se eu bebo o shake "pós-exercício" logo depois do exercício, não funciona. Preciso tomá-lo antes e então comer uma refeição enorme quase imediatamente após os exercícios. Se isso for feito uma hora e meia depois da atividade, como costumam sugerir, as boas substâncias simplesmente não chegarão a meus músculos a tempo.

AUMENTAR O TEOR DE GORDURA NAS REFEIÇÕES DIMINUI O PICO DE GLICOSE MAIS DO QUE PROTEÍNA MAGRA.

Quanto mais gordura, e quanto mais cedo for a refeição, menor é a reação glicêmica. Coma gordura boa, de preferência como um aperitivo antes do prato principal. Hoje em dia eu como quatro castanhas-do-pará e uma colher de sopa de manteiga de amêndoa logo que acordo.

A FRUTOSE TEM EFEITO MAIOR E MAIS DURADOURO NA DIMINUIÇÃO DA GLICOSE, MAS ISSO NÃO SIGNIFICA QUE VOCÊ DEVA CONSUMI-LA. BAIXO ÍNDICE GLICÊMICO NEM SEMPRE EQUIVALE A UMA MAIOR PERDA DE GORDURA.

Durante uma semana do teste com SEVEN, bebi 420 ml de suco de laranja pela manhã como meu ponto de partida em vez de pão branco ou glicose. Depois de estabelecer minha reação típica a 420 ml de determinada marca de suco de laranja, pude isolar uma variável (como vinagre ou suco de limão) e medir o desvio em relação à reação matinal normal.

O suco de laranja me ajudou a manter uma média muito menor nos níveis de glicose ao longo do dia.

Isso significa que eu deva ingerir mais frutose? Não necessariamente.

Minha perda de gordura se estagnou assim que introduzi a frutose (os 420 ml de suco de laranja), apesar de ter criado uma agradável linha reta por volta de 100 mg/dl.[5] No futuro, gostaria de ver se uma quantidade bem menor de frutose na forma de uma fruta inteira, provavelmente cerejas, poderia ser usada para diminuir a glicose sem impedir a perda ou provocar o ganho de peso. Acho que o ideal seria limitar isso a um período de 24 horas, como o dia de esbórnia, com a ingestão acontecendo 30 minutos antes da refeição (ou das duas refeições) com os maiores níveis de CG, do mesmo modo como usei uma *pequena* quantidade de suco de laranja antes dos croissants no dia 26 de setembro.

É fácil se fixar em uma única medida, seja um número na balança ou um número no glicosímetro. Mas, assim como Warren Buffett, o investidor mais rico do mundo, gosta de enfatizar: não basta medir as coisas — você tem de medir o que importa.

Se seu objetivo for perder peso, os percentuais de gordura corporal de antes e depois dirão se você teve sucesso, e não apenas os índices glicêmicos. Mire na bola certa.

VINAGRE, AO CONTRÁRIO DO QUE SE IMAGINAVA, NÃO DIMINUI A REAÇÃO GLICÊMICA. SUCO DE LIMÃO, TAMBÉM CONTRARIANDO AS EXPECTATIVAS, REDUZ.

Há várias provas de que o vinagre diminui o índice glicêmico de uma refeição em mais de 25%, e isso parece tão confiável quanto qualquer outra “regra” de alimentação.

Tanto o vinagre branco quanto o vinagre de maçã foram usados na literatura médica. Entretanto, o ácido acético é apenas ácido acético, por isso qualquer

5 Os motivos para isso são explicados em “A Dieta Slow Carb I”.

tipo de vinagre de mesa que tenha pelo menos 5% de ácido acético deveria funcionar[6] se você consumisse pelo menos 20 ml (1,5 colher de sopa).

Nos meus testes, nem o vinagre branco nem o vinagre balsâmico tiveram efeito redutor no açúcar no sangue. Cheguei a tomar mais de três colheres de sopa de vinagre antes das minhas refeições, numa última e desesperada tentativa. Foi uma época ruim para o meu estômago e sem nenhum benefício aparente.

Por que não funcionou? Há algumas explicações possíveis, mas as mais prováveis são que: era necessária uma dose maior, ou o vinagre não afeta o metabolismo da frutose e exacerba seus efeitos numa refeição cheia de amido. Lembre que, por causa dos problemas para se padronizar as refeições da vida real, usei as alterações nas reações ao suco de laranja como ponto de partida.

O limão, contudo, mostrou seus méritos sem nenhuma falha.

Há relatos e vários websites que dizem que o suco de limão diminui o índice glicêmico. Nem eu nem meus colaboradores fomos capazes de encontrar estudos controlados que comprovassem essa característica do limão-siciliano, do limão-taití ou do ácido cítrico no limão. O mais próximo foi o citrato, um sal ou éster de ácido cítrico em combinação com outras substâncias como cálcio insolúvel. Em minhas experiências pessoais, três colheres de sopa de limão espremido na hora pouco antes da refeição (não limonada do tipo que se compra em lojas, com conservantes e aditivos) parecem diminuir os picos de açúcar no sangue em aproximadamente 10%.

CANELA, MESMO EM PEQUENAS DOSES, TEM EFEITO SIGNIFICATIVO NOS NÍVEIS DE GLICOSE.

Existem amplas evidências de que a canela pode ser usada para reduzir em até 29% o índice glicêmico de uma refeição. Também se demonstrou que em doses maiores ela diminui o colesterol LDL e os triglicerídios.

Os efeitos da canela nos níveis de glicose parecem se dever, em parte, ao fato de ela desacelerar a taxa na qual a comida sai do estômago (esvaziamento gástrico), o que resulta numa sensação mais rápida de saciedade.

Testei três espécies de canela em pó: **canela-de-ceilão** (*Cinnamomum verum* ou *zeylanicum*, também chamada de "canela verdadeira"), **canela cássia** (*Cinnamomum cassia* ou *aromaticum*) e **canela saigon** (*Cinnamomum loureiroi*, também conhecida como canela vietnamita).

Embora alguns grupos de fisiculturistas considerem a canela cássia inferior à canela-de-ceilão ou completamente ineficaz, ela diminuiu a reação glicêmica em estudos publicados e no meu experimento. Isso é um bom sinal, pois a

6 Ou uma dose de qualquer molho sem açúcar que contenha o equivalente a 20 ml de ácido acético a 5%.

canela cássia é a mais encontrada em cafés e restaurantes se você pedir simplesmente "canela". Descobri que a canela saigon é mais eficiente, com a cássia em segundo lugar e a canela-de-ceilão, distante, em terceiro.

Em termos de redução da reação glicêmica, descobri o seguinte, do maior para o menor efeito, ainda que eficiente.

1. **Consiga canela moída na hora ou a moa você mesmo.** Se você, como eu, tem um monte de temperos há três anos, jogue tudo fora e compre novos. Os polifenóis e os ingredientes ativos se degradam com o tempo e a exposição ao ar.
2. **Aprenda a identificar espécies.** Infelizmente, as indústrias norte-americanas não são, por lei, obrigadas a especificar no rótulo que espécie de canela estão vendendo. Não tem certeza de quais paus de canela são de cássia? Eles se enrolarão de ambos os lados, como um pergaminho. A canela-de-ceilão se enrolará de um lado só, como se você tivesse acabado de enrolar uma toalha. Diferenciar a canela em pó é mais difícil, já que o tempo exerce efeito sobre ela, mas a cássia em geral tem uma coloração mais escura e avermelhada do que a canela-de-ceilão.
3. **Não exagere.** É fácil exagerar na canela, mas ela contém substâncias que podem fazer mal se consumidas em excesso. A cumarina, para citar apenas um exemplo, é um poderoso anticoagulante, e na Europa algumas canelas vêm com um alerta no rótulo por esse motivo. Não use mais de 4 g por dia. Uso um pouco de canela no café e me limito a duas xícaras de café por dia.

Para reiterar, com base no gráfico de densidade máxima, a canela pesa 0,56 g/cm^3, sendo que 1 cm^3 (centímetro cúbico) equivale a 0,2 colher de chá, portanto estamos falando de algo em torno de **2,8 g de canela por colher de chá.**

Assim, 4 g de canela equivalem a apenas uma colher e meia de chá. Não consuma mais do que isso por dia.

MAIS DO QUE A QUALIDADE, É O TAMANHO E A VELOCIDADE DAS REFEIÇÕES QUE DETERMINAM A REAÇÃO GLICÊMICA.

Mesmo me alimentando somente de proteínas e hortaliças, posso elevar meu índice glicêmico a até 150 mg/dl sem me esforçar muito. Isso porque eu pareço um cão faminto quando como. No restaurante Whym, em Manhattan, um amigo me apelidou de "Orca" depois de me observar engolir sem vergonha nenhuma um pedaço de atum *ahi* do tamanho do meu punho. Para ele, aquilo era estranho. Para mim, era a única maneira como eu sabia comer: depressa.

A coisa mais fácil de fazer para diminuir sua glicose é se alimentar mais devagar. Precisei dividir metodicamente meu prato em três partes e me educar para esperar cinco minutos entre cada terço, geralmente com a ajuda de chá gelado ou de fatias de limão. Beber mais água para diluir a digestão (sou ótimo nisso), comer porções menores (nesse não sou tão bom) e mastigar mais (o Orca é *horrível* nisso) também ajudam.

As quatro estratégias servem para diminuir a quantidade de alimento que é digerido por minuto, o que determinará o tamanho da sua curva glicêmica.

Dois exemplos reais:

1. Matt Mullenweg, principal desenvolvedor da plataforma WordPress, perdeu 9 kg com uma única alteração: mastigar 20 vezes cada porção de comida. O número exato não é importante. Ter um número preciso é o que importa. Contar as mastigadas lentamente diminuiu o ritmo dele e o deixou ciente do tamanho da porção, o que o tornou mais imune ao excesso. Não tenho paciência para mastigar como um ser humano normal, mas Matt tinha.
2. As argentinas são famosas por serem lindas e comerem muita porcaria. No total, passei dois anos em Buenos Aires, e a dieta da mulher argentina parece consistir apenas em cappuccino, biscoitos, *dulce de leche*, sorvete e — para o jantar — carne e salada acompanhadas por massa. Isso é apenas uma questão fantástica de genética? Não acredito. Vários amigos viajaram com suas gatinhas argentinas que, tão logo chegaram aos Estados Unidos ou à Europa, imediatamente engordaram de 5 a 10 kg. Por quê? As próprias moças admitiam: o tamanho maior das porções e a velocidade com que se come. O belo povo de Buenos Aires pode comer uma ampla variedade de porcarias calóricas, mas geralmente o faz em porções menores e por um período maior.

Diminua o ritmo e sinta o perfume das rosas.

Leve, no mínimo, 30 minutos para cada refeição.

PARA PERDER GORDURA MAIS RÁPIDO, REDUZA OS PICOS DE AÇÚCAR NO SANGUE ACIMA DE 100 A NÃO MAIS DO QUE DUAS VEZES AO DIA.

Eu era capaz de sustentar uma perda de gordura rápida se não atingisse um índice glicêmico superior a 100 mg/dl mais do que duas vezes ao dia. A perda de gordura era ligeiramente maior quando eu permanecia abaixo dos 90 mg/dl, mas era difícil conseguir isso sem cortar as leguminosas e sem seguir uma dieta mais cetogênica. Por uma questão de conveniência e trato social, prefiro a abordagem Slow Carb, a não ser que esteja fazendo dieta para alcançar um percentual de gordura corporal inferior a 8%.

A regra dos 100 mg/dl exclui os dias de esbórnia, quando tudo é permitido. Em dias comuns, usar frutose ou ficar com fome para permanecer abaixo dos 100 mg/dl é contraproducente e considerado trapaça.

Mas como se manter abaixo dos 100 mg/dl se você não tem um aparelho implantado no corpo?

É só seguir algumas regras simples com base na literatura médica disponível e na minha experiência pessoal, além das regras básicas da Dieta Slow Carb:

- Coma quantidades decentes de gordura em todas as grandes refeições. A gordura saturada é boa se a carne não tiver sido tratada com antibióticos e hormônios.
- Gaste pelo menos 30 minutos em cada almoço e jantar. Os cafés da manhã podem ser menores e, portanto, consumidos em menos tempo.
- Experimente ingerir canela e suco de limão antes ou durante as refeições.
- Use as técnicas do capítulo "Situações de emergência" para momentos de esbórnia acidentais ou planejados. Tenha em mente que as técnicas desse capítulo irão ajudá-lo a reduzir o dano por aproximadamente 24 horas, não muito mais do que isso.

FERRAMENTAS E TRUQUES

DexCom Seven Plus (www.dexcom.com) O DexCom SEVEN Plus é o glicosímetro contínuo de que usei e abusei. É um implante que fornece os dados de cerca de 288 amostras de sangue por dia. Considero-o indispensável, mesmo para quem não é diabético.

WaveSense Jazz (www.fourhourbody.com/jazz) Esse é disparado o melhor glicosímetro que encontrei. É pequeno, simples e incrivelmente consistente, já que considera fatores ambientais e faz as correções necessárias em relação a eles. Para quem não quer pôr um implante mas deseja saber como seu corpo reage aos alimentos, é a melhor opção.

Glucose Buddy (www.fourhourbody.com/app-glucose) O Glucose Buddy é um aplicativo gratuito para iPhone feito para diabéticos, que permite inserir dados manualmente e verificar os números da glicose, o consumo de carboidratos, as dosagens da insulina e as atividades.

Juliet Mae Fine Spices & Herbs (www.julietmae.foodzie.com) É aqui que você pode comprar a deliciosa canela Juliet Mae. Usei o mostruário deles para todos os testes, incluindo a canela cássia, a canela-de-ceilão e a canela saigon.

Colete de Peso Ajustável MiR 50-Lb (www.fourhourbody.com/vest) Os melhores coletes de peso do mercado. Foi o que quase usei para passar pela segurança do aeroporto. Se você está querendo levar uma coronhada na cabeça ao atravessar a alfândega, é a escolha perfeita.

A RETA FINAL

Perdendo os últimos quilinhos

Vi um anjo no bloco de mármore e simplesmente fui esculpindo até libertá-lo.
— Michelângelo

Olhei para meu bloco de anotações e li a primeira pergunta:

— Qual é o maior erro que os fisiculturistas "naturais", que não recorrem às drogas, cometem?

— Fisiculturistas naturais? — perguntou John Romano, rindo. — O maior erro que os fisiculturistas "naturais" cometem é pensar que são naturais. Comer 20 peitos de frango por dia não é natural. O melhor nome para eles seria "fisiculturistas sem prescrição".

Foi assim que nossa conversa começou. Dava para ver que seria uma entrevista muito divertida.

Romano acompanhou de perto o mundo do desenvolvimento físico por mais de duas décadas como editor-chefe da revista *Muscular Development* (*MD*) [Desenvolvimento Muscular]. A *MD* é a publicação para o público geral que serve de interseção entre as pesquisas científicas publicadas e as experiências do mundo louco do fisiculturismo. A *MD* não bastou para John, e por isso ele saiu de lá para expandir os limites no seu website RX Muscle.

Entrei em contato para conversarmos sobre as particularidades das abordagens com e sem a ajuda de drogas para se alcançar menos de 10% de gordura corporal, pois ele observou milhares de cobaias e os resultados obtidos. John é prova viva de suas descobertas: ele parece estar na casa dos 30 anos, mas acabou de completar

50, e credita isso ao treinamento de resistência ao estilo HIT (leia mais em "De nerd a monstro"), uma dieta simples do programa e um "pouquinho das drogas certas".

A dieta que ele segue para perder gordura — e prescreve para os competidores — é a mesma de seu sócio, que vamos conhecer mais tarde: Dave "Jumbo" Palumbo. É uma maneira elegante e eficiente de perder aqueles últimos 2 a 5 kg que parecem não ir embora por nada.

O cardápio a seguir é para um homem de cerca de 90 kg com 10 a 12% de gordura corporal, e a quantidade de proteína (240 g para um homem de 90 kg) deve ser ajustada para mais ou menos uma escala de 30 g para cada 5 kg de massa *magra* (por exemplo, 210 g para 86 kg, 270 g para 95 kg) com uma ingestão mínima de 120 g. Em outras palavras, mesmo que você pese 45 kg, não deve consumir menos do que 120 g de proteína.

Para a medição: meia xícara de amêndoas equivale a cerca de 60 amêndoas, e 240 g de proteína magra correspondem a aproximadamente o tamanho do seu punho.

Eis o surpreendente: **você deve consumir uma dessas refeições a cada três horas enquanto estiver acordado, em até uma hora depois de acordar e no máximo uma hora antes de ir para a cama.** Não é mais a fome que leva você a consumir os alimentos. Os potes plásticos são seus amigos, e o relógio é seu sargento. Pular refeições é proibido, por isso compre comida em quantidade e prepare os alimentos com antecedência, se necessário.

Se você pesa menos de 68 kg, use os 30 g mínimos (o mesmo vale para os shakes de proteína) e consuma porções menores de outros alimentos: um quarto de xícara de nozes *ou* uma colher de sopa de manteiga de amendoim *ou* uma colher de sopa de azeite de oliva extravirgem ou de óleo de macadâmia.

Faça uma destas refeições a cada três horas.

Opção 1: 50 g de whey, proteína do soro do leite isolada + meia xícara de nozes ou duas colheres de sopa de manteiga de amendoim

Opção 2: 230 g de peixe sem gordura branco cozido (nada de salmão, cavala etc.) + meia xícara de nozes ou duas colheres de sopa de manteiga de amendoim. Entre os peixes permitidos estão atum, peixes de carne branca, perca, bagre, lúcio, pescada e linguado, mas não é preciso se limitar a eles.

Opção 3: 230 g de peru ou frango cozido + meia xícara de nozes ou duas colheres de sopa de manteiga de amendoim.

Opção 4: 230 g de proteína com mais gordura cozida: carne vermelha (tipo fraldinha), carne moída, peixe gorduroso ou galinha caipira + uma colher de sopa de azeite de oliva ou de óleo de macadâmia.

Opção 5: cinco ovos (será mais fácil comê-los se estiverem cozidos)

Os seguintes ingredientes são de uso livre em todas as refeições:

Espinafre
Aspargos
Couve-de-bruxelas
Repolho-crespo
Couve
Brócolis
Brócolis japonês ou outras crucíferas

Uma colher de sopa de azeite de oliva ou de óleo de macadâmia pode ser usada como molho desde que você não tenha incluído meia xícara de nozes ou duas colheres de sopa de manteiga de amendoim na refeição. Nas opções com menor quantidade de gordura, você pode fazer um molho para salada usando um pouquinho mais de azeite: duas colheres de sopa de azeite de oliva ou óleo de macadâmia.

Nada de milho, feijão, tomate ou cenoura, mas recomenda-se *uma refeição* de folga a cada sete a dez dias.

Simples e eficaz.

O QUE OS FISICULTURISTAS FAZEM QUE VOCÊ NÃO DEVE FAZER

Esta dieta pode ajudar você a chegar a 8% de gordura corporal ou menos. Entretanto, é desnecessário dizer que há um momento em que os benefícios diminuem e cada redução de 1% fica mais difícil de se conseguir do que os 5% anteriores.

Se os exercícios e a dieta atingem um teto, como é possível que os fisiculturistas alcancem menos de 4% de gordura subcutânea?

A resposta em uma palavra é: drogas.

A agenda pré-competição de Romano, que veremos a seguir, leva em conta um fisiculturista treinado de 1,75 m e 90 a 100 kg com 10 a 12% de gordura e que chega a pesar entre 82 e 86 kg com 6 a 8% de gordura antes de implementar o regime de drogas. No dia da competição, ele deve atingir de 91 a 93 kg com menos de 4% de gordura.

Quase todas as drogas listadas podem apresentar sérios efeitos colaterais quando usadas equivocadamente. Pesquise "Andreas Munzer autópsia" no Google e veja o que pode acontecer quando se cometem tais erros.[1] Não tente fazer isso em casa.

1 Munzer usou muitas outras drogas que provavelmente contribuíram para a insuficiência múltipla de órgãos e sua morte, entre elas EPO (eritropoietina), Cytadren (aminoglutetimida) e diuréticos.

"Esta é mesmo, na minha opinião, a melhor maneira de se preparar", diz Romano. "Mas você precisa de paciência, e isso costuma ser mais difícil de conseguir do que músculos. Faça o treinamento com altíssima intensidade (uma parte do corpo por dia, cinco dias por semana) e exercícios aeróbicos (de 30 a 40 minutos por dia). Continue esse programa durante sua fase 'pré-dieta'. Você quer eliminar a gordura corporal AO MÁXIMO com uma dieta sem carboidratos — menos de 8%. É preciso manter a intensidade e os exercícios aeróbicos. Isso provavelmente levará de 10 a 12 semanas. Por mais que pareça loucura, você vai querer perder um pouco da musculatura que acabou de ganhar e emagrecer o máximo possível.

"Então você acrescenta os suplementos. Uma cápsula de Sustanon dia sim dia não com 75 mg de trembolona (Tren) ou 200 mg de decanoato de nandrolona (Deca-Durabolin®). Duas UIs de hormônio do crescimento (GH, do inglês *growth hormone*) todos os dias. Acrescente 75 g de carboidratos às três primeiras refeições. Beba um shake com 40 g de proteína do soro do leite isolada antes de dormir. Acorde quatro horas mais tarde e beba mais 40 g. Volte ao exercício aeróbico por 30 minutos, quatro vezes por semana, e continue aumentando a intensidade do seu treinamento.

"Depois de oito semanas, troque o Sustanon e o Tren por Equipoise — 150 mg a cada dois dias, e Primo Depot, 400 mg uma vez por semana. Aumente a quantidade de GH para quatro UIs por dia. Reduza o consumo de carboidrato gradualmente a zero até o fim da primeira semana. Mude seus exercícios para pesos mais leves, com mais repetições, mas que mantenham a intensidade alta. Aumente os exercícios aeróbicos para 30 minutos por dia, seis dias por semana. Comece a praticar as posturas obrigatórias durante 30 minutos todas as noites. Esforce-se para manter cada pose durante um minuto.

"Após quatro semanas, acrescente 100 mg de Masterone dia sim dia não, 100 mg de Winstrol todos os dias, dois Clenbuterol a cada quatro horas, 25 mg de T-3 todas as manhãs e uma cápsula de gama-hidroxibutirato (GHB) antes de dormir. Aumente a prática das poses para 30 minutos pela manhã e 30 minutos à noite. Você pode permanecer nesse programa por mais quatro ou seis semanas.

"Faltando duas semanas: pare de tomar Clenbuterol. Mas acrescente 25 mg de T-3 antes de dormir. Elimine a gordura da sua dieta.

"Faltando uma semana: volte a tomar Clenbuterol como antes. Pare de tomar o GH.

"Faltando três dias: elimine o sódio, acrescente 50 g de carboidratos à primeira refeição, pare com os exercícios aeróbicos e aumente o consumo de água para ao menos 8 l por dia.

"Faltando dois dias: última sessão de treinamento — o corpo todo, muitas repetições com altíssima intensidade. Acrescente 50 g de carboidratos às duas primeiras refeições. Pare de tomar o shake de proteína do meio da noite.

"Faltando um dia: acrescente 75 g de carboidratos às duas últimas refeições. Pare de beber água às 20h — depois desse horário, apenas pequenos goles, o mínimo possível. Interrompa o uso do Clenbuterol. Não tome o shake de proteína antes de dormir.

"Haverá algumas adaptações a esse sistema durante o processo, uma vez que cada pessoa reagirá de uma maneira diferente. Mas isso já deve servir como um bom ponto de partida."

Estética é uma coisa; terapia, outra bem diferente. Para ter uma ideia do uso terapêutico dos esteroides, precisamos aprender com Nelson Vergel.

ESTEROIDES I: FATO *VERSUS* FICÇÃO

Em 2001, Lee Brown, então prefeito de Houston, determinou que o dia 13 de setembro se tornaria o "Dia de Nelson Vergel".

Diagnosticado como soropositivo em 1987, Nelson dedicou sua vida a promover a pesquisa sobre o HIV, no que diz respeito tanto à prevenção quanto ao tratamento. Durante dois anos, ele foi membro do Comitê de Transtornos Metabólicos no Grupo de Testes Clínicos de Aids (ACTG, na sigla em inglês) em Washington, a maior organização de pesquisa sobre HIV/aids do mundo.

Ele ficou famoso por atitudes simples que ajudaram a salvar muitas vidas e a melhorar o dia a dia de milhares de outras pessoas.

Vergel descreve os resultados de uma dessas abordagens, usada nele mesmo, com suas próprias palavras:

> Minhas células CD8, que são uma das melhores medidas para se estabelecer a expectativa de vida dos pacientes com aids, aumentaram de 900 para 2.500 células [por milímetro quadrado], e meus sintomas desapareceram! Nunca me senti nem pareci estar tão bem em toda a minha vida, nem mesmo quando era HIV-negativo!

Jeff Taylor, que é soropositivo há mais de 25 anos, tinha os dois pulmões deteriorados e apenas duas células T restantes quando começou um tratamento semelhante. Seis semanas depois, ele tinha 300 células T. Isso salvou sua vida.

O tratamento misterioso não estava num novo coquetel antiviral. Na verdade, não era novidade alguma.

Eram esteroides anabolizantes. Nelson usou especificamente cipionato de testosterona e Deca-Durabolin® (decanoato de nandrolona), e Jeff usou Anavar® (oxandrolona).

Isso não faz sentido para a maioria das pessoas. Os esteroides não deveriam matá-lo ou pelo menos causar câncer ou insuficiência do fígado?

Como é possível que a mesma oxandrolona que Jeff usou "foi considerada uma das terapias mais eficientes na relação custo-benefício e menos tóxicas já descobertas" para o tratamento de homens vítimas de queimaduras?

Depois de uma análise exaustiva da literatura médica e de entrevistar cientistas e usuários, Bryant Gumbel, apresentador do programa *Real Sports with Bryant Gumbel*, concluiu o seguinte, no dia 21 de junho de 2005:

> Conforme comprovado por autoridades em todo o país, quando o assunto são drogas, os americanos raramente usam a lógica se puderem optar pela histeria. O caso em análise: o recente escândalo dos esteroides. Graças ao exagero da imprensa, aos pronunciamentos públicos e às reclamações em Washington, pode-se pensar que as evidências científicas que estabelecem o risco dos esteroides para a saúde são enormes. Mas não são. Ao contrário, quando se trata do uso de esteroides entre homens adultos, as provas revelam que praticamente não há nenhum incêndio, apesar de toda a fumaça.

Essa situação, é desnecessário dizer, contraria as expectativas.

O que são exatamente os esteroides?

Você sabia que pílulas anticoncepcionais são tecnicamente esteroides?

O mesmo serve para as injeções de cortisona que o astro do beisebol Curt Schilling recebeu no World Series de 2004, antes de entrar para o Hall da Fama do esporte — o mesmo anti-inflamatório que Andre Agassi usou durante a final do U.S. Open.

Os esteroides representam uma classe incrivelmente vasta e importante de hormônios, e centenas de variedades deles estão presentes em plantas, fungos e animais. Se eliminar os esteroides do seu corpo, você morre.

O termo "esteroide" é geralmente usado pela imprensa para se referir a esteroides androgênicos anabólicos (EAA), mais conhecidos como esteroides anabolizantes. Tais compostos são variações da testosterona ou tentam imitar os efeitos desse hormônio.

A nandrolona, por exemplo, é a testosterona quimicamente modificada para diminuir sua conversão em estrogênio ou DHT, sendo que esta última alteração a torna menos *androgênica* — isto é, ela terá um efeito amplificador menor em características masculinas secundárias como o crescimento de pelos (ou a perda deles no couro cabeludo) ou o engrossamento das cordas vocais.

A seguir há uma comparação direta entre a testosterona normal e a forma comercial mais popular da nandrolona: Deca-Durabolin®, usada por Nelson. A "Deca" é também um dos EAA que Barry Bonds e Roger Clemens foram acusados de usar.

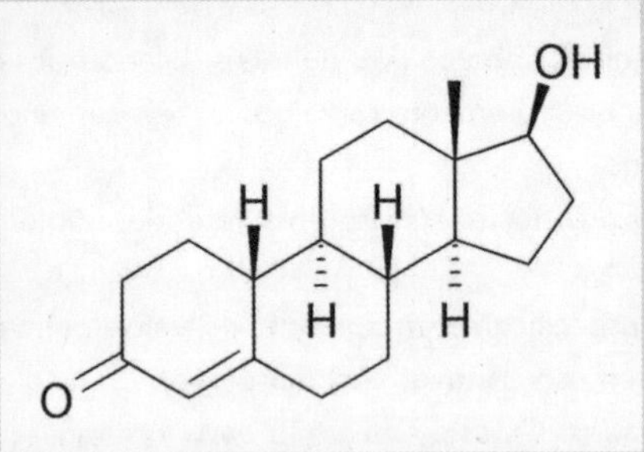

Testosterona

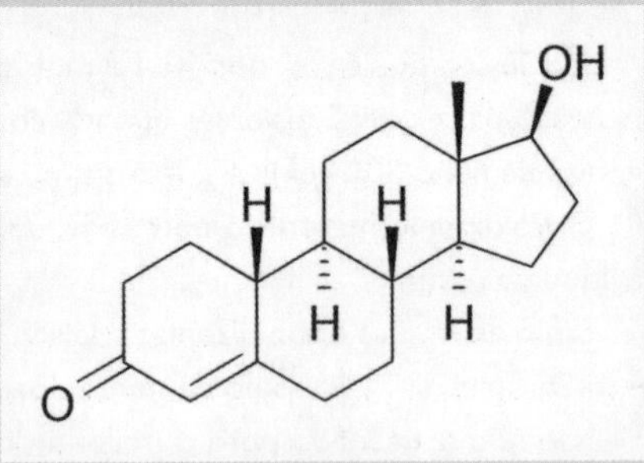

Nandrolona

Usei doses baixas, permitidas por lei, de esteroides anabolizantes e de outros agentes de crescimento sob supervisão médica antes e depois de cirurgias nas articulações. Vários médicos analisavam meus exames de sangue a cada duas ou quatro semanas para se certificarem de que não havia efeitos colaterais. Essas drogas são especificamente criadas para aumentar a síntese proteica; no caso das minhas cirurgias, o uso era moderado e como uma ferramenta apropriada no tratamento.

Se eu incentivo o uso recreativo ou cosmético sem supervisão médica ou sem receitas? Não. Nos Estados Unidos, os esteroides anabolizantes são substâncias controladas de Classe III, e você pode ser condenado a uma pena de até três anos por posse e até dez anos por tráfico dessas substâncias.

Se eu acho que crianças saudáveis, adolescentes ou mulheres deveriam usar os poderosos hormônios masculinos? De forma alguma.

Se acho que atletas devem ser desclassificados quando quebram as regras em seus esportes? Com toda certeza.

Mas a ciência não pode ser distorcida. Os esteroides são drogas importantes com aplicações genuínas.

A dose faz o veneno

Eis uma pequena amostra dos efeitos colaterais documentados, fornecida pelo Instituto Nacional de Saúde dos Estados Unidos:

- Inchaço nos olhos, rosto, lábios, língua e garganta
- Asma e dificuldades respiratórias
- Taquicardia
- Respiração ofegante
- Pele fria e úmida
- Zumbido nos ouvidos
- Perda da audição
- Vômito com sangue
- Sangue nas fezes

Essa lista deveria deixá-lo assustado.

Ela deveria assustá-lo porque não são efeitos colaterais de esteroides anabolizantes. São os efeitos colaterais comuns da aspirina.

Regra fundamental do uso de drogas: não existem drogas seguras

Algumas drogas são mais seguras que outras, mas quase qualquer coisa pode matar se a dosagem for suficientemente alta. É a dose que faz o veneno.

Nunca se esqueça disso e não confunda os efeitos do uso moderado com os efeitos do uso abusivo.

Essa é a diferença entre um único ciclo de 8 a 12 semanas de testosterona injetável de baixa dosagem para cirurgia, de um lado, e megadoses aleatórias do esteroide oral Anadrol-50® para fisiculturistas de elite, de outro. É a diferença entre uma aspirina infantil (75 a 85 mg) e meio frasco de aspirinas. É a diferença entre tomar uma taça de vinho antes de dormir e beber várias garrafas até a pessoa acordar numa UTI.

O sensacionalismo é mais comum do que a boa ciência, e os dois são bem diferentes.

FERRAMENTAS E TRUQUES

RXMuscle com John Romano e Dave Palumbo (www.rxmuscle.com) Se você tem dúvidas sobre drogas, não me pergunte. Não sou médico nem especialista. John Romano e Dave Palumbo, por outro lado, vivem no mundo do fisiculturismo profissional e do aperfeiçoamento do corpo há décadas. Ambos testemunharam os melhores e os piores resultados da batalha química no esporte. RXMuscle é onde você pode elucidar com profissionais suas dúvidas sobre EAA e outras drogas para melhoria de desempenho.

DVD *Bigger, Stronger, Faster* (www.fourhourbody.com/bigger) Dos mesmos produtores de *Tiros em Columbine* e *Fahrenheit 9/11*, esse documentário incrível explora o uso de esteroides no maior, mais forte e mais rápido país do mundo: os Estados Unidos. Os personagens vão desde Carl Lewis e médicos até Louis Simmons, do Westside Barbell. Ele tem um nível de aprovação inacreditável de 96% no RottenTomatoes.com.

Medibolics (www.medibolics.com) Esse website, publicado por Michael Mooney, fornece informações em abundância sobre o uso clínico de esteroides anabolizantes, hormônio do crescimento e suplementos alimentares incomuns para a prevenção de perda de tecido magro em pessoas com doenças degenerativas dos músculos, incluindo HIV.

***Anabolics*, 9ª edição (www.fourhourbody.com/anabolics)** Esse livro de 800 páginas é a obra de referência sobre anabolizantes mais vendida no mundo todo. Ele inclui análises de quase 200 compostos farmacêuticos, explicações detalhadas dos riscos verdadeiros dos anabolizantes, estratégias de prevenção e redução de danos, bem como seções sobre o consumo regular de esteroides e os suplementos, para assim evitar as conjecturas quanto ao uso de esteroides, além de aproximadamente 3.000 fotografias coloridas de drogas legais, falsificadas ou ilegais.

GANHANDO MASSA MUSCULAR

CONSTRUINDO O BUMBUM PERFEITO

(OU COMO PERDER MAIS DE 50 KG)

Sou meu próprio experimento. Sou minha própria obra de arte.
— Madonna

As costas são para os levantadores de peso o que os bíceps são para os fisiculturistas.
— Randall J. Strossen, Ph.D., editor da revista *MILO*

Este capítulo ensinará tanto os homens quanto as mulheres a criar uma cadeia posterior sobre-humana; nela incluem-se todos os músculos que vão desde a base do crânio até os tendões calcâneos.

Ao longo desse processo, as mulheres também aprenderão a moldar o bumbum perfeito e a perder quantidades drásticas de gordura.

Para conseguir o máximo de força física e *sex appeal* no menor tempo possível, é na cadeia posterior que você deve manter a atenção.

A aposta

— Fizemos uma aposta.

Tracy Reifkind foi trabalhar naquela noite esperando um turno comum. Seis de suas colegas de trabalho haviam atingido um peso preocupante e estavam fazendo uma aposta. Cada uma delas apostou US$100, e os US$600 iriam para aquela que perdesse o maior percentual de gordura corporal nas 12 semanas seguintes. Tracy foi a sétima apostadora, aumentando o prêmio para US$700.

Foi em boa hora.

Tracy fora uma criança gorducha numa época em que as crianças não eram assim. Continuou ganhando peso ao longo da vida e acabou pesando 111 kg aos 41 anos. Ela havia se resignado ao seu triste destino: nunca seria capaz de aproveitar certas coisas simples, como usar uma camiseta regata. Era a cruz que ela tinha de carregar.

Seu peso estava lhe rendendo problemas de saúde. Ela se tornara uma chef gourmet com o sonho de visitar a Itália, e a viagem — perto de acontecer — agora estava ameaçada por sua obesidade. Ela sofria com problemas gastrointestinais que inviabilizavam a jornada.

— Tudo que havia de errado comigo tinha a ver com o fato de ser gorda. Todos os dias, eu sentia como se estivesse me esquivando de um tiro. Não queria ir ao médico porque não queria descobrir que estava pré-diabética ou que tinha alguma doença cardíaca. Gostava de comer e não estava preparada para parar. É lógico que eu sabia o que precisava fazer, mas a aposta, aquele evento, me deu um motivo e um prazo.

Tracy reagia bem a desafios. Ela, de alguma forma, achava que seria capaz de ganhar a aposta. A grande questão era: Como?

A resposta veio, quase que inesperadamente, dos fisiculturistas.

Os braços de Michelle Obama

Tracy ficou chocada ao olhar para o espelho de um provador de roupas em San Jose. Ela vestiu uma calça jeans nova e deu uma voltinha. Depois, deu outra. Por mais voltas que desse, a imagem não fazia sentido.

— O quê? Esta sou eu?! — Ela via braços que nunca tinha visto antes. E usava uma camiseta regata.

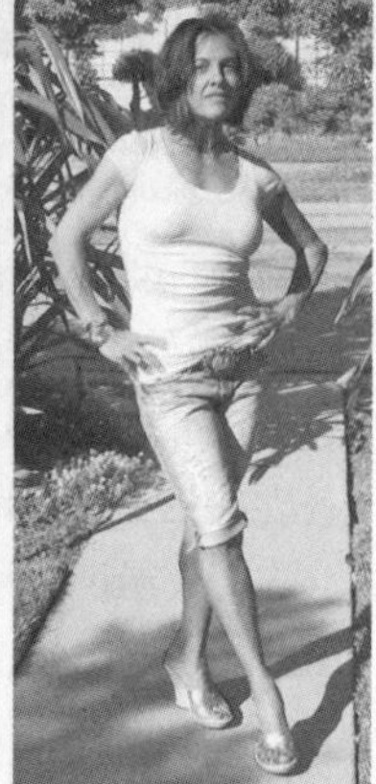

Tracy Reifkind perdera mais de 50 kg (20 kg de gordura nas 12 primeiras semanas) e ganhou aquela aposta. Mas os números não fazem justiça ao seu físico: essa mãe de duas crianças numa família em que tanto ela quanto o marido trabalhavam parecia 10 anos mais jovem com seus 58,8 kg.

O segredo não estava em maratonas de exercícios aeróbicos nem numa dieta restritíssima em calorias, mas nos exercícios de balanço (*swing*) com o *kettlebell* russo, duas vezes por semana, em média

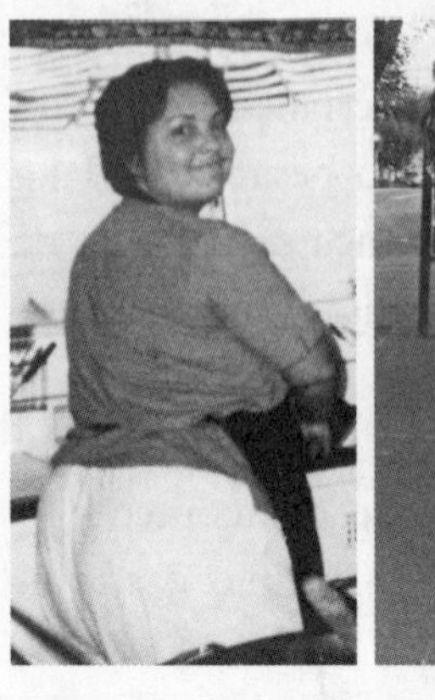

por 15 a 20 minutos. A duração máxima da sessão era de 35 minutos.

Ela fora apresentada aos *kettlebells* pelo marido, Mark Reifkind, um ex-treinador da equipe norte-americana de levantamento de peso que também competira com Kurt Thomas na ginástica olímpica.

— Toda mulher quer ter os braços da Michelle Obama. A verdade é que você pode tê-los, e também obter um corpo novo, em apenas quatro semanas. O exercício de balanço com as duas mãos é uma preciosidade. Se você tiver que escolher um único movimento para fazer pelo resto da sua vida, faça o balanço com *kettlebell*.

Concordo totalmente com Tracy, embora o caminho que me conduziu a esse balanço tenha sido bem diferente.

Em 1999, eu peregrinava três vezes por semana de Princeton até a Filadélfia para malhar numa academia chamada Maxercise. Pelo treinamento de 45 minutos que justificava a viagem, eu me deslocava por mais de duas horas. Steve Maxwell, dono da Maxercise, era hexacampeão pan-americano de jiu-jítsu (mais tarde ele ganhou dois campeonatos mundiais) e exibia seu diploma de mestrado em Educação Física. Entre seus clientes estavam o FBI e o Serviço Secreto, além de atletas dos times de beisebol Phillies e Dodgers. Seu foco se detinha exclusivamente em resultados mensuráveis. Se algo não funcionasse, não durava muito tempo com Maxwell.

Corpo esculpido: Tracy removeu as curvas que não queria e acrescentou as que desejava. Note os ***kettlebells***, que parecem bolas de canhão com alças, alinhados contra a parede.

Conheci os *kettlebells* numa tarde fria de inverno na câmara de tortura do segundo andar da Maxercise. Eles geralmente eram reservados para lutadores ou aspirantes a fisiculturistas. A maior parte dos movimentos de alta velocidade com *kettlebells*, como o "arranco" (*snatch*),[1] considerado padrão para programas de treinamento, não combinava muito bem com meus ombros lesionados. Abandonei os *kettlebells* depois de apenas duas sessões.

Somente seis anos mais tarde é que percebi como os *kettlebells* podiam ser simples. Um só movimento: o balanço.

1 Interessante: os *kettlebells* ainda são pesados em *poods*, uma unidade russa de medida de massa.

Do jiu-jítsu à Nova Zelândia: o balanço do *kettlebell*

Muito antes de conhecer Tracy, conheci o Neozelandês em Buenos Aires, na Argentina.

No início de 2006, ele estava tendo uma aula particular de espanhol no mesmo café onde eu concluía o manuscrito de *Trabalhe 4 horas por semana* (Planeta, 2008), e rapidamente nos tornamos amigos. Ele havia competido em times de elite de rúgbi na Nova Zelândia, mas tinha o mesmo orgulho, descobri logo, de ter aplicado seu bacharelado em fisiologia do exercício para aperfeiçoar o bumbum feminino.

Ele me contou a história bebendo uma garrafa de Catena Malbec. Sua obsessão teve início quando ele viu uma sambista brasileira profissional equilibrar copinhos de tequila sobre as duas nádegas numa casa noturna. Lamentando a falta de cenas semelhantes em seu país, ele partiu numa missão para encontrar os melhores exercícios que criassem bumbuns dignos de doses de tequila.

Em 2000, ele transformou a busca numa pesquisa científica. Em quatro semanas, levou sua então namorada, uma chinesa retilínea como uma prancha de surfe, a ser escolhida uma das 10 garotas mais sensuais entre 39.000 alunas da Universidade de Auckland. Tempo total: quatro semanas. Outras alunas vinham constantemente perguntar a ela como levantara tanto os glúteos.

Se o Neozelandês tivesse a oportunidade de responder por ela, teria dito:

— Acrescentando mais repetições e pesos aos balanços.

Em 2005, meu interesse nos *kettlebells* se renovou. Voltei para os Estados Unidos e comprei um *kettlebell* de 24 kg. Não fiz nada além de uma série de 75 balanços uma hora depois de um café da manhã leve, mas rico em proteínas, duas vezes na semana, às segundas e sextas-feiras. No começo, eu não conseguia completar as 75 repetições, por isso fiz séries sucessivas com intervalos de 60 segundos até completar 75.

O tempo total de balanços durante a semana era de 10 a 20 minutos. Eu não estava tentando equilibrar copos de tequila nas nádegas. O que eu queria era um abdômen definido. Em seis semanas, cheguei ao meu menor percentual de gordura corporal desde 1999.

2005: o minimalismo do balanço.

Meu treinamento semanal era tão leve que parecia uma piada para os padrões convencionais. Eu também tomava banhos gelados de 10 a 20 minutos de duração (com dois sacos de gelo comprados num posto de gasolina) às segundas, quartas e sextas-feiras.

1º DIA (SEGUNDA-FEIRA)

- Balanços com *kettlebell* de alta intensidade (24 kg), com pelo menos 75 repetições (no final, alcancei mais de 150 repetições numa única série)
- Abdominais miotáticos lentos (leia mais no próximo capítulo) com peso máximo e 10 a 15 repetições lentas

2º DIA (QUARTA-FEIRA)

Alternei esses dois exercícios num total de três séries de cinco repetições para cada. Descansava dois minutos entre as séries e, portanto, tinha pelo menos quatro minutos entre o mesmo exercício (por exemplo, supino com halteres, descanso de dois minutos, remada, descanso de dois minutos, supino com halteres etc.):

- Supino 45 graus unilateral com halteres de barra curta
- Remada curvada "à la Dorian Yates" com barra W (pegada com as palmas da mão para cima e inclinação na cintura de cerca de 20 a 30 graus)

Depois:

- Rosca inversa usando uma barra de espessura duas vezes maior do que o diâmetro da barra olímpica oficial (acrescentei placas de metal à tubulação que comprei em uma loja de material de construção e as prendi com grampos de compressão de US$5): duas séries de seis repetições, com descansos de três minutos entre as séries

3º DIA (SEXTA-FEIRA)

- Balanços com *kettlebell* de alta intensidade (24 kg), com pelo menos 75 repetições
- Abdominais miotáticos lentos (leia mais no próximo capítulo) com peso máximo e 12 a 15 repetições lentas
- A cada duas semanas: balanços com *kettlebell* usando um só braço, no mínimo 25 repetições de cada lado

Devo dizer que fui negligente e muitas vezes acrescentei mais um a três dias de descanso entre as sessões. Não fez diferença. O volume de treinamento necessário para mudanças radicais era muito menor do que eu pensava ser possível.

Apesar de ter acrescentado outros exercícios por outros motivos, o exercício principal — o balanço do *kettlebell* com os dois braços — é tudo de que você precisa para perceber mudanças drásticas. Eis algumas regras gerais (haverá outras posteriormente):

- Fique de pé, com os pés afastados a uma distância de 15 a 30 cm maior que a largura dos ombros e voltados para fora num ângulo de 30 graus. Se os dedões apontados para a frente marcassem 12h num relógio, seu pé esquerdo deveria estar apontar para 10h ou 11h e seu pé direito, para 1h ou 2h.
- Mantenha os ombros retraídos e abaixados para não curvar as costas.
- O movimento de abaixamento (balanço para trás) é semelhante ao de se sentar numa cadeira, e não um agachamento propriamente dito.
- Não deixe que seus ombros cheguem à frente de seus joelhos em nenhum momento.
- Imagine-se apertando uma moeda entre as nádegas quando você movimenta o quadril para a frente. Esse deve ser um movimento forçado, e os glúteos precisam ser contraídos ao máximo. Se seu cachorro ficar no caminho, deve ser o fim da linha para o Totó.

A dose mínima eficaz — como perder 3% da gordura corporal com uma hora por mês

Fleur B. não precisava perder tanto peso quanto Tracy.

Como muitas pessoas, ela só não conseguia perder aqueles quilinhos extras de gordura, por mais que se esforçasse. Fleur não atingia seu objetivo.

Correr alguns quilômetros três vezes por semana não surtia efeito: "Levando em conta a quantidade de exercícios que eu faço, os resultados deveriam ser muito melhores." Mas ela era contra dietas restritivas e queria continuar a manter as curvas que adorava.

Os braços de Michelle Obama: Tracy, com 50 kg a menos, mostrando uma forma perfeita no ponto mais baixo do balanço do ***kettlebell***.

Como perder aqueles últimos quilinhos de gordura?

Fleur era viciada em pão por sua origem (europeia) e viciada em trabalho por sua educação (jornalista). Eu intencionalmente lhe disse que seria difícil e que ela precisaria se comprometer a manter o autocontrole nas duas primeiras semanas até que seus desejos de comer desaparecessem. Assim, ela estaria duplamente estimulada quando as coisas não parecessem tão difíceis depois das primeiras 72 horas. Estabelecer uma expectativa de que os resultados serão fáceis só gera decepção e desistência num piscar de olhos. Se você se preparar para desafios imensos e eles não se concretizarem, haverá uma agradável surpresa. Isso o estimula a ser ainda mais agressivo em relação às mudanças.

Lembre que a recomposição corporal depende mais de uma mudança de comportamento (releia "Das fotos ao medo" se necessário) do que de decorar uma lista de instruções.

Propus um teste de quatro semanas com foco no balanço do *kettlebell* e em mudanças dietéticas minúsculas, com as quais Fleur concordou:

1. Ela mudou seu café da manhã para uma refeição rica em proteínas (pelo menos 30%) à moda da Dieta Slow Carb. Seus pratos preferidos: espinafre, feijão-preto e claras de ovo (um terço de uma embalagem de claras de ovo líquidas da Eggology) com pimenta calabresa em flocos.
2. Três vezes por semana (segundas, quartas e sextas-feiras), ela realizava uma sequência simples de três exercícios *antes* do café da manhã, todos ilustrados nas páginas a seguir:

Uma série: 20 elevações de quadris com os pés apoiados no chão
Uma série: 15 perdigueiros, uma série para cada lado
Uma série: 50 balanços de *kettlebell* (Atenção: comece usando um peso que lhe permita fazer 20 repetições perfeitas, mas não mais do que 30. Em outras palavras, comece com um peso, de não menos do que 10 kg, que você possa "ir aumentando".)

Só isso. Total de exercícios prescritos: cerca de 5 minutos por sessão × 3 sessões = 15 minutos por semana. Uma hora ao longo de um mês.

As medidas de "antes e depois" de Fleur foram feitas com um intervalo de cinco semanas porque ela estava viajando. Ainda que aumentássemos o tempo estimado de exercício para 75 minutos no total, os resultados seriam impressionantes.

ANTES E DEPOIS

Peso total: 63 kg → 61,5 kg
Gordura corporal: 21,1% (13,3 kg) → 18% (11,1 kg — **quase 0,5 kg de perda de gordura por semana**)
Espessura da gordura da coxa: 10,4 mm → 10,2 mm
Espessura da gordura do tríceps: 9,7 mm → 7,7 mm
Espessura da gordura na cintura: 7,0 mm → 4,1 mm

O BALANÇO DO *KETTLEBELL*

Depois de atingir a altura adequada (última imagem), cada repetição é a alternância entre as duas últimas fotografias.

APRENDENDO O BALANÇO

O modo mais fácil de aprender o balanço se baseia num método desenvolvido por Zar Horton:

1. Levantamentos-terra imediatos de um ponto A (três séries de cinco repetições)

Fique de pé com o *kettlebell* diretamente entre os pés. Abaixe-se e faça levantamentos-terra (a cabeça erguida e o olhar fixo à frente), primeiro devagar e depois num movimento rápido, levantando o *kettlebell* imediatamente depois que ele atingir o chão. É importante que você toque o chão no mesmo ponto todas as vezes. Esse ponto entre seus pés é chamado de ponto A.

Sugiro enfaticamente que você realize esse exercício diante de uma parede, com uma distância de aproximadamente 15 cm entre ela e seus dedos do pé. Isso o obrigará a manter a cabeça erguida e a usar o movimento de levantamento-terra adequado: equilibrando os quadris e mantendo as costas retas, em vez de se agachar. Evite ao máximo qualquer flexão dos tornozelos.

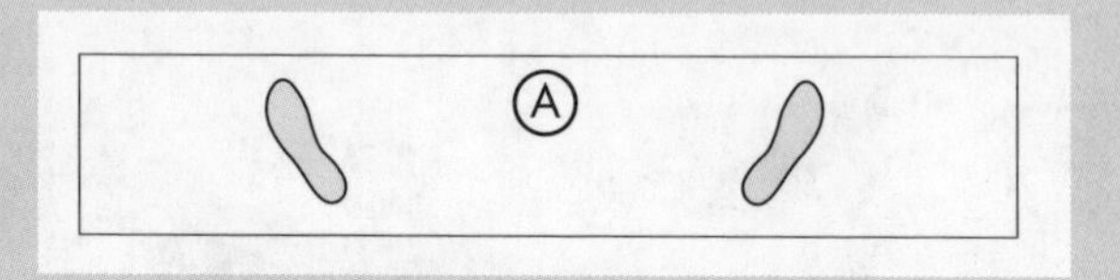

2. Levantamentos-terra imediatos de um ponto B (três séries de cinco repetições)

Repita os levantamentos-terra acima descritos, mas use um ponto B: coloque o *kettlebell* no chão entre seus pés, mas desta vez mais para trás, com a parte da frente do *kettlebell* alinhada com seus calcanhares. Você deve sempre retornar o *kettlebell* para esse ponto exato.

Agora, quando você se levantar e fizer um movimento explosivo com os quadris para a frente (pense em "quadris violentos"), a altura angular do *kettlebell* lhe dará um balanço semelhante ao de um pêndulo.

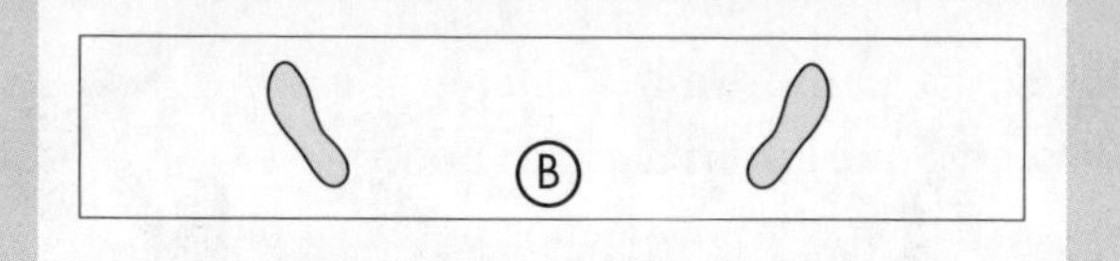

3. Balanços a partir do ponto C (comece com séries de 10)

Agora coloque o *kettlebell* de volta no ponto A e siga as imagens de Marie na página anterior. Pegue o *kettlebell* do chão, comece com um pequeno balanço primeiramente com os quadris inclinados para trás e depois os movimentando para a frente. Aumente o movimento ao mesmo tempo que mantém o equilíbrio.

Concentre-se o tempo todo em fazer com que o *kettlebell* volte ao ponto C, que é o espaço vazio atrás das pernas, mantendo-o sob o bumbum, como se vê na imagem 5.

É isso: você está realizando o balanço com as duas mãos.

Elevação de quadris com os pés apoiados no chão (ponte). Levante os dedos dos pés enquanto afasta os calcanhares do chão.

Perdigueiro (ou **Super-homem**) com extensão do braço direito e da perna esquerda. Alterne os braços e as pernas.

Os resultados de Fleur mostram a diferença entre o peso da balança — um instrumento rudimentar que informa muito pouco — e o percentual de gordura do corpo dela. Não deixe de incluir ao menos uma das últimas duas medidas na sua tabela de medições.

Os 75 minutos de exercício tiveram importantes efeitos no físico de Fleur, que foram além da perda de gordura e do ganho de bumbum.

O mais importante é que eles corrigiram sua cifose (do grego *kyphos*, que significa "corcunda"), um problema de postura que afeta milhões de usuários de computador. Por causa do trabalho de escritório e do desequilíbrio muscular, ela tinha os ombros curvados para a frente e o peito para dentro antes de dar início ao treinamento. Cinco semanas depois, ela andava ereta, com os ombros retos, o que lhe dava uma impressão de caixa torácica menor e seios maiores. Uma boa postura é atraente.

Eis o primeiro e-mail de Fleur para mim, editado por causa do tamanho:

Oi,

Estou indo bem (...) muito melhor do que poderia imaginar (...).

Notei algumas coisas sobre a dieta, e acho que você gostaria muito de saber quais são.

Primeiro, não consigo imaginar por que você diz que não é para ser divertido. Estou adorando! (...) Há várias maneiras de preparar os mesmos alimentos de modo que tenham um sabor completamente diferente em cada refeição simplesmente acrescentando ervas ou temperos.

Estou me alimentando muito melhor. Minha dieta não era muito boa antes, principalmente porque eu não tinha tempo e era preguiçosa demais.

Comer do modo que você sugeriu mudou até mesmo minha fome; nunca mais senti aquele aperto no estômago que o açúcar e os "maus" carboidratos causam. Isso talvez se deva também ao fato de eu estar comendo mais e com mais regularidade. Começar o dia com um café da manhã cedo em vez de beber uma xícara de café com torrada ou um bolo às 11 da manhã fez uma enorme diferença.

Estou pensando em nutrir meu corpo, e não em restringir minha alimentação.

Alimentei-me muito bem semana passada e depois determinei que o domingo seria meu "dia de folga". Comi panquecas e uma omelete na lanchonete IHOP (muito saudável). Depois me senti um lixo. Todo aquele queijo me fez querer vomitar. [Observação de Tim: o queijo era um dos alimentos que causavam "efeito dominó" na Fleur, antes do programa.]

Eu literalmente precisei me obrigar a comer um pedaço de chocolate mais tarde, só porque me convenci de que podia. Então percebi que nem havia pensado em chocolate durante toda a semana, nem tinha ficado ansiosa por ele. Depois comprei um croissant (só porque eu podia), dei uma mordida e joguei o restante fora. Na noite de domingo, abri uma cerveja e também consegui bebê-la toda (o que não é nada comum para mim). Percebi que estava desesperada para dormir só para acordar na segunda-feira pela manhã e voltar a me sentir saudável novamente.

Isso é normal?! (...)

Mas uma coisa que eu realmente quis no domingo foi comer frutas. Há algo de errado? Posso comer quantas frutas eu quiser? [Resposta: No seu "dia de folga", e somente no seu "dia de folga", sim. Nada é proibido.]

Até agora, em geral, não estou sentindo falta de nada, como eu pensava que aconteceria. (...) Notei que tenho mais energia, e é energia de verdade, não apenas uma hora de empolgação por causa do cappuccino duplo e de um salgadinho que depois me faziam desmoronar. Na verdade, não estou nem mesmo bebendo muito café, apenas muita água e chá verde.

Sei que só se passou uma semana, mas me sinto ótima. Obrigada!

Novos hábitos não são tão difíceis de adquirir depois que você começa.

Massa crítica para o bumbum: o treinamento A/B completo do "Neozelandês"

Para aqueles que desejam um treinamento mais prolongado para o bumbum, eis aqui a sequência completa do Neozelandês.

Ele defende três ou quatro circuitos destes exercícios, na ordem sugerida. Acredito que a DME seja de dois circuitos, que darão 80 a 90% dos benefícios para a maioria tanto dos homens quanto das mulheres. Os homens podem usar as sequências para desenvolver mais força nos quadris, o que se traduz em um desempenho melhor na maioria dos esportes e no levantamento de peso.

Contudo, se você experimentá-los mas começar a deixar de fazer os exercícios ou adiá-los, volte aos balanços básicos duas vezes por semana, como eu faço, o que ainda lhe garantirá um progresso mais rápido do que com a maioria dos programas de exercícios.

Para fazer como o Neozelandês, faça o exercício A na segunda-feira e o B na sexta-feira. Elevações de quadris (já vistas aqui) devem ser realizadas antes de cada exercício.

Exercício A

Todos os exercícios, exceto pelos balanços com *kettlebells*, são programados para 10 repetições com o uso de pesos para no máximo 13 repetições.[2]

1. Agachamento e desenvolvimento com halteres (bumbum nos tornozelos) — contraia os glúteos na parte mais baixa por um segundo antes de se levantar
2. Remada unilateral com dois apoios

2 Isso significa que você está realizando 10 repetições com um peso que lhe permite completar 13, mas não 14 repetições. Não há nada de errado em arredondar os valores, porém você não pode ter mais de três repetições "de reserva" depois de terminar a série.

3. Passada com deslocamento e joelhada
4. Flexões de braços abertos[3]
5. Balanços com *kettlebell* com os dois braços (20 a 25 vezes)

Repita a sequência duas a quatro vezes.

Exercício B

1. Remada bilateral com halteres em um apoio[4] (10 a 12 repetições de cada lado)
2. Barra horizontal (apenas a descida, 4 segundos) × 10 repetições ou até que você não seja capaz de controlar a descida[5]
3. Elevação unilateral de quadril com abdominal infra na bola: de 6 a 12 repetições por perna
4. Ponte (frontal e lateral com apoio dos cotovelos) → Progressão: comece com 30 segundos de frente, 30 segundos de cada lado, exercitando-se a um máximo de 90 segundos
5. Extensão de quadril na bola sobre banco (15 a 25 vezes)

Repita a sequência duas a quatro vezes.

Vá ao website www.fourhourbody.com/exercises para ter acesso a fotografias de todos os exercícios do Neozelandês.[6] Apenas ler as descrições irá confundir mais do que ajudar.

3 Homens podem usar qualquer posição de mão. Braços abertos são aconselhados para mulheres que querem evitar o crescimento dos tríceps (os músculos da parte posterior mais alta dos braços). Se você não consegue realizar 10 flexões de braço no chão, elas podem ser feitas com as mãos sobre uma prancha baixa ou — se ainda assim for impossível — contra uma mesa ou uma parede.

4 Mesma eficiência do supino lateral com haltere descrito no capítulo "Pré-habilitação".

5 Espere sentir muita dor no dia seguinte aos dois primeiros programas de exercícios.

6 Um deles é meu exercício abdominal indireto preferido (alternando pernas e braços), e dois são ótimos para as viagens tanto para homens quanto para mulheres (elevação unilateral de quadril com abdominal infra e extensão de quadril sobre banco com bola).

A DIETA DE TRACY: O LUXO DE NÃO PRECISAR ESCOLHER

Tracy nunca estagnou sua perda de gordura.

Ela credita seu sucesso a duas coisas: refeições fora da dieta e *kettlebells*. As refeições fora da dieta permitem que ela mantenha sua rigidez por mais de 95% do tempo, e os *kettlebells* fazem com que ela acelere o processo quando a perda de gordura causada pela dieta diminui.

Tracy agenda uma refeição fora da dieta por semana, geralmente na noite de sexta-feira, quando também sai com o marido. No mais, sua dieta é o exemplo da simplicidade: come as mesmas refeições todos os dias, durante pelo menos cinco dias na semana. Ela se refere a seu plano nutricional como "o luxo de não precisar escolher":

— Quem precisa perder entre 25 e 50 kg, especialmente, passa por muito estresse. A pessoa não consegue parar de pensar sobre como está gorda, mas também não consegue parar de pensar no que deve comer.

O conselho e as observações dela não são novidade:

Um quilo por semana não é o limite. "Se você precisa emagrecer 40 a 50 kg e não está perdendo 5 kg por semana, pelo menos nas primeiras semanas, é porque está fazendo algo de errado."

Evite comidas "com efeito dominó": "Se gosto de comer um biscoito aqui, um docinho ali, posso incluir doces no meu cardápio diário até certo limite calórico, mas meu apetite para doces não tem fim. Depois que começo, sinto dificuldade em parar. Posso consumir de 1.200 a 1.800 calorias de doces em pouco tempo. Se começo a comer doces, sei que não vou ficar feliz até estar empanturrada. E meu limite para isso é muito maior que o de uma pessoa comum. Não é uma porção de biscoitos ou uma fatia de bolo, é um pacote inteiro de biscoitos e metade de um bolo... e não estou brincando. Sei disso. Por isso não tento me enganar dizendo para mim mesma que posso comer só mais um biscoito ou só mais dois docinhos. Se eu conseguisse me contentar com duas fatias de pão — eis outro exemplo —, ficaria bem, mas sei que preciso de quatro, e por isso não como nenhuma."

Alimentos orgânicos — bons, mas não necessários: "Perdi 50 kg sem jamais comer uma única hortaliça orgânica. Coma-os se quiser, mas se não puder — por questões financeiras ou qualquer outro motivo — não se estresse por não poder ir à feira ou a um mercado de elite. Coma os alimentos certos e você ficará bem."

Vegetais e proteínas: "O único motivo pelo qual jamais serei gorda novamente é porque inicio cada refeição com uma base de legumes e verduras bem gostosos. Depois acrescento proteína. Não faço muita distinção entre a proteína, embora minhas preferidas sejam cordeiro, porco, frango e carne bovina. Como um boi inteiro antes de comer proteína em pó. Argh."

A ACADEMIA COMPLETA POR APENAS US$10 — O *T-HANDLE*

Kettlebells não são baratos.

Se você não puder comprá-los ou não sabe como determinar seu peso ideal para o balanço (aquele que você consegue usar para fazer 20 boas repetições), saiba que existe uma opção fantástica e barata: o "*T-handle*". Supostamente um dos principais instrumentos dos lançadores de martelo húngaros, líderes na modalidade, esse equipamento simples é também conhecido como "HCB" (de *Hungarian core blaster*, em português "dinamitador húngaro").

Tenho 20 *kettlebells* de vários tamanhos, mas continuo a dar valor ao meu *T-handle*, pois ele pode ser desmontado para viagens e embalado de forma simples com um peso de cerca de 2 kg. Além dos balanços, ele serve para levantamentos-terra, remadas curvadas com os dois braços, roscas, roscas inversas e mais. Por US$10, cinco minutos para comprar e menos de cinco minutos para montar, você tem uma academia completa. Veja como é um *T-handle*:

Vá à loja de ferragens ou materiais de construção mais próxima e siga para a seção de encanamentos.

- Um cano de 25 mm (3/4") de diâmetro e 30 cm (12") de comprimento com roscas para servir de bastão. Esse é o tipo de cano que tem roscas "macho" em ambos os lados.[7]
- Dois canos de 25 mm de diâmetro e 10 cm de comprimento com roscas para os cabos. Fita isolante ou silver tape podem, mais tarde, ser usadas para recobrir as roscas externas, mas eu prefiro usar luvas de couro quando me exercito com um *T-handle*.
- Um conector em "T" com 25 mm de diâmetro para se conectar aos itens citados acima.
- Um flange de 25 mm para evitar que as placas caiam enquanto você as movimenta.

Uma sugestão:

- Um grampo de mola para evitar que as placas se desloquem para cima durante o balanço. Não levante os pesos acima da altura do esterno.

Por fim, mas não menos importante, substitua os *T-handles* a cada seis meses. Deixar um monte de anilhas cair acertando o seu gato ou a parede não é exatamente um sinal de inteligência, e isso pode ser evitado por um custo menor do que o de uma camiseta. Um agradecimento especial a Dave Draper por me apresentar a esse simples e belo aparelho.

7 Se você tiver menos de 1,65 m, um cano de 25 ou até 20 cm pode ser usado para evitar o perigo de se estragar o piso.

A MATEMÁTICA DA BELEZA: 0,7 E ALÉM

O que Marilyn Monroe, Sophia Loren e Elle Macpherson têm em comum? O número 0,7 e as letras PCQ.

Se você medir as circunferências dos quadris e cinturas dessas três mulheres, descobrirá que elas têm cinturas cujo tamanho é 70% do quadril. Isso faz com que elas tenham uma proporção cintura-quadril (PCQ) de 0,7. Essa proporção nas mulheres parece estar ligada, no cérebro masculino, a um sinal de fertilidade e, portanto, atratividade. Quanto maior sua cintura, mais próximo essa proporção chega da forma de maçã: 1,0, que certos estudos científicos relacionam à diminuição de níveis de estrogênio, aumento do risco de doenças e de complicações no parto e diminuição nas taxas de fertilidade.

O professor Devendra Singh, da Universidade de Austin, no Texas, estudou esse corpo de pera com proporção de 0,7 e o descobriu em estátuas de Vênus com 2.500 anos na Europa e na Ásia, em todas as ganhadoras do concurso Miss América de 1923 a 1987 (0,69 a 0,72), em coelhinhas da *Playboy* de 1955 a 1965 e de 1976 a 1990 (0,68 a 0,71) e em várias culturas diferentes — de operárias indonésias e indianas a afro-americanas e caucasianas.

A boa notícia? Se você nasceu com quadris largos, não se preocupe.

Fazer um esforço para conseguir afinar a cintura tem demonstrado poder maior no aumento da atratividade do que a diminuição dos quadris. Se sua PCQ é alta, diminuí-la só um pouquinho já aumentará seu poder (saúde e *sex appeal*) para atrair um homem.

Quanto aos homens, o número mágico é 0,8 ou 0,9 para PCQ e 0,6 para a proporção cintura-ombro (PCO). E ombros mais largos podem ser conquistados com exercícios.

A ferramenta mais simples para aperfeiçoar seu PCQ em ambos os sexos? Nenhuma surpresa: o balanço do *kettlebell*.

FERRAMENTAS E TRUQUES

Kettlebells **(www.fourhourweek.com/blog/2011/01/08/kettlebell-swing/)** A maioria dos homens deve começar com *kettlebells* de 20 ou 24 kg e a maioria das mulheres, com *kettlebells* de 16 a 20 kg. Sugiro que se use um "*T-handle*" (veja a página 186) para determinar o peso ideal para seus 20 balanços antes de gastar muito dinheiro.

— Abdominais em sete minutos. E garantimos que são tão bons quanto os do cara dos abdominais em oito minutos. (...) Se não estiver satisfeito nos primeiros sete minutos, daremos para você um minuto a mais totalmente grátis!

— Isso é bom. A não ser, é óbvio, que alguém invente os abdominais em seis minutos. Daí você teria problemas, não é?

— Não! Não, não... Não seis! Eu disse sete! Ninguém vai inventar seis. Quem é que se exercita em seis minutos?! Você não consegue nem fazer seu coração começar a acelerar, nem mesmo um ratinho correndo numa roda (...) É como se você estivesse sonhando com gorgonzola quando é época de brie, cara.

— *Quem vai ficar com Mary?*

ABDOMINAIS EM SEIS MINUTOS

Dois exercícios que realmente funcionam

QUARTO DE HOTEL, NAPA, CALIFÓRNIA, MAIO DE 2009

— Você está parecendo um gato que está prestes a vomitar.

Minha namorada havia saído do chuveiro e me encontrara de quatro, na cama, com meu estômago se contraindo em ondas.

Respirando fundo, ergui os olhos e lancei-lhe um sorriso estranho:

— Só mais trinta segundos...

Ela inclinou a cabeça para o lado, como um labrador, observando aquela estranha cena por alguns segundos, e voltou ao banheiro para secar os cabelos e escovar os dentes. Ela precisava se arrumar para o casamento de um amigo meu, e ficar de quatro soltando gemidos estava longe de ser a coisa mais estranha que minha namorada já me vira fazendo.

Continuei meu exercício com certa alegria.

Pela primeira vez na vida, eu tinha um abdômen definido de verdade.

O vômito do gato era bom demais!

Homem solteiro procura abdominais perfeitos: explorando o caminho menos percorrido

Nunca tive músculos abdominais visíveis.

Nem mesmo quando minha gordura corporal estava baixa o suficiente para exibir veias em todos os lugares meus músculos abdominais frontais — o reto abdominal — mostraram alguma divisão. Uma maldição.

Era necessário um baixo percentual de gordura, mas isso não bastava.

Fiz abdominais tradicionais por mais de uma década sem benefício aparente, de algum modo convencido de que era apenas uma questão de tempo. Albert Einstein chamaria isso de insanidade: realizar a mesma coisa repetidas vezes e esperar resultados diferentes.

As coisas só mudaram quando comecei a pôr à prova as suposições básicas, em 2009. Levei uma semana para chegar a um programa minimalista de dois exercícios. Realizava esses exercícios apenas duas vezes por semana, às segundas e sextas-feiras, depois dos balanços com *kettlebell*. Em três semanas, havia conseguido o meu tanquinho.

Drew Baye depois de mais de seis meses sem exercícios abdominais diretos. Isso demonstra como a dieta é, em muitos casos, um fator determinante. (Foto: Mike Moran)

Existe só mais um pré-requisito para se ter uma barriga tanquinho: siga uma dieta que permita manter sua gordura corporal abaixo de 12%. Sugiro a Dieta Slow Carb, pois ela tem a maior taxa de adesão que já vi, mas entre outras opções estão a dieta cetogênica (especialmente a Dieta Cetogênica Cíclica) e o jejum intermitente (JI). Falaremos sobre este último em capítulos posteriores.

Movimento nº 1: abdominal miotático

Comecei minha análise procurando características em comum entre os exercícios que não haviam funcionado. O traço comum a todos, em especial o abdominal no chão, é que eles usavam no máximo metade da amplitude de movimento dos músculos abdominais. Se você se imaginasse sentado numa cadeira, todos os exercícios prescritos o direcionavam para os joelhos (abdominais curto e completo) ou direcionavam os joelhos até o peito com as costas retas (cadeira romana, abdominal infra). Decidi ignorar essa variedade fetal de movimentos durante oito semanas e me concentrar na posição esticada obtida deitando-se com as costas retas.

O resultado foi o abdominal miotático, que equilibra a posição totalmente alongada e o reflexo resultante (reflexo miotático ou reflexo de estiramento) para obter uma contração maior do que eu conseguiria de outro modo.

Não precisei de oito semanas para perceber uma diferença. Apenas de três.

Como esses exercícios também são eficientes para trabalhar o músculo transverso do abdômen (que explicarei mais tarde), se você tiver de optar por um exercício, escolha este. Se não dispuser de um Bosu®, use uma bola suíça pequena (45 a 55 cm de diâmetro) ou uma pilha de almofadas firmes.

Usando o Bosu® ou a bola suíça, certifique-se de que suas nádegas estejam próximas do chão, geralmente a não mais de 15 cm do solo. Depois, siga estes passos:

O ABDOMINAL MIOTÁTICO

1.

2.

3.

1. Comece com os braços esticados sobre a cabeça o mais alto possível (eu sobreponho minhas mãos como se estivesse prestes a mergulhar). Mantenha os braços atrás ou perto das orelhas durante todo o exercício.
2. Abaixe-se lentamente durante quatro segundos até que seus dedos toquem o chão, o tempo todo tentando afastar cada vez mais as mãos da bola.
3. Pare nessa posição por dois segundos, tentando o alongamento máximo (foto 3).
4. Suba lentamente e pare no alto, na posição de contração total durante dois segundos. Os braços *não* devem passar perpendicularmente ao solo.
5. Faça um total de 10 repetições. Após completá-las, acrescente peso às mãos. Geralmente uso livros de diferentes tamanhos. Se você for mulher, sugiro não exceder os 5 kg de peso (leia o quadro da página 193).

Movimento nº 2: o vômito do gato

Este exercício é dedicado à minha ex-namorada. Desejo sempre o melhor para você, Angelina Jolie.

A não ser que você compre um espartilho enquanto se exercita, abdominais não vão diminuir sua barriga. As fibras musculares da barriga tanquinho (reto abdominal) estão dispostas verticalmente. O músculo que você precisa mirar é, na verdade, o músculo transverso do abdômen (MTA), o mais profundo dos seis principais músculos dessa região do corpo, que é composto por fibras horizontais, como um cinto. O MTA é também chamado de "músculo do espartilho", e, se você já sentiu dor na barriga de tanto rir ou tossir, teve a oportunidade de senti-lo em ação.

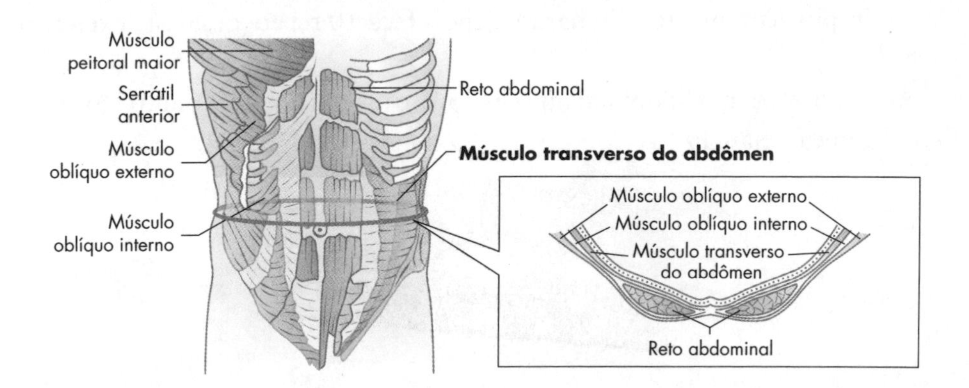

O VÔMITO DO GATO

Infelizmente, se ficar rindo o tempo todo na academia de ginástica, vão acabar colocando você numa camisa de força, mas existe uma alternativa:

1. Fique de quatro e mantenha seu olhar focado diretamente sob sua cabeça ou ligeiramente para a frente. Não arqueie as costas nem tensione o pescoço.
2. Exale forçadamente com a boca até que todo o ar seja expelido. Seu abdômen deve se contrair com esse movimento forçado. A exalação completa é necessária para se contrair o músculo transverso do abdômen, e você usará a gravidade para gerar resistência.
3. Prenda a respiração e contraia o umbigo para cima, em direção à coluna, o máximo que conseguir, tendo como objetivo de 8 a 12 segundos.
4. Respire fundo pelo nariz depois de prender a respiração por 8 a 12 segundos.
5. Faça um ciclo respiratório como descanso (exale lentamente pela boca e inspire lentamente pelo nariz), depois faça 10 repetições deste exercício.

Aí estão eles: o abdominal miotático e o exercício do vômito do gato. Ondule, mie e seja feliz.

O QUADRADO NÃO É NADA FEMININO: PRESERVANDO O SEU VIOLÃO

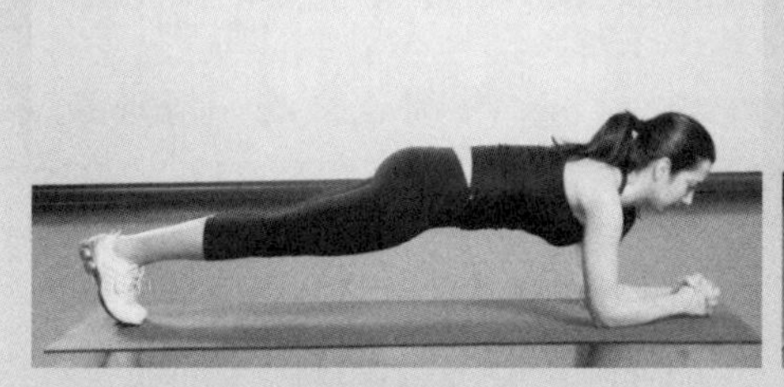

Ponte frontal

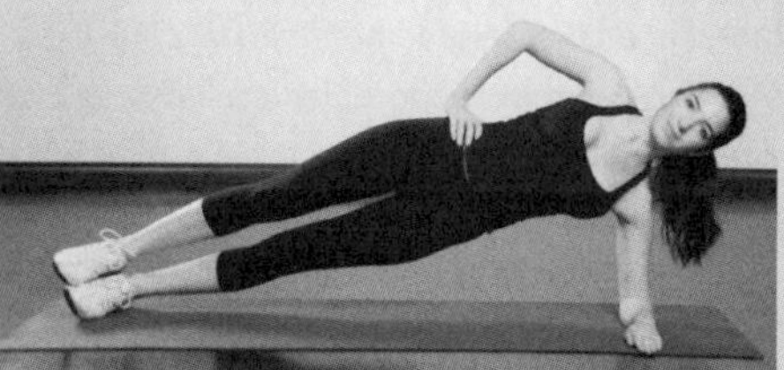

Ponte lateral

Oblíquos quadrados não são atraentes nas mulheres, e exercícios de resistência progressiva comuns podem criá-los. Felizmente, o abdominal miotático e o movimento do vômito do gato, como descrito anteriormente, não têm esse resultado.

A perda da forma de violão tipicamente feminina é triste e faz com que algumas mulheres pareçam inchadas dentro de suas roupas, mesmo quando têm pouca gordura corporal. Não é nada atraente.

Se, como mulher, você quer exercícios abdominais adicionais, opte pelas pontes, que também fortalecem o músculo glúteo médio no quadril. Assim como as séries do Neozelandês descritas no capítulo anterior, comece com 30 segundos de frente e mais 30 segundos de cada lado, exercitando-se no máximo 90 segundos por série. Uma série por ângulo é tudo de que você precisa.

Entretanto, há um detalhe importante: a fim de evitar pequenas barriguinhas tão comuns entre mulheres, até mesmo em competidoras em campeonatos de fisiculturismo, ajuste sua inclinação pélvica com alongamentos do músculo flexor do quadril. Eles podem ser realizados uma vez ao dia, durante 30 segundos para cada lado. São perfeitos para antes do *kettlebells* e também a ajudarão com a extensão do quadril.

Alongamento de flexão do quadril (ilustrativo para o lado esquerdo)

Mantenha-se nesta posição por 30 segundos.

MEDINDO A ATIVAÇÃO ABDOMINAL COM ELETROMIOGRAFIA: COMPARANDO OS SUSPEITOS DE SEMPRE

Mesmo que você ignore os dois exercícios deste capítulo, não confie no abdominal tradicional. Ele é completamente ineficaz.

Eis a comparação deles com outros exercícios ao se medir a ativação do músculo reto abdominal com eletrodos e um equipamento de eletromiografia (EMG). Procure cada exercício no Google se tiver curiosidade. Ao abdominal tradicional foi conferido um valor de 100%.

Exercício	Ativação	Exercício	Ativação
Bicicleta com rotação de tronco	248%	Abdominal infra	109%
Cadeira romana	212%	Abdominal supra com apoio dos calcanhares	107%
Na bola suíça	139%	Ab roller	105%
Abdominal com a perna elevada	129%	Ponte frontal com pernas afastadas	100%
Torso track	127%	Abdominal supra tradicional	100%
Com braços estendidos para trás da cabeça	119%	Supra no rolo com elástico	92%
		Ab rocker	21%

FERRAMENTAS E TRUQUES

Bosu Balance Trainer (www.fourhourbody.com/bosu) O Bosu® é a metade de uma bola suíça, com uma base plástica plana presa embaixo. Eu o utilizo para abdominais miotáticos e para as rotações torturantes citadas no capítulo "Super-humano sem esforço".

GoFit Stability Ball (www.fourhourbody.com/stability) Se preferir, essa bola "de estabilidade" de 55 cm, também chamada de bola suíça, pode ser usada. Custa menos da metade do Bosu®, mas a considero mais difícil de guardar em casa e menos versátil.

O carona maluco de *Quem vai ficar com Mary?* (www.fourhourbody.com/hitchhiker) A cena clássica que inspirou o título deste capítulo: "É época de brie, cara!"

Parece que, em algum momento, confundimos conforto com felicidade.
— Dean Karnazes, ultramaratonista que, em 2006, correu 50 maratonas em todos os 50 estados norte-americanos em 50 dias consecutivos, concluindo o projeto com um tempo de 3 horas e 30 segundos na Maratona de Nova York

Quanto menos motivos se tem para justificar um hábito, mais difícil costuma ser se livrar dele.
— Mark Twain

DE NERD A MONSTRO

Como ganhar 15 kg em 28 dias

No dia 6 de julho, os bíceps de John, um homem de 65 anos, mediam 36,8 cm de circunferência. Seis semanas depois, estavam ainda maiores, com 39 cm.

Parecia mágica, mas não era.

Ele reduziu seus exercícios de três para duas vezes na semana. Tudo foi planejado. Redução progressiva.

Como se pode ver, a maior parte dos conhecimentos consagrados sobre o crescimento muscular está completamente errada.

Prelúdio: sobre ser geneticamente ferrado

Venho de uma família de homens com poucos músculos. A única exceção é uma grande bunda redonda que herdei do lado da minha mãe, o que não é ruim em uma mulher brasileira.

Em agosto de 2009, para confirmar o óbvio, enviei amostras do meu DNA ao laboratório da Gist Sports Profile, na Austrália, a fim de testar o gene ACTN3, que codifica proteínas para fibras musculares de contração rápida. Fibras musculares de contração rápida têm maior potencial de crescimento, enquanto as de contração lenta têm um potencial mínimo.

Apenas uma palinha de ciência útil: as fibras musculares são compostas por miofibrilas, que por sua vez são compostas por dois filamentos: actina (filamentos finos) e miosina (filamentos espessos), que deslizam uns contra os outros para promover a contração muscular, um encurtamento literal do músculo. A actina, necessária nesse processo todo, é estabilizada por proteínas que se prendem a ela. Há uma proteína de ligação da actina denominada alfa-actinina 3 (ACTN3) que é encontrada somente em fibras musculares de contração rápida — e ela é como ouro para os lançadores de peso e fisiculturistas do mundo todo.

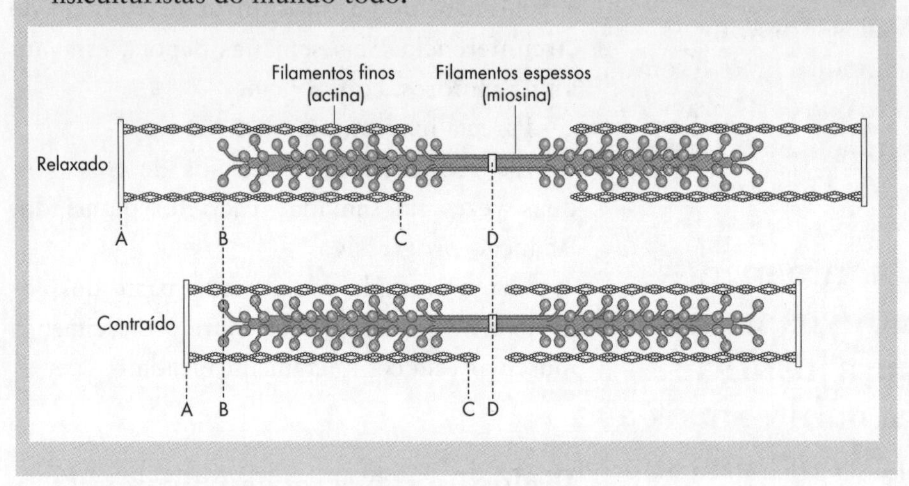

O problema é que meus cromossomos (tanto o da mamãe quanto o do papai Ferriss) contêm a variação R577X do gene ACTN3, uma mutação que resulta numa deficiência completa da tão desejada ACTN3. Essa variação, hilariamente chamada de "alelo sem sentido", é encontrada em mais de um bilhão de seres humanos no mundo.

Foi um Natal triste.

A carta da Gist Sports começava com a seguinte frase, que deveria vir com um ponto de exclamação:

> Parabéns, Tim Ferriss. Sua vantagem genética: esportes de resistência.

Este é um modo educado de me dizer que: (1) provavelmente não ganharei uma medalha de ouro nas provas olímpicas de corridas curtas; e (2) não estou geneticamente pré-programado para ganhar muita massa muscular.

Não ganhei na loteria da contração muscular rápida para o fisiculturismo,[1] e é bem provável que você também não. Depois de olhar as fotos da família, o resultado não era surpreendente. O surpreendente é o quanto se pode superar a genética.

Ganhei mais de 10 kg de massa magra em quatro semanas em pelo menos quatro ocasiões, a mais recente em 2005. Dois desses experimentos foram realizados em 1995 e 1996, na Universidade de Princeton, onde Matt Brzycki, então coordenador do Departamento de Saúde, Resistência e Condicionamento Físico, apelidou-me de "Tumor".

Este capítulo detalha os métodos precisos que usei em 2005 para ganhar 15 kg de massa magra em 28 dias.

Para as moças que não estão interessadas em virar o Incrível Hulk, se seguirem uma Dieta Slow Carb e reduzirem o tempo de descanso entre os exercícios para 30 segundos, este mesmo protocolo pode ajudá-las a perder de 5 a 10 kg de gordura no mesmo período.

Antes e depois

Durante todo o ensino médio, eu pesei 69 kg, mas, depois das minhas aulas de tango em Buenos Aires, em 2005, havia emagrecido, chegando a 66 kg. Dei um jeito na situação com um programa de 28 dias baseado principalmente no trabalho de Arthur Jones, Mike Mentzer e Ken Hutchins.

Medições de "antes" e "depois", incluindo pesagens hidrostáticas submersas, foram feitas pela doutora Peggy Plato, do Laboratório de Desempenho Humano da Universidade Estadual de San Jose. Embora esse experimento ridículo pareça pouco saudável, verifiquei as variáveis sanguíneas e notei uma queda no meu colesterol total de 222 para 147 sem o uso de estatinas[2] (veja suplementação alimentar antes de dormir).

Eis os resultados:

1 Desde então confirmei essa descoberta com três perfis genéticos distintos por meio da 23andMe (dois testes com nomes diferentes para garantir resultados consistentes) e da Navigenics.

2 Desde então aprendi a me preocupar menos com o colesterol se o HDL estiver alto o suficiente e os triglicerídeos, baixos o bastante.

Idade: 27 (em 2005)
Peso antes: 66 kg
Peso depois: 80 kg (83 kg após mais três dias)
Percentual de gordura corporal antes: 16,72%
Percentual de gordura corporal depois: 12,23%
Total de músculo ganho: 15,5 kg
Total de gordura perdida: 1,5 kg
Tempo decorrido: 4 semanas

Para ter uma ideia do que são 15,5 kg, a foto à direita mostra aproximadamente meio quilo de contrafilé ao lado do meu punho.

Imagine 15,5 kg disso em você — não é pouca coisa.

Eis alguns dados selecionados sobre a mudança em quatro semanas (de 21 de setembro a 23 de outubro), usando medidas combinadas da doutora Plato e da loja de roupas Brooks Brothers:[3]

- Tamanho do terno: de 40 para 44 (medido na Brooks Brothers de Santana Row, em San Jose)
- Pescoço: 40,1 para 45,7 cm
- Peito: 95,2 para 109,2 cm

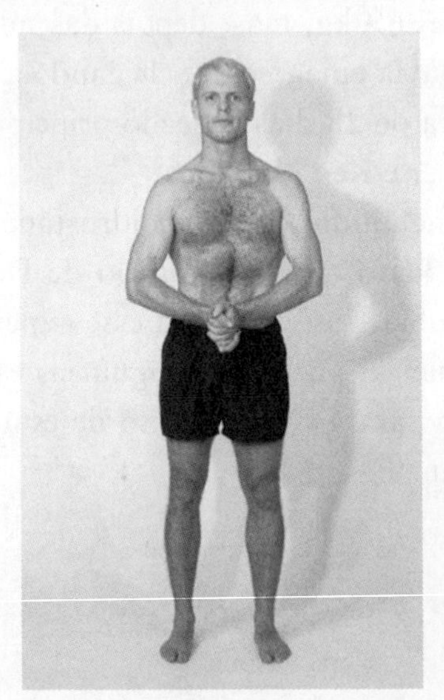

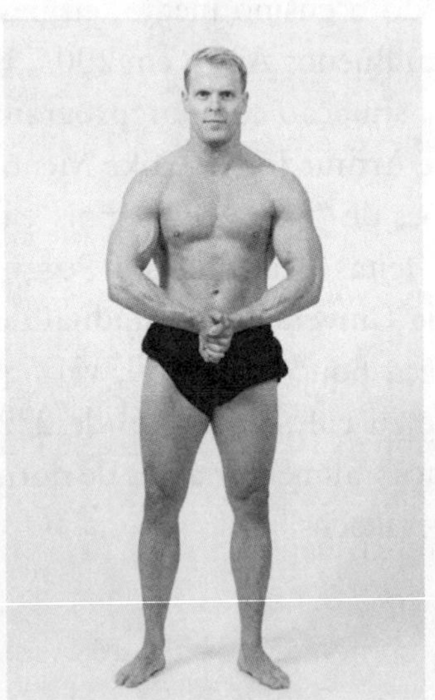

Short levantado para efeito dramático.

3 Média entre as maiores e menores medidas das duas fontes.

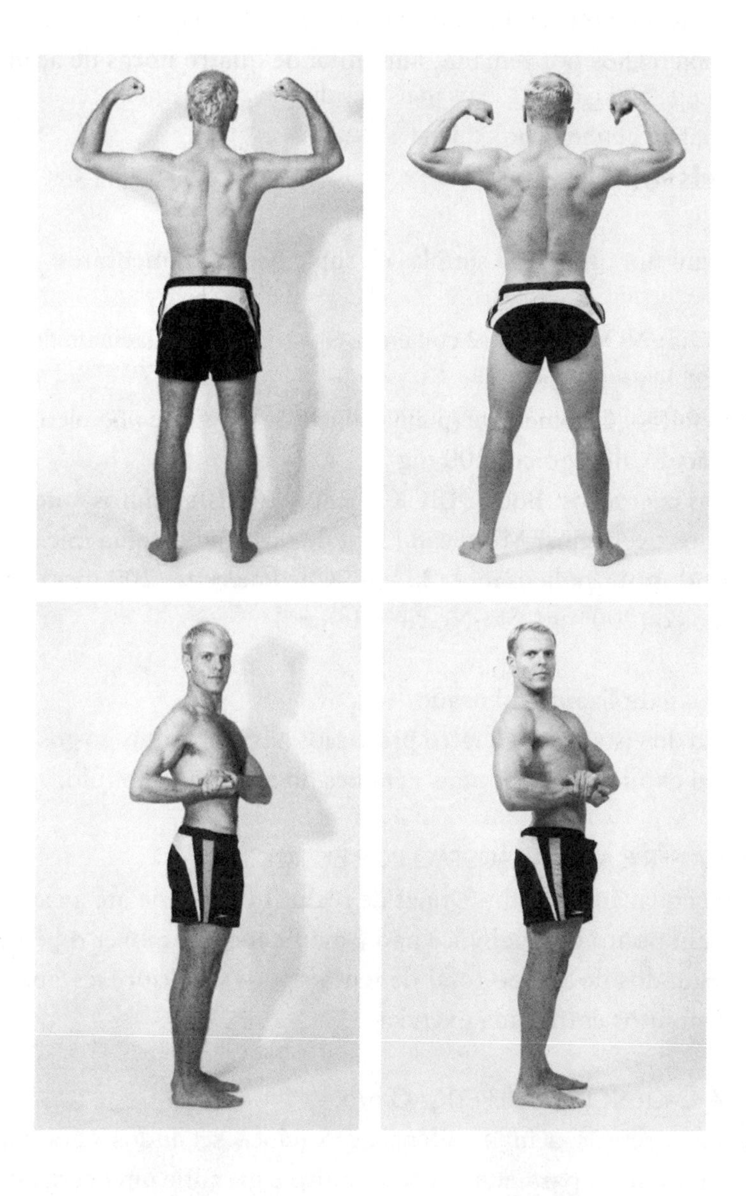

- Ombros: 109,2 para 132,1 cm
- Coxa: 54,6 para 64,7 cm
- Panturrilha: 34,3 para 37,8 cm
- Braço: 30,5 para 37,1 cm
- Antebraço: 27,4 para 30,5 cm
- Cintura: 74,9 para 84,2 cm
- Quadril (quase tudo aqui é bunda): 86,4 para 97,1 cm (J. Lo, morra de inveja)

Ah, e esqueci de mencionar que tudo isso foi feito com duas sessões de 30 minutos de exercícios por semana, **num total de quatro horas de academia.**

Como fiz isso?

Primeiro, segui um programa simples de suplementos alimentares:

Pela manhã: NO-Xplode[4] (2 colheres), Slo-Niacin (ou niacinamida de liberação lenta, 500 mg)
A cada refeição: ChromeMate (polinicotinato de crômio, e *não* picolinato, 200 mcg), ácido alfalipoico (200 mg)
Antes dos exercícios: BodyQUICK (2 cápsulas, 30 minutos antes)
Depois dos exercícios: Micellean (30 g de proteína caseína micelar)
Antes de dormir: policosanol (23 mg), ChromeMate (200 mcg), ácido alfalipoico (200 mg), Slo-Niacin (500 mg)

Nenhum anabolizante foi usado.

Do ponto de vista físico, quatro princípios básicos foram postos em prática, e todos serão explicados com mais detalhes no próximo capítulo:

1. FAÇA UMA SÉRIE ATÉ A EXAUSTÃO POR EXERCÍCIO.
Siga a recomendação de Arthur Jones de realizar uma série até a exaustão (isto é, chegar a um ponto no qual você não é mais capaz de mover o peso) durante 80 a 120 segundos do tempo total de tensão por exercício. Descanse por pelo menos três minutos entre cada exercício.

2. USE UMA CADÊNCIA DE REPETIÇÃO 5/5.
Realize cada repetição a uma cadência 5/5 (cinco segundos para cima, cinco segundos para baixo) para eliminar o impulso e garantir uma carga máxima.

3. CONCENTRE-SE EM 2 A 10 EXERCÍCIOS POR SÉRIE, NÃO MAIS DO QUE ISSO.
Concentre-se em 2 a 10 exercícios por série (incluindo pelo menos um exercício para várias articulações, com levantamento, puxada e movimentos de pernas). Optei por exercitar meu corpo todo a cada série para permitir uma reação hormonal mais alta (testosterona, hormônio do crescimento, IGF-1 etc.).

4 Para que minhas glândulas suprarrenais e meus receptores adrenérgicos descansassem, não consumi NO-Xplode aos domingos.

Eis a sequência que usei durante a experiência (o sinal de "+" significa "sobreposição", isto é, sem descanso entre os exercícios):

- Pullover + remada curvada estilo Dorian Yates
- Leg press com joelhos na linha dos ombros[5]
- Voador + tríceps na paralela com resistência
- Flexão de perna
- Rosca bíceps invertida com halteres barra longa (HBL) (compre um cano de duas polegadas se for preciso, no qual você possa pendurar os pesos)
- Flexão plantar bilateral
- Extensão e flexão do pescoço para aumento de resistência
- Abdominais no aparelho

Todos esses exercícios podem ser encontrados em www.fourhourbody.com/geek-to-freak.

4. AUMENTE O TEMPO DE RECUPERAÇÃO JUNTO COM O TAMANHO

Você encontrará essa descrição detalhada no próximo capítulo, que relata a abordagem mais redutiva e aperfeiçoada para se reverter a genética desfavorável: o Protocolo de Occam.

O Protocolo de Occam é o que sugiro para a maioria dos que estão começando a fazer exercício para ganhar massa magra.

5 Recomendo o agachamento para aqueles que tenham acesso a uma barra de segurança, a qual proporciona uma estrutura em forma de arreio para os ombros.

O EXPERIMENTO COLORADO: 28 KG EM 28 DIAS?

Você acha que ganhar 15 kg de massa magra em 28 dias é impossível? Eu também acharia se não tivesse me deparado com o curioso caso de Casey Viator.

O "Experimento Colorado" foi conduzido em maio de 1973 na Universidade Estadual do Colorado em Fort Collins, Colorado, criado por Arthur Jones e supervisionado pelo doutor Elliott Plese, diretor do Laboratório de Fisiologia do Exercício no Departamento de Educação Física. A ideia era ser um exemplo brutal do treinamento minimalista.

Fotos de Inge Cook, cortesia de Ellington Darden, Ph.D.

Os resultados de Casey Viator, produzidos com três sessões por semana, foram sobrenaturais:

Ganho de peso: 20,54 kg
Perda de gordura corporal: 8,13 kg
Ganho de músculo: 28,67 kg

No mesmo mês, Arthur Jones seguiu os passos de Viator e ganhou 6,8 kg em 22 dias. Como eles conseguiram isso com sessões de exercícios que duravam, em média, apenas 33,6 minutos?

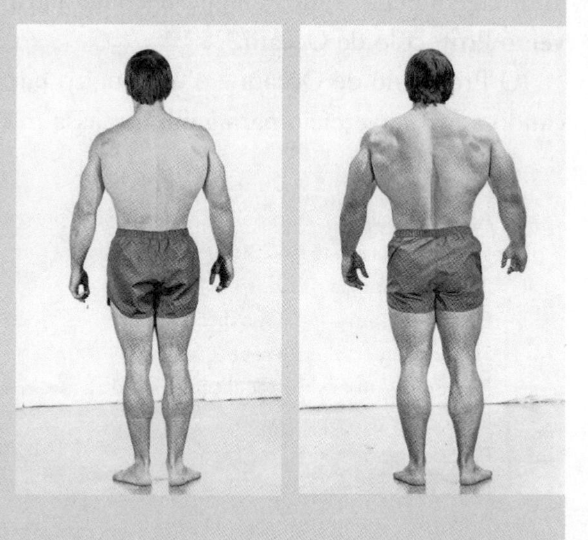

Primeiro, geralmente eram usadas apenas séries negativas, nas quais o peso era erguido com as pernas com a ajuda de uma alavanca e depois abaixado com o músculo que se pretendia exercitar, permitindo que fossem usados cargas maiores. Em segundo lugar, os exercícios eram feitos em conjunto com superséries para cansar o músculo (por exemplo, quadríceps com extensão de perna) antes de levá-lo à extenuação com um movimento composto (por exemplo, agachamentos). Em terceiro lugar, Casey fazia seis a oito refeições ao dia, como se fosse uma obrigação de seu trabalho. E isso não é uma metáfora. Ele tinha um incentivo em dinheiro por quilo que ganhasse. Aquele *era mesmo* seu trabalho.

Eis aqui uma das sessões reais de Casey. Não esqueça que, a não ser quando indicado, não há descanso entre os exercícios:

1. Leg press 750, 20 repetições
2. Extensão de perna 225, 20 repetições
3. Agachamento 502, 13 repetições
4. Flexão de perna 175, 12 repetições
5. Flexão plantar unilateral com 18 kg numa das mãos, 15 repetições (dois minutos de descanso)
6. Pullover 290, 11 repetições
7. Puxada por trás sem bíceps/Isolamento dorsal por trás 200, 10 repetições
8. Remada 200, 10 repetições
9. Puxada por trás 210, 10 repetições (dois minutos de descanso)
10. Abdução de ombros com resistência de 18 kg, 9 repetições
11. Desenvolvimento por trás 185, 10 repetições
12. Rosca bíceps no aparelho 110, 8 repetições
13. Flexões de braço na barra fixa, 12 repetições
14. Tríceps com flexão de ombros a 180° (francês) 125, 9 repetições
15. Tríceps na paralela sem resistência, 22 repetições

Se você for um ser humano normal, vai terminar essa série de exercícios indo vomitar em uma lata de lixo ou morrendo. Tanto os jogadores do time de futebol americano Denver Broncos quanto Dick Butkus, do Chicago Bears, visitaram Fort Collins para observar o treinamento rápido, que é difícil de avaliar sem experimentar.

Apesar de dura, a rotina básica é simples. O próprio Casey Viator me enviou a lista a seguir:

Leg press × 20 repetições
Extensão de perna × 20 repetições
Agachamentos × 20 repetições (aumente o peso em 9 kg quando alcançar as 20 repetições, depois volte a fazer 20)
(Dois minutos de descanso)
Flexão de perna × 12 repetições
Flexão plantar 3 × 15 repetições
Puxada por trás × 10 repetições
Remada × 10 repetições
Puxada por trás × 10 repetições
(Dois minutos de descanso)
Abdução de ombro × 8 repetições
Desenvolvimento por trás × 10 repetições
(Dois minutos de descanso)
Rosca × 8 repetições
Barra fixa com resistência
(Dois minutos de descanso)

Tríceps com flexão de ombros a 180° (francês) × 22 repetições
Tríceps na barra paralela × 22[6] repetições

É lógico que o Experimento Colorado recebeu muitas críticas. Para começar, o estudo não foi publicado nem repetido. Casey foi acusado de simplesmente ter recuperado o peso que havia perdido depois de um acidente de carro. Como não sou de ficar especulando, falei direto com Casey sobre tudo isso, e mais.

A resposta dele: por dois meses ele fez dieta como o haviam instruído antes do experimento (isso sempre ficou evidente) e perdeu cerca de 9 kg de massa magra. Passados vinte anos, Casey não tem mais nenhum interesse financeiro no Experimento Colorado, por isso presumo que seja verdade. Eis a resposta dele sobre o uso de esteroides anabolizantes:

> Houve muita dúvida sobre o uso de esteroides. Várias pessoas afirmaram que eu me droguei para esse experimento. Digo honestamente que não foram usados esteroides durante o estudo, o que é um fato muito importante. Fui constantemente monitorado num ambiente fechado. Acredite, teria feito qualquer coisa para conseguir aquele peso, mas sabia do meu potencial de recuperação e também sabia, mesmo antes do começo do estudo, que teria ganhos enormes.

A equação é inegável: 28,67 – 8,13 kg = 20,54 kg ganhos em 28 dias. Ainda que tivessem sido usadas drogas, os ganhos refletem um efeito fenomenal dos exercícios. Se você acredita que esteroides fornecem um ganho de mais de 13 kg em quatro semanas, deve pesquisar os ensaios clínicos e as histórias de usuários reais. Isso simplesmente não acontece.

A verdadeira importância do Experimento Colorado tem dois lados, apesar de Casey ser, obviamente, uma mutação genética.

Primeiro, é fisiologicamente possível sintetizar proteínas o bastante para produzir 28 kg de massa magra em 28 dias. Isso demonstra que um contra-argumento ("Você precisaria consumir 20.000 calorias por dia!") é falho.[7] Isso vale mesmo quando há o uso de drogas.

Há mecanismos envolvidos que o argumento calórico simplista não leva em conta.

Em segundo lugar, os registros dos exercícios mostram que a quantidade de estímulo necessária para gerar tais ganhos (lembre que Arthur também ganhou 7 kg em três semanas) era de menos de duas horas por semana.

Para citar Casey:

"Fiquei muito orgulhoso dos resultados obtidos em Colorado, e acho que esse estudo contribuiu para se ter uma ideia melhor de quanto tempo a maioria das pessoas desperdiça com exercícios."

Não é preciso mais do que quatro horas por mês malhando para alcançar seu objetivo em tempo recorde. Ligue o botão do crescimento e vá para casa.

O que fazer com seu novo tempo livre? Essa é fácil de responder. Comer.

6 A maioria dos mortais vai ter de se esforçar muito para chegar às 22 repetições.
7 Pelos modelos calóricos populares em estudos publicados, Casey precisaria na verdade consumir cerca de 39.000 calorias diárias para conseguir tanta massa muscular. Isso equivale a 89 cheeseburgers duplos do McDonald's ou 97 peitos de frango por dia. Mesmo ao comer peitos de frango, de acordo com os cálculos, o coitado do Casey teria também ganhado terríveis 86 kg de gordura nesse mesmo período, o que o deixaria parecido com o Cartman no episódio "Weight Gain 4000" de *South Park*.

O MITO DOS 30 GRAMAS

Quanto de proteína deve ser ingerido por refeição?

Existe a crença popular (equivocada) de que o ser humano não é capaz de absorver mais do que 30 g por refeição. A ciência refuta esse mito.

Pesquisadores franceses descobriram que comer uma boa quantidade de proteína de uma vez só faz com que ela seja absorvida tão bem quanto se ingerida em porções variadas ao longo do dia. Um grupo de mulheres de 26 anos recebeu 80% da proteína diária numa única refeição ou a mesma quantidade dividida em várias refeições. Depois de duas semanas, não houve diferença entre as cobaias e o grupo de controle em termos de balanço de nitrogênio, *turnover* (renovação) proteico corporal, síntese proteica corporal ou quebra das proteínas.

Tanto nas cobaias quanto no grupo de controle, a quantidade de proteína ingerida foi de 1,7 grama por quilo de massa magra por dia. Isso significa que, para uma mulher de 26 anos e 57 kg, ingerir 77 g[8] de proteína numa única refeição tem o mesmo efeito que dividi-la em porções.

O experimento foi então repetido com mulheres mais velhas, revelando-se que, para estas, comer a proteína toda de uma vez pode levar a uma retenção maior desse nutriente. Dar às mulheres mais velhas 80% da proteína consumida diariamente numa única refeição ao longo de duas semanas levou a quase 20% mais síntese e retenção em comparação com a proteína dividida em porções menores.

Assim, parece que a quantidade total diária é mais importante do que a quantidade por refeição.

Também é importante lembrar que o peso da comida não é o mesmo que o da proteína. Por exemplo, se você come peito de frango quase sem gordura num total de 140 g, isso não significa um consumo de 140 g de proteína. Na verdade, 140 g contêm cerca de 43 g de proteína, menos de um terço do peso total. As pessoas se esquecem do que mais pesa: a água.

Uma boa regra prática para o consumo diário — e uma variação segura com base na literatura — é 0,8 a 2,5 g de proteína por quilo de peso corporal. Para ganho muscular, sugiro pelo menos 1,25 grama por quilo de massa magra, o que significa que você subtrai sua gordura corporal antes. Eis aqui alguns exemplos:

45 kg de massa **magra** = 125 g de proteína
50 kg = 137,5 g
54 kg = 150 g
59 kg = 162,5 g
63 kg = 175 g
68 kg = 187,5 g
73 kg = 200 g
77 kg = 212,5 g
82 kg = 225 g
86 kg = 237,5 g
90 kg = 250 g

Você não está ganhando massa magra? Registre a proteína que você consome durante um dia. E depois coma mais.

8 1,7 g/kg x 57 kg x 80%.

FERRAMENTAS E TRUQUES

The Concise Book of Muscles **[O livro conciso dos músculos], de Chris Jarmey (www.fourhourbody.com/muscles)** O grande consultor de treinamento de força Charles Poliquin me apresentou a esse incrível livro. É o melhor livro de anatomia para leigos que já vi, e eu o li todo. Compre-o.

"Strength Training Methods and the Work of Arthur Jones" [Métodos de treinamento de força e os exercícios de Arthur Jones], D. Smith, S. Bruce-Low e J. E. Ponline, *Journal of Exercise Physiology* (www.asep.org/files/smith.pdf) Essa análise compara ganhos de força com séries únicas e múltiplas. Os autores reúnem 112 fontes para responder a uma pergunta: Séries múltiplas são mesmo melhores que as únicas? Para o crescimento muscular, é difícil superar a economia das séries únicas. Para a força pura com pouco aumento de peso (veja "Super-humano sem esforço"), abordagens diferentes são mais eficientes.

"Cartman and Weight Gain 4000" (www.fourhourbody.com/cartman) Um vídeo inspirador de ganho de peso dos nossos amigos do *South Park*. Uma boa motivação antes da superalimentação na hora do jantar.

Arthur Jones Collection (www.fourhourbody.com/jones) Esse website, compilado por Brian Johnston, é uma coletânea de textos e fotografias do lendário Arthur Jones, incluindo os *Nautilus Bulletins* originais, "The Future of Exercise" ["O futuro do exercício"] e trabalhos não publicados.

O PROTOCOLO DE OCCAM I

Uma abordagem minimalista da massa muscular

É inútil fazer com mais o que pode ser feito com menos.
— Guilherme de Occam (1288-1348), "Navalha de Occam"

MALIBU, CALIFÓRNIA, 30 METROS MAR ADENTRO

Eu estava sentado em minha prancha de surfe a 6 m de Neil Strauss, autor do livro *O jogo*.

O sol da tarde tremeluzia sobre as ondas do mar azul, e ele pegava onda após onda. Eu, nem tanto. Entre os meus tombos na água, tal qual uma foca ferida, mencionei que meu próximo livro seria o guia de hacker sobre o corpo humano. Será que ele estaria interessado em ganhar 5 kg ou mais de músculos em quatro semanas?

Ele parou de pegar ondas e virou-se para mim.

— Conte comigo. Estou nessa. — Neil pesava 56 kg.

O trabalho começou quatro meses depois. Agora eu observava Neil levar 45 minutos para comer um pequeno prato de frutos do mar no restaurante Paradise Cove, de temática havaiana. O garfo parava a alguns centímetros da sua boca enquanto ele divagava e ali ficava durante mais alguns minutos. Aquilo estava me deixando maluco.

Esse ritmo lento era, ao que parecia, uma incrível melhora. Para provar, ele me mandou um e-mail com o trecho de uma entrevista que fez com Julian Casablancas, da banda The Strokes:

JULIAN: Você come muito devagar. Você está segurando um sanduíche de presunto há 45 minutos.

NEIL: É verdade. Eu sei.

JULIAN: Você só deu uma mordidinha. Não sei se você está apenas mastigando ou se a comida se dissolve na sua boca.

Sem muita opção, resignei-me a alimentar Neil com colheradas de arroz integral entre as frases. Nas mesas ao lado, as pessoas nos olhavam com ar confuso. Os enormes guarda-sóis coloridos que saíam das nossas "cocoladas", bebidas servidas em cascas de coco, tornavam a cena ainda mais suspeita. Era quase romântico.

Quando criança, Neil costumava ficar de castigo pelo seu jeito de comer, que deixava os pais esperando por ele à mesa. Para evitar ser mandado para o quarto, ele criou o hábito de colocar toda a comida na boca, o que geralmente o fazia vomitar tudo sobre a mesa.

Nojento.

Parando para um gole em seu drinque, Neil disse que se sentia enjoado. Falei para continuar comendo. Ele olhou para o prato e repetiu:

— Cara, realmente estou enjoado.

E eu disse mais uma vez:

— Não, você só não quer comer. Dê garfadas maiores. Você vai se adaptar.

Então, só por segurança, afastei-me um pouco da linha de alcance de um possível vômito.

Apesar da rotina de casal implicante, eu tinha fé: afinal, estávamos no protocolo havia apenas 48 horas.

Depois as coisas começaram a funcionar como planejado. Cinco dias depois, recebi a seguinte mensagem de texto de Neil:

Preciso contar: você está me transformando numa máquina devoradora de comida. E, do ponto de vista mental e físico, entre a comida saudável, os exercícios e o ar e as ondas de Malibu, eu estou me sentindo bem pra cacete.

Aquele texto festejava uma virada na vida de Neil. Ele havia detonado um prato inteiro de bife na metade do tempo que toda a família de sua namorada levou; seguira comendo o que sobrava no prato dela e continuou a devorar restos de bife. Seria uma solitária? Não, suas enzimas digestivas e sua flora interna haviam se adaptado ao aumento da ingestão de comida e agora ele estava preparado para o processamento dos alimentos.

Depois de 10 dias seguindo o protocolo, a libido de Neil estava tão alta que ele quase teve um problema. Sua namorada precisou afastá-lo como se ele fosse um adolescente de 19 anos. Libido nas alturas é, naturalmente, um bom problema — e um efeito colateral do enorme aumento da síntese de proteína.

Em apenas quatro semanas, Neil, que nunca fora capaz de aumentar de peso, ganhou 5 kg de músculo e passou de 56 para 61 kg, um aumento de quase 10% da sua massa corporal total.

O efeito do bicicletário

O objetivo deste capítulo é reduzir tudo ao mínimo absoluto. Antes de começarmos, precisamos discutir o "efeito do bicicletário", originalmente descrito por C. Northcote Parkinson.

Para ilustrar esse fenômeno, vamos comparar uma conversa sobre a construção de uma usina nuclear com a construção de um bicicletário. A maioria das pessoas presumiria, com razão, que não há nada mais complexo do que uma usina nuclear, por isso não emitiria qualquer opinião. A maioria das pessoas presumiria equivocadamente, contudo, que sabe algo sobre como construir um bicicletário e argumentaria um dia inteiro sobre todos os detalhes, inclusive a cor dele.

Todo mundo que você conhecer (todos os homens, ao menos) terá uma opinião firme sobre como você deveria se exercitar e comer. Pelas próximas duas ou quatro semanas, cultive a ignorância seletiva e se recuse a ter discussões "de bicicletário" com outras pessoas. Amigos, desafetos, colegas, conhecidos e pessoas bem-intencionadas de todos os tipos lhe oferecerão informações e alternativas que o distrairão e serão contraprodutivas.

Assinta, agradeça-lhes gentilmente e se afaste para fazer o que você planejou. Nada além disso.

Complique para lucrar, simplifique para crescer

Há uma máxima para aqueles que desejam ganhar uma fortuna com a indústria das dietas e dos exercícios: complique para lucrar. Para crescer, no entanto, você precisa simplificar.

O objetivo da rotina minimalista que descreverei não é:

1. Torná-lo um atleta profissional.
2. Torná-lo o mais forte possível, embora a força aumente e os ganhos superem a maior parte dos protocolos. A força é o grande propósito do "Super-humano sem esforço".

Eis nosso único objetivo: aplicar a DME para disparar os mecanismos de crescimento muscular e depois canalizar os alimentos prioritariamente para o tecido muscular durante o período de superalimentação. Há uma única condição: precisamos fazer as duas coisas *com o máximo de segurança possível.*

É especialmente importante entender a questão da segurança quando consideramos os exercícios. Não me entenda mal; todos os movimentos são seguros quando feitos da maneira apropriada.

Isso inclui salto-mortal com uma perna só, piruetas no chão dançando break e o famoso arranco.[1] O problema desses e de dezenas de outros movimentos é que um pequeno erro pode ocasionar lesões graves, e muitas vezes permanentes. Elas são pouco relatadas porque: (1) os afetados não querem ficar isolados das comunidades que veem os movimentos como um dogma e (2) a dissonância cognitiva evita que eles condenem um movimento que defenderam por muito tempo. Então como se explica a lesão? "Eu/ele/ela simplesmente não fizemos direito." Não há muitos relatos sobre dietas fracassadas (como as com alimentos crus, por exemplo) por motivos parecidos. Para ser justo, você é capaz de aprender a fazer arrancos com segurança? Com certeza, mas se houver opções mais seguras que trazem 80% ou mais dos benefícios, sugiro que você as escolha.

Em mais de 15 anos de exercícios de resistência, nunca tive uma lesão seguindo os protocolos que descreverei aqui. Sugiro que se adote uma regra do doutor Ken Leistner, consultor da NFL com quem tive o doloroso prazer de treinar em 1996: o objetivo do treinamento de força é, antes de mais nada, reduzir as lesões em potencial e, depois, aumentar o desempenho.

O Protocolo de Occam

Você deve se lembrar daquele treinador, Matt Brzycki, em Princeton, que me apelidou de "Tumor". Ele escreveu mais de 400 artigos sobre ganho de força e

1 Sim, caso você tenha perdido essa parte, essa é uma manobra de levantamento de peso.

condicionamento físico e trabalhou com todo mundo, desde grupos da Swat aos principais times de futebol americano. O que me tornou diferente daqueles que se exercitaram e não cresceram?

Usei um treinamento hiperabreviado para compensar minha medíocre capacidade de recuperação. Foi um exercício de autocontrole para fazer menos.

O "Protocolo de Occam" é uma variação da rotina de consolidação usada pelo finado Mike Mentzer, que ganhou na categoria pesos-pesados da competição Mister Olympia em 1979.

É possível ficar enorme com menos de 30 minutos de academia por semana. **As séries A e B a seguir devem ser alternadas, independentemente de você escolher trabalhar com aparelhos ou pesos livres.**

Os exercícios devem ser realizados uma vez por série, e não mais do que isso. O objetivo é falhar, chegar a um ponto no qual você não é mais capaz de mover o peso, a sete ou mais repetições a uma cadência 5/5 (cinco segundos para cima e cinco segundos para baixo). O leg press deve ser realizado por 10 ou mais repetições no mesmo ritmo. A única exceção à regra dos 5/5 são os abdominais e o balanço com *kettlebell*, descritos nos capítulos anteriores.

Os mecanismos de crescimento que queremos estimular são, ao mesmo tempo, locais (musculares, neurais) e sistêmicos (hormonais). Quanto mais tempo sob tensão (TST) para a parte inferior do corpo você conseguir, maior será a resposta do hormônio do crescimento, ao mesmo tempo que estimulará a formação de novos capilares, melhorando assim a distribuição de nutrientes.

Cada exercício consiste em apenas dois levantamentos principais.

SÉRIE A: OPÇÃO COM APARELHO

1. Puxada no pulley com pegada fechada e supinada (com a palma da mão voltada para você) × 7 repetições (cadência 5/5)
2. Desenvolvimento em aparelho × 7 repetições (cadência 5/5)
   (Opcional: exercícios do capítulo "Abdominais em seis minutos")

É importante registrar as posturas em todos os exercícios com aparelhos. Se há quatro furos no sistema de ajuste do banco, por exemplo, anote isso num caderno ou no seu iPhone. Poucos centímetros de diferença na posição inicial podem mudar a alavancagem e provocar a ilusão de ganho ou perda de força, principalmente com movimentos de extensão. Registre tudo e padronize o movimento.

Puxada frontal no pulley

A

B

Desenvolvimento no aparelho

A POSIÇÃO ENCAIXADA

Há mil e uma maneiras de realizar exercícios.

Para simplificar as coisas — e para sua segurança —, farei apenas uma recomendação: use a "posição encaixada" para proteger seus ombros em todos os exercícios de levantamento de pesos, seja o balanço com o *kettlebell*, o supino, o levantamento-terra etc.

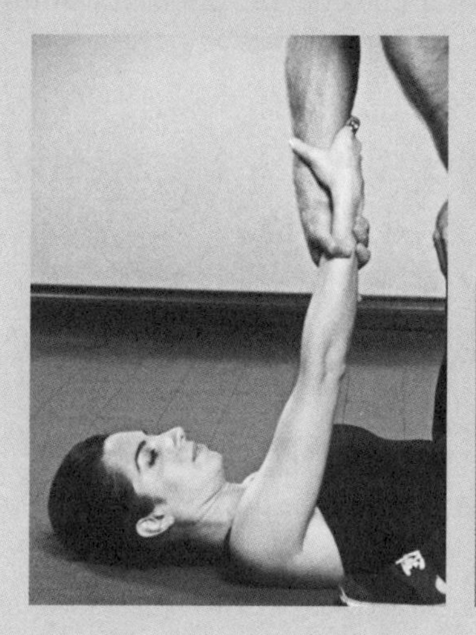

Procurando encrenca. Na posição normal dos ombros de Marie, posso facilmente puxá-los para a frente, como um deslocamento. Seu corpo todo está instável em ambas as fotos.

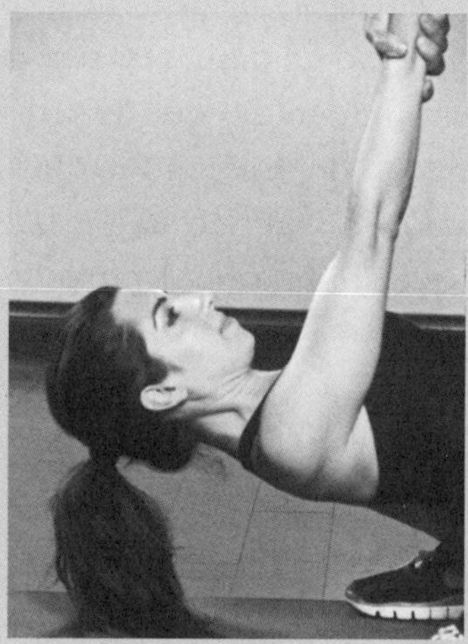

A "posição encaixada". Marie está com as escápulas para trás e as movimentou para baixo cerca de 2,5 a 5 cm. Note como se vê a alça do ombro dela nestas fotos, ao contrário das primeiras. As costas formam um ligeiro arco, e, se você estender seus braços à frente, os cotovelos deverão estar próximos do peito, e não da clavícula. Marie agora está estável, e eu posso até levantá-la do chão com um braço.

SÉRIE B: OPÇÃO COM APARELHO

1. Supino com ligeira inclinação × 7 (cadência 5/5)
2. Leg press × 10 (cadência 5/5)
(Opcional: balanços com o *kettlebell* ou *T-handle* encontrados no capítulo "Construindo o bumbum perfeito" × 50)
3. Bicicleta ergométrica × 3 minutos a mais de 85 rpm (para diminuir a dor subsequente nas pernas)

Supino com ligeira inclinação (Mostrado aqui: aparelho Hammer) Se você vai lesionar seus ombros em algum exercício, será usando o supino plano. Por isso, sugiro uma ligeira inclinação/declinação (menos de 20 graus) quando possível. Para desenvolvimento maior do peito, Dorian Yates sugere a declinação. Se só houver aparelhos planos, uma lista telefônica ou uma toalha enrolada atrás da sua lombar criará um ângulo ligeiramente inclinado.

Para evitar fadiga desnecessária dos ombros, ajuste os pinos do aparelho (ou do assento) de modo que as articulações de seus dedos estejam à distância de um punho do seu peito na parte baixa do movimento. Também sugiro uma pausa de um segundo na parte baixa do movimento sem tocar o apoio do peso, o que ajudará no desenvolvimento peitoral e reduzirá ainda mais o risco de lesões.

Leg press

Para a maioria dos atletas, sugiro o movimento acima com aparelhos.

SÉRIE A: OPÇÃO COM PESOS LIVRES

Você pode usar pesos se preferir ou se viajar muito e precisar de aparelhos padronizados livres.

1. Remada estilo Dorian Yates com barra W (ideal) ou HBL (halter de barra longa) × 7 (cadência 5/5) (veja as fotos no quadro ao fim deste capítulo)
2. Desenvolvimento com HBL e pegada alinhada com os ombros × 7 repetições (cadência 5/5)
   (Opcional: abdominais do capítulo "Abdominais em seis minutos")

Desenvolvimento com HBL. Os cotovelos ficam à frente dos ombros e não se deslocam para as laterais. A barra se move diante do rosto, mas a cabeça e a parte superior do torso se movem para a frente, para que fiquem sob a barra quando ela passa por sua cabeça. A postura com os pés separados na frente e atrás evita o arqueamento excessivo das costas, mas também pode-se adotar uma postura com os pés paralelos e na largura dos ombros.

SÉRIE B: OPÇÃO COM PESOS

1. Supino com ligeira inclinação e pegada alinhada com os ombros × 7 (cadência 5/5)
   (Se não houver um "suporte de agachamento"[2] disponível, use halteres, mas você frequentemente terá problemas ao adicionar pesos em pequenas quantidades)
2. Agachamentos × 10 (cadência 5/5)
   (Opcional: balanços com *kettlebell* ou *T-handle* do capítulo "Construindo o bumbum perfeito" × 50)
3. Bicicleta ergométrica × 3 minutos (para diminuir a dor subsequente nas pernas)

2 São estruturas retangulares com pinos que podem ser colocados em várias alturas para segurar pesos. Faço meu treinamento sozinho e realizo quase todos os meus exercícios com halteres num "suporte de agachamento".

Agachamento (mostrado aqui no Smith) Os pés, ligeiramente mais abertos do que a largura dos ombros, são colocados 30 cm à frente dos quadris.

Inicie o movimento jogando o quadril para trás e sentando-se, agachando até o ponto em que suas coxas fiquem paralelas ao chão. Levante a cabeça a aproximadamente 45 graus ao longo de todo o movimento e não faça pausas nem embaixo nem em cima.

Regras para levantar pesos

1. Se você completou o número mínimo de repetições desejado para todos os exercícios (sem contar os abdominais e o *kettlebell*), aumente o peso na sessão seguinte em pelo menos 5 kg. Se os 5 kg adicionais parecerem fáceis depois de duas ou três repetições, pare, espere cinco minutos, aumente o peso em 2,5 ou 5 kg e depois faça uma série única até não conseguir mover o peso.
2. Não deixe o peso cair quando chegar ao ponto da falha muscular. Tente movê-lo, milímetro a milímetro, e depois segure-o o máximo possível até cinco segundos. Somente depois disso é que você deve, vagarosamente (leve de cinco a dez segundos), abaixar o peso. O maior erro que os novatos cometem é subestimar a gravidade de se atingir a falha completa. "Atingir a falha" não é deixar o peso cair depois da última repetição ligeiramente exaustiva; é levantá-lo como se você tivesse uma arma apontada para a cabeça. Para citar o sempre poético Arthur Jones: "Se você nunca vomitou depois de fazer uma série de roscas com halteres, então nunca experimentou um trabalho duro de verdade." Se sente que ainda é capaz de fazer outra série do mesmo exercício um minuto mais tarde, não atingiu a falha como a definimos aqui. Lembre que a última repetição, até a falha muscular, é a que importa. As repetições anteriores são apenas um aquecimento para esse momento.

3. Não pare na parte mais alta ou mais baixa de nenhum movimento (exceto pelo supino, como já foi dito) e descanse por três minutos entre cada exercício. Cronometre três minutos exatos. Padronize os períodos de repouso para que você não confunda mudanças no tempo de descanso com mudanças na resistência.
4. Os pesos e as repetições usados serão alterados à medida que você progredir, mas todas as demais variáveis precisam ser idênticas de uma sessão para a outra: velocidade da repetição, forma de se exercitar e períodos de descanso. Trata-se de uma experiência científica. Para medir com precisão o progresso e fazer os ajustes necessários, você precisa ter certeza de que controla as variáveis.

Isso é tudo.

A tentação de acrescentar exercícios será enorme. Resista. De qualquer forma, se até agora você nunca conseguiu ganhar massa, pode escolher fazer menos exercícios. Foi o que fizemos com Neil. O programa e o progresso que ele fez ao longo de quatro semanas foram mais ou menos assim:

SÉRIE A

Puxada: 8 repetições × 36 kg → 8 repetições × 50 kg
Desenvolvimento em aparelho: 8 repetições × 14 kg → 5 repetições × 27 kg

SÉRIE B

Tríceps no aparelho: 6 repetições × 63 kg → 6 repetições × 77 kg
Leg press sentado: 11 repetições × 63 kg → 12 repetições × 86 kg

O Protocolo de Occam é suficiente para estimular uma incrível resposta de crescimento.

Você se lembra da analogia que fizemos com o bronzeamento no início do livro? Esqueça a ideia de treinar pesado por um minuto e entenda que biologia não tem nada a ver com força bruta.

Não acrescente mais nada.

A frequência de Occam

Michael, não fiz nada. Não fiz absolutamente nada e foi tudo o que achei que seria.

— *Peter Gibbons, em* Como enlouquecer seu chefe

A frequência das séries A e B do Protocolo de Occam se baseia numa premissa simples: você deve aumentar o tempo de recuperação à medida que ganha massa. Você se exercitará com menos frequência conforme sua força e seu tamanho aumentarem, já que geralmente se pode ganhar mais de 100% de massa muscular antes de se alcançar o limite genético, mas a capacidade de recuperação aumentará somente em 20 a 30% por meio da suprarregulação do sistema imunológico e enzimático (mais produção da glutamina do plasma etc.).

Em termos simples, isso quer dizer que os sistemas reparadores que não fazem crescer levam mais tempo para recuperar uma massa muscular de 10 kg do que para a de 5 kg que a precedeu. Quanto maior e mais forte você ficar, com menos frequência irá à academia.

Ao analisar os calendários hipotéticos a seguir, que baixei do website ablecalendar.net, vemos que as sessões não foram marcadas em dias determinados (por exemplo, segunda e sexta-feira), e sim separadas por dias de descanso, em intervalos que aumentarão com o tempo.

< Dezembro — **Janeiro 2011** — Fevereiro >

Domingo	Segunda-feira	Terça-feira	Quarta-feira	Quinta-feira	Sexta-feira	Sábado
26	27	28	29	30	31	1 Ano-novo
2 A	3	4	5 B	6	7	8 A
9	10	11 B	12	13	14	15 A
16	17 Dia de Martin Luther King Jr.	18	19 B	20	21	22
23 A	24	25	26	27 B	28	29
30	31 A	1	2 Dia da Marmota	3	4	5

Created at www.FreePrintableCalendar.net

< Janeiro — **Fevereiro 2011** — Março >

Domingo	Segunda-feira	Terça-feira	Quarta-feira	Quinta-feira	Sexta-feira	Sábado
30	31 (A)	1	2 Dia da Marmota	3	4 B*	5
6	7	8	9 A	10	11	12 Aniversário de Lincoln
13	14 Valentine's Day B	15	16	17	18	19 A
20	21 Dia do Presidente	22 Aniversário de Washington	23	24 B	25	26
27	28	1 A	2	3	4	5

Created at www.FreePrintableCalendar.net

Dois exemplos de calendário

Em 1996, quando eu estudava na Universidade Capital de Economia e Negócios, em Pequim, cheguei a pesar 89 kg e nunca estive tão forte. Não usava suplementos, pois não encontrava nenhum por lá. Cheguei a um limite de 6.000 calorias por dia, porque mais do que isso me deixava enjoado, mas consegui superar todas as estagnações no desenvolvimento com mais dias de descanso, e encerrei o ciclo de crescimento depois de quatro meses com 12 dias de descanso entre exercícios idênticos.

COMEÇANDO

Primeiro passo: Interrompa por pelo menos sete dias todos os exercícios que causam dano muscular significativo. Não é permitido nenhum treinamento de resistência ou levantamento de peso.

Segundo passo: Comece o Protocolo de Occam com dois dias de descanso entre as séries A e B. Depois de duas sessões das séries A e B, aumente o período de descanso para três dias. Assim que você alcançar um ponto em que mais de um exercício chegou à estagnação (indicado no nosso calendário hipotético com a marca B*), mas não antes disso, aumente o período de descanso entre os exercícios para quatro dias.

Continue acrescentando dias de descanso quando necessário para solucionar estagnações até que você alcance seu objetivo de peso ou conclua o ciclo de crescimento.

Uma advertência importante: esse intervalo considera que você está consumindo alimentos suficientes para suportar seu crescimento rápido. Entre os atletas que não conseguem ganhar massa muscular significativa (isto é, pelo menos 1,1 kg por semana) com o Protocolo de Occam, 95% ou mais fracassam por causa do consumo calórico insuficiente. Os 5% restantes têm problemas de absorção de nutrientes, como a síndrome de hiperpermeabilidade intestinal, problemas com a produção de ácido gástrico, eliminação excessiva de gordura, bile insuficiente ou outros transtornos que exigem atenção médica antes que o protocolo possa agir.

Encontrei apenas um caso clínico desses dos 5%. Era um homem com 62 kg e 1,85 m que, mesmo que tentasse aumentar seu peso comendo donuts sem parar num período de 24 horas, não conseguia ganhar um único quilo.

Não presuma que você faz parte dessa improvável minoria. O problema mais comum é a ingestão insuficiente de alimentos.

E isso nos leva ao verdadeiro desafio do Protocolo de Occam.

A alimentação.

A alimentação de Occam

No meu experimento de ganho de peso em 1995, eu programava o despertador para tocar quatro horas depois de ir dormir, a fim de fazer uma refeição adicional com cinco ovos cozidos durante a noite. Isso ajudava, é lógico, mas também era extremamente inconveniente. A alimentação em horários inconvenientes, por mais eficiente que seja, tem alta taxa de abandono depois do entusiasmo inicial. Prefiro abordagens menos agressivas, mesmo que leve mais algumas semanas para alcançar meus objetivos. Demorar duas ou quatro semanas a mais é melhor do que se irritar constantemente ou desistir de todo o programa.

Alguns atletas consomem 10 refeições por dia para dividir a carga calórica e evitar o ganho excessivo de gordura. Considero isso uma inconveniência desnecessária, principalmente quando você está seguindo um programa de suplementos que aumenta a sensibilidade à insulina e a atividade da GLUT-4 (veja o capítulo "Situações de emergência"). Faço quatro refeições principais ao dia para perder gordura e ganhar músculos.

MINHA PROGRAMAÇÃO DE CORUJA

10h — Acordar, tomar café da manhã imediatamente + meio shake de proteína (detalhes ainda neste capítulo)

14h — Almoço

18h — Primeiro jantar

19h30 — Exercícios, se programados (Bebo proteína de baixa gordura antes e durante o treinamento. Neil usou Isopure®.)

20h30 (30 minutos depois dos exercícios) — Jantar

15 minutos antes de dormir — Segunda metade do shake de proteína da manhã

A composição das refeições é quase idêntica à da Dieta Slow Carb, assim como os princípios, embora aqui tenhamos acrescentado amido, como arroz integral ou quinoa, às refeições sem shakes de proteína. Não é preciso seguir os meus horários, é lógico. Apenas veja que o intervalo entre as refeições foi uma alternativa que deu certo.

Com Neil foi diferente. Ele costumava pular o café da manhã e tinha pouco apetite. Para ele, era impossível consumir grandes porções para impulsionar o crescimento. A solução foi prescrever um shake supercalórico para o desjejum e aumentar a quantidade de refeições para conseguir um volume adequado de comida, mesmo que em porções menores.

PROGRAMA ALIMENTAR DE NEIL

9h — Shake de proteína (veja a seguir)

11h — Barra de proteína (Balance Bar ou, de preferência, Training 33 YouBar)

13h — Almoço com alto teor de carboidratos e proteína (geralmente peito de frango com batatas)

15h — Barra de proteína

17h — Jantar com alto teor de carboidratos e proteína (geralmente sushi/sashimi com uma porção extra de arroz)

19h — Barra de proteína
21h — Lanche com proteína e carboidratos (frango ou ovos ou atum)
23h — Shake de proteína

A escolha é sua: coma muito ou com maior frequência. O ganho de gordura será ligeiramente maior se você comer em grandes quantidades; por outro lado, será mais inconveniente se você optar por comer mais vezes.

Faça sua escolha e siga-a religiosamente durante quatro semanas. É fácil perder um pouco da gordura extra mais tarde.

UMA NOTA SOBRE PULAR O CAFÉ DA MANHÃ

Se você pula o café da manhã ou opta por um pseudocafé da manhã, como café e torradas, mesmo que uma vez por semana, faça do liquidificador sua primeira parada depois de se levantar.

A receita a seguir também pode ser usada para substituir uma refeição ou como um lanche antes de dormir.

3 xícaras de leite orgânico integral ou semidesnatado (2% de gordura)
30 g de whey, proteína do soro do leite isolada (com chocolate fica melhor)
1 banana
3 colheres de sopa cheias de manteiga de amêndoa sem açúcar, maltodextrina ou xarope
5 cubos de gelo

Perfil calórico e proteico com leite semidesnatado a 2% de gordura (valores aproximados): 970 calorias e 75 g de proteína

A solução: GOMAD

> Todas as pessoas que seguiram esses programas intensos de agachamentos e beberam leite suficiente ganharam peso. Sim, ***todas as pessoas*** de que temos notícia.
>
> *— Doutor Randall J. Strossen*

Se a dieta que acabamos de ver e os lanches de alto teor proteico não lhe derem pelo menos 1 kg a mais por semana, acrescente um litro de leite orgânico semidesnatado (2% de gordura) entre as refeições, ao limite de quatro litros por dia. Quatro litros equivalem a aproximadamente um galão americano. Essa dieta simples e merecidamente venerada é a GOMAD (do inglês *gallon of milk a day* — um galão de leite por dia), voltada para o ganho de massa, que, combinada com agachamentos, tem produzido monstros há mais de 75 anos, entre eles o incrível Paul Anderson e alguns dos maiores levantadores de peso do planeta.

Sugiro acrescentar um único litro de leite por dia a cada semana (geralmente no já mencionado shake de proteína) e manter o controle rígido do ganho de gordura, que pode se acelerar. O ganho de gordura não é inevitável, mas precisa ser monitorado. Medidas da circunferência da barriga dão uma boa estimativa se você não tiver acesso a outros equipamentos de medição corporal.

O leitor Matt ganhou quase 3 kg por semana em três semanas (num total de mais de 8 kg) usando somente o sistema GOMAD para aumentar o consumo de calorias durante seu experimento "De nerd a monstro", e suas pregas abdominais (a 5 cm do umbigo, para as laterais) permaneceram em 4 mm.

Se você come o bastante nas refeições principais, não vai precisar de mais do que um litro de leite por dia para acelerar o crescimento. Tem intolerância à lactose? Tente incorporar um copo de leite integral orgânico por dia à sua dieta. Não fique surpreso se notar que está conseguindo consumir mais leite depois de uma ou duas semanas.

Para a maioria das pessoas, a GOMAD ou LOMAD (do inglês *liter of milk a day* — um litro de leite por dia) será a única mudança nutricional necessária para estimular o crescimento.

Se o que é simples funciona, simplifique.

Indicações de Occam

Este protocolo funciona sem qualquer tipo de suplementação.

Existem, contudo, quatro suplementos que eu sugeriria àqueles que puderem pagar por eles. Os dois primeiros diminuem o ganho de gordura e já foram citados nos capítulos "Situações de emergência" e "Os quatro cavaleiros da perda de gordura": 1. a *Cissus quadrangularis* (2.400 mg, três vezes ao dia); e 2. o ácido alfalipoico (300 mg, 30 minutos antes de cada refeição principal). Eis os outros dois:

3. L-GLUTAMINA

A L-glutamina é um aminoácido comumente usado como suplemento pós-treino para reparar o tecido muscular. No nosso caso, sugiro um uso alternativo, recomendado pelo treinador de ganho de força Charles Poliquin: reparo do intestino.

O alimento que você ingere não traz os benefícios se não for absorvido. É como garimpar ouro usando uma tela metálica. O equivalente anatômico a esse material poroso é um conjunto de transtornos digestivos, entre eles a síndrome de hiperpermeabilidade intestinal, para os quais a L-glutamina tem se mostrado um tratamento promissor.

Em vez de correr o risco de ter uma absorção alimentar deficiente, consuma 80 g de L-glutamina durante os cinco primeiros dias do Protocolo de Occam.

Recomendo 10 g por vez a cada duas horas exatamente até que a cota de 80 g seja atingida. Em pó, misturada à água, ela é mais fácil de ser ingerida, mas em cápsulas é mais conveniente para viagens. Depois dos cinco primeiros dias de adaptação, se você desejar, consumir de 10 a 30 g após os exercícios acelerará sua recuperação e ajudará a prevenir dores.

4. CREATINA MONOIDRATADA

A creatina aumenta tanto a produção de força quanto a síntese proteica. Doses de 5 a 20 g por dia se mostraram seguras e em geral sem efeitos colaterais, embora pessoas com problemas renais preexistentes devam usar a creatina somente sob supervisão médica. Os atletas geralmente passam por um "período de adaptação" de cinco a sete dias, consumindo 10 a 30 g diários, mas isso pode gerar um grave desconforto intestinal. Você pode alcançar a mesma saturação muscular com doses menores por um período maior.

Tome 3,5 g depois de acordar e antes de dormir durante 28 dias. Se for ingeri-la em pó, misture 5 a 6 g no total, pois a perda de 1 ou 2 g na solução é inevitável.

MINHA REFEIÇÃO HIPERCALÓRICA PREFERIDA E MAIS FÁCIL CONSUMIR

Minha refeição preferida para ganho de massa é macarrão instantâneo (de preferência integral), atum em conserva de água e chili de peru com feijão sem gordura. Acrescente um pouco de leite integral ou manteiga (prefiro a irlandesa) no macarrão; em seguida despeje apenas um terço do cancerígeno pó instantâneo laranja e prepare grandes quantidades.

Misture o macarrão com uma lata de atum e chili a gosto, esquente no micro-ondas por um minuto em potência alta e faça dele o seu café da manhã. Às vezes como uma refeição dessas duas a três vezes por dia, pois o preparo leva menos de três minutos se o macarrão já estiver pronto. Para um maior consumo de proteína, sinta-se livre para substituir a massa por quinoa.

Pode parecer estranho, mas confie em mim: essa gororoba é deliciosa.

Lições de Neil

Neil ganhou significativa massa muscular pela primeira vez na vida com o Protocolo de Occam.

Ele não apenas acrescentou 4,5 kg ao seu corpo em quatro semanas como também aumentou sua força em 23 kg em alguns pesos e dobrou outros. Sua melhora mínima foi de 21,4%. Ele treinou exclusivamente com aparelhos e com uma estação de musculação no lugar do supino inclinado, pois ela era menos concorrida.

EXERCÍCIO A

Puxada frontal no pulley: 8 × 36 kg para 8 × 50 kg (+37,5%)
Desenvolvimento: 8 × 14 kg para 5 × 37 kg (+100%)

EXERCÍCIO B

Tríceps no aparelho: 6 × 63 kg para 6 × 77 kg (+21,4%)
Leg press sentado: 11 × 63 kg para 12 × 86 kg (+35,7%)

Não é preciso reinventar a roda ou enfrentar os desafios sozinho. Eis algumas observações de Neil, em suas próprias palavras, sobre o que esperar e o que fazer:

"Um efeito colateral inesperado foi que, depois de passado o choque inicial dos primeiros dias por ter me entupido de comida até ficar enjoado, eu comecei a me sentir incrivelmente feliz e alegre.

"Como tudo na vida, há um período de sofrimento quando se sai da zona de conforto. E, justo quando tudo parece difícil e se tem mais vontade de desistir (porque é tempo/trabalho/energia demais, porque você não entende ou não acredita), se conseguir superar esse momento, logo depois você se liberta e tudo se torna um hábito, como se tivesse feito aquilo a vida inteira (e você sabe que deveria ter feito aquilo a vida inteira).

"Os exercícios são a parte menos desafiadora de tudo. Malhar tão poucas vezes e por um período tão curto me deixou querendo mais. Acho que o segredo é, como você me disse na academia, saber que só se ganha massa naquelas últimas repetições, quando seus músculos querem desistir. Concentrar-se realmente e se esforçar para completar as repetições até o momento da falha é uma batalha interna, por isso é preciso ter força mental para seguir em frente quando o corpo quer desistir, se apressar ou fazer o movimento de forma errada naquelas últimas repetições.

"Meu conselho principal: faça um plano de refeições/suplementos por escrito e o mantenha com você o tempo todo. Tenha um colega na academia para encorajá-lo e fiscalizá-lo. Faça isso quando não estiver viajando para que possa ter uma boa rotina. E tenha sempre com você suplementos e barras de proteína, para o caso de seu horário mudar durante o dia. O curioso é que somente nos primeiros dias é que a creatina me fez urinar como um cavalo; depois de quatro dias, meu corpo começou a absorvê-la adequadamente.

"Acho que minha maior preocupação era que toda a comida que eu estava ingerindo se acumulasse na barriga. Mas tudo foi para os lugares certos, e as pessoas perceberam... Não houve nenhum lado ruim, e não há motivo algum para não fazer isso."

FERRAMENTAS E TRUQUES

Calendários grátis para imprimir (www.freeprintablecalendar.net) Use esses calendários personalizados gratuitos para agendar seus exercícios e os períodos de descanso mês a mês.

Barras de proteína customizadas YouBar (www.fourhourbody.com/youbar) Crie suas próprias barras de proteína com YouBar, que permite escolher o tipo de proteína e dezenas de outros ingredientes como manteiga de castanha de caju, sementes de sálvia, gojis e muito mais. Todo mundo pode ter sua própria marca (você escolhe até a embalagem) de proteína na compra de, no mínimo, 12 barras. Para adquirir a minha preferida, procure a "Training 33".

***Parkinson's Law,* de Cyril Northcote Parkinson (www.fourhourbody.com/parkinsons)** Esse é o livro fundamental sobre a lei de Parkinson, escrito pelo próprio Parkinson. Todo mundo vai querer dizer como você deve se exercitar e se alimentar. Leia esse livro hilário para cultivar sua ignorância seletiva em relação a essas "discussões sobre o bicicletário", que atrapalham mais do que ajudam.

PARA OS HOMENS: TRÊS EXERCÍCIOS PARA OS BÍCEPS

Os bíceps são uma obsessão masculina. Isso geralmente faz com que os homens abandonem tudo e se concentrem apenas neles.

Na verdade, para ter bíceps grandes, não é preciso fazer exercícios localizados.

São necessários apenas dois exercícios compostos (um de alta velocidade e muitas repetições e outro lento, de poucas repetições) e, se você quiser mesmo fazer rosca, deve incluir uma versão menos conhecida e denominada "rosca drag invertida".

Primeiro exercício composto: o *kettlebell* com as duas mãos

Falamos sobre este exercício no capítulo "Construindo o bumbum perfeito". São 50 repetições ou mais.

Segundo exercício composto: remada curvada "Yates"

Batizado em homenagem a Dorian Yates, seis vezes vencedor do Mister Olympia, que o usou como o principal exercício para as costas, é um remo inclinado com as palmas das mãos para cima, realizado com a cintura inclinada 20 ou 30 graus. Para diminuir a dor nos punhos, faça-o com uma barra W, se possível (na imagem, está sendo usado um haltere olímpico padrão), e pare por um segundo na altura dos quadris, onde a barra deve fazer contato.

Rosca drag invertida

Este exercício, idealmente realizado com uma barra grossa, desenvolve o músculo braquial anterior e cria uma tensão mais constante do que as roscas comuns.

Roscas comuns geralmente posicionam o cotovelo sob o peso na parte mais alta do movimento, diminuindo a resistência.

A rosca comum, que não é suficiente

A "rosca drag"

A rosca drag, ao contrário, levanta a barra verticalmente, e não num movimento circular, tocando levemente a parte frontal do corpo e mantendo a tensão o tempo todo.

As imagens acima mostram a rosca drag comum com as palmas para cima. Para invertê-la, como sugerido, certifique-se de que as palmas da mão estejam alinhadas com os ombros e viradas para baixo.

O ritmo e as repetições tanto da remada quanto da rosca drag são os mesmos do Protocolo de Occam: 5 para cima e 5 para baixo.

DAVE "JUMBO" PALUMBO — DE 64 PARA 144 KG

Dave Palumbo iria ser médico.

Entretanto, em algum momento enquanto corria pela equipe de atletismo da faculdade e no último ano na escola de Medicina, ele ficou fascinado pelo crescimento muscular. Isso foi um marco em sua vida, e ele optou por sair do laboratório e fazer de si mesmo um experimento.

Ele pesava menos de 64 kg quando começou, em 1986. Em 1997, Dave estava com 140 kg e menos de 10% de gordura corporal.

Só em 2008, além de atletas profissionais e celebridades — como o astro de wrestling Triple H —, ele treinou mais de 150 fisiculturistas e participantes de competições. Chegar a um índice de gordura corporal de 3,5% e dobrar a massa muscular não é normal, mas era justamente o ponto forte de Dave: criar monstros.

Isso nos leva de volta à cozinha em 1997, pouco antes de Dave chegar ao seu auge da massa muscular.

Ele estava completamente imóvel, apoiado na pia.

Não estava ganhando peso. Apesar de consumir de seis a oito suplementos alimentares Met-Rx e de fazer quatro a cinco refeições por dia, a balança não se alterava. Ele precisava comer mais, mas não conseguia mastigar ou digerir mais nada sólido sem regurgitar. Era impossível. Ele chegara ao seu limite de ingestão de sólidos, então teve de se contentar com líquidos.

Sua avó judia o avisara do risco de ingerir ovos crus e sofrer uma intoxicação por salmonela, e por isso ele cedeu: 12 ovos batidos no liquidificador e depois esquentados no micro-ondas por 1 minuto. Isso era a base. A receita toda tinha quatro ingredientes:

12 ovos aquecidos e batidos
1 xícara de suco de maçã
1 xícara de aveia crua
2 colheres de proteína de leite em pó

Os ingredientes misturados criavam uma gororoba com aspecto de cimento que ele enfiava goela abaixo, sempre perto da pia. Dave se condicionou a inibir seu refluxo, o que foi fundamental, já que a mistura descia lentamente por seu esôfago até o estômago.

Apenas mais um dia de trabalho.

Então ele esperava.

Dave aprendeu por experiência própria — e se alimentando disso três vezes ao dia — que precisava permanecer completamente imóvel por 15 minutos, não menos que isso, respirando lentamente e esperando que as coisas se assentassem. Bastava mexer os pés para dar início a uma imediata regurgitação. A imobilidade era importante.

Mas havia ocasiões em que o mundo não cooperava.

Certa vez, ele estava atrasado para um compromisso, por isso se forçou a beber sua mistura, jogou o liquidificador na pia e entrou no carro para chegar no horário marcado. Imagine que, com 1,78 m e mais de 135 kg, suas pernas ficavam a apenas alguns centímetros do estômago quando ele estava sentado. Dave ficara maior do que seu carro.

Em poucos minutos, enquanto ele corria pelas ruas, sua boca começou a produzir litros de saliva, preparando seu trato digestivo para rejeitar aquela comida. Ele fez o máximo que pôde para atingir um estado zen, repetindo "por favor, não vomite, por favor, não vomite" como um mantra. Estava quase chegando.

Dave se aproximava de um sinal de trânsito quando o carro à sua frente freou bruscamente.

Ele pisou no freio. Isso fez com que seu estômago batesse em suas coxas e ele vomitasse como um canhão por todo o para-brisa, como Linda Blair em *O exorcista*, durante alguns demorados segundos. Não sobrou um centímetro limpo no para-brisa e absolutamente nada dentro do seu estômago.

Limpando apenas o suficiente para enxergar, ele correu para a casa do cliente, saiu do carro e disparou até a porta.

— O que aconteceu com seu carro? — foi tudo que o cliente conseguiu perguntar enquanto Dave passava batido por ele direto para a cozinha.

Era hora de tomar outra mistura. Aquela quantidade de calorias não era opcional.

Ganhar mais de 80 kg de músculo é possível, assim como fazer agachamentos com 14 pesos de 20 kg na barra, mas nada disso é comum. Realizar o incomum exige um comportamento incomum. A regra principal para Dave: comer nem sempre seria por prazer.

Se você pretende ganhar quantidades enormes de massa muscular, nem sempre as coisas serão prazerosas. Isso é verdade principalmente na primeira semana.

Aperte o cinto e siga em frente.

O PROTOCOLO DE OCCAM II

Os pormenores

Os detalhes é que são importantes. Pequenas coisas fazem grandes coisas acontecerem.
— John Wooden, técnico de basquete que pertence ao Hall da Fama da NCAA — Associação Atlética Universitária Americana (10 títulos da NCAA em 12 anos)

Perguntas e críticas comuns

ESSA FREQUÊNCIA É MESMO SUFICIENTE?
Sim. O médico Doug McGuff compara a cicatrização de queimaduras com a cicatrização de tecidos musculares para explicar:

> Ganhar músculos é, na verdade, um processo muito mais lento do que cicatrizar uma queimadura [o que geralmente leva de uma a duas semanas]. Uma queimadura começa a cicatrizar-se no ectoderma porque as células epiteliais se regeneram mais rápido. Se você arranha sua córnea, por exemplo, em geral ela irá se cicatrizar em 8 a 12 horas. Mas o tecido muscular, ao contrário, começa a regenerar-se no mesoderma, onde o ritmo é significativamente mais lento. Levando tudo isso em conta — quando você separa todas as reações emocionais e positivas que as pessoas obtêm do treinamento físico —, dados biológicos sólidos indicam que a frequência máxima de treinamento para a vasta maioria da população é de não mais do que uma vez por semana.

Para uma discussão mais aprofundada sobre intervalos de recuperação, principalmente se você gostar de ciência, sugiro o livro do doutor McGuff, *Body by Science* [O corpo por meio da ciência].

COMO DETERMINO OS PESOS INICIAIS?

As primeiras sessões A e B serão mais demoradas do que as subsequentes, já que você precisa usar tentativa e erro para determinar os pesos iniciais.

Faça isso por meio de séries de cinco repetições em cada exercício, com um minuto de descanso entre eles. A cadência deve ser rápida, mas controlada, no levantamento do peso, e de dois a três segundos na descida. Não faça mais do que cinco repetições por série. Se você for capaz de erguer um peso maior, espere um minuto, aumente o peso em 5 kg ou 10% (o que for menor) e tente novamente. Repita esse processo até que você complete menos do que cinco repetições.

Quando não conseguir completar as cinco repetições, calcule 70% do peso da sua série completa anterior. Descanse por três minutos e realize uma série na cadência 5/5, até falhar, usando esse peso. Parabéns! Você acaba de realizar sua série até a falha mais adequada para o exercício, e esse peso será seu ponto de partida para o Protocolo de Occam. Para o exercício de desenvolvimento de ombros, use 60% do peso da última série bem-sucedida em vez dos 70%.

Vamos ver uma sessão A hipotética, realizada pela primeira vez numa segunda-feira. Eis como as coisas devem acontecer para um homem semitreinado de 70 kg realizando a puxada frontal no pulley (os pesos serão diferentes para cada indivíduo, lógico, e é por isso que você deve reservar ao menos uma hora para esses primeiros exercícios).

40 kg × 5 repetições (f/2)[1]
(1 minuto de descanso)
45 kg × 5 repetições (f/2)
(1 minuto de descanso)
50 kg × 5 repetições (f/2)
(1 minuto de descanso)
55 kg × 5 repetições (f/2)
(1 minuto de descanso)
60 kg × 4 repetições (f/2) (ele não conseguiu completar as 5 repetições, assim 55 kg foi sua última série de 5 repetições bem-sucedida)

1 "(F/2)" indica "rápido mas controlado" no levantamento do peso, com dois segundos no movimento para abaixá-lo.

Depois fazemos os cálculos: 55 × 0,7 = 38,5, e arredondamos para cima ou para baixo até o peso que possamos usar no aparelho ou barra, o que nos leva a 40 kg.

(3 minutos de descanso)
40 kg × 8,4 até falhar (cadência 5/5)

O número 8,4 apenas indica que a falha muscular foi atingida depois de 8 + 4/10 de uma repetição.

Descanse por cinco minutos e repita o processo no desenvolvimento. Após concluir o exercício A, marque os pesos que você usará da próxima vez. Como o exercício A foi realizado na segunda-feira, seus próximos exercícios serão mais ou menos assim:

(Concluído: segunda-feira — Exercício A)
Terça-feira — Exercício B
Domingo — Exercício A
Quarta-feira — Exercício B
Domingo — Exercício A (note o aumento planejado para três dias de descanso antes deste exercício)

COMO ACRESCENTO PESO?

Se você completou o mínimo de repetições exigido, acrescente 5 kg ou 10% do peso do exercício anterior, o que for maior. No exemplo acima, atingimos nosso limiar de sete repetições na puxada com 40 kg, por isso vamos aumentar para 45 kg na próxima série, já que um aumento de 10% seria menos do que 5 kg.

Para manter essa taxa de progresso por até dois meses, você precisa se alimentar muito. Acrescente shakes de proteína e leite integral se for muito difícil aumentar a quantidade de alimentos sólidos.

E SE EU PERDER OS EXERCÍCIOS PROGRAMADOS POR ESTAR VIAJANDO?

É melhor descansar por um dia ou até três a mais do que estragar um exercício com um equipamento diferente que tornaria impossível determinar seu progresso e os pesos adequados quando você voltar. Nada se perderá com um dia ou três a mais de descanso.

Outra solução é usar pesos livres com halteres olímpicos, pois eles serão sempre padronizados e comparáveis entre as academias. As opções com pesos livres foram mencionadas no capítulo anterior.

E SE EU NÃO ATINGIR O NÚMERO MÍNIMO DE REPETIÇÕES?

Isso significa uma ou outra coisa: ou você não estimulou os mecanismos de crescimento (exaustão insuficiente no último exercício) ou não se recuperou (descanso/alimentação insuficientes).

Se você não atingir o número mínimo de repetições por mais de uma repetição no primeiro exercício de uma série, vá para casa, descanse mais um dia inteiro e depois repita o exercício.

Digamos que você agendou o exercício A para segunda-feira. O primeiro exercício é a puxada, e a quantidade mínima de repetições é sete. Se você completar seis ou mais repetições boas, complete a série toda. Se não completar seis repetições na puxada, NÃO continue os próximos exercícios.

Em vez disso, pegue sua mochila e volte para casa. Descanse na terça-feira, certifique-se de se alimentar adequadamente comendo uma tonelada e volte na quarta-feira, preparado para vencer ambos os exercícios e proceder como o planejado.

Se o músculo falhar antes da quantidade exigida de repetições, não diminua o peso para continuar treinando (a chamada "série da desistência" ou "da interrupção") — como a maioria das pessoas faz. Simplesmente vá embora. Se você não se recuperou é porque não se recuperou. Se você continuar, facilmente ficará estagnado por duas semanas ou mais.

Interromper os exercícios exige um tremendo autocontrole e vai contra a cultura das academias.

Seja inteligente e opte por um descanso de 48 horas em vez de uma interrupção de duas ou três semanas.

Por fim, mas não menos importante, se você abandonar os exercícios porque perdeu uma série, acrescente outro dia de descanso entre todos os exercícios seguintes. Na verdade, você está apenas acelerando a planejada diminuição na frequência. Há pouco prejuízo em se fazer isso. Vinte e quatro horas a mais não lhe farão mal, mas se você não se recuperar direito estragará todo o processo.

QUANTAS CALORIAS DEVO CONSUMIR?

Se não conseguir ganhar peso depois de acrescentar o leite e os shakes de proteína, há chances de você ter algum problema de saúde. Não deveria ser necessário contar as calorias, e eu nunca as contei.

Há uma única exceção.

Se você acha que está fazendo tudo certo e ainda assim não está ganhando peso, certifique-se de que não está superestimando seu consumo de alimentos e, portanto, comendo menos do que deveria. Conte as calorias e pese a comida durante 24 horas.

Para fazer esse registro, eu uso uma balança nutricional Escali, que me permite inserir um código para cada tipo de alimento, fornecido no manual, a fim de determinar a quantidade de proteína, carboidrato e gordura.

Certifique-se de estar consumindo 44 calorias por quilo de massa magra *para uma massa magra total 5 kg maior do que a sua atual.* Isso não é necessariamente seu objetivo final (presumindo que você queira ganhar mais do que 5 kg). Ajuste esse número semanalmente.

Digamos que você tenha 72,5 kg de massa magra (determinada por exames de composição corporal) e queira ter 81,5 kg. Você deve ter certeza de que está consumindo cerca de 3.400 calorias (77,5 × 44 = 3.410). Esse é o mínimo e também se aplica a dias em que você não faz exercícios.

Dito tudo isso, lembre-se de que você não deveria estar contando calorias. Simplifique as coisas e você ganhará peso. Se o número na balança não aumentar, coma mais.

E OS EXERCÍCIOS AERÓBICOS?

Você acha que precisa montar numa bicicleta ergométrica ou correr para manter ou melhorar sua capacidade aeróbica? Nem sempre é o caso. O médico Doug McGuff explica:

> Se você quer melhorar sua capacidade aeróbica, é importante compreender que seu sistema aeróbico tem um desempenho maior quando se recupera dos efeitos do ácido lático. Depois de um treino de alta intensidade, quando seu metabolismo está tentando reduzir o nível de piruvato no seu sistema, ele o faz por meio da submissão aeróbica do metabolismo (...) uma vez que os músculos basicamente formam o sistema que utiliza o sistema aeróbico, à medida que a força muscular aumenta, os sistemas de apoio necessários (que incluem o sistema aeróbico) devem seguir o mesmo caminho.

Se você é um velocista ou maratonista, pode se preparar somente com pesos? Óbvio que não. Se não está competindo e só quer evitar uma doença cardiovascular, precisa passar horas na bicicleta? Não. A separação artificial entre metabolismos aeróbicos e anaeróbicos (sem oxigênio) talvez seja útil para vender *aeróbica*, um termo de marketing popularizado pelo doutor Kenneth Cooper em 1968, mas que não reflete a realidade.

O Protocolo de Occam desenvolve tanto os sistemas aeróbicos quanto os anaeróbicos.

E SE EU FOR UM ATLETA?

Apesar de depender do esporte, se você for um atleta profissional com treinamento frequente, eu sugeriria um protocolo criado para o ganho máximo de força e um ganho mínimo de peso. Leia o capítulo "Super-humano sem esforço".

ESSA VELOCIDADE DE LEVANTAMENTO NÃO ME DEIXARÁ MAIS LENTO?

Embora este programa não tenha sido criado para atletas (novamente, veja "Super-humano sem esforço"), não há evidência de que a cadência de levantamento 5/5 o tornará mais lento. Vamos dar uma olhada num exemplo contrário, num esporte no qual a velocidade é essencial: o levantamento de peso olímpico.

Em 1973, uma equipe sem experiência anterior foi formada na Escola Secundária DeLand, na Flórida. O protocolo principal de treinamento deles era abaixar o peso lentamente. A equipe acabou por conquistar mais de 100 vitórias consecutivas e se manteve invicta por sete anos.

Deixar que o treinamento com peso substitua o treinamento da técnica é o que torna os atletas mais lentos. A atenção aos músculos não deveria substituir a que é dada ao esporte em si. Para atletas de outras modalidades, o levantamento de peso é um meio, não um fim. Ele não deve interferir no treinamento específico para o esporte.

E QUANTO AO AQUECIMENTO?

Use 60% do peso de cada exercício e realize três repetições numa cadência 1/2 (um segundo para cima, dois segundos para baixo). Isso basta para identificar problemas de articulação que podem causar lesões com pesos maiores, mas não é exatamente um aquecimento. Os exercícios preparatórios sempre devem ser realizados antes da primeira série "valendo" na cadência 5/5.

Em termos práticos, as primeiras repetições de cada exercício funcionam como um aquecimento. Nunca vi alguém ter uma lesão ao treinar com base nesse protocolo.

DEVO ME EXERCITAR COM COMPANHIA?

Se você vai se exercitar com outra pessoa, certifique-se de que seus intervalos de descanso permaneçam consistentes. Três minutos não devem se transformar em três minutos e meio porque seu parceiro está conversando ou mudando os pesos lentamente. Isso não é negociável. Sempre me exercitei sozinho e usei o tempo de treino como um momento para mim, quase uma meditação, o que é reforçado pela contagem da cadência. Muitas pessoas se beneficiam muito ao treinar acompanhadas, mas tudo indica que eu não sou uma delas.

Os exercícios são escolhidos para serem seguros quando realizados sozinhos. Mesmo que você escolha treinar com um companheiro, não deixe que ele o ajude. Dessa forma, eles acabarão erguendo o peso enquanto gritam "Agora você!". E isso impossibilita que você saiba quanto peso realmente levantou.

Sinta-se livre para levantar pesos junto de alguém, mas chegue à falha muscular sozinho.

E QUANTO A SÉRIES COM PESOS MENORES, PAUSAS E OUTRAS TÉCNICAS PARA ESTENDER A FALHA?

Isso é desnecessário e arruína sua capacidade de controlar as variáveis. Simplifique as coisas e siga as regras.

Os grandes treinadores que usam metodologias de uma série até atingir a falha observaram resultados melhores sem a estenderem. Se você não conseguiu mover o peso, isso significa que atingiu o limite da falha muscular. Aumentar isso só consome recursos que não poderiam ser aplicados ao crescimento.

X NÃO É MELHOR DO QUE Y? POSSO [INSIRA UMA ALTERAÇÃO QUALQUER AO PROTOCOLO]?

Se quiser ser um levantador de peso profissional, você precisará de outra rotina.

Se quiser se destacar em outros levantamentos, precisará de outra rotina.

Para ganhar 5 kg ou mais de massa magra, contudo, este programa não exige quaisquer modificações.

Se você quer outra coisa, escolha outra coisa. Caso contrário, não altere a rotina.

POSSO APENAS ME EXERCITAR A CADA 12 OU 24 DIAS, COMO O GURU X SUGERE? AINDA ESTOU FICANDO MAIS FORTE.

Há alguns treinadores que defendem que os exercícios sejam feitos com a menor frequência possível para que se ganhe força. Em alguns casos, isso significa uma série de exercícios por mês.

Não chega a ser algo ruim, mas vamos fazer uma distinção importante:

Fazer o menos *possível* para *sentir* o ganho de força
versus
Fazer o menos *necessário* para *maximizar* o ganho de massa

O último é o objetivo do Protocolo de Occam.

O crescimento do tecido muscular é nossa prioridade número um, ainda que também haja significativos ganhos de força. Dobrar ou triplicar seus pesos em um ou dois meses, como aconteceu com Neil e outras pessoas, não é incomum.

Para suportar uma alta taxa da massa sem gordura, precisamos nos superalimentar e direcionar esse excesso de calorias para os músculos. Isso é feito estimulando-se a síntese de proteína e a sensibilidade à insulina do próprio tecido muscular por meio da ativação (translocação) dos transportadores de glicose GLUT-4. Lembre-se do capítulo "Situações de emergência": a ativação da GLUT-4 é conseguida com exercícios, já que não queremos ter uma overdose de insulina.

Se você se exercitar apenas uma vez por mês, isso talvez represente uma janela de GLUT-4 de um mês para a superalimentação eficiente. Não podemos aceitar isso, e vamos ter como objetivo uma série de exercícios por semana, no mínimo.

O QUE FAZER SE SEU GANHO DE PESO DIMINUIR COM UMA SÉRIE POR SEMANA?

Em vez de realizar a sessão para todo o corpo a cada 10 a 14 dias, por exemplo, teste uma rotina diferente para facilitar o ganho de força enquanto aumenta o intervalo da sua GLUT-4 para pelo menos duas por semana.

É assim que você fica enorme muito rápido e sem ganhar muita gordura.

Usei a seguinte divisão em três séries e obtive um excelente resultado, principalmente em 1997:

Primeira série: Exercícios de extensão
Segunda série: Exercícios de flexão
Terceira série: Exercícios para a perna

Se você não tem condicionamento físico adequado ou nenhum condicionamento físico (está atrofiado), descanse um dia entre os exercícios (por exemplo, extensão, um dia de descanso, flexão, um dia de descanso, pernas, um dia de descanso e assim por diante) nas duas primeiras semanas, faça dois dias de descanso entre exercícios nas três semanas seguintes e depois passe para três dias entre os exercícios.

Os exercícios que usei, todos realizados na cadência 5/5, foram:

Extensão

- Supino inclinado
- Tríceps na paralela (acrescente peso quando possível)
- Desenvolvimento (nunca atrás do pescoço)

Flexão

- Pullover
- Remada curvada
- Puxada com pegada fechada e supinada (com as palmas voltadas para você)
- Encolhimento *lento* de ombros com halteres (com intervalo de dois segundos no alto)

Pernas

- Leg press com os pés alinhados com os ombros (faça mais repetições disso, pelo menos 120 segundos antes da falha)
- Cadeia adutora (juntando as pernas)
- Flexão da perna
- Extensão de perna
- Flexão plantar sentado

Olhando para trás, acredito que esse volume de exercícios seja excessivo para a maioria das pessoas. Os dois primeiros exercícios de cada lista produzirão pelo menos 80% dos ganhos desejados com um risco menor de estagnação.

COMPREENDENDO O SARCOPLASMA: NÃO É APENAS ÁGUA?

— É só o peso da água.

Esse comentário desdenhoso é comum no mundo do levantamento de peso e das dietas.

Carregar tanta água subcutânea a ponto de sua cabeça parecer uma boneca "Repolhinho" é ruim. No entanto, acrescentar intencionalmente mais líquido e substrato em partes específicas do tecido muscular pode ser muito útil. Há dois tipos diferentes de crescimento muscular que você pode usar em seu favor com algum conhecimento.

Os dois nomes soam complicados — miofibrilar e sarcoplasmática —, mas as diferenças são bastante simples.

Comecemos com uma aula básica sobre as fibras musculares.

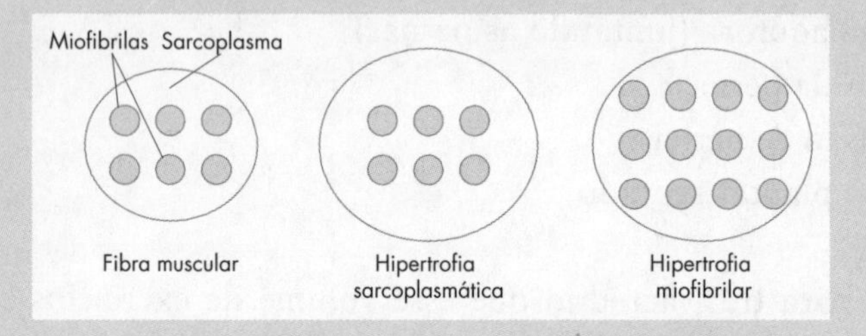

Toda fibra muscular tem duas partes principais: as miofibrilas, que são filamentos cilíndricos que se contraem para criar movimento, e o sarcoplasma, que é o líquido que cerca as miofibrilas e contêm glicogênio e mitocôndrias para prover energia (ATP).

A hipertrofia miofibrilar[2] pode ser vista como um crescimento ao máximo da sua força. As miofibrilas na fibra muscular aumentam em quantidade, acrescentando primeiro força e depois um pouco de tamanho ao músculo. Esse tipo de crescimento muscular é obtido com alta tensão — realizando de 1 a 5 repetições a 80 a 90% do seu máximo para exercícios de uma única repetição, por exemplo. O resultado em força é limitado a intervalos breves, já que você estará desenvolvendo fibras musculares do tipo 2, de fadiga rápida.

A hipertrofia sarcoplasmática pode ser vista como um crescimento ao máximo em tamanho ou em resistência à fadiga anaeróbica. O volume de líquido no sarcoplasma aumenta, em vez das miofibrilas, acrescentando principalmente tamanho e um pouco de força ao músculo. Esse tipo de crescimento muscular é obtido por meio de adaptações metabólicas — ao se realizar de 8 a 12 repetições até a exaustão com um peso de 60 a 80% do seu máximo para exercícios de uma única repetição, por exemplo.

Mas qual dos dois é melhor? A hipertrofia sarcoplasmática seria então inútil, apenas água?

2 Também chamada de hipertrofia sarcomérica.

Antes de mais nada: a afirmação de que é "apenas água" não combina com ciência. A desidratação de até mesmo 4% do peso de uma pessoa pode reduzir a resistência muscular em 15 a 17%. O mais relevante para o aumento do tecido muscular: pesquisadores como o doutor Clyde Wilson, da Faculdade de Medicina da Universidade da Califórnia em San Francisco, acreditam que a água atua com eficiência como um fator de transcrição — semelhante à testosterona e ao hormônio do crescimento — para a produção de proteína. Há provas de que fatores de crescimento são ativados por elementos de regulação do volume celular que, na verdade, dizem ao DNA para se replicar quando a hidratação intracelular chega ao máximo. Como se isso não fosse o bastante, conforme afirmou o doutor Doug McGuff, quando a água contida na célula está no seu nível máximo, os receptores hormonais, "posicionados na superfície da membrana celular, projetam-se mais no ambiente onde os hormônios circulam, permitindo, assim, a interação hormonal máxima com os receptores".

Só água. Bah.

Em segundo lugar, o aumento do volume sarcoplasmático não é apenas um aumento de líquido (água). Ele também corresponde a mais mitocôndrias, glicogênio e concentrações maiores tanto de trifosfato de adenosina (ATP, a energia das células) quanto de fosfocreatina (PC, uma reserva de alta energia). Sem mencionar o aumento na capilarização proporcionado por esse tipo de exercício, o que resulta em uma distribuição mais eficiente dos nutrientes por todos os vasos sanguíneos adicionais.

Foi por isso que Neil ganhou 48,65% de força com seus exercícios (100% num deles) em quatro semanas usando o que pode ser considerado um protocolo de aumento sarcoplasmático. Esses aumentos na força são impressionantes de qualquer forma, sejam miofibrilares ou não.

O Protocolo de Occam lhe dá mais força do que um protocolo especificamente criado para o aumento máximo de força? Não. É para isso que serve o capítulo "Super-humano sem esforço". Mas o Protocolo de Occam o torna muito, muito mais forte e permite que você supere a maioria das pessoas na academia? Sim.

Conclusão: para escolher o melhor programa para você, é preciso saber seu objetivo.

Como sempre, quanto mais específica for a meta, mais exato será o treino e melhores serão os resultados.

APERFEIÇOANDO O SEXO

O ORGASMO FEMININO DE 15 MINUTOS

Part un

O prazer de viver e o prazer do orgasmo são idênticos. A ansiedade extrema pelo orgasmo forma a base para o medo generalizado da vida.
— Wilhelm Reich, psicólogo austríaco (1897-1957)

Um orgasmo por dia nem sabes o bem que te fazia.
— Mae West, atriz e sex symbol americana (1892-1980)

RESTAURANTE TAILANDÊS OSHA,
SAN FRANCISCO, 21h

A comida tailandesa pairava entre o prato e minha boca, o brócolis quase caindo do garfo. Então ele caiu. Eu estava mais interessado na conversa do que na comida.

— Para quase todas as mulheres, a parte mais sensível do clitóris é o quadrante superior esquerdo do ponto de vista delas, como se fosse um relógio com o ponteiro marcando uma hora na visão do homem.

Tallulah Sulis, especialista em ejaculação feminina, bebeu um gole de água e levantou a cabeça, encarando os meus olhos:

— Você realmente deveria conhecer Nicole Daedone.

Tallulah era uma velha amiga e se tornava ali minha primeira consultora sobre orgasmos. Anotei aquele nome e continuamos papeando sobre as novidades das nossas vidas amorosas e outros assuntos.

Duas horas depois, pagamos a conta, e eu a acompanhei até o carro. Enquanto andávamos sem pressa pela faixa de pedestres, virei-me para ela e brinquei:

— Então tudo que preciso fazer agora é encontrar uma garota bonita e solteira que nunca tenha tido um orgasmo.

Foi um final engraçado para uma noite engraçada.

Mal sabia eu o quanto o papel no meu bolso se tornaria importante.

A busca

Exatamente 24 horas mais tarde, o acaso se encarregou de fazer sua parte.

Eu estava apreciando a culinária francesa e uma garrafa de Bordeaux ao lado de uma instrutora de ioga de 25 anos nascida no Meio-Oeste e recém-chegada a San Francisco. Conversávamos sobre o mundo dos solteiros e depois sobre o choque cultural que ela sofreu ao ir a lugares como Castro, onde drag queens e transexuais jantavam ao lado de milionários da internet. Nada era tabu, e ela estava se acostumando. Afinal, San Francisco é a capital mundial da experimentação sexual.

Várias taças depois, ela acabou admitindo que nunca tivera um orgasmo. Como nós chegamos ao assunto não me lembro, mas olhei em volta para ver se Deus estava brincando comigo. Jamais ganhei na loteria, mas me senti como se fosse o vencedor.

Seu comentário seguinte me trouxe de volta à realidade:

— Mas está tudo bem. Acabei percebendo que sexo não é tão importante assim.

Um segundo de silêncio.

— O quê?! — perguntei, um pouco alto demais. (Obrigado, vinho.)

Aquela mulher linda, no auge de sua vida, vamos chamá-la de Giselle, havia classificado o sexo como uma atividade sem importância e desinteressante. À medida que a bebida fluía e continuávamos a conversar, ficou evidente que esse raciocínio era produto direto de sua incapacidade de aproveitar inteiramente o sexo.

Então acabei lhe fazendo uma promessa de bêbado: eu daria um jeito na sua incapacidade de chegar ao orgasmo. Não naquela noite, e não necessariamente comigo,[1] mas de alguma maneira.

Olhando para trás, vejo que foi uma promessa boba, que traía um excesso de confiança. Mas, com o otimismo que só o álcool é capaz de nos dar, enxerguei aquele momento como um divisor de águas, uma oportunidade de usar meu TOC para um bem maior.

1 O que é isso, pessoal? Sou um profissional.

A maioria dos homens acha que entende, em linhas gerais, a anatomia feminina, mas o quadrante superior esquerdo, marcando uma hora? Aquilo era novo para mim.

Tallulah me deu uma dica sobre um mundo completamente novo.

Naquela noite, em algum lugar entre a Wikipédia e o PornHub, vi que Giselle não estava só. A sexóloga Shere Hite já havia concluído fazia muito tempo que 70% das mulheres americanas não chegavam ao orgasmo numa relação sexual, e os dados de Alfred Kinsey sugeriam que até 50% não conseguiam ter um orgasmo de forma alguma.

Minha busca pelo evasivo "O" feminino havia começado.

O resultado, um mês depois, foi melhor do que eu poderia imaginar.

Fui capaz de facilitar orgasmos (a palavra facilitar será explicada mais tarde) em todas as mulheres que aceitaram ser cobaias.[2]

Os resultados: aquelas que nunca tinham chegado ao orgasmo somente com a masturbação conseguiram chegar, e aquelas que nunca haviam tido um orgasmo apenas com a penetração também foram bem-sucedidas. A taxa de sucesso foi de 100%.

Eis o que aprendi.

O processo

Na manhã seguinte ao encontro regado a vinho com Giselle, relacionei várias perguntas que pareciam bons pontos de partida. Várias diziam respeito à resistência masculina, se ela seria um fator limitante. Achei que talvez precisasse treinar homens para funcionarem como os coelhinhos das pilhas Duracell.

Algumas das minhas suposições, expressas no texto, revelaram-se totalmente equivocadas, mas eis as perguntas originais:

1. Como se adaptam as posições sexuais mais comuns para tornar mais provável que a mulher atinja o orgasmo?
2. Como se reduzem os períodos refratários (o período em que é impossível ter uma ereção depois de uma ejaculação) nos homens? Isso talvez permitisse mais relações numa noite.
3. É possível que homens tenham orgasmos múltiplos sem ejacularem?[3]

2 Como se consegue, dentro da lei, cobaias ansiosas para participar dos testes? Isso é assunto para outro livro.

3 Resposta simples: sim. Mas, se você não tem um problema de resistência, isso geralmente irrita a mulher e tira dela a compensação psicológica de levá-lo ao orgasmo. Não é legal. Se você pretende aumentar sua resistência, recomendo respirar fundo e melhorar sua posição.

4. Como se faz para impedir que ela – isto é, a "perseguida" – se alargue com o tempo? (Uma amiga insistiu para que eu mantivesse essa pergunta.)[4]

Agora que tinha as perguntas, necessitava de respostas. Para isso eu precisaria de duas coisas: especialistas e muita prática.

Prioridade: especialistas.

O que não falta são informações sobre sexo. Começando pela técnica da Qigong Penis (que concorre com a escola Iron Penis Kung-Fu, e isso não é uma piada) e passando por exercícios de orgasmo com máquinas vibratórias sofisticadas como a Sybian, o problema é o excesso de ofertas. Considerando as opções, comecei a temer que aquilo acabasse virando uma reencenação do livro *The Snow Leopard* [O leopardo-das-neves], de Peter Matthiessen.

Em 1973, Peter viajou com o zoólogo George Schaller e se enfiou 400 km adentro na terra de ninguém do Himalaia em busca do mítico leopardo-das--neves. Eu não queria contar o final da história, mas ele não encontrou felino algum. Viu espécies raras de cabras-monteses, raposas e lobos — e até mesmo sinais do tal leopardo —, mas nunca o achou.

Felizmente, a experiência de Peter o levou a uma busca de inspiração budista pelo sentido da vida e a escrever um texto clássico sobre a natureza. Duvido que eu fosse capaz de extrair a mesma beleza da Iron Penis Kung-Fu. A minha busca era tudo ou nada, e eu precisava de um final feliz em todos os sentidos.

Não tive escolha senão reduzir o escopo da pesquisa e encontrar alguém que já havia tentado de tudo.

Só havia um lugar onde procurar.

Nina e as 400 noites hollywoodianas

Nina Hartley tornou-se enfermeira diplomada em 1985, depois de se formar com louvor na Universidade Estadual de San Francisco.

Ela também começou a fazer striptease no segundo ano da faculdade, o que a levou a algumas experiências no cinema pornô. Não foi uma fase. Desde então, Nina estrelou ou apareceu em mais de 650 filmes pornôs e é uma das atrizes mais reconhecidas e respeitadas do ramo. Lexington Steele, a única pessoa a ganhar o AVN (o Oscar da indústria de filmes pornográficos) de ator

4 Moças, isto é respondido no quadro e nas fontes de pesquisa do próximo capítulo.

do ano por três vezes (três vezes!), afirmou publicamente, "sem hesitar", que a melhor experiência sexual de sua vida foi com Nina.

Meu amigo Sylvester Norwood[5] mais tarde me disse a mesma coisa.

Mas... como assim?!

A confissão dele me deixou confuso. Não que eu duvidasse das habilidades de Nina, mas como Sylvester tinha entrado na história? Aquele menino judeu ultracomportado que tinha medo de conversar com as garotas?

[A imagem escurece, para então mostrar a reconstituição da cena...] Mais parece um episódio do *Acredite se quiser*: a mãe de Sylvester estava num jantar em Berkeley, na Califórnia, no qual Nina também estava presente, e as duas acabaram se sentando lado a lado. Ao voltar para casa, a senhora Norwood contou isso a Sylvester, então com 22 anos:

— Adivinha quem estava no jantar comigo? Uma famosa estrela do cinema pornô: Nina Hartley. Já ouviu falar dela?

Sylvester quase engasgou. Secretamente, ele tinha uma enorme coleção de vídeos com Nina, seu leopardo-das-neves pessoal.

— Mãe, eu tenho que conhecê-la. Nem que seja a última coisa que eu faça na vida, PRECISO conhecer Nina Hartley.

Após três dias de súplica e insistência, a mãe de Sylvester disse "chega" e pegou o telefone.

— Oi, Nina. Aqui é a senhora Norwood. Adorei conhecê-la na festa. Escuta, eu queria perguntar uma coisa. Por acaso você faz amor com homens mais jovens?

A resposta de Nina:

— Ah, com certeza! Adoro desvirginar homens mais novos... mas apenas uma vez.

E foi assim que aconteceu.

Em resumo: a mãe mais legal do mundo!

Uma década depois, Sylvester ainda é amigo de Nina e foi ele quem me apresentou a ela por e-mail. O telefonema de duas horas que veio em seguida valeu por um mestrado em todas as coisas que dizem respeito ao sexo, com os destaques principais relacionados (1) à precondição mais importante para o orgasmo feminino; e (2) às mudanças técnicas nas posições.

5 Não é o nome real. Imortalizei o nome do gato de meu amigo, seguindo a tradição da criação de nomes artísticos da indústria pornográfica: nome do animalzinho de estimação da infância + a rua em que você cresceu.

A PRECONDIÇÃO: AS MULHERES PRECISAM DAR INÍCIO ÀS COISAS

— Nenhum homem pode lhe *dar* um orgasmo. Ele só pode ajudá-la a ter um sozinha.

Foi por isso que usei a palavra *facilitar* antes. Primeiro, Nina destacou, uma mulher deve se sentir à vontade se masturbando.

— Se ela não se masturba regularmente, pela minha experiência, vai ser difícil demais para valer a pena, a não ser que você goste de ser a solução. A mulher precisa, pelo menos, oferecer um ponto de partida e se sentir à vontade com o potencial orgástico dela.

Durante anos, a própria Nina sentiu vergonha de mostrar sua "cara de orgasmo" — a expressão facial durante o orgasmo — para os parceiros, pensando que era feio ou repulsivo, sem perceber que os homens ficam loucos por isso.

— A mulher precisa saber como ela fica linda e excitante nesse estado.

As palavras mais sinceras jamais ditas.

Para aquelas mulheres que não se masturbam, Nina recomenda começar aos poucos: cinco minutos à noite antes de dormir ou logo depois de acordar, e ouvindo a própria voz interna. O que sua mente está lhe dizendo? Culpa ou vergonha infundadas? Ambos passam com a prática, e você deve se sentir à vontade sozinha antes de conseguir com outra pessoa.

Meia hora depois da entrevista com Nina, liguei para Giselle.[6] O veredito: ela nunca se masturbara.

Era a filha mais velha, algo inesperadamente recorrente que descobri entre mulheres que não conseguem atingir o orgasmo, e recebeu uma educação católica. Sua mãe usava táticas religiosas assustadoras, repetindo frases como: "Espero que sua escolha pela abstinência inclua se lembrar da sua fé." Isso alimentou nela a sensação de que era obrigada a servir de exemplo para as irmãs mais novas, e o produto final era previsível: ela se fechou para o prazer, vendo-o como um perigo, e estava agora a caminho da assexualidade.

Primeiro passo: dei a Giselle, que concordou com a brincadeira, o livro *Sex for One* [Sexo para um], de Betty Dodson,[7] junto com um dever de casa: masturbar-se antes de dormir por cinco minutos a cada noite.

Depois cruzei os dedos.

As semanas seguintes revelariam se seu desconforto e desinteresse podiam ser solucionados por meio de um simples condicionamento.

6 Giselle é uma mistura de várias mulheres que serviram como cobaia daqui por diante.

7 Recomendado por Nina e dezenas de sexólogos. Giselle achou o livro um pouco exagerado por causa das ilustrações bizarras e de uma descrição de sexo em grupo logo no início. Ela preferiu *I Love Female Orgasm: An Extraordinary Orgasm Guide* [Adoro o orgasmo feminino: um guia extraordinário para o orgasmo], de Dorian Solot, que ela ganhou mais tarde de uma entusiasmada amiga capaz de ter orgasmos.

No boxe, existe uma expressão que diz: "Todo mundo tem um plano até levar um soco." Em relação a Giselle e a outras mulheres que entrevistei depois, em geral apresentavam uma autoconfiança como a do Rocky em relação ao sexo até se relacionarem com um parceiro, quando então as inseguranças ocultas vinham à tona apesar de (ou talvez por causa de) seus melhores esforços para contê-las. Elas necessitavam da prática para enfrentar seus temores, e não de mais autoconfiança. Precisavam se masturbar.

Eu esperava que cinco minutos de dever de casa noturno bastassem.

AS POSIÇÕES: PRECISÃO E PRESSÃO

Nina enfatizou duas ligeiras modificações à maioria das posições:

1. **Mudança no ângulo** de penetração, de modo que a glande faça mais contato com o ponto G, que geralmente é do tamanho de uma moeda de 25 centavos e fica 2,5 a 5 cm dentro da vagina, na parte superior. Se um homem inserir seu dedo indicador até a segunda articulação (com a palma para cima) e fizer um movimento para cima e para trás, como se estivesse chamando alguém, a ponta do dedo dele deve tocar um tecido esponjoso ou ficar a alguns centímetros dele. Este é o ponto G.
2. **Mudança na pressão** da posição, de modo que o osso pélvico masculino esteja em contato direto com o clitóris.

As descrições a seguir se baseiam nas sugestões de Nina, assim como em minhas [cof, cof] pesquisas de campo. As três posições descritas foram escolhidas porque a mulher não precisa necessariamente se estimular, como seria no caso da posição "de quatro".

"Papai e mamãe" com angulação aperfeiçoada

Nas imagens a seguir, note que o quadril da mulher está apoiado num travesseiro de modo a se inclinar em direção à cabeça dela. Nina sugere travesseiros mais firmes (como os preenchidos com casca de trigo-sarraceno), porque, ao contrário dos de espuma ou penas, não afundam. Apaixonei-me por esse tipo de travesseiro no Japão, pois se moldam de acordo com sua cabeça e pescoço para propiciar uma noite de sono perfeita. Eles acomodam bem o bumbum feminino, mantendo-os a aproximadamente 15 cm acima da cama.

O homem, então, aproxima seu quadril o máximo possível do quadril da mulher, mantendo seus tornozelos sob o bumbum. Ele deve estar sentado ao estilo japonês, sobre os tornozelos e com os joelhos abertos de forma confortável.

"PAPAI E MAMÃE" CONVENCIONAL

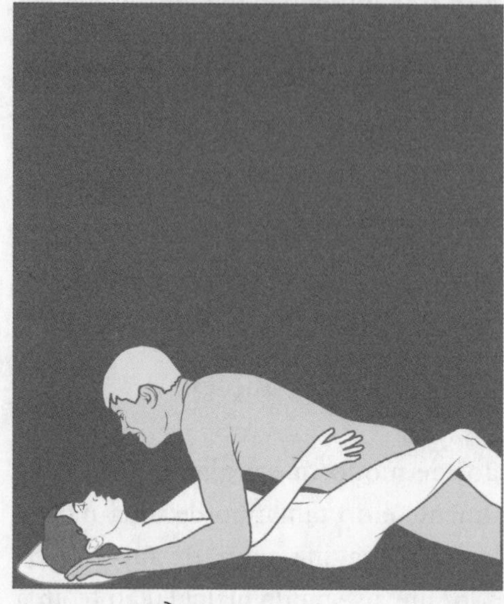

"PAPAI E MAMÃE" COM ANGULAÇÃO APERFEIÇOADA

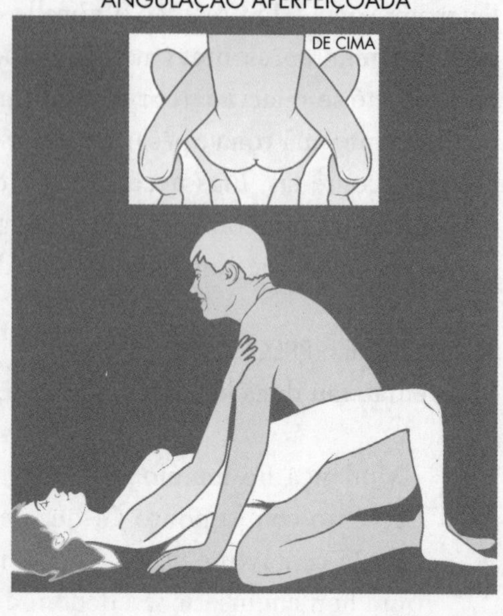

Homem
Mulher
} Se isso não for óbvio, recomendo dar uma palmada nos seus pais e ver mais televisão.

Quanto mais baixo mantiver o quadril, melhor o ângulo para se tocar no ponto G.[8] Experimente penetrações mais ou menos profundas. Fazer um ritmo de nove penetrações mais curtas e uma mais longa é bem eficiente. Use a parte de baixo da abertura vaginal como um sustentáculo para o pênis, que funcionará como uma alavanca.

A mulher deve experimentar: (a) aproximar os joelhos do peito para inclinar os quadris em sua direção; e (b) colocar os pés na cama para levantar os quadris. Geralmente, uma das posições será ótima, enquanto a outra ficará parecendo estranha.

Nota sobre penetrações profundas para homens "grandes": se seu pênis é capaz de atingir o colo do útero dela nessa posição, o que não é agradável para as mulheres, "adapte a posição", como se diz na indústria dos filmes pornôs. Com o umbigo dela bem diante de si, mire seu pênis ligeiramente para a esquerda (como se marcasse 10 horas num relógio). Isso funcionará para todas as posições que permitem penetração profunda ("de quatro", "cavalgada invertida" etc.). A dor não é uma coisa muito sensual, a não ser que a mulher em questão diga o contrário.

8 Na posição "de quatro", se você quiser ampliar seu repertório mais tarde, a mulher vai gostar de manter o quadril o mais abaixado possível.

"Papai e mamãe" com pressão aperfeiçoada

Para conseguir esta posição, o homem precisa jogar seu peso para a frente alguns centímetros. Primeiro, ele precisa esticar as pernas (juntá-las facilita) de modo que os joelhos não toquem na cama. Então ele apoiará mais peso sobre a pélvis da mulher (o objetivo) e sobre os próprios braços.

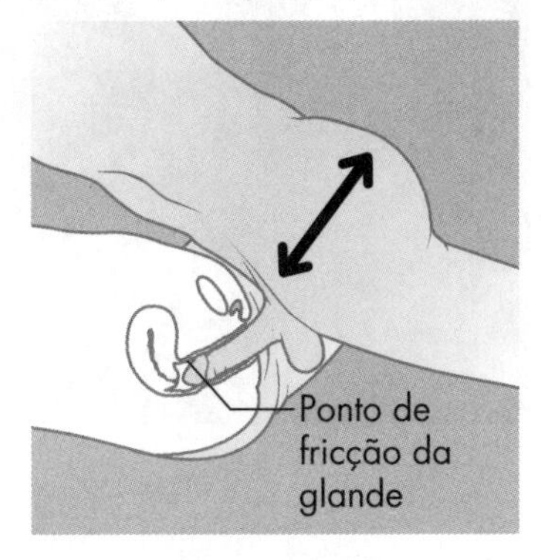

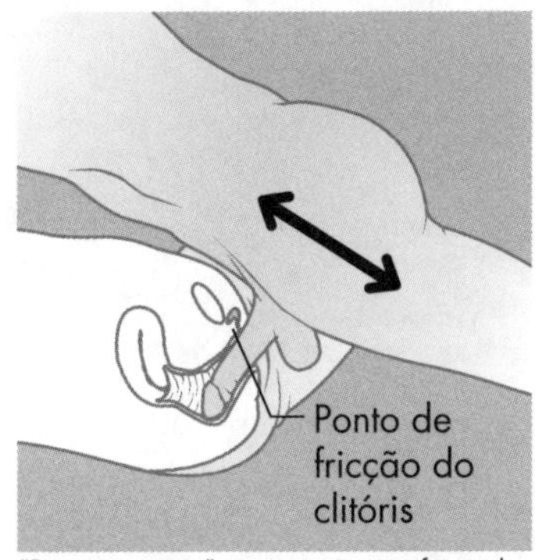

"Papai e mamãe" com pressão aperfeiçoada

Isso altera o ângulo de penetração de modo que o ponto principal de fricção já não seja mais a glande contra a parede vaginal, e sim o osso pélvico masculino sobre o clitóris da mulher. Matam-se dois coelhos com uma cajadada só: o homem consegue ficar sem ejacular por mais tempo, e a mulher recebe estímulo clitoriano direto.

Essa modificação foi recomendada por Nina, mas ela não foi a única.

Tallulah foi enfática:

— A primeira posição que proponho a um homem é a da fricção pélvica, fazendo com que ele mova o quadril em pequenos círculos ou lentamente de um lado para o outro.

Mais tarde descobri que contrair os músculos do abdômen, ou mesmo estendê-los um pouco, e movimentar os quadris para cima e para baixo em extensões curtas de 2,5 a 5 cm é mais eficiente. Imagine que, logo abaixo do seu umbigo até a base do seu pênis, você está ligado à mulher — nunca perca contato com o clitóris. Se você fizer isso certo, espere sentir como se tivesse feito mil abdominais completos no dia seguinte.

Como um amigo me disse ao trocar de marcha numa ladeira em San Francisco:

— Se você não encontra a marcha certa, rale o câmbio.

Péssimo conselho para carros, ótimo conselho para as mulheres.

Cavalgada tradicional *versus* cavalgada com pressão aperfeiçoada

A cavalgada com pressão aperfeiçoada põe a mulher sobre o homem e recria a mesma posição peniana da posição "papai e mamãe" com pressão aperfeiçoada.

CAVALGADA TRADICIONAL

CAVALGADA COM PRESSÃO APERFEIÇOADA

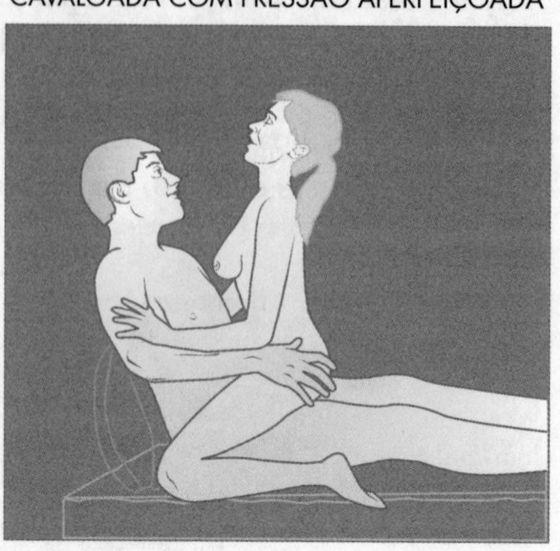

O homem não deve ficar com as costas totalmente deitadas nem totalmente sentado. Ele deve manter uma inclinação de cerca de 20 graus. Pode-se conseguir isso com travesseiros ou, melhor ainda, sobre uma cadeira sem braços em que a mulher possa se apoiar no encosto. A vantagem dessa posição é simples: a mulher pode controlar o movimento.

A professora Nina dá o seguinte conselho, que serve para todas as posições:

— Na dúvida, você fornece a pressão, e ela, o movimento.

O homem pode segurar um vibrador em contato com o clitóris nessa posição, mas optei por não o usar para não correr o risco de distrair ambos. Como disse Nina-san:

— Um vibrador pode ser o melhor amigo de uma mulher ou pode ser tão irritante quanto um mosquito.

Sempre se pode recorrer à artilharia pesada depois do ato, mas queria estar preparado para encontros de mãos vazias. Queria desconstruir o orgasmo e criá-lo espontaneamente, sem o auxílio de instrumentos.

Foi quando o papel no meu bolso se transformou no bilhete de entrada para o reino que exploraremos no próximo capítulo. Lá, também descobriremos o que aconteceu com Giselle.

FERRAMENTAS E TRUQUES

Travesseiros de casca de trigo-sarraceno (www.fourhourbody.com/buckwheat) Travesseiros rústicos preenchidos com casca natural de trigo. São leves, duráveis e se ajustam ao contorno do corpo sem se deformar como os travesseiros comuns. Também são antialérgicos e permitem a circulação constante do ar por todo o travesseiro, mantendo-o na temperatura ideal. Perfeitos para melhorar o sono e o sexo.

Liberator Bedroom Adventure Gear (www.liberator.com) Apimente sua cama com tudo que as máquinas Liberator podem proporcionar. O website é explícito e quero contratar o fotógrafo deles (ou talvez apenas as modelos?). Se nada interessar a você, saiba que a "cunha" (em inglês, *wedge*) é um item obrigatório (www.fourhourbody.com/wedge). Sem mais palavras.

Beautiful Agony (www.beautifulagony.com) Beautiful Agony é um experimento bizarro e estranhamente hipnótico. O site publica vídeos que os usuários mandam com suas expressões faciais de orgasmo. Talvez seja a coisa mais erótica que você já viu, ainda que a única nudez mostrada seja do pescoço para cima. Talvez seja um problema só para mim, mas gostaria que eles tivessem uma página de abertura que perguntasse antes ao usuário: "Você quer ver homens ou mulheres?"

SexWise com Nina Hartley (www.sexwise.me) É aqui que Nina explora e explica tudo. Com base na crença de que todos os "problemas" sexuais são conflitos entre a natureza sexual verdadeira e o que lhe ensinaram que é aceitável, nada do que for adulto, legal e consensual é tabu neste site.

Tallulah Sulis (www.tallulahsulis.com) Tallulah é uma especialista em ejaculação feminina. Ela foi a primeira a me apresentar às coordenadas precisas que formam a base do próximo capítulo.

I Love Female Orgasm: An Extraordinary Orgasm Guide **(www.fourhourbody.com/loveorgasm)** Esse livro, que Giselle ganhou de uma amiga, é tão bom que ela me sugeriu usá-lo como minha recomendação de leitura padrão. Ele explica com leveza e humor como chegar ao orgasmo durante a relação sexual (e por que a maioria das mulheres não consegue), dá conselhos detalhados sobre o primeiro orgasmo e dicas para um sexo oral melhor, entre outras coisas. Histórias de casais da vida real criam a sensação de avidez experimental por temas que normalmente seriam intimidadores. Ótimo livro.

O ORGASMO FEMININO DE 15 MINUTOS

Part deux

Recomendação:
Se ilustrações explícitas da anatomia feminina o incomodam, talvez você queira pular este capítulo. É sério. Há vaginas em abundância.

As revistas masculinas contêm muito poucos conselhos porque os homens pensam: "Sei o que estou fazendo. Basta me mostrar uma mulher pelada."
— Jerry Seinfeld

Animais estúpidos

Abaixo segue uma compilação de cenas que se repetem milhões de vezes todas as noites ao redor do mundo:

O homem finalmente consegue chegar lá embaixo e se atrapalha para colocar a mão onde importa.
O homem começa a fazer movimentos circulares ou aleatórios para cima e para baixo, rezando para atingir o lugar certo e não parecer surpreso.
A mulher geme e o homem pensa que está se saindo bem.
A mulher para de gemer.
O homem muda de técnica e acelera, enquanto a mulher pede para ele ir um pouco mais devagar.
O homem vai mais devagar e, em exatamente cinco segundos de reação ligeiramente positiva, nada acontece.
O homem se sente como um cão tentando abrir a porta sem ter os polegares.

Se ele está ali para pegar o clitóris vivo ou morto, como a maioria dos homens, a mulher cuidadosamente impede o ataque a esmo depois de uns 10 minutos.

No melhor dos cenários, eles passam para algo que o homem consiga entender, como o pênis dentro da vagina.

Ele é um animal estúpido, pessoal. Tenham piedade.

Confusão clitoriana

O clitóris parece um pouco com a Guarda Imperial de *Star Wars*.

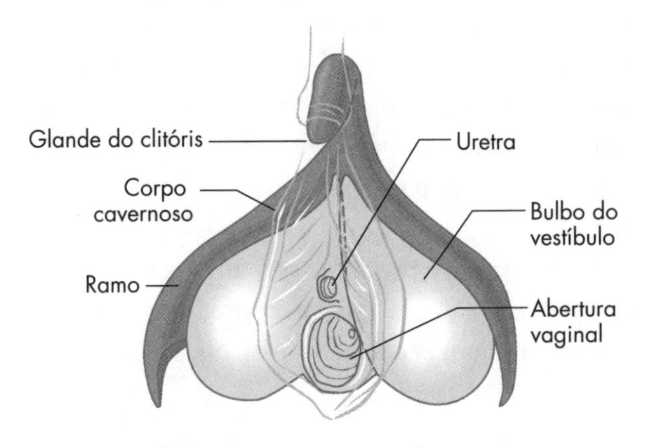

Ele também é muito maior do que se pensa. A glande do clitóris, à qual a maioria das pessoas se refere como "clitóris", estende-se para trás e se divide num "V" invertido. Essas "pernas", os ramos, ficam escondidas sob os pequenos lábios. Alguns pesquisadores acreditam que a estimulação do "ponto G" nada mais é do que a estimulação do ramo e que todos os orgasmos se originam da estimulação clitoriana.

Outros pesquisadores, geralmente homens, discordam.

Não há nada de novo nisso. Os homens discutem o clitóris há cerca de 2.500 anos.

Dizem por aí que tudo começou em 1559. Realdo Colombo, da Universidade de Pádua, na Itália, anunciou a descoberta do clitóris e nele fincou sua bandeira: "Como ninguém compreende essas projeções e seu funcionamento, se é possível dar nomes à coisa por mim descoberta, vou chamá-la de amor ou doçura de Vênus." Gabriele Falloppio, sucessor de Realdo e mais tarde famoso pelas trompas de Falópio, refutou a afirmação do seu antecessor, como todos os italianos, dinamarqueses e todos os cromossomos Y.

Na verdade, Hipócrates havia saído na frente de Realdo mais de 1.300 anos antes, mas o clitóris parece cair periodicamente na obscuridade, geralmente durante décadas. Ele existe mesmo? Ou é uma ilusão? Ele tem vida? Ou está morto? Ninguém sabia até que ele ressurgiu de repente, assim como Osama bin Laden na CNN.

Não é difícil entender por que os homens preferem ignorá-lo. Se o clitóris não existe, ou se é imprevisível, os homens podem considerá-lo um problema feminino. E, se tudo não passa de um problema feminino, os homens não podem ter seus egos esmagados como uma uva entre as nádegas da Serena Williams.

A confiança do clitóris

Depois de jantar com Tallulah, fiquei obcecado com a ideia do quadrante superior esquerdo hipersensível do clitóris. Podia ser mesmo algo tão preciso assim?

Caminhei até a minha casa naquela noite e liguei meu computador para começar a pesquisar o único método que Tallulah havia mencionado: o Método Prático.

Setenta e duas horas depois, testei a técnica do quadrante superior esquerdo numa cobaia voluntária que nunca havia tido um orgasmo só com a estimulação com os dedos. Após dois fortes orgasmos e um orgasmo contínuo de 15 minutos de duração, eu estava chocado e sem palavras.

Funcionou na primeira tentativa.

Mas ainda estava no terreno das hipóteses e precisava tornar a técnica à prova de falhas. Para isso, precisaria conhecer não apenas *um* mestre, mas *o* mestre.

Por sorte, eu tinha o nome dela escrito num pedaço de papel: Nicole Daedone.

Origens: Universidade More

A Lafayette Morehouse foi criada pelo doutor Victor Baranco em 1968 em Purson Lane, Lafayette, na Califórnia.

Com o nome de Universidade More de 1977 a 1997, era uma comunidade baseada no ideal do "hedonismo responsável". Os residentes pintaram os prédios e carros da propriedade de roxo, e o informativo deles explicava a ideia:

> **Dizemos às pessoas que todas as casas aqui são roxas para que não reste dúvida de que se muda de realidade ao se entrar em nossa propriedade.**

Se as pessoas não notassem o roxo, havia outros sinais para quem perambulasse por ali.

Nos anos 1960, Baranco e sua esposa, Suzie, começaram a pesquisar como melhorar suas vidas sexuais. Ambos acreditavam que a quantidade de prazer sexual disponível para um indivíduo era muito maior do que o esperado pela sociedade.

Em 1976, depois de uma década de experiências, eles abriram as comportas quando organizaram a primeira demonstração pública de um orgasmo feminino. Ele durou *três horas*. Foi uma *Dança com lobos* genital. A aluna que demonstrou o orgasmo, Diana, lembrou-se do resultado que ele produziu na plateia lotada.

> **Quando a demonstração terminou, as pessoas CORRERAM para todos os lugares disponíveis na propriedade para que também pudessem ter orgasmos (...) dar orgasmos às mulheres! A questão eram as mulheres!**

Não é de surpreender que estudantes tenham corrido para se juntar à Morehouse.

Dois alunos dos métodos da Morehouse para orgasmos múltiplos eram os doutores Steve e Vera Bodansky, fundadores do Método Prático, que utilizei no meu teste.

Outro aluno era Ray Vetterlein, que entrou para a primeira turma da Morehouse em 1968, oito anos antes da demonstração pública. Ele recebeu a maior qualificação da instituição em 1989 e desde então tem aperfeiçoado seus métodos... há mais de 40 anos.

Oito mil terminações nervosas e duas folhas de papel

Menos de um mês depois do jantar com Tallulah, eu testemunhava algumas das descobertas de Ray em primeira mão.

— Você vai querer usar o equivalente a cerca de duas folhas de papel de pressão — explicou minha acompanhante Aiko,[1] que organizou a visita e estava sentada à minha direita.

Entendido.

— Siga o que você sente, não o que ouve.

Eu fazia anotações enquanto quatro profissionais da OneTaste, dois sentados ao meu lado e dois no chão, demonstravam e explicavam os detalhes. A OneTaste foi fundada em 2001 por Nicole Daedone, aluna da Morehouse e de Vetterlein, para oferecer às mulheres um lugar limpo e bem iluminado em que pudessem aprender sobre orgasmo com outras mulheres. Eu havia me encontrado com Nicole na tarde anterior, e nossa conversa começara com neurociência e terminara com minha narrativa da experiência com o Método Prático. Uma coisa ficou evidente para ela: havia muita coisa para melhorar.

1 Não é seu nome real.

Agora eu estava na unidade de orientação da OneTaste no bairro de SoMa, em San Francisco.

A expansão, tanto em Nova York como na Califórnia, foi financiada principalmente por Reese Jones, que vendeu sua empresa de software Netopia para a Motorola por US$208 milhões. O movimento "slow sex" começou, e, assim, Nicole se tornou a principal líder.

Em San Francisco, eu dava uma de Larry King:

— Então, posso perguntar exatamente onde você está tocando o clitóris agora? Ainda é um movimento de baixo para cima?

Eu estava sentado numa cadeira de escritório com os cotovelos apoiados nos joelhos, olhando para a vulva de uma mulher que estava a 1,5 m de mim; ela e um homem se posicionavam sobre travesseiros e tapetes.

— Você pode se aproximar — falou Aiko.

— Com certeza. Aproxime-se o quanto precisar — disse a mulher atrás dela.

Foi o que fiz. Fiquei observando à distância de uns 60 cm, às vezes mais perto, enquanto toda a fisiologia da mulher mudava por cerca de 15 minutos. Eu fazia perguntas e observava as técnicas dela.

Depois foi minha vez.

— Está pronto? — perguntou Aiko.

— Ah... sim. — Uma aula personalizada sobre clitóris era a última coisa que eu podia me imaginar fazendo às 10 horas da manhã de um dia de semana, mas eu já tinha quatro páginas de anotações detalhadas. Se não pusesse a teoria em prática, nada faria sentido mais tarde. Assim, lá fui eu calçar as luvas de látex.

Minha parceira de pesquisa chegou e repetimos o que eu tinha acabado de ver. As duas orientadoras, que antes estavam sentadas ao meu lado, agora posicionaram-se à minha frente, ajoelhadas a cerca de 1 m do clitóris da mulher. Elas interferiam às vezes e corrigiam o posicionamento da minha mão, oferecendo sugestões ("certifique-se de que seu antebraço está paralelo ao corpo dela") ou me encorajando ("mandou bem!").

Eu estava jogando no melhor time no mundo. É isso aí!

Minha parceira experimentou todos os tipos de contrações musculares involuntárias pelas quais eu esperava, e a orientação em grupo, apesar de ser um pouco estranha, me deixou à vontade.

Aiko me perguntou se eu tinha algum comentário a fazer depois do término da sessão.

Eu tinha.

— Esta deveria ser uma matéria obrigatória para todos os homens no planeta.

UMA DEFINIÇÃO MAIS ÚTIL DE ORGASMO

O orgasmo, como é definido pela maioria das mulheres, não é gratificante. É uma pressão insuportável que evita o fenômeno que estamos buscando. Para praticar o que está neste capítulo, a seguinte definição de orgasmo é a mais útil que encontrei:

> Orgasmo é quando não há resistência — física ou emocional — a um único ponto de contato entre um dedo e o clitóris.
>
> Esse estado naturalmente leva a contrações involuntárias e a um rubor que a maioria das pessoas associa à palavra *orgasmo*.

Diana, que fez a demonstração original da Morehouse, concorda:

> Acho que, para homens e mulheres, é verdade que, quando você sente que "é isso mesmo, desde o primeiro toque", é aí que as coisas melhoram.

A prática e o método: o orgasmo de 15 minutos

Acredito que os dois principais motivos para o método da OneTaste funcionar tão bem é que: (1) ele é apresentado como uma prática sem objetivo definido; e (2) ele dissocia o orgasmo do sexo.

Beijos, abraços, nudez, sussurros e pedidos são partes divertidas e maravilhosas do sexo. Infelizmente, fazer tudo isso ao mesmo tempo geralmente interrompe a atenção de que uma mulher precisa para alcançar o orgasmo. Vamos nos concentrar na prática isolada e isso pode, mais tarde, se transformar em sexo.

A técnica requer 15 minutos de concentração total em aproximadamente 3 mm^2 de contato. Nada mais do que isso.

Experimente e pratique. A recompensa irá mudar sua vida sexual para sempre.

Explicarei do ponto de vista do homem, já que é o que sou, cara.

1. EXPLIQUE À SUA PARCEIRA QUE SE TRATA DE UMA PRÁTICA SEM OBJETIVO DEFINIDO.

Isso é fundamental. Não há objetivo, apenas a atenção a um único ponto de contato. A frase deve enfatizar isso e excluir todas as expectativas e pressão.

— Vou tocá-la por 15 minutos. Você não precisa fazer nada e não tem que fazer nada depois também. Não há nada a alcançar, nada a acontecer. Simplesmente se concentre num único ponto de contato. É um exercício.

O único foco deve estar no toque leve — um toque, outro toque —, assim como a ênfase se encontra na respiração — uma respiração, outra respiração — na maioria das formas de meditação. Encare isso como um exercício de atenção consciente. Não há objetivo.

2. POSICIONE-SE

Primeiro, a mulher se despe da cintura para baixo e se deita de barriga para cima usando um travesseiro para apoiar o pescoço. Suas pernas ficam dobradas e abertas, com os pés juntos, na posição de borboleta. Se ela sentir seus quadris desconfortáveis num dos lados, podem-se colocar travesseiros sob os joelhos dela.

Com base na premissa de que é mais fácil alcançar o ângulo adequado com a mão esquerda, o homem deve se sentar ao lado direito dela, sobre pelo menos dois travesseiros e com a perna dobrada perpendicularmente sobre o peito dela, os pés apoiados no lado oposto. Acrescente o máximo de travesseiros necessários para aliviar qualquer pressão da sua perna esquerda sobre o abdômen dela. Quanto mais, melhor. Sua perna direita está reta ou relaxada na posição "borboleta".

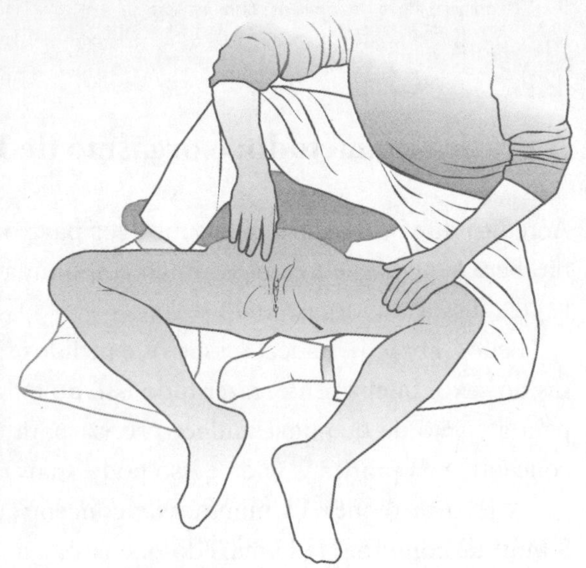

Minha posição preferida como destro.

Apesar da posição com a mão esquerda, que é a ideal, sou destro e fico impaciente com a dificuldade de controle motor fino. Tenho mais sorte sentado à esquerda da mulher e usando minha mão direita. Se você optar por fazer o mesmo, é importante dobrar o pulso ligeiramente na sua direção, como se estivesse vendo as horas. Isso cria um ângulo melhor para os dedos.

Como tive mais sucesso com a posição destra e a maioria das pessoas é destra, todas as ilustrações são feitas assim — o homem senta ao lado esquerdo da mulher.

3. CONFIGURE O TIMER PARA 15 MINUTOS, ENCONTRE O QUADRANTE SUPERIOR ESQUERDO, O DE MAIOR SENSIBILIDADE, E ACARICIE

Limite a sessão a exatos 15 minutos. Uso um timer de cozinha. Isso exclui a pressão do desempenho e cria um limite seguro, com começo e fim, para a mulher. Pense nisso como um exercício de ioga ou uma sequência de respirações profundas. É um exercício em *repetição concentrada*, não um objetivo.

Encontrando o quadrante superior esquerdo e se fixando (ilustrado a seguir com a mão direita):

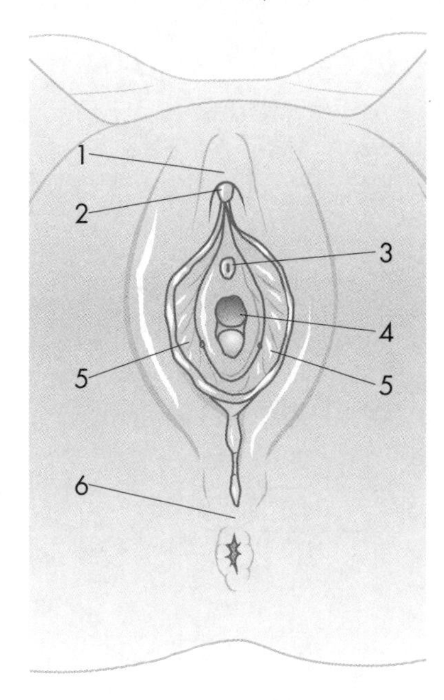

1. Capuz; **2. Glande do clitóris (ponto de contato)**; 3. Orifício uretral; 4. Abertura vaginal (introito); 5. Pequenos lábios; 6. Períneo

1. Separe os lábios.
2. Puxe o capuz para cima com a saliência da palma da mão.
3. Segure o clitóris com o polegar direito, mantendo o capuz para cima.
4. Coloque sua mão esquerda sob o bumbum dela, dois dedos sob cada nádega, com o polegar na base (não dentro) da vagina (anel vaginal). Isso funcionará como um apoio e ajudará a mulher a relaxar.
5. Imagine que você esteja olhando diretamente para o clitóris no meio das pernas dela, com a parte de cima do clitóris na posição de 12 horas. Encontre a posição 1 hora — idealmente uma pequena saliência ou bolso entre o capuz e o clitóris — com o indicador da sua mão direita e comece a acariciar usando o toque mais leve possível, com um movimento pela região de cerca de 1,5 mm. A ponta do dedo é melhor, por isso corte suas unhas antes.

Nicole enfatiza o início:

— Se eu for sugerir apenas uma coisa aos homens: demore o quanto for preciso para encontrar esse ponto. Depois de encontrá-lo, ela não vai querer mais do que uma leve carícia, como cetim tocando em sua pele.

Acaricie como um metrônomo numa velocidade constante por dois ou três minutos, mas sinta-se livre para mudar a velocidade dos toques.

Não é raro que o homem sinta dor na lombar. A dor arruína tudo, por isso comecei a testar uma posição alternativa com o cotovelo apoiado, como se vê na próxima página.

Você vai notar que meu cotovelo esquerdo está apoiado na minha perna esquerda. Como o ângulo já não funciona para o posicionamento no anel vaginal, usei minha mão esquerda para imobilizar a perna direita dela. As duas mulheres com as quais pratiquei essa posição alternativa a preferiram à versão tradicional.

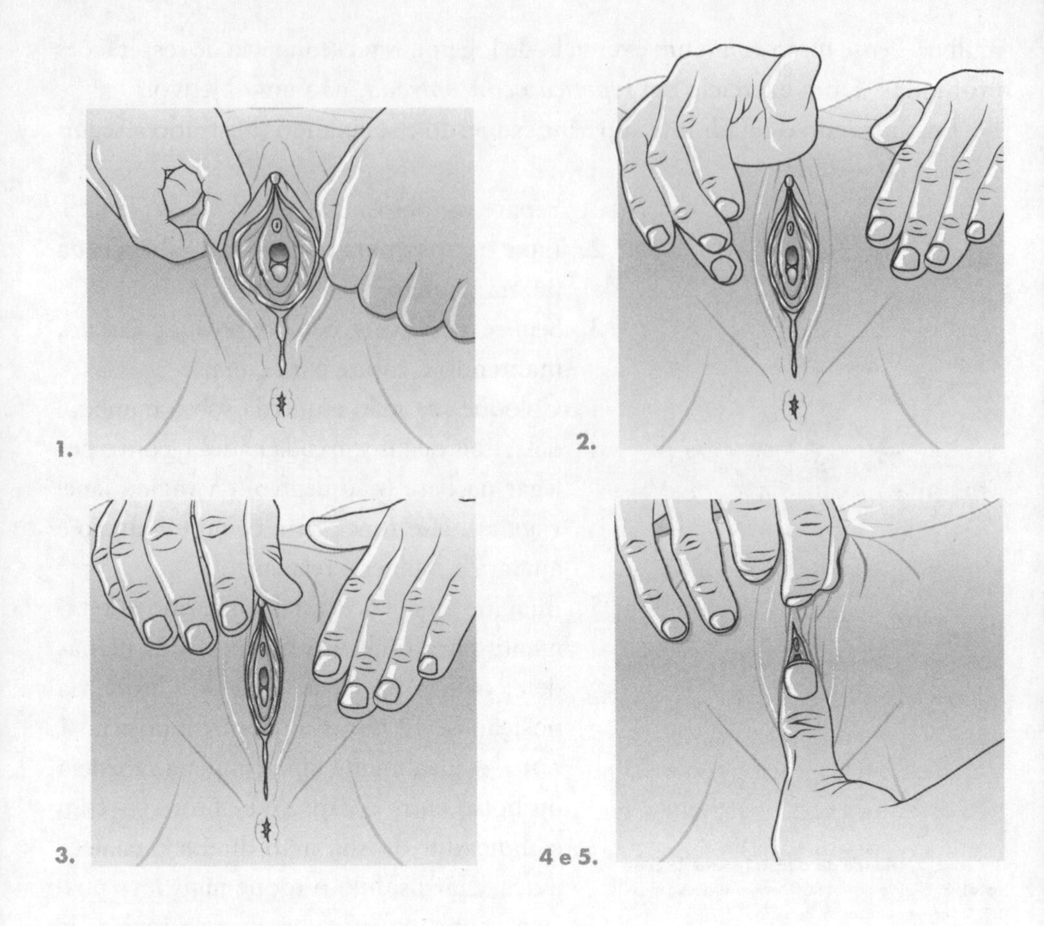

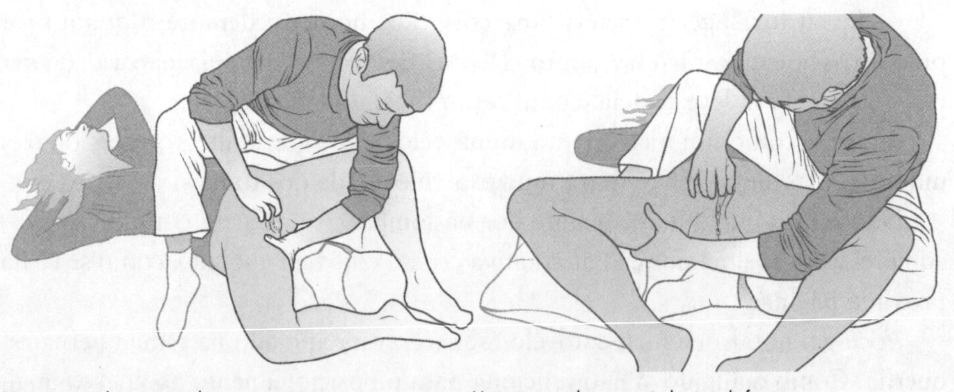

Variação com braço apoiado.

Variação com braço apoiado vista de frente.

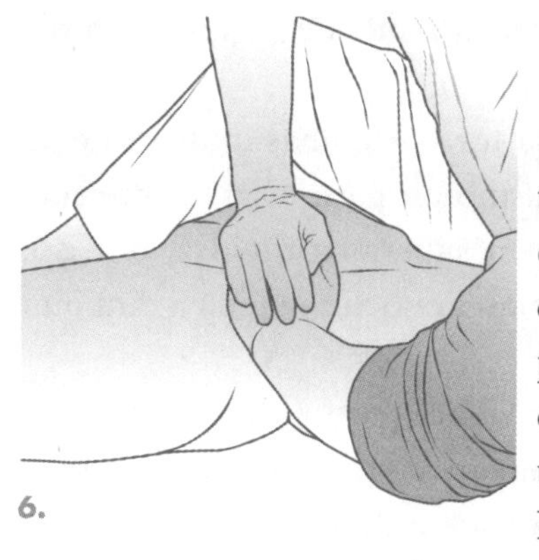
6.

6. Finalize.

Depois de 15 minutos, a "finalização" é feita (aparentemente) para relaxar a mulher depois da experiência. Apesar de haver opções sofisticadas para esta parte final, novatos podem simplesmente fazer toques com mais pressão sob o osso pélvico em direção à cabeça da mulher, usando as mãos sobrepostas, como indicado. Deixe que ela diga o quanto de pressão usar. A maioria das mulheres, pela minha experiência, acha que a maior pressão possível é a mais agradável durante a finalização.

Inicialmente pensei que essa parte era uma perda de tempo. "Finalizar?" Parece uma besteira meio esotérica.

Agora acredito que a finalização é importante não como um tipo de feitiçaria com a energia, e sim como uma conclusão. Ela encerra uma experiência completa com início (preparação), meio (toques) e fim (finalização). Esse formato dá a ambas as partes uma sensação de realização que, de uma maneira inteligente, ajuda a evitar a fixação no clímax do orgasmo como encerramento. Lembre-se do caráter sem objetivo da prática que lhe permite o relaxamento, que por sua vez gera o orgasmo. Esse resultado garantido (a finalização) é inteligente e — agora acredito — fundamental.

Sugestões para uma sessão bem-sucedida para iniciantes

Com base na orientação e na prática, eis aqui algumas sugestões úteis:

- Contato leve: lembre-se das duas folhas de papel como a profundidade da pressão. Não mais do que isso. São necessárias muita resistência e muita concentração para acariciar com leveza.
- Não se trata de preparar nada. Lembre que é uma prática sem objetivo e não se esqueça da intenção principal: a repetição concentrada em um ponto por 15 minutos.
- Considere o uso de uma venda ou máscara ocular na mulher. Descobri que isso as deixa menos inibidas e aumenta sua sensibilidade tátil.
- Faça com que ela "desligue". Ela não precisa agradá-lo. Deixe isso bem explícito. A mulher não tem que gemer e grunhir. Tudo é uma questão de sensação sutil, e nada mais.

- Torne a prática divertida e a chame até mesmo de "experimento". Seriedade gera tensão. Mantenha a leveza.
- Ainda sobre isso: nada de jogar conversa fora. Algumas mulheres falarão para se distraírem e evitarem o orgasmo ou para evitar expressões faciais de prazer. Este é um exercício para superar a timidez, por isso não deve haver papo-furado. Usar uma máscara ocular ajuda a diminuir o impulso de falar.
- Reforce o relaxamento gentilmente se a mulher parecer tensa ou ansiosa: "Notei que você está tensa. Tente relaxar um pouco." Se ela estiver sentindo fortes contrações, o que nitidamente a deixará exausta depois de 15 minutos, estimule-a a respirar fundo e fazer um pouco de força, como se fosse fazer xixi. Ela não vai fazer xixi, e isso ajudará a estender o prazer e diminuir o cansaço.

Erros mais comuns:

- Ter um objetivo. Isso inclui mulheres que pedirão pela penetração. Não ceda até que os 15 minutos terminem. Depois disso, não há nada de ruim com o sexo, mas só após a sessão terminar. Não desista. Ela pode implorar em algum momento, mas ainda assim lhe agradecerá mais tarde por resistir. Depois de completar cinco sessões de 15 minutos sem penetração, sinta-se livre para romper as regras e enlouquecer antes dos 15 minutos. Mas *não* antes de ter seguido as regras por cinco sessões.
- Fazer perguntas inúteis para as mulheres como "Está bom assim?" ou "Está gostando?" quase sempre garante uma resposta mentirosa. Perguntar é recomendável, mas use perguntas diretas: "Gostaria de um toque mais leve ou mais pesado?", "Mais para a direita ou para a esquerda?", "Para cima ou para baixo?".
- Mais uma vez: pressão demais. Eu me concentrei conscientemente no toque leve quando exerci o Método Prático pela primeira vez e achei que a pressão era leve demais. Não era. Estava usando pelo menos três vezes mais pressão do que o sugerido. Imagine-se cutucando o nariz de um amigo dormindo, apenas o suficiente para que ele coce o nariz, mas sem que acorde.

Depois que você estiver à vontade com a prática básica (cinco sessões só de toques), mas *não* antes disso, experimente:

1. Insira o dedo médio da mão livre, com as palmas da mão para cima, e use um movimento para trás, como se estivesse chamando alguém, a fim

de estimular o ponto G. Depois de cinco minutos, acrescente o dedo indicador, num total de dois dedos, e continue com o mesmo movimento.

2. Coloque o travesseiro de casca de trigo[2] sob os quadris dela no mesmo ângulo da posição "papai e mamãe" aperfeiçoada e use seu polegar esquerdo para segurar o clitóris enquanto você faz sexo oral posicionando sua língua no quadrante superior esquerdo do clitóris. Faça isso o mais leve possível por pelo menos cinco minutos, sem inserir nenhum dedo, e depois faça o que está descrito no item 1, anterior, com a mão direita. Reforce o pescoço para que ela não lhe arranque a cabeça.

Posfácio: a vinda do leopardo-das-neves

Então, Giselle alcançou a linha de chegada? Sim. E acabou conseguindo muito mais.

Tudo começou com a masturbação como dever de casa.

— Sou parecida com minhas amigas mais próximas em vários aspectos, por isso achei que também seria como elas nisso. Não era. Eu era a única [que não se masturbava].

Depois que começou a conversar com as amigas sobre isso, o tema se tornou menos um tabu; tornou-se algo "normal". De repente, o sexo não era algo a ser evitado. Agora, passara a ser assunto divertido de se conversar bebendo um vinho.

Ela também percebeu que estivera suprimindo uma parte importante de si mesma e que, sem sua sexualidade desenvolvida, ela não era uma pessoa totalmente desenvolvida. Foi preciso disciplina para superar velhos hábitos e a sabotagem do inconsciente.

— Era realmente tentador voltar para casa, vindo do trabalho, dizer "ah, estou tão cansada" e ir para a cama sem me masturbar. Precisei mesmo ver isso como uma prática, como ioga. Uma prática é algo que você faz mesmo quando não sente vontade.

A redescoberta da sua sensualidade foi muito além da própria cama. Giselle começou a fazer aula de salsa e finalmente se sentiu à vontade como uma mulher sensual. À vontade consigo mesma, ela por fim se sentiu livre para se expressar. Não de um modo arriscado, e sim livre da culpa ou vergonha. A mente pode racionalizar vácuos terríveis, e não há necessidade disso.

A vida é curta, e o sexo deve ser uma parte maravilhosa dela. O sexo é uma parte fundamental da nossa constituição natural.

Já não é hora de você soltar os cabelos e se divertir um pouco?

Você só precisa de 15 minutos.

2 Ou um travesseiro normal dobrado ao meio.

VIOLET BLUE: O PRAZER DA CAFEÍNA E DA AUTODESCOBERTA

Não é segredo que sou fascinado por produtos farmacêuticos.

Estava tomando um dos meus preferidos, a cafeína, enquanto ouvia minha amiga Violet Blue falar poeticamente sobre drogas num café na calçada.

— Anti-histamínicos podem fazer você ficar com um gosto amargo, mas é fácil resolver. É só acrescentar pepino, manga, abacaxi, mamão ou alguma fruta cítrica à dieta.

O Benadryl estava agora na minha lista proibida, e o pepino, na minha lista de compras.

Na semana anterior, Violet, um dos "Rostos da Inovação" segundo a revista *Wired* e colunista do jornal *San Francisco Chronicle*, havia deixado Oprah extasiada no palco por mais de uma hora. Não era de surpreender. Os autointitulados sexólogos geralmente caem no extremismo, seja falando de orgias ou de adorações à deusa do sexo Ix Chel. Violet era diferente. Entre palestras para médicos da Universidade da Califórnia em San Francisco e para executivos do Google na sede da empresa, ela tinha uma missão simples a cumprir pessoalmente: ensinar a todos como conseguir com segurança aquilo que desejam no sexo.

— Estimulantes, como cafeína, também dificultam o orgasmo — acrescentou ela.

Olhei para meu café e para minhas calças. Mais uma experiência a fazer. Eu tinha ido ao nosso almoço munido com uma lista de perguntas que precisavam de resposta, e ela já havia respondido à maioria delas como um jogador profissional num jogo de times infantis.

Mas havia uma questão, *a* questão, pairando no ar:

O que você recomendaria, passo a passo, para uma mulher que quer ter seu primeiro orgasmo?

Violet se ajeitou um pouco na cadeira e sorriu, e eu me preparei para anotar a resposta. Ela primeiro falou do mais básico, de material erótico e autodescoberta, e depois acrescentou os detalhes:

1. Primeiro, faça a si mesma algumas perguntas simples: você já sentiu alguma coisa próxima de um orgasmo? Você já se interessou por sexo mas agora se sente desinteressada? Você está de fato interessada em ter um orgasmo? Depois assista à palestra de Mary Roach para a organização TED, chamada de "10 Things You Didn't Know About Orgasm" [10 coisas que você não sabia sobre orgasmo].
2. Se a vergonha for um problema, compre o livro *When the Earth Moves: Women and Orgasm* [Quando a Terra se move: mulheres e orgasmo], de Mikaya Heart.
3. Conheça-se. Aprenda o máximo possível sobre o que a excita. Permita-se explorar *todas* as fantasias. Afinal, são apenas fantasias. Leia livros eróticos de qualidade, escritos e editados por mulheres. Violet publicou centenas de contos eróticos, e seus dois livros preferidos são *The Best Women's Erotica 2009* [As melhores histórias eróticas para mulheres de 2009], organizado por ela, e *60-Second Erotica* [Contos eróticos de 60 segundos], de Alison Tyler.
4. Compre um vibrador com velocidade variável. Violet recomenda uma simples cápsula vibratória com uma corda para as iniciantes, como o Smoothies ou o Bullet Vibes. Se dinheiro não for problema, compre um Jimmyjane Little Chroma

(US$125) ou Little Something (US$195 a 2.750[!]). Masturbe-se com as mãos também, inserindo o vibrador somente antes do orgasmo ou quando você estiver perto de atingi-lo. Divirta-se e experimente de tudo. Seu fornecedor favorito é a BabeLand, dirigida por mulheres.

5. Se quiser alcançar um nível mais alto de prazer, reforce seu músculo pubococcígeo (PC), o que criará uma vagina "ativa" (e também um assoalho pélvico) que se contrai a partir da entrada até o colo do útero. Insira um "haltere vaginal" ou as esferas Luna da LELO — Violet as prefere — na vagina e a contraia, tentando expulsá-los. Cinco minutos de exercício, três vezes por semana, são suficientes para obter resultados. As esferas Luna vêm em dois conjuntos para que você vá progredindo a resistência à medida que ficar mais forte. No cabo de guerra com o PC, todos ganham. Seu parceiro, principalmente, irá lhe agradecer.

FERRAMENTAS E TRUQUES

***The Illustrated Guide to Extended Massive Orgasm*, de Steve e Vera Bodansky (www.fourhourbody.com/doingmethod)** Esse é um manual abrangente e ilustrado sobre o Método Prático, que usei no meu primeiro e bem-sucedido experimento com a técnica do quadrante superior esquerdo citada neste capítulo. Esse livro também descreve a técnica para as mulheres usarem nos homens.

OneTaste (http://onetaste.us) A OneTaste foi fundada por Nicole Daedone para dar às mulheres um lugar para aprenderem sobre orgasmos e sexo com a ajuda de outras mulheres. Além de eventos e aulas em Nova York e San Francisco, há a opção de orientações particulares pessoalmente ou por telefone.

San Francisco Sex Information (http://test.sfsi.org/) Você tem alguma dúvida sobre algum aspecto do sexo? Confidencial e anonimamente, entre em contato com o SFSI, que fornece informações gratuitas e sem preconceitos sobre sexo e saúde reprodutiva. O telefone está disponível nos Estados Unidos (mas você pode ter acesso de qualquer lugar pelo Skype), e por e-mail, na sessão "Ask Us", para quem fala inglês e espanhol.

Palestra de Mary Roach para a organização TED: 10 coisas que você não sabia sobre orgasmo (www.fourhourbody.com/roach) A fisiologia do sexo é estudada há séculos em laboratórios, bordéis, no porão de Alfred Kinsey e, recentemente, em centros de ressonância magnética, fazendas de suinocultura e laboratórios de desenvolvimento de brinquedos eróticos. Mary Roach passou dois anos investigando e trabalhando para responder às perguntas que a doutora Ruth nunca fez. Nessa famosa palestra, ela usa a obscura pesquisa científica para fazer 10 surpreendentes afirmações sobre o clímax sexual, indo do bizarro ao hilariante.

Website de Violet Blue (www.tinynibbles.com) Violet Blue é uma sábia educadora do sexo positivo cujas plateias vão desde médicos a espectadores do *Oprah Winfrey Show.* Ela é também considerada a principal especialista em sexo e tecnologia. Se você quer aumentar seu tempo entre os lençóis, esse website contém dezenas de artigos que são ótimos pontos de partida.

LEITURAS RECOMENDADAS POR VIOLET

***Got a Minute? 60-Second Erotica*, de Alison Tyler e Thomas Roche (www.fourhourbody.com/60second)**

***Best Women's Erotica 2009*, de Violet Blue (www.fourhourbody.com/erotica)**

***When the Earth Moves: Women and Orgasm*, de Mikaya Heart (www.fourhourbody.com/earth)**

FERRAMENTAS RECOMENDADAS POR VIOLET

BabeLand (www.babeland.com) A BabeLand foi originalmente aberta numa reação à falta de sex shops voltadas para o público feminino em Seattle. Agora é uma loja obrigatória para mulheres que desejam explorar sua sexualidade.

Vibrator MVPs
Bullet vibes (www.fourhourbody.com/bullet)
Smoothie (www.fourhourbody.com/smoothie)
Jimmyjane Little Chroma (www.fourhourbody.com/chroma)
Little Something (www.jimmyjane.com)

Esferas Luna Balls System, da LELO (www.fourhourbody.com/luna) As esferas Luna são a resposta para a pergunta "como evitar que sua vagina se alargue?". Usadas por cinco minutos, três vezes por semana, para fortalecer o músculo PC, elas também são a resposta para a pergunta "como estreitar sua vagina?". Exercícios comuns de pilates podem ser usados para efeito complementar. Aperte com força e prospere. Confie em mim, é um investimento que vale a pena.

Kegelmaster (www.kegelmasters.com) Apesar de as críticas mais positivas irem para as esferas Luna, o Kegelmaster é um popular "haltere vaginal" e uma alternativa mais barata. Pode parecer estranho, mas há uma recomendação de Teri Hatcher no website. Uau.

A MÁQUINA DE SEXO I

Aventuras para triplicar a testosterona

O sexo é um dos nove motivos para a reencarnação. Os outros oito não importam.
— George Burns

POR VOLTA DE MEIO-DIA, NUM BELO SÁBADO DE SOL, SAN FRANCISCO, 21 ANDARES ACIMA DO PÍER, EMBARCADERO

— Isto é meio assustador. Eles já estão 75% recuperados.

Vesper tinha saído do banho e olhava para meus ombros.

— Você está brincando? É muito maneiro! Estou me transformando no Wolverine. — Estava me referindo, óbvio, ao super-herói com poderes mutantes de regeneração. Ele também tem garras de adamântio, mas é nesse ponto que Vesper é uma comparação muito melhor.

Na noite anterior, ela havia ferido minhas costas e meus braços com o que não se podia chamar realmente de "arranhões". A obra-prima: quatro cortes de 10 a 20 cm no meu ombro direito que sangraram e me fizeram parecer o Bruce Lee em *Operação Dragão*. Bruce desesperadamente precisando de Neosporin. Agora, menos de 10 horas depois, três dos cortes haviam desaparecido completamente e mal dava para ver o último e mais profundo.

Esquisito.

A esquisitice começara muito mais cedo, bem antes da cama, no restaurante The Americano.

Às 20h da sexta-feira chegaram as multidões, e os banqueiros-alfa lutavam com os advogados-alfa pela atenção das mulheres sentadas por todo o Hotel Vitale. As camisas e os vestidos bem passados transbordavam do pátio externo para dentro do restaurante, onde tínhamos reservas. Foi preciso um funcionário que dominava táticas de bloqueio de futebol americano para que nós dois chegássemos ao nosso cantinho escondido nos fundos.

A conversa com Vesper foi algo assim:

ELA: — Como você está?

EU: — Incrível. Mas preciso avisar uma coisa. Minha bioquímica está bem diferente da última vez que você me viu. Eu me sinto... bem, um super-humano.

ELA (com a testa franzida): — Ah, é meeeesmo? Detalhes, por favor.

Sim, era mesmo. Desde a última vez que havíamos nos visto, meu nível total de testosterona passara de 244,8 para 653,3 ng/dl (nanogramas por decilitro), enquanto meu estradiol (estrogênio) caíra pela metade. O "combate" que aconteceu em seguida foi um encontro físico de primeira qualidade. Nessa época, eu havia acabado de voltar da Nicarágua, onde comi carne de gado criado em pasto três vezes ao dia durante 21 dias. E eu havia me sobrecarregado de proteína nos últimos três dias, comendo entre 1 e 1,5 kg de carne bovina orgânica gordurosa por dia, incluindo pelo menos 400 g antes de dormir. (Não se preocupe. Não vou sugerir que você faça isso.)

O resultado?

Quinze minutos depois de nos sentarmos, Vesper estava num estupor sexual agressivo. O pão sequer havia chegado, e ela já estava em cima de mim. Não estou falando isso para me vangloriar. Isto aqui não é a *Penthouse Forum*. É uma constatação da mais pura confusão que eu sentia. Ela é uma CEO, e esse não é o comportamento típico de uma CEO em público. Achei que ela estava sob o efeito de drogas. A respiração profunda, interrompida às vezes por um "O que está acontecendo? Não sei o que está acontecendo..." O espetáculo todo foi surreal.

Ela estava, literalmente, intoxicada por feromônios.

Pedi licença para ir ao banheiro num dado momento, e o que se seguiu foi ainda mais absurdo. Vesper confirmou depois, quando fomos embora. Tanto a caminho do banheiro como voltando para a mesa, era como se houvesse um raio de impacto hormonal de 3 m. Recebi pelo menos três vezes mais olhares de mulheres do que costumo receber.

O reino animal estava bem ali em San Francisco.

O jantar terminou imediatamente depois disso, e corremos para o apartamento dela no 21º andar e para a nossa versão de *Operação Dragão*, completada com móveis quebrados e os mesmos efeitos sonoros.[1]

Na manhã seguinte, depois de mais do mesmo, perguntei a ela:

— Você tem um gongo do outro lado da cabeceira?

Era, na verdade, uma obra de arte de metal que estava pendurada na parede do vizinho. Depois do segundo banho e de outra olhada no meu ombro, Vesper tinha apenas uma coisa a dizer:

— O que quer que você esteja fazendo, continue.

A morte do metrossexual: recuperando a agressividade

As coisas nem sempre foram assim. Na verdade, durante vários anos, era quase o contrário.

Em algum momento entre o fim de 2007 e 2009, com 30, 32 anos, me descobri numa situação estranha: capaz de ser tão bom na cama quanto eu era na época da faculdade, mas com cada vez menos vontade.

Mesmo com as mulheres mais atraentes, depois de uma ou duas semanas de sexo ininterrupto, a frequência caía para uma vez ao dia. Depois reduzia para algumas vezes por semana ou uma vez por semana. Eu ainda gostava de sexo como sempre gostei, mas o cansaço e o desinteresse geralmente me levavam a desistir da ideia. "Resolvo isso amanhã" se tornou autopromessa constante.

Não fazia sentido.

Eu era jovem, atlético e me sentia perfeitamente saudável. Então, ao dar uma checada no motor, acabei descobrindo com um exame de sangue que estava na porção inferior da faixa considerada "normal" do nível de testosterona.

Qual era o meu problema?

CURTOS-CIRCUITOS POSSÍVEIS

A testosterona é uma molécula que depende de muitos fatores.

O **hipotálamo** produz o hormônio liberador de gonadotrofina (GnRH, do inglês *gonadotropin-releasing hormone*), que manda a **hipófise** (adeno-hipófise)

1 Dê uma olhada no original em www.fourhourbody.com/enter-dragon. Minha massagista me perguntou mais tarde: "Você andou rastejando sob arame farpado?"

liberar hormônio luteinizante (LH, de *luteinizing hormone*) e hormônio foliculestimulante (FSH, de *follicle-stimulating hormone*). O LH, então, estimula as células de Leydig nos testículos a produzirem — adivinha o quê? — **testosterona.**

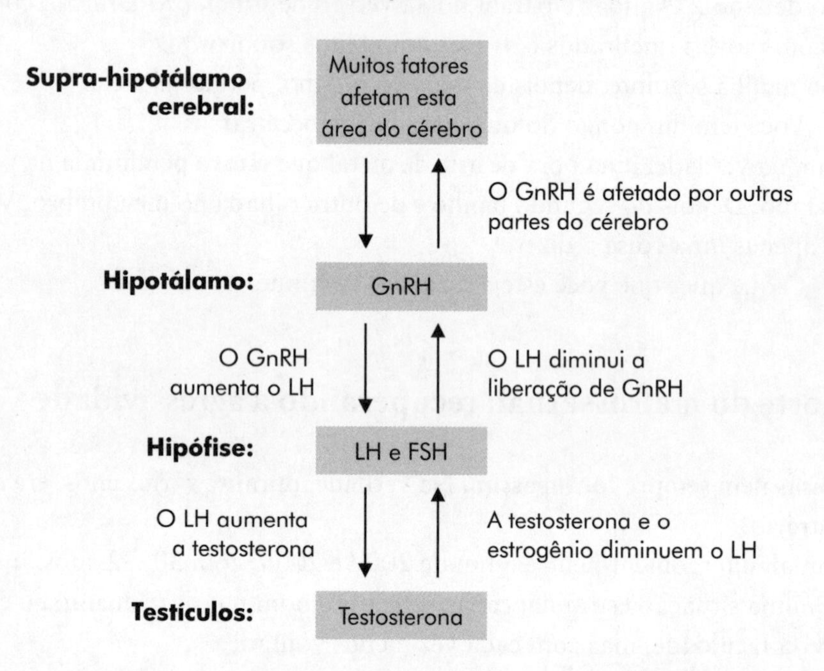

É um erro grave, mas bastante comum, tratar o nível baixo de testosterona com suas formas em gel ou em injeções[2] sem resolver primeiro a parte de cima do eixo.

Também é um equívoco achar que a libido baixa é estritamente um problema de baixo nível de testosterona.

Em 2004, experimentei o hormônio e medicamento gonadotrofina coriônica humana, comumente chamada "hCG", que na verdade funciona como uma forma de hormônio luteinizante. Injetado uma vez por semana, ele fez efeito imediatamente e mais do que triplicou o volume de sêmen, exigindo — *exigindo* — três ou quatro ejaculações diárias para que se conseguisse simplesmente pensar direito. Se quiser matar sua produtividade, vá direto usar a hCG. Essa inconveniência era compensada pelo sexo com minha namorada, que saltou de algumas vezes por semana para algumas vezes ao dia. Bons tempos...

Então basta injetar hCG e o problema está resolvido, certo?

2 Chamada de testosterona "exógena" (criada fora do corpo humano), ao contrário da "endógena" (criada dentro do corpo). Pense em "externa" para se lembrar da diferença.

Não exatamente. Eis a pegadinha: o uso repetido de hCG pode dessensibilizar os testículos para o hormônio luteinizante natural.[3] Então os testículos não conseguem receber a mensagem para produzir testosterona naturalmente. Um problemão.

Isso desqualifica a hCG como uma solução permanente, mas sugere que o aumento do hormônio luteinizante (LH) eleva o desejo sexual.

DC

Você pode estar se perguntando: o desejo sexual não se deve talvez a mais testosterona, já que o hormônio luteinizante (e, portanto, o hCG) estimula a liberação dela no fluxograma? É verdade, mas também usei injeções constantes de testosterona no início de 2004 (como descrito no capítulo "A reta final"), o que mais do que dobrou os níveis de testosterona, sem qualquer aumento na libido.

O LH parece fazer mais.

Ele também está relacionado ao aumento no desejo sexual que as mulheres sentem antes da ovulação.[4]

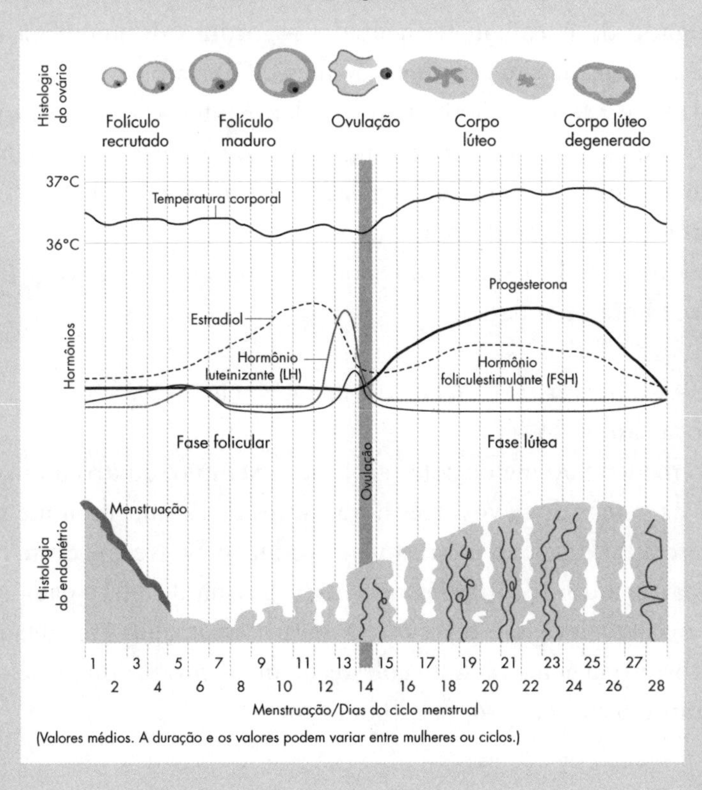

3 O hCG também inibe o GnRH no hipotálamo. É uma medicação séria que não deve ser tomada de forma recreativa.

4 Apesar de outros hormônios como o FSH também estarem relacionados ao aumento do apetite sexual, o LH mostra um salto mais pronunciado.

Minha solução: dois protocolos

Não consumi muita carne vermelha para meu primeiro aumento de 244,8 para 653,3 ng/dl de testosterona, e acredito que esse tipo de salto pode ser alcançado sem que se coma carne vermelha. A maratona carnívora foi feita, na verdade, para verificar alterações em alergias alimentares.

Hoje uso dois protocolos que acredito serem eficientes para aumentar tanto a testosterona quanto o LH, com base em repetidos testes sanguíneos. Nenhum deles requer agulhas ou medicamentos sob prescrição médica.

O primeiro é para a manutenção de longo prazo e o bem-estar geral. O segundo é um impulso de curto prazo do desejo sexual e da testosterona. Pura diversão, em outras palavras. O raciocínio detalhado por detrás de cada protocolo pode ser encontrado em "A máquina de sexo II", nos Apêndices, mas vamos começar com a versão abreviada.

PROTOCOLO 1: A LONGO PRAZO E SUSTENTADO

Óleo de fígado de bacalhau fermentado + gordura de manteiga rica em vitaminas: 2 cápsulas ao acordar e 2 antes de dormir.

Vitamina D3: de 3.000 a 5.000 UI ao acordar e antes de dormir (de 6.000 a 10.000 UI por dia), até que você atinja níveis sanguíneos de 55 ng/ml.

Banhos curtos com gelo ou banhos gelados: 10 minutos cada, ao acordar e imediatamente antes de dormir.

Castanhas-do-pará: 3 castanhas ao acordar e três antes de dormir (leia esta importante nota de rodapé).[5]

PROTOCOLO 2: A CURTO PRAZO E COMO UM IMPULSO NA DIVERSÃO

De 20 a 24 horas antes do sexo

Consuma pelo menos 800 mg de colesterol (por exemplo, quatro ou mais ovos grandes ou só as gemas dos ovos) três horas antes de dormir na noite *anterior* à qual você deseja ter um sexo incrível. A introdução Wolverine deste capítulo se deveu, em parte, a dois contrafilés de costela bovina de 340 g cada na noite anterior, mas ovos cozidos são mais fáceis para o estômago. Por que antes de dormir? A testosterona é derivada do colesterol, que é produzido principalmente à noite, durante o sono (entre 0h e 4h ou 6h).

5 Isso é pessoal e não sugiro o mesmo a não ser que você tenha deficiência de selênio. Veja SpectraCell na seção "Ferramentas e truques", assim como uma explicação em "A máquina de sexo II".

Quatro horas antes do sexo

4 castanhas-do-pará
20 amêndoas cruas
2 cápsulas do mencionado óleo de fígado de bacalhau com manteiga

SHBG — A ESTRAGA-PRAZERES

A globulina fixadora de hormônios sexuais (SHBG, do inglês *sex hormone-binding globulin*) é a estraga-prazeres.

A SHBG se liga à testosterona[6] e a torna inerte para nossos objetivos, e os resultados dos exames sanguíneos para "testosterona total" podem ser equivocados. Alguns vegans apresentaram níveis mais altos de testosterona do que carnívoros e vegetarianos, por exemplo, mas níveis mais altos de SHBG eliminam essa vantagem. Em outros estudos, o consumo de colesterol se mostrou inversamente relacionado à SHBG. Em outras palavras, quanto mais colesterol você consome, menos SHBG você tem.

Do livro *Androgen Deficiency in the Adult Male: Causes, Diagnosis, and Treatment* [Deficiência de andrógenos em homens adultos: causas, diagnose e tratamento], de Carruthers:

> Dietas estritamente baixas em colesterol mostraram queda no nível de testosterona total e livre em 14%. Dietas vegetarianas, especialmente se com pouca proteína, podem aumentar a SHBG, reduzindo ainda mais a testosterona livre. Mas homens que passaram por dietas vegetarianas de baixa gordura e muitas fibras tiveram redução de 18% na testosterona total e na testosterona livre, a qual é reversível quando retomam a dieta normal. (...) Por outro lado, dietas com baixo teor de carboidrato e alto teor de proteína, como a famosa dieta de Atkins de redução de peso, talvez estejam exercendo seu efeito de emagrecimento aumentando o total de testosterona e diminuindo a SHBG.

A SHBG não é ruim e não queremos eliminá-la, mas um pouco menos de SHBG é o mesmo que um pouco mais de testosterona livre, o que também não é ruim. Na verdade, isso torna a vida um pouco mais interessante. Eis o motivo por trás do nosso Protocolo 2, com base no aumento do colesterol.

Em que proporção isso funciona?

Eis aqui um exemplo de como os hormônios antes e depois do sexo agiram com meu primeiro experimento (o Protocolo 1), excluindo as castanhas-do-pará, que foram acrescentadas mais tarde:

6 A albumina também faz isso, mas com menos intensidade.

3 DE ABRIL DE 2009 (ANTES) ATÉ 20 DE AGOSTO DE 2009 (DEPOIS)

Testosterona total: 244,8 para 653,3 (normal: 170 a 780; mais tarde, com o acréscimo das castanhas-do-pará, esse nível saltaria para **835**, mais do que triplicando o valor original)

Testosterona livre: 56 para 118 (normal: 47 a 244)

Porcentagem de testosterona livre: 2,3% para 1,8%

Testosterona biodisponível: 150 para 294 (normal: 128 a 430)

Albumina: 5 para 4,6 (normal: 3,5 a 4,8)

Sulfato de deidroepiandrosterona (DHEA-S): 170,5 para 201,8

FSH: 6 para 8,5 (normal: 1,27 a 19,26)

Estradiol: 39 para <20 (normal em homens: <47)

Está ansioso para tentar?

Este capítulo é o que basta para começar, mas a mágica de verdade acontece quando aperfeiçoamos os detalhes. Leia "A máquina de sexo II: detalhes e perigos" se você de fato tem interesse em aumentar sua testosterona e seu desejo sexual.

FERRAMENTAS E TRUQUES

SpectraCell Laboratories (www.fourhourbody.com/spectra) O SpectraCell é um laboratório experimental de micronutrientes supostamente usado por Lance Armstrong. Descobri minha deficiência em selênio com o SpectraCell e passei a usar castanhas-do-pará, entre outras coisas, para corrigi-la. Para encontrar as clínicas SpectraCell, visite: www.fourhourbody.com/spectra. Mais sobre o assunto em "A máquina de sexo II".

Blue Ice™ — mistura de manteiga e óleo de fígado de bacalhau fermentado (www.fourhourbody.com/butterblend) Essa é a combinação de manteiga/óleo de bacalhau que usei. A Blue Ice™ vem de uma indústria pequena e com produção limitada.

Óleo de fígado de bacalhau Carlson Super 1000 mg (www.fourhourworkweek.com/cod) Um bom substituto se a indicação acima estiver esgotada, mas consuma junto com o produto abaixo.

Gordura de manteiga enriquecida com vitaminas: manteiga irlandesa Kerrygold (www.kerrygold.com/usa/locator.php) Esse website ajuda a localizar lojas que vendem a manteiga irlandesa Kerrygold nos Estados Unidos. Se você preferir, pode fazer o pedido on-line, em www.foodireland.com, clicando no link "Deli Counter" no alto da tela.

Kit de exames caseiros de vitamina D ZRT (www.fourhourbody.com/testd) Se você passa tempo demais num recinto fechado, é bem possível que tenha deficiência de vitamina D. Não tente simplesmente adivinhar a quantidade de vitamina D de que você precisa, já que a superdosagem resultará em efeitos colaterais desagradáveis.

O SpectraCell é um teste sanguíneo mais confiável, mas o kit salivar ZRT pode lhe fornecer uma estimativa barata do seu nível de vitamina D. Depois que descobrir seu nível, poderá usar a luz solar, suplementos ou lâmpadas UV-B para aumentar os níveis da vitamina. Oito semanas depois, refaça o teste para verificar as alterações.

Vitamina D3

Vitamina D3 líquida NOW, 60 ml (www.fourhourbody.com/vitamin-d)

Lâmpadas UV-B

Sperti Ultraviolet Systems (www.sperti.com)

A lâmpada fluorescente KBD D/UV-F foi criada em 2010 para indivíduos incapazes de tolerar a exposição direta à luz solar ou suplementos orais de vitamina D.

21 DIAS DE CARNE E AMÊNDOAS — ESTOU MALUCO?

Vamos analisar melhor o que aconteceu com meu sangue e meu colesterol depois daqueles 21 dias na Nicarágua, 21 dias consumindo pelo menos 30% das minhas calorias na forma de gordura de bife, 200 a 300 g de proteína e 40 a 70 amêndoas por dias. Eu esperava o pior. Eis aqui o impacto real em dois dos fatores que mais preocupam: os níveis de colesterol e as funções renais.

ANTES (20 DE AGOSTO DE 2009) *versus* **DEPOIS (25 DE SETEMBRO DE 2009)**

Colesterol

- Colesterol total: 200 (limítrofe) *versus* **190**
- HDL: 57 *versus* **57**
- LDL: 133 (fora do padrão) *versus* **108**
- VLDL: 10 *versus* **25**
- Razão colesterol/HDL: 3,5 *versus* **3,3**
- Triglicerídeos: 48 *versus* **124** (normal: <150)

Funções renais

- Ureia: 17 *versus* **18** (normal: 7 a 25)
- Creatinina: 1 *versus* **1,1** (normal: 0,7 a 1,2)
- Razão ureia/creatinina: 16,4 a **17** (normal: 10 a 20)

Eu mesmo fiquei impressionado.

Não tomei remédios ou suplementos para reduzir o colesterol (ou aumentar o HDL), e uma maratona de 21 dias de carne vermelha na verdade melhorou minha proporção colesterol/HDL, o que a maioria dos médicos vê como um indício de saúde cardíaca. Também diminuí o colesterol total e o LDL (o "mau" colesterol). Acabei dentro do "limite tolerável" de triglicerídeos, de acordo com a Associação Americana de Cardiologia, mas houve uma elevação. Eu esperava esse aumento por três motivos:

1. Os triglicerídeos transportam a gordura da dieta, e eu estava consumindo quantidades enormes de gordura.
2. A perda de gordura pode gerar aumento temporário nos triglicerídeos (como aconteceu com meu pai, que perdeu mais de 30 kg de gordura), e eu perdi quantidade significativa de gordura corporal antes dos 21 dias.
3. Consumi 420 ml de suco de laranja coado pela manhã antes do exame de sangue — a primeira vez que fiz isso em pelo menos um ano — para medir a reação do meu sangue ao açúcar. A frutose, o açúcar das frutas, é conhecida por aumentar rapidamente tanto os triglicerídeos quanto o LDL.

Todas as medições cardíacas voltaram aos níveis normais poucas semanas depois que parei com a farra da carne. Quando refiz os exames, no dia 16 de outubro (após 21 dias), meus triglicerídeos haviam caído de 124 para 82, e meu VLDL diminuíra de 25 para 16.

E quanto à ureia e à creatinina, consideradas indicadores de fadiga dos rins? Ambas estavam tecnicamente elevadas, mas dentro da variação normal.

Achei incrível que não estivessem mais altas, levando em conta que o dano muscular pode aumentar tanto a ureia quanto a creatinina, e eu havia feito uma sessão de agachamentos 48 horas antes do exame de sangue "posterior", de 24 de setembro.

Mas o colesterol não é ruim para você?

Essa crença se baseia na hipótese lipídica da saúde cardíaca (colesterol é ruim), com a qual discordo baseando-me na soma total das provas disponíveis. Entre 2006 e 2009, fiquei obcecado por baixar meu colesterol. O resultado? Menos testosterona e mais fadiga.

Fico com as gemas de ovo, muito obrigado.

RECEITA PARA O DESASTRE: O ESPECIAL SALMONELA

Parece que dividir os 800 mg de colesterol também funciona para o Protocolo 2, o do "impulso a curto prazo".

Se você conhece seus fornecedores locais e é capaz de evitar problemas com salmonela e leite cru, descobri que o milk-shake a seguir tem efeitos incríveis quando batido com um mixer e consumido às 16 horas e antes de dormir. Ele também me ajudou a alcançar os ganhos de força de cerca de 50 kg descritos no capítulo "Super-humano sem esforço":

360 ml de leite integral cru
4 colheres de sopa de manteiga de amêndoa
2 gemas de ovos cruas
3 colheres de sopa de sementes de sálvia
1 colher de chá de extrato de baunilha
½ colher de chá de canela

Seria mais adequado chamá-lo de "shake de gordura", em vez de "shake de proteína", mas ainda diminuí minha gordura corporal ao tomá-lo. Como? A perda de gordura era previsível mantendo a Dieta Slow Carb e consumindo-o somente nos dias de exercício, não mais do que três vezes por semana. Se você nunca imaginou como são os efeitos dos anabolizantes, uma semana tomando esse shake lhe dará uma boa noção.

Eis o conteúdo nutricional, com as porcentagens dos valores diários recomendados:

Calorias totais = 966
Calorias da gordura = 627
Gorduras = 73 g (113%)
Gorduras saturadas = 15 g (76%)
Colesterol = 456 g (152%)
Proteína = 34 g (69%)
Carboidratos = 55 g (18%)
Fibras = 20 g (81%)
Açúcares = 19 g
Cálcio = 93%
Índice glicêmico = 15 (de um máximo de 250)

Conheça seus fornecedores de alimentos e as estatísticas de intoxicação por salmonela etc. antes de consumir isso. Se o leite cru o assusta, e eu não o culpo por isso, substitua por leite integral orgânico.

FINAIS FELIZES E COMO DOBRAR A CONTAGEM DE ESPERMATOZOIDES

Os dois canais, criados pelos deuses, nos quais está o poder do homem, em seus testículos (...) eu os quebro com uma clava.

— *Atharva Veda*, texto sagrado do hinduísmo

— Todo homem nesta sala é metade do homem que seu avô foi.

Louis Guillette, Ph.D., pesquisador da Universidade da Flórida, começou sua apresentação diante de um comitê do Congresso americano sem preâmbulos. Nomeado um dos 20 professores do Instituto Médico Howard Hughes de todo o país, Guillette não estava usando uma metáfora. Ele tinha dados para provar o que dizia.

A contagem de espermatozoides nos Estados Unidos e em 20 outros países industrializados está em queda desde 1942, a uma taxa de aproximadamente 1% ao ano em homens saudáveis.

Entre os homens do norte da Europa na década de 1940, a média era de mais de 100 milhões de espermatozoides por mililitro (milhões/ml). E em 2008?

— A contagem de espermatozoides na maioria dos europeus com 20 anos hoje é tão baixa que talvez esteja se aproximando do limite de 40 milhões por mililitro (...) devemos encarar a possibilidade de mais casais inférteis e menores taxas de fertilidade no futuro.

Na Dinamarca, mais de 40% dos homens já estão abaixo do limite de 40 milhões/ml, entrando no que é chamado de estado "subfértil".

A pesquisa é, como sempre, polêmica.

Alguns estudos confirmam a tendência, enquanto outros contradizem as descobertas, e todo mundo fica mais confuso do que antes.

Para me esquivar da disputa, verifiquei minha contagem e a qualidade dos meus espermatozoides durante 18 meses e analisei as tendências de perto. De um ponto de vista darwiniano e egoísta, pouco me importam as bolas do Henrik em Copenhague. O que me importa são as minhas.

Tudo começou com uma ida a um banco de esperma em 2008 (veja o quadro neste capítulo), quando eu ainda não tinha a intenção de estudar tendências.

Depois de ser obrigado a reconhecer minha mortalidade algumas vezes e testemunhar um amigo de 30 e poucos anos ter câncer nos testículos, decidi que era uma boa ideia começar a congelar meus espermatozoides enquanto estavam saudáveis. Ao contrário de um bom vinho, a contagem de espermatozoides não melhora com o tempo. Por fim, e se eu me casasse e tivesse um acidente ou precisasse de quimioterapia? Queria uma apólice de seguro para o pior cenário possível.

Conseguir uma contagem precisa dos espermatozoides nunca me pareceu algo importante. Meus exames de sangue estavam ótimos. Eu tinha apenas 31 anos. Minha dieta era saudável como o café da manhã de um mórmon, e eu estava quebrando meus recordes pessoais na academia. Por que precisaria pensar nisso? Eu obviamente não precisava.

Surpresas desagradáveis

Então veio a surpresa: os resultados dos exames, disponíveis na tarde seguinte à coleta, indicavam que minha contagem de espermatozoides estava abaixo da média normal, perto do limite mínimo. Eu mal pude acreditar. Achando que era um erro do laboratório, repeti a coleta três semanas mais tarde e voltei com uma contagem ainda menor. Quanto mais testes realizava ao longo dos 12 meses seguintes, piores eram os resultados.

Deus do Céu! Fiquei apavorado.

Quais seriam as causas possíveis?

Era o ftalato contido em tudo, de xampus a desodorantes? O bisfenol A em tudo, desde eletroeletrônicos a garrafas plásticas? Cuecas apertadas? Não havia consenso. Podia ser um entre um milhão de suspeitos ou todos juntos podiam ser os culpados.

Qualquer que fosse a causa, a pergunta certa era: seria possível fazer algo para reverter esse quadro?

Para começar, tentei remover os poluentes ambientais do meu corpo com injeções (DMPS intravenoso e afins) e mudanças na dieta, e as alterações no sangue foram quase imperceptíveis.

O que mais eu poderia fazer?

Além de evitar plásticos e comer apenas produtos orgânicos, a triste resposta parecia ser: não muito. Consultei alguns dos mais experientes e criativos urologistas dos Estados Unidos, entre eles o doutor Dudley Danoff, fundador do Grupo Médico Urológico Tower no Centro Médico Cedars-Sinai, que foi professor da Escola de Medicina da Universidade da Califórnia em Los Angeles por 25 anos. Seu comentário mais contundente foi desanimador:

— A fertilidade masculina é um campo relativamente "infértil". Há pouco que possamos fazer.

Então veio o dia 31 de agosto de 2009.

Ao me preparar para uma entrevista, que nada tinha a ver com esse assunto, com o famoso treinador de força Charles Poliquin, perguntei a um amigo no ramo de fitness quais seriam as perguntas de seus sonhos. Em algum lugar do seu e-mail, estava escrito:

> Ele não usa telefone celular por causa da radiação, dizendo que há relação evidente entre baixos níveis de "T" em atletas e celulares levados nos bolsos.

"T", neste caso, se refere à testosterona.

A entrevista com Charles foi uma viagem divertida por tudo que existe relacionado ao desempenho físico, desde o sistema endócrino até o tratamento intravenoso com vitamina C e exames genéticos. Lá pelas tantas, enquanto mudávamos de assunto, perguntei a Charles se ele observara correlação entre o uso de celulares e os baixos níveis de testosterona.

— Não é apenas algo que observei. Dê uma olhada nas pesquisas.

Foi o que fiz.

Veja só! Pulando de um artigo a outro no MedLine, encontrei vários estudos que mostravam diminuições significativas na testosterona de ratos depois de exposição moderada (30 minutos por dia, cinco dias por semana, durante quatro semanas) a campos eletromagnéticos com radiofrequência de 900 megahertz (MHz), que é o que a maioria dos telefones celulares GSM gera.

Então, veio a epifania.

Na parte dos "artigos relacionados" ao lado de um desses estudos, notei uma pesquisa que se atinha aos efeitos da radiação dos celulares nos espermatozoides.

Bastou um clique para que a caixa de Pandora se abrisse, mas vamos falar dos fundamentos antes de entender o que descobri. Há três pontos principais que um médico avaliará quando analisar os espermatozoides.

1. **Contagem:** Quantos espermatozoides você tem no total?
2. **Morfologia:** Quantos espermatozoides têm a forma adequada?
3. **Mobilidade:** Quantos deles podem de fato se mover para a frente, que é a direção correta?

Se o espermatozoide é deformado ou incapaz de se mover, não importa a quantidade. Se você tem espermatozoides ótimos, mas que não sobrevivem o suficiente para a viagem de mão única até o óvulo, você também está ferrado.

Das dezenas de pesquisas que encontrei, a maioria realizada na Europa, mais de 70% concluíram a mesma coisa:[1] a radiação dos telefones celulares prejudica a função dos espermatozoides. A explicação para como isso se dá varia, mas o resultado nunca é bom.

Eis aqui apenas dois resumos, de 2008 e 2009:

> Trezentos e sessenta e um homens que se submeteram a testes de infertilidade foram divididos em quatro grupos de acordo com o uso que faziam do telefone celular. Grupo A, uso nenhum; grupo B, menos de duas horas por dia; grupo C, de 2 a 4 horas por dia; e grupo D, mais de 4 horas por dia (...). Os valores laboratoriais dos quatro parâmetros acima mencionados [isto é, contagem total, mobilidade, viabilidade e morfologia] diminuíram em todos os grupos de usuários de celulares à medida que a exposição diária ao aparelho aumentava.

• • •

> Ratos Wistar machos albinos (de 10 a 12 semanas de vida) foram expostos à RF-EMR [radiação eletromagnética de radiofrequência] de um telefone celular GSM ativo (0,9/1,8 GHz) durante uma hora, constantemente, durante 28 dias. O grupo de controle foi exposto a um celular sem bateria pelo mesmo período. (...) Os ratos expostos à RF-EMR demonstraram significativa redução percentual na mobilidade dos esper-

1 A maioria dos estudos realizados nos Estados Unidos que concluem que não há efeitos negativos é financiada direta ou indiretamente (como muitos estudos do IEEE – Instituto de Engenheiros Eletricistas e Eletrônicos) por fabricantes e operadoras de celulares. Isso prova que são uma farsa? Não, mas deveria despertar uma dúvida.

matozoides. CONCLUSÃO: Levando em conta os resultados do estudo presente, especulamos que a RF-EMR dos telefones celulares afeta negativamente a qualidade do sêmen e pode interferir na fertilidade masculina.

Os testículos dos ratos foram expostos *uma hora por dia* durante 28 dias?! Na Califórnia, onde moro, 30% da população usa exclusivamente telefones celulares para se comunicar. Carreguei meu celular no meu bolso em média 12 horas por dia, no mínimo, durante os últimos 10 anos.

Chega.

Não me faria mal algum colocá-lo em outro lugar, e o indício era forte o bastante para merecer um teste.

Depois de 11 semanas, tive minha primeira rodada de resultados.

Finais felizes

Durante 11 semanas, adotei uma nova regra: meu celular não poderia mais chegar perto dos meus testículos.

Sua nova casa era um porta-iPod preto preso ao braço, feito para corredores. Eu podia colocá-lo no braço, na canela ou — se fosse para algum lugar onde parecer um corredor não era legal — podia simplesmente desligar o telefone antes de guardá-lo no bolso. Neste caso, ou quando estava fazendo tarefas rápidas sem o porta-iPod, verificar as mensagens a cada meia hora resultou num total geral de *nenhum* problema. O bolso da frente de uma mochila também funciona.

Esperei 11 semanas para refazer os testes por um motivo específico: a produção de espermatozoides (espermatogênese) demora 64 dias em humanos. Queria esperar ao menos esse tempo, e acrescentei duas semanas por garantia.

Voltei ao banco de esperma para realizar o depósito e o exame no dia 19 de novembro de 2009, extremamente nervoso.

A ansiedade era desnecessária. Eu havia quase triplicado a mobilidade dos meus espermatozoides por ejaculação. Os números eram quase inacreditáveis:

Volume de sêmen: aumento de 44%
Mobilidade dos espermatozoides por mililitro: aumento de 100%
Mobilidade dos espermatozoides por ejaculação: aumento de 185%

Soltei um dos maiores suspiros de alívio da minha vida ao olhar para aqueles resultados. A tendência havia sido revertida.

Posso atribuir esses aumentos ao fato de ter removido meu celular e nada mais? Não é assim tão simples. Também iniciei tratamentos a frio e tomei suplementos de selênio (castanha-do-pará), que podem ter contribuído; as castanhas mais do que o frio. Se me importo com a pureza acadêmica? Não. Estava mais preocupado com o aumento da contagem de espermatozoides do que em isolar variáveis. Mesmo com duas variáveis confusas, o experimento é válido.

Você deve esperar até que a ciência chegue a um consenso? Acho que não. Esse é um caso no qual a literatura atual é forte o suficiente e a inconveniência é pequena o bastante para não precisar esperar as ordens dos médicos.

Isso não vai lhe fazer mal algum, e talvez até tire seus espermatozoides do banco de reservas e os coloque em campo novamente.

Se você pretende ter filhos um dia, considere-se alertado.

ARMAZENANDO ESPERMATOZOIDES — NUNCA SE SABE

Nunca pensei que um dia iria a um banco de esperma.

Talvez tenha sido o fato de capotar com uma moto a 144 km/h no autódromo Infineon.

Talvez tenha sido o fato de ter rompido meu tendão calcâneo durante um treino de jiu-jítsu e depois levado uma pancada na cabeça.

Terá sido o fato de ter visto minha máscara de mergulho se encher de sangue enquanto estava submerso a 36 m no mar de Belize?

Tudo isso pode ter sido a causa.

Ou talvez eu estivesse apenas passando do limiar dos 30 anos e tendo amigos que não conseguiram chegar lá. Suicídio, o 11 de Setembro, acidentes — coisas ruins acontecem a pessoas boas.

Foi quando percebi: não é muito difícil morrer. E então comecei a pensar em armazenar meu material genético.

Sim, meus espermatozoides.

Neste quadro, falarei sobre o processo, como o fiz e por que é um seguro barato num mundo imprevisível. Também darei detalhes indiscretos (hora da sacanagem!) só por diversão.

OS MOTIVOS PARA ARMAZENAR ESPERMA

Se você for pesquisar, descobrirá que o lado bom supera, e muito, o lado ruim:

1. **Os homens estão se tornando cada vez mais inférteis.** Vá comer alguns biscoitos de soja para ingerir um bocado de fitoestrógenos, ou fique apenas com os conservantes. É difícil evitar as toxinas e a comida que faz mal aos testí-

culos. Converse com endocrinologistas e faça sua contagem de espermatozoides. Provavelmente é menor que a do seu pai. É o filme *Filhos da esperança* (para homem) se tornando real e a todo vapor.

2. Muitos transtornos de saúde e procedimentos médicos (como o tratamento contra o câncer) deixam os homens inférteis.
3. Pessoas que "sabem" que não querem filhos mudam de ideia. E muito. Veja só a quantidade de cirurgias de reversão de vasectomia. E, não, esses procedimentos nem sempre dão certo. As taxas de fracasso são altas.
4. **Acima de tudo, por que não fazer?** Se você pode pagar, é uma solução simplíssima para a paz de espírito. O lado ruim em potencial de fazer isso (o custo) é recuperável; o lado ruim em potencial de não fazer é irreversível.

Acha que é fácil engravidar alguém? Às vezes é. Na maior parte das vezes, analisando as estatísticas, parece surpreendentemente uma obra do acaso.

Para ser objetivo, penso que a adoção é uma coisa linda. Mas quero também ter um filho que se pareça comigo e não vejo motivo para não garantir que ambos possam acontecer. Quero que a Mamãe Ferriss seja a Vovó Ferriss em algum momento, mesmo que meus testículos desistam antes de mim. Pode me chamar de um homem à moda antiga.

Isso é egocentrismo? Em certo nível, lógico que é. Mas também é uma questão de ego ter uma casa ou um carro decentes, usar roupas que não sejam só para se aquecer e fazer qualquer coisa que ultrapasse a necessidade da sobrevivência. Os humanos são movidos por seus egos. Sou humano, logo sou movido pelo meu ego.

ARMAZENAMENTO DE ESPERMATOZOIDES — AS ETAPAS

1. ENCONTRE UMA EMPRESA DE ARMAZENAMENTO DE ESPERMA.
Procure "armazenamento de esperma", "banco de esperma" ou "doadores de esperma" no Google junto com o nome do seu estado ou da sua cidade.

2. MARQUE UMA CONSULTA INICIAL E FAÇA EXAMES PARA DOENÇAS INFECCIOSAS.
Os lugares de melhor reputação exigirão exames para doenças sexualmente transmissíveis comuns antes do armazenamento. Fiz testes para:

HIV 1 e 2
HTLV I e II
RPR (para sífilis, o canto do cisne de Al Capone)
HCV (para hepatite C)
HBsAG e HBcAB (para hepatite B)

Custo da consulta inicial: de US$100 a US$150
Custo dos exames para DSTs: US$150 a US$200

É um primeiro encontro romântico. E, sim, eu passei com louvor no teste.

3. AQUEÇA SEU PULSO E TRABALHE BASTANTE. SEIS SESSÕES POR CRIANÇA.

Você acha que isso é coisa de "um tiro e acabou", machão? Pense de novo. Você não é Peter North, e, mesmo se fosse, 50% ou mais dos seus espermatozoides morrerão durante o processo de congelamento.

Você precisa fazer seis doações para cada criança que gostaria de ter. Pode demorar mais de oito meses para que uma mulher engravide com inseminação artificial, embora a fertilização *in vitro* aumente um pouco as chances, a um custo um pouco mais elevado, geralmente de US$9.000 a 12.000 por tentativa.

Ah, e nem pense em se abster por muito tempo.

Para uma armazenagem melhor e posterior fertilização, abstenha-se de ejacular pelo menos 48 horas antes da coleta, mas não por mais de 72 horas antes de cada sessão. É um intervalo curto. Mais de quatro dias fazem com que as células de espermatozoides mortos comecem a se acumular, o que causa problemas, já que você precisa de certa taxa de espermatozoides vivos contra mortos por centímetro cúbico. Marquei uma coleta a cada quatro dias, sempre pela manhã: por exemplo, segunda-feira, às 10h; sexta, às 10h; terça, às 10h etc.

Custo por amostra armazenada: de US$150 a US$200
(× 6 = US$900 a US$1.200 por criança em potencial)

4. ARMAZENE TODOS OS ESPERMATOZOIDES RESTANTES NUM LUGAR SEGURO

Isso geralmente é feito pela clínica ou banco de esperma que realizou o congelamento inicial. É também neste ponto que o cartão de crédito sai do bolso.

Custo por ano: US$300 a US$600 (geralmente para todas as amostras)

DETALHES SACANAS

Cubra os ouvidos das crianças. Vou lhe contar algo chocante e nojento. Algo que você provavelmente não quer ouvir. Está pronto? A maioria dos homens gosta de pornografia. E Papai Noel não existe.

Desculpe.

Eis como o website do banco de esperma anuncia o processo de "doação":

> Ele [o doador] é, então, levado a uma sala privada onde pode coletar seus espécimes num copo esterilizado que lhe é entregue.

Quase tão sexy quanto uma injeção letal, não é?

Bem, depois de chegar, havia surpresas no banco de esperma. Fui levado a uma profusão de DVDs pornográficos num canto secreto. Bem diante de várias técnicas de laboratório que pareciam constrangidas. Havia opções para todo mundo; uma seleção bem variada. Fetiche com malabaristas cegas? Haveria um DVD ali. Não fizeram economia para satisfazer todas as preferências.

Peguei alguns títulos (não citarei os nomes) e fui para a salinha branca com porta de correr. Segui as instruções de um assistente asiático que usava um jaleco branco. Ele abaixou a cabeça e saiu dizendo:

— Por favor, lave suas mãos quando terminar.

Eu não esperaria que ele me ligasse no dia seguinte.

O covil do pecado na clínica era do tamanho aproximado de um banheiro de hotel, com uma maca coberta por um lençol de papel no chão (isso mesmo, baby!), uma cadeira de metal, uma TV/DVD de 13 polegadas sobre um banquinho e uma pilha de revistas, curiosamente grudadas umas às outras.

Então sentei-me, ainda feliz e pronto para meu trabalho. Pela primeira vez eu podia pensar no sexo solitário como algo produtivo! Entusiasmado, coloquei o DVD, deitei-me para relaxar e então... meu cérebro foi sodomizado.

Veja bem, eu moro em San Francisco, uma cidade onde se encontram muitas orientações sexuais "alternativas". E, para a infelicidade de Tim Ferriss, o senhor Lave-Suas-Mãos não era muito bom em guardar os DVDs nas caixas certas.

Poucos segundos depois de me sentar, percebi que aquela salinha — toda coberta com lençóis de papel, graças a Deus — fora usada por centenas de outros doadores. Só isso exigiu que eu entrasse num estado de concentração digno de atletas olímpicos ou participantes do reality-show *Iron Chef*. Então liguei o DVD e vi dois meninos peludos fazendo algo que parecia luta greco-romana. Sem a parte da luta.

No segundo DVD, a mesma coisa. No terceiro dei mais sorte, mas eu já estava tentando suprimir tantas imagens e realidades que era como dobrar uma colher com a força do pensamento — isso para conseguir fazer algo que qualquer homem domina desde os 12 anos.

Ah, senhor Lave-Suas-Mãos. Nós voltaremos a nos encontrar, e eu lhe darei um golpe de judô.

Preparem-se mentalmente, senhores. Não será tão fácil quanto pensam. São tempos difíceis e perigosos. Uma boa hora para guardar seus espermatozoides como uma forma barata de seguro.

E não se esqueça de lavar as mãos.

FERRAMENTAS E TRUQUES

InCase Sports Armband Pro (www.fourhourbody.com/armband) Esse é o suporte de neoprene que uso para colocar meu celular. Embora seja feito para iPods, ele é grande o bastante para guardar BlackBerries, iPhones e outros aparelhos de micro-ondas portáteis.

Case da Pong para iPhone (www.fourhourbody.com/pong) Esse é o único suporte testado nos laboratórios da Comissão Federal de Comunicação dos Estados Unidos que provou reduzir a radiação do iPhone para um terço do que você receberia sem proteção, ao mesmo tempo que mantém a intensidade do sinal. Se precisar levar seu celular no bolso, essa opção ajudará a diminuir o dano, mas ainda sugiro mantê-lo afastado dos testículos.

The Disappearing Male **[Homens em extinção], documentário do canal CBC (www.fourhourbody.com/disappearing)** Documentário gratuito para download, *The Disappearing Male* trata de um dos mais importantes e menos conhecidos problemas enfrentados pela espécie humana: a ameaça tóxica ao sistema reprodutor masculino. Assustador e obrigatório.

Diretórios de bancos de esperma nos Estados Unidos
Encontre um banco de esperma ou uma clínica de armazenamento na sua região usando um dos websites abaixo ou o Google para pesquisar "armazenamento de espermatozoides" ou "banco de esperma" ou "doação de esperma" em combinação com sua cidade ou estado.

www.spermbankdirectory.com
www.spermcenter.com/sperm_bank_listings

Diretório de clínicas de fertilização nos Estados Unidos
Sociedade para a Tecnologia de Reprodução Assistida (www.sart.org/find_frm.html, website compatível com BlackBerries e iPhones)
Diretório para médicos e cirurgiões (www.healthgrades.com/local-doctors-directory)
Fertility Journey, localizador de clínicas de fertilização (www.fourhourbody.com/fertility)
Encontre uma clínica de fertilização (www.findafertilityclinic.com)

"Análise do sêmen", WebMD (www.fourhourbody.com/semen-analysis) Leitura adicional em inglês sobre o processo de análise do esperma (por exemplo, quais medicamentos e problemas de saúde podem afetar seu esperma).

O SONO PERFEITO

A NOITE DE SONO PERFEITA

A insônia é voraz. Ela se alimenta de qualquer tipo de pensamento, inclusive o de pensar em não pensar nada.
— Clifton Fadiman, ex--editor-chefe, Simon & Schuster

"Meu Deus, que praia linda. Tranquila. A água azul-turquesa transparente. Eu deveria mesmo voltar à Tailândia. Que horas serão agora por lá? Mas... por que há um pastor-alemão sarnento na minha praia? Coleira laranja. Não faz sentido. Parece o cachorro do John. Na verdade, preciso ligar para o John. Merda! Será que anotei a festa de aniversário dele na minha agenda? Aniversários e palhaços. Palhaços?! Por que é que estou pensando em palhaços?"

Assim prossegue meu monólogo interno até as 3h, 4h ou 6h da manhã, girando em torno de imagens, ideias, compromissos, ansiedades e fantasias.

Essa apresentação de slides mentais, combinada a uma perversa ioga do sono: às vezes enroscado como um pretzel, às vezes de costas, num estado falso de paralisia típico do Drácula, e sempre terminando na posição fetal, com um travesseiro ou um braço entre os joelhos. A posição fetal nunca dá certo, mas continuo tentando, como um cachorro louco para urinar e que arranha uma porta que nunca se abre.

Tenho insônia. Uma dificuldade terrível para "pegar" no sono.

Meu pai e meu irmão também têm. Não é necessariamente causada por estresse nem por falta de cansaço. Simplesmente não conseguimos adormecer.

Assim, com a intenção de finalmente conseguir uma boa noite de descanso e ajudar outras pessoas com insônia, tentei de tudo, das receitas populares aos medicamentos nootrópicos, da fototerapia ao consumo de gordura.

Agora já posso dizer que eu *tinha* insônia crônica.

O terço oculto da vida

Um bom sono é simplesmente questão de duração? Quanto mais melhor?

Se você já precisou tirar um cochilo depois de dormir demais, sabe que não é tão simples assim. Vamos analisar o problema com uma pergunta mais fácil: o que é um sono ruim?

- Levar tempo demais para começar a dormir (insônia "inicial", meu maior problema)
- Acordar várias vezes durante a noite (insônia "intermediária")
- Acordar cedo demais e não conseguir voltar a dormir (insônia "terminal")

O desafio para alguém que avalia a si mesmo é medir as coisas enquanto baba no travesseiro. Eu conseguia registrar os horários em que ia para a cama e acordava, mas não podia medir com precisão o momento em que pegava no sono, muito menos o que acontecia enquanto eu dormia.

Fazer cursos como "Biologia do Sono" na Universidade de Stanford não curou minha insônia, mas a pesquisa acadêmica ajudou a formular perguntas mais específicas, entre elas:

- Quanto à consolidação da memória: qual é o meu nível de sono REM?
- Quanto à regeneração dos tecidos: qual é o meu nível de sono delta?
- Em relação aos dois aspectos: tenho apneia do sono?

O problema de examinar isso num laboratório de sono — o exame é chamado de polissonografia — é que você geralmente fica com pelo menos 22 fios presos ao corpo para medir a atividade cerebral (eletroencefalograma), o movimento ocular (eletro-oculograma), a atividade muscular (eletromiografia), o ritmo cardíaco (eletrocardiograma), a respiração e, às vezes, a oximetria de pulso periférica.

Dá para imaginar que ninguém consegue dormir num laboratório bizarro com 22 fios presos ao corpo na primeira noite. Por isso os dados são péssimos. Mas vamos supor que você tente. Na segunda vez, você volta após uma noite insone e dorme em poucos minutos, como uma criança de 2 anos depois de comer açúcar demais. Dados piores ainda.

Para testar realmente e adaptar a situação a condições de sono realistas, você precisa de um laboratório de sono portátil.

Isso só aconteceu em 2009.

Meu primeiro laboratório de sono

JULHO DE 2009

— Você deveria tentar o que Brad Feld usou. Ele tem uns aparelhos para medir o sono — sugeriu-me um amigo.

Isso chamou minha atenção. Estava reclamando da insônia depois de mais uma noite péssima e já queria mesmo conversar com Brad antes disso.

Brad vive nas redondezas da bela cidade de Boulder, no Colorado, e é um capitalista de risco e investidor famoso (1) por seus resultados incríveis e (2) por jogar bosta no ventilador em convenções de negócios.[1] Detalhe: ele foi um dos patrocinadores iniciais da Harmonix Music Systems, para a qual ajudou a arrecadar US$500.000. A empresa teve prejuízo durante quase 11 anos. Um dinheirão perdido! Então, em 2005, ela lançou um pequeno (ironia) jogo de sucesso chamado "Guitar Hero", que acabou sendo vendido em 2006 para a Viacom/MTV por US$175 milhões.

As decisões controversas de Brad geralmente seguem uma lógica elegante que os demais só compreendem depois do fato concretizado.

Se ele tinha encontrado uma ferramenta para analisar o sono, eu queria saber tudo sobre ela.

Sobre movimentos e ondas: as ferramentas

A obsessão de Brad acabou se transformando no Zeo. Seria o meu primeiro aparelho de sono de última geração de verdade.

Depois arranjei mais aparelhos.

1 Só para relembrar, o investidor Dave McClure está pau a pau com Brad nesse quesito.

Nos quatro meses de testes que se seguiram, também usei monitores de frequência cardíaca, termômetros, monitores contínuos dos níveis de glicose, dois aparelhos detectores de movimento (FitBit e WakeMate) e uma gravação em vídeo do movimento durante o sono. Em geral, tudo ao mesmo tempo.

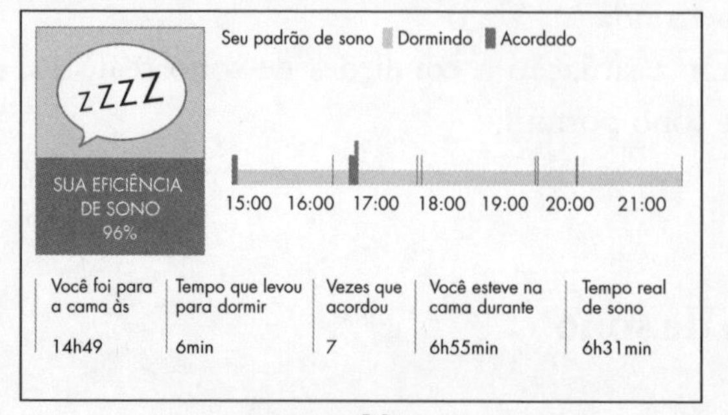

FitBit

SUA PONTUAÇÃO DE SONO ESTA NOITE FOI DE 69,15
Com base nos seus dados, isso não é bom para você; deixe que o WakeMate o ajude!
Sua pontuação de sono por hora — quanto mais alta, melhor
10/24 00:00–05:50
gráfico por amCharts.com
80 60 40 20 0
01:00 02:00 03:00 04:00 05:00
Horário de sono escolhido: 00:00 – 05:50
Visualização: 30m 1H 3H MAX
Análise do sono para o dia 24/10/2009
Tempo → Tempo dormindo Tempo acordado
Análise de descanso para o dia 24/10/2009
Tempo → Tempo sem descanso/tempo acordado Tempo dormindo Sono médio
Dados de movimento para o dia 24/10/2009
Eixo vertical: magnitude dos movimentos Eixo horizontal: tempo
Tempo para dormir: 38,38 minutos; 5 minutos 10/24; Média
Número de vezes que acordou: 3 10/24; 4,12 Média
Eficiência do sono: 0,91 10/24; 0,93 Média
Tempo total de sono: 5,4 horas 10/24; 6,8 horas Média

WakeMate

Eu parecia um Robocop em coma.

Tanto o WakeMate quanto o FitBit, usados no pulso durante o sono, empregam uma tecnologia sensível ao movimento (acelerometria) semelhante à dos controles de um Nintendo Wii. Os dados são interpretados com base em algoritmos actigráficos, utilizados para determinar se alguém está acordado ou num dos vários estágios do sono. Já o WakeMate contém um alarme que pode ser regulado para acordá-lo em pontos específicos do sono REM (aparentemente para diminuir o torpor) até 30 minutos antes do horário que você escolheu para acordar.

O Zeo, ao contrário, requer uma faixa na cabeça para medir padrões elétricos gerados pelo cérebro. Ele também tem um alarme para acordá-lo nos períodos de atividade cerebral mais intensa, a fim de diminuir o torpor.

As primeiras tentativas de examinar e solucionar o problema não foram muito encorajadoras.

Para ambos os acelerômetros, o tempo para pegar no sono — o problema crítico da insônia inicial — não pareceu exato. Apesar de afirmações em contrário, os acelerômetros não aparentavam ser capazes de distinguir a simples ausência de movimento e o sono. Testei isso ao assistir à televisão durante 30 minutos, permanecendo o mais imóvel possível antes de tentar dormir. Meu "sono" começou praticamente ao mesmo tempo em que comecei a assistir à TV.

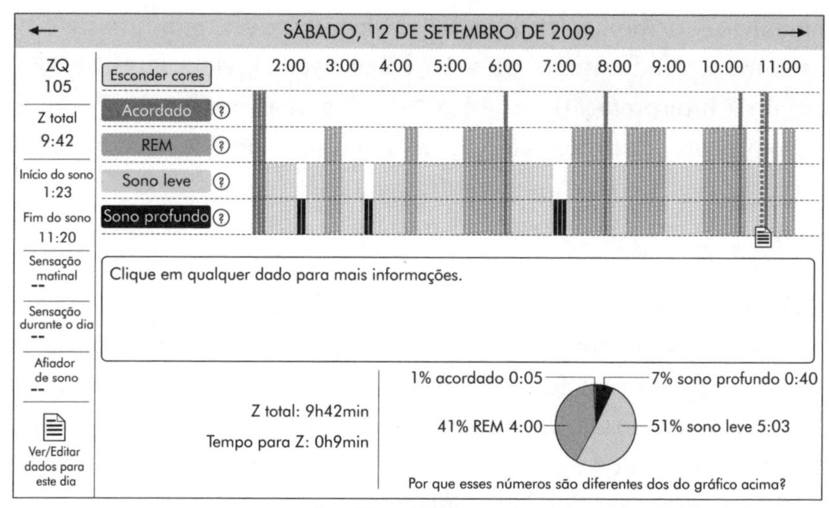

Zeo — Exemplo de bom sono

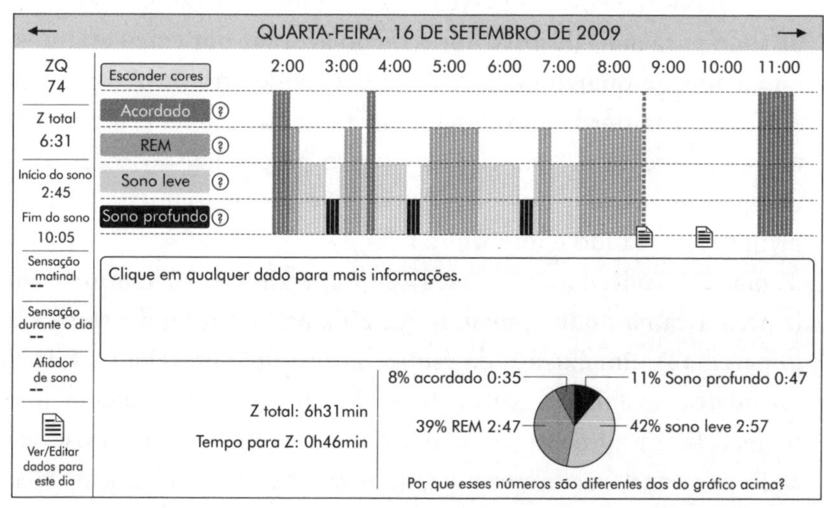

Zeo — Exemplo de sono ruim

A primeira boa notícia veio uma semana mais tarde: os alarmes inteligentes Zeo e WakeMate pareceram reduzir o torpor matinal. Eu tinha menos mau humor pela manhã e era capaz de raciocinar sem precisar de duas xícaras de café. Seja efeito placebo, seja de causa e efeito verdadeiro, o fato é que os "alarmes inteligentes" pareceram ajudar. Isso era um avanço, mas eu precisava ter um sono melhor, e não apenas acordar melhor.

Foi nesse ponto que o Zeo se tornou verdadeiramente útil.

Comecei um período de testes para responder a uma questão subjetiva todas as manhãs e atribuir uma nota a ela: "Estou me sentindo um lixo" (1 a 3) ou "Estou me sentindo ótimo" (8 a 10)? Respostas duvidosas, entre 4 e 7, que arruinariam a interpretação, foram registradas, mas ignoradas. Em ambos os extremos, procurei padrões. Graças ao monitoramento contínuo da glicose, também havia registro da minha alimentação.

Eis aqui algumas das descobertas iniciais:

1. **O sono bom (8 a 10) depende principalmente da relação entre o sono REM e o sono total, e não da duração total do sono REM.** Quanto maior o percentual de sono REM, maior a sensação de descanso. Quanto maior o percentual de sono REM, melhor a apreensão de habilidades e dados adquiridos nas 24 horas anteriores. Altas porcentagens de sono REM também estão relacionadas a uma pulsação média e a uma temperatura corporal menor logo após acordar.
2. **Eu poderia aumentar o percentual de sono REM ao estender o tempo de sono para mais de nove horas ou ao acordar por cinco minutos aproximadamente quatro horas e meia depois de dormir.** Acordar durante cinco a 10 minutos aproximadamente quatro horas e meia depois de dormir aumenta de maneira drástica o percentual do sono REM. Ao que parece, acordar uma vez à noite não necessariamente é ruim, pelo menos não quando é intencional.
3. **Tomar 200 microgramas (mcg) de huperzina A 30 minutos antes de ir para a cama pode aumentar em 20 a 30% o total do sono REM.** A huperzina A, um extrato da *Huperzia serrata*, desacelera a diminuição do neurotransmissor acetilcolina.[2] É um popular medicamento nootrópico (para aumento da capacidade cognitiva), e eu o usei no passado para acelerar o aprendizado e aumentar a incidência de sonhos lúcidos. Hoje uso a huperzina A apenas durante as primeiras semanas do aprendizado de uma língua e por não mais do que três vezes na semana, para evitar os efeitos colaterais. Ironicamente, um efeito colateral bem documentado do uso indiscriminado da huperzina A é a insônia. O cérebro é um instrumento sensível, e, apesar de geralmente bem tolerada, essa droga é contraindicada para uso concomitante com alguns tipos de medicamentos. Fale com seu médico antes de tomá-la.

2 Ela é, portanto, chamada de inibidor da acetilcolinesterase. O sufixo "ase" indica que ela quebra a molécula que a precede.

4. **Quanto maior o percentual de sono profundo, melhor o desempenho físico subsequente.**
5. **Beber mais de duas taças de vinho quatro horas antes do sono diminui em 20 a 50% o percentual de sono profundo.** Mesmo quatro taças *seis* horas antes de dormir não parecem ter esse efeito; por isso o tempo é fundamental. Por outro lado, tomar 15 ou mais gotas de extrato de papoula-da-califórnia parece aumentar em até 20% o sono profundo.
6. **Ingerir duas colheres de sopa de manteiga de amêndoa orgânica com talos de aipo antes de dormir eliminou pelo menos 50% das manhãs em que se acorda se sentindo um lixo (1 a 3).** Já se perguntou como é possível dormir oito a 10 horas e ainda se sentir cansado? O culpado provável é baixo nível de açúcar no sangue. Faça de um lanche pré-sono parte do seu programa nutricional. Use uma ou duas colheres de sopa de óleo de semente de linhaça (120 a 240 calorias) em combinação com aipo e manteiga de amêndoa para aumentar a regeneração celular durante o sono e, assim, diminuir a fadiga. O óleo de semente de linhaça tem gosto de urina de guaxinim com aspargo, por isso — se você optar por ingeri-lo — eu o aconselho a fechar o nariz antes de engolir, como me ensinou o doutor Seth Roberts, de quem falaremos mais tarde.

Desligando a máquina de pensar

Em seguida, parti para resolver meu maior problema: pegar no sono. Por mais que, teoricamente, meu sono fosse reconfortante, com base nos resultados do Zeo, mais de 30 minutos de insônia inicial anulavam tudo.

O que se segue são mudanças e instrumentos que tiveram os melhores efeitos sobre a insônia inicial. Alguns são mais convenientes do que outros. Excluí medicamentos[3] da experiência e, se não conseguisse reproduzir determinada melhora ao menos três vezes em noites consecutivas, eu a descartava.

EXPERIMENTE DORMIR NUM QUARTO A UMA TEMPERATURA ENTRE 19 E 21°C. Essa foi uma variável que testei ao máximo durante a estada na Nicarágua para minhas aventuras de turismo médico (a seguir), e também foi a que teve os efeitos mais consistentes. Para ser mais específico, usar um único lençol num quarto com temperatura entre 19 e 21°C faz com que você durma mais rápido. Temperaturas mais altas nunca deram certo, mas temperaturas menores, como 17°C, também irão funcionar bem *se* você usar meias para manter os pés aquecidos. Se não puder

3 Exceto pela melatonina, em um caso.

controlar a temperatura do ambiente, experimentar meias de várias espessuras é a maneira mais fácil de ajustar a perda de calor.

A temperatura ideal é algo extremamente individual, e cada pessoa terá de estabelecer sua variação; por isso, faça testes até encontrar a sua.

FAÇA UMA GRANDE REFEIÇÃO À BASE DE CARNE E GORDURA TRÊS HORAS ANTES DE IR PARA A CAMA.

Descobri isso sem querer, enquanto analisava as alterações nos níveis de testosterona. Consumidas três horas antes de se enfiar sob os lençóis, refeições com ao menos 800 mg de colesterol (quatro ou mais ovos) e 40 g de proteína geram sonos incrivelmente mais rápidos do que refeições menores ou com menos proteína e gordura. Comer dois filés de costela, cada um com 340 g, teve o efeito tranquilizante mais forte.

USE LUZES INDIRETAS — O PHILIPS goLITE.

Comprei esse emissor de luz azul para um amigo que sofre de transtorno afetivo sazonal — isto é, uma depressão de leve a grave que ocorre durante os meses de inverno.

Ele já tinha o aparelho, por isso comecei a usá-lo como um substituto para o café como a primeira coisa da manhã. Instalei-o ao lado do computador, apontado para mim durante 15 minutos, num ângulo de cerca de 30 graus deslocado do centro (se meu computador fosse um ponto no relógio marcando 12h, seria como se a luz estivesse nas 10h ou 2h). Naquela noite, demorei menos de 10 minutos para dormir — pela primeira vez em semanas. Consegui repetir o efeito em quatro das cinco noites testadas.

Em geral usadas para os efeitos do *jet lag* ou da "depressão de inverno", descobri que o goLITE curiosamente é mais útil como uma ferramenta corretiva do sono, mesmo se eu acordar tarde e precisar dormir no horário normal. A duração da bateria é longa, e, por ser do tamanho de um livro, o goLITE é portátil o suficiente para ser transportado em bagagens de mão.

CANSE O SISTEMA NERVOSO COM MOVIMENTOS ISOLATERAIS.

Geralmente, recomendam-se exercícios para melhorar o sono.

O problema, para mim, era a imprevisibilidade dos resultados. Eu podia me exercitar por 20 minutos e dormir em 10 minutos ou me exercitar durante duas horas e demorar duas horas para dormir. Não havia relação lógica entre causa e efeito. Parecia um efeito aleatório.

Isso mudou quando comecei a incorporar exercícios de resistência isolaterais (um braço, uma perna). Registrei tempos menores para dormir depois de oito sessões entre 10 tentativas. Quanto mais complexa fosse a estabilização exigida, menor o tempo para dormir. Para sentir esse efeito você mesmo, faça uma única sessão do teste de pré-habilitação do capítulo "Pré-habilitação".

TOME UM BANHO FRIO UMA HORA ANTES DE DORMIR.

Os japoneses têm, em média, expectativa de vida maior do que a maioria das pessoas dos demais países, incluindo os Estados Unidos, superando-os em mais de quatro anos. Uma explicação dada pelos pesquisadores é que o banho regular de ofurô, ou um banho quente antes de dormir, aumenta a liberação de melatonina, o que está relacionado aos mecanismos de longevidade. Paradoxalmente, de acordo com um professor de Stanford que lecionava no curso de Biologia do Sono que frequentei por volta de 2002, o banho frio é um sinalizador (ou *zeitgeber*, "doador de tempo") mais eficiente para o início do sono.

O efeito do ofurô estaria relacionado ao resfriamento rápido subsequente? Como não estava muito a fim de matar meus espermatozoides com banhos quentes, optei pelo banho frio direto.

Testei o efeito de combinar banhos de gelo mais curtos do que os 10 minutos habituais com doses baixas de melatonina (1,5 a 3 mg) uma hora antes de dormir. O banho de gelo é simples: coloque dois a três sacos de gelo comprados em lojas de conveniência (US$3 a 6) numa banheira cheia até a metade e deixe o gelo estar 80% derretido. Os iniciantes devem começar submergindo apenas a parte de baixo do corpo e avançar até passar os últimos cinco minutos com o peito submerso também, mantendo as mãos fora d'água. (Leia o capítulo "A era do gelo" para ver outros experimentos e benefícios).

Era como ser atingido por um tranquilizante para elefantes. E o melhor de tudo: funcionava mesmo quando a melatonina era excluída.

USE UM UMIDIFICADOR ULTRASSÔNICO.

O umidificador ultrassônico portátil de névoa fria da Air-O-Swiss é incrível. É pequeno o suficiente para caber no bolso de um paletó (590 g), e sua fonte de água é encontrada em qualquer loja de conveniência: uma garrafa plástica virada de cabeça para baixo. A tecnologia de ultrassom usa vibrações de alta frequência para gerar uma micronévoa fria que invade o ambiente, onde evapora. Esse aparelho e o goLITE juntos são a minha combinação preferida, especialmente depois de verificar sua eficácia em eliminar meu problema de sinusite em viagens. Ele também reduz drasticamente rugas faciais, o que é um inesperado, mas agradável, efeito colateral.

O umidificador da Air-O-Swiss vem com um adaptador AC universal e cabos intercambiáveis que podem ser usados tanto nos Estados Unidos quanto na

Europa. Minha única reclamação: ele emite um brilho azulado bonito (mas que distrai), por isso você precisará de uma máscara para dormir se tiver muita sensibilidade à luz como eu tenho.

USE UMA LUZ DE PULSO NIGHTWAVE.

A NightWave me foi apresentada por meu amigo Michael, que também sofre de insônia inicial.

Durante meus testes, ele começou a elogiar esse aparelhinho, uma lâmpada de pulsação lenta do tamanho de um maço de cigarros que o ajudava a dormir em menos de sete minutos. O doutor James B. Maas, agraciado com o prêmio Weiss Presidential e professor de Psicologia da Universidade de Cornell, é um dos vários pesquisadores que a recomendam.

Do website da NightWave:

> A NightWave projeta uma luz azul-clara no seu quarto escuro. A "luminosidade" da luz aumenta e diminui lentamente. Deite com os olhos abertos e sincronize sua respiração com o movimento da onda azul à medida que ela diminui de intensidade. Depois de pouco tempo [o ciclo que Michael usava tinha sete minutos de duração], a NightWave se desliga, e você vira e dorme (...) Ao contrário de aparelhos com som, a luz fraca não incomoda os demais.

Ela funciona, mas a considero menos consistente do que o que Michael disse (a taxa de sucesso dele era de quase 100%). Agora viajo com a NightWave, mas a uso como um suplemento ao goLITE quando necessário.

DEITE COM METADE DO CORPO NA POSIÇÃO DE RASTEJAMENTO MILITAR.

Deite de bruços com a cabeça num travesseiro e virada para a direita. Os dois braços devem estar retos ao seu lado, com as palmas para cima. Agora traga seu braço direito até que a parte mais alta do ombro esteja dobrada num ângulo de 90 graus e sua mão esteja perto da cabeça. Posição alternativa da mão: a mão direita fica sob o travesseiro e sob sua cabeça. Depois, puxe o joelho direito um pouco para o lado, de modo que ele esteja dobrado a um ângulo de aproximadamente 90 graus.

Esta é uma posição definitiva que funciona por um único motivo: você não consegue se mexer.

É como uma bolsa canguru autoimposta, daquelas que o povo inuíte e outras culturas usam para acalmar as crianças, imobilizando-as. Para se revirar nessa posição, você precisa primeiro erguer todo o corpo. Quanto menos movimento, mais rápido o sono.

FERRAMENTAS E TRUQUES

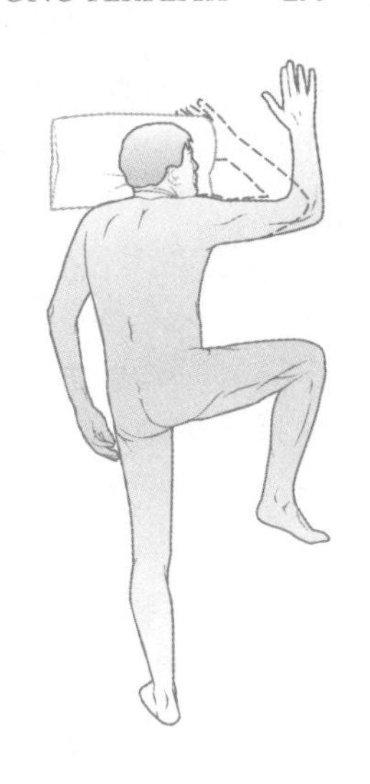

F.lux (http://stereopsis.com/flux/) É possível que a tela do computador seja o que o mantém acordado. O F.lux é um aplicativo gratuito para o computador que diminui a luminosidade da tela depois que o sol se põe. Pela manhã, ele faz com que a luminosidade retorne aos ajustes-padrão do dia.

Extrato de papoula-da-califórnia (www.fourhourbody.com/poppy) Esse extrato de papoula-da-califórnia age como um sedativo leve, e descobri que ele aumenta meu percentual de sono profundo.

Zeo Personal Sleep Coach (www.fourhourbody.com/zeo) O aparelho para dormir preferido de Brad Feld. O Zeo requer uma faixa na cabeça que mede padrões elétricos gerados pelo cérebro e pode acordá-lo num momento de elevada atividade cerebral. Foi o único aparelho que propiciou dados úteis e reduziu consistentemente o torpor matinal.

Philips goLITE (www.fourhourbody.com/golite) Essa luz é a maior responsável pelo meu sono em menos de 10 minutos depois de uma década de esforços inúteis. Eu geralmente a coloco ao lado do meu computador durante 15 minutos por dia. A duração da bateria é longa, ela é portátil (cabe numa bagagem de mão) e de manhã pode substituir seu cafezinho se você se permitir dois ou três dias de adaptação.

NightWave (www.fourhourbody.com/nightwave) Meu amigo Michael descobriu que a NightWave (uma luz de pulsação lenta do tamanho de um maço de cigarros) era uma solução permanente para seus problemas de insônia. Viajo com a NightWave e a uso em combinação com o goLITE.

Umidificador ultrassônico portátil de névoa fria da Air-O-Swiss (www.fourhourbody.com/humidifier) Esse aparelho é minha combinação perfeita com o goLITE. Ele melhora tanto o sono quanto a sua duração, sem mencionar a saúde da pele e da respiração.

Aplicativo Sleep Cycle para iPhone (www.lexwarelabs.com/sleepcycle) O alarme Sleep Cycle analisa seu padrão de sono e usa o acelerômetro embutido no iPhone para acordá-lo quando você está na fase mais leve dele. Esse foi o aplicativo mais vendido (US$0,99) em vários países, entre eles Alemanha, Japão e Rússia.

"Lucid Dreaming: A Beginner's Guide" (www.fourhourbody.com/lucid) O sonho lúcido, como clinicamente demonstrado por Stephen LaBerge, da Universidade de Stanford, refere-se a ter consciência durante o sono REM e afetar o conteúdo dos seus sonhos. A fim de facilitar os sonhos lúcidos, usei a huperzina A para aumentar o percentual de sono REM.

O sonho lúcido pode ajudá-lo a acelerar o processo de aprendizagem, melhorar seu desempenho nos esportes e reativar línguas "esquecidas". Esse artigo é um passo a passo conciso para os iniciantes.

TORNANDO-SE UM “UBERMAN”

Dormindo menos com o sono polifásico

A chamada morte é uma coisa que faz os homens chorarem. Ainda assim, um terço da vida é passada dormindo.
— Lorde Byron

Dizem que ele dorme apenas uma hora por noite. Conhecem esse cara? Tyler Durden?
— *Clube da Luta*

É uma vergonha o fato de os cientistas saberem tão pouco sobre por que passamos aproximadamente um terço de nossas vidas dormindo.

Não pode ser uma simples questão de regeneração celular. Girafas adultas, por exemplo, pesam cerca de 800 kg, mas dormem em média apenas 1,9 hora a cada ciclo de 24 horas.

Oito horas por noite não se aplicam à maior parte do reino animal. Existe algum motivo para os seres humanos serem incapazes de copiar as girafas?

É possível cortar seu tempo total de sono pela metade e ainda se sentir completamente renovado?

A resposta mais direta é sim.

Em 1996, passei quase cinco dias sem dormir para ver: (1) se conseguiria chegar a uma semana (não consegui); e (2) quais seriam os efeitos colaterais. As alucinações interromperam a experiência antes do previsto, mas continuei brincando com diferentes padrões de ciclos de sono.

Uma das abordagens mais fascinantes é a do sono “polifásico”: dividi-lo em vários segmentos de modo que você possa desempenhar bem suas funções com algo em torno de duas horas de sono por dia. As vantagens em potencial desse cronograma para pais de recém-nascidos — ou qualquer pessoa obrigada a enfrentar o sono insuficiente — são enormes. Além disso, pense nos livros que você poderia ler, no que poderia aprender, nas possíveis aventuras com seis horas a mais por dia. Abriria todo um novo mundo de possibilidades.

Há centenas, se não milhares, de pessoas que juram seguir a abordagem de Thomas Edison do sono minimalista, que pouca semelhança tem com o "sono" como o conhecemos.

Usei tanto o sono "Everyman" como a "Sesta", detalhados neste capítulo, com grande sucesso. Reservo qualquer coisa parecida com o "Uberman" apenas para prazos emergenciais. Para explicar as opções e os obstáculos de cada método, deixarei que Dustin Curtis, um adepto mais experiente do sono polifásico, conte sua história.

Apresento-lhes Dustin Curtis

Meu corpo é incompatível com a Terra.

Tenho um ciclo de vida que dura 28 horas, e não 24, o que significa que, a cada dia, permaneço acordado quatro horas a mais do que a maioria das pessoas. No meio da semana, às vezes me pego acordando às 23h e indo dormir no começo da tarde do dia seguinte. Quando eu era mais jovem, as pessoas me consideravam louco. A única coisa de que me lembro da escola primária é de estar cansado.

Por fim, descobri que, se me acostumasse ao cronograma de 28 horas, meu corpo ficaria feliz. Eu acordava descansado, ia dormir cansado e tudo dava certo. Exceto pelo fato de a minha vida ser incompatível com a do restante do mundo. Viver com um cronograma normal seria difícil, por isso eu precisava encontrar uma solução.

Depois de alguma pesquisa, descobri que o que eu tinha era chamado de "síndrome do sono-vigília maior que 24 horas". A solução é o sono polifásico, que qualquer pessoa pode aplicar para eliminar seis horas de seu tempo de sono normal (com um detalhe, óbvio).

OLÁ, SONO POLIFÁSICO...

A premissa básica do sono polifásico é que a fase mais benéfica do sono é a fase REM. Quem dorme normalmente experimenta a REM por apenas uma ou duas horas por noite. Para aproveitar os benefícios do sono polifásico, você precisará organizar as coisas de modo que a REM seja responsável por um percentual muito maior do tempo total de sono.

Um dos modos de obrigar seu cérebro a entrar no estado REM e pular as demais fases do sono é fazê-lo se sentir exausto. Se você passar 24 horas sem dormir, talvez note que fica à deriva em sonhos constantes até acordar. Isso acontece porque seu corpo entra em REM constante como um mecanismo de proteção. A maneira de entrar na fase REM sem estar exausto é enganar seu corpo e levá-lo a pensar que você vai dormir só um pouquinho. Você pode treiná-lo para entrar no sono REM por curtos períodos de tempo ao longo de sonecas de 20 minutos por dia em vez de um sono contínuo noite adentro. É assim que o sono polifásico funciona.

Há, na verdade, seis bons métodos a escolher. O primeiro, o sono monofásico, é como você provavelmente dormiu a vida toda. Os cinco outros são um pouco mais interessantes.

Com o sono monofásico, você dorme durante **oito horas** e consegue cerca de **duas horas de bom sono REM.** Esse é o cronograma normal, empregado pela maioria das pessoas, e implica cerca de cinco horas da noite perdidas para (até onde sabemos) uma inconsciência desnecessária.

Há cinco métodos de sono polifásico que se focam em várias sonecas de 20 minutos ao longo do dia e, em alguns casos, algumas poucas horas de sono à noite. O mais simples é o **método da "Sesta"**, que inclui apenas uma soneca durante o dia e depois muito sono à noite. Surpreendentemente, acrescentar apenas uma soneca durante o dia **elimina uma hora e 40 minutos** do seu tempo total de sono.

O método "Everyman" é apenas uma escala que oferece combinações diferentes de sonecas e sonos mais longos. A quantidade total de sono durante o dia é reduzida drasticamente para cada soneca que você adiciona.

O **método "Uberman"**, termo cunhado por PureDoxyk, é composto por seis sonecas e nenhum sono prolongado. É incrível, mas você pode fazer tudo normalmente com apenas **duas horas de sono** usando o método Uberman.

O DETALHE

Não seria maravilhoso dormir apenas duas horas por dia e se sentir descansado? Seria ótimo, lógico, mas há um probleminha. Quanto mais sonecas você tira (e, assim, quanto menos sono total você tem), mais rigoroso é preciso ser com relação à duração das suas sonecas. Não se pode pular uma soneca por mais de duas horas nos métodos Everyman 2 e Everyman 3, e é obrigatório tirar as sonecas dentro de um intervalo de 30 minutos no seu cronograma com o método Uberman. Se você perder uma soneca, todo o cronograma fica arruinado e você irá se sentir cansado durante vários dias.

O rigor com os cronogramas torna a maioria desses métodos impossíveis para quem trabalha das 9h às 18h. Mas, se você tiver uma agenda flexível e puder escolher um método e mantê-lo durante vários meses, descobrirá que irá se sentir incrível e terá quantidade de tempo aparentemente inesgotável durante o dia para fazer tudo.

Isso, para mim, é tirar proveito máximo do cérebro.

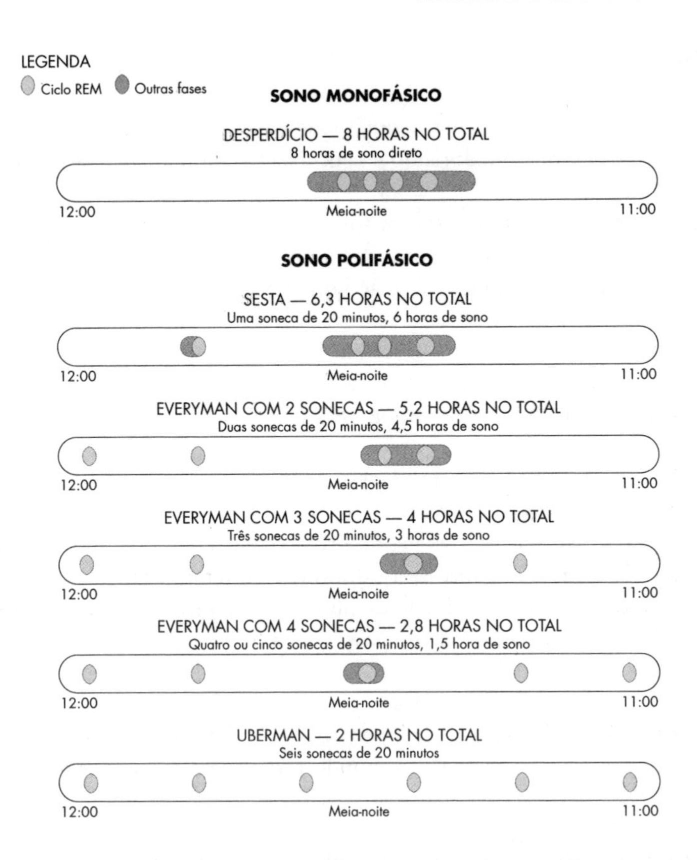

INTRODUÇÃO AO UBERMAN

Passo 1: determine seu cronograma de sono. Você tirará várias sonecas de 20 minutos, a cada quatro horas, durante o dia inteiro. São seis sonecas, divididas igualmente ao longo de 24 horas (por exemplo: 2h, 6h, 10h, 14h, 18h e 22h). Esse ciclo permanecerá o mesmo ao longo de todo o seu período de sono polifásico.

Passo 2: NÃO durma demais. Se dormir demais apenas uma vez, atrapalhará o ciclo e, como resultado, ficará exausto (por até 24 horas). Sob hipótese nenhuma você deve dormir por mais de 20 minutos, já que isso pode acabar fazendo com que você abandone o cronograma polifásico por cansaço. Consiga um alarme confiável. Se você se sentir tentado a apertar o botão de "soneca", coloque o despertador longe da cama.

Passo 3: NÃO pule as sonecas. Respeite seu cronograma e siga-o à risca. Pular as sonecas produzirá um efeito composto. Pular uma só soneca é perda de energia que exige duas sonecas a mais para você voltar à sua agilidade mental normal.

Passo 4: ultrapasse a fase inicial. A primeira semana e meia é a mais difícil. Se você seguir seu cronograma, não dormir demais e não pular as sonecas, deve se ajustar bem ao novo regime de sono em apenas duas semanas, apesar de algumas pessoas precisarem de até três semanas.

FERRAMENTAS E TRUQUES

Dustin Curtis (http://blog.dustincurtis.com/) Esse é o blog do autor deste capítulo, o designer, conselheiro de empreendedorismo e neurocientista amador Dustin Curtis.

Registros de sono de Steve Pavlina (www.fourhourbody.com/pavlina) A experiência de Steve Pavlina com o sono polifásico foi o que me apresentou ao Uberman. Aqui estão os registros mais detalhados do sono polifásico que você encontrará na internet.

Histórias de sucesso do cronograma Uberman (www.poly-phasers.com, www.fourhourbody.com/kuro5hin) Kuro5hin foi o que apresentou Matt Mullenweg, principal desenvolvedor da plataforma WordPress, ao cronograma Uberman, que ele usou durante um ano. Ele conta sua experiência:

"Foi provavelmente o ano mais produtivo da minha vida. Nas primeiras três ou quatro semanas eu era um zumbi, mas, depois que você se adapta ao cronograma, nem precisa de um alarme para acordar após as sonecas. Provavelmente escrevi a maioria das minhas colaborações ao código do Wordpress.org durante esse tempo. Depois, arranjei uma namorada. Foi o fim do Uberman e o início de uma fase significativamente menos produtiva — e mais romântica. É bom ser capaz de passar uma noite normal com alguém em vez de dormir 20 minutos."

O sono polifásico (http://forums.trypolyphasic.com/) Esse fórum abrange questões comuns e sugestões práticas de pessoas do mundo todo que estão experimentando o sono polifásico.

"Como nasceu o cronograma de sono Everyman" (www.fourhourbody.com/everyman) Leia como o Uberman foi modificado para se tornar mais flexível às agendas das pessoas.

"Sono polifásico: fatos e mitos" (www.supermemo.com/articles/polyphasic.htm) Esse artigo compara o sono polifásico ao sono monofásico regular, ao sono bifásico e ao conceito de sono em "livre curso".

COMO SE MANTER NO CRONOGRAMA

Kuku Klok (www.kukuklok.com) Depois de configurado, esse alarme on-line funcionará mesmo se sua conexão com a internet cair.

Clocky Moving Alarm Clock (www.fourhourbody.com/clocky) Esse despertador patenteado salta a 1 m da sua cômoda e corre pelo quarto, soando para acordá-lo. Só é possível apertar "soneca" uma vez.

Wakerupper (www.wakerupper.com) Wakerupper é uma ferramenta telefônica de despertar que funciona para os Estados Unidos e o Canadá. Ela liga para seu celular em horários específicos.

REVERTENDO LESÕES

Hackear é bem mais do que inserir fragmentos de códigos nos computadores — é como nós criamos o futuro.
— Paul Buchheit, criador do Gmail

Há pouco tempo fui a um médico novo e notei que o consultório dele ficava num lugar chamado Edifício Profissional. Comecei a me sentir melhor imediatamente.
— George Carlin

REVERTENDO LESÕES "PERMANENTES"

Menos da metade dos meus exames de ressonância magnética e raios X de 2004 a 2009.

Certa vez, perguntaram ao explorador francês e biólogo marinho Jacques Cousteau como ele definia um "cientista". A resposta:

> **É um homem curioso olhando pelo buraco da fechadura, o buraco da fechadura da natureza, tentando saber o que está acontecendo.**

Em junho de 2009 eu havia me tornado um homem bastante curioso por causa da dor e do desespero. A pergunta que eu tinha em mente era grave: o que aconteceria se eu tentasse reverter toda uma vida de lesões e abusos a meu corpo em 14 dias?

Será que, sem restrições orçamentárias e com acesso a médicos e remédios destinados a atletas olímpicos e profissionais, eu conseguiria?

Ou, o que é mais provável, simplesmente iria à falência ou acabaria me matando?

No fim das contas, cheguei perto de me matar (algo fácil de evitar, ainda bem), é verdade, mas curei quase todas as minhas lesões "permanentes". Demorou praticamente seis meses, mas o resultado compensou os percalços.

Comecemos com uma história que traz uma lição de moral e depois veremos como aproveitar os benefícios sem ter os problemas.

A lição de 10.000 dólares

Eu estava sentado no consultório de um médico em Tempe, no Arizona, lutando contra o ar-condicionado gélido, enquanto olhava não o buraco da fechadura de Jacques Cousteau, mas um enorme intestino grosso.

Era lindo.

O volumoso órgão pairava bem no meio de um cartaz de anatomia na parede, e, por algum motivo, o artista empregou um realismo tão cintilante que ele dominava a imagem toda. Na falta de outros objetos de decoração, acabei me fixando no cólon como se fosse a chama de uma vela enquanto agulhas de 8 cm eram enfiadas em meu pescoço, meus ombros e meus tornozelos.

Batendo o recorde de injeções da clínica.

A primeira agulha arranhou minha espinha dorsal e comecei a suar. Era só o aquecimento. Em duas horas, bati o recorde de injeções em uma única consulta na clínica.

Houve mais duas sessões ao longo dos oito dias seguintes, e atravessei todo um espectro de emoções, incluindo o mais abjeto horror. Os furos da agulha na minha espinha, para obter a liberação adicional do fator de crescimento, lembravam arranhões num quadro de giz. Após menos de uma hora, eu observava com um estranho deleite (o efeito acumulado de mais de 10 injeções de anestésicos ajudou) uma agulha inserida na lateral do meu tornozelo esquerdo que começava a dançar sob a pele do outro lado, num efeito parecido com o do feto que sai do peito de um homem em *Alien, o oitavo passageiro*. Ela então atravessou a pele, e eu passei a achar menos divertido. Não é um truque digno de ser mostrado a seus pacientes.

Usamos de tudo, menos a pia da cozinha.

O mais potente dos coquetéis químicos era um híbrido. Combinava os ingredientes usados nos joelhos de um esquiador olímpico com aqueles administrados a um velocista que torcera o tendão calcâneo oito semanas antes do campeonato mundial. Este último acabou ganhando a medalha de ouro.

O elixir Frankenstein final era uma coisa séria. Continha:

Plasma rico em plaquetas (PRP). O PRP é um tratamento que vem ganhando adesão principalmente entre atletas de elite. Ele chamou a atenção dos Estados Unidos em 2009 por seu sucesso no tratamento de dois jogadores do Pittsburgh Steelers semanas antes da vitória do time de futebol americano no Super Bowl. O PRP é o plasma do próprio sangue com concentração de plaquetas. Elas contêm fatores de crescimento e regeneração e são responsáveis pela recuperação natural do tecido humano. O PRP é preparado com o uso de uma centrífuga especial depois que o sangue é retirado do braço da pessoa, como num exame comum.

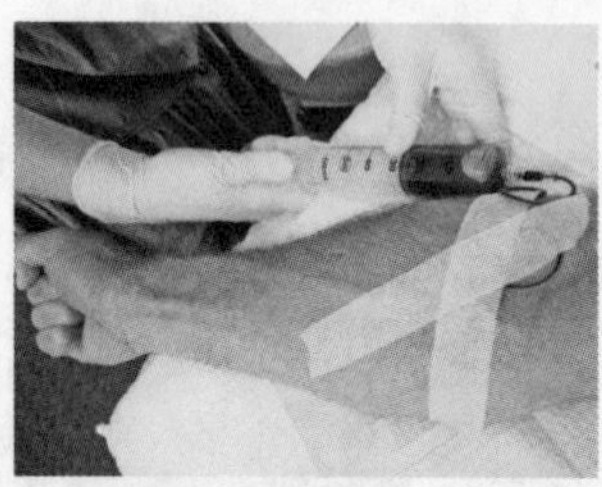

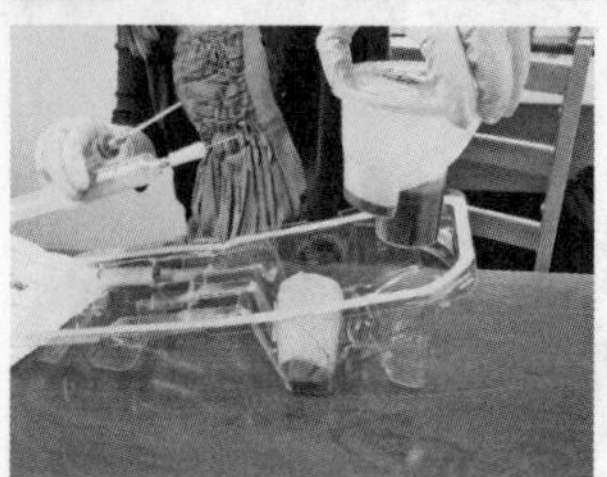

A preparação do plasma rico em plaquetas (PRP).

O PRP formava a base à qual os seguintes elementos foram acrescentados:

Fator de célula-tronco (SCF, do inglês *stem cell factor*), importado de Israel, que ajuda na produção de hemácias.

Proteína morfogenética óssea 7 (BMP-7, do inglês *bone morphogenic protein* 7), que ajuda as células-tronco adultas (mesenquimais) a se desenvolverem na forma de ossos e cartilagem. Olhando para trás, acredito que este tenha sido o elemento mais perigoso de todos os coquetéis que experimentei.

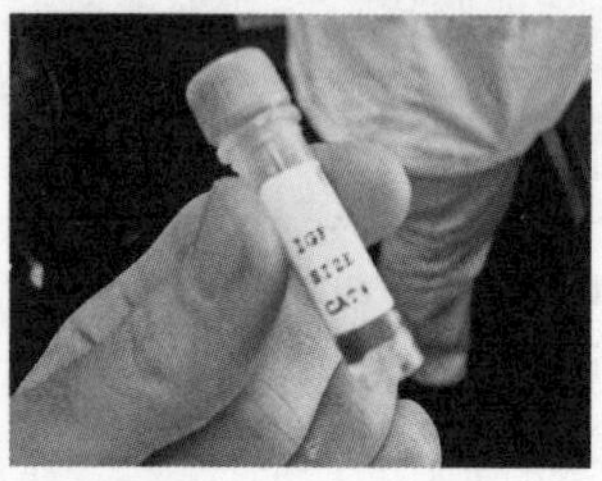

Fator de crescimento semelhante à insulina 1 (IGF-1).

Fator de crescimento semelhante à insulina 1 (IGF-1, do inglês *insulin-like growth factor 1*). O IGF-1 tem efeitos anabólicos (de reconstituição do tecido) nos adultos e é produzido no fígado depois da estimulação pelo hormônio do crescimento. É um dos mais potentes ativadores naturais do crescimento e da multiplicação celular. Também é uma medicação cara usada pela elite do fisiculturismo profissional.

Então o que aconteceu?

Quatro meses mais tarde, o resultado final foi, de acordo com o especialista em coluna bambambã formado em Harvard que analisou minhas ressonâncias magnéticas antes e depois do tratamento:

— Não vejo diferença nenhuma.

Ora, talvez houvesse diferenças microscópicas (citocinas etc.), mas as imagens refletiam minha dor: nenhuma mudança.

As três sessões haviam custado mais de US$7.000, e a experiência não só foi cara como também terminou num enorme desastre.

Uma das injeções no cotovelo direito resultou numa infecção por estafilococos e numa cirurgia de emergência no Centro Médico da Universidade da Califórnia em San Francisco, causando dois meses de uso limitado do braço e mais de US$10.000 em despesas médicas.

Quando entrei em contato com o cientista do esporte responsável pelas injeções, pedindo US$1.500 para diminuir o prejuízo, a resposta por e-mail foi tão heterodoxa quanto o tratamento:

> Para que perder seu tempo me pedindo o dinheiro se você pode simplesmente sair por aí e ganhar muito mais?

Uau.

Em linguagem científica, a coisa toda foi um fiasco.

Não porque o PRP, por exemplo, não funciona (acredito que ele vá revolucionar por completo a medicina regenerativa), mas porque eu não encontrei a pessoa certa para administrá-lo.

Existem várias armadilhas no caminho quando se tenta ir até o que há de mais avançado: elixires milagrosos e vigaristas que se aproveitam do desespero, entre outras coisas. Então como você, leitor, que não quer gastar de US$7.000 a US$20.000, vai conseguir fugir da ciência fajuta e dos charlatães?

A alternativa menos dolorosa é deixar que uma cobaia humana experimente tudo para você.

Este é o meu trabalho.

Os motivos

Antes de mais nada: por que diabos eu faria isso comigo mesmo?

É bem simples: há um preço a se pagar por todos esses limites que eu venho rompendo há mais de 15 anos, quais sejam, mais de 20 fraturas e 20 deslocamentos, duas cirurgias nas articulações (ombro e, agora, cotovelo) e rompimentos e torções suficientes para uma vida toda. Décadas de exageros em esportes de contato total e excesso de autoconfiança em todas as modalidades com prancha fizeram de mim, como afirmou um cirurgião ortopédico, "um homem de 30 anos no corpo de um de 60".

Embora fosse um diagnóstico deprimente e fatalista, não era incomum. Meus amigos mais próximos, também ex-atletas, tinham todos começado a ranger e gemer de dor depois dos 30 anos. As dores se transformaram em cirurgias, pequenas lesões de treinamento viraram dores crônicas, e todos nós tivemos de reconhecer o grande problema que não dava mais para ignorar: tudo aquilo iria piorar. E muito.

Para mim, a gota d'água foi uma série de injeções epidurais e de altas doses de prednisona que tomei em 2009. Tudo começou com uma inócua colisão do ombro. Ressonâncias magnéticas não mostraram problemas no ombro, e sim degenerações em cinco vértebras da coluna cervical.

— Você terá de conviver com isso. — Foi o comentário, acompanhado de um sorriso inadequado, feito por um cirurgião que trabalha para times das ligas de hóquei e futebol americano dos Estados Unidos. Nenhum dos medicamentos ou das injeções por ele prescritos solucionaria o problema. Não havia nada além de curativos criados para mascarar os sintomas e iludir os sentidos. Eu havia sido promovido para o gerenciamento de dor terminal.

No meu segundo dia tomando prednisona, uma forte droga imunossupressora, passei a tarde toda andando de um lado para o outro no bairro de Mission, em San Francisco, atordoado e procurando o carro que havia estacionado uma hora antes. Desisti depois de três horas de busca e fui de táxi para um jantar.

Na manhã seguinte, acordei parecendo um cão pug e não lembrava com quem eu havia jantado. Foi a gota d'água. Se a medicina convencional não podia solucionar o problema, era hora de tomar medidas mais drásticas.

Se eu iria solucionar um problema, então queria solucionar todos.

O cardápio

Ao analisar os resultados (o que deu e o que não deu certo), eu poderia ter economizado muito dinheiro com uma abordagem dividida em quatro etapas. Só quando as opções na primeira etapa não dão certo é que você passa para a segunda, e assim por diante, até chegar à etapa final e ao último recurso: a cirurgia.

Etapa 1 — Movimento: Corrigir a postura e a biomecânica por meio de movimentos específicos.

Etapa 2 — Manipulação: Corrigir dano ou aderência em tecidos moles usando instrumentos ou pressão com as mãos.
Etapa 3 — Medicação: Ingerir, injetar e aplicar medicamentos.
Etapa 4 — Reconstrução mecânica: Reparar cirurgicamente.

A seguir há uma pequena amostra das abordagens que testei para este livro durante um período de cinco meses em 2009, assim como a reconstrução do ombro realizada em 2004 (responsável pela maioria das injeções intramusculares). As injeções eram aplicadas, de acordo com os exames de sangue, em intervalos de duas a quatro semanas.

Parte da motivação para realizar experiências foi alimentada por algo positivo: eu sabia o que era possível. Depois da cirurgia de 2004, usei uma cuidadosa combinação de terapias que produziram resultados incríveis: meu ombro cirurgicamente restabelecido acabou ficando melhor do que o "saudável", que não tinha lesões.

Às vezes é possível não apenas restaurar, mas superar as habilidades anteriores, tornando-o "melhor do que novo". Isso pode mudar uma vida.

Indiquei com asteriscos aquilo que teve os efeitos mais imediatos e duradouros, com as regiões beneficiadas entre parênteses. O mais eficiente de todos será explicado em detalhes mais tarde.

MOVIMENTO

Feldenkrais
Pilates
Alongamento assistido
Tai chi chuan
Ioga (Ashtanga, Bikram)
*Caminhada descalço/com calçado Vibram (lombar)
*Egoscue (coluna cervical/pescoço e meio das costas)

MANIPULAÇÃO

Massagem (do método sueco ao Rolfing)
Acupuntura e acupressão
* Técnica da liberação ativa (ART, do inglês *active-release technique*) (ombros)
* Terapia de integração muscular avançada (AMIT, do inglês *advanced muscle integration therapy*) (peitoral, glúteos e panturrilhas)
Técnica Graston

MEDICAMENTOS

Tópicos

Androgel® (testosterona cristalizada)

DMSO (um solvente popular entre velocistas e cavalos de corrida) associado a MSM (metilsulfonilmetano)

Arnica

Via oral

Cytomel® (liotironina sódica = hormônio T3 sintético)

Alta dose de L-glutamina (50 a 80 g por dia)

Alta dose de colágeno bovino e de frango (tipos I, II e III)

Injeções intra-articulares (nas articulações)

PRP

Cortisona

*Proloterapia (joelho esquerdo, pulso direito)

Injeções intramusculares

*Deca-Durabolin® (decanoato de nandrolona) (ombro esquerdo)

Delatestryl® (enantato de testosterona)

Depo®-Testosterone (cipionato de testosterona)

Sustanon® 250 (associação de vários tipos de testosterona)

HCG (gonadotrofina coriônica humana)

* Biopuntura usando microdoses de Traumeel e Lymphomyosot (tendão calcâneo, músculo infraespinhal)

Injeções subcutâneas

HGH (hormônio do crescimento humano)

* Biopuntura (como descrito acima)

É praticamente uma lista de supermercado.

Os poucos escolhidos

Todos ajudaram de alguma maneira, mas apenas alguns produziram alívio com duração de mais de 48 horas, e alguns dos exercícios eram impossíveis de realizar sozinho.

Apenas cinco tratamentos reverteram lesões "permanentes", realizados em uma a três séries ou isoladamente. São eles:

1. REMOÇÃO DOS SALTOS DOS SAPATOS E EXERCÍCIOS COM CALÇADOS VIBRAM. REGIÃO CORRIGIDA: LOMBAR.

Horrível — e definitivamente dolorosa —, a compensação postural é inevitável quando se usam sapatos que elevam o calcanhar. Por alguma razão, esse detalhe simples me escapou durante 30 anos, até que o instrutor Rudy Tapalla, da CrossFit Chicago, me apresentou os calçados Vibram Five Fingers, que parecem luvas para os pés.

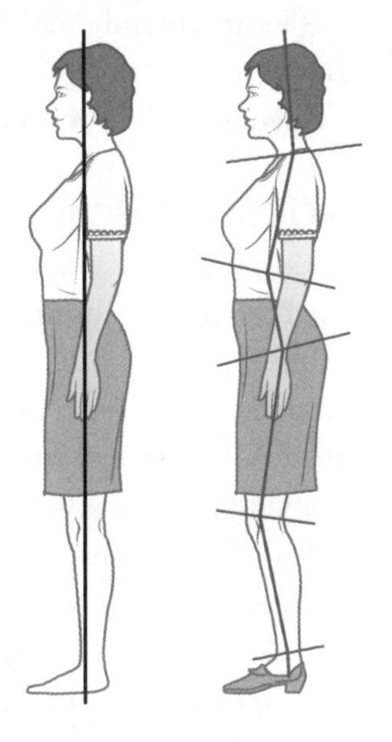

O uso crônico de sapatos com salto costuma acarretar algum grau de cifose-lordose e dores relacionadas na lombar, no meio e na parte superior das costas. A cifose-lordose, mostrada na segunda ilustração, à direita, é uma postura caracterizada por uma "curvatura convexa da coluna torácica e uma lombar curvada para dentro, o que resulta na pélvis ligeiramente pronunciada à frente". Este é o modo acadêmico de dizer que você é encurvado e tem a bunda empinada ao mesmo tempo.

É dessa maneira que homens e mulheres com menos de 10% de gordura corporal podem dar a impressão de ter barriga. É o arqueamento exagerado da lombar, e não o excesso de gordura, que provoca essa infeliz ilusão de ótica.

A solução é simples: na maior parte do tempo, usar sapatos planos ou com pouca diferença na espessura da sola entre a altura dos dedos e o calcanhar. Ter começado a usar o Vibram Five Fingers® e os sapatos Terra Plana Barefoot Vivo acabou completamente com as dores na lombar de que eu sofria há mais de 10 anos. Até onde era possível, os sapatos Vibram também ajudaram a

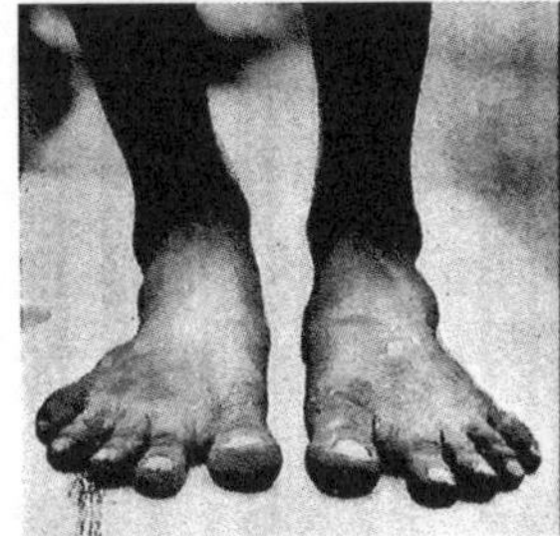

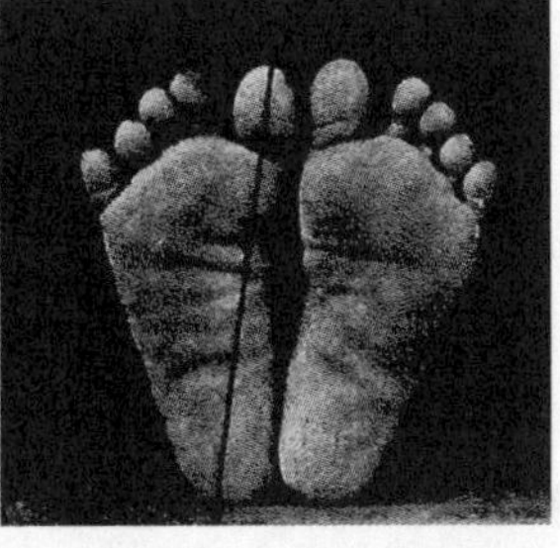

Nos pés de quem anda descalço, os dedos se abrem, criando uma base estável para o caminhar. Perceba a linha natural, de dentro para fora, do centro do calcanhar até o dedão, o que evita a pronação excessiva (rotação do pé para dentro) e problemas decorrentes nos joelhos e na lombar.

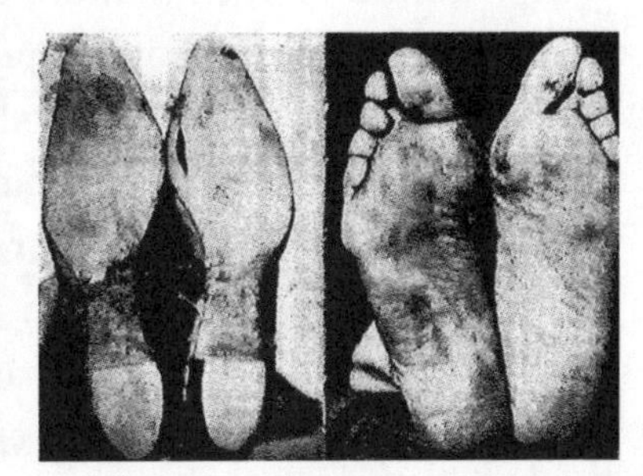

Semelhante ao enfaixamento dos pés das mulheres chinesas, os pés deste homem contemporâneo se adequaram aos sapatos. A linha de dentro para fora do calcanhar ao dedão não existe.

restaurar meus pés. Como assim? Restaurá-los à condição natural, ilustrada na página anterior no primeiro conjunto de imagens, publicadas no *American Journal of Orthopedic Surgery* em 1905.

Não me entenda mal. Usado de vez em quando, um belo par de saltos pode ressaltar a silhueta feminina e dar aos homens um pouco mais de estilo e altura. Apenas os use com moderação.

2. MÉTODO EGOSCUE.
REGIÕES CORRIGIDAS: COLUNA CERVICAL/PESCOÇO E MEIO DAS COSTAS.

Peter Egoscue (pronuncia-se "Eg-*os*-cue", e não "*E*go-scue") é o fundador do Método Egoscue, um programa de terapia postural com 24 clínicas ao redor do mundo. Peter é um ex-fuzileiro naval e terapeuta autodidata que se tornou famoso ao fazer experimentos em si mesmo e em atletas. Um dos primeiros virou lenda entre seus alunos:

Pete se viu no vestiário de um lutador profissional depois que o atleta torceu o tornozelo. Estando no evento apenas porque o produtor era seu amigo, ele pediu ao lutador que se deitasse no chão e colocasse a perna lesionada estendida e apoiada no alto da porta de um armário. Sem ter certeza do que fazer, optou por uma elevação. Pete, então, recebeu um telefonema e saiu, voltando apenas 15 minutos mais tarde. O atleta afirmou, de forma bem direta, que a elevação tinha sido perda de tempo. Seu tornozelo estava igual.

Mas, por algum motivo, sua dor crônica das costas havia melhorado.

Pete se fez uma pergunta simples: "Por quê?" Então repetiu e aperfeiçoou seu exótico alongamento no armário de vestiário até que sua taxa de sucesso para dor nas costas fosse impressionante ao ponto de merecer um nome formal. Ele se tornou o quase obsceno "supino de virilha progressivo", pelo qual mais tarde me apaixonei. Depois de décadas, ele ainda enfatiza a importância fundamental do questionamento básico na Universidade Egoscue:

— Alunos, no meu mundo, uma vez que não sei nada, tudo é possível.

Para mim, não foi amor à primeira vista com o Método Egoscue.

Eu tive contato com o método em meia dúzia de ocasiões por intermédio de atletas, antes de testá-lo em mim mesmo, em 2009. Mantive-me afastado enquanto pude porque minha impressão inicial era de algo que lembrava uma seita.

Os testemunhos afirmavam de tudo, desde o fim de alergias à autocura de problemas digestivos, e eu via vídeos de alunos tendo espasmos por todo o corpo que mais pareciam ataques epiléticos durante certos exercícios.

Decidi que eu estava bem sem uma versão pentecostal do pilates na minha vida. Se quisesse contrair meu assoalho pélvico e fazer alguma bruxaria ao mesmo tempo, podia fazer isso sozinho. Assim, ignorei o Método Egoscue, apesar das recomendações de Jack Nicklaus, a lenda do golfe, e de jogadores de futebol americano do Super Bowl como John Lynch.

Então, em junho de 2009, eu estava em Tempe, no Arizona, almoçando com um amigo que tinha marcado uma sessão de Egoscue para aquela mesma tarde com John Cattermole, um respeitado e experiente instrutor com 25 anos de experiência em fisioterapia. Concordei em acompanhá-lo e passar por uma avaliação, totalmente preparado para uma bela dose de vudu.

Em vez disso, saí da clínica uma hora e meia mais tarde sem dor nas costas pela primeira vez em seis meses. Mal podia acreditar.

Seria a primeira das muitas vezes em que me autoflagelaria por desdenhar prematuramente de alguma coisa. Essa experiência também reforçou duas verdades incontestáveis: (1) alguns praticantes de qualquer método que seja irão entender a mensagem equivocadamente e divulgá-la dessa forma, criando confusão ao se tornarem representantes dele, e (2) é fundamental, como Bruce Lee dizia, "absorver o que é útil, descartar o inútil e acrescentar o que é único para você mesmo".

Após vários meses de testes em mim mesmo e em outros corcundas de notebook, posso recomendar seis exercícios que exigem 20% de esforço e fornecem 80% de resultado para corrigir desequilíbrios posturais de quem passa o dia na mesa de trabalho. Para quem trabalha em casa (ou que tem colegas de trabalho compreensivos), sugiro os exercícios 1, 2 e 3 depois de duas ou três horas à mesa ou sentado e todos os cinco movimentos pelo menos uma vez por semana.

O supino de virilha progressivo — o mais inconveniente, incomum e demorado dos cinco — é o instrumento mais eficiente para eliminar tensão no psoas e nos outros músculos da região dos quadris, a fim de destravar a pélvis e aliviar a tensão nos tendões.

1. Posição estática de costas

Sessões 1 | **Repetições** 1 | **Duração** 5 minutos

Descrição

1. Deite de costas com as pernas levantadas e apoiadas sobre um bloco ou uma cadeira.
2. Posicione os braços para os lados a aproximadamente 45 graus do corpo, com as palmas para cima. Toque os polegares no chão.

3. Relaxe a parte de cima das costas e certifique-se de que sua lombar esteja rente ao chão por igual da esquerda para a direita.
4. Mantenha-se nesta posição por cinco minutos.

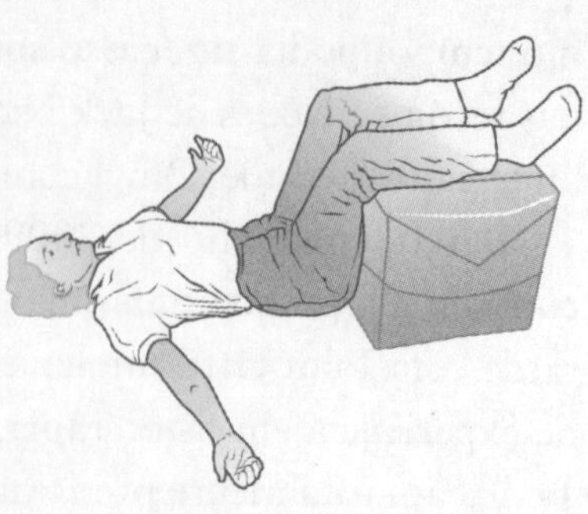

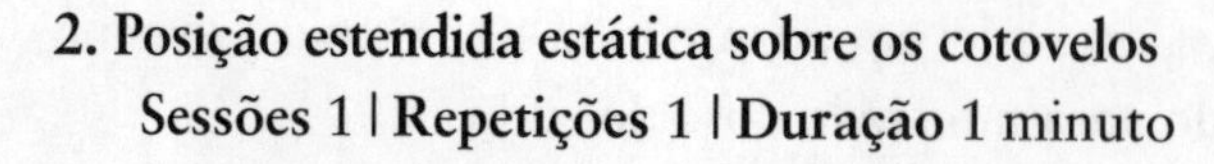

2. Posição estendida estática sobre os cotovelos

Sessões 1 | **Repetições** 1 | **Duração** 1 minuto

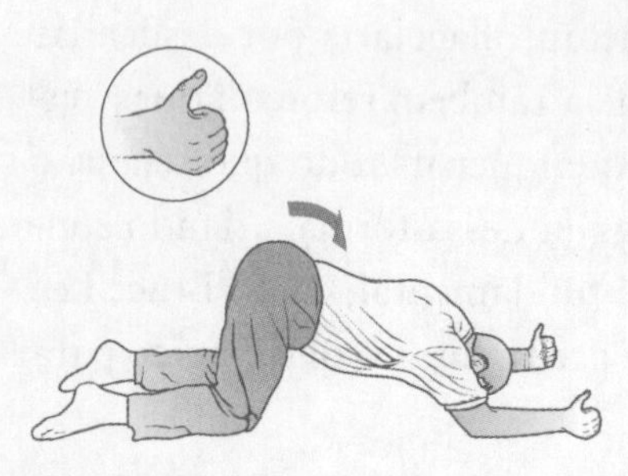

Descrição

1. Comece no chão apoiado nos joelhos e nas mãos, certificando-se de que suas articulações superiores estejam alinhadas (isto é, ombros, cotovelos e pulsos numa linha reta; quadris diretamente acima dos joelhos).
2. Desloque as mãos para a frente cerca de 15 cm e, então, atendo-se ao posicionamento das mãos, substitua-as pelos cotovelos.
3. Feche levemente as duas mãos e as afaste uma da outra, apoiando-se nos cotovelos e virando os polegares para cima.
4. Empurre os quadris para trás, na direção dos calcanhares, criando um arco com a sua lombar.
5. Abaixe a cabeça.
6. Mantenha-se assim por um minuto.

3. Ponte de ombro com travesseiro

Sessões 1 | **Repetições** 1 | **Duração** 1 minuto

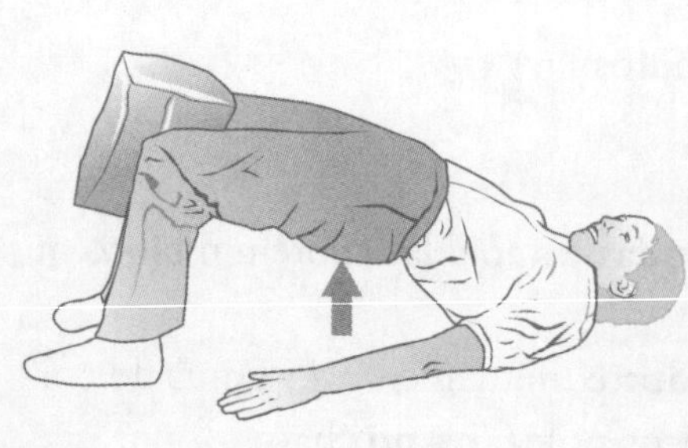

Descrição

1. Deite de costas com os joelhos dobrados e os pés retos.
2. Coloque um travesseiro entre os joelhos e aplique uma pressão constante para dentro enquanto realiza o exercício.
3. Relaxe a parte superior do corpo e erga os quadris e as costas do chão.
4. Mantenha-se nesta posição por um minuto.

4. Pontes ativas com travesseiro
Sessões 3 | **Repetições** 15

Descrição

1. Siga as instruções do exercício anterior, mas, em vez de se manter na parte alta do movimento, erga os quadris o máximo que conseguir e lentamente os abaixe. Realize o movimento da forma mais suave e contínua possível.
2. Repita o exercício 15 vezes, em três séries.

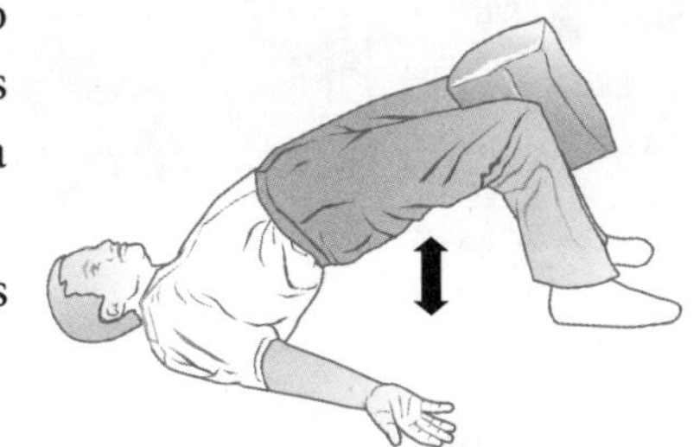

5A. Supino de virilha progressivo com torre
Duração 25 minutos de cada lado

Descrição

1. Deite no chão com uma perna apoiada sobre um bloco ou cadeira, dobrada num ângulo de 90 graus (na ilustração, a perna direita). Seus braços devem estar nas laterais do corpo a 45 graus, com as palmas para cima.
2. Coloque o outro pé no calçado especial que vem com a torre.
3. Coloque o pé com o calçado especial na torre, começando no nível mais baixo e movendo-o para cima até que comece a se formar um arco na sua lombar. É neste nível que você completará seus primeiros cinco minutos.

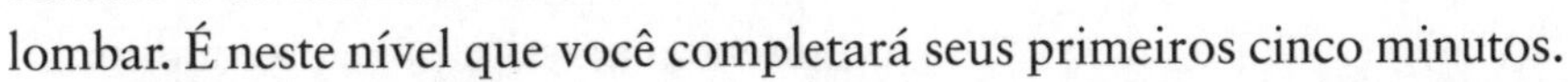

4. Mantenha-se assim até que suas costas estejam rentes ao chão. Preste mais atenção à retidão das costas do que ao tempo determinado.

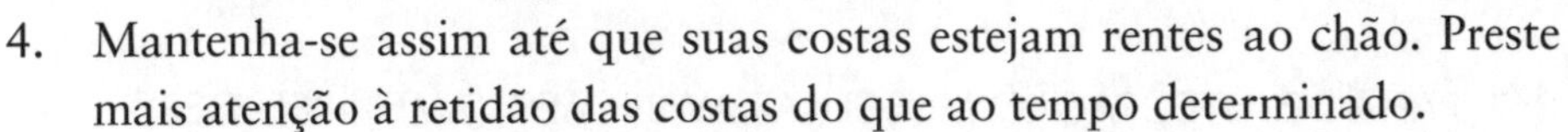

5. Depois de cinco minutos, abaixe seu pé um nível na torre e mantenha-se nesta posição novamente.
6. Continue até que sua perna esteja alongada e reta no nível mais baixo.
7. Troque as pernas e repita a sequência.

5B. Alternativa: Supino de virilha sobre cadeira

Esta é uma versão bastante inferior do supino de virilha progressivo, por não ser progressiva, mas é mais conveniente.

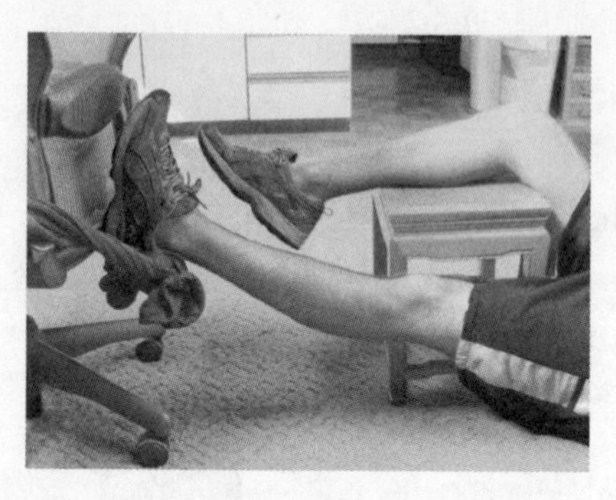

1. Amarre uma blusa ou calça de moletom ao redor de uma cadeira ou numa maçaneta.
2. Coloque uma cadeira menor ou mesinha, aproximadamente da altura do joelho, perto da cadeira da etapa 1.
3. Erga o calcanhar de uma das pernas apoiando-o na blusa ou calça de moletom e descanse a outra perna na cadeirinha ou mesinha. Mantenha-se assim por 10 minutos.
4. Repita com a outra perna.

6. Banco invisível

Sessões 1 | **Repetições** 1 | **Duração** 2 minutos

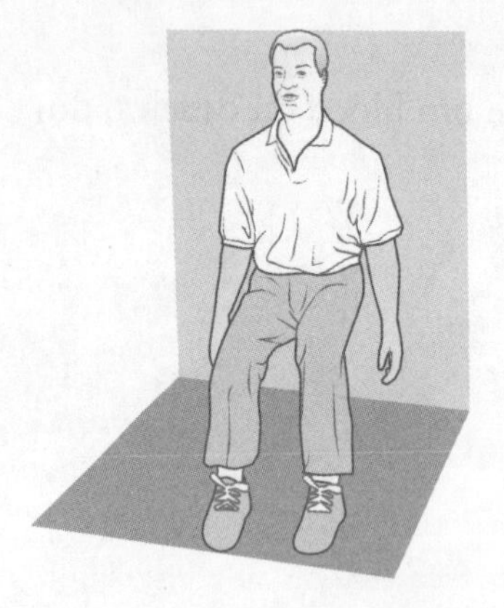

Descrição

1. Fique de pé com as costas contra uma parede e os pés e joelhos alinhados ao quadril. Mantenha os pés apontados para a frente.
2. Afaste os pés da parede ao mesmo tempo que abaixa o corpo até que seus joelhos estejam dobrados em um ângulo de 90 graus. Certifique-se de que seus tornozelos estejam ligeiramente à frente dos joelhos. Sua lombar deve estar rente à parede por completo. Seus braços podem pender ao lado do corpo ou você pode apoiar as mãos no colo de forma suave. Mantenha o peso apoiado nos calcanhares e não o desloque para os dedos do pé.
3. Mantenha-se assim por dois minutos.

3. TERAPIA DE INTEGRAÇÃO MUSCULAR AVANÇADA (AMIT). REGIÕES CORRIGIDAS: PEITORAL, GLÚTEOS E PANTURRILHAS.

Dividi a função de cobaia para a reversão de lesões com um atleta semiprofissional que chamaremos de "Seabiscuit". Ele rompeu o tendão durante um treino de velocidade. Fiquei com a parte das experiências com bioquímicos e injeções, e ele testou as terapias incomuns e as dolorosas correções mecânicas. Do México a Miami, tínhamos visto de tudo e já havíamos gastado mais de US$100.000. Poucas coisas valeram a pena.

O doutor Dois Dedos foi a melhor descoberta de Seabiscuit, e uma mensagem de texto que recebi sobre ele terminava assim:

"Cara, você precisa quebrar alguma coisa só para que o doutor Dois Dedos conserte. Acredite em mim."

Eu já cuidara de tudo que havia quebrado, por isso peguei um voo até Salt Lake City e dirigi quase uma hora até a cidade de Kaysville, dominada por mórmons, onde ficava o consultório ChiroMAT, de Craig Buhler — o doutor Dois Dedos.

As paredes da sala de espera estavam repletas de cartas de agradecimento e uniformes autografados dos maiores campeões em seus respectivos esportes: o *linebacker* quatro vezes estrela do Super Bowl Bill Romanowski, os jogadores da NBA John Stockton e Karl Malone e a estrela do esqui alpino Picabo Street, entre outros.

Buhler encarava as lesões de um modo bem diferente.

Ao contrário da maior parte dos terapeutas, que tratam os músculos tensionados ou doloridos e as articulações (isto é: dor na lombar? → trabalho com a lombar; dor no tendão calcâneo? → reabilitação do tendão calcâneo), Buhler buscava descascar a cebola da *propriocepção*, ou como o sistema nervoso, nesse caso, contrai ou relaxa os músculos.

Seabiscuit apelidara Buhler de doutor Dois Dedos por causa de sua abordagem incomum para isolar e reativar individualmente músculos lesionados ou debilitados. Para atletas de alto nível, isso pode ser feito em até 700 músculos. Com um dedo pressionando a extremidade de determinado músculo (um ponto de ligação com um tendão) e outro dedo no lado oposto, pressionando a outra extremidade, ele realizava uma série de testes para fazer com que o músculo lesionado voltasse a exercer sua função anterior.

Como diz um folheto de sua clínica:

> **Descobrimos que, quando uma parte do corpo está sobrecarregada ou cansada além de sua capacidade de lidar com a carga, há um resultado previsível. Ou o músculo ou tecido conjuntivo está lesionado ou o sistema proprioceptivo desativa partes do tecido, como um disjuntor num circuito elétrico.**
>
> **O corpo se adapta, recrutando outros músculos para assumir a carga. Com a repetição, a adaptação progride. Os tecidos recrutados se fortalecem, e as áreas afetadas se atrofiam.**

Não demorou muito para que essa "reativação" fosse demonstrada na prática. O doutor Dois Dedos primeiro testou a resistência do meu músculo supraespinhal (o músculo de estabilização do ombro mais comumente lesionado) com um transistor de efeito de campo, mostrando que eu tinha a força da Dakota Fanning, e depois procedeu para reativá-lo, mais do que quadruplicando minha força.

De 3 kg, passei a levantar 13 kg em menos de cinco minutos.

— Você sente dor na parte de baixo do seu tendão calcâneo direito? — perguntou Buhler.

Ele sequer examinara esse local e estava mencionando uma das regiões mais problemáticas de meu corpo. Percebendo que fiquei confuso, ele explicou:

— Seu gastrocnêmio [panturrilha] não está funcionando da maneira adequada; está desligado, por isso faz sentido que você sinta dor no tendão calcâneo e nos joelhos, e provavelmente dores intermitentes em outros tendões.

E assim ele continuou, provando várias vezes que o que eu pensava ser o problema não era o problema. Era um músculo que assumira a função de outro, que por sua vez assumira a função de um terceiro. A desativação muscular original pode ter ocorrido do outro lado do corpo, num lugar bem distante da dor.

Sua capacidade de localizar os problemas era incrível. Um levantador de peso mundialmente famoso me contou a história de sua primeira consulta com Buhler:

— Ele nem me tocou e disse que eu tinha quadríceps fracos. Eu respondi: "Quadríceps fracos?! Eu levanto 450 kg!" Craig simplesmente deu de ombros e começou a trabalhar.

Mais tarde, o levantador de pesos reviu uma filmagem sua em câmera lenta numa competição e percebeu que, inegavelmente, sua técnica indicava que ele estava endireitando as pernas rápido, para compensar os quadríceps fracos.

O tempo gasto com o doutor Dois Dedos foi dispendioso. O preço de US$50 por músculo reativado significa que a solução não é barata. Tive um total de quatro sessões, que cobriram mais de 50 músculos.

Não conseguia aceitar todo o seu programa suplementar, mas sabia que para explorar os limites era preciso lançar a rede longe. Para encontrar as poucas coisas que funcionavam, às vezes era necessário morder a língua e suportar algo que você sabia que não funcionaria, ainda que dentro de um mesmo consultório.

Por fim, testei seus tratamentos com o único júri que realmente me importava: pesos objetivos.

As mudanças não foram sutis.

Por exemplo, os peitorais. Desde que fraturei minhas clavículas, na adolescência, eu tinha uma dificuldade desproporcional para usar o peito, o que tornava o supino e movimentos semelhantes os meus exercícios mais fracos.

Vinte e quatro horas antes do meu segundo treino com Buhler, fiz crucifixos declinados com halteres de 20 kg por no máximo cinco repetições.

Vinte e quatro horas depois desse treino, realizei crucifixos declinados lentos com halteres de 25 kg (um aumento de mais de 20%) por 14 repetições (um aumento de 180%).

Inacreditável.

Antes de querer melhorar o rendimento do seu músculo (com pesos ou mais repetições) aumentando o tamanho dele, é importante que você garanta que a informação (o sistema neurológico) esteja funcionando de modo adequado. Você realmente precisa de músculos mais fortes ou são apenas os condutores que não estão enviando o sinal como deveriam?

Se você não puder fazer uma visita ao doutor Dois Dedos, veja as fontes no final deste capítulo para outras opções nos Estados Unidos.

4. TÉCNICA DA LIBERAÇÃO ATIVA (ART).
REGIÃO CORRIGIDA: MANGUITO ROTADOR.

A formação em engenharia do doutor P. Michael Leahy começou com a aeronáutica, na Força Aérea americana. Entretanto, ele só conseguiu expressar seu fascínio por estruturas mecânicas anos mais tarde, em 1985. Foi nesse ano que a ART foi formalizada e patenteada, quando ele aplicou seus conhecimentos de engenharia às lesões nos tecidos moles do corpo humano. Leahy, um veterano de 25 triátlons Ironman, é desde então médico do velocista e medalha de ouro olímpico Donovan Bailey, de Gary Roberts, jogador do time de hóquei Toronto Maple Leafs, e do Mister Universo Milos Sarcev, entre outros.

A premissa básica do método é simples: encurte o tecido, aplique uma tensão manual e depois alongue o tecido ou o faça deslizar em direção ao tecido adjacente. Simplicidade não significa facilidade, como explica Leahy:

— É tão simples e tão difícil quanto tocar piano.

Como é isso na prática? Se os músculos estão grudados uns nos outros ou a um osso, parece que estão sendo rasgados. Veja uma prévia na imagem ao lado.

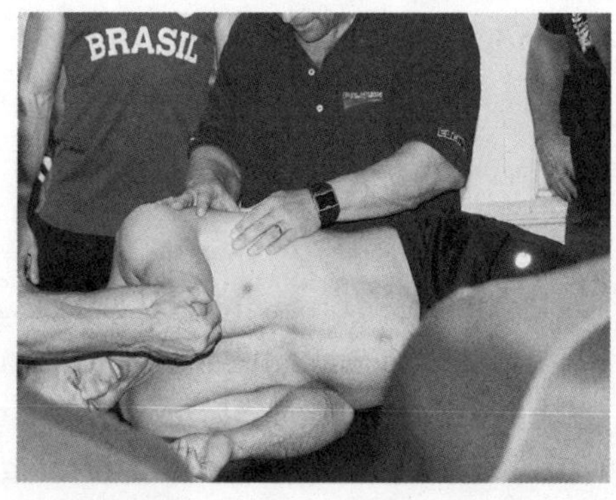

Sendo maltratado.

Conheci a ART em 2001, por meio de Frank Shamrock, cinco vezes campeão dos meios-pesados do Ultimate Fighting (UFC).

Frank fez seu primeiro tratamento com ART em julho de 2001, depois de uma grave lesão na lombar durante o treinamento. Ele não conseguia andar e não tinha muitas expectativas.

Eu visitara mais de 30 quiropráticos ao redor do mundo ao longo de 16 anos para tratar da minha dor lombar e do enfraquecimento das minhas pernas. Com

a lesão que me levou à consulta, eu não conseguia erguer a cabeça acima do nível da cintura e estava dormindo no chão da sala, em posição fetal. Ortopedistas e vários médicos sempre me diziam uma coisa ou outra: eu precisaria fundir minha vértebra ou simplesmente tolerar a dor de uma lesão irreversível. Com base em minha experiência passada, estava certo de que teria de cancelar a luta de kickboxing K-1 que estava marcada para o mês seguinte.

Em quatro sessões de cerca de 10 minutos, os médicos da Clínica de Saúde Desportiva Janzen & Janzen, em San Jose, na Califórnia, eliminaram o tecido degenerado acumulado e os crescimentos anormais que causavam a dor na lombar de Frank. Ele foi levado para fora da academia nos ombros do seu treinador na quinta-feira e estava treinando a 100% na terça-feira seguinte.

Três semanas mais tarde, Frank ganhou a luta K-1 por nocaute no primeiro assalto. Depois, Frank recomendou a ART para B.J. Penn, o campeão mundial de jiu-jítsu, que usou o método para restaurar o movimento completo do ombro esquerdo (evitando uma cirurgia), ombro direito e tendões, entre outras regiões. Duas semanas antes do UFC, no dia 2 de novembro de 2001, as dores na lombar de B.J. Penn foram tratadas com sucesso em duas sessões de 15 minutos. B.J. entrou no ringue e nocauteou o favorito Caol Uno em apenas 11 segundos no primeiro assalto.

Testando a ART

Aceleremos para uma tarde fria e melancólica em Nova York, em dezembro de 2009.

A chuva enregelante desabava do lado de fora da academia Peak Performance, onde mais ou menos 20 treinadores, técnicos e eu participávamos de um seminário de um dia sobre PIMST (do inglês *Poliquin instant muscle strengthening technique* ou técnica Poliquin de fortalecimento muscular instantâneo), criada pelo treinador profissional e olímpico Charles Poliquin. Para cada diagnóstico e exercício, trabalhávamos com um parceiro e examinávamos a extensão do movimento. Para o primeiro exercício, analisamos a rotação interna e externa do ombro (para a interna, imagine o movimento de uma queda de braço ou de um lançamento de beisebol). Minha rotação externa era excelente, mas minha rotação interna era quase imóvel, tanto que meu parceiro brincou:

— Uau! Você só pode estar brincando, né?

Infelizmente, eu não estava. Mal me lembrava da última vez que tinha conseguido tocar a maior parte das minhas costas. Ao ser lembrado dessa deficiência e me sentindo um tanto desmoralizado, abordei Charles durante um intervalo e lhe pedi recomendações. Ele parou por um segundo e me disse:

— Gostaria que eu consertasse isso?

Não sabia direito como responder.

— Seria incrível. — Foi o que consegui dizer.

Charles me guiou até uma mesa de massagem a um canto da academia e pediu que eu me deitasse. Ele reuniu todos os alunos para uma demonstração de como remover crescimentos musculares anormais e restrições de movimento.

Foi uma demonstração e tanto.

Apesar de eu ser o homem mais fraco do grupo, os grandalhões e os levantadores de peso passaram a ter mais respeito por mim 20 minutos depois. Era com certeza a coisa mais dolorosa que eles viam em muito tempo. Poliquin, que usou a ART em seus atletas sob a orientação de Mike Leahy durante quatro anos, precisou das duas mãos:

— Você sabe que a coisa está feia quando precisa usar as duas mãos. Eu *nunca* uso as duas mãos.

Ele tinha dois assistentes com mais de 100 kg guiando meus braços pelos movimentos enquanto aplicava pressão bastante para inserir seus dedos cerca de 2 cm entre os músculos que estavam fundidos ao osso ou aos músculos antagônicos adjacentes. Eu me senti um peru no Dia de Ação de Graças.

As fotos de antes e depois a seguir dão uma visão mais completa da coisa.

Charles estimou que precisaria de três ou quatro sessões a mais para solucionar a imobilidade em ambos os ombros por completo. Não seria a primeira vez que ele ajudaria a ressuscitar ombros:

"Há alguns anos, Milos Sarcev, meu grande amigo e fisiculturista profissional filiado à Federação Internacional de Fisiculturismo, me ligou do nada. Ele havia agendado para a semana seguinte uma artroscopia nos dois ombros. Estava naturalmente preocupado. Primeiro, porque a cirurgia lhe custaria US$18.000. Além disso, ele precisaria passar por um longo programa de reabilitação, o que o impediria de competir e ganhar dinheiro por algum tempo. Eu lhe disse para vir ao meu consultório imediatamente se consultar com o doutor Mike Leahy antes de deixar qualquer cirurgião chegar perto de seus ombros.

"Quando chegou ao consultório, Milos não treinava havia mais de quatro meses por causa da dor insuportável. Mesmo abaixar um HBL olímpico sem pesos (20 kg) o fazia recuar de dor. Depois de trabalhar nele [no crescimento anormal em volta de seu músculo subescapular] por apenas 45 minutos, o doutor Leahy lhe disse para ir à academia e experimentar seus novos ombros. Um pouco relutante, Milos me deixou levá-lo para uma World Gym. Sem acreditar, ele levantou 142 kg por duas repetições. Cinco dias mais tarde, ele fez seis repetições com 142 kg sem sentir nenhuma dor!"

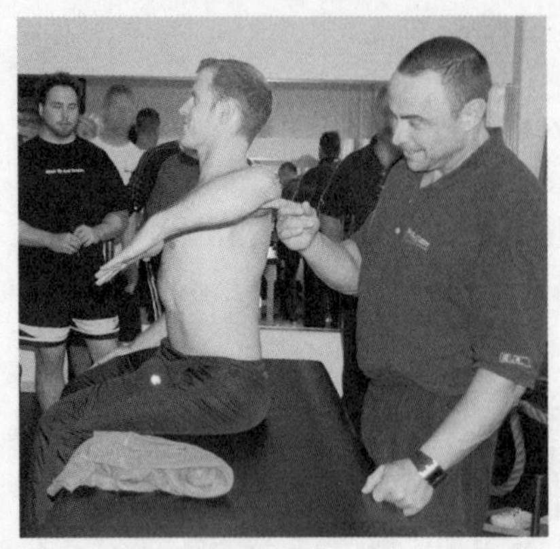

Antes do tratamento — o movimento de uma piñata. Observe Charles rindo.

Sessões de ART em geral duram cinco a 15 minutos e custam de US$45 a 100 cada. A maioria das lesões dos clientes é tratada com uma a seis sessões. Entre as lesões nos tecidos moles para o tratamento com ART estão a imobilidade do manguito rotador, tendinite, tensão lombar, torção do tornozelo e do pulso, canelite, síndrome de impacto do quadril e síndrome do túnel do carpo.

Mas a ART não é perfeita.

E Charles afirmou:

— A ART é 100% eficiente em 70% dos pacientes.

Para curar dores crônicas às vezes é preciso uma combinação de terapias. Em algumas ocasiões, elas envolvem agulhas, o que nos leva à etapa seguinte: medicação.

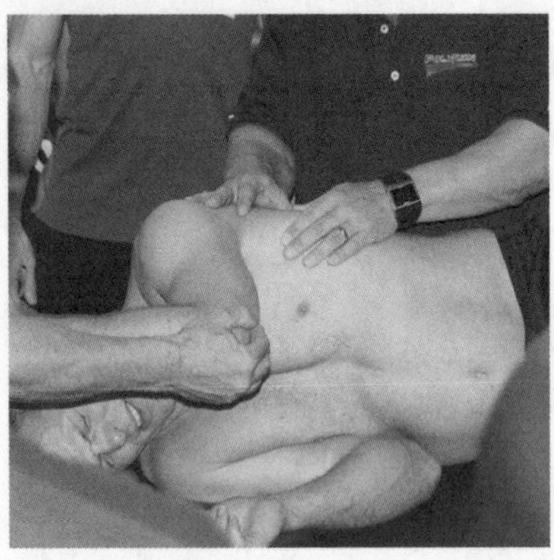

Durante o tratamento.

5. PROLOTERAPIA.
REGIÕES CORRIGIDAS: JOELHO ESQUERDO, PULSO DIREITO.

Na proloterapia (numa referência à "proliferação" de fibras de colágeno que ela deveria produzir), uma mistura de substâncias irritantes é injetada nos tendões, ligamentos e dentro das próprias articulações. O objetivo é criar uma reação levemente inflamatória que estimule a regeneração do tecido.

O mais simples dos coquetéis da proloterapia — e o mais estudado — foi desenvolvido pelo criador da técnica, o médico George Hackett. Sua mistura é, na verdade, água doce: dextrose misturada a um anestésico local (lidocaína) e soro fisiológico.

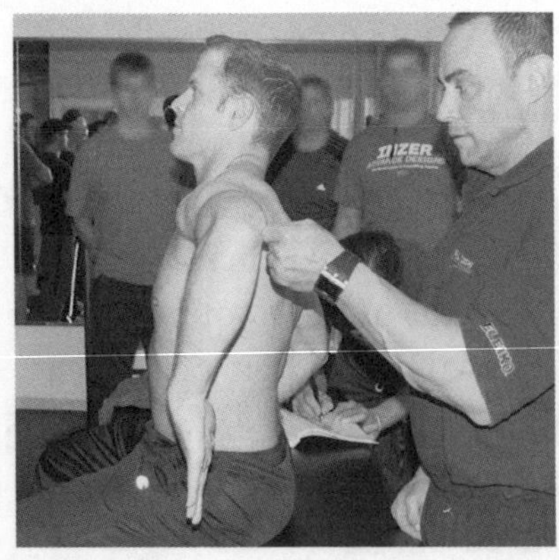

Após o tratamento.

O doutor C. Everett Koop, que ocupou a chefia do Departamento de Saúde dos Estados

Unidos, abriu as portas para uma pesquisa mais ampla sobre a proloterapia quando a recomendou publicamente:

> A proloterapia, a não ser que você a tenha experimentado e provado do seu valor, parece ser uma solução fácil demais para uma série de problemas graves que afligem o corpo humano e são notadamente difíceis de tratar com outros métodos... Quando tinha 40 anos, fui diagnosticado em duas clínicas neurológicas distintas como portador de uma dor intratável (incurável). Comentei que era jovem demais para ter uma dor intratável. Foi por acaso que descobri que o médico Gustav A. Hemwall, que atendia nos subúrbios de Chicago, era um especialista em proloterapia (...) Para encurtar a história, minha dor "incurável" não era nada incurável, e eu melhorei a ponto de a dor deixar de ser um problema.
>
> O lado bom da proloterapia, se feita adequadamente, é que ela é segura. Como inserir um pouco de água açucarada na junção de um ligamento com um osso pode fazer mal a um paciente?

Em 2005, médicos da Clínica Mayo começaram a testar a proloterapia e identificaram as regiões lesionadas mais sujeitas ao tratamento, como joelhos, cotovelos, tornozelos e a articulação sacroilíaca na lombar. Eles concluíram na publicação que, "ao contrário das injeções de corticoides — que dão alívio temporário —, a proloterapia melhora o tecido lesionado ao estimular seu crescimento".

O coquetel que usei na clínica, mencionado no início deste capítulo, tinha alguns ingredientes a mais:

Dextrose
Marcaína (anestésico)
B-12
Prolina
Lisina
Sulfato de glucosamina

Minha primeira sessão foi composta por 12 proloinjeções. Nem tudo era divertido. Depois da sessão, durante 45 minutos tive vertigens, e uma das minhas mãos ficou fria e adormecida.

Por outro lado, as dores que eu sentia havia 10 anos no pulso direito (do impacto na ginástica olímpica) e no joelho esquerdo (da luta greco-romana) desapareceram aproximadamente 21 dias depois da última sessão.

Os perigos dos ingredientes são mínimos, principalmente quando é usada uma versão simples com base em dextrose, mas há sempre um risco, ainda que pequeno, de infecção. Se uma agulha atravessa a pele, ela pode carregar bactérias da pele para a região que se pretende tratar. Isso é mais grave quando a infecção ocorre dentro de uma articulação e se transforma em sepse, um processo que pode levar a cartilagem a se deteriorar em menos de 72 horas.

Uma pesquisa na França mostrou que o risco geral de contaminação é de 13 em 1 milhão de injeções, com uma incidência muito menor quando se usam seringas pré-embaladas.

Dito isso, e depois de uma infecção por estafilococos, eu estava ansioso por explorar injeções menos invasivas, o que me levou à terapia seguinte: a biopuntura.

6. BIOPUNTURA.
REGIÕES CORRIGIDAS: MÚSCULO INFRAESPINHAL, TENDÃO CALCÂNEO.

— Está ouvindo isso?

Eu ouvia, e era nojento. A doutora Lee Wolfer estava me dando entre 40 e 60 injeções[1] com agulhinhas geralmente usadas em testes de tuberculose. Cada injeção entrava a não mais do que 1 cm na pele, mas o barulho emanado do músculo infraespinhal, um dos músculos do manguito rotador, no ombro, lembrava alguém andando na neve dura: uma pisada audível.

— Isto é cálcio depositado onde não deveria.

Lee, uma dos principais especialistas em coluna dos Estados Unidos, voltou ao trabalho. As injeções não estavam nem perto de terminar. Eu dei a ela uma lista — pescoço, parte de cima das costas, ombros, tornozelos —, e tínhamos muito a percorrer.

Lee é uma fascista inflexível. Chamo de "fascista" neste contexto alguém que trata a negligenciada fáscia como mais do que apenas uma cola anatômica. Até agora os resultados têm sido impressionantes.

— Finalmente estou feliz como médica. Estou ajudando os corpos dos meus pacientes a se regenerarem.

A fáscia compreende uma rede tridimensional de tecido conjuntivo fibroso que mantém a estrutura do corpo. Pense na fáscia como as cordas responsáveis pela forma de uma barraca — cordas que ajudam a unir os músculos e manter os órgãos internos no lugar, entre outras coisas. Já ouviu falar de corredores que reclamam de fascite plantar? É um doloroso problema de fáscia. A fáscia plantar do pé é uma faixa espessa de tecido conjuntivo que se estende do calcanhar aos dedos. Ela sustenta o arco do pé, e, quando se inflama e comprime esse arco, o resultado é uma dor crônica.

1 Semelhante ao pioneiro protocolo de proloterapia Hackett-Hemwall, geralmente chamado de "tratamento da máquina de costura".

Não é um problema exclusivo dos pés. A fáscia existe em todo o corpo e também exerce papéis bioquímicos.

A jornada de Lee começou com um estudo sobre dores na lombar, no qual ela percebeu que os pesquisadores notaram algo estranho: as fáscias dos pacientes pareciam as de diabéticos. Havia depósitos incomuns de cálcio por todo o tecido, o que ela depois encontrou também em seus pacientes.

A região de maior preocupação era a "estação central" das costas: a fáscia toracodorsal. Esse revestimento fascial conecta músculos importantes, como os grandes músculos dorsais e os glúteos na região lombar, e os problemas na "estação central" podem gerar dor em praticamente qualquer lugar. A fáscia é mestra na arte da ilusão. As bandas fasciais podem ligar regiões como o ombro direito à parte lombar esquerda e apontar que o problema real exige a habilidade de um Sherlock Holmes para ligar pontos aparentemente desconexos, em geral fora do próprio corpo.

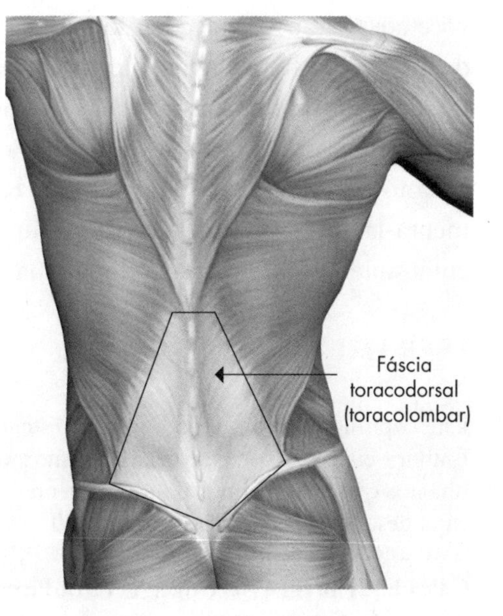

Apenas um exemplo da dieta: Lee começou a perceber a importância de comer alimentos de origem animal nutritivos com vitaminas lipossolúveis adequadas (A, D, E e K) para restaurar a função em tecidos cronicamente inflamados com depósitos anormais de cálcio.

Agora Lee me usava para testar sua mais recente e maior técnica: a biopuntura.

Criada em 1991 pelo médico belga Jan Kersschot, a "biopuntura" envolve injeções rasas de diferentes substâncias, incluindo Traumeel, zdeel e Lymphomyosot. O Traumeel é geralmente usado em inflamações graves em lesões esportivas, ao passo que o Lymphomyosot é usado para drenagem linfática em tecidos cronicamente inchados ou congestionados. Algumas publicações médicas mostram que o Traumeel diminui o tempo de recuperação de lesões esportivas graves e inibe a secreção de imunomediadores (IL-1B e TNF-alfa), os quais estão associados ao tecido lesionado e à inflamação crescente.

Embora as soluções da biopuntura não sejam tão diluídas a ponto de não conter produtos ativos (como na maior parte da medicina homeopática), elas são diluídas e chamadas de "microdoses". Lee usou Traumeel e Lymphomyosot em meus tratamentos.

Além do tratamento com medicação, também testamos uma solução salina com 20% de dextrose. Era exatamente como a proloterapia, só que com injeções menos invasivas.

O resultado das dezenas de "vacinas" com agulhinhas de 1 cm de calibre 30 foi impressionante.

Doze horas depois do primeiro tratamento em ambos os músculos infraespinhais, não senti dor nenhuma na parte posterior do meu ombro. Eu sofria de uma dor persistente na parte de trás dos dois ombros havia mais de seis anos, e uma sessão de 15 minutos a curou. Até hoje a dor não voltou.

A biopuntura foi repetida no tendão calcâneo direito, com resultados semelhantes.

Acredito que os mecanismos de ação, apesar de não elucidados, podem ser diferentes para regiões distintas do corpo. No caso do músculo infraespinhal, parece ser mecânico: o rompimento dos depósitos de cálcio com a agulha, semelhante a quando você quebra a neve que congelou no para-brisa. Para o tendão calcâneo, a hipótese de Lee era que houve alguma forma de reação cutaneomuscular ou cutaneoneural.

Por causa de suas origens homeopáticas, continuo cético quanto ao Lymphomyosot e, um pouco menos, ao Traumeel. Contudo, levando em conta o dano mínimo da biopuntura e os resultados que tive, recomendaria experimentá-la antes da proloterapia ou do PRP. Para a maioria dos problemas musculoesqueléticos, é recomendada uma série de quatro a oito sessões de injeções.

FERRAMENTAS E TRUQUES

Este capítulo estimula uma horda de estelionatários a se autoproclamarem especialistas. Embora com isso você talvez acabe ignorando alguns bons terapeutas, sugiro que se atenha aos que já estavam tratando pacientes antes da publicação da primeira edição americana deste livro, em dezembro de 2010.

Calçados Vibram Five Finger e Terra Plana (www.vivobarefoot.com) Essas são as duas marcas de sapatos que usei para eliminar a dor na lombar. O Vibram Five Fingers é o ideal, mas parece o pé de um lagarto. Já os Terra Plana podem ser usados na rua sem que ninguém note que praticamente não há solas.

Healthytoes Toe Stretchers (www.fourhourbody.com/toe-stretch) Esses alongadores são como socos-ingleses macios para os dedos do pé. Eles ajudam a restaurar a distância original entre os dedos e aliviam a dor de dedos sobrepostos ou soltos. Comece usando-os por cinco minutos pela manhã.

Banco de dados de terapeutas da técnica da liberação ativa (ART) (www.activerelease.com) Vá a esse website para encontrar especialistas em ART nos Estados Unidos.

Encontrando um terapeuta em proloterapia Eis aqui três organizações nos Estados Unidos recomendadas por pessoas nas quais confio:

Fundação Hackett-Hemwall (HHF) (www.hacketthemwall.org)
Academia Americana de Medicina Ortopédica (AAOM) (www.aaomed.org)
Escola Americana de Gerenciamento de Dor Osteopático-escleroterapêutico (o termo arcaico para "proloterapia") (www.acopms.com)

ChiroMAT (www.amitmethod.com) Criador da técnica AMIT, Craig Buhler (conhecido como doutor Dois Dedos) ajudou atletas de elite das ligas americanas de basquete e futebol americano e da Associação Americana dos Profissionais de Golfe a aumentar seu desempenho.

Especialistas na Técnica da Ativação Muscular (MAT) (www.fourhourbody.com/mat) Se você não pode ir até Utah para se consultar com o doutor Craig Buhler, vá a esse website para encontrar terapeutas especialistas em outras regiões dos Estados Unidos. Apesar de não haver consenso entre os grupos quanto à melhor técnica, essa organização fornece as certificações mais amplas e, assim, mais acessíveis.

Instituto Ortopédico do Sul da Califórnia (www.scoi.com) O doutor Stephen Snyder, do SCOI, desenvolveu várias técnicas e tecnologias para a artroscopia de ombro. Recomendado a mim por meu amigo Scot Mendelson, que também é paciente e levanta mais de 450 kg no supino.

Vídeo de minha cirurgia de reconstrução de ombro com o doutor Snyder (www.fourhourbody.com/surgery) O deslocamento do ombro pré-cirúrgico, enquanto estou sedado, é nojento. É divertido se você é do tipo que gosta de assistir a vídeos do YouTube com pessoas caindo de cara no chão depois de usarem bolas de pilates e coisas afins.

Biopuntura: perguntas e respostas (www.chiromedicalgroup.com/biopuncture)

Uma visão geral da biotensegridade (www.fourhourbody.com/biotensegrity) Esse website explica as funções incríveis da fáscia. Steven Levin, cirurgião ortopédico, explica como os princípios da tensegridade vistos nos domos geodésicos de R. Buckminster Fuller se aplicam ao ser humano, com os ossos agindo como elementos de compressão e os tecidos moles como elementos de tensão. Se gostar do assunto, leia "The Importance of Soft Tissues for Structural Support of the Body" [A importância dos tecidos moles para o suporte estrutural do corpo]. É fascinante.

Egoscue (www.egoscue.com) Egoscue é um programa de terapia postural com 24 clínicas espalhadas pelo mundo. O programa é desenvolvido para tratar dores musculoesqueléticas sem medicação, cirurgia ou manipulação. Ele foi fundamental para reduzir e eliminar minha dor nas costas.

***Atlas de anatomia humana*, de Frank H. Netter (www.fourhourbody.com/netter)** Esse é O MAIS belo e (praticamente) mais abrangente livro de Anatomia que já encontrei. Ele me foi sugerido por vários médicos, incluindo a doutora Lee Wolfer, que o descreveu assim: "Netter é o único responsável pelo conhecimento anatômico da maioria dos médicos. Ele apenas ignorou a fáscia e a complexidade dos ligamentos." Também tenho os cartões ilustrados criados para o livro e desenvolvidos para estudantes de Medicina.

COMO PAGAR POR FÉRIAS NA PRAIA COM UMA VISITA AO HOSPITAL

Eu queria que ficássemos nus o tempo todo. Sempre acreditei que o que conta é o que há por baixo.
— Celine Dion

Edwin adorava Celine Dion e parecia feliz em me contar isso.

Na época em que estudava Radiologia em Iowa, ele vira Stone Cold Steve Austin no campeonato de luta livre da WWE e realizara um sonho, mas Celine Dion permanecia na lista de pessoas que ele queria ver de perto.

— Temos muito o que fazer! Por favor, não se mexa. Aqui vamos nós...

Edwin também era o meu técnico em ressonância magnética e meu acompanhante nas quatro horas que estavam por vir. Era muito tempo para se ficar na horizontal, mas o cenário era lindo. O Hospital Metropolitano Vivian Pellas, um hospital particular novíssimo no centro de Manágua, na Nicarágua, não podia ser mais agradável.

Eu havia chegado à Nicarágua quase três semanas antes para me concentrar em escrever e aproveitar suas ondas mundialmente famosas. O Neozelandês — que apresentei no capítulo sobre o "bumbum perfeito" — e eu alugamos um casarão na encosta com uma piscina com vista para o mar. Para fugir da multidão nas praias, alugamos um barco com um capitão que nos levaria aos melhores e mais isolados lugares no litoral para surfar. A caminho de casa, o capitão também nos ajudava a pescar e limpar peixes que nosso chef particular prepararia para o jantar.

Agora faltavam 12 horas para meu voo de volta a San Francisco, e eu pagaria pela coisa toda com uma visita ao hospital.

Uma introdução ao turismo médico

Vamos fazer os cálculos para ver como isso é possível. Primeiro, as despesas por pessoa na Nicarágua:

DESPESAS

Voo de ida e volta pela Orbitz para a Nicarágua, com saída de San Francisco (escala em Houston): US$385 + impostos

Aluguel do barco (por viagem, por pessoa): US$20

Hospedagem na primeira semana (US$2.000 por semana para nove pessoas num casarão com 14 quartos, propriedade de um ex-jogador da NBA): US$222 por semana

Hospedagem da segunda semana em diante (belíssima casa de dois quartos perto do centro [www.villasdepalermo.com]): US$129 por noite

Aluguel de um Land Rover (por pessoa): US$140 por semana

Total para duas semanas e meia, sem contar a alimentação: US$1.812

Excluí a alimentação para mostrar despesas superiores às que eu teria nos Estados Unidos, pois como fora pelo menos duas vezes ao dia em San Francisco. Eis o total geral:

Total para duas semanas e meia, incluindo alimentação e vinho (+ US$600): US$2.412

Mas como fazemos para ficar quites e fazer a viagem toda realmente de graça?

ECONOMIAS MÉDICAS

Fiz sete ressonâncias magnéticas a um preço negociado a US$400 cada. Para comparar, exames semelhantes em San Francisco teriam custado cerca de US$750 cada, então 7 × 350 de economia = US$2.450 de economia total.

Também poupei aproximadamente US$640 em exames completos de urina e sangue realizando-os na Nicarágua em vez de nos Estados Unidos. Assim, minha economia total em despesas médicas chegou a **US$3.090.**

Desfrutei de uma luxuosa viagem de surfe, escrevi muito e depois realizei os exames que eu faria de qualquer jeito. A economia total de US$3.090 me rendeu (eu basicamente lucrei com a viagem) US$687.

"Mas e se eu não for um maluco que queira fazer sete ressonâncias magnéticas?", você talvez argumente, e com razão.

Em primeiro lugar, apesar de os mitos dizerem o contrário, não há risco de radiação em ressonâncias magnéticas, e por isso sugiro uma ressonância ou outra para analisar lesões e dores persistentes. Sem falar no valor preventivo: pergunte a qualquer sobrevivente de câncer se eles gostariam de ter feito uma ressonância magnética mais cedo.

Entretanto, a despeito das ressonâncias, a beleza dessa mudança geográfica é a variedade de opções.

Nunca considerei seriamente turismo médico antes de 2009, já que não tinha cirurgias pendentes que não pudesse pagar nem queria realizar cirurgias plásticas (implantes de silicone nas nádegas, alguém vai?), algo que as agências de turismo médico popularizaram.

Realizar exames e preventivos, porém, abriu todo um novo mundo para mim, em que posso unir viagem de luxo a medicina de primeira linha.

Deseja uma limpeza dental e um check-up com o dentista? Talvez você queira fazer um hemograma completo, o que recomendo que se faça pelo menos a cada seis meses... Aproveite e faça um belo de um passeio. Aquela viagem exótica dos seus sonhos que você normalmente ficaria adiando para sempre por causa dos custos pode acabar saindo de graça.

E se a desculpa da viagem for exatamente o incentivo de que você precisa para cuidar melhor da sua saúde?

Para que você possa ter uma real dimensão de como foi fácil e do contraste entre a minha experiência e a maior parte dos hospitais norte-americanos, vou descrever todo o processo.

Fácil como contar até três

Entrei na sala de emergência de um hospital particular na Nicarágua às 22h30 de uma noite de domingo, sem aviso prévio. O Neozelandês estava com otite externa e precisava drená-la antes de viajar, e eu queria pagar os custos da viagem também. A opção mais fácil: fazer ressonâncias magnéticas de todas as articulações com dores residuais de lesões esportivas.

Perguntei à médica que atendeu o Neozelandês se eu podia fazer as ressonâncias, e ela me disse que eu precisava falar com uma supervisora, que foi imediatamente chamada. O preço de tabela por ressonância magnética era de US$600. Pedi o maior desconto que poderia obter para cinco exames, e a supervisora me ofereceu o pacote por US$2.400. Informei que eu mesmo pagaria (no cartão de crédito), em vez de usar meu seguro-saúde, e perguntei se ela podia me oferecer sete ressonâncias por US$2.800, ou US$400 por exame. Ela concordou. A transação toda foi cordial e agradável.

A supervisora autorizou as ressonâncias em cinco minutos e mandou um carro trazer o técnico Edwin de casa até o hospital — que não seria cobrado. Os médicos, percebendo que tínhamos algum tempo de sobra, me convidaram para sentar à mesa com eles e compartilhar da fruta nativa predileta, *jocote* (seriguela), que eu nunca havia provado.

Depois perguntei o que poderia fazer nos 60 minutos que ainda restavam. Exame de urina? Hemograma? Dois médicos pegaram uma lista de testes que eu poderia realizar, e os analisamos juntos, marcando 25 exames que eu desejava, além de alguns outros que os médicos disseram ser muitas vezes ignorados, apesar de importantes. Eles me deram o preço de cada um, coletei o sangue 10 minutos depois, e me prometeram os resultados do laboratório em três horas. Três horas? Isso me deixou maravilhado, pois em geral esperava de sete a 10 dias pelos resultados dos meus hemogramas nos Estados Unidos.

Foi então que me lembrei. Eu estava na emergência, e aquilo era bem diferente do seu equivalente na Universidade da Califórnia em San Francisco, onde certa vez fui repreendido por um médico porque li meu próprio prontuário depois de esperar por mais de três horas numa sala vazia.

— Isto é propriedade do hospital. Os pacientes não podem ler os prontuários. Devolva isso!

Aquele ambiente imaculado e amigável na Nicarágua parecia tanto um clube que eu havia me esquecido de que estava na sala de emergência. Eu era a única pessoa ali.

Edwin entrou, completamos os exames de ressonância magnética e, após ele insistir, fizemos várias radiografias para referência, pelas quais não fui cobrado. Ele me entregou todas as imagens e me mostrou o caminho de volta à recepção, onde os resultados dos exames de urina e sangue e um copo de água me aguardavam. A supervisora me explicou que havia poucos táxis disponíveis àquela hora

— por volta das três da manhã —, por isso pediu um carro com motorista, pago pelo hospital, para me levar de volta ao hotel.

Ela me abraçou e desejou uma viagem tranquila.

De volta aos Estados Unidos, quando comecei a curar mais lesões com a ajuda de médicos (o último capítulo), as ressonâncias da Nicarágua foram valiosíssimas. Cada uma delas me poupou gastos com pedidos de exames caros, assim como palpites que custariam semanas de terapias inadequadas. Infelizmente, a visita média de 11 minutos por paciente nos Estados Unidos gera muitos erros, mas a maioria dos médicos não pede exames de imagens só por garantia, para evitar esses erros. Por quê? Porque, como médico, solicitar vários exames de imagem aumenta as chances de ser auditado pela companhia de seguro. No meu caso, se um diagnóstico errado fosse feito em 11 minutos, agora eu podia tirar uma das ressonâncias magnéticas da minha bolsa e dizer:

— Vamos confirmar?

Acredito que isso é algo prudente a se fazer.

Anda adiando a visita àquelas praias de areia branca dos seus sonhos? Considere a possibilidade de se permitir relaxar um pouco e economizar com sua saúde visitando uma clínica ou outra.

Você pode até mesmo experimentar um pouco da saborosa *jocote*.

FERRAMENTAS E TRUQUES

***Patients Beyond Borders* [Pacientes sem fronteiras], de Josef Woodman (www.fourhourbody.com/woodman)** O mais abrangente guia de turismo médico. Esse livro com mais de 400 páginas contém 40 dos melhores destinos médicos, listas de centenas de hospitais ao redor do mundo e um índice que relaciona seu problema de saúde com as melhores clínicas.

***International Medical Travel Journal* [Jornal internacional de viagens médicas] Medical Tourism Guide (www.imtjonline.com/resources/patient-guide)** O guia em 10 etapas para o turismo médico do *IMTJ* é um ponto de partida útil para quem está pensando numa viagem divertida e produtiva ao exterior. A quantidade de opções que existem por aí pode assustar, e essa lista tornará mais fácil fazer sua escolha.

Hospital Bumrungrad (www.bumrungrad.com) Esse hospital de primeira linha na Tailândia foi citado entre os "10 melhores destinos de turismo médico do mundo" (revista *Newsweek*) e é um dos "quatro pioneiros do turismo médico" (*Wall Street Journal*). As imagens no site do hospital provavelmente farão com que qualquer hospital norte-americano pareça uma choupana do Terceiro Mundo.

Med Retreat (www.medretreat.com) Med Retreat pode ajudá-lo a tomar a decisão certa e a encontrar as melhores clínicas internacionais para as suas necessidades. Entre os destinos mais populares estão Argentina, Costa Rica e Turquia.

MedTrava (www.medtrava.com) Parecido com o Med Retreat e com sede em Austin, no Texas, o MedTrava pode apresentá-lo a instalações escolhidas a dedo ao redor do mundo e ajudá-lo a economizar até 70% em procedimentos comuns.

PRÉ-HABILITAÇÃO

Protegendo o corpo de lesões

Prefácio: Este é o maior e mais complicado capítulo do livro, e para a maioria dos leitores será também o mais importante.

Querer um aumento rápido de desempenho sem fazer a "pré-habilitação" para prevenir lesões é como entrar em um carro de Fórmula 1 sem verificar os pneus. O pequeno investimento inicial de tempo (de duas a quatro semanas) permitirá um progresso muito mais rápido e ao mesmo tempo evitará problemas sérios.

Pule-o agora ou volte a ele mais tarde, mas não se esqueça de ler este capítulo se você está iniciando um treinamento para ganho de força ou de velocidade.

Nunca sofri com lesões, por causa da minha preparação. Principalmente meu alongamento.
— Edwin Moses, duas vezes medalha de ouro nas Olimpíadas na prova de 400 m com barreiras e vencedor de 122 corridas consecutivas

13h30, CIDADE DO CABO, ÁFRICA DO SUL

O segurança da academia Virgin Active Health Club não se impressionou. Num país com taxa oficial de desemprego de 25%, a violência é menos comum do que se espera, mas ainda é preciso manter a vigilância.

Expliquei novamente minha ideia, que envolvia levar um cano grosso de quase 1 m de comprimento para dentro da academia. O plano era serrar a base de um cabo de guarda-chuva e fazer um buraco de pouco mais de 1 cm numa das extremidades.

— Não, é sério. É para o exercício. Não para bater em recepcionistas.

Essa última parte não pareceu ajudar minha argumentação.

— Mas, mas... Gray Cook me mandou fazer isso! — Era o que eu queria dizer. — Você não conhece Gray Cook?!

Ele não o conhecia.

O triste é que a maioria das pessoas não o conhece, mesmo que ele seja capaz de tornar seus corpos indestrutíveis.

A anatomia de Gray: da liga de futebol americano aos grupos de operações especiais

Michelle Wie possivelmente foi, durante vários meses, a atleta lesionada mais famosa do mundo.

Durante um breve período em 2008, suas lesões a impediam de fazer uma simples flexão de braço ou de se manter num pé só por 10 segundos. Não é exatamente o que se espera da mulher mais jovem a se classificar para a associação profissional de golfe feminino americana. Patrocinada pela Nike e considerada pela revista *Time* "uma das 100 pessoas que moldam nosso mundo", parecia que seu auge havia passado. E ela não tinha sequer 20 anos.

— Antes [de treinar], Michelle podia dar uma tacada de 290 m contra o vento. Agora, após um ano, ela ainda consegue o mesmo. A diferença é que agora pode fazer isso 300 vezes por dia.

Gray Cook, o mestre por trás da recuperação rápida de Michelle, estava me orientando de sua tranquila base em Danville, na Virgínia.

Ele viu o que o público geral ignorava. Mesmo machucada, Michelle era capaz de dar tacadas arrasadoras. Muitos presumiam que, se ela tinha potência, então tudo estava bem. Mas ela era inconstante. A força era apenas uma peça do quebra-cabeça.

Ao curar atletas profissionais em sua fábrica de durabilidade humana, Gray se tornou talvez o especialista em prevenção de lesões mais famoso e procurado do mundo. Em 2007, tanto o Chicago Bears quanto o Indiana Colts o usaram como arma secreta para manter seus atletas em campo, e os dois times acabaram disputando o Super Bowl XLI.

Gray não se limitava a atletas das ligas de futebol americano, beisebol, hóquei ou basquete dos Estados Unidos. As forças especiais do exército também apostaram no seu sotaque sulista. Ele explica:

"O Pentágono investe milhões em alguém que entra para o Grupo de Operações Especiais assim como um time da NFL investe num jogador, mas a carreira de um atleta pode durar apenas três anos, enquanto a carreira na Força Delta deve durar mais de 10."

Milhões. É muito dinheiro.

Mas, afinal, como *você* faz para se proteger das lesões se não tem acesso a alguém como Gray?

Recorro ao meu lugar-comum preferido, lógico: o princípio 80/20 (80% de resultado com 20% de esforço).

Teste funcional com 80/20

De acordo com Gray, a causa mais provável de uma lesão não é fraqueza nem o excesso de tensão, e sim o desequilíbrio. Você acha que fazer abdominais ou exercícios isolados para os músculos do abdômen bastam para trabalhar seus músculos essenciais? Repense isso. "Os músculos centrais, por exemplo, em geral funcionam bem desde que o quadril não esteja se movendo. Quando o quadril se move — um cenário mais realista — é que os músculos centrais começam a compensar as diferenças para a esquerda e a direita."

É nesse momento que você se lesiona.

O instrumento fundamental de Gray para identificar desequilíbrios é uma invenção dele mesmo: a avaliação do movimento funcional (FMS, do inglês *functional movement screen*). A FMS é composta por uma série de sete testes de movimentos administrados por um profissional certificado. Cada teste tem uma pontuação que vai de 1 a 3.

Para a autoavaliação, a testagem pode ser reduzida a cinco movimentos com simples resultados positivos ou negativos.

1. Agachamento profundo
2. Passo por cima da barreira
3. Avanço em linha
4. Elevação da perna estendida
5. Rotação sentado

Essa autoavaliação foi criada para identificar duas coisas: desequilíbrios para a direita ou esquerda (assimetria) e problemas de coordenação motora (oscilação e deslocamento).

Mesmo que você seja capaz de levantar uma barra de 300 kg, isso não significa que não deslocará seu ombro cinco minutos depois. Mais peso com mais repetições não é o mesmo que estabilidade.

"A maioria das pessoas consegue levantar um peso sobre a cabeça por determinado tempo, mas não é capaz de andar com esse mesmo peso acima da cabeça pelo mesmo período de tempo. A força [primeiro caso] nunca deve exceder a estabilidade [segundo caso]", explica Gray Cook. "É a receita para o desastre. O grande equívoco é o de que você pode fortalecer somente os músculos estabilizadores [como o manguito rotador do ombro] para evitar lesões. Mesmo que você esteja 10% mais forte, é como urinar no oceano."

Trabalhar os músculos isoladamente alterará a musculatura, mas provavelmente não deixará o movimento mais seguro. Por outro lado, trabalhar os movimentos básicos tornará os músculos mais fortes e, também, o movimento mais seguro (esteja você fazendo uma corrida de 36 m ou carregando sua bagagem). Para usar uma comparação de Paul Chek, os movimentos básicos são como as teclas de 0 a 9 numa calculadora. Todos os outros números, os movimentos mais complexos, nesse caso, são combinações dos algarismos básicos.

O FMS funciona?

O time de futebol americano profissional do Atlanta Falcons sofreu sete lesões no fim da temporada de 2007. No ano seguinte, houve apenas uma pequena cirurgia no final da temporada. A diferença: o novo diretor de desempenho esportivo, Jeff Fish, tornou o FMS obrigatório. Depois que os jogadores eram "diagnosticados", recebiam programas personalizados para corrigir desequilíbrios e melhorar a amplitude de movimentos.

O mesmo aconteceu com os Colts. O Indianapolis Colts tem sido o menor time da liga de futebol americano nos últimos nove anos nos Estados Unidos. Os atletas também têm apresentado os menores índices de lesão entre os times da liga e o maior número de vitórias nos últimos nove anos. É uma combinação incomum. Jon Torine, o preparador físico chefe, usa o FMS todo esse tempo.

Os quatro exercícios cruciais

A princípio, este capítulo seria dedicado ao FMS. Até que percebi que isolar os problemas com o FMS era apenas o primeiro passo. O segundo seria prescrever as ações corretivas para cada erro principal nos cinco movimentos básicos, o que demandaria facilmente 50 páginas de um texto denso.

Então enviei um e-mail para Gray a fim de reduzir o aparentemente "irredutível".

Presumindo que as pessoas realizem o teste, quais seriam os dois a quatro exercícios corretivos que solucionariam melhor os problemas mais comuns de desequilíbrio/fraqueza? Se você tivesse uma arma apontada para a sua cabeça e tivesse de escolher de dois a quatro exercícios para uma correção geral, quais seriam?

Os escolhidos por Gray foram, sem hesitar, estes quatro exercícios cruciais:

Corte e levantamento (C&L)
Levantamento turco (LT)
Levantamento-terra com dois braços e uma perna (LT2B1P)
Levantamento-terra cruzado com um braço e uma perna (LTC1B1P)

Eles estão na ordem em que você deverá aprendê-los, pois é necessária coordenação maior à medida que a lista avança. Não há problema em ficar no C&L por duas a quatro semanas se os outros três forem difíceis demais de realizar no início.

Primeiro, irei resumir o cronograma exato que usei para encontrar meus desequilíbrios na seção "O cronograma dos quatro exercícios cruciais" a seguir. Isso dá uma noção melhor antes de mergulharmos nos detalhes e deve servir como referência fácil. Depois descreverei os exercícios nas palavras de Gray.

Eles não são complicados, mas se basear no texto e não no vídeo pode dar essa impressão. Então assista aos vídeos citados em "Ferramentas e truques" para se familiarizar com os quatro exercícios cruciais e volte para consultar o resumo a seguir se não entendê-los.

O cronograma dos quatro exercícios cruciais: descobrindo e solucionando

Eis um possível cronograma para reunir todos os exercícios.

SEMANA 1: TERÇA-FEIRA, 30 A 45 MINUTOS

COORDENAÇÃO

Isto não é um exercício. É uma sessão de prática de movimentos, como dança ou caratê. Para isso, usam-se pesos leves, até para movimentos que exigem carga maior nos treinos (como o levantamento-terra).

Desenvolver um nível básico de coordenação com esses movimentos vai garantir que você não baseie todo o seu programa de treinamento em grandes desequilíbrios que poderiam ser resolvidos com alguns minutos de prática e adaptação neural.

Pratique o LT, o LT2B1P e o LTC1B1P sem pesos até ser capaz de realizar os movimentos em ambos os lados, e depois acrescente um peso leve. Em todos os exercícios, use o peso mínimo necessário para ajudar a estabilizar o corpo.

SEMANA 1: QUINTA-FEIRA E SÁBADO, 45 A 60 MINUTOS POR SESSÃO

TESTE

Agora vamos testar para descobrir nosso quadrante mais fraco e os lados mais fracos de cada movimento. Faça o LT, o LT2B1P e o LTC1B1P apenas se você for capaz de executá-los perfeitamente sem pesos:

C&L (como meu exemplo na página 349)

Corte para o joelho esquerdo × 6-12 repetições
Corte para o joelho direito × 6-12 repetições
Levante para o joelho esquerdo × 6-12 repetições
Levante para o joelho direito × 6-12 repetições

LT

5 LT de cada lado (com *kettlebell* de 16 kg)
5 LT de cada lado (com *kettlebell* de 24 kg)

Esses pesos foram os que usei. Leia a descrição do LT a seguir para pesos sugeridos para homens e mulheres iniciantes. É possível usar halteres no lugar de *kettlebells*.

LT2B1P

5 repetições com cada perna

LTC1B1P

5 repetições com cada perna

AGACHAMENTO TOTAL

10 repetições

Acrescentei o agachamento total porque é importante pelo menos para manter (ou ter) a capacidade de realizar esse movimento, mesmo que seu objetivo seja o levantamento-terra.

Repita esse teste na quinta-feira e no sábado para garantir que você não teve desequilíbrios diagnosticados de forma equivocada. Use os mesmos pesos no sábado, mas não se preocupe com a quantidade de repetições completadas na quinta-feira. O sábado é, novamente, para que haja absoluta certeza de que não há qualquer tipo de equívoco.

SEMANAS 2 A 6: SEGUNDA E SEXTA-FEIRA, 30 A 45 MINUTOS POR SESSÃO

SOLUCIONANDO

Após identificar seus desequilíbrios, os exercícios para as semanas 2 a 6 são desenvolvidos para solucioná-los.

Se você consegue realizar 10 agachamentos até os calcanhares sem peso, faça o seguinte em cada exercício (séries e repetições são explicadas em seguida):

1. C&L semiajoelhado
2. LT
3. LTC1B1P

Se você não consegue realizar 10 agachamentos totais, faça isto no lugar:

1. C&L semiajoelhado
2. C&L totalmente ajoelhado (este é um acréscimo simétrico, com os dois joelhos para baixo, o que ajudará a desenvolver a forma de agachamento ideal)
3. LT
4. LTC1B1P

SÉRIES E REPETIÇÕES: Para todos os exercícios das semanas 2 a 6, use uma relação de 2:5 nas séries para lados fortes e lados fracos, respectivamente, e uma variação de repetição de 3 a 5. Isso significa que você realizou um total de sete séries, duas com o lado forte e cinco com o lado fraco, como a seguir:

Lado forte × 3-5 repetições (meu objetivo é cinco em todos)
Lado fraco × 3-5 repetições
Lado forte × 3-5 repetições
Lado fraco × 3-5 repetições
Lado fraco × 3-5 repetições

Lado fraco × 3-5 repetições
Lado fraco × 3-5 repetições

Descanse durante um minuto entre as séries. Se não consegue completar cinco repetições nas últimas sessões, diminua a quantidade de repetições em vez de diminuir o peso. Registre tudo.

Sugiro uma velocidade concêntrica (subida) de um ou dois segundos e uma excêntrica (descida) de quatro segundos. Não importa a velocidade que você usar, seja constante.

SEMANAS OPCIONAIS (7 OU MAIS): SEGUNDA E SEXTA-FEIRA, 30 A 45 MINUTOS POR SESSÃO – PRÉ-HABILITAÇÃO SUSTENTADA E REFORÇO

Para a semana 7 e as demais, você pode incorporar o C&L totalmente ajoelhado e o LT2B1P para correções simétricas e força. Realize essa sequência duas vezes por semana se sua vontade é diminuir ainda mais o risco de lesões. Eu apenas refaço o teste a cada 4 ou 6 semanas e tento efetuar as correções de acordo com os dados que recolho durante toda a ação.

Contudo, para continuar o programa, quando 10% ou mais de diferença de força tiver sido corrigida, use duas sessões de três a cinco repetições (prefiro cinco) por lado para cada exercício.

LT
C&L totalmente ajoelhado
LT2B1P
C&L semiajoelhado
LTC1B1P

O LT2B1P é realizado exatamente da mesma forma que o LTC1B1P, mas em vez de erguer um dos braços você ou segura um HBL com ambas as mãos ou, de preferência, segura um haltere/*kettlebell* em cada mão.

Trinta a 45 minutos por semana para fazer esses exercícios é menos tempo, e sacrifica menos o progresso, do que passar de 6 a 24 meses se recuperando depois de uma lesão grave.

Os quatro exercícios podem mantê-lo estável e forte. Você não tem tempo? Faça o que puder, qualquer coisa ajuda.

Concentre-se na pré-habilitação para que nunca precise passar por uma reabilitação.

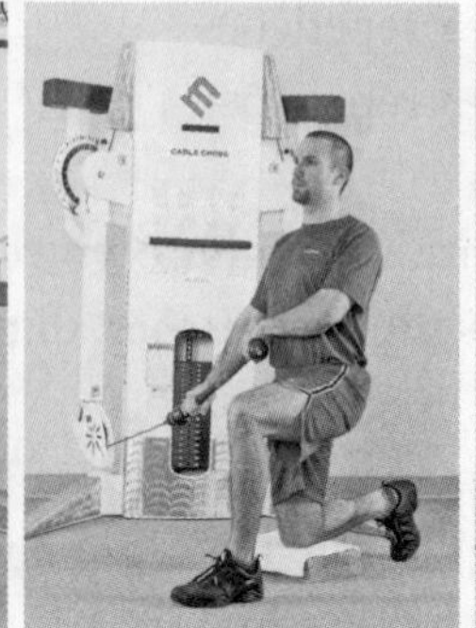

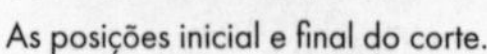

As posições inicial e final do corte.

As posições inicial e final do levantamento. O bloco sob o joelho, que não usei, é opcional e foi empregado aqui para conseguir um ângulo de subida mais preciso.

Detalhes dos exercícios

EXERCÍCIO 1 – CORTE E LEVANTAMENTO (C&L)

O corte, neste caso, é um movimento em diagonal, de uma posição alta para uma baixa, enquanto o levantamento é um movimento para cima, também na diagonal. Os movimentos são, em essência, o reflexo um do outro.

Há duas posturas comumente usadas quando se realiza o C&L, como se vê acima.

Vamos nos ater ao C&L semiajoelhado por dois motivos.

Primeiro, é importante resolver problemas assimétricos (esquerda-direita) antes que qualquer problema se apresente em ambos os lados, e a posição semiajoelhada resolve assimetrias tanto da parte de cima quanto da parte de baixo do corpo. Em segundo lugar, das seis pessoas que testei com uma avaliação de flexibilidade de perna única (veja o quadro), todas tinham grandes diferenças entre os lados.

Descrição do C&L semiajoelhado

Um joelho fica abaixado e o outro levantado, com as coxas e panturrilhas em ângulos retos de 90 graus em relação umas às outras.

Você sempre vai se abaixar sobre o joelho abaixado e se levantar com o peso no joelho levantado. Cada um deles se move num movimento de puxa-empurra (ou flexão-

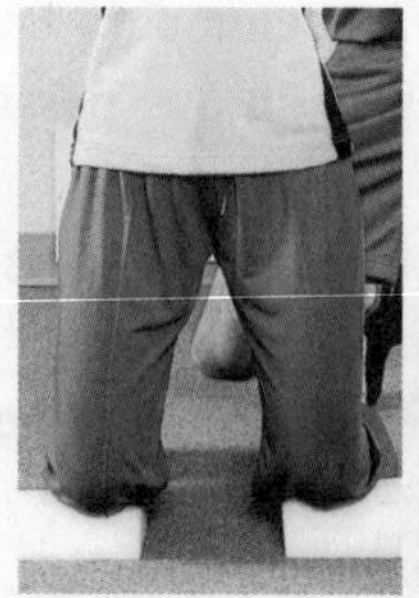

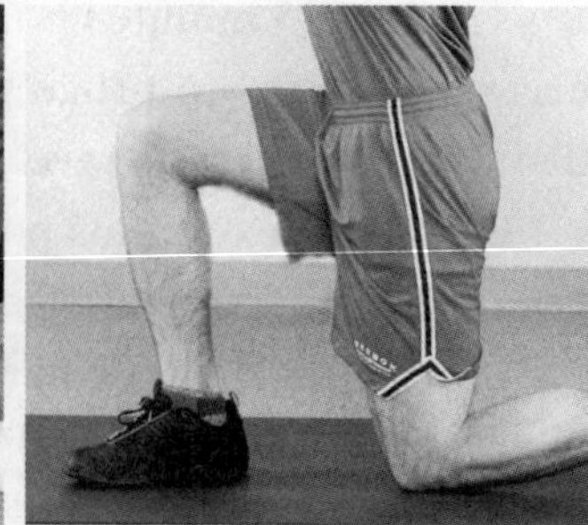

As posições totalmente ajoelhado e semiajoelhado.

-extensão), e devem-se manter as mãos próximas ao peito durante essa transição. No agachamento, por exemplo, puxe a barra para o seu esterno e a empurre em direção ao chão. O cabo deve perfazer uma linha reta.

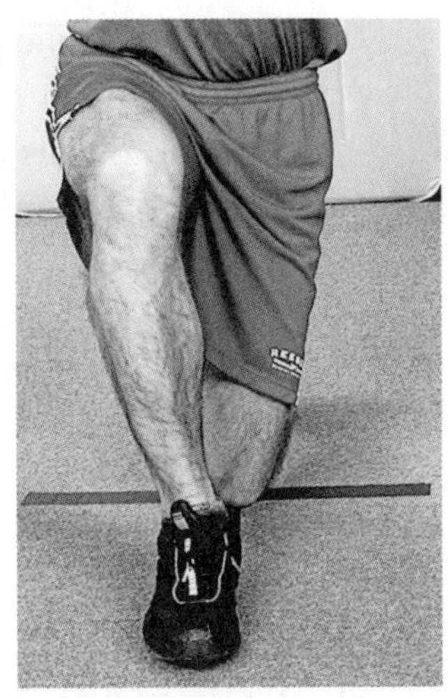

Postura ideal numa linha reta.

Tanto o pé da frente quanto o joelho no chão devem, idealmente, estar alinhados, e podem ser usadas fitas no chão (ou qualquer linha) para garantir que se atinja tal objetivo.

Se essa postura estreita se provar difícil demais, use uma base mais ampla. Coloque seu pé da frente a cerca de 10 cm da linha do joelho e o aproxime ao longo de várias séries. Apenas certifique-se de que a largura seja a mesma dos lados esquerdo ou direito em cada exercício individual, o que é fundamental para manter as comparações exatas.

O programa de corte e levantamento 80/20

Diretrizes

1. **Use uma "barra" por um ou dois meses.** Tanto os cortes semiajoelhados quanto os levantamentos semiajoelhados serão feitos com cabos usando uma barra presa a eles ou, como em nossas fotografias, o instrumento mais comum de extensão de tríceps totalmente preso num dos lados para imitar uma barra. Foi o que usei.

Essa barra ou falsa barra o obriga a usar seus músculos centrais para contrabalançar a desvantagem mecânica, em vez de compensar o movimento com a força do braço.

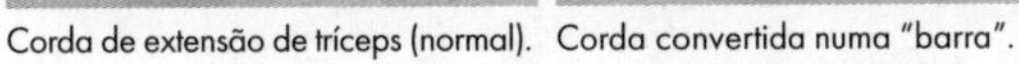

Corda de extensão de tríceps (normal). Corda convertida numa "barra".

Se quiser realizar o C&L em casa ou enquanto estiver viajando, pode usar faixas elásticas.[1] Se for utilizá-las, o movimento se transforma mais numa pressão diante do corpo do que através do corpo.

2. **Retire os pesos entre as repetições quando possível (deixe os pesos de lado).** Isso é algo que ignorei por muitas das primeiras sessões, por estar

1 Veja "Ferramentas e truques" no fim do capítulo.

no exterior ou incomunicável. Ainda dobrei minha força e corrijo meu desequilíbrio em quatro sessões sem largar os pesos, mas fiz um progresso muito mais rápido depois. Se você achar impossível se equilibrar, pode começar sem isso.

AVALIAÇÃO DA FLEXIBILIDADE UNILATERAL

Tente fazer isto:

1. Mantendo os pés juntos e os joelhos travados, tente tocar os dedos dos pés com os pés no chão. Se for fácil demais, tente levar os pulsos até os dedos do pé.
2. Agora teste a mesma força mais uma vez de cada lado independentemente. Coloque um dos pés num degrau ou bloco e se lembre de manter seus joelhos travados para evitar resultados incorretos. Faça em ambos os lados.

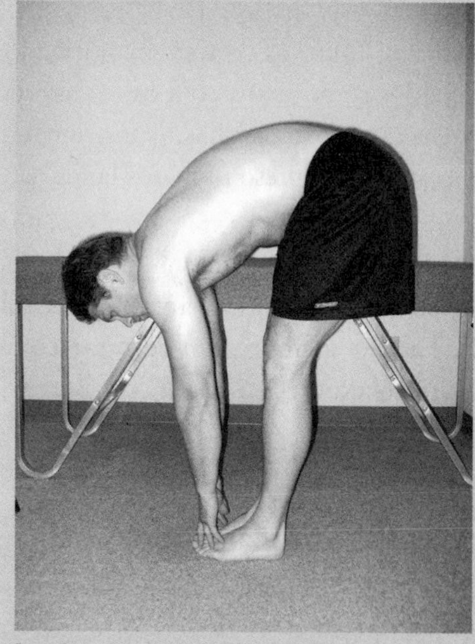

Passo 1

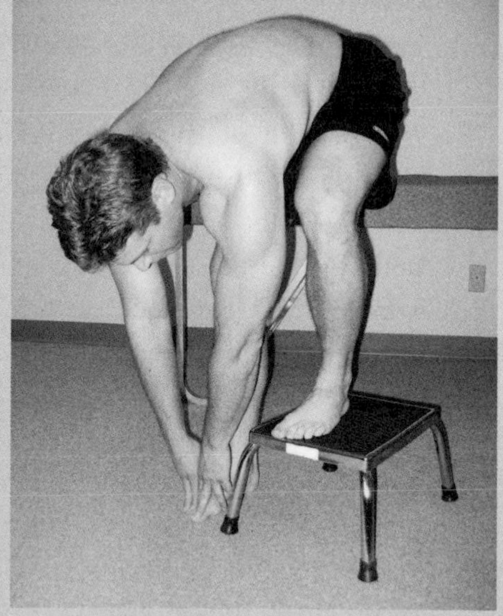

Passo 2

Como você se saiu? Meu alcance teve 7,5 cm a menos no lado direito.

Gray explica o conceito:

— O desequilíbrio não é apenas um problema de força. É um problema de controle motor. Passar de exercícios sem peso para os com peso e vice-versa é tudo. Reiniciar é o segredo, e é assim que você estimula mais neurônios.

Contudo, como se posicionar adequadamente, o que requer ter a corda em mãos a certa distância da máquina, sem automaticamente erguer os pesos? Em outras palavras, como descansar o peso sem cair? Você precisa estender o cabo. A melhor alternativa envolve mosquetões, os ganchos de metal usados em escaladas.

Primeira opção: use uma corrente comprada numa loja de ferragens e dois mosquetões para estender o cabo. Uma das extremidades da corrente se ligará ao cabo, enquanto a outra se ligará ao instrumento de tríceps. Isso funciona. **A segunda opção**, que eu prefiro, é usar uma faixa de nylon (ou uma fita *daisy chain*) para escaladas no lugar da corrente. A faixa de nylon é uma faixa simples com laços. Ela é leve o suficiente para que você a dobre e a coloque no bolso, mas é comprida o bastante para suportar os pesos nos movimentos de corte e levantamento diagonal. Eu viajo com uma.

Se não quer ter o trabalho de estender o comprimento do cabo, pode treinar com alguém que tire o peso de você por um segundo depois de cada repetição, ou simplesmente treinar sem tirar o peso, como fiz durante quatro séries, o que bastou para corrigir meu desequilíbrio mais evidente.

3. **Não prenda a respiração.** Depois que avancei para pesos maiores, acabei prendendo minha respiração na parte do levantamento e depois soltando o ar lentamente na hora de abaixar. É algo conhecido como manobra de Valsalva e, apesar de ser valiosa para levantamentos máximos, é um equívoco no C&L. Faça o melhor para respirar como descrito a seguir e mantenha o rosto relaxado.

a. Respire fundo no início do movimento e aplique pressão no seu abdômen para tensionar todos os músculos no seu quadril e torso. Enrijeça e tensione seu corpo, mas permaneça o mais ereto possível.
b. Comece a porção de tração de cada movimento e force o ar para fora entre os dentes cerrados para produzir uma espécie de assovio. Continue com esse assovio contínuo enquanto muda para a fase seguinte e atinge a extensão máxima. Depois da extensão máxima, você ainda deve ter mais de 50% de ar nos pulmões. Continue com o assovio no movimento de volta, usando o ar remanescente, até que o peso desça por completo.

c. Respire duas vezes normalmente, com o peso solto, e dê início à próxima repetição.

4. Torne sua postura 100% constante de exercício para exercício.

Posição do pé: Para padronizar a posição de um exercício a outro, Gray sugere usar uma esteira de alongamento ou ioga, com a extremidade menor contra a máquina, e depois abaixar o joelho a aproximadamente um terço da outra extremidade da esteira.

Se a esteira for sua (esteiras de ioga podem ser enroladas e são um bom investimento), use uma caneta para marcar a posição do joelho para ambos os movimentos. Se a esteira não for sua, prefira fita adesiva.

Eis um diagrama mostrando a posição ideal de Gray e como a minha ficou no final:

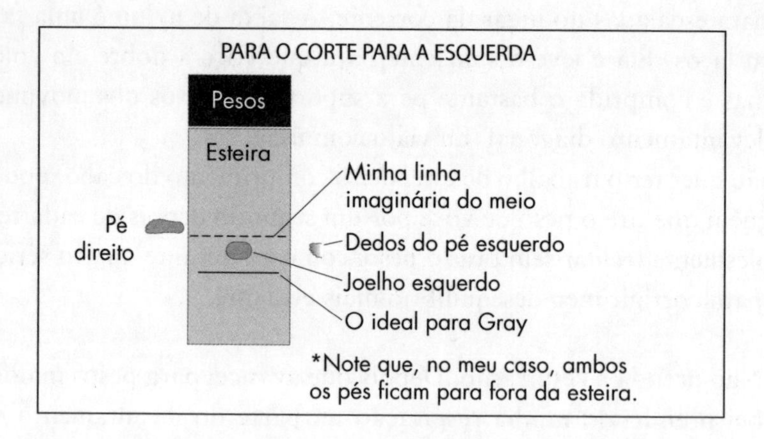

Comecei usando uma esteira de alongamento padrão para evitar que o material queimasse meus joelhos, e não para o posicionamento ideal dos pés. Depois percebi, sem muita surpresa, que usar um tapete tornava muito mais fácil a repetição exata das posições. Ajoelhei-me exatamente no meio entre os pesos e a extremidade, já que não possuía uma fita adesiva e o meio é mais fácil de se visualizar. Depois, certifiquei-me de que meu quadril estava mais ou menos em frente aos pesos. Embora não fosse exatamente o que Gray recomendava, isso tornou o posicionamento de ambos os lados e os movimentos mais fáceis de lembrar.

Para o alinhamento entre o pé e o joelho, como visto no diagrama, ajoelhei-me ao lado da linha do meio imaginária e coloquei meu pé no outro lado.

Os quadris não precisam ficar exatamente a 90 graus dos pesos, mas achei que assim era mais fácil de lembrar e repetir.

Posição da mão: Para o posicionamento da mão tanto no corte quanto no levantamento, coloquei a mão mais distante da máquina a uma largura exata de três mãos acima da extremidade pendente da corda transformada em barra. Minha mão que ficava mais perto da máquina segurava a corda o mais próximo possível do cabo.

Rotação da cabeça e do ombro: A cabeça não pode girar de forma independente dos ombros. Se imaginarmos o quadril e os ombros alinhados na posição inicial, você não deve girar os ombros mais do que 15 a 20 graus em relação ao quadril. Uma rotação maior não ativará mais seus músculos abdominais e pode obrigá-lo a perder o posicionamento ideal da lombar e da parte de cima da espinha dorsal.

Que comece o teste

Encontramos desequilíbrios com o C&L ao testarmos quatro quadrantes: inferior esquerdo, inferior direito, superior esquerdo, superior direito. O objetivo é identificar o quadrante mais fraco. O corte é sempre realizado antes do levantamento, já que você usará pesos maiores nesse último.

TESTE

Corte para o joelho esquerdo × 6-12 repetições
Corte para o joelho direito × 6-12 repetições
Levante para o joelho esquerdo × 6-12 repetições (certifique-se de se mover lentamente na hora de abaixar o peso, ou ele o derrubará)
Levante para o joelho direito × 6-12 repetições

O teste é mais bem executado no início do treino. Para as partes de levantamento, diminua metade ou até dois terços do peso utilizado para o corte. Escolha pesos para ambos os movimentos que você se considera capaz de usar por não mais do que 6 a 12 repetições e depois procure discrepâncias na qualidade e na sua habilidade para atingir o máximo de repetições em ambos os lados.

Deve haver alguma dificuldade. Você vai querer fazer uma série inteira de 6 a 12 repetições, de modo que **encontre seu ponto de perda da postura ideal e/ou do movimento ideal, ou até o ponto em que a dificuldade fica evidente e compromete a técnica.**

Assim, você está se testando até a "falha" para a sua postura e técnica, e não até seu limite muscular.

Mantenha as costas retas, os quadris neutros e sua cabeça o mais erguida possível. A "perda de postura" ocorre quando você não consegue manter essa posição ereta e sua cabeça se abaixa ou se desloca para o lado. Pare de contar suas repetições quando não puder mais corrigir isso. Apesar de não ser exigência, ajudará se houver alguém observando ou gravando o teste em vídeo.[2] Para ambos os lados, faça o máximo de repetições até que o movimento não seja mais simples e fluido.

Se acontecer de você errar no cálculo do peso e exceder as 12 repetições, continue e registre a repetição quando a postura falhar. Apenas use os mesmos pesos para ambos os lados.

Depois de concluído o teste, você deve avaliar os quatro quadrantes — o corte direito e esquerdo e o levantamento direito e esquerdo. Desequilíbrios são definidos como uma diferença maior que 10% no peso (se for realizada a mesma quantidade de repetições) ou no número de repetições (se o mesmo peso tiver sido usado) entre os lados direito e esquerdo.

Encontre o quadrante mais fraco e trabalhe nele até que a simetria esteja restaurada.

Eis os resultados para meu primeiro dia de teste:

Corte para o joelho esquerdo:	10 kg × 7,5 repetições
Corte para o joelho direito:	10 kg × 15 repetições (!), e eu poderia ter feito mais 3 ou 4
Levantamento para o joelho esquerdo:	5 kg × 13 repetições
Levantamento para o joelho direito:	5 kg × 14 repetições

Repeti o teste dois dias depois, já que queria confirmar meu desequilíbrio antes de planejar toda a rotina. Ele foi confirmado, mas você já pode ver uma melhora incrível no controle motor, que se reflete no ganho de força.

Corte para o joelho esquerdo:	10 kg × 16 repetições
Corte para o joelho direito:	10 kg × 20 repetições, e eu poderia ter feito mais 7 ou 8 (parei, já que o primeiro teste havia sido confirmado)
Levante para o joelho esquerdo:	7,5 kg × 6-7 repetições (o peso maior tornou o ponto fraco neste lado ainda mais evidente do que no primeiro teste)
Levante para o joelho direito:	7,5 kg × 11 repetições

2 Usei uma câmera Flip sobre uma máquina próxima com um tripé Joby Gorillapod dobrável.

Dois treinos depois, eu estava usando 20 kg em ambos os lados do corte. O desequilíbrio pior fora corrigido, e a dor nas costas que sentia ao escrever por muito tempo também desaparecera.

Você ficará maravilhado ao perceber quantos outros problemas fundamentais podem ser resolvidos simplesmente ao encontrar seu quadrante mais fraco e trabalhá-lo.

EXERCÍCIO 2 – LEVANTAMENTO TURCO (LT)

Se Gray pudesse escolher apenas um movimento dos quatro cruciais, seria o levantamento turco.

O LT pode ser um movimento complexo e deve ser encarado como um investimento a longo prazo. Se você ficar frustrado, encare-o como um aquecimento com poucos pesos para a sua prática alguns minutos antes de cada treino, e apenas se atenha à resistência cada vez maior nos outros movimentos até que você esteja totalmente à vontade.

Esse é o movimento que Gray mais usou com Michelle Wie, juntamente com o balanço básico.[3] O LT é uma solução elegante com nove movimentos distintos que, combinados, mexem com todos os principais grupos musculares e planos de movimento. Gray ressalta por que as academias em geral o ignoram:

— O levantamento turco e o balanço simplesmente não são sedutores o bastante para as revistas de fofoca. Se estou dizendo que você pode ser um atleta de elite e fazer apenas o LT e o balanço para evitar lesões? É, isso mesmo.[4]

Depois que Michelle foi capaz de fazer um LT completo com um *kettlebell* de 16 kg, sob a supervisão do doutor Mark Cheng — um fenômeno do LT —, os ganhos que ela havia obtido com a reabilitação, o corte e levantamento e os levantamentos-terra com uma única perna foram integrados e unidos. O LT pode ser pensado como a função "salvar documento". Em outras palavras, o C&L move a parte superior do corpo enquanto paralisa a parte inferior; o LT2B1P e o LTC1B1P (a seguir) movem a parte inferior e paralisam a parte superior do corpo; quando as duas metades estão alinhadas, o LT é o que as une. Se você não fizer o "salvar documento" no fim do treino com o LT, as partes inferior e superior do corpo não irão se unir num movimento integrado.

O LT também é incrivelmente eficiente como exercício solo.

Jon Torine, preparador físico chefe do Indianapolis Colts, afirma sem hesitar:

3 O balanço não está entre os quatro exercícios cruciais, mas é meu preferido. Ele foi descrito no capítulo "Construindo o bumbum perfeito".

4 Você precisa de treino específico para o esporte que pratica? Com certeza. Mas, se não tem esse controle motor básico, deve realizar outros exercícios antes de solucionar esse problema. O controle motor é a base.

— Meu trabalho são os exercícios, a prevenção de lesões e a melhora do desempenho. Começo com o LT. Termino com o LT. Avalio o progresso com o LT.

A quantidade de peso que você deve usar depende de sua experiência com o LT, não de sua força em outros exercícios. Para halteres ou *kettlebells*:

MULHER

Iniciante: de 4 a 6 kg
Intermediário: de 6 a 8 kg
Avançado: de 8 a 12 kg ou mais

HOMEM

Iniciante: de 8 a 12 kg
Intermediário: de 12 a 16 kg
Avançado: de 16 a 24 kg ou mais

Apesar de haver várias versões do LT, na página 353 está uma versão elaborada como um exercício corretivo sistêmico. Ele fornece as respostas mais detalhadas. Outras formas — as que omitem certas pausas, por exemplo — permitem uma compensação maior e dificultam a identificação das conexões fracas.

Demonstrado por Brett Jones a seguir, os passos de 1 a 9 são ilustrados numa sequência de fotografias e devem ser realizados exatamente na ordem inversa para recolocar o *kettlebell* no chão.

As imagens podem ser usadas como referência e para visualizar pontos específicos, mas, por favor, assista ao vídeo para a execução adequada antes de tentar o LT (www.fourhourbody.com/tgu).

Se completar o LT for difícil demais, pode parar na posição do braço (etapa 5) e identificar discrepâncias à esquerda e à direita a partir desse ponto. Esse "semi-LT" é ótimo para a reabilitação do ombro e hoje é prescrito em algumas clínicas de fisioterapia de primeira linha especificamente com esse objetivo.

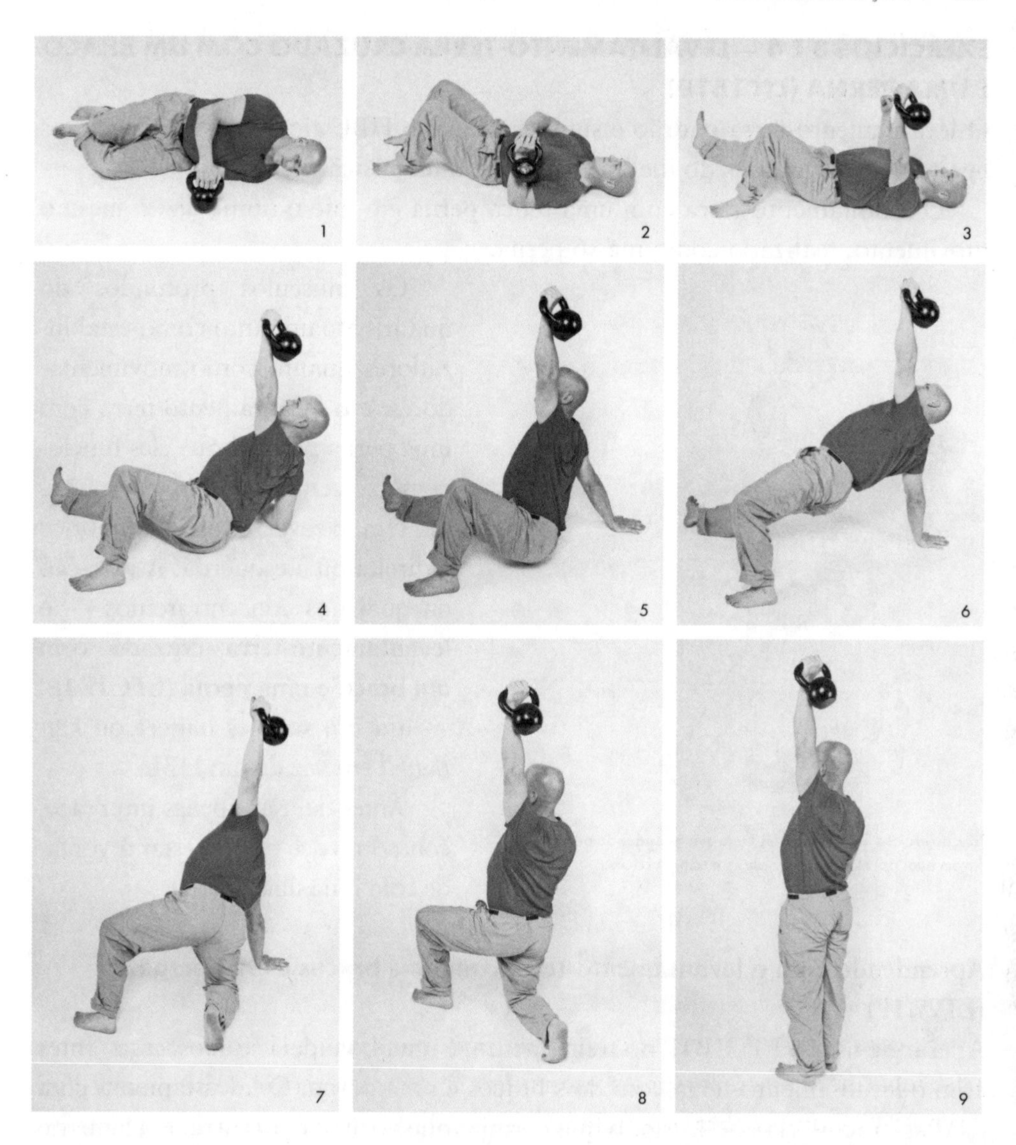
1
2
3
4
5
6
7
8
9

EXERCÍCIOS 3 E 4 – LEVANTAMENTO-TERRA CRUZADO COM UM BRAÇO E UMA PERNA (LTC1B1P)

O levantamento-terra padrão é simples: pegue o HBL ajoelhado com as mãos ligeiramente afastadas do joelho e suba até uma posição ereta.

O levantamento-terra com uma única perna é o que o nome diz: o mesmo movimento, realizado com uma só perna.

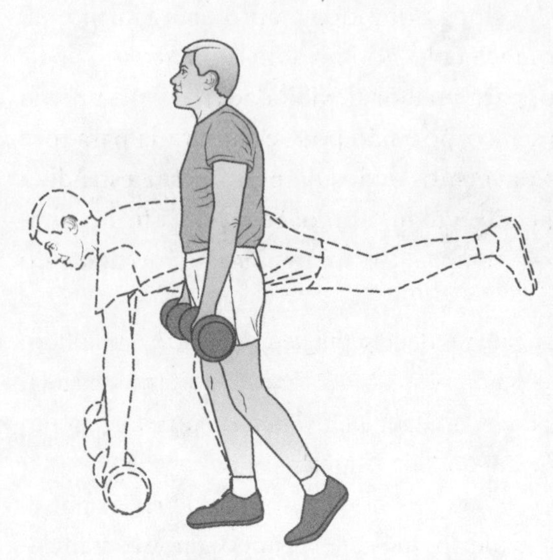

Posição inicial e final do LT2B1P. Note que os dedos do pé de trás devem estar apontando para o chão, e não para fora.

Os músculos profundos do quadril atuam tanto como estabilizadores quanto como movimentadores, e o levantamento-terra com uma perna permite que eles funcionem exercendo esse papel, ao mesmo tempo revelando desequilíbrios à direita ou à esquerda. A variação na qual nos concentraremos — o **levantamento-terra cruzado com um braço e uma perna** (LTC1B1P) — usa um simples haltere ou *kettlebell* em vez de um HBL.

Antes de usar apenas um braço, contudo, você precisa estar à vontade com uma única perna.

Aprendendo com o levantamento-terra com dois braços e uma perna (LT2B1P)

Apesar de usar o LTC1B1P no treinamento, é uma boa ideia se acostumar antes com o levantamento-terra com dois braços e uma perna. O levantamento com os dois braços cria equilíbrio, o que permite que você se concentre no elemento mais importante do levantamento-terra: o quadril.

Aprender o exercício com os dois braços leva menos de 15 minutos. Eis como:

Usando um conjunto de halteres leves (de 5 a 15 kg cada), faça de três a cinco séries de três a cinco repetições do LT2B1P para se acostumar com a estabilização central e o equilíbrio num pé só. As diretrizes são as mesmas para o LTC1B1P a seguir, mas envolve duas mãos e dois halteres.

Vai parecer estranho. Prepare-se para sentir dor nos arcos do pé depois. Esse tempo curto com o LT2B1P evitará a frustração indevida quando você passar para o LTC1B1P, que exige mais força, como a contrarrotação e a contralateroflexão.

Use as orientações seguintes para praticar primeiro o LT2B1P, com duas mãos e dois pesos.

Realizando o levantamento-terra com um braço e uma perna

- Apoie-se num pé só, com os joelhos dobrados a aproximadamente 20 graus e com o haltere ou *kettlebell* colocado no lado de dentro do pé de apoio (erguido, se necessário, para melhor flexibilidade). A outra perna deve estar alongada atrás do seu corpo e não pode estar virada para fora ou para dentro. Em outras palavras, os dedos do pé da perna estendida devem estar voltados para o chão o tempo todo. Se a perna ficar voltada para fora, o quadril poderá se abrir, e isso arruinará a mecânica do movimento.
- Dobrando o quadril, faça o movimento de se sentar, empurrando o bumbum para trás. Abaixe-se e pegue o peso com o braço oposto à perna esticada. Use o braço livre para se equilibrar. Imagine-se levantando o peso com um movimento de gangorra.[5] Uma quantidade significativa de torque é gerada quando você se apoia numa só perna e levanta o peso com o braço oposto. Evitar essa rotação exige estabilidade dos músculos centrais, que é exatamente o que estamos tentando desenvolver.
- Abaixe o peso entre cada repetição. Gray trabalha com atletas profissionais, e sua taxa de lesão com o levantamento-terra é nula. Esta regra (séries de uma repetição) é o motivo.

Se seu objetivo for uma série com cinco repetições, por exemplo, o que você na verdade fará são nove repetições, cinco com o peso e quatro sem o peso, intercaladas. Eis como deve ser: abaixe-se, levante o peso até ficar ereto, abaixe-o mantendo o controle, levante-se sem o peso, recomponha-se e aprume a postura, respire fundo, depois abaixe-se e repita a sequência. Aprenda a dobrar o quadril e apoiar-se no chão com um dos pés antes de retomar o peso — preparar-se para a repetição é tão importante quanto a própria repetição. Assim como no corte e levantamento, sair da parte sem peso para a com peso é a base de tudo.

5 Como um pássaro em movimento contínuo. Se você nunca viu algo assim, visite: www.fourhourbody.com/bird.

Diretrizes de Gray para o levantamento-terra

1. O levantamento-terra é **um movimento inclinado para a frente apenas na aparência. Na realidade, ele é um movimento para trás que posiciona a extremidade posterior atrás dos calcanhares.** Se você estiver realizando o levantamento-terra com uma ou duas pernas, a tíbia deve permanecer na posição mais vertical possível.

2. **Mantenha sua pegada forte, o que deixará seus ombros seguros.** A retração (movimento para trás) do ombro é desnecessária. Usar um peso maior, e, portanto, ter uma pegada mais forte, permitirá uma contração reflexiva mais adequada da musculatura do manguito rotador.

3. **Alongue completamente e deixe a perna de trás totalmente reta. Ela deve se tornar um prolongamento da coluna.** Se seu peito se abaixar 5 cm, você deve erguer o calcanhar de trás 5 cm. Se seu peito se levantar 5 cm, você deve abaixar o calcanhar 5 cm. Eles devem estar perfeitamente conectados.

4. **Erga uma quantidade respeitável de peso, mesmo que para isso você precise reduzir a amplitude do movimento.**

Gray acha incrível que alguns personal trainers usem halteres de 2,5 kg em indivíduos que estão acostumados a carregar crianças e malas que pesam de 15 a 20 kg. Em movimentos de inclinação e levantamento como o levantamento-terra, um peso leve estimulará a flexão do cotovelo (curvatura) e o encolhimento dos ombros, o que é péssimo.

O ponto central do levantamento-terra é fazer poucas repetições, de forma a despertar reações neuromusculares e criar estabilidade central no quadril. As repetições devem permanecer entre uma e cinco, incitando a força. Isso não é feito para provocar a hipertrofia (crescimento muscular), mas para criar uma base estável a partir da qual o peso será levantado.

É possível restringir a amplitude do movimento do levantamento-terra enquanto se trabalha para atingir um movimento de amplitude total. Você pode, por exemplo, levantar um *kettlebell* de cima de uma caixa, degrau ou plataforma. Se o peso for significativo e você estiver com uma curvatura adequada de quadril, vai se beneficiar mesmo que o peso se desloque pouco. Em vez de pular o exercício, apenas erga o peso até que você retome o controle. À medida que progredir, abaixe-o aos poucos até que, por fim, o esteja levantando do chão.

Como você faz tudo isso? Apenas releia o resumo na página 340.

FERRAMENTAS E TRUQUES

Encontre um especialista em avaliação do movimento funcional (FMS) (http://functionalmovement.com) O FMS é a ferramenta básica de Gray Cook para identificar desequilíbrios. Use esse site para encontrar especialistas em FMS que podem realizar uma avaliação completa. Testes com 14 pontos ou menos — a "zona de perigo" — correspondem a uma taxa de lesão 35% mais alta. Minha primeira pontuação no FMS foi 17 e calculada por Eric D'Agati, no One Human Performance Center de Nova Jersey, que é o local de FMS para o time de futebol americano dos Giants.

Autoanálise FMS (www.fourhourbody.com/fms-self) Ansioso para se avaliar sem um profissional? Use essa versão resumida como ponto de partida.

Vídeo do Corte e Levantamento (C&L) (www.fourhourbody.com/cl).

Levantamento turco (www.fourhourbody.com/tgu) Zach Even-Esh demonstra o levantamento turco. Preste atenção ao tempo da sequência dele. Não é um movimento contínuo, e sim um conjunto específico de movimentos com breves pausas. Quanto mais devagar você realizá-lo, melhor será sua técnica. Não se apresse.

Levantamento-terra cruzado com um braço e uma perna (www.fourhourbody.com/1SDL) Esse vídeo mostra a execução adequada do LTC1B1P.

Agachamento (www.fourhourbody.com/squat) Um tutorial sobre como corrigir a rotação comum da lombar na parte de baixo do agachamento.

Sacos impermeáveis para caiaques (www.fourhourbody.com/kayak) Um saco impermeável para caiaque é feito para manter seus pertences secos, mas também pode ser usado cheio de água e é um bom modo de realizar seu LT quando estiver viajando. Uso o saco impermeável SealLine Baja 30, que suporta até 30 litros. Um litro de água equivale a aproximadamente 1 kg.

Faixas para C&L Móvel: Faixas Gray Cook (http://www.performbetter.com/webapp/wcs/stores/servlet/Product1_10151_10751_1004842_-1) Para quem quer realizar o C&L em viagens ou em casa, essas faixas elásticas são alternativas baratas e eficientes aos aparelhos de exercício.

Fita *Daisy Chain* de Nylon Metolius para C&L (www.fourhourbody.com/chain).

Mosquetão Black Diamond HotWire para C&L (www.fourhourbody.com/carabiner) Mosquetão extremamente leve, considerado "a melhor ferramenta" pela revista *Rock and Ice*.

CORRENDO MAIS RÁPIDO E INDO MAIS LONGE

DESCONSTRUINDO A ANÁLISE FÍSICA DA NFL I

Preliminares — saltando mais alto

> **Quanto mais técnica você tem, menos você precisa se preocupar com ela.**
> — Pablo Picasso

PARQUE INDUSTRIAL DE GARDEN STATE, WYCKOFF, NOVA JERSEY

— O que é isso? — perguntei.

Tom, cujos braços são maiores que as minhas pernas, estava esfregando algo nos cotovelos entre uma série de puxadas e outra.

— É unguento de cavalo.

Ha ha. Com certeza.

O cheiro era tão forte que desobstruiu minhas cavidades nasais a 3 m de distância. Fui passando pelos outros atletas até chegar à estante onde estava o frasco.

"Loção azul absorvente McTarnahan"
Salicilato de metila 3%
Mentol 1,7%
Cânfora 1,7%

Havia uma enorme cabeça de cavalo no rótulo, com as crinas ao vento. Era mesmo um unguento para cavalos de corrida.

Na academia de Joe DeFranco, escondida nos fundos de um parque industrial perto de uma concessionária da Chevrolet, os instrumentos são usados sem que se leve em conta a popularidade. Se funciona e está dentro da lei, então pode.

A ciência e a indústria do correr mais rápido

O NFL Combine, nome dado à avaliação do recrutamento da liga de futebol americano dos Estados Unidos, é a entrevista de emprego mais difícil do mundo.

Uma vez por ano, em fevereiro, os 330 melhores jogadores universitários de futebol americano são convidados para comparecer ao estádio Lucas Oil, em Indiana, e os principais técnicos e olheiros da NFL passam uma semana determinando quanto eles valem. No topo da lista, em ordem de importância, estão os quesitos "mensuráveis" — testes físicos que permitem que cada um dos 330 atletas seja comparado aos outros. Entre esses testes estão o salto vertical, a corrida de 40 jardas (37 m), um teste de agilidade com três cones e o supino para repetições com 100 kg.

A seleção dos novatos, mais tarde realizada no Radio City Music Hall, é a primeira vez que os times podem dar lances e negociar contratos com jogadores em potencial. Os atletas são escolhidos num sistema de sete rodadas, e com raras exceções, quanto mais cedo eles são selecionados, maior é o salário.

Como o resultado da análise física afeta o pagamento? Muito. Dois centímetros ou 0,2 segundo podem fazer a diferença entre milhões de dólares e nada.

Quase todos os jogadores chegam ao NFL Combine por intermédio de agentes esportivos, cujo trabalho é garantir que seu cliente seja o mais caro possível. Entre as ofertas feitas pelos principais agentes, com a intenção de atrair os melhores atletas, aparece um nome:

— Se você assinar comigo, treinará com DeFranco.

Joe DeFranco, o mestre Yoda do Combine, é conhecido por criar monstros que podem saltar mais alto e correr mais rápido do que deveriam. A NFL precisou mudar suas regras para se adaptar a ele. Um exemplo disso é o teste de agilidade com os três cones.

As regras do teste de agilidade com três cones são simples. Primeiro, o atleta deve se posicionar com um apoio de três pontos (os pés e uma mão) atrás de uma linha, justamente como no início da corrida de 40 jardas. Depois, ele corre por 4,5 m, toca a linha do outro lado com a mão direita (*não* com a esquerda), volta imediatamente e toca a linha de partida com a mão direita, e então dispara de volta para a linha oposta.

Um dos atletas de Joe, Mike Richardson, da Universidade de Notre Dame, fez o teste de agilidade com três cones mais veloz já registrado durante um Combine oficial da NFL ou Pro Day:[1] 6,2 segundos. Joe explica como ele conseguiu:

Como as regras do teste dizem que você tem que tocar ambas as linhas com a mão DIREITA, descobri que seria muito mais eficiente treinar a posição "canhota", menos comum ao se realizar o teste... Em resumo, a posição canhota permite que o atleta corra as primeiras 10 jardas (9 m) com dois passos menores; quando se trata de DÉCIMOS de segundo, dois passos fazem uma enorme diferença! Dois passos podem fazer com que você corra até quatro décimos de segundo mais rápido neste teste. E, quando estamos falando do NFL Combine, quatro décimos de segundo são uma eternidade que pode significar milhões de dólares para um atleta.

Alguns olheiros da NFL não permitem mais inícios com a mão esquerda no Combine. Isso é engraçado, já que alguns atletas são, obviamente, canhotos. Sem se abalar, DeFranco continua produzindo recordistas, sempre um passo à frente dos outros. Atletas de todos os 32 times da liga passaram por seus aparelhos.

DeFranco era mesmo tão bom assim? Ou estava usando o truque preferido dos treinadores com bons relações-públicas: cuidar de monstros genéticos durante um ano e depois tirar proveito do desempenho deles?

Entre pneus de 270 kg e correntes, fui até suas instalações para descobrir.

Quarenta e oito horas depois, eu tinha:

- Aumentado meu salto vertical em quase 8 cm (igualando o recorde da academia para uma única sessão)
- Melhorado minha corrida de 40 jardas em 0,33 segundo (batendo o recorde anterior da academia de 0,2 segundo para uma única sessão)

Este capítulo e o seguinte explicarão como você pode repetir meus feitos, começando com meu algoz pessoal (há um motivo para eu ter optado por luta greco-romana em vez de basquete):

O salto vertical.

1 Os Pro Days, organizados pelas universidades com os melhores times de futebol americano, permitem que olheiros da NFL observem os atletas em vários testes do Combine na própria universidade antes do evento oficial. Os treinadores presumem, com razão, que os atletas geralmente se saem melhor em seu próprio território.

O salto vertical

DeFranco começou com um aquecimento breve, cujos vídeos podem ser vistos em www.fourhourbody.com/defranco:

Polichinelos normais × 10
Polichinelo com braços para a frente × 10 (abrindo e fechando os braços em frente ao peito)
Passada para trás × 5 (cada lado)
Passada lateral × 5 (cada lado)
Balanço de perna para a frente e para trás × 10 (cada lado)
Salto estático × 20 segundos (saltos com a parte anterior da planta dos pés e as pernas retas, o mais rápido possível)

Depois nos aproximamos do altar de ar: o Vertec.

Ele é — e o departamento de marketing da Vertec que me perdoe — um mastro com varas que giram quando são atingidas. A vara mais alta que você alcançar determina seu salto vertical.[2]

— Mostre-me o melhor que você pode fazer.

Foi o que fiz. Cinquenta e três centímetros. Na segunda e na terceira tentativas, alcancei igualmente decepcionantes 56 cm.

PONTO DE PARTIDA: 56 CENTÍMETROS

Enquanto me preparava para receber as primeiras instruções, o babaca entrou. Corrigindo: o Babaca.

— Ei, Babaca! — gritou DeFranco olhando para trás.

— Que foi?! — respondeu o Babaca.

DeFranco virou-se para mim novamente e explicou:

— Não é um insulto. É apenas o que ele é. O nome dele.

Fora da academia, o Babaca é chamado de Mike Guadango. Sua história é comum entre os companheiros de DeFranco. Ele fora cortado do time de beisebol da Universidade de Delaware em seu primeiro ano. Reagiu transferindo--se para a Universidade William Paterson e doando seu corpo a DeFranco. Um ano mais tarde, estava entre os principais atletas do país. O Babaca era agora capaz de fazer 50 flexões na barra fixa e, com 1,75 m, tornou-se uma celebrida-

2 A altura inicial — 0 — é a altura que a ponta de seus dedos alcança sobre sua cabeça com os pés apoiados no chão. Isso permite que os olheiros comparem um atleta de 1,77 m com um de 1,97 m.

de no YouTube por saltar 1,40 m.[3] Nada mal para alguém conhecido no clã de DeFranco pela falta de talentos naturais.

O Babaca sentou-se confortavelmente para admirar o espetáculo.

A primeira rodada de treinamento de DeFranco começou com correções.

Falha 1: movimento de ombro curto demais

"Os ombros são os principais movimentadores no salto e contribuem para até 20% da altura atingida. Tente correr 40 jardas com os braços presos à lateral do corpo e você terá uma ideia. Para o salto vertical, a velocidade da descida num semiagachamento está relacionada à altura máxima. Use mesmo a parte superior do seu corpo e jogue os braços para baixo o mais rápido possível, retomando a posição inicial com a mesma velocidade."

DeFranco me encorajou a começar com os braços sobre a cabeça, como um mergulhador olímpico, usando uma distância adicional para aumentar a velocidade de queda. Isso aumentaria o efeito elástico. Meu braço direito, dominante, seria então o único estendido sobre a cabeça para atingir as varetas.

Falha 2: retração do braço estendido no auge do salto

Meu braço estava retraído no ponto mais alto, como se eu estivesse enterrando uma bola de vôlei, o que me fazia atingir as varetas na descida. Ele precisava estar retraído no movimento de subida.

Falha 3: posição de agachamento muito aberta

Minha posição de agachamento, com os pés mais afastados que a largura do quadril, era aberta demais e diminuía minha altura de salto em 2,5 a 5 cm. Eu precisava posicionar meus pés na distância do quadril e manter as costas retas ao abaixar.

Tinha de manter os olhos nas varas o tempo todo, exceto no ponto mais baixo do agachamento.

Balançando meus braços e pernas, verifiquei tudo e respirei fundo algumas vezes.

Depois saltei novamente.

TERCEIRA TENTATIVA: 61 CENTÍMETROS

Eu avançara apenas 5 cm na vertical.

— Quem ensinou você a saltar com os pés juntos? — perguntou o Babaca atrás de mim.

3 www.fourhourbody.com/asshole.

Ao que parece, no esforço para começar certo, com os braços sobre a cabeça, como um mergulhador olímpico, também fiquei paralisado como um mergulhador olímpico, com os pés juntos. E nem percebi. Como consegui me agachar assim?

Quatro ou cinco coisas não parecem muito, mas é preocupação demais para se ter na cabeça durante um movimento de velocidade máxima.

DeFranco pegou uma esteira de alongamento. Era hora de fazer mais correções.

Falha 4: tensão nos músculos flexores do quadril

"Normalmente, não usamos o alongamento estático. Os flexores do quadril são a única exceção. O objetivo é fazê-los dormir, já que eles podem restringir a extensão máxima da perna."

O alongamento estático é o que a maior parte das pessoas chama de alongamento — alongar e manter a posição por 10 segundos ou mais. Acontece que o alongamento comum pode temporariamente diminuir a resistência do músculo e dos tecidos conjuntivos alongados, aumentando a probabilidade de lesão. Nessa exceção incomum, queremos temporariamente alongar e enfraquecer uma região e apenas uma região: a dos flexores do quadril.

Mantenha esta posição.

Os alongamentos dos flexores do quadril são realizados de 30 segundos a dois minutos antes de um salto, e o lado não predominante é alongado antes. No meu caso, o esquerdo. Alonga-se cada lado por 30 segundos.

QUARTA TENTATIVA: 63,5 CENTÍMETROS

Eu estava feliz com nosso progresso, e DeFranco também:

— Isso valeria US$1 milhão se você soubesse jogar futebol americano e estivesse na NFL — disse ele. Depois, continuou: — A média dos jogadores das escolas secundárias nesta academia é de pouco mais de 50 cm. Evoluir de 74 para 76 cm no Combine o coloca num grupo totalmente diferente. Um grupo mais valioso também.

Um de seus pupilos, Miles Austin, alcança 107 cm com seus 100 kg. Brian Cushing, que na época estava liderando o ranking de obstruções da AFC, pesava 113 kg e alcançava 89 cm na vertical. "Cush" começou a treinar com DeFranco aos 17 anos e foi escolhido na primeira rodada do recrutamento da NFL. Ele hoje consegue levantar 100 kg no supino por 35 repetições. Ele também consegue usar um uniforme de 10 kg, sentar-se numa cadeira e saltar direto da posição sentada uma distância de 127 cm. Sim, um mutante assustador.

Meu desempenho não se comparava ao dele, mas eu havia aumentado meu salto vertical em 7,5 cm em 20 minutos e empatara o recorde da academia de melhora em uma única sessão.

Na manhã seguinte, contudo, um desafio muito maior me aguardava: a corrida de curta distância.

FERRAMENTAS E TRUQUES

Esteira Just Jump da Probotics (www.fourhourbody.com/jump-mat) Essa esteira mede saltos verticais com base no tempo que você está no ar. É usada por Rich Tuten, preparador físico do Denver Broncos, durante os testes anuais, e cabe debaixo da cama.

***Mastering the Combine Tests* [Dominando o NFL Combine], DVD (www.fourhourbody.com/combine-dvd)** DeFranco analisa todos os aspectos dos testes nesse DVD, incluindo o carregamento de bola por 20 jardas (18 m), o teste de agilidade com três cones, o teste no supino e o salto em distância.

Loção azul absorvente McTarnahan (http://store.allvet.org/abblloga.html) Alívio da dor e da rigidez para cavalos... e atletas de elite. Faz com que o unguento Bengay pareça água.

Vídeos dos mutantes:

Adrian Wilson saltando 168 cm (www.fourhourbody.com/wilson) Observe o defensor do Arizona Cardinals saltar acima da marca de 1,68 m.
Keith Eloi salta para dentro da caçamba de uma picape (www.fourhourbody.com/flatbed) Sem correr, sem aparentar esforço, e ele faz isso usando malditos chinelos.
Keith Eloi saltando, de costas, para fora de uma piscina (www.fourhourbody.com/pool-eloi).

DESCONSTRUINDO A ANÁLISE FÍSICA DA NFL II

Todas as manhãs, na África, uma gazela acorda. Ela sabe que precisa correr mais que o leão ou não sobreviverá. Todas as manhãs, um leão acorda e sabe que precisa correr mais que a gazela mais lenta ou morrerá de fome. Não importa se você é um leão ou uma gazela. Quando o sol nasce, o melhor é sair correndo.

— Maurice Greene, cinco vezes campeão mundial dos 100 m rasos

Correndo mais rápido

LANCHONETE KING GEORGE,
RODOVIA HAMBURG, 721

Eram 8h (horário do leste dos Estados Unidos; 5h no horário do Pacífico, de acordo com meu relógio biológico), e Joe e eu estávamos acordando com um café da manhã clássico das lanchonetes de Nova Jersey: omelete e infinitas xícaras de café forte e amargo. Peguei um bloco e comecei com as perguntas.

— Quem é o melhor treinador de ganho de força que ninguém conhece? — perguntei.

Resposta: Buddy Morris, da Universidade de Pittsburgh.

— Treinador preferido de ganho de força funcional?

Resposta: Louie Simmons, da Westside Barbell.[1]

— Especialista em alongamento preferido?

Resposta: Anne Frederick, cuja clínica, Stretch to Win [Alongue para Vencer], eu visitara em Tempe, no Arizona, apenas seis meses antes. Saí

1 Uma resposta comum entre as pessoas entrevistadas para este livro.

de uma sessão com o marido dela com mais mobilidade no quadril do que em toda a última década.

— Treinador de velocidade preferido?

Resposta: Charlie Francis.

Ah, Charlie. Charlie Francis é também meu treinador de corrida preferido. Infelizmente, ele é famoso por treinar Ben Johnson, o medalhista de ouro dos 100 m rasos cujo teste deu positivo para esteroides (estanozolol) nos Jogos Olímpicos de 1988. Poucos percebem a sofisticação nas técnicas de treinamento de Charlie.[2] Ele foi um verdadeiro gênio.

Francis foi antes de qualquer coisa um especialista em biomecânica e treinamento físico, não um químico. Uma das suas inovações envolvia usar distâncias extremamente curtas e treinar a 95% ou mais do esforço máximo — nunca entre 75 e 95%. Menos de 95% era devagar demais para o trabalho de velocidade e difícil demais para se recuperar do volume maior de velocidades menores nas 24 horas seguintes.

Joe DeFranco adaptou esses conceitos, entre outros, e prosperou. Um caso clássico:

Em vez de correr 400 m ou mais para criar uma base de velocidade e depois reduzir as distâncias, como é comum, DeFranco fez com que um de seus jogadores de futebol da Divisão III, o já mencionado Miles Austin, gastasse mais de 80% do seu treinamento de velocidade em corridas de 10 jardas (9 m). Miles se concentrou em aperfeiçoar a posição de início, a quantidade exata de passos para a maior velocidade e a postura precisa para a aceleração constante. Apesar de Miles correr apenas *três* lances de 40 jardas (37 m) entre mais de 100 corridas de 10 jardas, ele correu essas 10 jardas em 4,67 segundos no Combine e, mais tarde, cravou oficialmente 4,47 segundos.

Se Joe era um especialista no NFL Combine, ele parecia ser um gênio da corrida de 40 jardas:

— No salto vertical, nove entre 10 pessoas melhoram. Na corrida de 40 jardas, a taxa é de mil em mil.

Palavras fortes.

Eu comecei a me imaginar quebrando o recorde de Ben Johnson com pouco mais do que uma omelete grega e vários litros de café ruim. Aquele seria um bom dia.

2 Menos gente ainda se dá conta de que, quando a medalha de ouro foi tomada de Ben Johnson, ela foi passada para o grande herói norte-americano Carl Lewis, cujos exames deram positivo para três estimulantes proibidos (pseudoefedrina, efedrina e fenilpropanolamina) nas mesmas Olimpíadas. Lewis foi inicialmente desclassificado, mas essa decisão foi revertida quando ele apelou com o argumento de "uso acidental". Em outras palavras, ele usara um suplemento fitoterápico, mas não sabia que continha tais estimulantes. Não estou querendo dizer que um atleta de elite soubesse o que estava ingerindo, mas efedrina com testosterona era a combinação preferida dos corredores de velocidade nos anos 1980, uma década geralmente conhecida como "era de ouro do uso de esteroides nos esportes". Na verdade, quatro dos cinco finalistas olímpicos dos 100 m em 1988 (juntamente com Ben Johnson) tiveram resultado positivo para medicamentos proibidos em algum momento de suas carreiras.

O aquecimento

Uma questão de prioridade: aquecimentos. Usei chuteiras básicas sem travas, e Joe reforçou a importância de incluir os hábitos da boa corrida curta no próprio aquecimento:[3] usar o movimento dos braços etc.

PREPARAÇÃO DO MOVIMENTO GERAL

Pular corda por 18 m × 2

Passada para trás × 6 repetições de um lado e depois 6 repetições do outro lado

Pedalada para trás[4] (para os quadríceps e flexores do quadril) 18 m × 2

Semiagachamento com passada lateral[5] 18 m × 2

DEMONSTRAÇÃO DA PASSADA PARA TRÁS

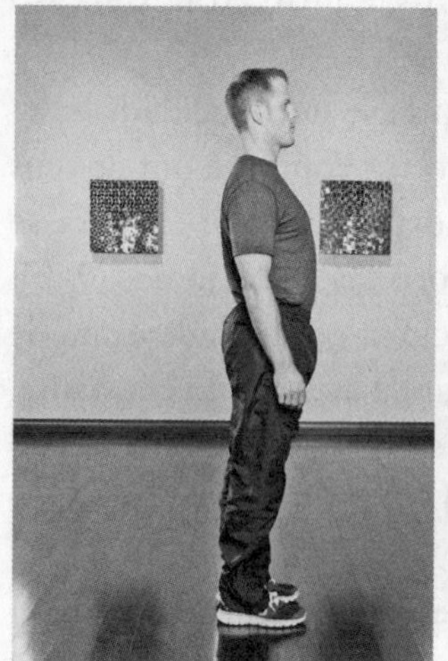
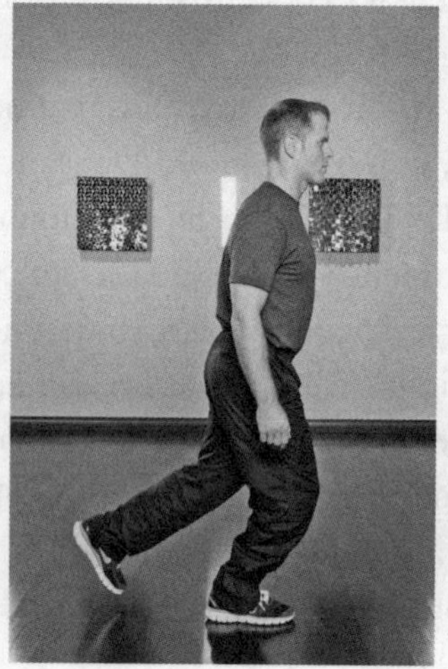

Note que dobro o joelho da perna de apoio primeiro, movendo o joelho por sobre os dedos do pé antes de estender a perna oposta para trás.

3 Nenhum texto será capaz de fazer justiça aos movimentos, mas vídeos gratuitos de cada um deles estão disponíveis em www.fourhourbody.com/defranco.

4 Pense nisso como se estivesse dando um coice em alguém que está um metro atrás de você, mirando na altura do quadril com ambas as pernas.

5 Para o semiagachamento com passada lateral, posicione-se num semiagachamento e tracione com o dedão da sua perna de arrasto. Não deixe sua cabeça pendente ou abaixada e garanta que os 18 m sejam feitos de ambos os lados.

ALONGAMENTO DINÂMICO DE SOLO E ATIVAÇÃO MUSCULAR[6]

10 × rolamento com as pernas afastadas
10 × circundação de quadril em movimento 4 apoios
10 × jairzinho alternado[7]

TREINO DE FREQUÊNCIA PARA PREPARAR O SISTEMA NERVOSO

Realize o máximo possível de repetições no tempo determinado:

Salto com flexão plantar × 20 segundos
Agachamento normal com salto × 2 sessões de 5 segundos (descanso de 10 segundos entre elas)[8]

Joe manteve o aquecimento breve e me deu um tempo de recuperação. Um dos truques mais velhos no mundo dos esportes, explicou ele, é cansar um atleta antes do teste "do antes" dele com um aquecimento longo, depois refazer o teste com um aquecimento mínimo. *Voilà*, uma melhora mensurável instantânea.

Treinadores espertos.

O posicionamento

Meus tempos não dependeriam da visão ou do julgamento de DeFranco. Ele usaria o sistema Brower, a mesma tecnologia usada no "grande espetáculo" do Combine.

Meu tempo final seria cronometrado automaticamente quando passasse entre dois detectores a laser emparelhados na linha de 40 jardas, ambos sincronizados com seu cronômetro de mão.

Como preparação, fiz duas corridas de 10 jardas sem orientação:

Corrida 1: 2,12 segundos.
Corrida 2: 2,07 segundos.

6 Veja isso em movimento em www.fourhourbody.com/mobility.

7 Para o jairzinho alternado, não abaixe o calcanhar do pé da frente. Fique na ponta dos pés e mantenha os joelhos na frente dos pés o tempo todo. Abaixar o calcanhar estimula a passada larga quando estiver correndo, o que leva a um impacto maior e a lesões nos tendões.

8 Assista à demonstração em www.fourhourbody.com/wideouts.

O sistema Brower.

Depois, impressionei Joe com uma incrível corrida inicial de 40 jardas em... 5,94 segundos.

— A boa notícia é que você rompeu a barreira dos seis segundos — anunciou Joe apontando para a tela do cronômetro de mão. — Olhando pelo lado bom, não é uma marca ruim se você for um *lineman* abaixo da média de 145 kg.

Andando de um lado para o outro com passos hesitantes, ele me olhou com um sorriso de orelha a orelha:

— Por onde começar... Você vai fazer com que eu pareça ser bom hoje! Um ótimo dia para Joe!

Era hora de deixar Joe fazer sua mágica. O "por onde começar" era fácil: a posição inicial.

O diabo está nos detalhes

Meu primeiro passo não foi para lugar algum. Literalmente. Minha perna passara de atrás da linha para a linha de partida, o marco zero. Perder um passo talvez não cause impacto numa maratona, mas é um grande problema na corrida de 40 jardas.

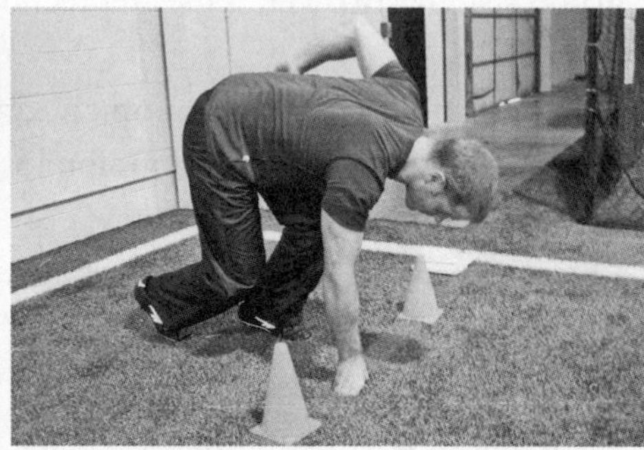

Minha posição inicial sem treinamento comparada à posição inicial com treinamento.

A PRIMEIRA RODADA DE CORREÇÕES POSTURAIS

1. Se você for destro, coloque sua mão direita para baixo e a perna esquerda para a frente. Canhotos fazem o contrário. Isso será o mais eficiente em 90% dos casos.
2. Para o posicionamento como destro: fique de pé com os dedos do pé esquerdo aproximadamente 30 cm atrás da linha, depois toque os dedos

do pé direito na parte de trás do calcanhar esquerdo. Depois, deslize o pé direito para fora de modo que os dois pés se alinhem ao quadril, mas não além disso. Apoie-se em ambas as mãos, colocadas diante da linha (para deslocar seu peso para a frente), depois traga a mão direita para a linha.

3. Coloque três dedos da mão direita na linha: o dedo indicador e o dedo médio juntos, além do polegar. Isso causou muita dor no meu polegar, por isso usei os nós dos dedos indicador e médio com o polegar.
4. Pouco antes da largada, o braço esquerdo, dobrado a um ângulo de 90 graus, subirá de modo que sua mão esteja perto do quadril (veja a imagem anterior).
5. Dê impulso e mire o primeiro passo com sua perna de trás para pousar a quase 1 m dos dedos do seu pé da frente.

O resultado: minha primeira tentativa de 10 jardas foi cronometrada a 1,99 segundo em comparação com os originais 2,07 segundos. Uma melhora de 0,08 segundo.

ACRESCENTANDO A POSIÇÃO CORRETA DO BRAÇO E MOVIMENTO

Apoiei a maior parte do meu peso nas pernas, resultando num *ângulo negativo do braço*. Em outras palavras, a linha da extremidade dos meus dedos até meu ombro apontava para cima e para trás de mim. Isso é ruim. Significa que eu precisava parar e erguer meu braço antes de dar o primeiro passo.

Para corrigir, tentei posicionar meu ombro ligeiramente à frente dos dedos e *substituir* meus braços. Nas palavras de Joe, estava prestes a "deixar o braço para trás" e impulsioná-lo nessa direção em vez de erguê-lo. É lógico que eu cairia para a frente ao remover a terceira perna do tripé, e impulsionar o braço direito para trás me ajudaria a impulsionar a perna direita à frente.

Com mais peso para a frente, contudo, eu teria menos contato com o solo, e meu pé traseiro deslizou nas duas vezes que tentei. A solução sugerida por Joe foram os Nike Vapors, que, ao contrário de chuteiras comuns, têm pequenos "dentes" na ponta. Usando minhas chuteiras tradicionais, eu esperava que a nova pressão para a frente compensasse a falta de tração.

Foi o que aconteceu: na tentativa de 10 jardas seguinte, cronometrei 1,91 segundo, em comparação com os 2,07 segundos originais — uma melhora geral de 0,16 segundo.

FOCALIZANDO A POSIÇÃO SUSTENTÁVEL DE CORRIDA E EM MENOS PASSOS

Joe pôs uma corda a cerca de 90 cm dos dedos do meu pé da frente e prescreveu o seguinte:

1. A partir da sua posição inicial, mantenha a cabeça abaixada, mas com os olhos na corda, que é onde você quer que seu primeiro passo chegue.
2. Certifique-se de que seu joelho esteja à frente do pé quando der esse primeiro passo.
3. Durante todas as 10 jardas, mantenha a cabeça abaixada e a parte superior do corpo à frente da inferior.
4. Dê o menor número de passos possível (sete ou menos, de acordo com o tamanho da perna), o que, paradoxalmente, parecerá mais lento por causa do maior contato com o solo.

Respirei fundo. A lista de coisas nas quais devia prestar atenção estava ficando longa, e o posicionamento também. Quando passei da linha de 10 jardas, me senti muito mais lento.

Não era verdade. Nessa quinta tentativa, cronometrei 1,85 segundo, em comparação com os 2,07 segundos originais — uma melhora geral de 0,22 segundo.

Agora era hora de refazer o teste das 40 jardas.

"Apenas corra suas 10 jardas"

— Para passar para as 40 jardas, as pessoas se esquecem do que aprenderam nas 10 jardas. Apenas corra suas 10 jardas. Corra as melhores 10 jardas que puder. Não se preocupe com o restante, apenas em chegar à linha de 40 jardas. Mas... corra as 10 jardas como se estivesse disputando a medalha de ouro olímpica.

Era isso? Cinco exercícios de 10 jardas e menos de 15 minutos de treinamento?

Fiz uma corrida de aquecimento a, no máximo, 60% do meu esforço para desenferrujar.

— Pronto? — perguntou Joe.

— Pronto.

Abaixei-me na linha de partida pelo que pareceu uma eternidade, fazendo pequenos ajustes e tentando manter as dezenas de pontos certos.

Saí então em disparada.

Pela primeira vez em muito tempo, me senti rápido. Mantive a cabeça abaixada e meu corpo para a frente ao passar pela marca das 10 jardas. Sentia que estava me aproximando das 40 jardas e ergui a cabeça. Nesse momento senti uma fisgada. Antes que pudesse perceber, tinha ultrapassado a linha de 40 jardas e estava desacelerando numa corridinha leve.

Meu tendão direito parecia estranho.

— Ótimo! — gritou Joe da linha de partida, e eu voltei para lá.

— Foram 5,61 segundos. — Ele me mostrou o tempo no cronômetro e sorriu. — Você quebrou o recorde da academia de melhora em uma única sessão. Foi 0,2 segundo, e isso é mais do que 0,3 segundo.

— Meu tendão parece um pouco tenso — eu disse, ao voltar para a linha de partida. Joe parou e olhou para mim.

— Neste caso, acabamos por hoje.

Ele continuou:

— Aprendi por experiência própria, hoje sou mais velho e mais sábio, que você precisa parar quando sente os tendões. É um sinal de que uma lesão está prestes a acontecer.

— Ele parece tão tensionado! Eu não deveria alongá-lo um pouco?

— Não, esse é o maior erro, e o mais comum. Parece que ele está se contraindo e as pessoas alongam, mas ele já está hiperalongado. Você precisa de gelo e Hannah Montana.

Hannah Montana?

— Como é?

— Gelo e arnica montana.

Eu havia entendido errado, lógico. Arnica montana, e não Hannah Montana. É uma flor europeia que contém um flavonoide denominado helenanina e que se tornou popular entre atletas profissionais como anti-inflamatório.

DeFranco acreditava que, se eu não tivesse alongado demais meu tendão, chegaria a 5,51 e 5,53 naquela sessão e então diminuiria meu tempo em mais 0,1 ou 0,2 segundo depois de uma semana de treinamento.

Lição aprendida: mantenha o queixo abaixado e não levante a cabeça. Isso empurra o torso para cima e gera um problema no calcanhar, o que causa lesões nos tendões. As forças geradas na corrida curta de 40 jardas são obscenas. Tenha em mente que DeFranco orienta atletas que podem levantar pesos de 300 kg por várias repetições, e seu conselho para fisiculturistas que querem desenvolver seus tendões é simples:

Corridas curtas.

Eu voltaria à corrida curta, mas antes precisava recorrer ao gelo e à Hannah Montana. Precisava me curar.

A próxima etapa da minha jornada exigiria muito mais do que apenas 40 jardas.

REQUEBRANDO NUM CAFÉ: EVITANDO ROMPIMENTO DOS TENDÕES

Há alguma coisa que eu deveria fazer para evitar a fisgada no tendão?

Se há uma lesão de que Joe entende é a fisgada no tendão. Sua receita preventiva era uma eficiente solução tripla:

1. **Treine a extensão de tronco com os joelhos estabilizados.** Nada na sala de musculação pode simular as exigências da corrida de curta distância. A coisa mais próxima, contudo, é a extensão de tronco com os joelhos estabilizados, que cria uma incrível fundação de força excêntrica nos tendões. Isso ajuda a evitar fisgadas e rompimentos durante a pisada da corrida curta, quando a carga é maior. O Babaca demonstra a forma adequada aqui: www.fourhourbody.com/asshole-demo.

De acordo com Joel, os atletas que realizam levantamentos naturais dos glúteos de forma adequada raramente lesionam os tendões. Se você não tem o equipamento, um parceiro pode segurar seus tornozelos para esse exercício, que é muito mais difícil do que parece. Comece devagar e mantenha as mãos diante do rosto para evitar se chocar contra o chão. Veja o aparelho Sorinex, que tenho em casa, em "Ferramentas e truques".

2. **Concentre-se na força da extensão do quadril.** Esqueça as flexões das pernas e joelhos, exceto pela extensão de tronco com os joelhos estabilizados. Por outro lado, você deve se concentrar numa extensão firme de quadril. Para evitar lesões e aumentar a velocidade da corrida curta, concentre-se nestes movimentos:

Hiperextensão reversa
Hiperextensões comuns
Flexão de quadril
Balanços com *kettlebell* ou haltere
Arrasto do trenó (treine tanto na postura ereta quanto na inclinação a 45 graus)
Retroversão pélvica supinada (veja www.fourhourbody.com/hip)

Se você não conseguir realizar as extensões de quadril ou uma extensão de tronco com os joelhos estabilizados, ou se não tem o equipamento, DeFranco e seus colegas recomendam as retroversões pélvicas supinadas (assista ao vídeo de demonstração indicado no link anterior), que também pode ser realizado com um HBL para acrescentar resistência (assista a meu vídeo com 188 kg aqui: www.fourhourbody.com/hipthrusts).

Adoro esse exercício. É também uma economia de dinheiro para aliviar a dor nas costas provocada por trabalhar demais no computador. Divagação a esmo: enquanto escrevo isto, à 1h45 da manhã no restaurante de um hotel na África do Sul, acabei de terminar uma ótima série de retroversões pélvicas supinadas entre um sofá e uma mesinha de centro. Sou a única coruja aqui.

Hiperextensão reversa com bola e banco. É mais fácil do que parece.

Uma faxineira nativa amaxhosa[9] acabou de parar para olhar para mim como se lagostas estivessem saindo pelos meus ouvidos, então eu disse a ela que a garçonete havia me prometido água de graça, mas apenas se eu fizesse aquela dança sexy.

Ela não se impressionou.

3. **Mantenha flexíveis seus flexores do quadril.** A maneira mais subestimada de melhorar o tamanho do passo e evitar fisgadas nos tendões é (o que deve soar familiar para você) manter flexíveis seus flexores do quadril. Veja os alongamentos indicados no último capítulo.

Quando os músculos flexores do quadril estão muito contraídos, criam uma tensão e uma tração constantes nos tendões, o que é uma receita para lesões.

Flexores do quadril também evitam que você dê passos maiores. Depois de alongar sua perna de volta no solo, o alongamento reflexo nos flexores do quadril faz com que eles se contraiam prematuramente e tracionem sua perna para cima novamente. Pessoas com flexores de quadril tensos dão passos mais curtos quando correm. Às vezes elas parecem mais rápidas por causa dos passos altos, mas Joe chama isso de "não ir a lugar nenhum" porque elas não estão avançando direito.

Alongue esses desgraçados.

9 Que fala o idioma xhosa, a famosa "língua do clique".

HOMEOPATIA: O PROBLEMA E O PARADOXO DA ARNICA MONTANA 30C

Então o que aconteceu com Hannah Montana?

Eu já havia usado a arnica tópica antes e tinha funcionado bem.

Desta vez, estava tomando Boiron Arnica Montana 30C, a única versão oral que encontrei na loja de suplementos esportivos mais próxima. Comecei com cinco pastilhas, seis vezes ao dia — duas vezes a mais do que a dose recomendada. Havia risco de uma superdosagem? Improvável.

O "30C", que pesquisei naquela noite, diz tudo o que você precisa saber.

Essa versão ingerível da arnica, ao contrário dos cremes que já usei antes, é um remédio *homeopático*. Samuel Hahnemann, médico alemão, foi o pioneiro da homeopatia, em 1796, se é que o termo "pioneiro" pode ser aplicado para uma "medicina" alternativa baseada em conceitos como diluir a massa e bater essa substância com acessórios feitos de crina de cavalo.

> A homeopatia usa um processo denominado "dinamização" ou "potencialização", no qual uma substância é diluída em álcool ou água destilada e depois sacudida vigorosamente 10 vezes contra um corpo elástico num processo chamado de "sucussão"(...) Hahnemann acreditava que o processo de sucussão ativava a energia vital da substância diluída.

Certo.

De volta ao 30C. Isso indica uma diluição de 10^{-60}, a diluição mais recomendada por Hahnemann, o que exigiria dar 2 bilhões de doses por segundo para 6 bilhões de pessoas durante 4 bilhões de anos para dar uma única molécula do material original a qualquer pessoa. Ou seja, se eu diluísse um terço de uma gota do líquido em toda a água do planeta, isso produziria um remédio com uma concentração de cerca de 13C, com mais de duas vezes a "força" da nossa arnica 30C.

A maioria dos medicamentos homeopáticos líquidos é indiferenciável da água e não contém uma única molécula do princípio ativo.

Para mim, isso é incrivelmente irritante porque parecia que eu me curava mais rápido usando a arnica 30C oral.

Há algumas explicações em potencial.

MEDICAMENTOS HOMEOPÁTICOS FUNCIONAM COMO ANUNCIADO

A água realmente retém um pouco da "propriedade essencial" da substância original por causa das batidas e agitações. A probabilidade disso é de 0%. Isso viola todas as leis mais básicas da ciência e me dá dor de cabeça.

O EFEITO PLACEBO

Eu não sabia que era um remédio homeopático até tomar quatro ou cinco doses e me dizerem que ele era capaz de reduzir a dor em até 50% em 24 horas. O placebo é incrível. As pessoas podem se intoxicar com placebos à base de álcool, e "cirurgias placebo" no joelho para osteoartrite, nas quais incisões são feitas mas nada é reparado, podem gerar resultados que competem com a coisa de verdade. Essa explicação ganha meu voto. Agora, se eu pudesse simplesmente esquecer o que li no rótulo, talvez o repetisse da próxima vez.

REGRESSÃO À MÉDIA

Imagine que você pegue um resfriado ou uma gripe. Vai ficar pior e pior e depois melhor e melhor até voltar ao normal. A gravidade dos sintomas, como acontece na maior parte das lesões, será algo semelhante a uma curva de sino.

A linha reta na parte de baixo, que representa o estado normal, é a *média*. Quando é mais provável que você experimente a porcaria mais falsa que é possível comprar? E aquele milagroso extrato de pato que a tia Susie jura que faz bem quando não está falando sobre o efeito dos cristais? Naturalmente, quando seus sintomas estão mais graves e nada parece ajudar. Esse é o ponto mais alto da curva de sino, o alto da montanha-russa, porque você está prestes a cair. A descida natural é a *regressão à média*.

Se você é um ser humano falível, como todos somos, talvez atribua equivocadamente sua melhora ao extrato de pato, mas foi apenas uma coincidência. O corpo se curou sozinho, como se poderia prever com o cronograma em curva de sino dos sintomas. É um erro muito comum, mesmo entre pessoas inteligentes.

ALGUM MECANISMO INEXPLICÁVEL

É possível que exista algum mecanismo ainda a ser explicado sobre o funcionamento da homeopatia. Algum mecanismo que a ciência um dia elucidará. Até que algo remotamente plausível seja divulgado, contudo, farei meu melhor para curar minha psora (um "miasma" que causa coceira e que Hahnemann achava que causava epilepsia, câncer e surdez) com pelo menos uma molécula da substância ativa.

FERRAMENTAS E TRUQUES

O treinamento de DeFranco em vídeo (www.fourhourbody.com/defranco) Esses são vídeos verdadeiros que fiz durante nosso treino, no qual DeFranco fala sobre alguns dos aquecimentos dinâmicos e alongamentos mais importantes, além da postura de início da corrida curta.

Corrida de 40 jardas: Joe *versus* atleta profissional (http://www.nfl.com/videos/nfl-combine/09000d5d81e8d293/2011-Combine-Rich-Eisen-s-40-yard-dash) Há um vídeo de Rich Eisen, um dos apresentadores da ESPN e um "homem comum", correndo as 40 jardas e competindo com atletas profissionais na análise física da NFL. É difícil apreciar quão velozes os jogadores da NFL são até ver isso.

Escola de velocidade Parisi (www.parisischool.com) Fundada por Bill Parisi, lançador de dardos da primeira divisão dos atletas amadores americanos, essa escola treinou centenas de atletas profissionais para aumentar sua velocidade. O programa voltado para o NFL Combine de Parisi produziu mais de 120 novatos bem-sucedidos da NFL.

Aparelho Sorinex (www.fourhourbody.com/ghr) Descobri esse aparelho (relativamente) barato de extensão de tronco com os joelhos estabilizados com os atletas de parkour. Ele custa uma fração dos outros aparelhos, é pequeno o bastante para caber num armário e perfeito para o exercício preferido de DeFranco de desenvolvimento dos tendões.

ULTRARRESISTÊNCIA I

Passando de 5 km para 50 km em 12 semanas — fase 1

"Para além do extremo do cansaço e da agonia, talvez encontremos relaxamento e poder que nunca sonhamos ter antes; fontes de energia nunca gastas porque jamais ultrapassamos o obstáculo."

— William James (citação encontrada na assinatura do e-mail de Scott Jurek, sete vezes campeão consecutivo da Western States 100 Miles Run, corrida de 160 km nos Estados Unidos)

À SOMBRA DE UMA ENORME PONTE AMERICANA

— Coloque suas bolas naquela barra.

Testículos e aço são como água e óleo; geralmente não se misturam.

Mas recebi uma ordem, e não um pedido, e coloquei as bolas lá.

Kelly Starrett, fundador da CrossFit de San Francisco, assentiu com a cabeça enquanto eu me posicionava para o levantamento-terra "sumô". Kelly, apelidado de "KStarr", repetia o conselho de Dave Tate, ícone do levantamento de peso: mantenha seu quadril o mais próximo possível da barra ao realizar o movimento de descida, como se fosse segurar os testículos com as mãos. Romântico, *n'est-ce pas*? Essa posição de parto exige uma abertura quase total e é exatamente tão desconfortável quanto parece.

O cenário, o Presidio, um parque à beira-mar na baía de San Francisco, era mais agradável. Casas vermelhas e brancas, antigos lares de oficiais, pontuavam as montanhas ao redor. Sobre os gramados de Crissy Field, o sol estava acabando com a névoa que envolvia a ponte Golden Gate. O próximo cliente de Kelly estava atrasado, e nossa conversa passou do condicionamento metabólico para a forma como Kelly define a "preparação atlética".

Antes de falar sobre isso, ele parou para fazer uma pergunta:

— O que você faria para seu teste de arranco do RKC?

O arranco é uma manobra de levantamento de peso olímpico na qual se tira o peso do chão e o levanta acima da cabeça num único movimento, sem poder empurrá-lo. O teste do arranco fazia parte de um certificado de *kettlebell* russo (RKC, do inglês *Russian kettlebell certification*) que eu havia obtido, no qual era preciso completar uma quantidade determinada de arrancos (a quantidade era igual ao seu peso em quilos) com um *kettlebell* de 24 kg. O tempo limite era de cinco minutos, e não se permitia colocar o peso no chão.

— Eu pesava 77 kg e fiz 77 repetições em três minutos e meio — respondi.

— Certo. Aqui, fazemos esse tipo de coisa como exercício final do treinamento.

Eu não sabia ao certo que rumo a conversa estava tomando, mas parecia que ele estava me chamando de frangote.

Ele continuou:

— Acabei de completar 36 anos, mas ainda levanto 140 kg, dou um salto-mortal para trás e também corro a Ultramaratona Quad Dipsea, com 45,7 km e uma variação de altitude de 5.600 m. Em vez de ficar deitado por semanas, como acontece com a maioria dos corredores, consegui levantar muito peso e treinar intensamente logo na semana seguinte.

Talvez ele tivesse alguma razão em me chamar de frangote. Depois ele soltou a bomba:

— E nunca corri mais do que 5 km na preparação.

Meu cérebro parou nessa hora:

— Espere aí... Calma. Então, como você treinou?

— Várias repetições de 400 m.

De repente, toda a minha atenção estava voltada para ele.

Como muitas pessoas, sempre sonhei em correr uma maratona antes de morrer. Não correr e caminhar, mas *correr*.

Não que eu ache que isso seja uma coisa muito boa. Não é. Completar os 42 km — a maldita maratona! — era apenas um daqueles itens que não saíam da minha lista de desejos a realizar, além de saltar de paraquedas (feito), mergulhar na Grande Barreira de Corais (em breve) e namorar Natalie Portman (me ligue).

Infelizmente, correr por mais do que 1,5 km fazia com que eu me sentisse como um macaco bêbado. Havia muito eu aceitara o fato de que a maratona não aconteceria.

Mas 400 m? Até eu podia fazer isso.

Kelly sorriu, ficou parado observando minha expressão confusa e me entregou o cálice sagrado:

— Você precisa conversar com Brian MacKenzie.

Duas semanas e meia depois

Percebi logo que Louisville, no Colorado, não seria gentil comigo.

Minha primeira taça de vinho estava pela metade, e a altitude de 1.600 m fazia com que parecesse ser a terceira.

O relógio marcava 22h, e o saguão do Hotel Aloft estava cheio de adolescentes góticos e frequentadores de raves se preparando para o gigantesco Caffeine Music Festival que aconteceria na noite seguinte. Sapatos plataforma e roupas de couro colorido desfilavam pelo bar e pelo lounge preenchendo seu tempo no Facebook e trocando torpedos, intercalados por gritos de "Cara!" e sussurros de "Tem bala?".

Estava admirando os rostos cheios de piercings quando um roqueiro punk de 1,88 m e 87 kg se sentou na cadeira de veludo vermelha diante de mim. Ele parecia uma mistura de Henry Rollins, Keanu Reeves e fuzileiro naval.

Brian MacKenzie.

Ele me cumprimentou com um sorriso, e notei a palavra "UNSCARED" [destemido] tatuada nas suas duas mãos, uma letra em cada um dos oito dedos. Em poucos minutos, ficou evidente para mim que compartilhávamos do mesmo tipo de entusiasmo. Aquele entusiasmo absurdo que geralmente ignora a autopreservação.

Nos primórdios dos seus experimentos de resistência, ele quis testar os efeitos das corridas de 20 segundos com intervalos de 10 segundos — o famoso protocolo de Tabata.[1]

Brian, por alguma razão, decidiu que era uma boa ideia começar com a esteira a obscenos 16 km/h com uma inclinação de 15 graus. Ele foi obrigado a diminuir para 14 km/h e uma inclinação de 10 graus depois de um minuto e meio. Depois ele voou para trás da esteira paralisado, como uma estátua. Caiu no chão com as pernas travadas e assim permaneceu por mais de cinco minutos, quase infartando. Seus dois colegas de treinamento, em vez de ajudá-lo a se levantar, aproximaram-se, rindo e apontando para o rosto dele, e ficaram repetindo:

1 Batizado em homenagem ao doutor Izumi Tabata, que demonstrou que essas corridas de curta distância produzem melhoras drásticas tanto no desempenho anaeróbico (sem oxigênio) como, surpreendentemente, no desempenho aeróbico de longa duração.

— Cara, isto foi MUITO MANEIRO. Hahahaha!

Meu tipo preferido.

Tomei o último terço da taça de Merlot e voltei ao assunto.

— Então, o que você acha que pode fazer comigo em oito a 12 semanas?

Expliquei meus problemas aparentes e ele se inclinou para a frente, apoiado nos cotovelos.

— Não importa. Posso fazê-lo concluir uma meia maratona em oito semanas. Isso presumindo que você já tenha uma base e possa correr 5 km em menos de 24 minutos.

— E se eu nunca tiver corrido 5 km?

— Tudo bem. Preciso fazer intervalos fracionados antes de chegar a esse ponto. Você não tem canelite nem fascite plantar, certo?

— Certo.

— E temos 12 semanas?

— Sim.

— Bem, então vamos fazer esse milagre acontecer.

Ele fez um aluno, apelidado de "Novato", correr uma monstruosa ultramaratona de 50 km em 11 semanas. Antes disso, Rookie nunca havia corrido mais que 6,5 km de uma vez.

Outra aluna, uma maratonista de 43 anos que corria 1 km em 5,3 minutos, não conseguia completar as corridas de 400 m no início do treinamento. Ela "não tinha marchas", como disse Brian: não conseguia manter nem por três minutos uma velocidade equivalente a 1 km a cada 4,7 minutos.

Dois meses antes da maratona de Nova York, Brian a fez concluir um treinamento de corridas curtas com um total de 16 minutos, além de quatro exercícios de condicionamento por semana usando pesos e ginástica calistênica. O volume total de treino era de menos de três horas por semana. Na semana anterior à maratona, a aluna ligava para ele diariamente, geralmente chorando e falando o óbvio:

— Nunca vai dar certo.

Deu.

Ela concluiu a maratona em 3 horas e 32 minutos — o que equivale a uma velocidade de cinco minutos por 1 km, 18 segundos a menos do que seu tempo anterior —, e teria terminado muito antes se não tivesse parado para ajudar outro corredor no final.

Se ela não tivesse parado, Brian estima que seu tempo final seria de 3h16, a uma velocidade de 4,7 minutos para 1 km.

Brian lhe dera "marchas" com 16 minutos por semana.

A jornada do alto volume para o baixo volume

Brian começou sua carreira no esporte como nadador de curtas distâncias. Seu treinador não conseguia fazê-lo nadar mais do que 100 m sem deixá-lo em frangalhos.

No final de 2000, ele foi convencido a entrar num triátlon "curto" por um amigo de 47 anos que havia sido 13 vezes finalista do Ironman. Era um triátlon curto, mas razoável: 500 m de natação, 20 km de ciclismo e 5 km de corrida.

Dessa vez ele não ficou em frangalhos, em parte porque não estava competindo contra especialistas em natação. Para sua própria surpresa, gostou tanto daquilo que se inscreveu no Ironman no dia seguinte. Ele fisgara a isca.

Brian foi subindo no mundo do triátlon com uma corrida de distância olímpica, um meio Ironman e depois um Ironman canadense. Ele treinava de 24 a 30 horas por semana, exatamente como seus concorrentes, incluindo cerca de 13 km de natação, mais de 320 km de ciclismo e mais de 80 km de corrida. Isso era comum no mundo da resistência, mas era ruim para seu corpo, para suas relações e para quase tudo. Ele treinava demais, sua esposa estava infeliz, e ele não tinha vida.

Em 2001, ele foi apresentado ao polêmico doutor Nicholas Romanov, um personagem ao qual voltaremos mais tarde, responsável por uma reviravolta em sua vida. Brian começou a questionar a lógica do alto volume de treino aeróbico de baixa velocidade e começou a cometer o maior sacrilégio no mundo do alto desempenho. Decidiu se concentrar em menos.

Em junho de 2006, participou da corrida Western States 100, com mais de 5.000 m de subidas e quase 7.000 m de descida ótimos para destruir os joelhos. Ele terminou a prova em pouco mais de 26 horas. Comparado com as meras 11 horas de um Ironman, ele reduziu seu treinamento de 30 horas por semana para 10,5 horas por semana.

Contudo, 10,5 por semana ainda era demais, e seu corpo ainda estava sofrendo, assim como seu casamento.

No dia 15 de setembro de 2007, depois de se aperfeiçoar mais, Brian completou o que é considerada a quarta corrida de 100 milhas (ou 160 km) mais difícil do mundo, a Angeles Crest 100.[2] Dessa vez, ele treinou, em média, apenas *6,5 horas* por semana, incluindo treino de força (quase três horas), CrossFit, intervalos fracionados e ritmo. Seu corpo havia aprendido a se tornar aeróbico mais depressa, mesmo durante treinamentos de velocidade. Pouco antes de ado-

2 A Western States 100 sequer entra na lista das 10 mais difíceis.

tar essa combinação, seu máximo no agachamento com uma repetição única eram 115 kg.[3] Três semanas antes da corrida, ele podia rapidamente levantar 110 kg por seis repetições consecutivas e não havia ganhado nem um quilo de massa muscular.

Agora ele era mais rápido em qualquer distância. Não importava se eram 100 m ou 100 km.

Então você quer ser um corredor? Vamos tentar repetições de 400 metros

De volta a Louisville, no Colorado, 14 horas depois da minha péssima decisão de beber vinho, eu experimentava um momento de discernimento.

Era o tipo de discernimento que só acontece quando você sente repetidas vezes que seus pulmões e sua cabeça estão prestes a explodir.

Primeiro, corri 400 m × 4, a 95% do meu esforço máximo, com um minuto e meio de descanso entre cada corrida.

Depois corri (ou tentei) repetições de 100 m durante 10 minutos, com 10 segundos de descanso entre elas.

Não fiz bonito em nenhum dos testes.

No meio da minha segunda corrida de 400 m, estava respirando pela boca, ofegante como um pastor-alemão asmático, e depois da última precisei me abaixar como Gollum e abraçar meus joelhos para não vomitar.

Para as repetições de 100 m, tive que parar depois de seis vezes e me segurar a uma mesa para não cair, e, apesar de ter voltado à esteira, deixei de fazer quatro repetições de um total de 20.

Naquele momento, percebi algumas coisas.

Em outras palavras, para correr qualquer coisa perto de uma ultramaratona sem sofrer uma lesão permanente eu precisaria acertar uma trifeta de preparação, biomecânica e treinamento. O treinamento também precisaria redefinir o que era desconforto para mim.

Por sorte, de acordo com Brian, tudo seria rápido.

3 Em comparação ao máximo que ele treinou para seu primeiro Ironman, quando sua preparação o deixou mais fraco em vez de mais forte: 34 kg × 4 repetições.

Preparação: a armação

4 SEMANAS

Não são seus pulmões nem suas fibras musculares de contração lenta que falharão primeiro numa corrida de longa distância. É a sua suspensão.

Para suportar o impacto repetido de meros 5 km, algo entre 2.000 e 2.500 passos para a maioria dos corredores, é preciso ter certeza de que seus ligamentos e tendões são resistentes e elásticos o bastante para o esforço; e é preciso ter certeza de que os grupos musculares adequados estão entrando em ação na sequência certa.

Sofri uma pequena fisgada no tendão depois dos 400 m (na mesma perna do treinamento de DeFranco) e senti uma dor torturante na lombar nas três horas seguintes, como vários outros aspirantes a corredores de longas distâncias.

Por quê?

DC

Meus flexores do quadril e quadríceps eram rígidos demais, algo comum em pessoas que trabalham sentadas, o que fazia com que eu me inclinasse para a frente durante as corridas. Isso obrigava meus tendões a realizarem o trabalho correspondente ao de glúteos bem maiores e fortes do que os meus, que eram contidos. Eis o que se consegue com isso: sobrecarga e fisgadas nos tendões. Os flexores do quadril rígidos se apoiavam na lombar, o que explicava as dores nas costas.

Também sentia dor no lado de dentro dos joelhos depois de praticar a elevação de joelho com flexão interna do pé (em seguida), que parecia ser causada por dois problemas: quadríceps tensos e fraqueza nos músculos vastos mediais oblíquos (VMO), o músculo em forma de lágrima no lado de dentro da parte frontal das pernas.[4]

Por fim, mas não menos importante, senti uma dor aguda nos dois pés e nos tornozelos. Os ligamentos, tendões e pequenos músculos dos pés e tornozelos estavam subdesenvolvidos.

Em outras palavras, eu não estava preparado para correr.

Antes que pudesse cogitar o treinamento a sério, precisava de uma boa suspensão. Se não fizesse isso, estaria pedindo lesões que me afetariam por meses ou até anos.

4 Mais precisamente, o VMO é usado para se referir a grupos horizontais de fibras no vasto medial que estabilizam a patela (osso que protege o joelho) e a mantêm funcionando adequadamente. Alguns fisiologistas acreditam que a importância atribuída a essas fibras horizontais é exagerada.

SOBRE MONGES MARATONISTAS E ANTÍLOPES: A EQUAÇÃO ENZIMÁTICA

Os "monges maratonistas" do monte Hiei, no Japão, correm e andam o equivalente a uma ultramaratona todos os dias por seis anos, alguns perfazendo uma média de 84 km por dia nos últimos 100 dias de treinamento.

Eu não parecia um monge muito promissor.

— Já estou pronto para a Olimpíada, treinador? — perguntei, rindo, a Tertius Kohn, Ph.D., enquanto ele me fazia sentar em seu consultório no Instituto de Ciência do Esporte da África do Sul. Cinco dias antes, eu estava com um tubo de biópsia do tamanho de um lápis enfiado na lateral da minha coxa[5] para pular a parte teórica e analisar diretamente os limites do meu músculo. Após muito ranger de dentes, três amostras musculares e uma miografia, finalmente tinha as respostas. Tertius me olhava com uma expressão séria.

— Sou médico, por isso gosto de falar com franqueza. Talvez você não goste do que vou dizer, mas vou dizer assim mesmo.

— Hummm... Certo.

— Você teria problemas para concluir 10 km.

Concordei.

— Na verdade, acho que você teria problemas para concluir 5 km.

Não era exatamente o que eu queria ouvir, mas três meses de obsessão quanto à ultrarresistência me levaram a muitos lugares, e este era apenas mais um: o reino das enzimas.

CS, 3-HAD, LDH e PFK são enzimas que limitam a produção de energia de maneiras diferentes.

Os corredores xhosa sul-africanos de média e longa distâncias, por exemplo, têm níveis altos de lactato desidrogenase (LDH), o que lhes permite reciclar o lactato a uma taxa mais alta do que o normal. Mais LDH parece significar um acúmulo menor de lactato plasmático (mais conhecido como "ácido lático"), o que quer dizer uma queima muscular menos debilitante. Nos corredores quenianos, níveis mais altos de outra enzima, a 3-HAD, significam uma habilidade maior de usar gordura em vez de carboidratos durante exercícios de potencial médio.

Como eu me saía nesse quesito? Sou a pessoa abaixo da média. Ouça-me rugir no quadro da página seguinte.

Quando Tertius me mostrou os números, não pude conter uma gargalhada. Como era possível que meus números fossem *negativos*? Apesar de todo treinamento e esforços, meus níveis enzimáticos eram piores do que os de Homer Simpson, que passa o dia sentado no sofá.

Isso acabava com o resultado de "preferência para resistência" dos testes genéticos.[6] Com base na minha "matéria-prima", eu parecia condenado no que dizia respeito tanto à resistência quanto à força. Pensei então nos esportes possíveis para mim: Quem come mais? Escorrega?

— Você está... bem na média — Tertius repetiria várias vezes na meia hora seguinte de conversa. — Espero que não esteja irritado. Sou um cientista e gosto de falar as coisas diretamente.

5 Músculo vasto lateral. Assista ao vídeo com isso em www.fourhourbody.com/biopsy.
6 Leia "De nerd a monstro".

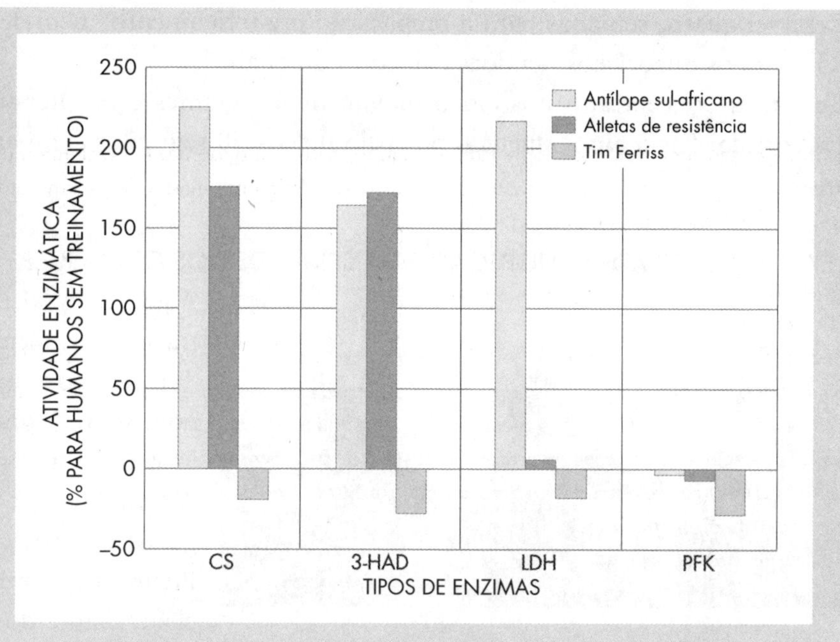

Os números refletem a porcentagem em comparação com cobaias humanas sem treinamento. Antílopes africanos e atletas de resistência estão no meio para comparação. (Crédito: Tertius A. Kohn, Ph.D., da Unidade de Ciência do Exercício e Medicina do Esporte UCT/MRC. Um agradecimento especial também ao professor Tim Noakes e à equipe da ESSM.)

Naquele momento, eu não estava irritado.

Na verdade, estava feliz, de algum modo perverso. Eu era *pior* do que a média. Isso significava que qualquer conquista futura podia ser quase toda atribuída ao efeito do treino. Isso excluía uma variável enorme (a genética) do cenário.

Se eu fosse capaz de fazer isso, outras pessoas também tinham uma chance — na verdade, uma chance ainda maior — de fazer o mesmo.

Isso nos leva de volta à história original.

Reservei quatro semanas para a preparação pré-treinamento, além de usar a ART[7] para os quadríceps, tendões e flexores do quadril.

Eu estava concentrado nos cinco movimentos seguintes e na preparação para a corrida. Fazia alongamentos por pelo menos 90 segundos e em ambos os lados.

1. FLEXORES DO QUADRIL (ILIOPSOAS) E FLEXIBILIDADE DOS QUADRÍCEPS

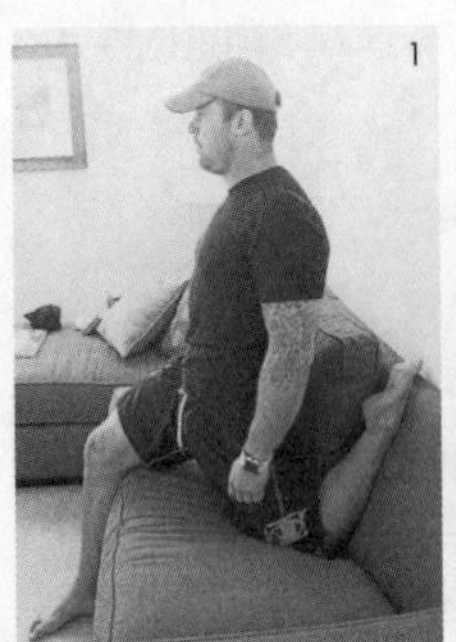
1

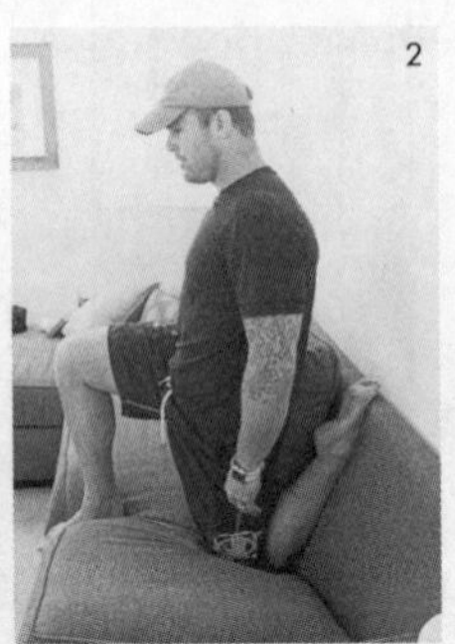
2

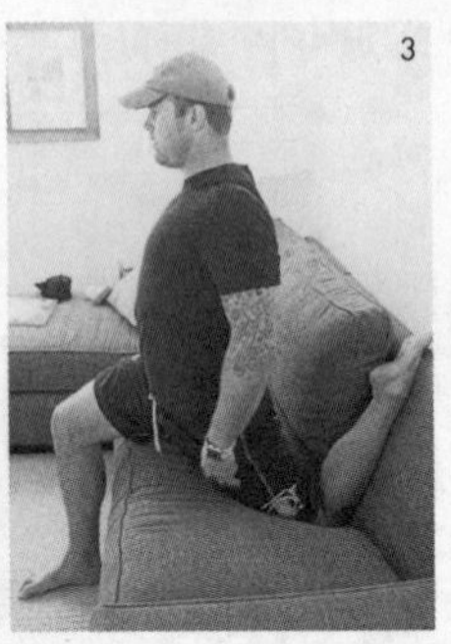
3

Aqui, Kelly demonstra o alongamento do "superquadríceps" num sofá. A primeira imagem é a variação A, mais fácil, e a segunda é a variação B. Prefiro usar a B, no chão, diante do sofá, com meu pé traseiro apoiado (o tornozelo curvado) sobre as almofadas do sofá.

É fundamental manter sua espinha dorsal neutra. Contrair ligeiramente os músculos abdominais, como se vê na imagem 2, ajuda. Kelly ilustra **o modo errado na imagem 3:** as costas curvadas e o abdômen à frente.

2. SIMETRIA PÉLVICA E FLEXIBILIDADE GLÚTEA

Esta posição é parecida com a "postura do pombo" na ioga, mas usando uma mesa para facilitar a realização e dificultar que você trapaceie. Coloque a perna sobre a mesa, como na primeira imagem, com o joelho dobrado num ângulo de 90 graus. Incline-se diretamente para a frente (como o ponteiro de um relógio marcando 12 horas) por 90 segundos, depois vá tanto para as 10 horas (imagem 2) como para as 2 horas, permanecendo por 90 segundos de cada lado. Note que uma das mãos deve ficar sobre o próprio pé, para dar apoio.

1

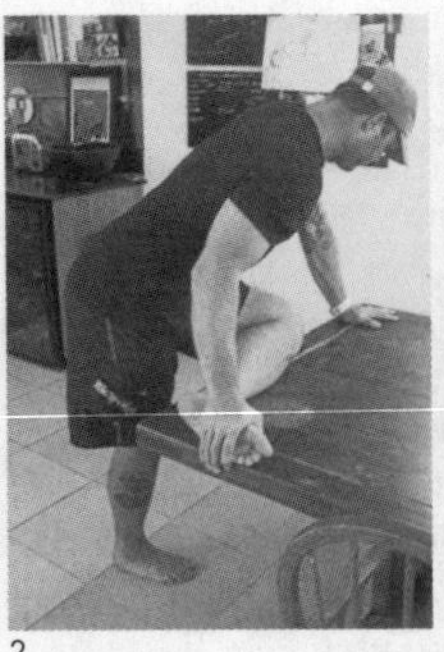
2

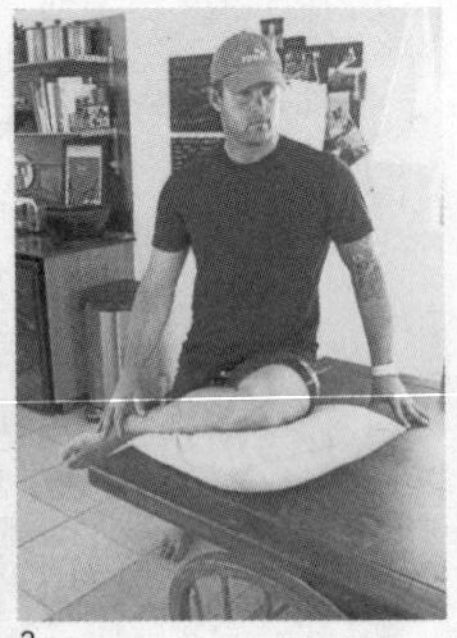
3

Se seu joelho o estiver incomodando, pode girar e deslizar o tornozelo para fora da mesa (imagem 3), que é o que eu faço. Nesse caso, você coloca uma das mãos sobre o tor-

7 Veja o capítulo "Revertendo lesões 'permanentes'".

nozelo para ter apoio. Se você trabalha em frente ao computador durante muito tempo, a versão com o tornozelo para fora da mesa pode ser usada até mesmo em cafés sem chamar muito a atenção. Use um travesseiro ou livros para elevar o joelho se ele ainda estiver tensionado.

Depois que você terminar a "postura do pombo" em ambos os lados, coloque seu pé sobre a mesa (menos recomendável para quando estiver em um café) e incline-se diretamente para a frente durante 90 segundos (imagem 4). Depois coloque sua mão no lado de dentro do joelho (imagem 5) e alongue seu braço à medida que se afasta da perna (imagem 6), durante 90 segundos. O pé sobre a mesa naturalmente girará sobre sua parte externa. Repita o procedimento do outro lado.

4

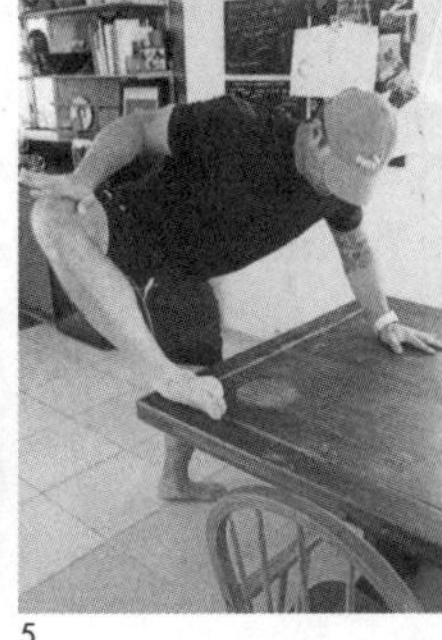
5

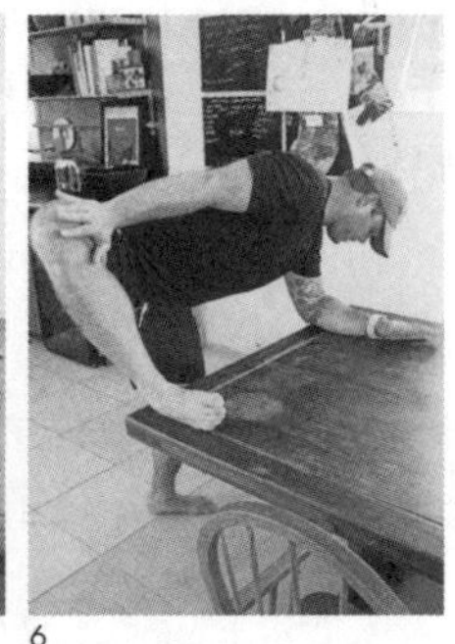
6

3. REPOSICIONANDO A PÉLVIS

Este exercício é elaborado para colocar a cabeça do fêmur (o osso da coxa) na parte de trás da junta do quadril. Muito tempo sentado pode fazer com que essa "bola" se mova para a frente da junta, causando todos os tipos de danos físicos e dores.

Fique de quatro, os joelhos sob os quadris, e tire todo o peso de um dos joelhos por cerca de 90 segundos a dois minutos. Depois, apoie seu peso cerca de 10 cm para fora do joelho de apoio (imagem 2) e gire um pouco o pé, como mostrado. Na imagem 2, a perna esquerda não apoia peso algum. Mantenha-se assim novamente de 90 segundos a dois minutos.

Repita do outro lado.

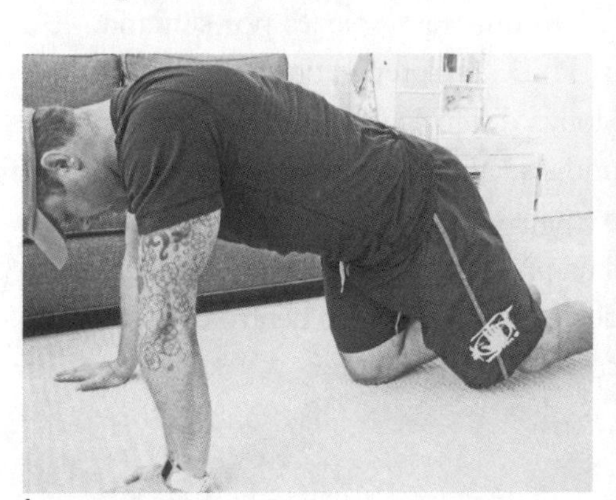
1

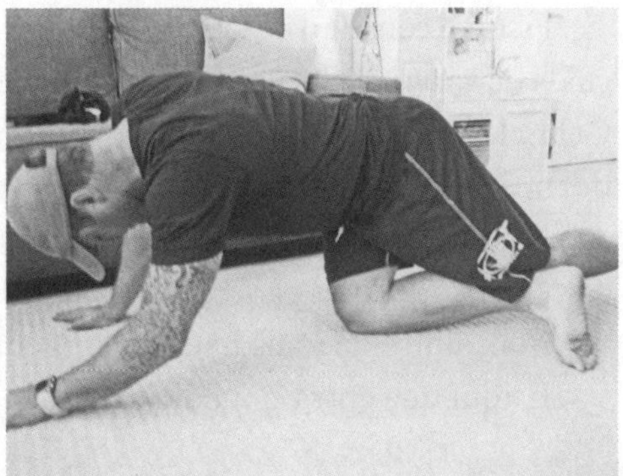
2

4. ATIVAÇÃO DOS GLÚTEOS PRÉ-EXERCÍCIOS (PESOS E OUTROS TIPOS)

Comece com duas repetições da retroversão pélvica para a ativação dos glúteos, visto em "Criando o bumbum perfeito". Certifique-se de que seus pés estejam aproximadamente 30 cm à frente dos glúteos e anote a altura em que você consegue erguer o quadril.

Depois faça 15 repetições da variação com uma só perna (mostrada aqui) de cada lado, descansando por um segundo no alto de cada repetição. É importante manter sua outra coxa (não a de apoio) o mais perto possível do peito, com os dedos entrelaçados, enquanto pressiona com força a tíbia em direção às mãos. Essa perna abaixada deve sofrer uma forte contração isométrica (sem movimento) durante todo o exercício. Certifique-se de manter os dedos do pé de apoio no ar e ganhar impulso com os calcanhares.

Depois de terminado o exercício, experimente o levantamento das duas pernas novamente. Deve haver um ganho evidente na altura alcançada pelo quadril. Se não, repita a variação com apenas uma das pernas, mas contraia-se mais no auge do movimento.

5. REFORÇANDO OS PÉS E TORNOZELOS

Corra descalço sobre a grama durante 30 minutos, três vezes por semana.

Esse é o conselho de Gerard Hartmann, Ph.D., um preparador físico irlandês que cuida de vários dos maiores corredores de longa distância do mundo, entre eles Haile Gebrselassie, que quebrou 27 recordes mundiais.[8] Vin Lananna, o lendário treinador de corridas de Stanford que produziu cinco equipes vencedoras da NCAA (Associação Atlética Universitária dos Estados Unidos) na pista e no *cross country*, também colocava seus corredores para se exercitarem descalços no gramado dentro da pista.

Mas, antes de mais nada, como correr adequadamente?

É aqui que entra o médico russo.

8 *Nascido para correr*, de Christopher McDougall.

Técnica para se tornar biomecanicamente eficiente (forma e ritmo)

O movimento é criado com a destruição do equilíbrio.

— *Leonardo da Vinci*

Existe a maneira certa de correr.

Isso, pelo menos, é o que alega não apenas Brian MacKenzie, mas também Scott Jurek, sete vezes campeão da ultramaratona **Western States 100** e eleito três vezes "ultramaratonista do ano".

Para Brian, o modo certo é um só: *Pose*.

Nicholas S. Romanov, Ph.D., criador do método Pose, nasceu em 1951 no clima cruel da Sibéria. De certo modo, faz sentido que ele tenha se tornado famoso na internet em 2005 por correr no gelo.[9] Como é possível correr no gelo?

De acordo com Romanov, aplicando os mesmos princípios que você deveria usar no terreno seco.

1. **Use a gravidade (inclinando-se para a frente) para o movimento à frente** em vez de usá-la para o impulso e o esforço muscular.
2. **Pise com a parte anterior da planta dos pés** (próxima aos dedos) e tente pisar sob seu centro de gravidade em vez de à sua frente.
3. **Jamais alongue totalmente as pernas.** Mantenha uma ligeira curvatura nas pernas o tempo todo para evitar o impulso adicional.
4. **Levante cada pé do chão em direção ao seu bumbum** (em vez de utilizá-los para lhe dar impulso), usando os tendões logo que passarem por seu centro de gravidade.
5. **Mantenha uma taxa mínima de 180 passos por minuto,** o que significa ao menos 90 passos por minuto com cada perna. Isso fará com que você use sua elasticidade muscular a seu favor. Michael Johnson, que manteve o recorde mundial dos 200 m por incríveis 12 anos e também ganhou quatro medalhas olímpicas em diferentes distâncias, era conhecido por desprezar o movimento alto dos joelhos, preferindo passos curtos. A taxa de passos dele por minuto? Por volta de 300.

Brian sugere que se treine o ritmo usando um metrônomo Seiko DM50L, e achei mais fácil usar 90 batidas por minuto para cada perna e contar quando o

9 www.fourhourbody.com/ice-run.

calcanhar estava no ponto mais alto (perto do bumbum) em vez de quando ele tocava o chão.

CORRENDO COM NÚMEROS:
USANDO VÍDEO PARA CAPTAR TRÊS INSTANTÂNEOS

Brian explica a corrida como um processo em quatro etapas: inclinação, queda, apoio e tração.

Esqueça o impulso:

— A *fase de apoio,* o pé atingindo o chão, deve ser encarada como um impedimento para que você não caia, e não como um impulso.

Ele filma todos os atletas a uma velocidade de 30 quadros por segundo com uma câmera Casio High-Speed Exilim EX-FC100. Brian acredita, como eu, que é possível aprender mais com uma hora de análise visual do que em um ano de autocorreção sem o vídeo.

Ao observar minha terceira repetição dos 400 m para ter uma imagem precisa da forma semicansada, ele reviu os seguintes números:

1. Quadros do contato com o solo sob o centro geral de massa (CGM)
2. Quadros no solo
3. Quadros no ar

A “imagem 4” indica a posição Pose, na qual a perna dobrada cruza a perna de apoio, fazendo um “4”.

Acompanhe-me. Isso fica cada vez mais complicado (e mais divertido).

Tentativa 1 — errada

½ quadro antes do impacto

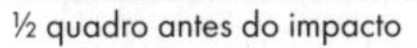

½ quadro

1½ quadro

2½ quadros

3½ quadros — CGM (imagem 4)

4½ quadros

5½ quadros

6½ quadros

Quadros do contato com o solo até o Centro Geral de Massa (CGM): **3,5** (objetivo: ¾ de um quadro).

Quadros no solo: **6** (objetivo: menos de 3).

Quadros no ar: **3** (objetivo: 5).

1½ quadro no ar

2½ quadros no ar (o que significa que no quadro ½ a ½ sofri um novo impacto)

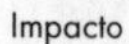
Impacto

1 quadro

2 quadros (imagem 4) – CGM

3 quadros

4 quadros

1 quadro no ar

2 quadros

3 quadros

4 quadros

TENTATIVA 2 — 24 HORAS DEPOIS

Quadros do contato com o solo até o CGM: **2** (objetivo: ¾ de um quadro).

Quadros no solo: **4** (objetivo: menos de 3).

Quadros no ar: **4** (objetivo: 5).

Impacto

1 quadro — quase CGM

2 quadros

3 quadros

1 quadro no ar

2 quadros

3 quadros

4 quadros

TENTATIVA 3 — 2 HORAS APÓS A TENTATIVA 2

Quadros do contato com o solo até o CGM: **1,5** (objetivo: ¾ de um quadro).
Quadros no solo: **3** (objetivo: menos do que 3).
Quadros no ar: **4** (objetivo: 5).

Em menos de 36 horas, com base nas medições usadas, melhorei meu desempenho de corrida[10] em 100% nas primeiras duas fases (3→1,5, 6→3) e o tempo desejável no ar em 33%.

Durante os dois dias inteiros de treinamento, cobrimos mais de seis horas de biomecânica e centenas de detalhes. Na prática, quatro coisas me ajudaram mais:

1. **Atenção à taxa mínima de 90 passos por minuto por perna.** Principalmente quando estiver cansado, atenha-se a esse número, que automaticamente gera outras características da boa mecânica de corrida (apoiar-se na parte anterior da planta dos pés, maior tração etc.). Scott Jurek reforçou isso: "Se você se atém à maior taxa de passos, quase todo o restante se corrige automaticamente."

Isso, para mim, foi fundamental. Ken Mierke, triatleta campeão mundial e fisioterapeuta, estudou os corredores quenianos quadro a quadro e hoje treina seus atletas para imitar essa "corrida sobre carvão em brasa" de passos menores e uma cadência mais alta. O resultado? Alguns deles — como Alan Melvin, que, para começar, já era um triatleta de primeira linha — fazem o aparentemente impossível, como descrito no livro *Nascido para correr*, de Christopher McDougall. Depois de cinco meses treinando a 180 batidas por minuto, Melvin correu quatro repetições de 1,6 km, e cada volta foi melhor do que seu tempo anterior nos 400 m.

2. **Incline-se, mas pouse como uma árvore, em vez de dobrar o quadril.** Não deve haver agachamento. Pense em cair para a frente em relação à sua pélvis, e não em relação à cabeça.
3. **Para a retirada do pé do chão (veja os três primeiros quadros da Tentativa 3), imagine-se trazendo os calcanhares para perto do bumbum a um ângulo de 45 graus para a frente, em vez de numa linha reta em relação ao chão.** Essa imagem foi o que me permitiu evoluir da segunda para a terceira tentativa em duas horas. Se eu pensava em levantar os calcanhares numa linha reta em relação ao solo, inconscientemente me inclinava menos, o que era uma autossabotagem. Incline-se a determinado ângulo e visualize-se levantando os calcanhares nesse mesmo ângulo.
4. **Use o mínimo de movimento dos braços e considere manter seus pulsos perto do mamilo o tempo todo.** Durante as repetições iniciais de 100 m, corri de propósito diretamente atrás do melhor corredor de ultradis-

10 *Não definida aqui como volume de oxigênio por minuto.*

tância no grupo, imitando seu ritmo e forma de correr. Ele corria com os movimentos mais contidos e curtos dos braços. Notei que era muito mais fácil manter uma alta taxa de passos quando se faz isso. Refletindo mais tarde, vi que fazia todo sentido: nosso movimento é de oposição. Se uma perna se move à frente, o braço oposto deve se mover para trás, o que significa que você deve manter a mesma taxa de "passos" tanto com as pernas quanto com os braços. Se os movimentos do seu braço forem muito amplos, a taxa de passos da parte inferior do seu corpo precisa diminuir para se adaptar a eles. A solução: dobrar os braços num ângulo de 90 graus e usar movimentos mais contidos.

O MÉTODO POSE COMO PANACEIA: CUIDADO COM OS TORNOZELOS

O método Pose não é essa maravilha toda. É muito útil, mas não está, apesar das afirmações confusas contrárias, reescrevendo as leis da física. É difícil fazer certas forças desaparecerem.

Seu marketing usa uma pesquisa em específico como evidência de sua capacidade de reduzir as forças do impacto da pisada no joelho: "Reduced eccentric loading of the knee with the Pose running method" [Carga excêntrica no joelho reduzida com o método de corrida Pose], publicada em 2004.

Isso não é o problema. O problema é que eles fracassam em apontar outra descoberta do estudo: duas semanas com o método Pose também aumentam as forças excêntricas sobre os tornozelos. Isso, em teoria, aumenta o risco de lesões no tendão calcâneo e nos músculos da panturrilha. Ross Tucker, Ph.D., um amigo e instrutor certificado no método Pose nível I, envolvido na pesquisa, ajudou a supervisionar uma tentativa de pesquisa de acompanhamento. Os corredores foram divididos em grupos com e sem supervisão, e o objetivo era observar a manutenção da técnica Pose. A pesquisa não pôde ser concluída porque quase todos no grupo sem supervisão (todos treinados com o método Pose) e cerca de metade dos atletas sob supervisão (treinados pelo próprio Romanov) desenvolveram problemas no tendão calcâneo e na panturrilha.

Em um e-mail para mim, Ross concluiu:

"Em alguns, a técnica talvez pegue e funcione, mas em muitos outros a técnica pegará e destruirá suas panturrilhas, tornozelos e tendões." Moral da história? Vá devagar. Mude seu processo de corrida gradualmente e o abandone se sentir dor.

Pose tem devotos que parecem fanáticos religiosos por um motivo: ele pode funcionar incrivelmente bem. Entretanto, isso não significa que seja milagroso. Para alguns, a prática ajudará mais do que a devoção restrita ao evangelho nas corridas. Para outros, como eu, a atenção à taxa cada vez maior de passos tornará a exposição ao método Pose extremamente valiosa, mesmo que outras "regras" não sejam seguidas à risca.

Encontre seu próprio caminho. Fórmulas pré-fabricadas, quando levadas ao extremo, causam dor.

Corremos não porque pensamos que isso irá nos fazer bem, mas porque gostamos e não aguentamos ficar sem correr. (...) Quanto mais restritos nossa sociedade e nosso trabalho se tornam, mais necessário será que se encontre uma válvula de escape para a tão ansiada liberdade. Ninguém pode dizer: "Você não pode correr mais rápido do que isso ou saltar mais alto do que aquilo." O espírito humano é indomável.

— Sir Roger Bannister, primeiro corredor a romper a marca de 1 milha (1,6 km) em quatro minutos

ULTRARRESISTÊNCIA II

Passando de 5 km para 50 km em 12 semanas – fase 2

Para chegar a 50 km em 12 semanas, você primeiro precisa entender algumas limitações normais do corpo humano. Só então você poderá superá-las.

O fígado e os músculos só conseguem armazenar de 1.800 a 2.200 calorias de carboidratos na forma de glicogênio. Em termos simples, se sua corrida se tornar um processo *anaeróbico* (literalmente, sem oxigênio), você precisará tirar energia dessas reservas. Você se lembra do que aconteceu com a amiga de Brian, corredora de 43 anos no começo do treinamento? Ela "não tinha marchas" porque se tornava anaeróbica assim que tentava aumentar sua velocidade.

Mesmo que você consuma mais 200 a 600 calorias por hora, tudo que seu estômago suporta, provavelmente ficará sem glicogênio antes da linha de chegada de uma ultramaratona. Isso se chama "bater na parede" e geralmente significa que o jogo terminou.

Alimentação forçada durante a corrida é uma opção, mas vale a pena buscar uma alternativa.

Meio quilo de gordura, usado durante exercícios aeróbicos longos, contém aproximadamente 4.000 calorias, a mesma densidade energética da gasolina. Ainda que você seja uma pessoa magra, com 5% de gordura corporal e 70 kg, seus 3,5 kg de gordura podem mantê-lo por centenas de quilômetros.

O segredo, é lógico, é que você deve permanecer aeróbico a velocidades mais altas, que é o objetivo fundamental de todo o treinamento de Brian. Por incrível que pareça, alguns de seus atletas são capazes de permanecer aeróbicos por oito sessões de corridas de curta distância a uma inclinação de 12% com apenas 10 segundos de descanso.

Eles usam uma fonte quase infinita de calorias gordurosas, enquanto você e eu nos entupiríamos de carboidrato.

O treinamento usado para fazer com que eles consigam isso baseia-se em duas suposições principais:

1. A dor muscular que os corredores sentem depois de longas distâncias resulta principalmente de deficiências de sódio e potássio. O treinamento de força é o que aumenta o bombeamento de sódio e potássio e permite que os atletas de Brian caminhem no dia seguinte a uma ultramaratona em vez de ficarem deitados na cama: "Se você consegue fazer um corredor desenvolver o agachamento, vejo o tempo da maratona dele cair. É loucura, mas funciona." O treinamento de força ao máximo melhorará a recuperação da resistência.
2. Se você for capaz de correr razoáveis 10 km, já tem base aeróbica suficiente para 50 km. O treinamento deve, portanto, ater-se em conseguir que você corra a velocidades maiores mantendo-se aeróbico.

A segunda questão é chamada de "mover a linha aeróbica". Soa mais agradável do que realmente é.

Movendo sua linha aeróbica

Brian cria corredores de 160 km que se recuperam rapidamente com menos de 50 km de corrida por semana, incluindo intervalos fracionados e corridas curtas.

Sua receita engana por ser simples: atenção à melhora em todas as vias energéticas, nenhuma corrida com mais de 21 km e raras corridas com mais de 10 km.

O sistema do ácido lático é uma das diversas vias que Brian usa para conseguir o que quer. De acordo com Brian, tornar-se "competente" em todos esses sistemas exige de seis a oito semanas para corredores de baixo calibre:[1]

1 Essa abordagem de treinamento não é universalmente aceita. Os defensores da teoria Governador Central, por exemplo, dizem que o metabolismo alterado é o efeito, e não a causa, da melhora no desempenho nos exercícios, que é regulada pelo cérebro. Para aprender mais sobre Governador Central, os livros *Lore of Running* [Sabedoria da corrida], de Timothy Noakes, e *Brain Training for Runners* [Treinamento cerebral para corredores], de Matt Fitzgerald, são duas boas fontes.

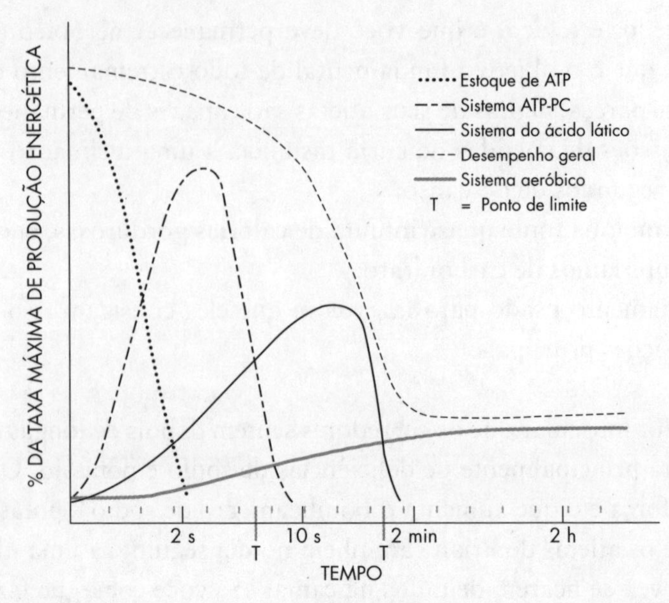

Diagrama dos sistemas energéticos

Em termos mais simples, um programa energético abrangente assumiria a seguinte forma, com pelo menos três horas entre os treinos da manhã e da tarde:

	Seg	Ter	Qua	Qui	Sex	Sáb	Dom
MANHÃ	Int	Descanso	Descanso	Int	Descanso	Descanso	Descanso
TARDE	CF	CF	CF	CF	CF	Descanso	TT

Int = O treinamento de "intervalo fracionado" geralmente totaliza 1.600 m intercalados, por exemplo 8 × 200 m (90 segundos de descanso entre eles), 4 × 400 m (90 segundos de descanso entre eles) ou 2 × 800 m (2 a 3 minutos de descanso).[2]

CF = "CrossFit" (2 a 10 minutos de condicionamento metabólico; exemplos são fornecidos a seguir, no meu cronograma de 12 semanas).

TT = "Teste de Tempo", usado para avaliar o progresso em distâncias como 1,6 km, 5 km ou 10 km.

2 Em um exercício de intervalo fracionado, a duração da "repetição" não deve ter diferença maior do que dois a três segundos. Por exemplo, correr 4 × 400 m com tempos de 1min27, 1min29, 1min30, 1min28 será melhor do que correr 1min20, 1min25, 1min30, 1min33. Aprender a manter o ritmo preciso faz parte do treinamento.

Como alternativa, você talvez queira tentar o popular cronograma para CrossFit "três sim/um não", tendo a certeza de incluir dois ou três intervalos fracionados e um teste de tempo por semana:

Dia	1	2	3	4	5
Manhã	Descanso	Int	Descanso	Descanso	Descanso
Tarde	CF	CF	CF	TT	CF

Dia	6	7	8	9	10	11
Manhã	Descanso	Int	Descanso	Descanso	Int	Descanso
Tarde	CF	CF	TT	CF	CF	CF

Se você não tem uma pista por perto para medir as distâncias, use o podômetro on-line do GMap[3] ou um odômetro Keson RR112 Roadrunner 1, que podem ser comprados em lojas especializadas ou na Amazon.

Espere que seus tempos de corrida (testes de tempo) piorem nas primeiras três semanas de treinamento. Isso é normal, e seu corpo rapidamente voltará ao ponto inicial e, em seguida, aperfeiçoará os melhores tempos anteriores.

A cada intervalo, subida ou protocolo de Tabata, se você não recuperar sua frequência cardíaca para 120 em menos de dois minutos, deve finalizar o treino. Isso quer dizer que você não está recuperado, e acrescentar ainda mais estresse simplesmente impediria o progresso. Pare se necessário e volte mais forte para o próximo treino. Nas primeiras quatro semanas, se você estiver sem condicionamento físico, esse período de descanso pode aumentar para três minutos.[4]

Em termos genéricos, o *afunilamento* — a redução do volume — na última semana antes da competição talvez fique parecido com o gráfico a seguir.

O segredo para as corridas de curta distância do protocolo de Tabata nesse cronograma é manter uma taxa muito alta de passos (110 ou mais). Se você estiver usando uma esteira e não tiver certeza quanto à velocidade, configure seu tempo por milha (1,6 km) para 30 segundos a menos do que seu tempo médio por milha para 5 km.

3 Vá ao site http://www.gmap-pedometer.com/ e dê um duplo clique para ajustar o ponto de partida e o ponto final.

4 Para corredores com TOC: uma opção, a preferida de Brian, é você diminuir ligeiramente sua velocidade. Nos intervalos fracionados, como exemplo hipotético, isso pode ser feito tendo como objetivo correr repetições de 200 m em 40 segundos cada, em vez do objetivo inicial de 37 segundos.

Cronograma de afunilamento

	Dom	Seg	Ter	Qua	Qui	Sex	Sáb
MANHÃ	De 45 a 60 minutos de corrida recreativa/ bicicleta	10 séries × 2 repetições (10 × 2) ou 7 × 3 "no minuto cravado"[1] de agachamento com HBL (50 a 60% da sua repetição máxima [1RM]) ou 8 × 1 levantamento-terra no minuto cravado (70 a 90% 1RM)	8 × 200 m (90 segundos de recuperação) usando o tempo original do início do programa de 12 semanas	Descanso	Tabata × 6 a 8 (corrida de 20 segundos, com 10 segundos de descanso) a 80 a 90% do seu melhor anterior[2]	Descanso	Dia da corrida!
TARDE	Descanso	CF (nada pesado; algo como 10 minutos de "Cindy")	Descanso	Descanso	Descanso	Descanso	Coma pizza e beba cerveja se tiver completado a prova

1. "No minuto cravado" significa que, após começar a contar no seu cronômetro, você faz uma série a um minuto, dois minutos, três minutos etc. O tempo de descanso dependerá da velocidade com que você concluir cada série. "Em dois minutos cravados" significaria dois, quatro, seis minutos etc.
2. Por exemplo, se seu melhor tempo anterior no protocolo de Tabata foi completar de seis a oito "repetições" a 16 km/h com uma inclinação de 12%, use a mesma inclinação, mas diminua a velocidade para 12 km/h. Se você estiver correndo num terreno plano, apenas reduza em 20% a distância que você normalmente percorre (por exemplo, de 100 m → 80 m).

12 SEMANAS PARA 50 KM

As páginas 404 a 409 representam o exato programa de 12 semanas que Brian criou para que eu passasse de 5 km para 50 km. Eu também quis estabelecer como meta 24 minutos para os 5 km, o que resultaria (se mantido) numa maratona em aproximadamente 3h50.[5]

O programa de 12 semanas se baseia nas minhas seguintes estatísticas, que Brian pediu:

5 Se eu quisesse ficar mais agressivo, poderia estabelecer como meta 19min59 para os 5 km, o que extrapolaria para uma maratona de 3h10 e me qualificaria para a maratona de Boston. Para determinar como seus tempos em determinada distância se traduzem para outras, procure "McMillan Running Calculator" no Google.

Tempos de corridas de 400 m, com 90 segundos de descanso entre elas: 1min20, 1min30, 1min34 e 1min39.
Desenvolvimento com HBL: 66 kg × 4 repetições
Levantamento-terra máximo numa única repetição: 204 kg
Rotinas CrossFit (CF) para comparação: Eu não tinha essa informação, por isso disse que era capaz de fazer 50 balanços com um *kettlebell* de 40 kg na altura do ombro.
Tempo dos 5 km e peso do agachamento com HBL: Também não tinha esse dado, o último por causa de uma cirurgia no ombro em 2004. Pedi a ele que incluísse o agachamento frontal se fosse preciso.

Algumas observações adicionais sobre o programa de três meses:

Se há apenas um exercício programado para o dia, é possível fazer o exercício pela manhã ou à tarde, e vice-versa.

A não ser que esteja indicado algo diferente, presuma que não há descanso entre os exercícios. "TRQP" significa "tantas repetições (ou rodadas) quanto possível" em determinado tempo. Se for um único exercício, são repetições; se for um circuito de exercícios, são rodadas. Fazer algo contra o relógio (por exemplo, sete rodadas de *ABC* contra o relógio) significa completar o exercício indicado o mais rápido possível e registrar o tempo total.

"10 × 2" significa 10 séries de duas repetições, por exemplo (séries × repetições).

Releia a nota de rodapé de "Cronograma de afunilamento" sobre o "minuto cravado" na página 402.

LT = levantamento-terra e A-HBL = agachamento com HBL.

Instruções e vídeos sobre quase todos os exercícios CrossFit, sequências (geralmente batizadas com nomes de mulheres, como "Cindy") e exercícios incomuns podem ser encontrados em **www.fourhourbody.com/crossfit.** Entre os instrumentos básicos estão os aparelhos de remada, as barras fixas e os HBLs. Se você se perguntar "O que é isso?" no cronograma, provavelmente será um exercício CrossFit.

Semanas 1 e 2

		Seg	Ter	Qua	Qui	Sex	Sáb	Dom
Semana 1	Manhã	Good mornings: 2 × 8 com 180 seg de descanso	8 × 200 m "em 2 min cravados" sem diminuir mais de 2 a 3 seg	Remada 1.500 m[1] (rápida) + 2 tempos com 75% máximo por 30 repetições		2 × 800 m "em 3 min cravados" sem diminuir mais de 4 a 5 seg	Supino no banco (50 a 60% 1RM), 8 sessões de 3 no minuto cravado Descanso de 10 min Remada Tabata 20:10 × 8	15, 12, 9 agachamentos com barra acima da cabeça com 52 kg alternados (por exemplo, 15 agachamentos com barra acima da cabeça, 30 saltos sobre caixa, 12 agachamentos com barra acima da cabeça): 30, 20, 10 saltos sobre caixas de 50 cm
	Tarde	Corda dupla[2] + Abdominais (supersessão): 50 repetições de cada, 40, 30, 20, 10 (sem descanso entre elas)	3 ou mais horas mais tarde... 21, 15, 9 repetições de levantamento simples (75% do máximo) + flexões na barra		5 km para teste de tempo	3 ou mais horas mais tarde... 3 rodadas de repetição máxima (sem limite de tempo) de flexão de braço, descanso de 1 min, flexão na barra, descanso de 1 min, agachamento sem peso, descanso de 1 min		
Semana 2	Manhã	Dia de folga	Agachamento posterior sobre caixa: 10 × 2 no minuto cravado com 80% 1RM Descanso de 10 min Levantamento-terra 8 repetições, uma a cada minuto 90% 1RM	7 rodadas por vez de: arranco[3] 3 repetições com 60 kg (use 8RM) + 10 flexões na barra	"Kelly": 5 rodadas por tempo de corrida de 400 m 30 "agachamentos com bola na parede" com 10 kg + 30 saltos sobre caixa de 50 cm	10 km a 80% da velocidade de 5 km[4] usada nos testes de tempo	Desenvolvimento: 3 × 5. Push press (não mais do que 10 cm de diminuição na altura): 3 × 3. Arrancada: 3 × 1 Diretrizes: aumento do peso em 30% de um exercício para outro 2 a 3 min de descanso entre as sessões	3 × 800 m a 2:30 cravados, mantendo o mesmo ritmo da semana passada ou melhor
	Tarde			3 ou mais horas mais tarde... 10 × 200 m "em 2 min cravados", sem diminuir mais do que 2 ou 3 seg			3 ou mais horas mais tarde... Flexão na barra invertida sem impulsão de quadril: 2 × 5, 2 × 3, 2 × 1 Descanso de 2 a 3 min entre as sessões Maximizando: registre os pesos usados se usá-los além do peso do próprio corpo	3 ou mais horas mais tarde... "O urso": 5 rodadas de 7 sessões, descanse o quanto for necessário entre as rodadas e aumente o peso a cada uma... 1 power clean, 1 agachamento frontal, 1 desenvolvimento, agachamento posterior, 1 desenvolvimento = 1 sessão 3-5 min de descanso entre as sessões

1 A não ser quando citado o contrário, todas as distâncias são corridas curtas a toda velocidade.

2 "Corda dupla" = pular corda de modo que ela passe duas vezes por sob seu corpo (como um boxeador). Se você não consegue fazer isso, apenas pule corda normalmente três vezes para cada "corda dupla".

3 Se você não consegue fazer arrancos com segurança, pode substituir por power cleans com 70 kg.

4 Use medidores de distância ou um GPS (como o Gar min) para saber se você precisa correr mais ou diminuir a velocidade.

Semana 3

	Seg	Ter	Qua	Qui	Sex	Sáb	Dom
MANHÃ	Recuperação de força e condicionamento (20 min) Isso pode e deve ser feito no dia das corridas, depois de longas corridas ou aos domingos, depois do intervalo entre os exercícios. Abdominais completos desenvolvedores dos glúteos (certifique-se de estar alongando os joelhos agressivamente para se levantar... seus quadríceps também devem doer ao realizar isso) 3 × 15, extensão dos quadris e desenvolvedor dos glúteos (os tendões e os glúteos devem doer), balanço com *kettlebell*/haltere 3 × 15, supino no banco, flexão na barra. Todos os exercícios com peso leve ou médio. Três séries! Repita até sentir a dor na região pretendida ou na quantidade prescrita. Esta não é uma sessão cronometrada. Realize cada exercício como num circuito. Descanse por 1 min entre os exercícios. Não deve ser uma sessão seriamente debilitante. Se você nunca fez abdominais completos desenvolvedores dos glúteos, comece com 5 a 10 repetições. Se não houver aparelho para isso, você pode usar uma bola ou Bosu® e apoiar as pernas. Não deixe os joelhos rígidos (e sim ligeiramente dobrados) na descida e alongue-os ao máximo na subida.	10 × 200 m com 90 seg cravados de descanso, sem diminuir mais de 2 seg a cada 200 m	Remada: 45 remadas 45 seg de descanso + 1:30 de remada/1:30 de descanso + 3 min de remada /3 min de descanso (repita a sequência por três vezes)	Remada: 3 rodadas: 45 seg de remadas/ 45 seg de descanso + 1:30 de remada/1:30 de descanso + 3 min de remada/3 min de descanso	"Diane": 21, 15, 9 repetições por tempo com 102 kg Levantamento-terra + flexões de parada de mão (sem descanso entre as sessões)	4 × 800 m em 2 min cravados, mantendo uma diferença máxima de 4 seg entre cada	
TARDE		2 good mornings no minuto cravado por 10 min a 50% da 1RM	10 min de "Cindy": o máximo possível de repetições em 10 min, 5 flexões na barra, 10 flexões de braço, 15 agachamentos			"Grace": 30 clean & jerk com 60 kg por vez	

Semanas 4 a 6

		Seg	Ter	Qua	Qui	Sex	Sáb	Dom
Semana 4	Manhã	5 × 400 m com 2 min de descanso, mantendo uma variação máxima de 3 seg entre eles		8 km a 85% da sua TEA (taxa de esforço aplicado)[5]	Desenvolvimento até 1RM em 15 min (um dia mais de teste)	2 × 1,6 km, a toda velocidade, com 10 min de recuperação entre as corridas	Levantamento-terra: 1,5 seu peso, supino no banco com seu peso, clean com ¾ do seu peso por 10, 9, 8, 7... até 1 repetição	
	Tarde	5 agachamentos frontais a 75% 1RM, agachamento frontal no minuto cravado por 5 min Descanse por 10 min Levantamento-terra 8 rep., uma a cada minuto 90% 1RM	7 rodadas por tempo: 7 agachamentos hang clean "sem quebra"[6] com 43 kg + 7 flexões de parada de mão "sem quebra"		Corrida Tabata na esteira a 12% de inclinação e velocidade atual nos 5 km	6 rodadas: power snatch 61 kg 5 repetições + 200 m de remada		Helen: 3 × corrida de 400 m + 21 balanços do *kettlebell* com 24 kg (1,5 pood) + 12 flexões na barra
Semana 5	Manhã	Agachamento posterior 3 × 5, descanso de 3 min entre as sessões. 21/15/9 de agachamento frontal com 84 kg, flexão na barra até o peito	5 rodadas de 100 cordas duplas, 25 burpees. Descanso de 3 min depois de cada rodada		5 rodadas por vez: 10 arrancos hang power com 52 kg, 30 saltos sobre caixa de 50 cm	6, 5, 4... 1 repetição de cada: levantamento--terra com 142 kg, subida na argola, flexões de parada de mão (sem descanso entre os ciclos)	7 rodadas: desenvolvimento com agachamento frontal 30 seg com 43 kg, descanso de 30 seg, 60 seg de corrida lateral com toque no chão a 10 m, descanso de 60 seg	
	Tarde	10 × 200 m. O tempo de descanso é 3× seu tempo de corrida		10 km para tomada de tempo		Tabata 20:10 × 8		
Semana 6	Manhã	Supino no banco 3 × 5, descanso de 180 seg entre séries, depois 15 min, o máximo de repetições possível, de: 10 flexões com palmas, 20 abdominais desenvolvedores de glúteos, 30 balanços do *kettlebell* com 24 kg	Agachamento posterior 3 × 5, descanso de 3 min entre as sessões e aumentar o peso da última semana. 21/15/9 de power clean com 70 kg, burpees (por exemplo, 21 clean, 21 burpees, 15 clean, 15 burpees etc.)	10 × 100 m, descanso de 1:30 entre as sessões e sem variar mais do que 2 seg para mais ou para menos		Split jerk 3 × 3, descanso de 180 seg entre as sessões 5 rodadas de agachamento com bola na parede, 30 flexões na barra	Levantamento-terra[7] 3 × 3 (3RM), descanso de 4 min entre as sessões Levantamento-terra sumo alto: 5 sessões de 10 repetições "sem quebra" com peso máximo. Descanso de 3 min entre as sessões	
	Tarde		Corrida: 1 min, descanse 3 min × 5		3 × 5 km na pista, descanso de 10 min entre as sessões		Quase-Tabata 30:20 × 8	

5 Veja as TEA aqui por porcentagens: http://su.pr/2JlHro.

6 "Sem quebra" significa que, se não conseguir completar as sete repetições seguidas, você descansa o necessário, mas não para o exercício. Para hang clean, você descansaria no alto da posição de levantamento-terra, e para flexões de parada de mão você descansaria com os braços estendidos.

7 Ao estilo sumô ou convencional.

Semanas 7 e 8

		Seg	Ter	Qua	Qui	Sex	Sáb	Dom
Semana 7	Manhã	Clean 3 × 1, descanso de 2 min entre as sessões Depois, 16 min do máximo de repetições possível. A cada minuto, faça 6 balanços do *kettlebell* com 31 kg, depois 4 clean e arrancadas com 60% da sua 1RM	6 × 800 m, com 3 min de descanso entre as sessões. Mantenha uma variação de no máximo 4 seg em relação aos 800 m mais lentos	Supino no banco 3 × 3, um aumento de 5 kg em relação à semana passada. Depois, 7 rodadas de flexões de parada de mão, 12 repetições de levantamento-terra com 102 kg		Desenvolvimento simples 3 × 3, a 85% da sua 1 RM. Push press 3 × 3, descanso de 180 seg entre as sessões	Levantamento-terra 3 × 3, aumento de 2,5 kg em relação à semana passada. Descanso de 4 min entre as sessões. 4 rodadas de: 7 agachamentos frontais com 83 kg, 100 m de corrida, 21 flexões na barra. Descanso de 2 min depois de cada rodada	
	Tarde		Tomada de tempo de 1,6 km, depois 3 × 400 m na velocidade tomada Descanso de 90 seg entre as sessões		90 min de corrida na pista com 85% da RPE[9]		Tabata	
Semana 8	Manhã	20 min do máximo de repetições possível: 1 power clean com 102 kg, 3 flexões na barra com 22 kg, 5 flexões de parada de mão com barras paralelas,[8] remadas na máquina até 7 calorias	Agachamento posterior 3 × 1, descanso de 3 min (de 95 a 97% 1RM) 4 rodadas sem quebra de cordas duplas, 30 rodadas sem quebra de agachamentos com bola na parede	3 rodadas de: 10 power snatches com 60 kg, 20 descidas de argola		5 rodadas de: 30 seg, ao máximo possível de repetições, de supino no banco com peso do corpo, descanso de 30 seg; 45 seg, ao máximo possível de repetições, do balanço russo do *kettlebell*, descanso de 15 seg	7 rodadas. Comece uma contagem regressiva de 2:30: 400 m de corrida, depois o máximo de repetições possível de flexões na barra Depois que se passarem os 2:30, descanse por 60 seg e repita	
	Tarde		5 × 800 m, descanso de 2:30 e mantendo a mesma velocidade da semana anterior		3 × 1,6 km. Descanso de 5 min entre as corridas		10 × 200 m com 2 min de descanso	

8 Flexões de braço com parede de mão. Você pode usar barras de apoio para flexão ou um cano de PVC para diminuir a força nos pulsos.
9 Rated Perceived Exertion (RPE) ou Percepção Subjetiva de Esforço (PSE).

Semanas 9 e 10

		Seg	Ter	Qua	Qui	Sex	Sáb	Dom
Semana 9	Manhã	Final de arranco – 7 min para aquecer até uma sessão pesada de 1 Arranco – 7 min para aquecer até uma sessão pesada de 1 4 sessões de: 12 arrancadas hang power com 52 kg, 5 subidas na argola estendida, 250 m de corrida	Desenvolvimento 2 × 3, 2 × 1 (95% do máximo para cada) Descanso de 120 seg depois de cada sessão. Depois: 5 rodadas de 20 flexões na barra, 30 flexões de braço, 40 abdominais, 50 agachamentos. Descanse por 2 min depois de cada rodada	Levantamento-terra 3 × 1, descanso de 3 min entre as sessões Depois, 30 seg de remada para queimar o máximo de calorias (quantidade mostrada na máquina) × 10 sessões. Descanso de 1:30 depois de cada sessão		Agachamento posterior 3 × 3. Depois, 5 rodadas de 7 repetições com 70 kg. Hang power clean, 7 repetições com 70 kg. Push press, 7 repetições com 70 kg. Agachamentos frontais	20 min, ao máximo possível de repetições, de 12 flexões de parada de mão, 20 levantamentos sumô altos com 34 kg, 20 joelho aos cotovelos	
	Tarde		Sprint (pista ou ao ar livre). O objetivo é cobrir o máximo possível de distância: 1 min correndo, 1 min de descanso, 1 min correndo, 50 seg de descanso, 1 min correndo, 40 seg de descanso... até 1 min correndo e 10 seg de descanso, voltando depois para 1 min correndo e 50 seg de descanso		4 × 2 km. Descanso de 3 min entre as corridas. Correr numa pista íngreme		8 × 100 m íngremes (tente uma inclinação de 6%) da pista. Descanso de 2 min entre as sessões	
Semana 10	Manhã	5 × 3 cleans rápidos sem pausa Descanso de 3 min entre as sessões		7 sessões de 10 push press com 60 kg, 15 saltos sobre caixa com 70 cm	10 sessões de 10 desenvolvimentos com agachamento frontal com 43 kg, 10 flexões na barra até o peito. Descanso de 60 seg depois de cada sessão	Supino no banco 3 × 1, descanso de 120 seg entre as sessões. Por 3 min, corra 400 m, depois agachamentos com peso de 43 kg sobre a cabeça por 5 rodadas	60 min de corrida a 95% RPE	
	Tarde	5 séries de 1 min do máximo possível de repetições de burpees. Descanso de 3 min entre cada uma		Pista ou terreno plano: 10 × repetições de 30 seg	Hang power clean 3 × 1, descanso de 120 seg Subida na argola, o máximo possível de repetições × 3 (3 min de descanso entre as sessões)			

Semanas 11 e 12

		Seg	Ter	Qua	Qui	Sex	Sáb	Dom
Semana 11	Manhã	Agachamento posterior 3 × 5, descanso de 3 min. "Cindy" 5 flexões na barra, 10 flexões de braço, 15 agachamentos O máximo possível de repetições em 20 min, sem descanso	5 rodadas de 50 cordas duplas, 15 descidas na argola, 7 power clean com 80 kg. Descanso de 2 min depois de cada rodada	Push jerk 85% da sua 1RM. 1 repetição a cada 45 seg, num total de 12 rodadas Depois, 3 rodadas de corridas de 800 m, 5 subidas na argola, 15 push press a 43 kg		Snatch, 20 min para determinar a nova 1RM. Clean, 20 min para determinar a nova 1RM	60 min de corrida leve	
	Tarde		Treino intervalado 4 × 5 min com 3 min de descanso na pista. O objetivo é cobrir a maior distância possível. Lembre-se de medi-la com o Google Maps ou GPS		6 × 800 m, com descanso de 1:30, com uma variação de 6 seg			
Semana 12	Manhã	Agachamento posterior 5 × 5	5 rodadas de 5 repetições de levantamentos-terra (65% 1RM), 20 descidas nas argolas. Descanso de 45 seg depois de cada sessão		Tabata 20:10 × 8, retornando a 75% da última velocidade Tabata medida		Dia da corrida!	Força e recuperação
	Tarde		8 × 200 m com 90% e 2 min de descanso					

RESPOSTAS ÀS PERGUNTAS MAIS FREQUENTES, COM BRIAN

Que tipo de tênis devo usar?
Sugiro o Inov-8 X-Talon 212 ou o Inov-8 F-Lite 230 para corrida em trilhas. Para o asfalto ou outras superfícies duras, sugiro o Inov-8 F-Lite 220, mas o F-Lite 230 também é uma boa opção.

O que não usar: já vi mais problemas com os tênis Newton do que com qualquer outro. Evite-os.

Não caia também no mito da corrida descalça. Há uma crença equivocada de que você pode correr descalço e imediatamente resolver todos os problemas. Se você está usando sapatos com solado há anos e começar a correr descalço sem uma fase de transição, vai ter problemas com seu tendão calcâneo. Um ano de alongamento pode acrescentar uma amplitude de movimento de 0,6 cm a eles, por isso, se você eliminar um solado de 1,25 cm e passar a pisar descalço no pavimento, estará arranjando um problema. Eliminar os solados não vai melhorar sua forma de uma hora para outra. A maioria dos avós da corrida descalça ainda corre com seus flexores de quadril.

Um exemplo é a ultramaratona Copper Canyon. Ela é realizada no México, no quintal dos quase míticos indígenas Tarahumara, famosos mundialmente por correr com sandálias chamadas *huaraches*. As solas são pouco mais do que uma camada de borracha de pneu velho.

Parece romântico, mas os três melhores corredores de 2010 usavam tênis. Correr descalço não faz de você um corredor melhor.

Minha canela me mata de dor depois de correr. Como posso prevenir isso?
Não "flexione dorsalmente", isto é, não puxe os dedos para cima em direção aos joelhos enquanto corre.

Apenas imagine fazer 21.600 dessas flexões de cada lado, sentado. É o que acontecerá se você correr a 180 passos por minuto durante uma maratona de quatro horas e fizer flexão dorsal o tempo todo.

Se isso for um hábito, pré-fatigue o músculo envolvido (o músculo tibial anterior) antes de treinar, pressionando com as mãos seus dedos do pé para baixo e fazendo a flexão dorsal lentamente em ambos os lados 30 vezes.

Há um indicador simples da má forma que eu possa monitorar enquanto corro?
Se você estiver ouvindo uma batida ruidosa ao pisar, o que fica evidente na análise em vídeo, é porque você está usando demais seus quadríceps e, portanto, seus flexores de quadril. Tente dar passadas o mais silenciosas possível.

Se você assistir ao fim de uma corrida de 10 km e ouvir as passadas, descobrirá que os primeiros a cruzarem a linha de chegada são os mais silenciosos;

depois vêm os barulhentos, seguidos pelos mais barulhentos ainda. Quanto melhor o corredor, mais silencioso ele é.

O que devo fazer se me cansar durante os intervalos fracionados e minha forma começar a piorar?
Se acha que sua forma está se deteriorando, procure manter a quantidade de passadas alta.

Que tipo de dieta você segue enquanto treina?
O maior problema dos esportes de resistência é, sem dúvida, a nutrição. Já vi gente terminar a ultramaratona Badwater de 217 km entre os 10 primeiros sem condição para chegar entre os 10 primeiros. Um de meus corredores melhorou seu recorde pessoal em nove horas apenas com a ajuda da nutrição. A maioria dos corredores recorre a Gatorade ou géis de proteína. A dieta de alto índice glicêmico é besteira. Você precisa repor o glicogênio, mas isso não significa que você tenha de comer pizza, macarrão ou cereais e pão durante o treinamento.

Eu sigo, e sugiro a meus atletas, a dieta paleolítica, que omite amidos, grãos e feijões. Ela consiste apenas em proteínas magras, legumes e verduras, um pouco de fruta, uma tonelada de gordura e nada mais. O fundamental para um corredor é registrar três dias de alimentação, o que inclui pesar seus alimentos. Isso lhe dará uma boa ideia de seu ponto de partida.

Você toma algo específico depois dos exercícios?
Essa janela de tempo é uma exceção à dieta paleolítica.

Consumo GENr8 Vitargo S2, um suplemento de carboidrato, que me permite repor o glicogênio mais rápido do que qualquer outro produto que já tenha usado. Alguns atletas podem ingerir até 1.100 calorias por hora de Vitargo, se necessário, contra 200 a 600 calorias de carboidratos de alimentos normais.

Quando é possível ingerir Vitargo 10 minutos depois de iniciados os meus exercícios, geralmente opto por 70 g. Se mais de 10 minutos tiverem se passado, 35 g. Também consumo Vitargo pelas primeiras três a quatro horas depois de uma corrida, depois passo para comida natural.

EVOLUÇÃO FORÇADA

O protocolo de Brian, 12 semanas assassinas (mas não volumosas), funcionou para quase todos os que se submeteram fielmente a ele.

Se funcionou para mim? Sem levar em conta as enzimas, consegui transformar um monte de sopros e bufadas em um ultracorredor de 50 km?

ALIMENTANDO-SE PARA A CORRIDA: DICAS DE SCOTT JUREK

"É importante treinar o corpo para processar o alimento durante o movimento, e você deve praticar isso durante suas corridas longas de treinamento. Tente consumir um grama de carboidrato por hora, por quilo do seu peso. Por exemplo, se você pesa 50 kg, deve tentar ingerir 50 g de carboidrato por hora... A maioria das bananas tem 25 g de carboidrato, então, neste exemplo, você pode comer duas bananas por hora. Mas não ingira todos os carboidratos ao mesmo tempo. Consuma 25 g, neste exemplo de peso, a cada 20 ou 30 minutos, enquanto bebe água em grandes goles. Por que grandes goles? Porque a pressão no estômago subsequente é importante para dar início ao esvaziamento gástrico. Goles pequenos não surtem o mesmo efeito.

A LISTA DE DEAN

Daly City, Califórnia, 4h

Dean Karnazes não sabia por quanto tempo estava correndo. Na verdade, ele não sabia sequer onde estava. O efeito da tequila estava terminando, e ele percebeu três coisas ao mesmo tempo:

1. Ele havia acabado de completar 30 anos, o que explicava a tequila na noite anterior. Normal.
2. Ele não estava usando calças, estava correndo de cueca. Nada normal.
3. Ele se sentia mais vivo do que quando tinha 15 anos, quando correu pela última vez, na escola.

Por isso ele seguiu em frente.

Mais tarde, telefonou para a esposa de uma loja de conveniência em Santa Cruz, 48 km ao sul de onde ele havia começado: na entrada de sua casa em San Francisco, segurando um par de tênis velhos que ele tinha usado para aparar a grama. Ela estava um pouco confusa, principalmente com a parte da cueca. Dean, por outro lado, recuperara completamente a lucidez. A vida corporativa, até mesmo com o novo Lexus e o bônus pela servidão dentro do escritório, não era para ele. As coisas precisavam mudar.

E mudaram.

De funcionário numa baia ele se transformou em semideus do mundo das ultramaratonas. Como se não bastasse correr 217 km sem parar no calor de 45 graus do Death Valley,[6] ele também decidiu que correr 42 km a 40 graus negativos no Polo Sul seria um desafio. (E foi, principalmente com tênis de corrida; ele foi o único a rejeitar calçados para a neve.) Para chamar a atenção da mídia nacional para a obesidade infantil e a importância dos exercícios, ele correu 50 maratonas em 50 dias consecutivos em todos os 50 estados norte-americanos.

6 A já mencionada ultramaratona Badwater.

Em outras palavras, Dean participa de mais maratonas num ano do que a maioria correrá a vida toda. Ele compete quase todos os fins de semana.

Eis as listas de Dean das maratonas obrigatórias tanto para iniciantes quanto para profissionais.

Nas palavras dele:

CINCO MARATONAS PREFERIDAS NOS ESTADOS UNIDOS

Nova York (www.ingnycmarathon.org): A maratona com maior diversidade étnica e cultural do mundo.

Portland (www.portlandmarathon.org): A tradição de corrida do Oregon permeia esta maratona.

Maratona dos Fuzileiros Navais (www.marinemarathon.com): Correr pela capital dos Estados Unidos dá um frio na espinha.

Rock'n' Roll San Diego (www.rnrmarathon.com): Quem precisa de um iPod quando há uma banda tocando ao vivo a cada milha?

Boston (www.bostonmarathon.org): Ei, é Boston. Isso já basta.

CINCO MELHORES MARATONAS PARA INICIANTES

Napa Valley (www.napavalleymarathon.org): Terreno plano, temperaturas amenas e vinho à sua espera na linha de chegada!

Hartford (www.hartfordmarathon.com): Maratona de cidade grande perfeita para iniciantes.

Fargo (www.fargomarathon.com): Ótimos pontos de apoio ao longo do trajeto e excelente estímulo da torcida.

Dallas White Rock (www.runtherock.com): A hospitalidade texana não tem como melhorar.

Disney (http://bit.ly/3chiv): Não dá para negar: o pessoal da Disney realiza um grande trabalho, criando uma maravilhosa experiência para os maratonistas.

AS CINCO MARATONAS MAIS BELAS DOS ESTADOS UNIDOS

Big Sur (www.bsim.org): Cenário litorâneo sem igual.

Boulder Backroads (www.bouldermarathon.com): Se você tiver sorte, já poderá ver a neve cobrindo os picos das montanhas próximas.

Myrtle Beach (www.mbmarathon.com): O trajeto segue o litoral quase o tempo todo. Aproveite as ondas!

St. George (www.stgeorgemarathon.com): As fogueiras no início são inesquecíveis.

Kauai (www.thekauaimarathon.com): O espírito havaiano brilha por todo o caminho.

FERRAMENTAS DE BUSCA DE MARATONAS

www.fourhourbody.com/marathon
www.fourhourbody.com/race-finder

FERRAMENTA DE BUSCA DE TRIÁTLONS

http://www.trifind.com

SEIS MINUTOS DE ESFORÇO PODEM MELHORAR UM TESTE DE 30 KM?

No dia 6 de junho de 2005, Martin Gibala, da Universidade McMaster, apareceu na CNN com novidades que pareciam boas demais para ser verdade. "Seis minutos de exercício puro e duro, três vezes por semana, podem ser tão eficientes quanto um dia de atividade diária moderada."

Mudanças que muitos pensavam que exigiriam horas de esforço por semana podiam ser conseguidas em apenas quatro a sete arranques de 30 segundos dando tudo de si (250% VO_2 máximo) na bicicleta ergométrica, com quatro minutos de recuperação entre eles. Esses arranques eram realizados três vezes por semana, por apenas duas semanas. O tempo total na bicicleta durante as duas semanas era de apenas 15 minutos. A resistência do "grupo de arranque" quase dobrou, de 26 para 51 minutos, e seus músculos da perna mostraram aumento significativo de 38% na nossa amiga citratossintase (CS), uma das desejáveis enzimas de resistência. O grupo de controle, que era ativo (corria, se exercitava na bicicleta e fazia outros exercícios aeróbicos), não demonstrou mudança alguma.

Parecia pura sorte.

O teste precisava ser repetido — e foi. Dessa vez, com uma avaliação ainda mais difícil: 30 km na bicicleta.

O grupo testado seguiu o protocolo dos "arranques" de 30 segundos. O grupo de controle realizou exercícios de intensidade mais moderada na bicicleta, de 60 a 90 minutos a 60% VO_2 máximo. Os dois grupos se exercitaram três vezes por semana e foram avaliados depois de 30 km de ciclismo. As melhoras foram quase idênticas, assim como a capacidade de oxidação muscular.

Reconheça que ficar horas na academia é geralmente uma forma de preguiça, um modo de evitar os pensamentos difíceis. Três ou quatro horas por semana ou menos de 15 minutos por semana? A escolha é sua — trabalho longo ou intenso —, mas os resultados parecem ser os mesmos. Confie nos dados em vez de confiar nas massas.

Eis que surge um momento de tensão. Este capítulo foi acrescentado de última hora, e não havia tempo de atualizá-lo antes de o livro chegar às prateleiras.

Descubra meu resultado aqui: www.fourhourbody.com/ultra.

Isso refletirá em autorrealização ou autodestruição? Somente o tempo, ou a distância, dirá.

FERRAMENTAS E TRUQUES

CrossFit Endurance (http://www.crossfitendurance.com/) A base e a sala de tortura de Brian MacKenzie, cheia de séries de exercícios e fóruns. Se você não quiser sofrer ou comemorar sozinho, há uma grande lista de equipes que treinam e competem juntas nos Estados Unidos.

"Os monges maratonistas do monte Hiei" (http://der.org/films/marathon-monks.html) Assista a esse documentário sobre os incríveis monges do monte Hiei do Japão e o caminho deles até a iluminação. O DVD mostra suas corridas arriscadas, a dieta vegetariana de treinamento, os tênis de corrida feitos à mão, com palha, entre outras curiosidades. Você pode visitar este link para assistir a um trailer de 11 minutos: www.fourhourbody.com/monks.

INSTRUMENTOS PARA TREINOS DE RESISTÊNCIA

Podômetro Gmap (www.gmap-pedometer.com) Por melhores e mais legais que possam ser os aparelhos para registrar suas corridas e rotas de ciclismo, uma ferramenta do Google Maps fornece os mesmos dados sem qualquer equipamento. O podômetro do Gmap permite que você sobreponha sua rota aos dados de um mapa, gerando a distância percorrida. Você ainda pode salvar suas rotas preferidas e compartilhá-las com os amigos.

Trena com roda Keson RR112 Roadrunner 1 (www.fourhourbody.com/roadrunner) Esse aparelho leve é usado principalmente por corretores de imóveis ao avaliar casas, mas você pode usá-lo para medir distâncias curtas para corridas rápidas, seja em volta do quarteirão, seja numa pista.

Metrônomo Seiko DM50L (www.fourhourbody.com/metronome) Brian sugere treinar seu ritmo de passos por minuto com a ajuda desse metrônomo. Descobri que é mais fácil usar 90 batidas por minuto para uma perna.

Casio High-Speed Exilim EX- FC100 (www.fourhourbody.com/exilim) Brian usa essa câmera para filmar seus alunos a 30 quadros por segundo. Como ele mesmo diz: "Você pode aprender mais com uma hora de análise de vídeo do que com um ano de autocorreção sem vídeo." A Casio afirma que ela é capaz de capturar vídeos em câmera lenta a até mil quadros por segundo.

Pose Method of Running **[O método de corrida Pose], do doutor Nicholas Romanov (www.fourhourbody.com/pose-method)** Esse livro ensina corrida como uma técnica com sua teoria própria, conceitos e exercícios. Apenas lembre-se dos tornozelos.

Exercícios CrossFit (www.fourhourbody.com/crossfit) Vídeos com instruções de quase todos os exercícios e rotinas CrossFit.

GENr8 Vitargo S2 (www.fourhourbody.com/genr8) Esse é o suplemento de carboidrato que Brian usa para recuperar rapidamente o glicogênio. Ele é capaz de ingerir até 1.100 calorias por hora com Vitargo. Não o consuma com Gatorade.

Trail Runner **(www.trailrunnermag.com)** A única revista dedicada a corridas off-road, escrita por corredores que competiram em trilhas de 5 km até mais de 321 km. O diretório anual da *Trail Runner* contém mais de 1.100 corridas em trilha no mundo todo.

Born to Run **[Nascido para correr] (www.fourhourbody.com/borntorun)** Esse livro, de autoria de Christopher McDougall, apresenta aos leitores os incríveis indígenas

Tarahumara, um povo de superatletas escondido nos desertos montanhosos do México, e detalha uma corrida única dos indígenas contra lendas norte-americanas das ultramaratonas, como Scott Jurek. É uma leitura maravilhosa que fez um não corredor — eu — finalmente sair do sofá e pisar na grama, descalço, três vezes por semana.

Correndo Descalço: dicas de treinamento (www.fourhourbody.com/harvard-barefoot) O projeto "Correndo Descalço" de Harvard é um dos principais condutores do movimento de corrida descalça. Esse artigo contém informações básicas sobre o assunto e dicas de treinamento para aqueles que estão começando.

TÊNIS DE ULTRARRESISTÊNCIA PARA CORRIDAS EM TRILHA

Inov-8 X-Talon 212 (www.fourhourbody.com/talon212) De todos os tênis que Brian recomendou, esses são meus preferidos.

Inov-8 F-Lite 230 (http://www.inov-8.com/New/Global/Product-View-FLite-230.html) A Inov-8 é uma fábrica pequena e provavelmente ficará sem artigos no estoque, mas aqui há outras opções disponíveis: para corridas em trilhas, como um tênis simples como o La Sportiva Crosslite; para o asfalto, use "sapatilhas de corrida" como o New Balance 205.

TÊNIS DE ULTRARRESISTÊNCIA PARA CORRIDAS NO ASFALTO E SUPERFÍCIES DURAS

Inov-8 F-Lite 220 (www.fourhourbody.com/talon220)

Inov-8 F-Lite 230 (http://www.inov-8.com/New/Global/Product-View-FLite-230.html) Esses tênis são citados acima e têm várias finalidades.

FICANDO MAIS FORTE

SUPER-HUMANO SEM ESFORÇO

Quebrando recordes mundiais com Barry Ross

Faça o mínimo necessário, não o máximo possível.
— Henk Kraaijenhof, treinador de Merlene Joyce "Rainha das Pistas" Ottey, que ganhou 20 medalhas nas Olimpíadas e em campeonatos mundiais

SAN JOSE, CALIFÓRNIA,
KORET ATHLETIC TRAINING CENTER

Pavel realizando um levantamento-terra Zercher com 143 kg enquanto eletrodos medem sua atividade muscular. (Foto cortesia do professor Stuart McGill, Ph.D., e do Laboratório de Biomecânica da Coluna, Universidade de Waterloo, Canadá)

Pavel Tsatsouline estava dando socos na minha bunda.

Não é sempre que um ex-instrutor das Forças Especiais Soviéticas sai por aí dando socos na sua bunda. Era o segundo dia da Certificação do *Kettlebell* Russo (RKC), e estávamos praticando a tensão constante, uma das várias técnicas que objetivam o aumento de força. Nesse caso, avaliávamos uns aos outros com socos. Pavel, agora cidadão americano e especialista da Equipe de Contra-Ataque do Serviço Secreto dos Estados Unidos, passeava pelos corredores, contribuindo com socos e tapas onde era necessário.

Duas horas antes, Pavel perguntava, entre os participantes, se alguém não estava evoluindo em sua repetição máxima no desenvolvimento unilateral. Depois ele fez com que o voluntário passasse de 24 kg para 33 kg em menos de cinco minutos: um aumento de força de quase 40%. Em termos mais conhecidos, isso representaria um salto na repetição máxima de 48 kg para 65 kg na extensão militar com HBL.

Houve dezenas de demonstrações desse tipo ao longo do fim de semana, e cada uma foi planejada para reforçar um argumento: **força é técnica.**

E, além disso, ela pode ser aprendida rapidamente.

Só percebi quão rápido meses depois, quando Pavel me apresentou a um curioso treinador de velocidade: Barry Ross.

Reduzindo o irredutível

Em 2003, Allyson Felix era uma estudante de 17 anos na escola secundária.

No período de um ano, ela quebrou todos os recordes escolares de Marion Jones nos 200 m e acabou por correr os 200 m mais rápidos do mundo, tornando-se depois a primeira atleta estudantil a ir diretamente para o atletismo profissional.

Seu treinador era Barry Ross.

Ross passou os últimos 20 anos em busca da solução mais requintada para uma das maiores questões de todos os esportes: como fazer os seres humanos correrem o mais rápido possível?

A solução dele foi reduzir o irredutível, para além do que até mesmo eu pensava que fosse possível. Enquanto escrevo isso, comendo lula frita e cioppino no Fisherman's Wharf em San Francisco (é sábado), ainda não acredito que acrescentei 55 kg ao meu levantamento-terra máximo em menos de dois meses, ganhando menos de 4,5 kg de peso. É, com certeza, o aumento de força mais rápido que já tive.

No mundo de Barry, não é nada de especial.

Eis aqui uma olhada rápida em três dos atletas que você deve considerar surpreendentes:

Sua melhor atleta de esportes múltiplos levantou 184 kg, pesando apenas 60 kg. (Veja sua fotografia neste capítulo.)

Sua melhor fundista levantou 172 kg, pesando 63 kg.

Seu levantador mais jovem, com apenas 11 anos, ergueu 102 kg, pesando 49 kg.

Quase todos os seus atletas, inclusive as mulheres, levantam mais de duas vezes seu peso sem cintas de pulso, e todos ganharam menos de 10% de peso para conseguirem isso.

E mais: esses resultados foram obtidos com menos de 15 minutos de tempo de levantamento real (tempo sob tensão) por semana.

De títulos nacionais em arremesso de peso a medalhas de ouro no revezamento 4 × 100 m, os métodos incomuns de Barry estão redefinindo o que é possível. Neste capítulo, explicarei como ele faz isso na corrida curta e como você pode fazer o mesmo na academia ou na sua prática esportiva.

O protocolo do super-humano sem esforço

O protocolo de treinamento para Allyson Felix em 2003 consistia no seguinte, três vezes por semana:

1. **Alongamento dinâmico antes de cada sessão ("por cima e por baixo", detalhados mais tarde).**

2. **Um dos seguintes exercícios, com cinco minutos de descanso entre as séries:**
   a. Supino:[1] duas a três séries com 2 a 3 repetições ou
   b. Flexão de braço: 10 a 12 repetições[2]

3. **Levantamento-terra comum até os joelhos, duas a três séries de duas a três repetições com 85 a 95% de uma repetição máxima (1RM).** A barra NÃO vai além do joelho e é solta dessa altura, em vez de abaixada até o chão pelo atleta. Jogá-la, evitando assim a porção excêntrica da descida,

1 Para evitar problemas nos ombros, não abaixe a barra para junto do peito, e sim a aproximadamente 10 a 12 cm acima dele (a largura do seu punho). Use um "suporte de agachamento" se necessário e coloque os pinos nesse ponto. Fazer levantamentos ao estilo das competições não interessa, já que seus atletas estão treinando para o desempenho em outros esportes, e não no levantamento de peso.

2 Depois que os atletas completam 12 flexões de braço comuns, Barry os faz elevarem as pernas para aumentar a resistência. As pernas não sobem mais do que 50 graus (em relação ao solo) porque isso envolveria um maior uso dos ombros do que dos músculos peitorais. Para corredores puros, o exercício é para o peitoral, e não para o objetivo específico do esporte. Os peitorais são basicamente o único grupo muscular não estimulado pelo levantamento-terra, que vem em seguida.

é fundamental para reduzir lesões nos tendões quando se está treinando também corrida. O tempo sob tensão deve ser menor do que 10 segundos por série. Para as séries de levantamento-terra:

- Exercícios pliométricos são realizados imediatamente depois de cada série (saltos nas caixas[3] de vários tamanhos × quatro a seis repetições)
- Descanso de cinco minutos entre as séries, com a contagem começando depois da pliometria.

4. **Exercícios para os músculos centrais, três a cinco séries de três a cinco repetições (pegadas isométricas)**

5. **Alongamento estático**

O treino que Allyson usava foi elaborado com base numa pesquisa que sugeria que uma força de apoio maior (a aplicação da força sobre o solo na passada), em vez de passadas mais rápidas,[4] permitia aos corredores alcançar velocidades mais altas. A quantidade de força de apoio necessária para aumentar a velocidade em 1 m/s é igual a um décimo do peso do atleta. Os músculos esqueléticos são muito eficientes na geração de força. Um quilo é capaz de produzir força bastante para suportar 44 kg de massa.

Antes, os treinadores acreditavam que uma redução no fornecimento de energia aos músculos era a causa da perda de velocidade. Desde então, pesquisas mostraram que a verdadeira causa da perda de velocidade é a incapacidade de as fibras criarem tensão suficiente.

Se você precisa de mais tensão, precisa de mais força.

Um atleta de elite vai tocar o solo com um impacto equivalente a aproximadamente duas vezes sua massa, recebendo um impulso igual do solo. A força de apoio específica — a força que os músculos geram em reação ao impacto — pode ser cinco vezes maior do que o peso do atleta e é direcionada ao solo em cerca de 0,05 segundo. Tenha em mente que estamos falando de uma perna por vez. Mantendo todas as outras variáveis iguais, o corredor mais forte ganhará.

3 A ideia é manter o contato com o solo o mais breve possível a cada pouso, no máximo seis passadas. Nas sessões de treinamento de Barry, esses saltos são realizados para cima da caixa, às vezes por sobre a caixa, e também são usados saltos triplos e saltos em distância como substitutos. Pessoalmente, para simplificar, uso um banco achatado e salto com os dois pés sobre ele, batendo rapidamente no banco com eles (em vez de "pousar") antes de descer, e repito seis vezes.

4 Também chamada de *turnover*.

COMO REALIZAR O LEVANTAMENTO-TERRA CONVENCIONAL

A sequência de fotografias a seguir, cortesia de Mike Lambert, editor da revista *Powerlifting USA*, mostra o incrível Lamar Gant. Lamar, membro do Hall da Fama da Federação Internacional de Levantamento de Peso, foi o primeiro a levantar um peso equivalente a *cinco vezes* sua massa numa competição: 300 kg pesando 60 kg.

Eis como ele faz isso:

Barry faz com que seus atletas larguem o peso na altura dos joelhos (terceira imagem na série) para evitar lesões nos tendões, o que também está ilustrado nas imagens abaixo:

Ele ensina seus atletas a evitar esticar as pernas antes da hora e a manter a costas perfeitamente eretas,[5] como se segurassem uma carteira entre as escápulas.

5 Lamar parece estar girando um pouco as costas nessas fotos, mas é sua coluna torácica (parte de cima da coluna), e não sua lombar (parte de baixo), que está curvada. Essa curvatura superior é comum no levantamento-terra convencional quando se lida com pesos de elite. Os meros mortais devem manter as costas retas até levantarem mais do que duas vezes seu próprio peso.

Esse protocolo de treinamento de força permite que se corra imediatamente após o treino,[6] eliminando a necessidade do desgastante treinamento intercalado. Os levantamentos não são feitos até a falha.

Além dos "por cima e por baixo" realizados antes do primeiro exercício, não há aquecimento no treino.[7] Os "por cima e por baixo" são realizados do seguinte modo:

Usando um "suporte de agachamento" ou obstáculos de corrida, coloque um pino/obstáculo a aproximadamente 75 a 80 cm e o outro na altura da cintura. Agache-se o suficiente para passar lateralmente por sob o pino/obstáculo mais baixo e depois passe imediatamente sobre o mais alto.[8] Isso representa uma repetição. Não use suas mãos nem as coloque sobre as pernas. Repita seis ou sete vezes. Depois avance diretamente à série de exercícios. Barry faz com que seus atletas levantem a carga mais pesada de um exercício primeiro, seguida por séries mais leves, se necessário.

Para estimar sua repetição máxima (1RM) em determinado exercício, simplesmente multiplique por 1,2 seu peso máximo em cinco repetições.

A regra básica: menos de 10 segundos

Como princípio geral, não queremos tempo sob tensão por séries de exercícios superiores a 10 segundos, pois o objetivo é diminuir a produção de ácido lático.

Embora o ácido lático (geralmente sentido na forma de cãibras) seja útil em algumas circunstâncias, ele também atrasa a recuperação. Em casos em que os atletas precisam atingir seus limites em períodos curtos de tempo, Barry quer manter a capacidade deles de realizarem o mesmo treino durante cinco dias consecutivos.

Essa visão não se limita às corridas de velocidade.[9]

Um exemplo de não corredor é Skyler McKnight, que precisava levantar 102 kg durante 20 vezes para ser titular do time de futebol americano da Universidade Estadual de San Jose. Havia um pequeno problema: ele só conseguia completar três repetições, e faltavam três semanas para o teste. Com

6 Note que o oposto não vale. Levantar peso antes de correr é bom, mas correr antes de levantar peso é pedir para ter lesões.

7 Eis um ponto do qual discordei e faço séries de aquecimento de uma a duas repetições, até meu peso máximo. Se eu tiver uma lesão não identificada, prefiro que ela apareça com 50 kg, e não com 200 kg. Esse é um tema sobre o qual Barry e eu concordamos em discordar.

8 Esse formato não era prático na academia mais próxima da minha casa, que está sempre cheia e tem apenas um "suporte de agachamento". Então, optei por apenas passar lateralmente sobre um banco com os joelhos levantados o mais alto possível, seguido por um agachamento paralelo e um passo lateral que aumentava em comprimento a cada repetição. Os "por baixo" laterais são importantes principalmente para aumentar a mobilidade antes dos pesados levantamentos-terra "sumô", que tanto Barry quanto Pavel recomendam quando possível.

9 Tampouco se limita a pessoas de 15 a 30 anos. Veja o caso do professor Arthur DeVany e sua versão do treinamento alático. Art, professor emérito da Universidade da Califórnia em Irvine, lecionando economia e ciências matemáticas do comportamento, tem 72 anos, 1,85 m e 93 kg, com 8% de gordura corporal.

apenas 15 dias de exercícios para alcançar a marca, ele realizou cinco séries de duas repetições, cinco dias por semana, com descansos de cinco minutos entre elas. Aumentou o peso, mas não a quantidade de repetições.

No dia do teste, Skyler completou 18 repetições, e, sim, o treinador ficou surpreso o suficiente para escalá-lo como titular.

Veja outro conjunto de resultados de Greg Almon, consultor de resistência da seleção chinesa de patinação de velocidade:

Caro Barry,

Gostaria apenas de atualizá-lo quanto ao desempenho dos meus patinadores este ano depois de passarem a usar uma rotina com base no levantamento-terra.

A seleção chinesa feminina ganhou mais de 10 medalhas de ouro em categorias rápidas (500 m, 1.000 m), além de mais 10 medalhas de prata e bronze combinadas. Hoje temos cinco patinadoras que correm 44 segundos ou menos nos 500 m e quebramos o recorde mundial na última competição.

Foi difícil convencer a treinadora a mudar a rotina, mas, após muitos dias de conversa, ela concordou em tentar. Nossas patinadoras aumentaram seu levantamento-terra em 52 kg, em média, nos últimos 3,5 meses, e os resultados falam por si...

Obrigado novamente,

Greg

A nova trindade, ainda melhor

O que Barry aperfeiçoou e melhorou desde os desempenhos recordes de Allyson em 2003?

Tomando como base as pesquisas mais recentes, ele reduziu a rotina específica para corridas de velocidade para três objetivos simples e sequenciais:

1. Condicionamento para a competição
2. Força máxima
3. Velocidade máxima

Para cada um deles, Barry conta com a filosofia essencial do treinador Henk Kraaijenhof: "Faça o mínimo necessário, não o máximo possível." Os três objetivos usam (isto é, exigem) menos carga de exercício do que geralmente se considera necessário.

CONDICIONAMENTO PARA A COMPETIÇÃO

O treinamento para o primeiro objetivo, o condicionamento, se baseia num estudo intitulado "Energetics of High-Speed Running: Integrating Classical Theory and Contemporary Observations" [Energia para corridas de alta velocidade: integrando a teoria clássica e as observações contemporâneas], publicado pela primeira vez em 2004.

Esse estudo fornece o algoritmo de velocidade ASR, uma fórmula matemática patenteada pela Universidade Rice que afirma prever o tempo de corrida para qualquer indivíduo (não apenas para atletas, mas *qualquer* indivíduo) para distâncias que vão de alguns metros até uma milha (1,6 km). De forma incrível, ela se provou exata em mais de 97% dos corredores testados por Barry. O algoritmo também mostra o nível de condicionamento físico de um corredor.

O condicionamento físico mínimo para atletas envolvidos em corridas mais curtas do que 1 milha é de aproximadamente 4,2 m por segundo. Isso equivale a correr 100 m em não mais do que 23,8 segundos.

Como fazer para que os atletas alcancem esse mínimo? Acredite ou não, caminhando. A receita é simples: **caminhe o mais rápido possível durante 15 minutos, três vezes por semana.** A caminhada é de sete minutos e meio na ida e o mesmo na volta. Não parece difícil, e não é... a princípio. O desafio é que o atleta precisa caminhar mais a cada sessão e ainda assim voltar em sete minutos e meio.

"Caminhe o mais rápido possível" significa que o atleta deve ter uma vontade intensa de correr. Ele está sentindo uma ineficiência incrível na sua locomoção, e é essa a questão.

Se você não tem terreno plano o bastante (uma pista de corrida é o ideal) para andar sete minutos e meio sem parar, ida e volta, apenas use determinada distância (cinco quarteirões, por exemplo) e percorra a mesma distância nos sete minutos e meio seguintes.

Depois de quatro semanas de caminhadas cronometradas (três vezes de 15 minutos por semana), o atleta atinge o primeiro objetivo: o condicionamento físico mínimo para competição.

Parece impossível, mas guarde sua opinião até ver alguns dos resultados, descritos mais à frente, neste capítulo.

FORÇA MÁXIMA

Depois, Barry faz com que seus atletas fiquem fortes. Fortes mesmo.

Seu protocolo atual é semelhante ao usado por Allyson em 2003, mas os exercícios foram aperfeiçoados e limitados. Note que o treino de "duas a três séries de duas a três repetições" foi substituído por "uma série de duas a três repetições a 95% 1RM, seguida por uma série de cinco repetições a 85% 1RM" para o supino e o levantamento-terra.

Lembrete: descanse por cinco minutos entre as séries, e a contagem começa *depois* de concluída a pliometria.

O modelo de exercícios seguinte seria realizado três vezes por semana pela maioria dos atletas (por exemplo, segunda, quarta e sexta-feira):

1. **Alongamento dinâmico** antes de cada série: "por cima e por baixo" × seis a sete repetições, por não mais do que cinco minutos. Sem nenhum alongamento estático.
2. *Um* dos seguintes exercícios em cada série (o tempo sob tensão deve ser menor do que *15* segundos por série):
   Supino: uma série de duas a três repetições a 95% 1RM, seguida por uma série de cinco repetições a 85% 1RM *ou*
   Flexões de braço: 10 a 12 repetições (o mesmo da rotina anterior)

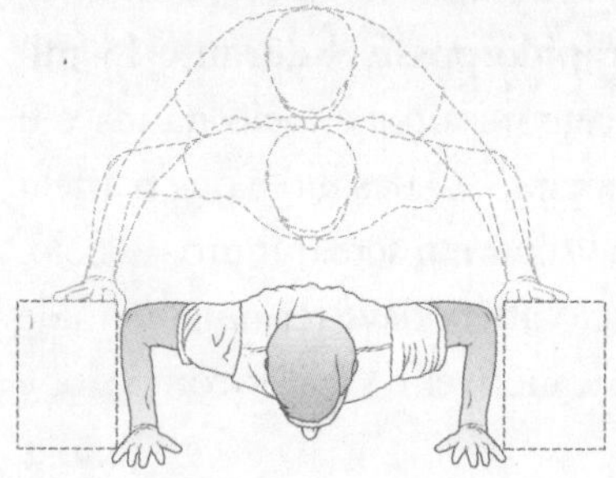
SUPINO PLIOMÉTRICO

Se você optar pelo supino e o equipamento permitir, realize exercícios pliométricos (de quatro a cinco repetições) imediatamente depois das séries.

Coloque duas caixas de 15 a 30 cm de altura com uma distância da largura dos seus ombros entre elas. Da posição mais baixa entre as caixas (peito no chão), pule nas caixas, estendendo rapidamente seus braços; do alto das caixas, estenda seus braços mais uma vez e depois pule para entre as caixas, descendo outra vez até a posição mais baixa entre elas. É fundamental que você mantenha o menor contato possível com o solo.

Se a pliometria machucar seus ombros (como aconteceu comigo) ou se for inconveniente demais, o programa ainda funciona sem ela.

3. **Levantamento-terra,**[10] uma série de duas a três repetições a 95% 1RM, seguida por uma série de cinco repetições a 85% 1RM. As mesmas regras de antes: erga até os joelhos e solte. Se você não está praticando corrida de velocidade, abaixar a barra é bom. A pliometria é realizada um minuto depois de cada série de levantamento-terra: saltos sobre caixas de várias alturas, corda e até mesmo algumas corridas curtas e rápidas de 10

10 Felix usou a posição tradicional com as pernas dentro dos braços, mas Barry sugere o estilo sumô para aqueles que conseguem realizá-lo.

m, se o espaço permitir. A primeira opção é por duas a quatro corridas de 10 a 15 m. Isso fornece uma capacidade de suporte de pelo menos duas vezes o peso em cada perna sob impacto. A segunda opção são de cinco a sete saltos sobre caixas de 30 a 45 cm.

4. **Exercícios dos músculos centrais:** o giro da tortura, três a cinco séries de três a cinco repetições (30 segundos de descanso entre as séries).

Para os músculos centrais, Barry agora usa apenas um exercício: o giro da tortura. Todos os atletas que utilizam o giro da tortura o detestam. Para realizá-lo, coloque-se perpendicularmente a uma prancha de modo que visto de cima você pareça uma cruz. Prenda seus pés a um pedestal num "suporte de agachamento" ou, no pior dos casos, sob outra prancha.[11]

Mantenha-se paralelo ao chão durante cada série e levante-se na posição sentada para descansar 30 segundos entre as séries. Comece com três séries × três repetições de três segundos de cada lado. Sua primeira série deve ser assim:

PRIMEIRA SÉRIE

Vire-se totalmente para a direita e mantenha-se assim por três segundos.

Vire-se para a esquerda e mantenha-se assim por três segundos.

Repita mais duas vezes, num total de três × três segundos *por lado.*

Sente-se e descanse por 30 segundos.

Faça mais duas séries.

O Giro da Tortura

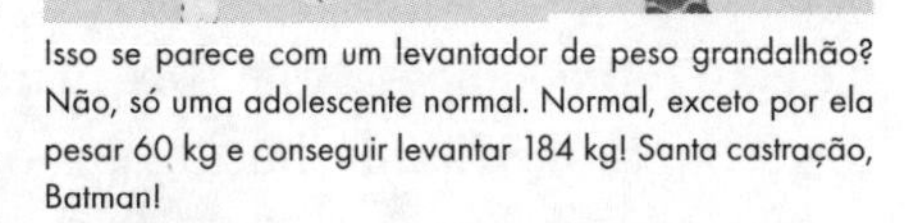

Isso se parece com um levantador de peso grandalhão? Não, só uma adolescente normal. Normal, exceto por ela pesar 60 kg e conseguir levantar 184 kg! Santa castração, Batman!

Avanço: Nos próximos treinos, aumente aos poucos o número de séries até cinco de três repetições de três segundos, depois aumente o tempo de imobilização, um segundo por vez, até o máximo de 15 segundos para cinco séries (cada série = três imobilizações por lado).

Isso conclui o exercício.

Tempo total de exercício, incluindo descansos: menos de 60 minutos.
Tempo total sob tensão no exercício: menos de cinco minutos.
Sensação ao término dos exercícios: estimulado, em vez de exausto.

11 Isso também foi inconveniente de fazer na minha academia, por isso eu ou usava um banco de supino declinado, em que podia prender meus pés com as pernas curvadas, ou simplesmente me sentava numa bola Bosu® em casa com meus pés presos debaixo do sofá (certifique-se de apoiar bem o sofá. Eu usei um *kettlebell* de 24 kg).

O LEVANTAMENTO-TERRA SUMÔ

Barry sugere o levantamento-terra ao estilo sumô, em vez daquele convencional, sempre que possível. A distância de puxada é menor, e a posição é mais segura para a coluna lombar.

A próxima sequência de fotografias, também cortesia de Mike Lambert, da revista *Powerlifting USA*, mostra o incrível Mike Bridges, considerado por muitos o melhor levantador de peso básico quilo a quilo do mundo no seu auge. Ele dominou três categorias diferentes do levantamento de peso, e, mesmo agora, já na casa dos 50 anos, regularmente levanta mais de 270 kg.

Lembre-se de que os atletas de Barry soltam o peso quando a barra atinge o alto dos joelhos (aqui, na quarta foto). Note que, como Lamar, Mike está com a cabeça levantada a quase exatos 45 graus o tempo todo, até a conclusão.

VELOCIDADE MÁXIMA

Por fim, depois que os atletas de Barry estão fortes, ele os torna mais rápidos.

Se você não tem interesse em correr, pode pular esta parte e ler apenas os quadros. Se bem que o caso da competição no final do capítulo é divertido... Agora, de volta à nossa história.

Cada atleta faz dois testes de tempo para começar. O teste curto (T1) é uma corrida de 20 m, e o teste longo (T2) é de 300 m. Para a T1, o atleta percorre 40 m, mas apenas os últimos 20 m são cronometrados. Para a T2, o atleta corre 5 m até a linha de partida e depois os 300 m são cronometrados. Em ambos os casos, os corredores já devem estar próximos de suas velocidades máximas na *linha de partida.*

Depois que tem em mãos esses dois tempos, Barry insere os números no algoritmo ASR, o que lhe dá a distância e o tempo precisos para cada corredor. Essa relação distância/tempo forma a base do exercício de velocidade deles. **Para corridas de 400 m ou menos, os atletas de Barry não treinam mais que 70 m.**

A relação "distância X percorrida no tempo Y" pode ser pensada como uma "repetição", e as repetições são realizadas até que o corredor não seja capaz de percorrer a distância no tempo determinado ou não seja capaz de completar 10 repetições abaixo de um tempo total preestabelecido (um conjunto cronometrado de 10 repetições). Exceder o tempo em ambos os casos marca o fim do exercício.

Eis um exemplo real de um corredor chamado Scott:

20 m em	1,88 segundo
300 m em	36 segundos

As distâncias de treinamento depois variam entre 15 e 55 m, como, por exemplo, 55 m em menos de 5,57 segundos. Isso significa que o treino para Scott é uma série de 10 tiros de 55 m sem exceder 5,57 segundos em cada. Há um descanso de quatro minutos entre as corridas.

Se Scott não corre abaixo dos 5,57 segundos em sua primeira tentativa, tem a chance de conseguir a marca na segunda. Se ele excede o tempo nessa tentativa, ou em qualquer repetição antes da décima, seu treino daquele dia termina.

Isso contrasta drasticamente com os métodos convencionais.

Técnicos de corridas curtas geralmente mandam os corredores fazerem "repetições" em determinada distância, a uma velocidade específica. Um treino típico seria "10 × 100 m a 80% da velocidade máxima". Infelizmente, ninguém sabe quando está correndo a 80% da sua velocidade máxima, nem qualquer outra porcentagem nesse sentido.

Os treinadores também receitam corridas progressivamente maiores (*over-distance*) para melhorar a "resistência de velocidade". Esse é outro estresse que Barry não usa.

Mas como a abordagem dele se sai em competições?

Tenha em mente que a distância média de seus atletas é inferior a 40 m e que ele elimina completamente corridas de treinamento de mais de 70 m para competições de 400 m ou menos. Isso é um sacrilégio em muitos cantos do mundo do atletismo. Apesar desse minimalismo — ou, mais precisamente, por causa dele —, os resultados falam por si.

Uma de suas atletas do ensino médio correu dois segundos abaixo dos seus 400 m, um segundo e meio abaixo nos seus 300 m com barreiras e diminuiu de 13,35 para 12,75 segundos seu tempo nos 100 m. Embora a marca seja difícil de admirar para não corredores, a diminuição de 13,35 para 12,75 é uma melhora enorme para uma distância anaeróbica tão curta, em que milésimos de segundo contam.

Sua distância média por repetição era de meros 33 m, e ela não é nenhuma novata. Corre há seis anos.

Seu tempo de condicionamento físico pré-temporada é de apenas 15 minutos de caminhada rápida, três vezes por semana. O objetivo era aumentar a distância percorrida (mas nunca o tempo) a cada sessão. Ela, o pai e o técnico de sua equipe duvidavam que o método a fizesse correr os 400 m ou os 300 m com barreiras numa competição. O pequeno volume de treinamento quase a levou ao pânico.

O resultado: na primeira competição do ano, ela superou duas corredoras nos 300 m com barreira que não havia conseguido superar nas temporadas passadas.

Depois de vê-la novamente competindo, o técnico disse ao pai da moça:

— Nunca mais vou pôr meus velocistas para praticarem mais do que 70 m!

Ela também pesa 54 kg e levanta 154 kg.

O paradigma está se transformando, e a mudança foi anunciada: trabalhar com inteligência vence o trabalho mais demorado, seja na sala de musculação, seja nas pistas.

A REGRA DAS 10 REPETIÇÕES

por Pavel Tsatsouline

Os atletas geralmente ignoram o sentido do treinamento de força.

Alguns o confundem com condicionamento físico. Outros confundem a si mesmos com levantadores de peso. A barra de peso não está ali para torná-lo apenas um homem (ou mulher) melhor ao pôr à prova sua coragem. Para isso é que servem as quadras, os campos e os tatames. A barra está ali para lhe dar uma vantagem física sobre um oponente com a mesma técnica.

O treinamento de força não pode interferir na prática do seu esporte. Esse é o fator — o fator mais importante — que muitos dos técnicos e preparadores físicos ignoram.

O princípio fundamental é **erguer muito, mas sem esforço**. É aqui que a "regra das 10 repetições" pode ser aplicada:

1. Use dois ou três exercícios universais compostos (por exemplo, o levantamento-terra e o supino).
2. Levante peso três vezes por semana (por exemplo, segunda, quarta e sexta-feira).[12] Faça seu condicionamento físico e trabalho suplementar em dias separados; pratique seu esporte seis vezes por semana e tire um dia totalmente de folga.
3. Concentre-se em sessões de duas a três repetições. Duas repetições são as preferidas pela equipe russa de levantamento de peso.
4. Em todos os casos, complete aproximadamente 10 repetições por levantamento por treino (por exemplo, três séries de três, cinco séries de duas etc.).
5. Nunca treine até a falha e sempre deixe ao menos uma ou duas repetições "de reserva".
6. Descanse por cinco minutos entre as séries.
7. Termine seu treino se sentindo mais forte do que quando o começou.

O objetivo é ganhar o máximo de força possível e ao mesmo tempo permanecer bem para a prática do seu esporte.

Quando trabalhei com Maria Sharapova, mandei que ela fizesse algumas flexões simples, duplas e triplas na barra fixa, pistolas,[13] flexões de braço pesadas, abdominais Janda e nada mais. A futura estrela de Wimbledon já tinha bastante condicionamento físico em seu treinamento diário de tênis, e a última coisa de que ela precisava era se cansar ou se lesionar em exercícios de força.

Mas e quanto ao treinamento menos frequente?

O treinamento menos frequente do que três vezes na semana (por exemplo, uma vez por semana) não é ideal para um atleta, mesmo que ele ganhe força e gaste menos tempo. Os recordes norte-americanos no levantamento de peso nas décadas de 1980 e 1990 deixam evidente que você pode conseguir um levantamento de primeira fazendo esforço apenas uma vez na semana. Mas você não conseguirá andar muito bem depois disso. Sempre que erguer a barra, vai sentir a dor de um novato. Isso não é um grande problema para um levantador de peso, mas é muito ruim para boxeadores ou alguém que precise treinar nas 48 horas seguintes.

Um volume maior de treinamento pode causar ganho de força?

12 Se você for incapaz de se recuperar, o levantamento-terra pode ser reduzido para segunda e sexta-feira.
13 Agachamento unilateral, com a outra perna estendida à frente.

Com certeza. O famoso ciclo Smolov, um pesadelo de 13 semanas, exige absurdas 136 repetições por semana no primeiro mês! O ciclo demanda coisas que vão além dos sonhos mais loucos de qualquer um. Um homem que conheço acrescentou 48 kg a seu agachamento depois das 13 semanas do ciclo Smolov e atingiu seu auge com mais de 270 kg, sem uso de drogas. Seus ganhos não são incomuns. Porém, cobram um preço. Você ficará tão dolorido e exausto que o único "esporte" que poderá praticar será xadrez. O ciclo Smolov é um programa especialmente desenvolvido para aquele que não tem nenhuma habilidade ou prática esportiva além da academia. Uma exceção seria um atleta que precise ganhar muita massa muscular fora da temporada, como um atacante de futebol americano.

A abordagem do técnico canadense Charlie Francis para o treinamento de força do infame velocista Ben Johnson é muito elucidadora. O corredor permaneceu num treinamento de poucas repetições e baixo volume, por exemplo, 270×2/6[14] (séries/repetições) no agachamento-caixa e 175×3/2 no supino. Johnson, com seus 78 kg, chegou a levantar mais de 180 kg, e Francis tinha se convencido de que ele estava preparado para levantar 200 kg. Mas — preste atenção! — para evitar lesões o bom treinador nunca levou seu atleta ao limite. Isso, evidentemente, não evitou que Johnson quebrasse seus próximos recordes. Sem ir ao limite.

O treinamento de Francis durante a temporada estava de acordo com a escola russa. Nikolay Ozolin, um dos fundadores da ciência do esporte soviética, recomenda reduzir o volume de peso levantado durante as temporadas em 2/3 em relação ao volume de peso levantado fora da temporada, sem reduzir o peso. Francis reduziu o treinamento para Johnson de duas séries de seis repetições com 270 kg no agachamento para duas séries de duas ou três, uma redução de 1/2 a 2/3 do volume já baixo. Essa redução permitiu que Johnson chegasse mais descansado para a temporada sem perder força. Francis dizia, bem-humorado, que "Ben nunca está longe de ser forte e rápido". Na verdade, ele não estava se exercitando tanto, mas ainda era capaz de levantar 270 kg.

Francis fez o contrário da maioria dos treinadores. "Noventa por cento do meu tempo é gasto impedindo os atletas de treinarem além da conta, e apenas 10% é gasto motivando-os a se exercitarem mais."

De duas a três repetições são uma média ótima para dar ênfase a toda uma rotina de um atleta. De quatro a cinco é quando o treinamento neural e o ganho de massa muscular se encontram, o que significa que você pode acabar tendo alguma hipertrofia. Isso está fora de questão em esportes com base no peso, como o boxe.

Steve Baccari, extraordinário preparador físico de grandes lutadores do UFC, como Joe Lauzon, concorda com a abordagem do muito peso e pouca intensidade:

— Em minha opinião, o treinamento "fácil" de força é o único modo produtivo de um lutador treinar... Mas a maioria das pessoas acha que, se você não vai até o limite, não se exercitou. Isso costumava me incomodar muito, mas não incomoda mais, porque acho que é um dos motivos pelos quais meus lutadores ganham tanto.

Baccari conclui:

— O treinamento de força é como depositar dinheiro no banco para sacá-lo no dia da luta. Reserve o cansaço para o seu esporte.

14 Observação de Tim: Coincidentemente, tive meus maiores ganhos de força fora do levantamento-terra usando 2 sessões de 6, com dois exercícios por treino.

O ABDOMINAL DE SHARAPOVA: JANDA

Se você procura um exercício abdominal adequado para o ganho de força sem desenvolver os músculos, use o abdominal Janda.

Pavel foi capaz de registrar contrações superiores a 175% MVC (o correspondente em inglês a contração isométrica voluntária máxima) no músculo reto abdominal, no laboratório do doutor Stuart McGill, realizando abdominais Janda com um aparelho chamado, apropriadamente, de Ab Pavelizer. Alguns cientistas especulam que a contração dos tendões para baixo obriga os flexores do quadril a relaxar, o que evita que eles ajudem no movimento. Daí mais de 100% de MVC durante o exercício graças ao músculo reto abdominal.

Para realizar o Janda sem nenhum equipamento, faça o seguinte:

1. • Enrole uma toalha em volta de suas panturrilhas e peça a um colega que as puxe levemente para cima em um ângulo de 45 graus, tentando erguer seus pés.

   Ou, menos ideal porém prático para o exercício solo:

   • Amarre uma faixa elástica na maçaneta de uma porta aberta e ao redor das suas panturrilhas, garantindo, assim, um ângulo de 45 graus.

Depois:

2. • Aproxime o cóccix e o umbigo ao mesmo tempo em que tenta se sentar lentamente sem permitir que os pés se levantem ou deslizem na sua direção.

É muito mais difícil do que parece: mesmo que você seja capaz de fazer 50 abdominais completos, não se surpreenda se, no início, você não conseguir completar um único Janda adequadamente.

Nesse caso, comece com as descidas (negativa) apenas.

A "regra das 10 repetições" pode ser aplicada aqui. Por exemplo, você pode começar com cinco séries de duas repetições (5 × 2) de abdominais negativos e depois avançar para os esquemas seguintes de repetições à medida que ganhar força: 2-3-2-3 ("2-3-2-3" significa quatro séries no total: duas repetições, três repetições, duas repetições e três repetições), depois 3-4-3, 2-3-5 e finalmente 2 × 5. Uma vez que você obtiver controle sobre esses abdominais negativos, pode começar a fazer repetições completas usando o mesmo programa ou outra combinação da "regra de 10".

Lembre-se de manter uma velocidade contínua para essas descidas: não fique eternamente num ponto e depois se jogue no chão. Segure-se em algo, se necessário, como a perna de uma mesa ou a faixa de resistência presa à maçaneta da porta.

CRONOMETRANDO EXERCÍCIOS: USANDO A CRONOBIOLOGIA PARA GANHOS MAIS RÁPIDOS

"Cronobiologia" é a ciência que estuda as alterações temporais na fisiologia.

A força muscular e o pico de força de curto prazo acontecem no fim da tarde (16h a 18h), o que coincide com a temperatura máxima do corpo.[15] A tolerância à dor, ao menos para a artrite e a fibromialgia, também é maior entre 16h e 17h.

Entretanto, treinos entre 16h e 18h nunca produziram os melhores resultados para mim. Acredito que seja porque a janela ideal depende do ritmo circadiano e, portanto, da hora em que se acorda. Essas variáveis quase nunca são levadas em conta nas pesquisas.

Se presumirmos que o horário médio em que a maioria das pessoas acorda é 8h, para quem começa a trabalhar ou vai às aulas às 9h, e se o auge da força e da tolerância à dor é considerado nas pesquisas como sendo entre 16h e 18h, isso corresponde a 8 ou 10 horas depois de acordar.

Sou um notívago e, em geral, acordo às 11h. Usando essa média,[16] 8 a 10 horas depois de acordar faz com que minha janela ideal seja entre 19h e 21h.

Foi assim que cheguei a meu horário ideal de exercício entre 19h e 21h, o que me permitiu acrescentar de duas a três repetições à maioria dos exercícios quando uso menos de 85% da repetição máxima (geralmente uma série de seis ou mais repetições).

Isso não significa que você deva treinar à noite, mas que deve manter o horário de treinamento constante, para poder avaliar seu progresso com precisão.

15 Testes de capacidade cardíaca parecem indicar que o auge se dá pela manhã porque a reação da frequência cardíaca ao exercício é mínima nessa hora.

16 É importante usar uma média, não apenas o horário que se acorda em determinado dia de exercício.

FERRAMENTAS E TRUQUES

Aquecimento dinâmico "para cima e por baixo" (www.fourhourbody.com/over-under) Essa é uma demonstração dos movimentos de mobilidade do quadril usando uma única barra. Atente para o obstáculo lateral (30 segundos) e agachamento lateral sob o obstáculo (1min30), que, quando alternados, constituem o "para cima e por baixo" que Barry recomenda como aquecimento dinâmico.

***Underground Secrets to Faster Running* [Segredos ocultos para se correr mais rápido], de Barry Ross (www.fourhourbody.com/underground)** Allyson Felix usou esse treinamento de força pouco antes de correr os 200 m mais rápidos do mundo, em 2003.

"Desempenho em corridas de alta velocidade: Uma nova abordagem para avaliação e previsão", de Matthew W. Bundle, Reed W. Hoyt e Peter G. Weyand (www.fourhourbody.com/hsrp) Esse é o estudo original da Universidade Rice que criou o algoritmo ASR. Nas palavras de Barry Ross: "O que eles encontraram foi o Santo Graal da corrida de velocidade."

ASRspeed (www.fourhourbody.com/asr) O programa de corridas curtas que Barry Ross discutiu neste capítulo. Qualquer atleta que pratique um esporte que exija tiros repentinos e velozes (corridas, basquete, beisebol, futebol americano, futebol etc.) pode se beneficiar com esse programa. Ele eliminará em grande parte a necessidade de correr ladeiras, puxar trenós, paraquedas e todos os outros brinquedos e acessórios que as pessoas usam para se tornar mais rápidas.

"Como acrescentar 45 kg a seu agachamento em 13 semanas com o ciclo Smolov" (www.fourhourbody.com/smolov) O ciclo Smolov é uma rotina de treinamento russa criada pelo mestre em esportes S.Y. Smolov. Apesar de complexo e brutal, ele pode facilmente acrescentar de 30 a 45 kg ao seu agachamento. Você também pode baixar uma tabela do Excel no site para registrar seu progresso durante o programa.

Fat Gripz (www.fourhourbody.com/fatgripz) O treinamento com barras espessas aumenta a força da pegada mais rapidamente. O problema é que barras espessas custam US$200 ou mais. A solução é Fat Gripz, que tem o tamanho de uma lata de Red Bull (fácil de levar em viagens), a qual se encaixa em barras normais em 10 segundos. Reserve uma semana em cada quatro de treinamento com carga pesada para usar Fat Gripz com pesos mais leves (faço levantamentos-terra com as pernas rígidas). Confie em mim, vai ser mais difícil do que você pensa.

COMENDO UM ELEFANTE

Como acrescentar quase 50 kg ao seu supino

> **Apenas lembre-se de que em algum lugar da China uma menininha está só se aquecendo com isso que você diz ser seu máximo.**
> — Jim Conroy, treinador olímpico de levantamento de peso

— Se você chegar até 143, pode mudar a música do seu iPod.

Ri novamente, sem entender a piada. Mas não era uma piada. DeFranco apontou para a parede, onde havia um enorme pedaço de papel grudado:

Levantou 143?
Agachou 185?
Apareceu na ESPN?
Se não, não toque no iPod!

Havia um longo caminho antes que eu levantasse 143 kg.[1] Teria de esperar para colocar Disco Duck nos alto-falantes.

Os meninos de DeFranco, por outro lado, não tinham problema com os 143 kg. Sua horda de monstros incluía mutações da natureza como Rich Demers, capaz de levantar 97,5 kg durante 39 repetições. Isso me impressionou.

Impressionou, mas não me abalou.

1 Mas eu havia estabelecido um recorde pessoal. Não um aperfeiçoamento técnico nem uma melhora do treinamento — mas fazendo meus saltos verticais máximos antes. Essa supersincronização do sistema nervoso era justamente o motivo pelo qual DeFranco me fez saltar primeiro. Leia mais sobre isso em "Desconstruindo a análise física da NFL".

O que me abalou foi Joe Ceklovsky, que levantava 270 kg em competições, pesando apenas 67 kg.

O que me abalou foi Scot Mendelson, que levantara 468 kg em competição, pesando 125 kg.

Para entender o que são 468 kg, imagine encher um HBL padrão de academia com pesos de 20 kg até não haver mais espaço. Aí há meros 400 kg. Scot teve que usar discos de 45 kg, e a barra de aço temperado literalmente se curvou em suas mãos. Ele usa um protetor bucal para não quebrar os dentes com a tensão na mandíbula, e sua visão se afasta horizontalmente quando ele para a barra na altura do peito.

São pessoas raras. Mas isso é um elogio. Você pode aprender muito com esses extremos.

O histórico no supino: meu calcanhar de aquiles

O supino sempre foi meu pior exercício. Poucos esportes requerem tanto do peito, e minha principal modalidade, a luta livre, praticamente me fez negligenciá-lo.

Mesmo na dieta rígida de séries de duas repetições no programa de Barry, meu peso máximo no supino não aumentava. Nesse caso, eu era uma exceção.

Por isso, chamei um dos mestres do levantamento básico para me ajudar com esse problema.

Marty Gallagher fica longe dos holofotes, mas há muito está nos livros de recordes. Ele treinou alguns dos mais lendários levantadores de todos os tempos, entre eles Ed Coan, Kirk Karwoski, Doug Furness, Mike Hall e Dan Austin. Coan sozinho estabeleceu mais de 70 recordes mundiais. Kirk "Capitão Kirk" Karwoski aumentou o recorde mundial para agachamento da Federação Internacional de Levantamento Básico (IPF, na sigla em inglês) em incríveis 45 kg durante seu reinado, de 410 para 455 kg, e esse recorde ainda permanece, *16 anos* depois.

Marty também é tricampeão mundial e seis vezes campeão nacional, sem mencionar que treinou a equipe norte-americana na conquista do título da IPF, em 1991.

Basta dizer que ele entende das sutilezas do "jogo" de ferro.

Em suas palavras, o que se segue é sua receita, quilo a quilo, exercício por exercício, para mim e para qualquer um que queira acrescentar 45 kg a seu máximo atual em seis meses.

Entra Marty Gallagher

É possível que uma pessoa comum que levante 90 kg no supino acrescente 45 kg à sua barra em seis meses? A resposta é que, apesar de improvável, não é impossível. Requer que se coma como um elefante, uma bocada por vez.

Há três exigências:

Exigência 1: Um plano tático periódico. Periodização é outra palavra para pré-planejamento de resistência progressiva. Levantadores de peso de elite, olímpicos e profissionais, adotam a periodização para planejar o avanço a níveis cada vez maiores, ao longo de períodos específicos de tempo, geralmente de 12 a 16 semanas. Ao expropriar a estratégia de periodização e aplicá-la ao supino, o impossível se torna plausível.

Já no fim da sua carreira, Kirk Karwoski nunca deixou de fazer uma repetição em qualquer sessão de levantamento durante um ciclo inteiro de 12 semanas. Pode imaginar? Um homem se senta com seu caderninho e um lápis 12 semanas antes do Campeonato Nacional ou Mundial, escreve a pesagem desejada, as repetições, e realiza todas as séries em todos os dias de exercício durante os três meses seguintes sem jamais perder uma única repetição predeterminada. Ed Coan e Doug Furness podiam fazer o mesmo.

A precisão é crucial.

Exigência 2: Não perder dias de treinamento.

Exigência 3: Ganhar uma quantidade *significativa* de massa muscular.

Vamos imaginar que nosso atleta hipotético seja um sério entusiasta dos exercícios, com vários anos de resistência progressiva nas costas, e que já seja capaz de levantar 90 kg usando a técnica adequada. A despeito de ter 1,85 m e pesar 90 kg, com uma porcentagem de gordura corporal de 14%, ou ter 1,68 m e pesar 90 kg, com 30% de gordura corporal, para que aumente seu supino de 90 para 135 kg, é *fundamental* aumentar a massa magra. Nosso homem precisará de mais poder muscular.

Qualquer "especialista em atividade física" que diga a um desinformado que ele pode acrescentar 50% ao supino em pouco tempo e sem ganhar massa magra usando (ou provavelmente comprando) alguma rotina utópica é um iludido ou um trapaceiro. Não há passe de mágica que milagrosamente o faça aumentar em 50% seu peso no supino sem que haja um ganho apropriado de massa muscular. São necessários 10% de aumento na massa muscular para obter 50% de aumento na força, e isso sendo otimista. Ponto.

Nosso atleta hipotético começa pesando 90,5 kg e precisará aumentar sua massa magra em 7 a 10 kg num período de 26 semanas.

O treino de supino será uma vez por semana, e em cada sessão treinam-se três pegadas: a pegada competitiva, a mais poderosa; a pegada aberta, para ganhar força de arranque; e a pegada fechada, para ganhar força de finalização.

FASE I: CICLO DE 12 SEMANAS NO SUPINO[2]

	PEGADA COMPETITIVA	PEGADA ABERTA	PEGADA FECHADA	
SEMANA	70 cm	80 cm	55 cm	PESO DO CORPO
1	63 (70%)×8, 1 série	54 (60%)×10, 2 séries	50 (55%)×10, 2 séries	90,5
2	68 (75%)×8, 1 série	59 (65%)×10, 2 séries	54 (60%)×10, 2 séries	91
3	72 (80%)×8, 1 série	63 (70%)×10, 2 séries	59 (65%)×10, 2 séries	91,5
4	77 (85%)×8, 1 série	68 (75%)×10, 2 séries	63 (70%)×10, 2 séries	92
5	84 (93%)×5, 1 série	75 (83%)×8, 2 séries	66 (73%)×8, 2 séries	92,5
6	89 (98%)×5, 1 série	80 (88%)×8, 2 séries	71 (78%)×8, 2 séries	93
7	93 (103%)×5, 1 série	84 (93%)×8, 2 séries	75 (83%)×8, 2 séries	93,5
8	98 (108%)×5, 1 série	89 (98%)×8, 2 séries	80 (88%)×8, 2 séries	94
9	102 (113%)×3, 1 série	93 (103%)×5, 2 séries	84 (93%)×5, 2 séries	94,5
10	107 (118%)×3, 1 série	98 (108%)×5, 2 séries	89 (98%)×5, 2 séries	95
11	111 (123%)×2, 1 série	102 (113%)×5, 2 séries	93 (103%)×5, 2 séries	95,5
12	118 (130%)×1	—	—	96

2 Tim: Os percentuais são dados para ajudá-lo a individualizar seu programa. "70 (70%) × 8, 1 série", por exemplo, 70 corresponde a 70% do meu 1RM inicial de 90,5 kg. Entretanto, se seu 1RM for de 75 kg no início do programa, você simplesmente multiplicará 75 x 0,7 para obter 52,5 kg. Posteriormente, se você vir "133%", significa que você tem de multiplicar 75 × 1,33 e usar o resultado, 100 kg, para aquela sessão.

É possível estimar o tamanho das pegadas sem levar uma fita métrica para a academia. Eis aqui várias possibilidades, tendo em mente que as faixas lisas estreitas no HBL olímpico ficam a 81 cm uma da outra:

Se você tem 1,78 a 1,83 m, a pegada competitiva deixará o lado dos dedos mínimos dentro dos anéis.

Para alguém com 1,68 a 1,75 m, a pegada competitiva deixará o espaço da mão entre suas mãos e os anéis.

Na dúvida, a pegada competitiva é simplesmente a pegada que lhe permite levantar o maior peso. Experimente.

Para todas as alturas, a partir da pegada competitiva, a pegada aberta será a mão maior em ambas as direções, e a pegada fechada, a mão a menos em ambas as direções.

Nessa primeira fase, o atleta aumenta sua massa muscular em 11%, resultando num aumento de 30% no supino. As calorias são metodicamente aumentadas a cada semana, mantendo o indivíduo anabólico. Quantas calorias? Quantas forem necessárias para provocar o ganho requisitado de peso. Quanto peso ganhar? Se você pesa menos de 91 kg, tente ganhar 0,5 kg por semana. Se você pesa mais de 91 kg, 1 kg por semana. Não há números exatos para as calorias — você só precisa ganhar peso.

O consumo de proteína deve ser alto: 200 g ou mais por dia, todos os dias.

E agora? Parecido, mas diferente

A experiência demonstrou várias vezes que depois que um atleta completa, com sucesso, o ciclo de 12 semanas, seus ganhos precisam ser consolidados. Entrar imediatamente em outro ciclo, depois de um bem-sucedido, é condenar-se ao fracasso. A tendência natural é ser ambicioso e continuar no mesmo caminho — mas isso é um suicídio biológico.

A ciência e os dados empíricos demonstram que o corpo precisa de quatro a seis semanas para recomeçar e recuperar seus suportes fisiológicos. O hipotálamo é a glândula que controla o peso, a temperatura corporal, a fome, a sede, o cansaço e os ciclos circadianos. A fase intermediária permite que o hipotálamo se reajuste. É igualmente importante se adaptar às três versões de supino usadas na primeira fase. Também aumentamos as repetições.

A fase intermediária ideal mantém a força do supino ao substituir HBL por HBC. Permitir que o corpo "se esqueça" dos três exercícios (pegada competitiva, aberta e fechada) faz com que esses três movimentos pareçam novos quando forem retomados na terceira fase, e o efeito do treinamento é profundo.

O supino pausado com HBC e o supino inclinado com HBC são os propulsores da segunda fase, realizados juntos em cada sessão, uma vez por semana. Mantenha a tensão durante um segundo na altura do peito; não relaxe e descanse o peso *sobre* o peito.

FASE II: RESTABELECENDO A HOMEOSTASE[3]

SEMANA	SUPINO PAUSADO	SUPINO INCLINADO	PESO DO CORPO
1	27 kg (60%) — 3 séries × 10	23 kg (50%) — 3 séries × 10	95,5
2	29 kg (65%) — 3 séries × 10	25 kg (55%) — 3 séries × 10	95,5
3	36 kg (80%) — 2 séries × 6	32 kg (70%) — 2 séries × 6	95,5
4	38 kg (85%) — 2 séries × 6	34 kg (75%) — 2 séries × 6	95,5
5	43 kg (95%) — 2 séries × 4	36 kg (80%) — 2 séries × 4	95,5
6	45 kg (100%) — 1 série × 4	38 kg (85%) — 1 série × 4	95,5

Depois de seis semanas de fase intermediária, todos os ganhos iniciais devem estar consolidados: o termostato do ganho de peso do atleta foi reajustado enquanto o ganho de força se manteve. O corpo "se esqueceu" do supino com HBL, e, quando voltamos à nossa estratégia de pegada competitiva/aberta/fechada, o efeito do treinamento está garantido. Peito, braços e ombros são (novamente) levados a crescer. Mais músculo significa um supino maior.

FASE III: ATAQUE AOS 135 QUILOS

	PEGADA COMPETITIVA	PEGADA ABERTA	PEGADA FECHADA	
SEMANA	70 cm	80 cm	55 cm	PESO DO CORPO
1	98 (108%)×5, 4 séries	84 (93%)×5, 2 séries	80 (88%)×5, 2 séries	95,5
2	102 (113%)×5, 3 séries	89 (98%)×5, 2 séries	84 (93%)×5, 2 séries	96
3	107 (118%)×5, 2 séries	93 (103%)×5, 2 séries	89 (98%)×5, 2 séries	96,5

3 Por favor, note que todos os pesos são por HBC. Por exemplo, "27 kg (60%)" representa 2 x HBCs de 27 kg, num total de 54 kg, ou 60% da 1RM inicial.

SEMANA	PEGADA COMPETITIVA 70 cm	PEGADA ABERTA 80 cm	PEGADA FECHADA 55 cm	PESO DO CORPO
4	111 (123%)×5, 1 série	98 (108%)×5, 2 séries	93 (103%)×5, 2 séries	97
5	116 (128%)×3, 4 séries	102 (113%)×3, 2 séries	98 (108%)×3, 2 séries	97,5
6	120 (133%)×3, 3 séries	107 (118%)×3, 2 séries	102 (113%)×3, 2 séries	98
7	125 (138%)×2, 2 séries	111 (123%)×2, 2 séries	106 (118%)×2, 2 séries	98,5
8	129 (143%)×2, 1 série	116 (128%)×2, 2 séries	111 (123%)×2, 2 séries	99
9	135 (150%)×1			100

É assim que você pode, se não ignorar nada, acrescentar quase 50 kg ao seu supino em seis meses.

FERRAMENTAS E TRUQUES

Entrevistas sobre o supino (www.fourhourbody.com/bench) O que separa o levantador 1 do levantador 2? O levantador 2 do levantador 3? Se você pudesse fazer algum acréscimo à maioria dos programas de treinamento, o que seria? Fiz essas e outras perguntas a alguns dos melhores nomes do ramo, incluindo Dave Tate, Jason Ferruggia e Mike Robertson. Infelizmente, em virtude das restrições de espaço, não as incluímos no livro, mas você pode encontrá-las no website.

***The Purposeful Primitive* [O primitivo resoluto], de Marty Gallagher (www.fourhourbody.com/primitive)** Talvez o melhor livro sobre fisiculturismo, levantamento de peso básico e perda de peso que já li nos últimos cinco anos. Essa viagem diversificada pela elite do aperfeiçoamento físico relata treinamento e dieta, além de histórias de vários personagens, incluindo Dorian Yates, Ed Coan e Kirk Karwoski.

Revista *Powerlifting USA* (www.powerliftingusa.com) Se você quer saber mesmo tudo sobre o levantamento de peso básico — no qual os valores máximos no supino, agachamento e levantamento-terra são totalizados em competições —, a revista *Powerlifting USA* é a fonte mais antiga e mais confiável para treinamento e recomendações de academias. Se você tiver algum delírio de grandeza no que diz respeito a força, procure a seção de programação e vá conferir os levantadores americanos ao vivo. Pare de estufar o peito antes de entrar.

LEVANTANDO 387 KG NO SUPINO: PREPARAÇÃO E TÉCNICA

Mark Bell, proprietário da academia Supertraining, em Sacramento, na Califórnia, consegue levantar 387 kg no supino pesando 125 kg.

Alguns levantadores de elite usam quase uma forma de contorcionismo para competir: as costas arqueadas com os pés sob os quadris (e até mesmo perto da cabeça). Isso reduz a distância de que você precisa para levantar a barra — uma coisa boa para acrescentar peso —, mas pode gerar lesões em novatos e atletas intermediários.

Mark usa uma ponte estável e coloca os pés rentes ao chão. Ele aplica essa técnica para erguer 387 kg no supino, por isso não há motivo para você não a utilizar para erguer 227 kg ou menos.

Eis o processo:

Preparação

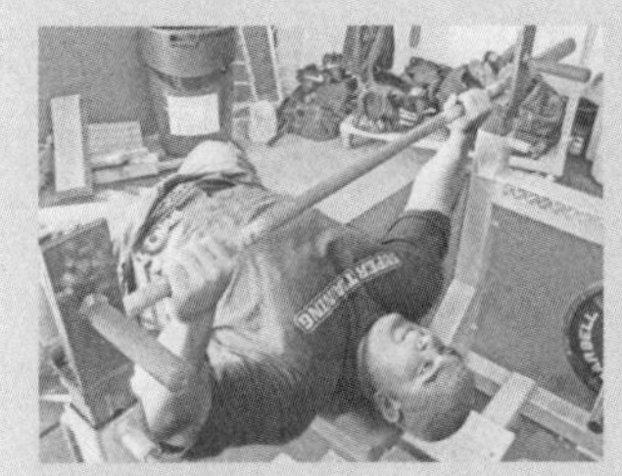
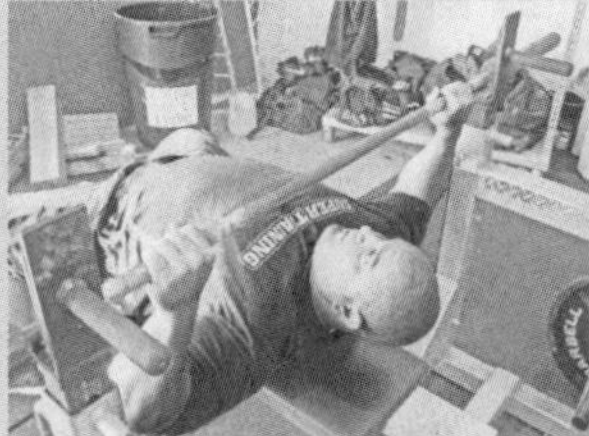
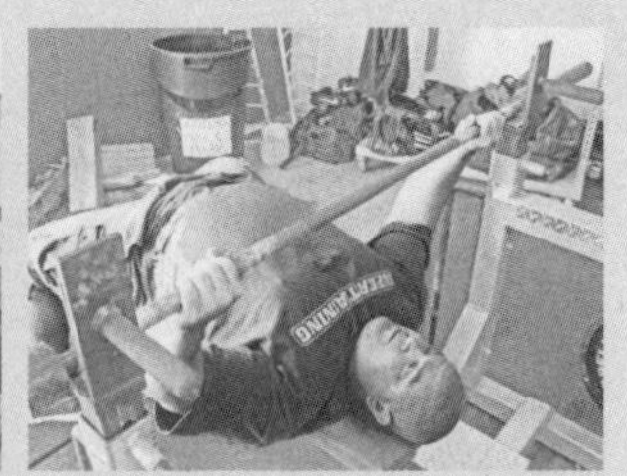

Preparação vista de cima.

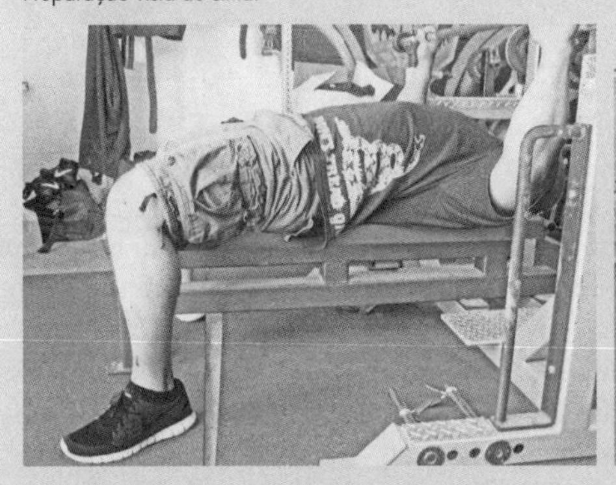
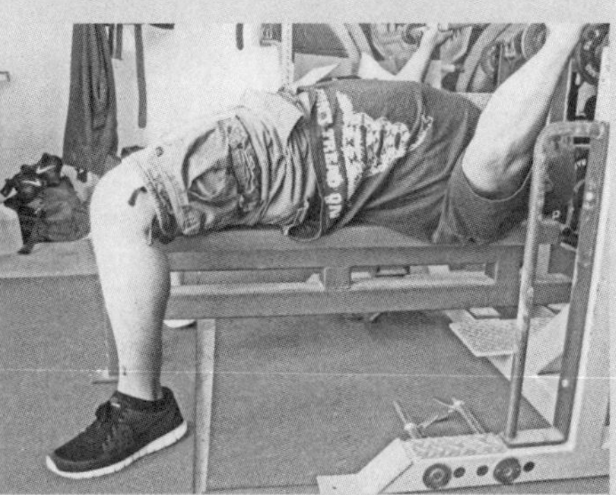

Vista lateral de antes e depois da preparação. Note que os calcanhares dele estão quase sob os joelhos.

1. Deite no banco com metade da cabeça para fora.
2. Use sua pegada competitiva (Mark coloca os dedos anulares nas faixas lisas), erga o peito até a barra e junte as escápulas como se segurasse uma moeda entre elas.
3. Mantendo o bumbum no lugar e os ombros estreitados, curve as costas e pressione os ombros para baixo, na direção do quadril.[4]

4 O movimento é como uma remada para cima, como se você estivesse empurrando a barra para cima da sua testa.

4. Volte a colocar as costas no banco e tente alinhar a ponta da sua cabeça com a extremidade do banco. Mark é do tamanho de um caminhão e quase não consegue. Mas a maioria de vocês não terá essa desculpa.
5. Agora seus ombros estão protegidos. Essa posição será bem desconfortável, e é para ser assim mesmo.
6. Suas pernas e glúteos devem estar completamente tensionados, e seus dedos dos pés, projetados para a ponta dos seus tênis. Se suas pernas e glúteos não estiverem cansados depois de 20 segundos, você não os está contraindo o suficiente.
7. Agora você está pronto para receber a barra do spotter (um observador que o ajuda no treinamento). Nunca erga pesos livres sozinho.[5]
8. O spotter pode, usando uma pegada alternativa, como o levantamento-terra (veja as fotos de Lamar no capítulo anterior), tirar a barra dos apoios e ajudá-lo a colocá-la na altura de seus mamilos.
9. Agora que você está com o peso apoiado sobre o peito, abaixe completamente os ombros — como se estivesse iniciando um movimento de remada — antes de dobrar os braços. Quanto menos você dobrar os braços na parte inferior do movimento, mais seguro estará e mais peso será capaz de levantar.

Abaixando os ombros antes de dobrar os braços. Compare a altura de Mark em ambas as fotografias. Ele abaixou o peso entre 7 e 10 cm, e seus braços ainda estão retos.

10. Segure a barra com sua pegada e abaixe-a até o esterno ou o ponto mais alto do seu abdômen, trazendo os cotovelos um pouco mais para perto do seu corpo na metade inferior do movimento.
11. Erga a barra na menor distância possível. Se tiver dificuldades com o peso, você pode deslocar os cotovelos um pouco para fora na metade superior do movimento e direcionar o peso para o apoio, o que ajuda na extensão completa.

5 Sei que alguns de vocês farão isso. Então, se fizer, NÃO use presilhas. Isso lhe permite jogar os pesos para fora da barra, um lado de cada vez, caso você fique preso sob ela.

DE NATAÇÃO A REBATIDAS

COMO APRENDI A NADAR SEM ESFORÇO EM 10 DIAS

Sempre quis ser o Peter Pan, o menino que nunca cresce. Não posso voar, mas nadar é o mais próximo disso. Nadar é harmonia e equilíbrio. A água é meu céu.

— Clayton Jones, presidente e CEO da Rockwell Collins

Sempre tive pavor de natação. Apesar dos meus títulos nacionais em outros esportes, eu mal conseguia me manter flutuando por 30 segundos. Essa incapacidade de nadar bem é uma das minhas maiores inseguranças e vergonha.

Tentei aprender a nadar uma dezena de vezes, e sempre meu coração acelerava a mais de 180 batidas por minuto depois de uma ou duas voltas na piscina. Era incrivelmente exaustivo e desagradável.

Não é mais.

Em menos de 10 dias, passei de duas voltas na piscina (2 × 18,39 m), no máximo, para mais de 40 por treino, em séries de duas a quatro. A partir daí, passei a nadar 1 km em mar aberto; depois, mais de 3 km. Meu progresso todo aconteceu em menos de dois meses.

Este capítulo explicará como consegui isso, depois de tantas tentativas fracassadas, e como você pode fazer o mesmo.

No fim de janeiro de 2008, um bom amigo me propôs um desafio de ano-novo: ele passaria todo o resto do ano sem café ou estimulantes se eu treinasse e concluísse uma competição de natação de 1 km em mar aberto naquele ano.

Ele cresceu treinando natação para competições e me convenceu de que, ao contrário dos meus outros hábitos autodestrutivos disfarçados de exercícios, nadar era uma habilidade para a vida. E não apenas isso: era um prazer que eu precisava compartilhar com meus futuros filhos. Em outras palavras, de todas as habilidades em potencial a se aprender, nadar era a mais importante.

Aceitei o desafio.

Depois tentei de tudo, li os "melhores" livros e... fracassei mesmo assim.

Pranchas? Tentei. Mal me movia e, como alguém que costuma ser bom na maioria dos esportes, me senti humilhado e desisti.

Palmares? Tentei. Meus ombros jamais me perdoarão por isso. Nadar não é supostamente um exercício de baixo impacto? Segundo fracasso.

Isso continuou por meses até que eu estava a ponto de me considerar derrotado. Foi quando conheci, em um churrasco, Chris Sacca, que já foi famoso graças ao Google e hoje é um investidor e triatleta, e lhe contei sobre meus infortúnios. Antes que eu terminasse, ele me interrompeu:

— Tenho a resposta para suas preces. Algo que revolucionou a minha maneira de nadar.

Foi então que tudo mudou.

O método

Chris me apresentou à Imersão Total (IT), um método geralmente associado ao técnico de natação norte-americano Terry Laughlin. Imediatamente encomendei o livro e o DVD sobre nado livre.

No primeiro treino, sem treinador, diminuí minha resistência na água em pelo menos 50%, nadando mais do que jamais havia nadado na vida. No quarto treino, havia passado de mais de 25 braçadas por piscina para uma média de 11 braçadas.

Em outras palavras, estava nadando uma distância duas vezes maior com a mesma quantidade de braçadas (diminuindo o esforço, portanto, pela metade), sem pânico nem estresse. Na verdade, eu me sentia melhor depois de sair da piscina do que antes de entrar nela. Não conseguia, e ainda não consigo, acreditar.

Recomendo ler o livro sobre Imersão Total *depois* de assistir ao DVD; do contrário, é quase impossível entender as técnicas. Fui incapaz de realizar os exercícios das páginas 110 a 150 (não consigo flutuar horizontalmente e tenho uma pernada fraca) e fiquei frustrado, até que o DVD me permitiu testar a técnica com propulsão.

Minhas oito dicas para iniciantes

Eis aqui os princípios que fizeram a maior diferença para mim, seguidos pelas ilustrações:

1. **Para se mover à frente com o menor esforço, concentre-se no movimento do ombro e em manter seu corpo na horizontal (menor resistência), e não na braçada e na pernada.** Isso é contraintuitivo, mas importante, já que pernadas fortes são a sugestão mais comum para resolver problemas na natação.
2. **Mantenha-se na horizontal, alinhando sua cabeça à coluna — você deve olhar para baixo.** Fique na mesma posição da cabeça que você mantém enquanto anda e mova seus braços sob a água em vez de tentar nadar na superfície. Veja as imagens de Shinji Takeuchi aos 49s (www.fourhourbody.com/shinji-demo) e a explicação de Natalie Coughlin nos 26s (www.fourhourbody.com/coughlin). Note como Shinji usa pouco as pernas. As pernadas servem apenas para ajudá-lo a girar o quadril e mover o braço seguinte à frente. Essa é a técnica que me permitiu economizar tanta energia.
3. **Segundo as diretrizes do vídeo de Shinji, pense no estilo livre como nado em lados alternados, não sobre sua barriga.** Do verbete sobre Imersão Total na Wikipédia:[1]

> "Alinhe ativamente" o corpo durante o ciclo de braçadas com um foco ritmadamente alternado de "lado alinhado à direita" e "lado alinhado à esquerda", preocupando-se em manter a linha do corpo mais esticada do que é comum nos nadadores humanos.

Para aqueles que já tiveram a experiência de escalada, é como aproximar seu quadril de um paredão para conseguir mais flexibilidade. Para testar isso: fique de pé com o peito contra a parede e alcance o mais alto que puder com o braço direito. Depois vire seu quadril para a direita de modo a encostá-lo na parede e alcance novamente com o braço direito. Com essa pequena rotação, você con-

1 Acessado em 13 de agosto de 2008.

seguirá de 8 a 15 cm. Estenda sua envergadura e você percorrerá uma distância maior a cada braçada. Faz muita diferença.

Veja abaixo como deve ser uma braçada completa, demonstrada pelo fundador da IT, Terry Loughlin. Note o movimento mínimo das pernas, usadas para girar o quadril e o corpo. Esta sequência de fotos deveria ser a bíblia para um nado eficiente:

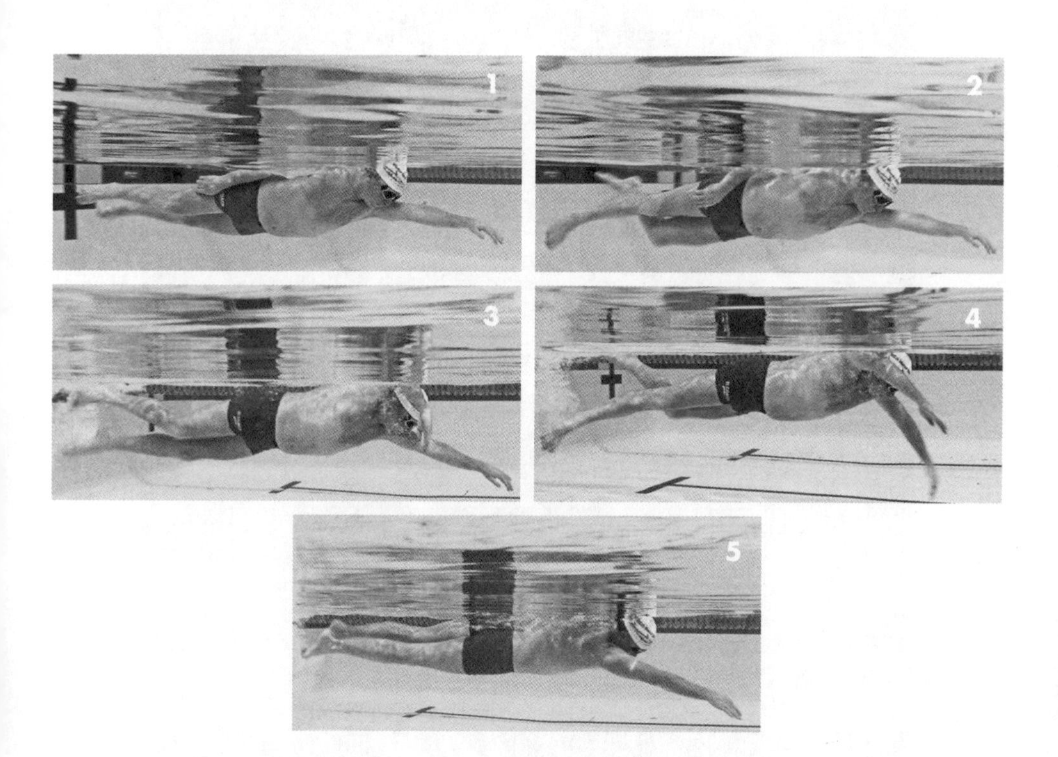

4. **Sua mão deve entrar na água com os dedos apontados para baixo. Estenda completamente os braços bem abaixo da cabeça. Estenda o mais baixo que conseguir.** Essa pressão para baixo da água sobre os braços levará suas pernas para cima e diminuirá o arrasto. Parece até que você está nadando ladeira abaixo.

   A primeira foto da página seguinte ilustra a braçada tipicamente ineficiente, ao passo que a segunda ilustra o ponto de entrada adequado, muito mais perto da cabeça.

Depois que o braço entrar na água, estenda-o para baixo.

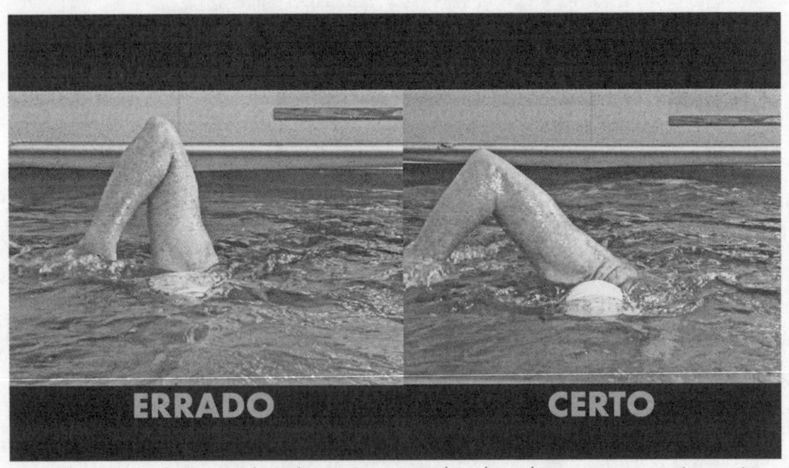

Não maltrate seus ombros erguendo-os demais. Se você girá-los adequadamente, isso não será necessário.

5. **Concentre-se em uma braçada maior, e não na quantidade de braçadas.** Tente deslizar a cada braçada e diminua a quantidade de braçadas por piscina.
6. **Alongue seu braço sob a água e vire o corpo (não só a cabeça) para respirar.** A cada respirada, você deve sentir um alongamento na parte inferior dos músculos laterais das costas, como se estivesse tentando pegar um pote de biscoitos no alto do armário, a poucos centímetros do seu alcance. Isso conduzirá sua cabeça para mais perto da superfície, facilitando a respiração. Alguns triatletas quase se viram de costas e olham para o alto para evitar respirações curtas demais e falta de oxigênio (dica de Dave Scott, seis vezes campeão do Ironman).

   Nos primeiros treinos, respire a cada duas braçadas.[2] Depois que ficar mais à vontade respirando do seu lado "fraco", sugiro que respire a cada três braçadas, o que o obrigará a alternar os lados.

   Lembre-se de soltar todo o ar lentamente sob a água, ou você precisará soltar o ar e inalá-lo quando tirar a cabeça da água, o que significa se sentir apressado, engolir água e se cansar demais.

   Lembre-se de soltar todo o ar sob a água e "alongar para respirar" (vídeo: www.fourhourbody.com/extend-air).

Tente ver sua mão.

2 Dica: ao se virar para tirar o rosto da água, tente ver sua mão. Pare de inspirar quando ela passar pelos óculos e gire de novo na braçada.

7. **Experimente trocar as mãos como um exercício.** É difícil se lembrar de todos os detalhes mecânicos enquanto se está nadando. Eu entrei em curto-circuito tentando seguir meia dúzia de regras ao mesmo tempo. A única técnica que me obrigou a fazer tudo corretamente foi a troca de mãos.

   Esta é a imagem que considero a melhor: concentre-se em manter seu braço principal totalmente estendido até que o outro braço venha por cima e penetre a água perto do braço estendido. Isso o estimula a nadar lateralmente, alonga sua braçada e o obriga a exercitar o que se chama de natação "do quadrante frontal". Tudo de bom. Esse único exercício diminui três ou quatro braçadas por piscina em nado livre.
8. **Esqueça os exercícios e se concentre na "prática".** Você está treinando seu sistema nervoso para realizar movimentos contraintuitivos, não treinando seu sistema aeróbico. Se você se sente exausto é porque não está usando a técnica adequada. Pare e reavalie o que está fazendo, em vez de persistir na dor e desenvolver maus hábitos.

Equipando-se e começando

Pronto para dar a largada? Se você tem medo de nadar, está quase lá. Não estrague tudo escolhendo a piscina ou os equipamentos errados. Algumas recomendações finais:

1. **Não nade de bermudas.** Tentei isso no Brasil, e é como nadar com um paraquedas atrás de você. Horrível. Compre uma sunga ao estilo europeu, aerodinâmica. Deixe para ficar na moda quando for à praia; opte pela eficiência na piscina.
2. **Compre bons óculos.** Tentei todos, do Speedo Vanquishers aos óculos de natação suecos. Em quase todos os testes, precisei ajustar o elástico a cada 100 ou 125 m para evitar que a água com cloro me cegasse.

   Agora só uso os elogiadíssimos (e com razão) Aqua Sphere Kaiman, que são bem herméticos e podem ser ajustados sem precisar tirá-los. Não apresentam vazamento. Esses são os únicos óculos de que você vai precisar.
3. **Comece praticando numa piscina curta e rasa.** Use uma raia na extremidade rasa (1,20 m ou menos de profundidade) e opte por uma piscina que não tenha mais do que 20 m. É mais fácil se concentrar na técnica

em piscinas curtas. Depois que me adaptei aos 20 m, passei para os 25 e, mais tarde (quando era capaz de nadar 10 × 100 m com 30 a 45 segundos de descanso entre as sessões), mudei para uma piscina olímpica de 50 m.

Difícil de acreditar

Nunca achei que fosse dizer isso, mas... eu adoro nadar.

Isso é RIDÍCULO, já que sempre ODIEI natação. Agora, sempre que possível, nado um pouco. É como meditar em movimento.

Nado por duas horas e depois arranjo tempo para uma sessão extra. Ainda não consigo acreditar.

E quanto à disputa de 1 km em mar aberto? Ah, não me esqueci. Não consegui encontrar um torneio de natação num local próximo marcado para o último trimestre de 2008 (e, por mais que eu adorasse visitar Bonaire, era um tanto fora de mão), mas meu amigo acabou deixando a aposta de lado. Por um bom motivo. Quatro meses antes do meu prazo final, em dezembro, fui passar meu aniversário com a família e amigos em Long Island.

Certa manhã, acordei e fui até o mar. Eu estava bem, apesar das ondas, e fiquei na areia úmida, perto da água, olhando por um bom tempo. Depois me aproximei de um posto guarda-vidas.

— A que distância fica aquela casa? — perguntei ao salva-vidas de plantão, apontando para um telhado vermelho distante.

— Um quilômetro e meio, ou mais.

— Maravilha. Obrigado.

Assim, comecei a andar e, 20 minutos mais tarde, parei diante da casa de telhado vermelho. Coloquei meus óculos Kaiman, respirei fundo e disse, em voz alta:

— Foda-se!

Gritei algo parecido com um kiai e entrei na água.

Nadei por 1,5 km sozinho no oceano, paralelamente à praia, a cerca de 30 m da areia. Alternando respirações à direita e à esquerda a cada três braçadas, entrei num estado quase zen de uma autoconfiança que parecia sobrenatural. Foi estranho.

Cheguei até o posto do salva-vidas e passei por ele, continuando por mais ou menos 180 m, quando decidi sair da água. Não havia cansaço ou preocupação; apenas autoafirmação; ou seja: era para mim mesmo. Caminhando na areia, me senti orgulhoso e vivo. Olhei em volta como um Mike Tyson de 21 anos depois de ganhar o campeonato mundial dos pesos-pesados. Por um instante, fui o rei do universo. Uma das minhas maiores e mais duradouras inseguranças havia desaparecido e jamais retornaria.

O entusiasmo era indescritível.

Penso que todos vocês que desejam superar seus medos ou ganhar o Ironman devem testar o método IT. Foi o primeiro método que fez sentido para mim, e é o único responsável pela experiência de transformação mais rápida que já vivi no mundo dos esportes.

Aproveite-o!

Acha que não pode ser tão fácil? Eis apenas duas respostas de antes e depois de pessoas que experimentaram o método usando as instruções citadas. Prepare seus óculos de natação:

Rocky:

(...) Testei isso na academia e, em dois dias, passei de duas para 25 voltas na piscina. Estava contando aos meus amigos ontem que, se tivesse de escolher apenas três coisas que me deixaram maravilhado na vida, essa seria uma delas.

Diego:

Tim,

(...) Por toda a minha vida sempre tive medo de água e finalmente resolvi sair da minha zona de conforto. No mês passado, há apenas um mês, estava lutando contra a água, tentando boiar. Modo de sobrevivência era o nome do meu estilo(...) Comecei a aprender [a Imersão Total], li o livro sobre IT (ele está se esfarelando agora, já que o levava para a piscina e o deixava na borda da minha raia, molhando-o sempre que o usava como referência) e assisti a vários vídeos. Treinei regularmente(...)

Faz apenas um mês(...) Na semana passada, nadei 2,5 km sem parar...

Hoje nado 4 km e paro apenas quando a academia está fechando. Estou passando para a natação em mar aberto agora. Sempre tive o sonho de disputar o Ironman, e meus tempos, um mês depois de aprender a nadar, estão abaixo do tempo de corte para os 4 km de natação.

Muito obrigado! Espero que nos encontremos um dia.

Seu amigo da Flórida,

Diego

FERRAMENTAS E TRUQUES

Total Immersion, *Freestyle Made Easy*, DVD [Imersão Total: Simplificando o nado livre] (www.fourhourbody.com/immersion) Foi por causa desse DVD que consegui superar por completo meu medo de nadar e realmente aprendi a amar a natação. Em menos de 10 dias, passei de no máximo duas voltas na piscina de 18 m para mais de 40 por treino, em séries de duas e quatro.

Óculos Aqua Sphere Kaiman (www.fourhourbody.com/kaiman) Esses óculos de natação que não deixam entrar água se destacaram depois de eu experimentar tudo o que há no mercado. Tenho três pares e jamais nado com outro, seja na piscina, seja no mar. Meus preferidos são os de lentes alaranjadas.

Demonstração do nado livre com a técnica de Imersão Total, por Shinji Takeuchi (www.fourhourbody.com/shinji) Se você quer ver como alguém pode nadar com tanta facilidade e sem se cansar, simplesmente assista a esse vídeo.

Guia para nadadores (www.swimmersguide.com) Encontre as piscinas públicas disponíveis em 167 países. Nunca saia de casa sem seus óculos.

A ARQUITETURA DE BABE RUTH

Só Deus pode formar um grande rebatedor.

– Whitey Lockman, jogador veterano de 60 anos, empresário e executivo da Liga Norte-Americana de Beisebol

A descoberta consiste em ver o que todos estão vendo e pensar o que ninguém pensou.

– Albert Szent-Gyorgyi, médico ganhador do Prêmio Nobel e descobridor da vitamina C

— Por favor, me diga que você está brincando.

Fomos para o hotel errado. Normalmente isso não seria um problema, mas estávamos no meio de uma tempestade de neve. Conseguir um táxi era praticamente impossível, pois estavam todos ocupados, cobertos de neve ou deslizando no asfalto.

— Não podemos simplesmente pegar um táxi daqui até o hotel? — Jaime, meu treinador no dia, havia me perguntado antes. Táxis no Píer 40 em Manhattan? Não numa noite de sábado e em meio a uma tempestade.

Assim, começamos a caminhar. Meu caso de amor com a Everlast prosseguiu. Eu estava andando pela Times Square em meio à neve com um saco de pancada de 36 kg sobre os ombros.

Pouco me importava. Pela primeira vez na vida, eu me sentia o Babe Ruth.

Transtorno de rebatimento obsessivo

Jaime Cevallos não é normal. Desde criança, enquanto seus colegas de classe estavam indo a festas ou fazendo bagunça, ele estava no quintal, rebatendo bolas que passavam no meio de um pneu pendurado ao galho de uma árvore. Ele fazia anotações, alterações e mais anotações.

Hoje, jogadores da Liga Profissional de Beisebol dos Estados Unidos lhe pagam para ler essas anotações porque Jaime descobriu como melhorar algumas estatísticas importantes. Uma delas é o "percentual de rebatidas".

O percentual de rebatidas,[1] a análise básica do rebatedor de beisebol, é um número que leva em conta as bases conquistadas divididas pela quantidade de vezes que o rebatedor entra em campo. Quanto maior o percentual, melhor. O Rain Man das rebatidas foi Babe Ruth, e seu recorde de 1921 se manteve até que Barry Bonds, com braços de 50 cm, surgisse, em 2001.

Melhorar esse número é importante.

Com 303 entradas em campo antes de trabalhar com Jaime, Ben Zobrist conseguiu três *home runs*, com um percentual de rebatida de 0,259. Com 309 entradas em campo depois de trabalhar com Jaime, Zobrist rebateu 17 *home runs*, com um percentual de 0,520. Em 2009, Zobrist ganhou o prêmio de jogador do ano pelos Rays, terminando a temporada com uma média de rebatidas de 0,297 e 27 *home runs*.

Passar de três para 27 *home runs* com quase o mesmo número de entradas em campo é incrível. Entre os profissionais, foi algo inédito.

Se apenas Deus pode formar um grande rebatedor, isso quer dizer que Jamie é Deus?

Ou será que ele está apenas vendo algo que as outras pessoas não viram?

De Deus à granularidade

> Certa vez, Ted Williams disse: "Acertar uma bola de beisebol é a coisa mais difícil do esporte." (...) Jaime Cevallos escolheu como missão de vida conquistar o inconquistável.
>
> *— Fort Worth Star-Telegram*

Isso nos leva à tempestade de neve.

Eu convidara Jaime para demonstrar seus dons numa tela em branco: eu mesmo. Ele viera de Dallas, no Texas, trazendo um carregamento de equipamentos (incluindo um saco de pancada), para aterrissar no extremo oeste da cidade de Nova York.

1 Em inglês, representada pela sigla SLG = (1B + 2 × 2B + 3 × 3B + HR × 4)/AB. Caminhadas, quando um rebatedor ganha uma base de graça, são excluídas desse cálculo e foram subvalorizadas por muito tempo no beisebol, algo que Billy Beane e o Oakland Athletics usaram para criar um time de sucesso com quase nenhum dinheiro, como descrito no livro *Moneyball*.

Munido de um radar de mão, uma câmera, um notebook e vários tacos de beisebol cobertos de resina, ele pôs-se ao trabalho de me transformar num rebatedor em apenas uma sessão. O cenário seriam os frios ginásios de treinamento do Píer 40, e cada bola seria rebatida de um pedestal que a colocava a uma altura de 89 cm, para evitar variações nos lançamentos.

Talvez tenha sido culpa da salsa que tocava no quarto ao lado, onde aspirantes a jogadores profissionais dominicanos jogavam baralho, mas, após 45 minutos de aperfeiçoamento e treinamento, eis os resultados das rebatidas, medidos com o radar de mão:

Antes das instruções (km/h): 109, 111, 77, 80, 96, 75, 79, 102, 67, 109, 114, 107, 67
Média antes das instruções: 92,2 km/h

Depois: 93, 98, 83, 101, 86, 104, 120, 122, 112, 125, 104, 98, 112
Média (primeira rodada) depois do treinamento: 105 km/h

Depois do depois (depois da segunda rodada com o senhor Miyagi): 117, 112, 106, 106, 117, 111, 125, 112, 94, 119, 109, 122, 111
Média pós-treinamento (segunda rodada): 112,6 km/h

Eu ainda não era nenhum Mark McGwire, mas passar de 91 para 112 km/h nas rebatidas se traduz num ganho de distância enorme. Em termos de potencial para *home runs*, o que isso realmente significa?
Usando uma inclinação angular de 45% em cada rebatida, eis a diferença:

Para 92,2 km/h (25,62 m/segundo), a distância é de 48 m.
Para 165,4 km/h (31,33 m/segundo), a distância é de 65 m (um aumento de 35%).[2]

A seguir, os princípios e exercícios nos quais nos concentramos durante esses 45 minutos.

2 Sou muito grato ao professor emérito de física da Universidade de Yale Robert Adair, autor do clássico *The Physics of Baseball* [A física do beisebol], por sua ajuda com esses números. Seu comentário: "As distâncias variam de acordo com a temperatura do ar, a velocidade do vento e a rotação da bola. Além disso, não temos valores perfeitos para a resistência do ar, que varia um pouco de acordo com o eixo de rotação da bola... Uso números de rotação da bola como 1.030 rpm e 1.260 rpm. A bola irá um pouco mais longe a 40 graus (57,31) e 35 graus (70,08)." As distâncias projetadas variavam para quase todos os Ph.D. que Jaime e eu consultamos, mas as diferenças entre o antes e o depois são sempre grandes. Alguns físicos preveem aumentos ligeiramente maiores, de cerca de 50%, de 55 para 76 m, quando se leva em consideração a resistência do ar.

Escolhendo seus ângulos

OS TRÊS GRANDES

O amortecedor

O amortecedor ocorre quando o calcanhar da frente toca no chão antes da rebatida. No amortecedor, o melhor é ter um torque excelente criado pelos ombros e quadril. Jaime chama isso de **ângulo S**. Uma boa medida para o **ângulo** S são 25 graus.

Aumentar o ângulo S é também uma das maneiras de "ganhar tempo" se o arremessador for *off-speed* (isso significa que ele está usando arremessos de bola curva, *changeup*, *knuckleball* ou qualquer outro tipo de arremesso mais lento do que a bola rápida). Velocidades *off-speed* são uma maneira de enganar o rebatedor, levando-o abrir o ombro da frente e perder o torque entre o quadril e os ombros. A batalha entre o arremessador e o rebatedor é, na verdade, uma disputa pela forma do rebatedor. A função do arremessador é (1) fazer arremessos que se convertem em *strikes* e (2) levar o rebatedor a se colocar em posições ruins.

A posição *slot* de Babe Ruth

O *slot*

Duas coisas definem a posição *slot* adequada: (1) o cotovelo de trás cai para a lateral do jogador e (2) a coluna permanece vertical. O *slot* é uma conexão cinética em ação: os braços se submetendo ao poder maior das pernas e quadril, a fim de funcionar como um chicote na zona de rebatida.

Veja a imagem de Ben Zobrist no primeiro dia em que ele filmou com Jaime no inverno de 2007. Compare-a com a imagem de Ben no meio da temporada de 2008. Sua posição *slot* melhorada é óbvia. Zobrist passou por uma revolução a partir daquele ponto da temporada, rebatendo em média um *home run* a cada 18 entradas em campo (antes disso, ele fazia um *home run* a cada 101 entradas). Mais tarde, ele entrou para a seleção de 2009 e foi escolhido o principal jogador dos Rays.

Ben antes Ben depois

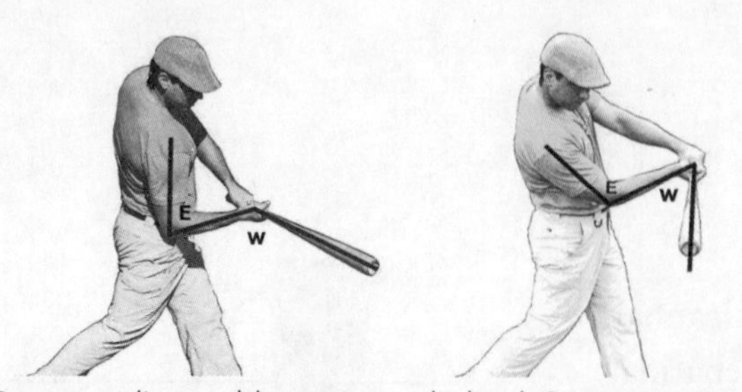

Bom impacto (à esquerda) e mau impacto (à direita). Queremos um ângulo E pequeno e um W grande.

Posição de impacto

A posição de impacto é a impressão digital da rebatida. Nesse caso, ela informa a habilidade do rebatedor, em vez da identidade. Há dois componentes da posição de impacto: os ângulos E e W. O ângulo E é aquele entre o braço e antebraço, que queremos que seja o menor possível (a meta são 80 graus), e W é o ângulo entre o punho e o taco, que precisa ser o maior possível (a meta são 180 graus). Essa posição marca a imagem da rebatida do jogador. A relação entre a posição de impacto e uma grande rebatida é extraordinária.

Contudo, posições de impacto são mais mensuráveis quando convertidas num número. O número ideal 80/20 no qual você deve-se concentrar é TRC.

Antes e depois, com a TRC sobreposta: 265 antes *versus* 345 depois.

Babe Ruth, o rei da TRC.

TRC (Taxa de Rebatida Cevallos) = 3 (180 – E) + W. O número TRC contém informações incomuns envolvendo duas medidas simples no ponto de impacto: a primeira no cotovelo (E) e a segunda entre o braço e o antebraço (W). Eis apenas dois benefícios de uma boa TRC.

1. **Uma alta TRC é, naturalmente, uma rebatida mais curta.** Já que a rebatida se dá perto do torso, em razão do cotovelo na posição *slot*, arremessos longe demais da zona de rebatida são inalcançáveis. O rebatedor com uma rebatida mais curta é obrigado a escolher melhor os arremessos que vai rebater, porque ele não consegue, fisicamente, alcançar bolas fora de determinada zona.

É como boxeadores novatos que praticam a posição adequada da cabeça (abaixada) segurando uma carteira entre o queixo e o peito. Se o boxeador mantiver o queixo abaixado e essa posição se tornar instintiva, será difícil nocauteá-lo. Se um rebatedor não deixar que seu cotovelo saia da posição *slot* na zona de rebatida, ele não irá tentar rebater arremessos ruins e será difícil eliminá-lo.

	TRC	PRF	OPS
Babe Ruth	463	0,690	1,1638
Ted Williams	429	0,634	1,1155
Hank Aaron	422	0,555	0,928
Albert Belle	393	0,564	0,933
Harmon Killebrew	386	0,509	0,884
Bernie Williams	381	0,477	0,858
Wade Boggs	354	0,443	0,858
Tony Gwynn	321	0,459	0,847
Pete Rose	318	0,409	0,784
Don Mattingly	313	0,471	0,830
Rickey Henderson	296	0,419	0,820

TRCs históricas: em comparação com a TRC, a PRF é essencialmente uma medida da força do atleta e a OPS (do inglês *on-base plus slugging*, a capacidade de o rebatedor rebater e conquistar bases) é uma medida da força e constância.

2. **Numa rebatida com alta TRC, o contato com a bola é feito mais para trás, perto do apanhador.** Isso naturalmente dá ao rebatedor mais tempo para avaliar o arremesso antes de iniciar o movimento.

Jaime explica melhor:

— Uma alta TRC não é apenas um indicador de força (massa × aceleração). Uma alta TRC é, também, sinal de constância, já que o braço de trás permanece passivo, permitindo que o corpo movimente o bastão dentro da zona de rebatida antes e o mantenha ali por mais tempo, criando maior ADI [Área de Impacto, sobre a qual falaremos em seguida].

É possível conseguir uma TRC maior ao fazer algo que reduza a força, como afastar o braço da frente do peito (à la Derek Jeter). Pode-se transferir muito mais massa e, portanto, força para a bola se o braço da frente estiver próximo ao peito, já que a massa do torso é transferida pelo braço diretamente para o bastão. Deve ser um movimento único.

ÁREA DE IMPACTO (ADI)

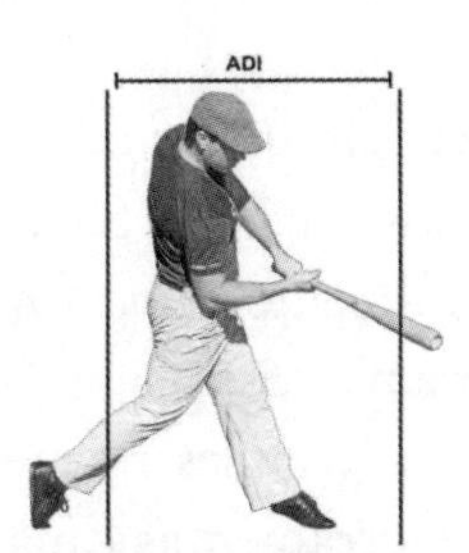

ADI grande — boa.

ADI pequena — ruim.

Conceitos avançados (importantes para rebatidas com arremessadores)

Veja as ilustrações de áreas de impacto (ADI) boas e ruins. A ADI é um indicador do nível de consistência do rebatedor. Ela indica por quanto tempo o bastão está adequado o suficiente ao arremesso para fornecer bastante força à bola arremessada. Você pode notar que a posição *slot* e uma boa TRC geram uma ADI maior. Quanto maior a ADI, maior a probabilidade de se rebater a bola, mesmo que o rebatedor se engane quanto à velocidade dela.

O **ângulo** L mede o "atraso do bastão": o quanto o bastão demora para chegar à zona de rebatida. Consegue-se tal atraso com uma ligeira "torcida" de pulso no alto do bastão em direção à coluna, quando ele ainda está às suas costas. Quanto menor o ângulo L, mais velocidade ganhará o bastão. O segredo é conseguir um ângulo L pequeno no começo da posição *slot*. Se você conseguir um "atraso do bastão" tarde demais no movimento, enquanto o bastão estiver passando pela zona de rebatida, ele diminuirá sua ADI.

Praticando seus ângulos

A melhor maneira de criar uma nova posição de impacto é bater num saco de pancadas, parar na hora do impacto e verificar sua posição. Faça isso durante 10 minutos e depois pratique rebater bolas de um pedestal, repetindo o movimento.

Esse foi o único exercício que executei com Jaime. Funciona perfeitamente.

Descobrir os segredos da TRC e da biomecânica envolvida nela é multiplicar (figurativa e literalmente) uma força capaz de transformar rebatedores medíocres em atletas premiados.

É possível que alguns grandes rebatedores sejam criação de Deus, mas a ciência também fornece ferramentas capazes de criá-los.

O exercício que aumentou minha distância em 35%

Note que os dedos do pé e os joelhos estão virados para a frente quando a perna da frente se move. Para um rebatedor destro, o pé aponta aproximadamente para as 10h, pensando num relógio, caso você considere 12h a posição na qual eles se encontram na segunda imagem. Isso alarga o quadril e aumenta o torque.

Para evitar que se curve para trás e para garantir que a coluna se mantenha perpendicular ao chão, concentrei-me em manter meu ombro esquerdo afastado da orelha esquerda.

Para o impacto final, o aumento maior na velocidade (e no som) foi conseguido quando me concentrei em movimentar a parte direita do quadril para a frente, intencionalmente estendendo a perna esquerda à frente. Se você praticar este alongamento forçado, espere obter velocidades maiores — e uma dor intensa no dia seguinte.

FERRAMENTAS E TRUQUES

Exercício com o saco de pancada (www.fourhourbody.com/impact) Esse é o vídeo real do treinamento com a rebatida no saco de pancada que Jaime e eu realizamos juntos. O progresso é nítido do início ao fim, e é possível ouvir os conselhos de Jaime.

O caso Jaime Cevallos (www.fourhourbody.com/cevallos) Como Jaime, que ganhava US$7 por hora, passou a treinar os principais jogadores do beisebol norte-americano? Ele usou meu livro anterior, *Trabalhe 4 horas por semana*, como um manual passo a passo. Esse post explica como conseguiu acesso aos jogadores profissionais e acabou na imprensa, incluindo a *ESPN: The Magazine*, entre outros veículos.

Taco de treinamento MP30 (http://www.theswingmechanic.com/) Cada vez mais comum entre os profissionais, o bastão de treinamento MP30 treina rebatedores usando a posição ideal *slot* para gerar mais força.

Sports Radar Gun (www.fourhourbody.com/radar) Esse radar medirá tudo, arremessos, rebatidas ou carros.

Moneyball: The Art of Winning an Unfair Game [*Moneyball*: A arte de ganhar um jogo injusto], **de Michael Lewis (www.fourhourbody.com/moneyball)** Em *Moneyball*, o grande escritor Michael Lewis narra como o Oakland Athletics alcançou um incrível recorde de vitórias em 2002, apesar de ter a folha de pagamento mais barata dos times da Liga Profissional. O gerente-geral do time, Billy Beane, acreditava que a ciência objetiva podia vencer os olheiros subjetivos. Ele contratou professores renomados de estatística para ajudá-lo a comprar jogadores desvalorizados com base em números ignorados, como eliminações de arremessadores. Mesmo que odeie beisebol, você vai adorar esse livro.

UMA VIDA MAIS LONGA E MELHOR

VIVENDO PARA SEMPRE

Vacinas, sangrias e outras diversões

Não há nada na biologia conhecida que indique a inevitabilidade da morte.
— Richard Feynman, Prêmio Nobel de Física de 1965

Não é a vida, mas a boa vida que deve ser valorizada.
— Sócrates

Este será o mais curto capítulo já escrito sobre como prolongar a vida.

Vamos começar, como acontece com todos os bons capítulos curtos, com a história de dois macacos: Canto e Owen. Abrigados na Universidade de Wisconsin, são dois rhesus quase idênticos, com uma exceção. Canto está de dieta.

Mais precisamente, suas calorias estão restritas a menos 30% do que o normal. Ele faz parte de um grupo de macacos que passa pelo equivalente ao programa dos Vigilantes do Peso® do mundo animal há duas décadas. Owen, no grupo de controle, é um completo contraste. Ele come o que quiser. Até agora, nesse experimento de mais de 20 anos, 37% dos macacos do grupo "coma, beba e seja feliz" morreram por motivos relacionados à idade. Já o grupo cujas calorias consumidas são controladas tem uma taxa de mortalidade bem menor, **quase dois terços menor**.

Cancele aquela sua reserva num restaurante delicioso! Na verdade, já é hora de cancelar os jantares para sempre!

A não ser que, espera aí, isso é mesmo tudo que há para ser dito? Roger Cohen, cujo pai, um médico, estudou babuínos a vida toda, compartilhou uma visão menos sensacionalista na seção de opinião do *New York Times*, num artigo intitulado "The Meaning of Life" [O sentido da vida]. Eis um trecho de seu depoimento:

> O que me leva a falar de Canto, com sua dieta de baixas calorias, e Owen, com sua dieta altamente calórica: Canto parece contido, assustado, reduzido a pó e triste em sua magreza, a boca ligeiramente embasbacada, os traços marcados, os olhos vazios, sua expressão gritando: "Por favor, não, não me traga outro prato de sementes!"
>
> O bem alimentado Owen, por outro lado, é um ser feliz com um sorriso malicioso, um macaco sempre calmo, rechonchudo, os olhos brilhantes, a boca relaxada, a pele reluzente, exalando sabedoria como se tivesse acabado de ler Kierkegaard e concluído que "a vida deve ser vivida olhando para a frente, mas só pode ser compreendida se olhada para trás".
>
> Eis a diferença entre o cara que come o filé gorduroso e o que come o filé sem gordura nenhuma. Ou entre o cara que bebe um Château Grand Pontet St. Emilion com seu queijo brie e o cara que só bebe água. Como diz Edgar em *Rei Lear*, "a prontidão é tudo". Não se alcança a prontidão comendo casca de maçã no café da manhã...
>
> Quando o prolongamento da vida supera a qualidade dela, tudo que você consegue é a desolação do macaco Canto. Não tenho nenhum interesse em viver 120 anos. Canto parece estar implorando para que o matem e o livrem do sofrimento...
>
> Não entendemos o que a mente esconde. Esse processo de envelhecimento continua um enigma. Mas eu apostaria no jovial Owen vivendo mais do que o miserável Canto...
>
> O riso expande a vida. Há pouco disso no mundo das dietas, e não há muita dúvida de que o rechonchudo Owen rirá por último.[1]

Se seu objetivo for viver o máximo possível, há uma lista longa, infinita, de coisas a evitar. A boa notícia é que prolongar a vida não precisa ser algo complicado.

Para os homens, pode ser algo tão simples quanto bloquear alguns websites e conter um pouco da masculinidade. O lobby pró-ejaculação perdeu terreno em 1992, quando o *The New York Times* deu a notícia:

EM VERMES, AO MENOS, A PRODUÇÃO DE ESPERMA ENCURTA A VIDA DOS MACHOS

Veja só. O doutor Wayne Van Voorhies, da Universidade do Arizona, permitiu que nematódeos, também conhecidos como "lombrigas", se matassem

1 Roger Cohen, "The Meaning of Life" [O sentido da vida], *The New York Times*, 19 de julho de 2009, seção de opinião.

copulando. Em sua pesquisa, os nematódeos que evitavam a cópula viveram em média 11,1 dias. Já os que puderam copular viveram míseros 8,1 dias. Não viram seus filhos crescerem, nem jogaram golfe em St. Andrews.

É uma história triste de escrotos cansados (ou o que quer que os vermes tenham no lugar dos escrotos).

"Os genes e os processos biomecânicos usados pelos nematódeos são os mesmos de humanos e outros mamíferos", explicou o doutor Philip Anderson, da Universidade de Wisconsin.

O *Times* ligou os pontos ao concluir: "A produção incessante de espermatozoides cobra um preço no macho, talvez exigindo o uso de enzimas e processos biomecânicos complexos que têm efeitos metabólicos danosos (...) A diferença na expectativa de vida entre homens e mulheres (as mulheres vivem, em média, seis anos a mais) pode estar relacionada à produção de espermatozoides."

Enfim, chega de ejacular! É como descobrir que usar fio dental é ruim. Nada mais de sexo animal ou de pulsos doloridos. Um incômodo a menos. E você talvez viva 37% a mais!

Na busca por uma vida mais longa, vale a pena usar cautela a mais, evitar riscos desnecessários ou desconhecidos. Afinal, para viver você não precisa de *muito*. Água, ar, um mingau com um pouco de proteína e abrigo cobrem todas as necessidades. Alguém pode sugerir que não se saia de casa, não se dirija ou viaje, e certamente que não se exponha a outros seres humanos, que podem estar doentes com rinotraqueíte ou dermatite das fraldas.

Naturalmente, evitar tantos riscos leva ao que todos queremos: uma vida longa e horrível.

Vamos presumir que você é um dos poucos (bilhões) que desejam certa diversão e liberdade na vida. A questão, então, já não é "como prolongar a vida a qualquer custo", e sim "como prolongar a vida sem diminuir demais sua qualidade".

A abordagem mais básica seria comer, beber, ser feliz e acreditar que algumas risadas e calorias saborosas a mais desmentirão a maioria das teorias de laboratório a longo prazo. Acredito nisso.

A segunda abordagem complementar, que pode ser seguida em conjunto com a primeira, é pensar em terapias que sejam o menos inconvenientes possível e que, com base na literatura científica, funcionem em seres humanos.

As escolhidas

As poucas terapias escolhidas devem, então, passar por um filtro ético. "Ética" pode ser algo nebuloso, mas eis aqui um exemplo:

Se você é mulher e quer se garantir contra o câncer, pode optar por ter uma gestação antes dos 20 anos. Alguns cientistas acreditam que essa seria “a maneira natural mais eficiente de se proteger contra o câncer de mama”, por conta do hormônio hCG.

Você deve, então, ter filhos antes dos 20? Acho que prolongar a vida não é uma justificativa boa o suficiente, principalmente quando há outra vida envolvida na escolha. Portanto, essa opção está fora da nossa lista.

Separando o joio do trigo, talvez devamos considerar quatro candidatas:

- Resveratrol
- Injeções da droga imunossupressora rapamicina[2]
- Vacinas contra o mal de Alzheimer
- Terapias de células-tronco

Isso talvez o faça passar dos 200 anos, principalmente se você combiná-las.

E eu as evito.

Mas... por quê?

Acredito, como alguns cientistas, que se concentrar em terapias *globais* (drogas e tratamentos com efeitos moleculares amplos) sem dados de longo prazo em humanos é gastar energia à toa, uma energia, aliás, cheia de efeitos colaterais imprevisíveis.

Veja o resveratrol, por exemplo, que hoje em dia pode ser facilmente comprado em farmácias. Ele é eficiente no prolongamento da vida de quase todas as espécies em que foi testado, mas também pode bloquear ou ativar receptores de estrogênio. Isso poderia afetar outros hormônios ou processos metabólicos, interrompendo a fertilidade se tomado com frequência? Impossível dizer, e é por isso que usarei altas doses de resveratrol por períodos curtos, para aumentar a resistência e verificar problemas sanguíneos, mas não indefinidamente, para prolongar minha vida. Ativadores da enzima telomerase, como o TA-65, por exemplo, também se dizem capazes de prolongar os relógios de nossos cromossomos, denominados “telômeros”. A TA-65 pode custar até US$15.000 por ano. É possível que, ao intensificar a multiplicação das células, você aumente a possibilidade de um perigoso crescimento canceroso? Talvez. Simplesmente está além da capacidade da tecnologia disponível garantir um ou outro resultado, por isso também evitarei a TA-65.

Mas, se a terra prometida não está nas terapias de efeito global, onde está ela?

2 A rapamicina induz quimicamente a autofagia, o que a reciclagem proteica, mencionada mais à frente, realiza naturalmente.

Até que possamos comprar um kit *RoboCop* de medicina regenerativa numa loja de departamentos, há poucas opções na segunda lista.

Vejamos o que estou usando atualmente.

Todas as terapias são de baixo custo, baixa tecnologia e baixo risco. A maioria também propicia benefícios atléticos ou corporais, mesmo que seus efeitos no prolongamento da vida se mostrem, depois, equivocados.

1. CICLOS DE 5 A 10 GRAMAS DE CREATINA MONOIDRATADA (CUSTO: US$20/MÊS)

A creatina monoidratada, famosa entre os atletas desde que começou a ser comercializada, em 1993, passou a ser vista com interesse renovado por diminuir ou evitar o desenvolvimento de doenças como Alzheimer, Parkinson e Huntington.

Há quase 20 anos de pesquisas publicadas envolvendo o uso da creatina monoidratada em seres humanos. Como minha família tem casos de Alzheimer e Parkinson tanto do lado paterno quanto do materno, é uma apólice barata. Consumo 5 a 10 g de creatina monoidratada em pó por dia, durante duas semanas consecutivas a cada dois meses. Se optar por esse tratamento, sugiro que faça exames para rastrear enzimas hepáticas, ureia sanguínea e todos os exames comuns para garantir que você não tenha problemas renais. As complicações são raras, mas um grama de prevenção vale por um quilo da cura. Em nenhum campo isso é mais acertado do que no do prolongamento da vida.

2. JEJUNS INTERMITENTES (JI) OU RECICLAGEM PROTEICA (CUSTO: GRATUITO)

E se o pobre e faminto Canto precisasse apenas de um jejum ocasional para prolongar sua vida?

A privação calórica constante tem seus riscos, afinal. A queda na produção de hormônios sexuais, por si só, pode provocar amenorreia (interrupção da menstruação) e osteoporose, entre outros problemas.

A verdade é que você pode simular, ou até mesmo superar, os supostos efeitos de prolongamento da vida da restrição calórica com "jejuns intermitentes" (JI). Isso serve ainda que você consuma duas vezes mais calorias do que seu normal nos dias sem jejum, o que resulta num mesmo total semanal de calorias.

Eis aqui algumas versões de protocolos JI ou semi-JI, populares em subculturas experimentais:

Jejum-5: Jejue por 19 horas a começar na hora de dormir e depois passe cinco horas comendo o quanto for necessário para saciar sua fome. Esse é um método popular para a perda moderada de peso, que geralmente começa na terceira semana, e em média é possível se perder meio quilo por semana depois disso.[3]

Algumas pesquisas sugerem que o JI propicia os mesmos benefícios no prolongamento da vida que a restrição calórica apenas quando as calorias são consumidas durante o dia. Se for verdade, isso torna o Jejum-5 melhor para a perda de peso do que para a longevidade.

RCDA: A restrição calórica em dias alternados (RCDA) exige que as calorias consumidas sejam diminuídas em 50 a 80% a cada dois dias. Ela se mostrou eficiente em melhorar a sensibilidade à insulina, a imunidade e até mesmo a asma depois de apenas duas semanas.

Reciclagem proteica: O doutor Ron Mignery, autor do livro *Protein-Cycling Diet* [A dieta da reciclagem proteica], sugere que mesmo um único dia por semana de restrição de proteínas a não mais de 5% das calorias necessárias pode provocar efeitos semelhantes aos da restrição calórica.

Se os mecanismos do JI ou RC são uma reação genética de autopreservação,[4] a reciclagem proteica faz sentido. Não existem carboidratos essenciais. O fato de simplesmente reduzir as calorias (ou os carboidratos) não necessariamente faz disso uma emergência biológica. Por outro lado, mesmo a falta dos aminoácidos essenciais como a lisina por um período reduzido pode bastar para acionar um mecanismo. Nesse contexto, o mecanismo dá início a um processo de "faxina" celular chamado de *autofagia,* cujo propósito, nas palavras do doutor Mignery, é "limpar a célula das proteínas degradadas e agregadas, o que não está acontecendo por meio de outros mecanismos de reciclagem celular". Em princípio, se você se livrar do lixo antes que ele se acumule, adiará ou reverterá o envelhecimento.

Atualmente, estou experimentando tanto a reciclagem proteica de 18 horas[5] quanto a de um dia, que acredito (e isso é pura conjectura) ser também capaz de aumentar a síntese de proteínas subsequente durante a alimentação em excesso. Para fases de crescimento muscular, uso a reciclagem proteica de 18 horas uma vez por semana justamente para esse fim, geralmente terminando entre o meio-dia e as 14h do meu dia de folga, sábado.

Veja a seguir uma amostra do cardápio do meu dia com menos de 5% de proteína, adaptado do livro do doutor Mignery. Notadamente, não é uma Dieta Slow Carb. Depois que você chorar ao ler a dieta, vou lhe contar o que eu faço:

3 http://www.Fast-5.com/content/summary.
4 Não muito diferente da hibernação em algumas espécies.
5 Depois do jantar até o almoço do dia seguinte.

Café da manhã variado — o desjejum pode incluir produtos à base de trigo (deficientes em lisina), como torradas, bolinhos ou bagels, contanto que o trigo seja a única fonte substancial de proteína e que suas calorias sejam intensamente diluídas com calorias de fontes não proteicas (manteiga, açúcar, suco, frutas etc.).

Torrada com cogumelos, cebola e molho — Você pode usar amido de milho para dar consistência à gordura ou ao caldo da carne, formando um molho, e passá-lo sobre a torrada com cogumelos e cebola.

Espinafre com vinagre — Você pode temperar espinafre congelado cozido no micro-ondas (menos de duas xícaras) com vinagre de qualquer tipo para obter um prato quase sem proteína com a textura e a sensação da carne.

Alternativas à carne — Uma fatia de berinjela cozida no micro-ondas pode servir de recheio para um sanduíche com algo da forma e da textura de um almoço com carne. Azeitonas pretas também dão um pouco da textura da carne, sem a proteína.

Alternativas ao feijão — Feijão e ervilha contêm muita proteína e não podem ser consumidos na fase de restrição da reciclagem proteica. Mas você pode substituí-los por bolinhas de amido de mandioca, chamadas de "tapioca pérola" (também conhecidas como sagu). Elas são comuns na culinária tropical e estão disponíveis em vários tamanhos e cores. Você talvez já as conheça se já bebeu chá de bolhas.

Então, eis o que eu faço:

Primeiro, derramo o molho de carne sobre uma tigela de sagu.

Brincadeira. Jejuo depois de um jantar cedo na sexta-feira (18h) e, depois, por volta das 10h da manhã seguinte (16 horas mais tarde), como uma xícara de espinafre com vinagre e temperos, uma fatia de torrada integral com muita manteiga, tudo isso com um enorme copo de suco de toranja. Delícia. Às vezes, depois do meio-dia, como meus croissants de chocolate de sempre e continuo meu dia de folga como um glutão.

3. A ARTE PERDIDA DA SANGRIA (CUSTO: GRATUITO)

Você acha que a sangria saiu de moda na época do julgamento das bruxas de Salem? Não exatamente.

Aposto num ressurgimento em grande escala, e isso tem tudo a ver com o excesso de ferro.

Mais do que o estrogênio, acredita-se que o excesso de ferro explique por que mulheres pós-menopausa (mas não pré-menopausa) têm um índice de ataques cardíacos semelhante ao dos homens. Doo sangue desde 2001, por segurança.

E não estou sozinho. A Pesquisa sobre Centenários da Nova Inglaterra, conduzida pela Faculdade de Medicina da Universidade de Boston, é a maior e mais abrangente pesquisa em andamento sobre pessoas que passam dos cem anos. O doutor Tom Perls, diretor do estudo e professor de medicina, doa sangue a cada oito semanas para simular a perda de ferro da menstruação, o que ele acredita que aumentará sua longevidade: "O ferro é um fator crítico na capacidade que as nossas células têm de produzir aquelas moléculas más chamadas de radicais livres, que exercem importante papel no envelhecimento... Talvez tudo seja uma questão de ter menos ferro no seu corpo."

Há bastantes evidências de que a redução de ferro por meio da flebotomia (sangria) não só melhora a sensibilidade à insulina como também reduz casos específicos de câncer e causas de morte em geral. Altos níveis de ferro podem estar relacionados a um número cada vez maior de ataques cardíacos em homens que não apresentam outros sintomas, ao passo que a doação de sangue está relacionada a uma diminuição nos casos de "incidentes cardiovasculares".

Os doutores Michael e Mary Dan Eades sugerem que o nível de ferritina no sangue deve ser de 50 mg/dl, o que, se seu nível não estiver acima dos 400 mg/dl, pode ser obtido com uma a quatro doações de sangue ao longo de dois meses.[6] Não são usadas sanguessugas. Se você quiser aumentar a eliminação de pesticidas e outras toxinas do ambiente normalmente armazenadas na gordura, pode fazer duas coisas: agendar uma doação dupla de plasma e beber uma xícara de café descafeinado uma hora antes de ir ao centro de doação. O sangue doado sempre contém tais toxinas, então você não estará sendo um mau cidadão se temporariamente ampliar sua excreção.

Apesar de alguns cientistas argumentarem que a *redução* nos níveis de ferro é necessária para se obterem benefícios cardíacos, não vejo mal nenhum em atuar com base nos pontos positivos de dezenas de outros estudos.

O consenso não chegará nunca, mas, mesmo que você não consiga prolongar sua vida, talvez esteja salvando a vida de alguém.

O carma é o que o carma faz.

Um pouco de flor, por favor

O escritor dinamarquês Hans Christian Andersen, adorado por seus contos de fadas, como "A pequena sereia" e "A roupa nova do rei", talvez tenha

6 Do livro *O poder da proteína*.

se expressado melhor: "Viver não basta. É preciso o calor do sol, a liberdade e um pouco de flor."

Prolongar a existência à custa da qualidade de vida não faz muito sentido. É mais fácil (e mais cômodo) concentrar-se nas reduções e no que se deve evitar, mas uma vida de negação constante não é uma vida livre.

As grandes recompensas são produto de uma vida boa, não apenas de uma vida longa. No meio disso, entram provavelmente um pouco de vinho tinto e algumas fatias de cheesecake.

E talvez até uma ou outra ejaculação.

FERRAMENTAS E TRUQUES

Doação de sangue Se você tem níveis altos de ferro (como eu tive depois de incluir suco de laranja na minha dieta), a maneira fácil e positiva do ponto de vista cármico de diminuir tais níveis é a doação de sangue. Encontre um centro de doação próximo, marque uma doação e salve vidas.

Alcor (www.alcor.org) Talvez você queira guardar seu corpo em crioconservação ao primeiro sinal de uma doença terminal, para o caso de a tecnologia avançar. Não há lugar melhor do que a Alcor, em Scottsdale, no Arizona, onde dizem que preciosidades como a cabeça de Ted Williams estão guardadas.

***A medicina da imortalidade*, de Ray Kurzweil (www.fourhourbody.com/transcend)** Kurzweil, considerado o "herdeiro de Thomas Edison" pela revista *Inc.*, propõe que as pessoas interessadas no "prolongamento radical da vida" deveriam ter como objetivo imediato viver pelos próximos 20 ou mais anos, a fim de ver os avanços da reprogramação do DNA e robôs submicroscópicos reparadores de células. Esse livro abrange as nove áreas essenciais para o prolongamento da vida.

***Protein-Cycling Diet* [A dieta do ciclo proteico], do doutor Ron Mignery (www.proteincycling.wordpress.com)** De acordo com o livro, disponível gratuitamente nesse link, um único dia na semana de restrição proteica de não mais do que 5% das calorias necessárias pode produzir efeitos semelhantes aos da restrição calórica prolongada.

Fundação Methuselah (www.mfoundation.org) Essa instituição médica sem fins lucrativos se dedica a prolongar a vida humana. A fundação também oferece a Rede NewOrgan Network, para quem precisa de transplantes, tornando mais fácil entrar em contato com a família e os amigos em busca de apoio.

Immortality Institute (www.longecity.org) O Immortality Institute é uma organização filantrópica internacional. Sua missão é "acabar com a praga da morte involuntária". Apesar de não gostar da palavra *praga,* adoro o fórum de discussões desse website, com centenas de pessoas fazendo experiências em si mesmas (incluindo cientistas renomados que publicam anonimamente) e relatando resultados surpreendentes e avanços no uso de suplementos experimentais, medicamentos e outras terapias alternativas.

Snowball (www.fourhourbody.com/snowball) Se você pensa muito na morte, a vida parece séria demais. Dê uma olhada nesse site. Isso lhe dará uma nova perspectiva. Confie em mim.

CONSIDERAÇÕES FINAIS

CONSIDERAÇÕES FINAIS

O cavalo de Troia

Ou nos tornamos infelizes ou nos tornamos fortes. O trabalho é o mesmo.
— Carlos Castaneda

— Correr uma ultramaratona não pode ser bom para a pessoa. Não imagino como pode ser bom para o corpo — eu disse.

Eu não estava interessado em resistência. Correr não era para mim e nunca seria. Brian MacKenzie riu:

— Bom do ponto de vista físico? Não. Mas você vai se recuperar. E garanto: se você correr 50 ou 160 km, quando terminar, não será a mesma pessoa que começou.

Pensei por uns instantes, e foi aí que mordi a isca.

Eu já havia visto um estranho efeito cascata acontecer dezenas de vezes no mundo do ganho de força, mas, por algum motivo, nunca o associara à resistência. Assim como talvez você também não tenha ligado os pontos entre alguns assuntos abordados neste livro. Afinal, numa economia do conhecimento, qual é o valor de levantar mais peso ou perder 2% de gordura corporal? De acertar o *home run*?

A resposta numa só palavra é: transferência.

Meu pai perdeu mais de 30 kg de gordura em 10 meses e triplicou sua força. Durante seu check-up anual, o médico disse que talvez ele vivesse para sempre.

As mudanças físicas eram incríveis, mas os curiosos efeitos colaterais do programa foram os maiores incentivos para continuar. Como meu pai explicou:

É muito estranho. Eu costumava me sentir um homem invisível, mas agora as pessoas prontamente perguntam minha opinião e me levam mais a sério. Deixei de ser um despercebido para virar alguém que as pessoas notavam. Além da parte estética e dos benefícios em termos de desempenho, há um enorme benefício social. Deixei de ser invisível.

Além disso, depois de perder 25 ou 30 kg e fazer o que antes pensava ser impossível, você começa a ver outras "impossibilidades" — dobrar sua renda em 12 meses ou qualquer outra coisa — como "possibilidades".

Este livro é um cavalo de Troia cheio de transferências inesperadas.

Ele pretende torná-lo um ser humano melhor por inteiro. E também tem a intenção de transformá-lo num exemplo para as pessoas à sua volta.

Completude parcial

A maioria de nós se resignou com uma *completude parcial*, como aconteceu com Chad Fowler antes de perder quase 50 kg. A completude parcial pode assumir muitas facetas, mas geralmente tem a forma de um diálogo consigo mesmo mais ou menos assim:

"Simplesmente não sou [magro, rápido, forte, musculoso etc.]. Eu sou assim."

"XYZ não importa. Não é tão importante assim."

Essas frases são ditas ou pensadas por vários motivos. Muitas vezes são usadas para justificar algo externo que as pessoas acreditam ser incapazes de mudar.

A beleza disso é que quase tudo pode ser mudado.

E o mais importante: o motivo para transformar o físico não é nada físico.

Em 2007, fui entrevistado para o boletim mensal de Eben Pagan, que controla um império com faturamento de US$30 milhões por ano em conselhos de relacionamentos. Uma das primeiras perguntas dele foi:

— Qual é a maneira mais rápida de alguém melhorar seu interior?

Ao que eu respondi:

— Melhorar o exterior.

Se você quer ser mais confiante e eficiente, em vez de usar o pensamento positivo ou fazer uma ginástica mental, o que é fácil de derrotar, aprenda a correr mais rápido, a levantar mais peso que os outros ou a perder aqueles 5 kg que faltam. É algo mensurável, lógico, e você não pode se enganar. Portanto, funciona.

Você se lembra da resposta de Richard Branson à pergunta "Como se tornar mais produtivo?": exercite-se.

A separação cartesiana entre corpo e mente é falsa. Eles estão relacionados. Comece com a precisão de uma mudança da sua realidade física e quase sempre o efeito dominó vai se encarregar do seu interior.

Tornando-se completo

Seu corpo está quase sempre sob seu controle.

Isso é raro na vida, talvez único. Simplesmente ater-se a algum elemento mensurável da sua natureza física pode evitar que você se transforme num apostador, em alguém que não se mantém, dependendo completamente de algo que está além do seu controle.

O trabalho não está bom? A empresa está passando por problemas? Algum idiota está tornando sua vida difícil? Se você acrescentar 10 voltas na piscina à sua natação ou se reduzir seu melhor tempo de corrida em cinco segundos, a semana ainda pode ser muito boa.

Controlar seu corpo põe você no comando da sua vida.

Quinze meses depois de dar à luz seu primeiro filho, Dara Torres trouxe para casa a medalha de ouro do campeonato norte-americano de nado livre... aos 40 anos. Três dias mais tarde, quebrou seu próprio recorde na prova dos 50 m de nado livre, dominada por jovens, um recorde que ela havia estabelecido aos 15 anos.

Aos 45 anos, George Foreman levou a nocaute Michael Moorer, de 26 anos, para se tornar o campeão mundial dos pesos-pesados, título que havia perdido para Muhammad Ali duas décadas antes.

Jack Kirk, "o Demônio de Dipsea", correu a famosa corrida de Dipsea pela primeira vez em 1905. Ele continuou disputando a prova durante 67 anos, a última vez aos 94 anos de idade, e quebrou o recorde de corridas consecutivas na Maratona de Boston, que antes era do lendário Johnny Kelley. Jack vivia dizendo que "você não para de correr porque está velho. Você fica velho porque para de correr!".

Recuse-se a aceitar a completude parcial.

Dê o próximo passo: pegue uma caneta e faça uma lista de todas as coisas em que você é ruim no reino do físico e com as quais se conformou. Agora se pergunte: se eu não fracassasse, em que eu gostaria de ser excepcional? Circule essas realidades alternativas.

Essa lista, com as palavras circuladas diante de você, lhe dá um plano não só para um corpo novo, mas para uma vida totalmente nova.

Nunca é tarde para se reinventar.

O cientista da computação Alan Kay disse certa vez:

— A melhor maneira de prever o futuro é inventá-lo.

Por onde você vai começar?

APÊNDICES E EXTRAS

MEDIDAS E CONVERSÕES ÚTEIS

Peso (alimentos)

QUANTIDADE	PESO EM GRAMAS
1 onça	28
4 onças ou 1/4 de libra	113
1/3 de libra	150
8 onças ou 1/2 libra	230
2/3 de libra	300
12 onças ou 3/4 de libra	340
16 onças ou 1 libra	450

Peso corporal

LIBRAS	QUILOS
100	45,4
120	54,4
140	63,5
160	72,6
180	81,6
200	90,7
220	99,8
240	108,9

Volume (alimentos)

	GRAMAS (G) (ÁGUA)	COLHER DE CHÁ	COLHER DE SOPA	ONÇA LÍQUIDA	XÍCARA	PINTA	QUARTO	LITRO	GALÃO (ESTADOS UNIDOS)	GALÃO IMPERIAL
1 grama (água)	1	0,203	0,068	0,034	0,0042	0,0021	0,0011	0,0010	0,0003	0,0002
1 colher de chá	4,92	1	1/3	1/6	0,021	0,010	0,005	0,005 (5 ml)	0,0013	0,0011
1 colher de sopa	14,75	3	1	1/2	1/16	1/32	1/64	0,015 (15 ml)	1/256	0,003
1 onça líquida	29,5	6	2	1	1/8	1/16	1/32	0,030	1/128	0,007
1 xícara	236	48	16	8	1	1/2	1/4	0,237	1/16	0,052
1 pinta	472	96	32	16	2	1	1/2	0,473	1/8	0,104
1 quarto	944	192	64	32	4	2	1	0,946	1/4	0,208
1 litro	997,51	202,88	67,63	33,81	4,227	2,113	1,057	1	0,264	0,220
1 galão (Estados Unidos)	3776	768	256	128	16	8	4	3,7854118	1	0,833
1 galão (imperial)	4534,79	922,33	307,44	153,72	19,22	9,61	4,408	4,546	1,201	1

SENDO EXAMINADO – DE NUTRIENTES A FIBRAS MUSCULARES

Não é necessário gastar uma fortuna com exames.

Os poucos testes essenciais neste capítulo foram organizados a partir do mais barato para o mais caro,[1] e coloquei asteriscos (***) nos que renderam resultados mais úteis para mim e outras cobaias neste livro.

De todos os exames de sangue, o SpectraCell foi, sem dúvida, o de maior impacto para o estudo dos casos que supervisionei. Está na página 488.

Use esses exames como ponto de partida, começando com o mais barato e fazendo outros somente se necessário ou se seu orçamento permitir. Os mais sofisticados podem ser solicitados por um médico se os básicos apresentarem alguma anormalidade.

Não tem certeza do que significa *hemograma completo* ou *TSH*? No começo, eu também não tinha, mas você pode aprender sobre *qualquer* um deles em 60 segundos. Aliás, pode aprender sobre todos eles em 60 minutos. Visite www.fourhourbody.com/bloodtests para conhecer termos desconhecidos que aparecem nos exames de sangue ou para entender melhor seus próprios resultados.

Eis aqui algumas regras básicas para evitar que você se torne um Woody Allen neurótico:

1. **Se você não pode fazer nada a respeito ou não gosta, não perca seu tempo fazendo exames.** Ninguém precisa descobrir que tem predisposição a uma doença sobre a qual não pode fazer nada. Atente ao que é útil e ignore o restante.
2. **Faça um mesmo exame no mesmo horário.** O horário é muito importante. Para comparar exames anteriores e posteriores, tente realizá-los no mesmo horário e no mesmo dia da semana e, se você for mulher, no mesmo ponto do seu ciclo menstrual. Nos homens, os níveis de testosterona, por exemplo, podem ter alteração de mais de 10% das 8h até o meio-dia.

1 Se há uma variação muito grande de preço, usei o menor deles para organizar a lista.

3. **Se você receber um resultado alarmante, refaça o teste antes de realizar mudanças drásticas.** Um conhecido tirou quase todos os alimentos da sua dieta — "Sou alérgico a tudo!" — sem se tocar que exames para alergia alimentar são famosos por darem erros. Se você obtiver um resultado alarmante, refaça o exame. Se você tiver dinheiro, considere um laboratório diferente ou, melhor ainda, enviar duas amostras idênticas para o mesmo laboratório, com nomes diferentes. Fiz isso com vários exames, incluindo o 23andMe, para garantir que os resultados fossem consistentes. O 23 andMe foi aprovado, mas muitos outros não. Busque uma segunda opinião antes de qualquer atitude drástica.

Agradeço especialmente ao doutor Justin Mager por me ajudar a lidar com o mundo dos exames.

O CARDÁPIO

O plano de saúde geralmente cobre os dois primeiros exames abrangentes que você realizar, e eu o encorajo a conversar com seu médico sobre essa opção.

Prefiro manter meus exames (e seus resultados) fora dos arquivos das seguradoras e geralmente pago com cartão de crédito. Por isso, listei o custo, em dinheiro, para cada exame. Vá direto para "BodPod", na página seguinte, se seus olhos não suportam detalhes sanguinolentos.

Hemograma completo: Gratuito a US$600

Esses exames-padrão foram realizados no Centro de Saúde Clear perto de San Francisco e analisados pelos laboratórios Hunter (www.hunterlabs.com):

***Chem 6: US$210

Inclui: perfil metabólico completo (análise química), análise lipídica, ferritina, ferro, MG, TSH, FT3, FT4, cortisol, insulina, hemograma completo, urina, fosfolipase A2-lipoproteína PLA2, vitamina D.

***Pacote Male V: US$360

Inclui: estradiol, PSA, DHEA-S, LH, pregnenolona, cortisol, testosterona livre e total, IGF-1 (indicativo do hormônio do crescimento).

Outros exames para homens:

DHT:	US$22,80
FSH:	US$40
Progesterona:	US$40

Perfil feminino[2]
(pode ser feito juntamente com o Chem 6): US$400 a US$700
Inclui: homocisteína, lipoproteína(a), pré-albumina, tireoide, DHEA-S, estradiol, progesterona, FSH, LH, proteína C reativa (PCR), ferro, ferritina, hepatite, HIV.

Sinais inflamatórios: Detecta problemas no sangue, coagulação anormal, e avalia o risco de ter um ataque cardíaco.

Proteína C reativa (PCR):	US$30
Homocisteína:	US$30
Fibrinogênio:	US$40
Hemoglobina glicosilada:	US$25

Enzimas hepáticas: Use esses exames para descobrir se você tem qualquer distúrbio, doença ou lesão no fígado, seja em virtude de sua dieta, dos suplementos ou de outra causa.

TGP:	US$6
TGO:	US$6

*****BodPod (www.fourhourbody.com/bodpod): US$25 a US$50 por sessão** A mensuração de gordura corporal oficial da análise física da NFL. É simples: sente-se dentro de uma cápsula fechada, e a alternância na pressão do ar determinará sua composição corporal.

*****DEXA (procure "DEXA" e "gordura" no Google): US$50 a US$100 por sessão** A absorciometria de feixe duplo de raios X (DEXA, na sigla em inglês) é minha opção preferida para medir a porcentagem de gordura corporal, já que o resultado contém informações valiosas além da composição corporal, incluindo desequilíbrios de massa e a densidade óssea.

2 Como não sou mulher, isso foi obtido em outra fonte, não nos laboratórios Hunter: http://www.anylabtestnow.com/Tests/Female_Tests.aspx.

***Kits ZRT de exames caseiros para vitamina D (www.zrtlab.com/vitaminadcouncil): US$65 a US$220** Determina seus níveis de vitamina D antes da suplementação. Os testes ZRT são baseados na saliva e razoavelmente precisos. Note que a vitamina D geralmente está incluída no hemograma completo (no nosso exemplo, o "Chem 6") e sempre está incluída no exame SpectraCell que recomendei.

Perfil genético (www.23andme.com e www.navigenics.com): US$99 a US$1.000 por teste Se você quer determinar seus fatores genéticos para a contração rápida de fibras musculares, o metabolismo da cafeína ou a composição étnica, esses testes lhe darão as respostas.

Laboratórios do Coração de Berkeley ou perfis cardíaco e lipídico: US$120 a US$260 Se você concorda com a hipótese lipídica da doença cardiovascular (em essência, que são o colesterol e a gordura que a causam), esses laboratórios oferecem análises lipídicas completas, incluindo exames que medem o tamanho das partículas de LDL e HDL e as distribuem em sete e cinco subclasses, respectivamente.

Teste de alergia alimentar (exame básico alimentar Meridian E95): US$140 Incluí esse exame na lista mais como uma advertência do que como recomendação. Entrevistando médicos que analisam exames Meridian regularmente, ficou evidente que certos alimentos (abacaxi, feijão, clara de ovo etc.) geralmente dão positivo em quase todos os pacientes, mas há também períodos de menor "reação alérgica", novamente em quase todos os pacientes. Isso mostra que há problemas nos processos de exames e nos exames em geral, e resultados questionáveis parecem ser comuns na maioria dos laboratórios. Isso também serve para exames relacionados à "permeabilidade intestinal".

Há, contudo, dois indicativos principais nos meus experimentos e pesquisas com alergias alimentares: a maioria dos problemas é causada por glúten, o que não se deve consumir muito mesmo; e você pode *criar* alergias alimentares se comer as mesmas coisas e as mesmas fontes de proteína o tempo todo. A solução: siga a Dieta Slow Carb e mude suas fontes principais de proteína e suas refeições básicas mais ou menos a cada mês.

***Exame de urina para a detecção de metais tóxicos: US$160 (kit de US$60 + US$100 para a injeção de DMPS)** Nesse exame, você recebe uma injeção de uma substância química que une todos os metais pesados do seu corpo (isto é, um agente *quelante,* como a DMPS), e depois eles são expelidos pela urina. Usando um pote plástico, você coleta a urina por um período de seis horas e a leva para análise. Para conferir os efeitos da carne de peixes grandes, comi peixe-espada e atum antes da injeção. O resultado? Dobrei meus níveis de mercúrio depois de uma única refeição. Não faça isso.

***Exame completo de fezes e parasitológico: US$245** Esse teste, realizado em vários laboratórios, analisa sua saúde por meio da sua maior área de interação com o meio ambiente: o intestino. Ele ajudará a identificar transtornos digestivos ou problemas causados por parasitas. Se você não consegue ganhar peso, esse teste deve ser uma prioridade.

***Exame de nutrientes SpectraCell (www.fourhourbody.com/spectracell): US$364** Esse exame é usado para apontar deficiências de vitaminas e micronutrientes. Ele me ajudou a identificar minha deficiência em selênio, que, uma vez corrigida, ajudou a triplicar meus níveis de testosterona. Outra pessoa que se sujeitou ao exame descobriu enorme deficiência em seus níveis de vitaminas B12 e D, que, uma vez corrigida, o tornou ativo a tal ponto que ele se sentia como se tivesse cheirado cocaína. Mas de um jeito bom. Altamente recomendado.

Exame ByoPhisical (www.fourhourbody.com/biophysical): US$3.400 a US$8.000 É um exame completo. Ao pesquisar os sinais biológicos no seu sangue, ele detectará problemas médicos e doenças, entre eles: doenças cardiovasculares, câncer (incluindo câncer de mama, cólon, fígado, ovário, próstata e pâncreas), transtornos metabólicos (como diabetes e síndrome metabólica), doenças autoimunes (como artrite reumatoide e lúpus), doenças bacterianas e virais (como mononucleose e pneumonia), desequilíbrios hormonais (incluindo menopausa, deficiência de testosterona e problemas na tireoide) e condição nutricional (como deficiências de vitaminas e proteínas).

MÚSCULOS DO CORPO (PARCIAL)

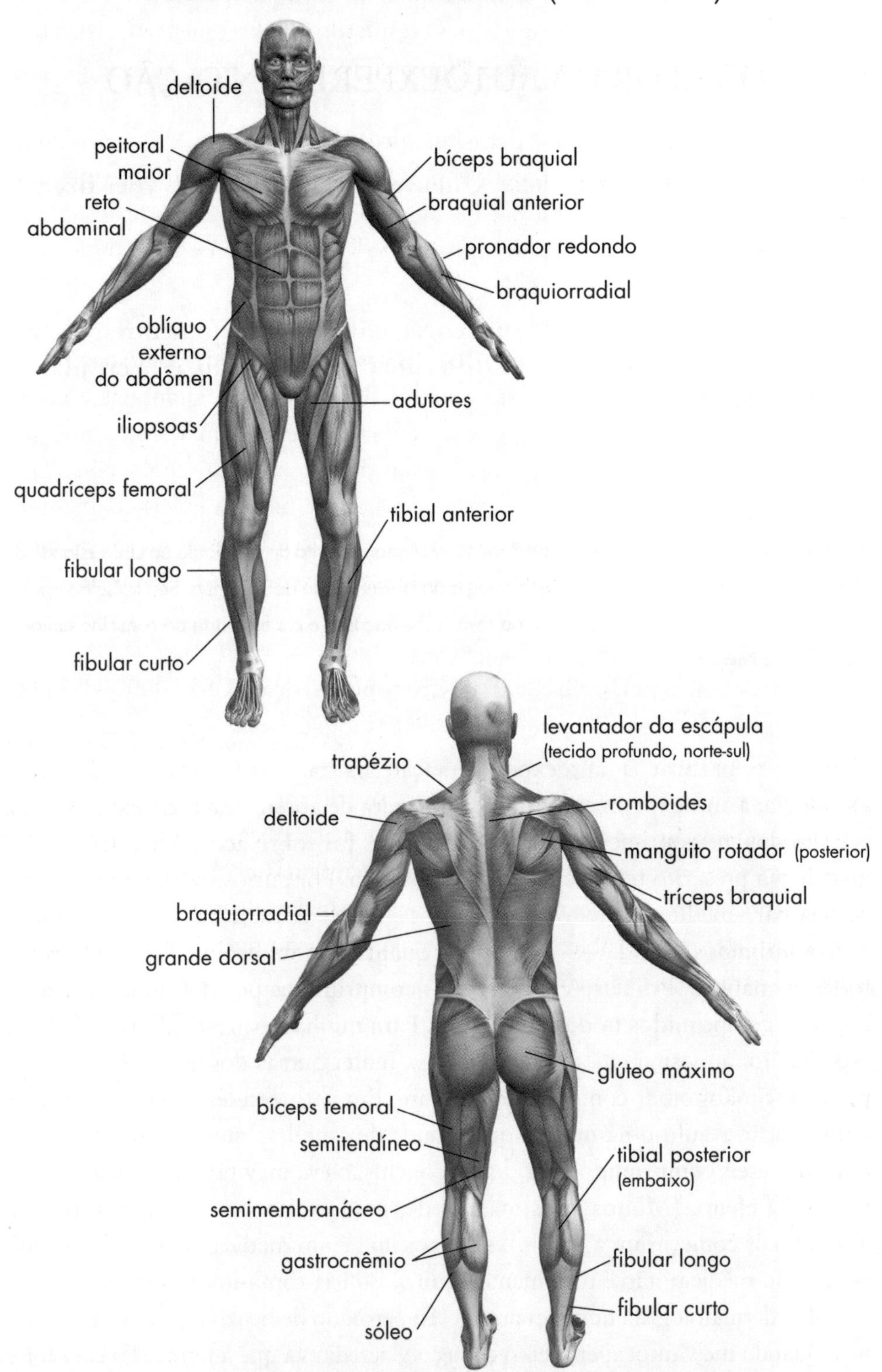

O VALOR DA AUTOEXPERIMENTAÇÃO

A vida toda é uma experiência. Quanto mais experiências você fizer, melhor.
— Ralph Waldo Emerson

Não importa quão bela seja sua teoria, não importa quão inteligente você seja. Se ela não está de acordo com o experimento, está errada.
— Richard Feynman

Este capítulo foi escrito pelo doutor Seth Roberts, professor emérito de Psicologia da Universidade da Califórnia em Berkeley e professor de Psicologia na Universidade de Tsinghua. Seu trabalho apareceu na *The New York Times Magazine* e na revista *The Scientist*, e ele faz parte do conselho editorial do periódico *Nutrition*.

Comecei a praticar a autoexperimentação na faculdade. Estava estudando Psicologia; a autoexperimentação era a maneira de aprender a fazer experiências.

Um dos meus primeiros autoexperimentos foi sobre acne. Meu dermatologista havia prescrito tetraciclina, um antibiótico. Por curiosidade, fiz uma experiência para medir seu efeito. Variei a dosagem de tetraciclina — a quantidade de comprimidos por dia — e contei a quantidade de espinhas no meu rosto todas as manhãs. Primeiro comparei seis comprimidos por dia (uma dose alta) e quatro comprimidos (a dose prescrita). Para minha surpresa, a quantidade de espinhas foi a mesma em ambos os casos. Tentei outras dosagens. Por fim, experimentei não tomar comprimido nenhum. Era surpreendente, mas não tomar a medicação resultou na mesma quantidade de espinhas que eu tinha ao tomar quatro ou seis comprimidos por dia. A conclusão era inevitável: o medicamento não tinha efeito. (Muitos anos mais tarde, pesquisas sobre a acne resistente a antibióticos começaram a surgir.) A tetraciclina é um medicamento vendido sob prescrição médica; não é totalmente seguro. Eu iria tomá-lo durante meses.

Meu dermatologista também prescreveu peróxido de benzoíla, na forma de creme. Quando meu autoexperimento começou, acreditava que a tetraciclina era forte e o peróxido, fraco, por isso raramente usava o creme. Um dia, fiquei sem tetraciclina. "Melhor usar o creme", pensei. Pela primeira vez, usei o creme com frequência. Mais uma vez fiquei surpreso: deu certo. Dois dias depois de começar a usá-lo, a quantidade de espinhas nitidamente diminuiu. Quando parei de usar o creme, dois dias mais tarde, a quantidade de espinhas aumentou. Quando voltei a usar o creme, a quantidade de espinhas diminuiu novamente.

Meus dados não deixavam dúvida de que (a) a tetraciclina não funcionava e (b) o peróxido de benzoíla funcionava — o oposto do que eu acreditava. Meu dermatologista achava que ambos funcionavam. Ele examinara centenas de pacientes com acne e provavelmente lera centenas de artigos sobre o assunto. Mesmo assim, em poucos meses, aprendi algo importante que ele não sabia.

Essa não era a prática comum da autoexperimentação. Leia qualquer livro sobre o assunto, como *Who Goes First? The Story of Self-Experimentation in Medicine* [Quem vai primeiro? A história da autoexperimentação na medicina], de Lawrence Altman, e você pensará que a autoexperimentação é feita por médicos altruístas para testar tratamentos novos e perigosos. Minha experiência era diferente. Eu não era um médico. Não estava tentando ajudar ninguém. Não estava testando um tratamento novo e perigoso. Ao contrário do tipo de autoexperimentação mais conhecida, que geralmente confirma aquilo em que o cientista acredita, meus esforços demonstraram que eu estava errado.

Depois da pesquisa sobre acne que fiz, aprendi que a autoexperimentação pode ser usada por não especialistas para: (a) ver se os especialistas estão com a razão; e (b) descobrir algo que eles não sabem. Não havia percebido que tais coisas eram possíveis. O outro problema que tentei resolver assim foi a insônia matinal. Durante anos, desde os meus 20 anos, eu acordava cedo demais, como, por exemplo, às 4h, ainda cansado mas incapaz de voltar a dormir. Apenas algumas cansativas horas mais tarde eu conseguia voltar a dormir. Isso acontecia em cerca de metade de todas as manhãs. E não mostrava sinais de que mudaria. Eu não queria tomar comprimidos pelo resto da minha vida — não que haja qualquer comprimido bom para isso — e por isso não me importei de consultar um médico. A única esperança de uma boa solução, até onde eu via, era a autoexperimentação.

Assim, fiz duas coisas:

1. Registrei alguns detalhes do meu sono. O principal era se eu voltava a dormir depois de acordar. A frequência disso indicaria a gravidade do problema. No início, não conseguia voltar a dormir em cerca de metade de todas as manhãs.
2. Experimentei soluções alternativas.

A primeira coisa que experimentei foi exercício aeróbico. Não deu certo. Eu acordava cedo depois tanto de um dia com exercício quanto de um sem. Tentei comer queijo à noite. Não ajudou. Tentei várias soluções possíveis. Nenhuma ajudou. Depois de muitos anos, fiquei sem opções para experimentar. Todas as minhas ideias quanto ao que poderia ajudar se mostraram erradas.

Mesmo assim, consegui algum progresso. Por motivos não relacionados com isso, mudei meu café da manhã de mingau de aveia para fruta. Alguns dias mais tarde, comecei a acordar cedo demais *todas* as manhãs, em vez de em noites alternadas. O problema agora era muito pior. Isso nunca havia acontecido antes. Anotei as alterações no café da manhã no mesmo pedaço de papel que usava para registrar meu sono, de modo que alguma ligação entre uma coisa e outra seria fácil de perceber. Para garantir que havia relação de causa e efeito, alternei várias vezes o mingau de aveia e as frutas. Os resultados mostraram que havia, sim, tal relação. As frutas consumidas no café da manhã provocavam mais insônia do que a aveia. Depois de 10 anos sem que nada fizesse diferença, aquele era um grande avanço. Por fim, descobri que qualquer café da manhã que eu tomasse aumentava a probabilidade de acordar cedo. Um experimento de longo prazo confirmou isso. O melhor café da manhã era não tomar café da manhã.

Fiquei menos surpreso do que se poderia pensar. Sabia que, em vários animais, incluindo ratos, um resultado laboratorial chamado *atividade antecipatória* era bem conhecido. Se você alimentar um rato todos os dias à mesma hora, ele se tornará ativo cerca de três horas mais cedo. Se você o alimentar ao meio-dia, ele se tornará ativo às nove horas da manhã. Tenho tomado café da manhã às sete horas e acordado às quatro. Essencialmente, descobri que nisso os seres humanos são como os outros animais.

Não tomar café da manhã reduziu a insônia matinal, mas não a eliminou. Nos anos seguintes, a autoexperimentação me ensinou mais sobre o que a provocava. Por acaso, descobri que ficar de pé me ajudava. Se eu ficava de pé mais de oito horas por dia, dormia melhor à noite. Isso não era prático — depois de tentar ficar de pé esse tanto de tempo durante anos, desisti —, mas o conhecimento me ajudou a fazer outra descoberta acidental 10 anos mais tarde: ficar de pé numa perna só até a exaustão ajuda. Se faço isso quatro vezes (duas vezes numa perna e duas vezes na outra) durante o dia, mesmo que seja pela manhã, durmo muito melhor à noite. Recentemente, descobri que a gordura animal me faz dormir ainda melhor.

Os dois efeitos dependiam das doses. Consigo dormir muito bem se ficar de pé tempo suficiente e se comer gordura animal suficiente.

Que quantidade de gordura animal é "suficiente"? Eu começara a descobrir isso usando banha de porco, que eu consumia na forma da chamada "barriga de porco" (a parte usada para fazer bacon). Descobri que 150 g de barriga de porco tinham pouco efeito; 250 g eram bem mais eficazes. Os efeitos pareciam aumentar com a quantidade de gordura de porco (por exemplo, 350 g). Como a barriga do porco talvez tenha mais de 90% de suas calorias na forma de gordura (há uma grande variação de um pedaço para outro), isso é demais para conseguir o efeito máximo possível. Eu precisava queimar muitas calorias diárias para poder comer tudo aquilo, mas, em certos aspectos, isso era melhor do que ficar de pé numa perna só.

A acne e o sono foram os primeiros assuntos sobre os quais fiz autoexperimentação. Mais tarde estudei o humor, o controle de peso e o efeito do ômega 3 na função cerebral. Aprendi que a autoexperimentação tem três utilidades:

1. **Testar ideias.** Testei a ideia de que a tetraciclina ajuda no combate à acne. Testei ideias quanto a dormir melhor. E também ideias que nasceram por acaso. Há alguns anos, enquanto tentava calçar meus sapatos em pé, percebi que meu equilíbrio estava muito melhor que o normal. Colocava meus sapatos estando de pé há mais de um ano, mas naquela manhã foi mais fácil do que o habitual. Na noite anterior, eu havia tomado seis cápsulas de óleo de linhaça. Depois fiz experiências para provar a ideia de que o óleo de linhaça melhorava o equilíbrio (e melhora mesmo).
2. **Criar novas ideias.** Por definição, a autoexperimentação envolve fazer mudanças bruscas na sua vida: você não faz a coisa X durante várias semanas, depois faz a coisa X por várias semanas. Isso, além do fato de você se monitorar de várias maneiras, facilita que a autoexperimentação revele eleitos colaterais inesperados. Já me aconteceu cinco vezes. Além disso, medições diárias — de acne, sono e qualquer outra coisa — formam uma base que torna mais fácil perceber qualquer alteração inesperada.
3. **Desenvolver ideias.** Isto é, determinar o melhor modo de usar uma descoberta e aprender sobre o mecanismo dela. Depois que descobri que o óleo de linhaça melhorava o equilíbrio, usei a autoexperimentação para descobrir a melhor dosagem (três ou quatro colheres de sopa por dia).

Um argumento contra a autoexperimentação é que você não é "cego". Talvez o tratamento funcione porque você espera que funcione. O efeito placebo. Nunca me deparei com um caso no qual isso pareceu ter acontecido.

Quando o décimo tratamento ajuda, depois de os tratamentos de um a nove terem fracassado (na minha experiência normal), é improvável que se trate de um efeito placebo. Descobertas acidentais não podem ter efeito placebo.

Minha experiência mostrou que a autoexperimentação para a melhoria da vida é uma ferramenta poderosa. Não sou um especialista em nada que estudei — não sou um especialista em estudos do sono, por exemplo —, mas repetidamente encontrei relação útil de causa e efeito (cafés da manhã causam insônia matinal, óleo de linhaça melhora o equilíbrio etc.) que os especialistas ignoraram. Isso não era para acontecer, é lógico, mas faz muito sentido. Minha autoexperimentação tem três grandes vantagens sobre a pesquisa tradicional conduzida por especialistas:

1. **Mais poder.** Os autoexperimentos são muito melhores para determinar causalidade (X causa Y?) do que os experimentos tradicionais. Naturalmente, eles são muito mais rápidos e baratos. Se eu tiver uma ideia de como dormir melhor, posso testá-la em mim mesmo durante algumas semanas sem custos. Experimentos tradicionais sobre o sono demoram um ou mais anos (conseguir financiamento leva tempo) e custam milhares de dólares. Uma vantagem menos óbvia da autoexperimentação é que você adquire mais conhecimento. Aprendemos com nossos erros. Uma lição que aprendi merece destaque: *faça sempre o mínimo* — o experimento mais simples e fácil é que gerará avanços. Poucos cientistas profissionais parecem saber isso. Por fim, como já mencionei, a autoexperimentação é muito mais sensível a efeitos colaterais inesperados.
2. **Tratamentos da Idade da Pedra são fáceis de testar.** Descobri repetidas vezes que mudanças ambientais simples, como evitar o café da manhã ou ficar de pé por mais tempo, traziam benefícios enormes e surpreendentes. Em cada caso, a mudança que fiz parecia um retorno à Idade da Pedra, quando ninguém tomava café da manhã e todos ficavam muito tempo de pé. Há diversas razões para se pensar que muitos dos problemas de saúde mais comuns, como diabetes, hipertensão e câncer, são causados por diferenças entre a vida moderna e a vida na Idade da Pedra. As duas são, é óbvio, bem diferentes; a fração das diferenças que influenciam nossa saúde é provavelmente baixa. Se isso estiver correto, para encontrar aspectos importantes da vida na Idade da Pedra, você tem de fazer muitos testes. Autoexperimentos, rápidos e baratos, podem conseguir isso; experimentos tradicionais, lentos e caros, não.

Além disso, a pesquisa tradicional busca tratamentos que possam gerar lucro para alguém. Como a pesquisa tradicional é cara, ela precisa de financiamento. Empresas farmacêuticas financiam pesquisas sobre novas drogas, por isso várias pesquisas tradicionais envolvem medicamentos. Elementos da Idade da Pedra (como não tomar café da manhã) são baratos e estão disponíveis para qualquer um. Nenhuma empresa financiaria uma pesquisa sobre a eficiência desse tipo de coisa.

3. **Maior motivação.** Estudei meu sono durante 10 anos antes de fazer algum progresso. Esse tipo de persistência nunca aconteceria num estudo de saúde tradicional. A razão é a diferença de motivação. Parte da diferença está no quanto o pesquisador se importa em encontrar a solução. Quando estuda seus próprios problemas (por exemplo, a acne), você se empenha mais em achar a solução do que os outros provavelmente se empenhariam. Cientistas que pesquisam a acne raras vezes têm acne. E parte da diferença de motivação está na relevância de outros objetivos além da solução do problema. Quando estudei meu sono, meu único objetivo era dormir melhor. Cientistas profissionais têm outros objetivos, que os restringem demais.

Uma dessas restrições envolve o emprego e o financiamento das pesquisas. Para manterem seus empregos (isto é, garantirem estabilidade, serem promovidos, conseguirem contratos para os alunos e bolsas), os cientistas profissionais precisam publicar vários trabalhos por ano. Pesquisas que não conseguem isso tornam-se inviáveis. Outra restrição envolve o status. Cientistas profissionais conseguem a maior parte do seu status com o trabalho. Quando têm uma oportunidade, tentam aumentá-lo ou protegê-lo. Alguns tipos de pesquisa têm mais status do que outros. Doações maiores têm mais status do que as menores, por isso cientistas profissionais preferem pesquisas caras a pesquisas baratas. A alta tecnologia tem mais status do que o pouco uso de tecnologia, preferem-se pesquisas com alta tecnologia. Como Thorstein Veblen enfatiza em *A teoria da classe ociosa* (1899), pesquisas inúteis geram status maior do que pesquisas úteis. Realizar um trabalho inútil, dizia Veblen, mostra que você tem status maior do que aqueles que têm de realizar o trabalho útil. Assim, os pesquisadores preferem as pesquisas inúteis, daí o termo "torre de marfim". O medo de perder o emprego, as doações ou o status também dificulta que os cientistas profissionais proponham uma ideia nova e radical. Quem realiza autoexperimentações, contudo, está tentando resolver os próprios problemas a seu tempo, e não se vê nessa armadilha.

A acne ilustra o problema. O argumento dos dermatologistas é que a dieta não provoca acne. De acordo com o website da Academia Norte-Americana de Dermatologia, "vários estudos" mostram que é um "mito" a história de "a acne ser causada pelo tipo de alimentação". De acordo com as "normas de procedimento" para dermatologistas, publicadas em 2007, "restrições alimentares (seja de alimentos específicos ou de classes de alimentos) não se provaram benéficas para o tratamento da acne". Na verdade, há provas avassaladoras relacionando a alimentação à acne. Já nos anos 1970, um médico de Connecticut, William Danby, coletou provas da ligação entre o consumo de laticínios e a acne; o problema é que Danby não era um cientista profissional. Quando seus pacientes paravam de consumir laticínios, geralmente ajudava. Em 2002, seis cientistas (nenhum deles dermatologista) publicaram um trabalho, com um resultado semelhante ao de Weston Price em sua pesquisa, concluindo que dois povos isolados (os ilhéus de Kitava e os nômades ache) não tinham acne. Eles examinaram mais de mil pessoas com mais de 10 anos e não encontraram acne. Quando os membros desses povos deixavam suas comunidades e passavam a comer coisas diferentes, começavam a ter acne. Essas observações sugerem que boa parte da acne — talvez toda — pode ser curada e evitada com restrições alimentares.

Por que o discurso oficial é tão equivocado? Porque a trabalhosa pesquisa necessária para provar de várias maneiras que os alimentos causam a acne é o tipo de estudo que cientistas profissionais não podem nem querem realizar. Não podem porque seria difícil conseguir financiamento (ninguém ganha dinheiro com pacientes que evitam laticínios) e porque, com o grau de tentativa e erro exigido, demoraria demais para ser publicado. Não querem realizá-la porque seria uma pesquisa barata, sem alta tecnologia e muito útil — e, assim, com baixo status. Enquanto pesquisadores de outras especialidades estudam tratamentos caros e altamente tecnológicos, eles estariam realizando os estudos baratos sobre o que acontece quando se evitam certos alimentos. Humilhante. Os colegas de outras especialidades ririam deles. Para justificar a vergonha, toda a categoria nos diz, com base em "vários estudos", que o preto é branco. A autoexperimentação permite que as pessoas que sofrem de acne ignorem as estranhas afirmações dos dermatologistas, sem mencionar drogas perigosas (como a isotretinoína). Pessoas com acne podem simplesmente mudar de dieta até descobrirem quais alimentos causam o problema.

Gregor Mendel era um monge. Ele não tinha a obrigação de publicar; ele podia dizer o que quisesse sobre a horticultura sem medo de perder seu emprego. Charles Darwin era rico. Ele não tinha um emprego a perder. Ele pôde escrever *A origem das espécies* sem pressa nenhuma. Alfred Wegener, que propôs a teoria do deslocamento continental, era um meteorologista. Geologia era seu passatempo.

Como eles tinham liberdade e bastante tempo disponível, enquanto os biólogos e geólogos profissionais não tinham (e ainda não têm), Mendel, Darwin e Wegener puderam usar o conhecimento acumulado melhor que os profissionais. O conhecimento acumulado em nosso tempo livre está mais acessível do que nunca. Quem realiza autoexperimentos, com total liberdade, tempo e fácil acesso a testes empíricos, está numa ótima posição para tirar proveito disso.

FERRAMENTAS E TRUQUES

Seth Roberts, "Self-Experimentation as a Source of New Ideas: Ten Examples Involving Sleep, Mood, Health, and Weight" [A autoexperimentação como uma fonte de novas ideias: dez exemplos que incluem sono, humor, saúde e peso], *Behavioral and Brain Science* 27 (2004): 227–88 (www.fourhourbody.com/new-ideas) Esse documento de 61 páginas sobre autoexperimentação lhe dá uma ideia geral sobre as descobertas de Seth, incluindo exemplos úteis quanto ao sono.

The Quantified Self (www.quantifiedself.com) Com a curadoria do cofundador da revista *Wired*, Kevin Kelly, e Gary Wolf, editor-gerente da *Wired*, esse é o lugar perfeito para todos os que querem realizar a autoexperimentação. Só a seção de fontes já vale uma visita ao website, que fornece a maior lista de instrumentos para o registro de dados e serviços na internet (www.fourhourbody.com/quantified).

Alexandra Carmichael, "How to Run a Successful Self-Experiment" [Como realizar um autoexperimento bem-sucedido] (www.fourhourbody.com/selfexperiment) A maioria das pessoas nunca realizou um autoexperimento sistematicamente. Ainda assim, esse é um dos meios mais fáceis de se descobrir quais são as variáveis que estão afetando seu bem-estar. Esse artigo mostra os cinco princípios que irão ajudá-lo a dar início a um autoexperimento bem-sucedido. Bônus: um vídeo de 11 minutos com Seth Roberts, discutindo a construção do experimento.

CureTogether (www.curetogether.com) CureTogether, que ganhou a Competição da Clínica Mayo iSpot para Ideias que Transformarão a Saúde Pública (2009), ajuda pessoas a, anonimamente, registrarem e compararem dados para entender melhor seus corpos e tomar decisões sobre os tratamentos com mais informações. Acha que só você tem um problema? É bem possível que encontre dezenas de outras pessoas na mesma situação com o CureTogether.

Daytum (www.daytum.com) Concebido por Ryan Case e Nicholas Felton, Daytum é um serviço simples e intuitivo para examinar e visualizar hábitos diários e rotinas.

Data Logger (http://apps.pachube.com/datalogger) O Data Logger para iPhone permite armazenar e transformar em gráfico qualquer dado que você quiser, guardando a hora e a localização. Pode ser usado para tudo, desde descobertas relacionadas a alimentos ou animais até a leitura dos termômetros na sua região. Tudo que você imaginar pode ser registrado e verificado com esse aplicativo.

RECONHECENDO A MÁ CIÊNCIA (UMA INTRODUÇÃO)

Como não se deixar enganar

Nada é mais irremediavelmente irrelevante do que a má ciência.
— John Polanyi, Prêmio Nobel de Química

"Congresso apela para uma hora de exercício por dia"
— *The New York Times*, setembro de 2002

"Por que os exercícios não emagrecem"
— *Time*, agosto de 2009

"A moda da dieta com baixo consumo de carboidrato passa, e o grande perdedor é Atkins"
— *The Washington Post*, setembro de 2005

"As dietas com baixo consumo de carboidrato combatem a síndrome metabólica"
— *The Washington Post*, julho de 2007

Cansa, não é? Os cientistas parecem mudar de ideia a cada seis meses. Ovos e manteiga irão matá-lo, então você passa a consumir margarina e bacon de peru. Agora a margarina é que o matará, e não faz mal algum comer um ovo por dia?! Fica parecendo melhor esquecer tudo e viver na ignorância.

Felizmente, a ciência não é arbitrária. Na verdade, você só precisa aprender uns poucos conceitos para separar a verdade (ou a provável verdade) da ficção completa.

A maior parte das pesquisas é apresentada ao público pela mídia ou por publicitários com um objetivo. Como a alimentação geralmente é usada para vender jornais e ideologias, vamos usar nossa *quase* crível farsa da alimentação para criarmos nosso besteirômetro. Para criar sua versão mais perfeita, você precisa saber qual ciência seguir e qual ignorar.

Depois de ler as próximas páginas, você saberá mais sobre as pesquisas do que um médico médio.

Os cinco maiores

É importante compreender os cinco maiores, já que eles são os instrumentos mais usados para criar exageros ou para a lavagem cerebral.

Eles também são essenciais para que você não se engane e não acabe perdendo tempo com pistas falsas ao atuar como um autoexperimentador. Formulei cada conceito como uma pergunta que você deve se fazer quando estiver diante de um conselho alimentar ou da "pesquisa mais recente".

1. UMA ALTERAÇÃO RELATIVA (COMO PERCENTUAIS) ESTÁ SENDO USADA PARA CONVENCER?

Esse conceito é mais bem ilustrado com dois exemplos de manchetes.

"ESTUDOS MOSTRAM QUE QUEM EVITA GORDURA SATURADA VIVE MAIS"

Você deve começar a evitar gordura saturada?

Antes, descubra exatamente o que esse "mais" significa. Com base nos dados disponíveis, a pesquisa revela que reduzir seu consumo de gordura saturada para 10% das calorias consumidas em toda a sua vida adulta acrescentará apenas de 3 a 30 dias à sua expectativa de vida. Considerando isso, vale a pena se preocupar com um filé que é um dos maiores prazeres da vida? Provavelmente não.

"Pessoas que bebem café perdem 20% mais gordura do que quem não bebe"

Você deve começar a beber café?

Deixando de lado a questão sobre se é ou não um estudo observacional (discutido a seguir), vale a pena analisar aqueles impressionantes 20%.

Aumentos ou diminuições *relativos*, geralmente expressos em percentuais, podem ser enganosos.

Relativo não basta. É essencial perguntar qual foi o aumento ou a diminuição *absoluta* — nesse caso, quantos quilos de gordura os dois grupos realmente perderam, e em quanto tempo. Na maioria das situações, os percentuais são usados na imprensa e em folhetos de venda para ocultar o fato de que as alterações são mínimas.

Se o grupo de controle perder 100 g e o grupo que tomar café perder 120 g (20% a mais) durante oito semanas, e bebendo três xícaras por dia, vale a pena adquirir o hábito de beber café e levar junto o efeito colateral da superdosagem de cafeína? Não.

Desconfie de percentuais isolados.

2. ESSE É UM ESTUDO OBSERVACIONAL AFIRMANDO MOSTRAR UMA RELAÇÃO DE CAUSA E EFEITO?

Essa é a mãe das sabedorias. Se você aprender apenas um conceito neste capítulo, que seja isso. É o pecado capital.

Estudos observacionais,[1] também chamados de experimentos *sem controle*, analisam diferentes grupos ou populações fora do laboratório e comparam a ocorrência de um fenômeno específico, geralmente doenças. Um exemplo é o geralmente mal compreendido "estudo da China".

Eis o parágrafo mais importante deste capítulo:

Estudos observacionais não podem controlar ou documentar todas as variáveis envolvidas. Estudos observacionais só podem mostrar correlação. A e B existem ao mesmo tempo num grupo. Eles não podem representar causa e efeito.[2]

Por outro lado, experiências aleatórias e controladas se ocupam das variáveis e, portanto, podem demonstrar uma relação de causa e efeito (causalidade): A provoca B.

A religião satírica do pastafarianismo intencionalmente confunde correlação e causalidade:

1 Também chamados de estudos *populacionais*, de *coorte* ou *epidemiológicos*.

2 A única exceção é quando o efeito é tão grande que não pode ser explicado de outra maneira. Por exemplo, o aumento de 20 vezes no risco de se ter um câncer de pulmão que é associado ao cigarro em vários estudos.

Com a diminuição no número de piratas, houve aumento do aquecimento global no mesmo período.
Portanto, o aquecimento global é causado pela falta de piratas.

Ou, ainda mais interessante:

A Somália tem a maior quantidade de piratas E o menor nível de emissão de carbono do mundo. Coincidência?

Tirar conclusões injustificadas de causa e efeito de estudos observacionais é o arroz com feijão da imprensa e de cientistas com motivações financeiras, cegos em relação à sua própria falta de ética.

Não caia no pastafarianismo na ciência.

É fundamental *não* aceitar conselhos que se baseiam puramente em estudos observacionais. Em 2004, um artigo publicado no *International Journal of Epidemiology* intitulado "The hormone replacement-coronary heart disease conundrum: is this the death of observational epidemiology?" [O enigma da reposição hormonal e das doenças coronarianas: seria esse o fim da epidemiologia observacional?] enfatizava os riscos disso. A observação de um grupo de mulheres em terapia de reposição hormonal mostrou menos doenças do coração, e a imprensa e seus seguidores rapidamente divulgaram a avassaladora conclusão: **a terapia de reposição hormonal reduz doenças do coração!** Infelizmente, estudos aleatórios e controlados mais tarde revelaram que não há efeitos profiláticos e que há até mesmo um ligeiro aumento no risco de ataques cardíacos entre as mulheres sob a terapia de reposição hormonal.

Como era possível?

O fato é que estudos observacionais não levam em conta estatísticas socioeconômicas diferentes entre os grupos ou a influência dos médicos ao escolherem mulheres sob a terapia de reposição hormonal com menos predisposição a doenças cardíacas. Isso, aliás, é um exemplo de como a incapacidade de selecionar de forma aleatória as pessoas sujeitas ao estudo faz com que as pesquisas empíricas sejam influenciadas pelos cientistas.

O citado artigo de 2004 afirma acertadamente:

Os resultados diferentes entre estudos observacionais e estudos aleatórios e controlados no que diz respeito à relação entre a terapia de reposição hormonal e as doenças cardíacas questionam essa ideia [de que estudos observacionais bem conduzidos podem gerar estimativas sobre o efeito de um tratamento seme-

lhantes às dos estudos aleatórios e controlados] e podem significar a morte da epidemiologia observacional.

Estudos observacionais são úteis para se desenvolverem hipóteses (teorias que mais tarde podem ser testadas em ambientes controlados), mas não podem e nem devem ser usados para provar causa e efeito. Fazer isso é irresponsável e potencialmente perigoso.

3. ESSE ESTUDO DEPENDE DE REGISTROS PRÓPRIOS OU DE QUESTIONÁRIOS?

Em 1980, cientistas na isolada estação de pesquisa na Antártida examinaram o peso das pessoas e registraram todos os alimentos consumidos por elas. Uma vez por semana, pedia-se que as pessoas examinadas relatassem tudo que haviam comido no dia anterior (alimentos, lembre-se, que elas pesaram e registraram em suas cadernetas). Apesar de toda a atenção no registro das refeições, os homens ainda subestimavam sua alimentação em 20 a 30%.

Tudo bem que esses homens deviam ser pessoas cegadas pelas nevascas. As circunstâncias não eram normais. Vamos ver como os profissionais de verdade fazem isso.

A Iniciativa da Saúde da Mulher (WHI, do inglês Women's Health Initiative) foi um enorme projeto de US$415 milhões conduzido sob os auspícios do Instituto Nacional de Saúde (NIH, do inglês National Institutes of Health) dos Estados Unidos e envolveu quase 49.000 mulheres. Ele foi criado para investigar vários problemas de saúde, incluindo o efeito de dietas de baixo teor de gordura no câncer, ao longo de um período de oito anos. Foi um estudo de intervenção em larga escala, geralmente visto pela impressa como o padrão ouro no que diz respeito às pesquisas alimentares. O doutor Michael Thun, da Academia Americana de Oncologia, chegou ao ponto de chamar o WHI de "o Rolls-Royce das pesquisas".

O *New York Times* anunciou os resultados em 2006 com uma manchete direta:

"A DIETA COM BAIXO CONSUMO DE GORDURA NÃO DIMINUI OS RISCOS À SAÚDE, SEGUNDO ESTUDO"

Apesar de concordar com a conclusão com base em outros dados, o estudo WHI não poderia chegar a essa conclusão. Vamos recorrer a Michael Pollan para dar uma olhada geral em um dos pontos fracos mais comuns das pesquisas nutricionais: os registros próprios.

Tentar preencher o questionário de frequência alimentar usado pela Iniciativa da Saúde da Mulher, como fiz recentemente, é perceber quão inconsistentes são os

dados nos quais tais estudos se baseiam... O questionário me pedia para me lembrar dos últimos três meses e dizer se havia comido quiabo, abóbora ou inhame, se eles eram fritos e, nesse caso, se foram fritos com margarina em barra ou de pote, manteiga, "redução" (categoria na qual eles inexplicavelmente reuniam óleo vegetal hidrogenado e banha de porco), azeite de oliva ou óleo de canola, ou, ainda, margarina em spray. Honestamente, não me lembrava, e, de qualquer modo, no caso de um quiabo comido num restaurante, nem mesmo um hipnotizador seria capaz de tirar de mim a informação do tipo de gordura usado na fritura...

É com base nesse tipo de dado obtido a partir de perguntas genéricas que a nutrição e a saúde são decididas nos Estados Unidos de hoje.

Entre outras perguntas do estudo estavam:

Quando você comeu frango ou peru, com que frequência consumiu a pele?
Você geralmente escolhe carne branca, vermelha ou ambas?
Nos últimos três meses, quantas vezes você consumiu uma porção de meia xícara de brócolis?[3]

O que você faria? Pense se é capaz de recordar com 20% de precisão. Vamos tentar 24 horas.

Faça isto: estime a quantidade de calorias que você comeu e bebeu ontem, sem usar quaisquer referências, e também as calorias provenientes de gorduras que você consumiu. Depois, repita as refeições e lanches, mas pese tudo em gramas com uma balança de cozinha. Meça os líquidos usando um copo medidor. Use o www.nutritiondata.com para determinar o valor calórico de 100 g de cada alimento e faça as contas.[4]

A não ser que você seja um atleta profissional capaz de diferenciar um filé de 150 g de um de 200 g, a diferença entre seu relatório e sua análise irá surpreendê-lo. Combine esses erros de registro de 49.000 pessoas e você pode imaginar o tipo de imagem picassiana que tais dados criam.

Certo, dados autorregistrados podem ser úteis, principalmente quando o registro é feito em tempo real (isto é, registrar algo que está acontecendo agora). Isso se tornou mais fácil com a tecnologia que tira a memória da equação, como o aplicativo DailyBurn's FoodScanner para o iPhone e a balança wifi Withings.[5]

No que for possível, evite estudos que se baseiam em relatórios "posteriores ao fato". Confie em seus próprios dados. Mas registre-os quando estiverem acontecendo.

3 Michael Pollan, "Unhappy Meals" [Refeições infelizes], *The New York Times*, 28 de janeiro de 2007, Revista.
4 Valor calórico de 100 g/100 g = X/número de gramas pesado.
5 Mesmo sem tais instrumentos, se você tiver amostras amplas e a análise for boa, às vezes é possível corrigir erros e reconstruir a informação que você deseja.

4. ESSE ESTUDO CONTÉM UM GRUPO DE CONTROLE?

Por mais desejável que seja, é impossível alterar apenas a variação de um único micronutriente (proteína, carboidrato, lipídio) numa pesquisa alimentar, portanto é quase impossível criar um grupo de controle.

Se um pesquisador afirma ter um grupo de controle e condena um único macronutriente, seu "sentido cético de aranha" deve apitar.

Vamos supor que alguém diga que um estudo sobre os efeitos de uma dieta de baixo teor lipídico se prova mais saudável do que uma dieta com muita gordura. Há um grupo de controle.

Antes de mais nada: se você diminui a gordura e o colesterol numa dieta completa, está removendo a gordura *e* a proteína, o que significa que precisa acrescentar carboidratos para que a dieta seja equivalente em calorias. Se não o fizer, você deve considerar a diferença de calorias como outra variável. Se fizer essa correção acrescentando carboidratos, você estará diante de uma encruzilhada: não apenas comparando dietas com alto e baixo teor proteico, mas também dietas com alto e baixo consumo de carboidrato.

Como podemos saber o que é responsável pelo quê?

Não podemos.

A autoexperimentação na verdade tem uma vantagem inesperada aqui.

O "controle" é tudo o que você tentou até certo ponto e que não produziu o efeito desejado. Isolar uma variável é geralmente menos importante do que o impacto somado de todas as alterações. Em outras palavras, a *sua* gordura corporal aumentou ou diminuiu nas duas últimas semanas substituindo a dieta A pela B? Se você não estava perdendo gordura com a A e agora está, a dieta A é seu controle.

Num teste ideal (mas nada atraente), você voltaria para a dieta A e veria se a gordura corporal se altera. Depois, repetiria a mudança. Isso diminuiria a possibilidade de que a primeira mudança na gordura corporal apenas tivesse coincidido com a mudança na dieta B.

Infelizmente, essa mudança também aumentaria a probabilidade de você ficar louco. Se alguma coisa parece funcionar, apegue-se a ela.

5. OS FINANCIADORES DA PESQUISA TÊM INTERESSE EM DETERMINADO RESULTADO?

Atente para as relações pecaminosas entre cientistas e fontes de financiamento.

Fred Stare, fundador e chefe do Departamento de Nutrição da Universidade de Harvard, recebeu uma doação de US$1.026.000 da General Foods em 1960. Os fabricantes de cereais açucarados Post, bebidas Kool-Aid e Tang estariam subsidiando a "expansão dos laboratórios de pesquisa nutricional da faculdade". Na década seguinte, Stare se tornou o mais famoso e notável defensor do açúcar e dos aditivos alimentares modernos, ao mesmo tempo que recebia doações da Coca-Cola e da Associação dos Fabricantes de Refrigerantes dos Estados Unidos, entre outros. Isso prova uma conduta ilícita? Não. Mostra que o financiamento, a ajuda de custo que pode ser interrompida, geralmente vem daqueles que provavelmente mais se beneficiarão com os resultados? Sim. As pessoas reagem a incentivos.

Uma análise simples: Examine a seção obrigatória "conflitos de interesse" nos estudos ou relatórios relacionados a nutrição e procure "custos de consultoria". Se a McCorporation ou o lobby XYZ decide que é óbvio demais financiar diretamente uma pesquisa, contratar pesquisadores como consultores pode ser um meio indireto de obter o mesmo fim. James Hill, da Universidade do Colorado, por exemplo, é conhecido por tentar desacreditar a relação entre a obesidade e os altos níveis de insulina causados pelo consumo de açúcar. Nos conflitos de interesse por ele citados, você verá que ele recebeu pagamentos de consultoria da Coca-Cola, da Kraft Foods e da Mars Corporation (fabricantes dos chocolates Snickers, M&M's e Mars).

Isso o torna culpado de manipular dados para servir aos interesses das empresas? Não. Mas deve fazer com que você olhe as pesquisas com atenção antes de aceitar as manchetes e de mudar seu comportamento.

O objetivo deste capítulo *versus* o objetivo deste livro

> Entender como agir em condições em que as informações são incompletas é a maior e mais necessária busca do ser humano.
>
> – *Nassim Taleb,* A lógica do cisne negro

Os experimentos neste livro são à prova de bala? Longe disso. Todos os estudos são falhos em algum aspecto, geralmente por causa dos custos ou de reflexões éticas.

Uso a mim mesmo como única cobaia e (com algumas exceções) não faço nada aleatório nem crio controles. Alguns cientistas irão, sem dúvida, se divertir refutando esses autoexperimentos.

Isso não me incomoda e também não deveria incomodá-lo.

O objetivo deste capítulo é simples: já que geralmente usamos pesquisas publicadas como um ponto de partida para a autoexperimentação, queremos garantir que não usamos dicas falsas de jornalistas enganadores ou mal informados com boas intenções. Entender as cinco maiores questões e as marcas do sensacionalismo o coloca num grupo seleto: o das pessoas que podem contar consigo próprias, e não com a imprensa, para obter conselhos nutricionais.

Isso abre portas que podemos, então, forçar para obter efeitos incríveis.

Meu objetivo com este livro não é, antes de tudo, identificar as únicas variáveis que produzem as alterações desejadas. Geralmente essa é a meta de pesquisas clínicas para publicações, mas a experiência para o aperfeiçoamento pessoal é outra questão.

Pode ser que o ácido alfalipoico não faça nada em determinado coquetel para a perda de peso; talvez o ângulo de um exercício, e não o peso, é que dê início ao ganho de músculo; ou pode ser que o espinafre não tenha nenhum dos efeitos que eu previ, mas outros alimentos na refeição prescrita tenham. O mecanismo exato não importa muito se conseguimos os resultados que queremos... sem os efeitos colaterais.

Doutor Martin Luther King Jr. escreveu a frase que se tornou famosa e que diz que “a justiça que atrasa demais é a negação da justiça”. No mundo da autoexperimentação, em que os resultados importam para a pessoa apenas, resultados demorados não são resultados. Isso não significa que tudo é aleatório. É mais do que possível consertar as coisas sem causar danos a si mesmo. Contudo, significa que esperar pelas condições perfeitas geralmente significa esperar para sempre.

No mundo em que vivo, as pessoas querem perder peso e melhorar o desempenho sexual agora, não daqui a cinco ou 10 anos.

Que os jornais corram atrás do atraso depois — mas você não é obrigado a esperar.

Valor p: um número para compreender

O pensamento estatístico um dia será necessário para a cidadania eficiente tanto quanto saber ler e escrever.

— H. G. Wells, autor de ficção científica cujo livro A guerra dos mundos *posteriormente criou uma histeria coletiva ao ser adaptado para o rádio.*

O médico e caçador de charlatães britânico Ben Goldacre, colaborador do próximo capítulo, é conhecido por mostrar como as pessoas são enganadas pelo acaso. Ele usa o seguinte exemplo:

Se você vai a uma festa, qual é a probabilidade de duas pessoas, num grupo de 23, terem nascido no mesmo dia? Uma em 100? Uma em 50? Na verdade, é uma em dois. Cinquenta por cento.

Para conseguir visualizar melhor o acaso como ele é, o importante é conhecer o conceito do "valor p", que você encontrará em todas as boas pesquisas. Ele elucida a seguinte questão: quanta certeza temos de que esse resultado não se deve ao acaso?

Para demonstrar (ou indicar) causa e efeito, o desejável para as pesquisas é um valor p menor do que 0,05 ($p < 0,05$), o que significa probabilidade menor do que 5% de o resultado ser atribuído ao acaso. Um valor p menor do que 0,05 é também o que a maioria dos cientistas quer dizer quando afirma algo como "estatisticamente significativo".

Um exemplo facilita a compreensão.

Digamos que você seja um jogador de cara ou coroa profissional, mas antiético. Na esperança de dominar o circuito de jogos de cara ou coroa, você criou uma moeda que dá cara com mais frequência do que o normal. Para testar isso, você joga a moeda alterada e uma moeda normal 100 vezes, e o resultado é evidente: a moeda normal dá cara 50 vezes, ao passo que sua moeda alterada dá cara 60 vezes!

Você deve fazer uma segunda hipoteca e ir para Las Vegas?

		MELHORA RELATIVA						
		1%	2%	5%	10%	20%	30%	50%
NÍVEL DE CONFIANÇA	80%	44,750	11,225	1,814	461	119	119	21
	85%	87,891	17,030	2,757	699	180	180	31
	90%	103,830	26,045	4,209	1,069	275	275	47
	95%	171,069	42,911	6,934	1,761	453	453	78
	98%	266,691	66,897	10,809	2,745	706	706	121

A amostra de estimativa acima, criada pela empresa de webdesign e web análise WebShare, diz que o melhor é não fazer isso se você quiser manter sua casa.

Se analisarmos uma melhora de 20% (60 lançamentos de moeda contra 50 = 10 lançamentos a mais) no alto e descermos no gráfico para quantas jogadas serão necessárias para ter 95% de certeza dos seus resultados (p = 0,05), precisaremos jogar cada moeda 453 vezes.

Em outras palavras, é melhor ter certeza de que esses 20% vão continuar acontecendo com pelo menos 453 lançamentos de moeda. Nesse caso, 10 lançamentos em 100 não provam causalidade alguma.

Três pontos a serem lembrados sobre o valor p e a "importância estatística":

- **Só porque algo parece milagroso não significa que seja.** As pessoas são enganadas pelo acaso o tempo todo, como no exemplo do aniversário.
- **Quanto maior a diferença entre grupos, menores serão os grupos.** Pessoas que criticam testes pequenos ou da autoexperimentação geralmente ignoram isso. Se algo parece gerar mudança de 300%, você não precisa de muitas pessoas para demonstrar a importância disso, presumindo que você tenha controle sobre as variáveis.
- **Não é correto combinar os valores p de vários experimentos para compor algo mais ou menos crível.** Eis outro truque dos maus cientistas e dos jornalistas mal informados.

FERRAMENTAS E TRUQUES

***A lógica do cisne negro*, de Nassim Taleb (www.fourhourbody.com/blackswan)** Taleb, também autor do sucesso *Iludido pelo acaso*, é o maioral quando se trata de explicar como nós nos enganamos e como podemos limitar os danos causados por isso. Nosso instinto de subestimar a ocorrência de certos eventos, ao mesmo tempo que superestimamos outros, é a principal causa do sofrimento. Esse livro deveria ser leitura obrigatória.

***A corporação*, DVD (www.fourhourbody.com/corporation)** Um documentário assustador sobre o mundo corporativo norte-americano e sua busca incansável por lucros à custa da nossa cultura. O filme dá uma ideia de como as empresas podem distorcer intensamente relatórios de saúde quando têm interesses ocultos nas descobertas. Leia o próximo capítulo.

"Lista de influências cognitivas" (www.fourhourbody.com/biases) Somos todos suscetíveis a influências cognitivas, incluindo aqueles que praticam "má ciência". Analise a lista nesse website e se pergunte se sem querer você aceitou como fatos coisas que leu ou ouviu.

RECONHECENDO A MÁ CIÊNCIA (OUTRA INTRODUÇÃO)

Então você tem uma pílula...

Este capítulo foi escrito pelo doutor Ben Goldacre, que assina a coluna semanal "Bad Science" [Má ciência] no jornal *The Guardian* desde 2003 e recebeu o Prêmio da Sociedade Real de Estatística por Excelência Estatística no Jornalismo. Ele é um médico que, entre outras coisas, se especializou em desmascarar afirmações científicas feitas por jornalistas equivocados, relatórios governamentais questionáveis, indústrias farmacêuticas sem escrúpulos, empresas de relações-públicas e charlatães.

O que vou lhe dizer é o que ensino a alunos de medicina e médicos — aqui e ali — numa palestra a que dou o nome infantilizado de "As bobagens da indústria farmacêutica". Na verdade, é o que ensino na faculdade de Medicina[1] e acho que o modo mais fácil de compreender o assunto é se colocar no lugar de um pesquisador de uma grande indústria farmacêutica.

Você tem uma pílula. Ela é ótima, talvez não brilhante, mas há muito dinheiro envolvido nela. Você precisa de um resultado positivo, mas sua plateia não é de homeopatas, jornalistas ou o "público em geral": são médicos e acadêmicos, que foram treinados para encontrar truques óbvios, como falta de um grupo de controle ou "aleatorização inadequada". As cartas na sua manga têm de ser muito mais seletas, muito mais sutis, mas também muito convincentes.

O que você pode fazer?

1 No que diz respeito a isso, como muitos médicos da minha geração, devo muito a um livro didático clássico, *Como ler artigos científicos*, do professor Greenhalgh, da UCL. Deveria ser um sucesso de vendas. *Testing Treatments* [Testando tratamentos], de Imogen Evans, Hazel Thornton e Iain Chalmers, também é uma obra genial, apropriada ao público leigo e, por incrível que pareça, disponível gratuitamente no website www.jameslindlibrary.org. Para leitores especializados, recomendo *Methodological Errors in Medical Research* [Erros metodológicos na pesquisa médica], de Bjorn Andersen. É um livro extremamente longo. Seu subtítulo é *An Incomplete Catalogue* [Um catálogo incompleto].

Bem, primeiro você poderia estudar os vencedores. Pessoas diferentes reagem de maneira diferente aos medicamentos: velhos que tomam várias medicações são geralmente sem esperança, ao passo que jovens com apenas um problema têm probabilidade maior de mostrar uma melhora. Assim, estude o medicamento apenas com jovens. Isso tornará sua pesquisa muito menos aplicável às pessoas para as quais os médicos irão receitá-la, mas, com alguma sorte, eles não notarão. Esse truque é tão comum que nem vale citar um exemplo.

Depois, você pode comparar sua pílula com um controle inútil. Muitas pessoas argumentariam, por exemplo, que você *nunca* deveria comparar sua medicação com um placebo porque isso não prova nada de valor clínico: no mundo real, ninguém se importa se seu medicamento é melhor do que uma pílula de açúcar; eles só se importam se ela for melhor do que a melhor medicação já disponível. Mas você já gastou centenas de milhões de dólares para levar seu medicamento ao mercado, então você faz vários testes controlados por placebo e os anuncia com estardalhaço, já que eles praticamente garantem algum dado positivo. Novamente, isso é generalizado, porque quase todas as drogas serão comparadas a placebos em algum momento do seu desenvolvimento e os "representantes" — as pessoas empregadas pelas indústrias para convencer os médicos (sendo que muitos simplesmente se recusam a recebê-los) — adoram o otimismo ambíguo dos gráficos que esses estudos podem gerar.

Daí as coisas ficam mais interessantes. Se você precisa comparar seu medicamento a um da concorrência — por garantia ou porque a lei exige —, pode usar um truque: aplicar uma dose inadequada da medicação da concorrência, de modo que os pacientes que a tomarem não irão se sentir melhor; ou dar uma dose muito alta do medicamento da concorrência, de modo que os pacientes tenham muitos efeitos colaterais; ou ainda aplicar a medicação da concorrência do modo errado (talvez oralmente, quando deveria ser por via intravenosa, na esperança de que muitos leitores não percebam); ou pode aumentar a dose da medicação concorrente rapidamente, para que os pacientes tenham efeitos colaterais ainda piores. Em comparação, sua medicação se destacará. Você talvez pense que uma coisa dessas nunca aconteça. Se você consultar as referências no final, descobrirá pesquisas nas quais os pacientes receberam doses realmente altas de medicamentos antipsicóticos (o que fez com que a nova geração de medicamentos parecesse muito melhor em termos de efeitos colaterais) e pesquisas com doses de antidepressivos ISRS (inibidores seletivos da recaptação de serotonina) que alguns podem considerar incomuns, só para citar dois exemplos. Eu sei. É quase inacreditável.

Naturalmente, outro truque para você manipular os efeitos colaterais é simplesmente não perguntar sobre eles, ou melhor — já que você tem de ser perspicaz nesse ramo —, você pode tomar cuidado com o que pergunta. Eis um exemplo: antidepressivos ISRS produzem efeitos colaterais sexuais bastante comuns, incluindo a anorgasmia. Vamos ser objetivos (e estou tentando formular a frase da maneira mais objetiva possível): eu *realmente* gosto do orgasmo. É importante para mim, e tudo que já vivi no mundo me diz que essa sensação é importante para outras pessoas também. Guerras foram travadas, essencialmente, pela sensação do orgasmo. Há psicólogos evolucionistas que tentariam convencê-lo de que toda a cultura e a linguagem humana são, em grande parte, motivadas pela busca do orgasmo. Perder isso parece ser um efeito colateral importante a respeito do qual se deveria perguntar.

Ainda assim, vários estudos mostram que a ocorrência de anorgasmia em pacientes que ingerem medicamentos ISRS varia entre 2 e 73%, dependendo principalmente de como você formula a pergunta: uma pergunta casual e direta sobre os efeitos colaterais, por exemplo, ou um questionário cuidadoso e detalhado. Uma análise com 3.000 usuários de antidepressivos ISRS simplesmente não citava nenhum efeito colateral sexual entre seus 23 efeitos colaterais. Essas 23 coisas eram mais importantes, de acordo com os pesquisadores, do que perder a capacidade de sentir orgasmo. Eu as li. E não são.

Mas voltemos aos principais resultados. E eis aqui um bom truque: em vez de resultados reais, como morte ou dor, você sempre pode usar um "resultado substituto", mais fácil de alcançar. Se sua medicação pretendia reduzir o colesterol e, assim, evitar morte por doenças cardíacas, por exemplo, não meça as doenças cardíacas; meça apenas a redução do colesterol. Isso é muito mais fácil do que reduzir a morte por ataques cardíacos, e o teste será mais barato e rápido, de modo que seu resultado também será mais barato *e* mais positivo. Que resultado!

Agora você já fez os exames, e, apesar de seus melhores esforços, os resultados ainda deram negativos. O que você pode fazer? Bem, se seu teste foi, no geral, bom, mas você também obteve alguns resultados negativos, pode tentar um velho truque: não chame a atenção para os dados decepcionantes, como acontecerá se você os inserir num gráfico. Mencione-os brevemente no texto e os ignore quando tirar suas conclusões. (Sou tão bom nisso que me assusto. Aprendi lendo testes extremamente medíocres.)

Se seus resultados forem negativos por completo, não os publique ou publique-os somente depois de muito tempo. Isso foi exatamente o que as indústrias farmacêuticas fizeram com os dados sobre os antidepressivos ISRS: esconderam esses dados sugerindo que poderiam ser perigosos e esconderam aqueles que mostravam que eles não eram melhores do que os placebos. Se você for bastante esperto e tiver dinheiro para torrar, depois de conseguir apenas dados decepcionantes, pode realizar alguns testes a mais com o mesmo protocolo, na esperança de conseguir algo de positivo. Depois tente reunir todos os dados, de modo que os dados negativos sejam engolidos por uns poucos e medíocres resultados positivos.

Você pode também partir para o ataque e começar a manipular estatísticas. O texto a seguir é bastante profundo. Eis aqui truques clássicos para usar na sua análise estatística de forma a garantir que os testes apontem resultados favoráveis.

Ignore completamente o protocolo

Sempre presuma que qualquer correlação *prova* causalidade. Jogue todos os seus dados num programa de planilha eletrônica e relate — como se fosse importante — qualquer relação que o ajude com o caso. Se você medir o bastante, algumas coisas apontarão para o positivo por pura sorte.

Brinque com os valores de referência

Às vezes, quando você começa um teste, quase por acaso o grupo tratado já está se saindo melhor do que o grupo que está tomando placebo. Se for assim, deixe como está. Se, por outro lado, o grupo do placebo já estiver se saindo melhor do que o grupo tratado, então ajuste os valores de referência na sua análise.

Ignore as desistências

Pessoas que desistem dos testes têm estatisticamente mais probabilidade de terem se saído mal e mais chances ainda de apresentar efeitos colaterais. Elas só farão com que sua medicação pareça ruim. Assim, ignore-as, sem tentar citá-las, e sequer as inclua na sua análise final.

Limpe os dados

Olhe para seus gráficos. Haverá alguns "extremos" anômalos ou pontos que estão muito distantes de outros. Se esses extremos estiverem fazendo com que sua medicação pareça ruim, simplesmente os apague. Entretanto, se ajudarem a parecer boa, mesmo que sejam resultados aleatórios, deixe-os lá.

"O melhor de cinco... não... sete... não... nove!"

Se a diferença entre sua medicação e o placebo se tornar relevante depois de quatro meses e meio num teste de seis meses, pare-o imediatamente e comece a escrever os resultados: as coisas talvez fiquem menos impressionantes se você continuar. Ou então, se aos seis meses os resultados forem "quase significativos", prolongue o teste por mais três meses.

Torture os dados
Se os resultados forem ruins, peça ao computador que volte e veja se algum subgrupo em especial se comportou de alguma maneira diferente. Você talvez descubra que o medicamento funciona bem em mulheres chinesas entre 52 e 61 anos. "Torture os dados até que eles confessem tudo", como se diz na baía de Guantánamo.

Tente todos os botões do computador
Se você estiver mesmo desesperado e analisar seus dados da maneira como você planejou não lhe dá os resultados esperados, apenas cite os números em meio a vários outros testes estatísticos, mesmo que sejam totalmente inapropriados, de forma aleatória.

Quando você tiver terminado, o mais importante, lógico, é publicar com inteligência. Se você tem um bom teste, publique na maior revista científica que conseguir. Se tiver um teste positivo, mas completamente injusto, que será óbvio para qualquer um, publique-o num periódico obscuro (publicado, escrito e editado pela própria indústria farmacêutica). Lembre-se: os truques que acabamos de descrever não escondem nada e serão óbvios para qualquer um que leia seu artigo com atenção; é de seu interesse que somente seja lido o resumo inicial.

Por fim, se suas descobertas forem realmente vergonhosas, esconda-as em algum lugar e cite "dados em arquivo". Ninguém saberá os métodos, e isso só será notado se alguém vier importuná-lo atrás de dados para uma análise sistemática. Por sorte, isso demorará séculos para acontecer.

A DIETA SLOW CARB – 194 PESSOAS

Os dados sobre a Dieta Slow Carb a seguir foram coletados com questionários detalhados em CureTogether.com. No total, 194 pessoas responderam a todas as perguntas, e 58% disseram que essa foi a primeira dieta que conseguiram seguir.

As pessoas que se submeteram à dieta foram recrutadas por meio do meu blog (www.fourhourblog.com), do meu Twitter (www.twitter.com/tferriss) e do meu perfil no Facebook (www.facebook.com/timferriss).

	Perda média de peso (kg)	Quantidade de pessoas
Todos	9,5	194
Vegetarianos	10,4	10
Não vegetarianos	9,5	178
Idade		
15-20	7,3	19
21-30	9,1	86
31-40	10	56
41-50	9,5	26
51-60	13,6	5
Mais de 61	5	2
Homens	10,4	150
Mulheres	5,4	44
Com filhos	9,5	60
Sem filhos	9,1	118
Perda de peso na primeira semana	1,5	194
Perda de peso na segunda semana	1,4	194
Perda de peso na terceira semana	1,5	194
Perda de peso na quarta semana	1,8	194
Não tomaram café da manhã	10,4	29

	Perda média de peso (kg)	Quantidade de pessoas
Tomaram café da manhã	9,5	157
Tomaram café da manhã até uma hora depois de acordar	9,1	127
Não tomaram café da manhã até uma hora depois de acordar	10,4	61
Refeições por dia		
Duas	17,7	8
Três	8,6	80
Quatro	9,1	64
Cinco	10,4	36
Seguiram a dieta à risca	8,2	84
Alteraram a dieta	10,4	104
Contaram as calorias	12,2	35
Não contaram as calorias	9,1	152
Fizeram exercícios durante a dieta	10	144
Não fizeram exercícios durante a dieta	8,2	41
Começaram a se exercitar depois de começar a dieta	11,3	68
Não começaram a se exercitar depois de começar a dieta	8,6	116
Mulheres com filhos	5,4	16

DISTRIBUIÇÃO DOS RESULTADOS	QUANTIDADE DE PESSOAS
Ganharam de 0 a 10 kg	4
Perderam de 0 a 4,5 kg	39
Perderam de 5 a 9,5 kg	68
Perderam de 10 a 13,5 kg	35
Perderam de 14 a 18,5 kg	16
Perderam de 19 a 23 kg	11
Perderam mais de 23 kg	10

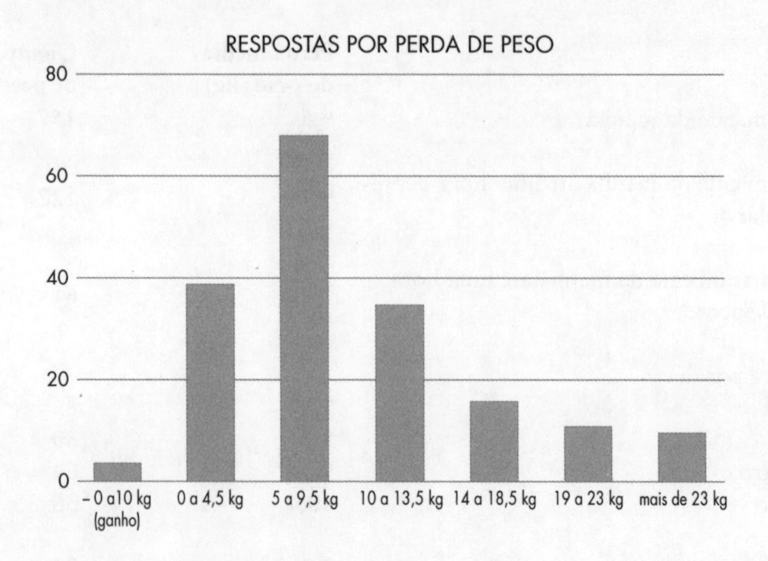

Falhas (em potencial) dos dados

Os dados aqui apresentados, embora fascinantes, não são perfeitos. Há duas falhas importantes na metodologia e nas pesquisas em geral:

AS PESSOAS PODIAM ESTAR MENTINDO.
Apesar de termos excluído questionários obviamente duplicados, omitido dados mentirosos ("perdi 295 kg!", "eu pesava 16 kg no começo" etc.) e encontrado respostas duvidosas, ninguém estava verificando as identidades ou fazendo visitas pessoais. A menos que se esteja conduzindo um estudo controlado, é difícil evitar esse problema.

ESSES DADOS PARECEM NÃO LEVAR EM CONTA AS DESISTÊNCIAS — AS PESSOAS QUE TENTARAM E ABANDONARAM.
Levando em conta o número de fracassos nos 3.000 comentários analisados, entre 3% e 5%, pode-se esperar que houvesse mais registros de fracassos. Das 194 pessoas que responderam à pesquisa, apenas quatro ganharam ou se mantiveram com o mesmo peso. Não se esqueça de que essas pessoas foram contatadas depois de deixarem comentários num post de blog ou de se autosselecionarem para responder no Twitter ou Facebook.

O desafio das desistências ignoradas compartilha uma deficiência em comum com os questionários abertos ao público: os mais predispostos a responder são aqueles que obtiveram resultados positivos.[1] Isso é uma forma de *viés de sobrevivência*, um conceito que vale a pena compreender.

Procurando resultados dos fundos de investimento do ano passado para escolher o melhor? Não se esqueça de que você está analisando os sobreviventes. Os que não sobreviveram — o que Nassim Taleb chama de "prova silenciosa" — não estão por perto para serem consultados. O resultado "médio" é menos impressionante se você incluir pessoas que investiram tudo e perderam dinheiro. Encontrar esses cadáveres é difícil, principalmente no mercado financeiro, onde há muito incentivo para se escondê-los.

Em termos práticos, isso significa que nossos resultados da dieta são falhos? Nada disso. A possibilidade do viés de sobrevivência não prova que os números não sejam representativos. Duas coisas para se ter em mente:

1. Com base em todos os relatórios empíricos disponíveis sobre a dieta, a taxa de fracasso não deveria exceder os 5%. Isso é incrível em qualquer método tradicional de acompanhamento de dieta.
2. Quase todos os casos de fracasso se devem ao fato de as pessoas não terem seguido as instruções.

Se incluirmos apenas aquelas pessoas que seguiram à risca as instruções e relataram os resultados, o percentual de sucesso é de quase 100%, algo que jamais vi.

Discussão dos resultados

Como você deve ler esses dados? Como você deve planejar ou mudar sua dieta com base em tais resultados?

Vamos ver os pontos nos quais é mais provável que você cometa erros. Isso é uma lição prática do nosso treinamento no apêndice "Reconhecendo a má ciência (uma introdução)".

Dando uma primeira olhada nos dados, eis algumas coisas que você talvez conclua terem gerado maior perda de gordura, principalmente se for apresentado a gráficos impressionantes que omitem detalhes importantes:

1 A não ser que você esteja lidando com reclamações no serviço de atendimento ao consumidor, no qual há um incentivo: algo pode ser solucionado depois do fato.

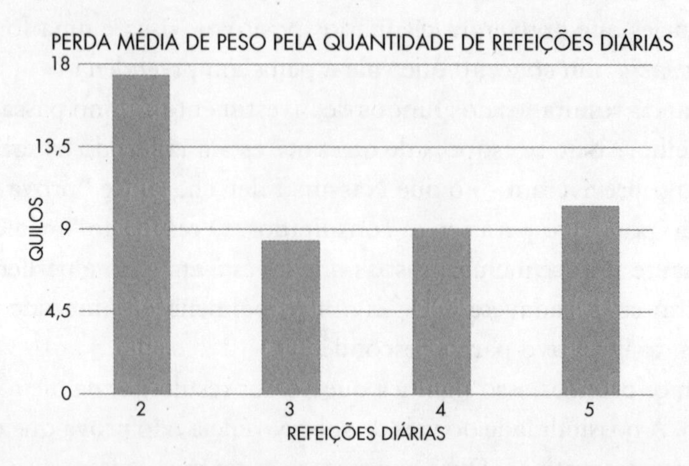

Com base nos dados, eis algumas conclusões automáticas que poderíamos tirar sobre variáveis que produzem mais perda de peso (abaixo, em negrito):

Fazer apenas duas refeições por dia, contra cinco refeições, a segunda maior ocorrência (17,7 *versus* 10,4 kg em média)
Fazer uma dieta vegetariana (10,4 *versus* 9,5 kg em média)
Contar calorias (12,2 *versus* 9,1 kg em média)
Não tomar café da manhã (10,4 *versus* 9,5 kg em média)

Aqueles dentre vocês que prestaram atenção perceberam que, para a maioria das pessoas, recomendei o oposto dessas quatro conclusões. Será que eu entendi tudo errado? Não seria a primeira vez.

Mas vamos analisar essas conclusões em destaque novamente.

Dessa vez, os números entre parênteses antes do 194 (X/194) indicam quantas pessoas (X) fizeram o mencionado em relação ao total de cobaias (194).

Fazer apenas duas refeições por dia *versus* cinco (17,7 *versus* 10,4 kg em média) (8/194)
Fazer uma dieta vegetariana (10,4 *versus* 9,5 kg em média) (10/194)
Contar calorias (12,2 *versus* 9,1 kg em média) (35/194)
Não tomar café da manhã (10,4 *versus* 9,5 kg em média) (29/194)

Lembre-se de que é impossível determinar causa e efeito com os dados acima. São correlações. O próximo passo seria testá-los com grupos de controle e experimentais.

Enquanto isso, vamos analisar duas de nossas conclusões automáticas em destaque:

COMER DUAS VEZES AO DIA PARECE ÓBVIO, MAS NÃO É.

Uma perda de 17,7 *versus* 10,4 kg parece nos dar uma ideia bem nítida. Mas vamos nos perguntar o que não sabemos: quantas pessoas tentaram fazer duas refeições ao dia e desistiram porque não funcionou? Apenas oito em 194 pessoas fizeram duas refeições por dia. Além disso, qual o peso inicial dessas pessoas que fizeram duas refeições ao dia? Talvez elas pesassem de 115 a 140 kg, o que aumenta a perda de peso final em quilos, mesmo que o percentual de perda seja mais impressionante em pessoas mais magras. A grande maioria do total (144), entre os que tiveram perda entre 8,6 e 9,1 kg, fez de três a quatro vezes ao dia, como recomendado.

CONTAR CALORIAS PARECE ÓBVIO, MAS NÃO É.

Uma perda de 12,2 kg *versus* uma perda de 9,1 kg — novamente, a conclusão parece óbvia: contar as calorias ajuda, mas não é tão simples assim. Primeiro, mais do que outra distorção nesses dados, é aqui que acredito que o viés de sobrevivência se aplica. Dentre as 194 pessoas, 35 contaram calorias. Quantas tentaram, o que não recomendei, e desistiram da dieta depois de perceberem que contar as calorias é tedioso, impossível ou inconveniente? Em segundo lugar, os que contaram as calorias realmente perderam mais peso por causa disso? Ou foi porque prestaram mais atenção aos itens em geral e se contiveram mais? Acredito que as pessoas que contaram as calorias fizeram um trabalho melhor, em média, em áreas mais importantes, como controlar o consumo de proteínas e registrar o avanço nos exercícios.

Isso significa que você não deva contar as calorias? Não necessariamente. Sinta-se livre para experimentar. É possível que você esteja entre a minoria que se beneficiará disso. Se não, você estará entre a maioria que acha essa tarefa entediante e horrível, só para ter certeza de que deve parar de contar as calorias e voltar ao básico antes de desistir da dieta como um todo.

Conclusão

Apesar de os dados apontarem em várias e interessantes direções para estudos posteriores, vou deixar que alguém com mais dinheiro e interesse tente os testes controlados. A conclusão é: a Dieta Slow Carb funciona.

Se você quer reproduzir a fórmula que mostrou ser a mais eficiente para a maioria das pessoas, siga as regras dos capítulos “A Dieta Slow Carb”.

Aproveite seu dia de folga e coma um croissant de chocolate por mim. São deliciosos.

A MÁQUINA DE SEXO II

Detalhes e perigos

Algo que é bom, em exagero, pode prejudicá-lo. Toxinas são coisas sérias. Se os assuntos testosterona e libido são importantes para você, é melhor saber muito em vez de pouco. Este capítulo ajudará você a evitar problemas, lhe dará uma base maior e ampliará os resultados para uma receita personalizada.

Se você se sentir sufocado depois da primeira leitura, apenas se lembre da sinopse no capítulo "A máquina de sexo I", que resume o programa todo em termos simples. Dito isso, não ignore as advertências aqui contidas.

Eis os fundamentos de ambos os protocolos.

Protocolo 1: De longo prazo e sustentado

ÓLEO DE FÍGADO DE BACALHAU FERMENTADO + GORDURA DE MANTEIGA RICA EM VITAMINAS — DUAS CÁPSULAS AO ACORDAR E DUAS CÁPSULAS ANTES DE DORMIR

Comecei a tomar óleo de fígado de bacalhau fermentado e gordura de manteiga depois de conversas com vários médicos formados por Harvard e pela Universidade da Califórnia em San Francisco, que citaram as descobertas de Weston A. Price (1870-1948).

Price, apelidado de "o Charles Darwin da nutrição", era um pesquisador e cirurgião-dentista que viajou o mundo na década de 1930 registrando as condições de saúde e a alimentação de povos que viviam isolados. Usando anotações meticulosas e centenas de fotografias, ele comparou cada grupo com os membros do mesmo povo que se mudaram para as cidades e adotaram alimentos industrializados. Através de centenas de colônias em 14 países, dos vilarejos remotos de Lötschental, na Suíça, até os povos Jalou, no Quênia, dos nativos norte-americanos aos aborígines, ele documentou dietas tradicionais variadas.

Algumas quase não continham plantas, enquanto outras continham várias plantas; alguns povos comiam quase tudo cozido, e outros preferiam todos os alimentos, até mesmo carnes, crus. Apesar dessas diferenças, havia algumas coisas em comum entre os grupos com menos ocorrências de doenças. Esses tipos de alimentos são particularmente interessantes para nossa discussão sobre a libido:

1. Alimentos lactofermentados como chucrute, kimchi ou o natto japonês, que aparecem algumas vezes neste livro, compunham a base de suas dietas.
2. Dez vezes mais do que o nível de consumo norte-americano das vitaminas D e A (de origem animal, retinol, e não o caroteno, de origem vegetal) provinham de fontes como gemas de ovos, óleos de peixe, manteiga, banha de porco e alimentos ricos em membranas celulares gordurosas (ovas de peixe, marisco e vísceras).
3. As dietas continham alimentos ricos no que Price chamou de "ativador X", que hoje se acredita ser a vitamina K(2), com base nas pesquisas de Chris Masterjohn. Entre as fontes comuns de vitamina K estavam as ovas de peixe, o óleo de fígado de bacalhau, vísceras e a manteiga amarela de vacas que se alimentam em pastos de crescimento rápido. Se o "ativador X" é, de fato, a vitamina K(2), então o natto japonês talvez seja a melhor fonte tradicional, com 1.103,4 mcg por 100 g. Isso supera o patê de fígado de ganso (nham!) (369 mcg) e os queijos duros (76,3 mcg) em quase três e 14 vezes, respectivamente.

Por que esses três pontos são relevantes para a nossa discussão?

A vitamina A tem efeito positivo direto na produção de testosterona em adultos pesquisados e a suplementação, juntamente com zinco, se mostrou tão eficiente quanto a administração de esteroide anabolizante (oxandrolona e testosterona de depósito) no que diz respeito a estimular o crescimento e a puberdade, definida como um aumento de 12 ml ou mais no volume escrotal.

A vitamina K(2) ativa as proteínas que dependem das vitaminas A e D ao lhes dar a propriedade de se unirem ao cálcio. Não faltaram ao doutor Price exemplos reais de como a vitamina K(2) aumenta os efeitos das vitaminas A e D:

O óleo de fígado de bacalhau, que contém altos teores de vitaminas A e D, corrigia parcialmente a demora no crescimento e a fraqueza nas pernas de perus alimentados com ração deficiente, mas a combinação de óleo de fígado de bacalhau e manteiga rica em ativador X era duas vezes mais efetiva.

Também existe a teoria de que a toxicidade da vitamina D seja resultado, em geral, de uma deficiência de vitamina K. Se você optar por consumir suplementos de vitaminas A e D, como eu faço com óleo de fígado de bacalhau e vitamina D líquida, é importante garantir uma fonte segura de vitamina K(2). Entre as fontes sugeridas estão a manteiga de vacas criadas em pastos e os já mencionados alimentos lactofermentados.

Na prática, e como um exemplo pessoal, isso apenas significa que eu consumo algumas colheradas de kimchi ou chucrute pela manhã enquanto espero que meus ovos mexidos[1] fiquem prontos, preparados com — o que mais? — manteiga de vacas criadas em pastos. Simples assim.

VITAMINA D3 — 6.000 a 10.000 UI POR DIA, DURANTE QUATRO SEMANAS

Um dos principais cientistas dos Estados Unidos, que preferiu o anonimato, contou uma única história que me levou a estudar mais atentamente a vitamina D:

> **Tratei um jogador de futebol americano da NFL que tinha uma dor debilitante no ombro havia anos e que já fizera duas cirurgias por causa disso, sem grandes efeitos. Depois de examinar seus níveis de vitamina D, ficou evidente que ele tinha uma grave deficiência. Seis semanas após começar a tomar vitamina D, a dor no ombro desapareceu. Ele havia feito duas cirurgias sem necessidade.**

O fato é que a vitamina D faz muito mais do que a maioria das vitaminas.

Depois que a vitamina D é ativada dentro do corpo na forma de calcitriol, ela age como um hormônio esteroide e regula mais de 1.000 genes, incluindo os responsáveis por músculos e fibras específicas. Ela pode aumentar o tamanho e a quantidade de fibras do tipo 2 (de movimento rápido), que, como indicado antes, têm maior potencial de crescimento. A vitamina D é um dos "nutrientes adormecidos" mais subestimados, de acordo com John Anderson, professor emérito de Nutrição na Universidade da Carolina do Norte.

O efeito pode ser visível. Com apenas 1.000 UI[2] diariamente durante dois anos, 48 idosas com deficiência de vitamina D (a mesma que eu tinha) *triplicaram* a porcentagem de fibras de movimento rápido e *dobraram* o diâmetro das fibras dentro dos membros. O grupo de controle não obteve melhora alguma.

O auge do desempenho atlético aparece quando os níveis sanguíneos se aproximam daqueles obtidos com a *persistente* exposição corporal ao sol: **50 ng/ml.**

Acha que pega sol o suficiente? Improvável. Mesmo no verão interminável da subtropical Miami, foi registrada incidência surpreendentemente alta de deficiência de vitamina D, já que muitas pessoas usam protetor solar ou evitam

1 Não coloque o kimchi ou o chucrute nos ovos. Eu tentei, fica horrível.
2 Nesse caso, ergocalciferol, uma forma cujo uso desaconselho; em vez dele, use a forma mais comum, colecalciferol.

expor-se ao sol. Quarenta por cento dos corredores que moram na Louisiana examinados em outra pesquisa, todos os quais treinam ao ar livre, registraram também níveis insuficientes de vitamina D. Quem trabalha ou se exercita em lugares fechados está entre os maiores candidatos a grandes deficiências: Lovell e seus colaboradores descobriram que 15 de 18 ginastas de elite apresentaram níveis de vitamina D inferiores a 30 ng/ml, e seis delas tinham níveis inferiores a 20 ng/ml.

Exames caseiros simples (veja as fontes listadas em "Sendo examinado") podem lhe dizer em que ponto você está, e a exposição constante ao sol ou à luz UVB (de 20 a 30 minutos, pelo menos duas vezes por semana, dependendo da latitude), juntamente com vitamina D3 sublingual, pode fazer com que você alcance o nível mínimo de 50 ng/ml. Mais do que 100 ng/ml é considerado excessivo, e mais do que 150 ng/ml é considerado tóxico.

Se você não se examinar e simplesmente tomar vitamina D, corre o risco de ter uma superdosagem. Um sintoma ameno da superdosagem pode ser o gosto metálico na boca, que Neil, do "Protocolo de Occam", sentiu. Em nossa pressa de darmos início ao programa e com base em deficiências médias que eu vira em exames de sangue de pacientes anteriores, não examinamos o nível de vitamina D dele. Não lembrei que ele costumava surfar durante várias horas por dia.

Estabeleça seu valor de referência primeiro.

Minha experiência

Valor de referência do exame de sangue: **32 ng/ml**

Segundo exame em 20/8/2009 (depois de dois meses tomando 1.000 UI/dia e com 20 minutos diários de exposição ao sol): **35 ng**

Terceiro teste, cinco semanas mais tarde, em 25/9/2009 (depois de aumentar o consumo para 7.200 UI/dia): **59 ng/ml**

Dividi as 7.200 UI em duas doses: um conta-gotas e meio cheio de vitamina D3 líquida Now® após acordar e a mesma dosagem antes de dormir. É importante testar os conta-gotas, em vez de confiar nos rótulos: apesar de o rótulo dizer que um conta-gotas cheio equivalia a 5.000 UI, o conta-gotas médio armazena apenas 24 gotas, e quatro gotas equivalem a 400 UI, então o conta-gotas médio contém 2.400 UI — menos da metade do que o rótulo afirma.

Percebi impacto maior no desempenho atlético depois que ultrapassei a barreira dos 50 ng/ml e alcancei 55 ng/ml, depois do que os efeitos ficaram estáveis. A melhora de desempenho com vitamina D é bem documentada, pelo menos como resultado do uso de lâmpadas UV:

Em 1944, pesquisadores alemães puseram 32 estudantes de medicina sob radiação, duas vezes por semana, durante seis semanas, e descobriram que os estudantes mostraram um aumento de 13% no desempenho na bicicleta ergométrica, enquanto o desempenho do grupo de controle permaneceu o mesmo. Em 1945, Allen e Curaton mediram durante 10 semanas a condição cardiovascular e a resistência muscular em 11 universitários de Illinois sob radiação com luz UV, comparando-os a 10 universitários do grupo de controle; os dois grupos estavam passando por um treinamento físico semelhante. O grupo tratado conseguiu melhora de 19,2% na saúde cardiovascular em comparação com a melhora média de 1,5% no grupo de controle.

Tome um banho de luz e algumas gotas.

A vitamina D suplementar aumenta sua necessidade de vitamina A, então não se esqueça do já mencionado óleo de fígado de bacalhau, que contém ambas.

BANHOS GELADOS CURTOS — 10 MINUTOS DEPOIS DE ACORDAR E ANTES DE DORMIR

Usar banhos gelados para despertar hormônios sexuais é algo que não se encontra na literatura, mas parece haver mecanismos plausíveis.

A região pré-óptica do hipotálamo anterior é responsável pela regulação da termogênese — a criação de calor como reação à exposição ao frio. A mesma área *também* contém a maior parte dos neurônios liberadores de GnRH, o que faz dela a principal fonte de produção de GnRH. Pulsos de GnRH, você deve se lembrar, depois dão início à liberação de FSH (pulsos de baixa frequência) ou LH (pulsos de alta frequência).

Ao analisar alterações nos exames de sangue depois de começar e parar com os banhos gelados como uma variável isolada, acredito que a exposição alternada ao frio tem impacto positivo nos pulsos de alta frequência de GnRH, o que resulta em níveis mais altos de LH e testosterona.

Protocolo 2: De curto prazo e divertido

DE 20 A 24 HORAS ANTES DO SEXO

Na noite anterior ao dia em que pretende fazer sexo, consuma pelo menos 800 mg de colesterol até duas horas antes de dormir.

Recriei o efeito do aumento da libido em mais de uma dezena de testes, nos quais as pessoas começaram comendo uma grande porção de bife orgânico, de 450 a 560 g por refeição. Inicialmente eu pensava que um consumo maior de carne era o que provocava o efeito. Com base na literatura disponível, parece que a superalimentação ou a carnitina podiam ser as responsáveis, pois já se demonstrou a importância da carnitina para a produção (espermatogênese) e a qualidade (motilidade) de esperma.

O problema com essa hipótese é que 100 g de carne contêm de 56 a 162 mg de carnitina. O bife orgânico tem níveis mais altos de L-carnitina e, em geral, quanto mais vermelha a carne, maior a quantidade de carnitina. Mesmo que usemos o valor mais alto de carnitina (150 mg em 100 g) num bife orgânico ao ponto para malpassado, precisaríamos consumir 1,5 kg de carne para conseguirmos a dosagem clínica de 2 g por dia. Até mesmo para um carnívoro ávido, isso parece desagradável. Apesar de suspeitar que existam efeitos não triviais com doses inferiores a 2 g por dia, eu queria encontrar explicações alternativas.

A solução simples foi encontrada nos ovos.

Eu queria isolar o colesterol como uma variável por causa de seu efeito inibidor, dependente da dose, da SHBG, e um único ovo contém mais de 2/3 do limite de colesterol estipulado pela USRDA (quantidade de consumo diária recomendada pelo Departamento de Nutrição dos Estados Unidos), de 300 mg/dia, o que significa 200 mg por gema.

A quantidade mínima para um efeito *bastante* visível parece ser de 800 mg de colesterol, ou quatro ovos.

Se você quiser um gostinho a mais, acrescente um pedaço de queijo suíço com pouca gordura, que tem os maiores níveis de ácido linoleico conjugado, com o Muenster natural em segundo lugar.

QUATRO HORAS ANTES DO SEXO

4 castanhas-do-pará

20 amêndoas cruas

2 cápsulas da já mencionada combinação de bacalhau e manteiga

Uma explicação sobre as castanhas-do-pará: Comecei a consumir castanha-do-pará para obter selênio, cuja deficiência descobri depois do segundo exame de sangue no SpectraCell, que dizem ser o mesmo laboratório de exames de micronutrientes usado por Lance Armstrong.

Estudos clínicos mostraram que a castanha-do-pará é mais eficiente do que a suplementação para o aumento no nível de selênio, que é importante no nosso contexto, pois esse mineral aumenta a produção e a qualidade do esperma. Duas coisas boas para os espermatozoides.

Antes de mais nada, porém: por que eu tinha deficiência de selênio? Simplesmente porque eu não comia alimentos contendo selênio, como carne?

Ou, e isso é importante, será que havia algo competindo com o selênio e o removendo do meu corpo? Essa é a pergunta mais ignorada. E também o problema maior, já que você não pode solucioná-lo com comprimidos ou poções.

Com base na análise de artigos publicados, criei três hipóteses relacionadas à minha deficiência de selênio:

1. Apesar de eu consumir grandes quantidades de alimento de origem animal ricos em selênio, como carne (200 g são o suficiente, de acordo com a USRDA), os animais pastam em solo deficiente em selênio.
2. Entrar e sair de cetoses criou uma deficiência de selênio. Sem que eu soubesse, a dieta cetogênica de longo prazo está associada à deficiência de selênio. Esse foi realmente um momento de revelação.
3. O selênio protege-se do mercúrio se ligando a ele. Níveis elevados de mercúrio no sangue, como os apresentados no meu exame, podem, portanto, levar a uma deficiência de selênio.

Depois de ter algumas explicações plausíveis, era hora de agir para corrigir o problema:

Ação corretiva 1: Comecei a consumir três castanhas-do-pará no café da manhã e três antes de dormir. Selênio demais prejudica os espermatozoides, por isso me mantive no limite máximo tolerável em adultos, isto é, 400 mcg por dia. Uma porção de 30 g de castanha-do-pará (aproximadamente 11 castanhas) contém 544 mcg, então 400 mcg equivalem a aproximadamente oito castanhas por dia (49 mcg cada). Estou consumindo seis para evitar variações tóxicas. Experimentei duas vezes as doses mais altas de oito a 10 castanhas por dia; em ambos os casos, imediatamente tive o pior quadro de acne da minha vida. Apesar de a deficiência de selênio estar relacionada a problemas de pele, parece que o selênio em excesso, ou ao menos a castanha-do-pará em excesso, tem o mesmo efeito.

USRDA
mg de selênio diário
efeitos colaterais negativos (ou problemas físicos)

Ação corretiva 2: Depois, garanti sair da cetose uma vez por semana ao consumir carboidratos como no "dia de folga" do sábado da Dieta Slow Carb. Desde que os testes indicaram deficiência, saio da dieta uma refeição a cada duas semanas no almoço da quarta-feira, o que geralmente inclui uma única porção de arroz integral com comida tailandesa.

Ação corretiva 3: Comecei a tentar remover o mercúrio do meu corpo sem me matar. Apesar das muitas sessões de quelação com DMPS IV, os exames de urina não revelaram diminuições nos níveis de mercúrio. Até hoje, a quelação não se provou benéfica, mas pretendo fazer uma experiência com um protocolo mais longo, três dias com, 11 dias sem, usando supositórios de EDTA (superdivertido!), para evitar os efeitos colaterais geralmente graves da quelação oral.

Explicação para o aumento da testosterona causado pelas amêndoas: As amêndoas foram uma descoberta acidental.

Certa noite, já tarde, depois de perceber que minha geladeira de solteiro não tinha nada além de álcool e vários tipos de pós nojentos de proteína, peguei, desesperado, um saco de amêndoas. Estava faminto e comi cerca de 30 amêndoas (30 g).

No dia seguinte, eu estava com uma libido muito mais exaltada, e fiquei intrigado. Só fui capaz de relacionar isso ao consumo de amêndoas depois de analisar todo o conteúdo do produto. O que na amêndoa poderia ter causado esse efeito? O único mecanismo em potencial parecia ser a vitamina E.

Veja só, depois dessa primeira experiência, apresentei deficiência de vitamina E no mesmo exame SpectraCell que descobriu meu problema com selênio.

Ao analisar com mais atenção os estudos no PubMed, percebi que a vitamina E não só tem o potencial de contrabalançar o estresse oxidativo que diminui a testosterona e a produção de esperma como também é usada com sucesso em associação com o selênio e a vitamina A (uma coincidência incrível, não?) para tratar deficiências parciais do androgênio em homens.

O mais interessante para mim: a vitamina E estimula a liberação do hormônio liberador do hormônio luteinizante (LH-RH) no hipotálamo.

Bingo.

Uma porção de 30 g (30 amêndoas) lhe dá aproximadamente 40% da sua necessidade diária. Consumi amêndoas tanto cruas quanto na forma de manteiga orgânica para alcançar mais de 150% da minha necessidade diária, geralmente com a ingestão de duas colheres de sopa cheias dessa manteiga, com talos de aipo, no café da manhã.

Como tudo, a vitamina E em excesso é tão ruim quanto em escassez. Faça como a Cachinhos Dourados: coma direito e examine seus níveis de vitamina E a cada dois ou três meses. Os resultados parecem valer a pena.

• • •

Não tenho explicações para o aparente impacto positivo de vários dos ingredientes no coquetel, mas eliminar um único deles parece diminuir o efeito sobre a libido.

Para confirmar isso, eliminei cada item. Por exemplo, parei de consumir vitamina D por seis semanas ao mesmo tempo que aumentei o consumo de castanha-do-pará para oito por dia. Minha testosterona pulou para 835 (o normal é de 280 a 800), mas a libido e a vitamina D diminuíram, a última para 31,3 (o normal é de 32 a 100).

Seja inteligente e faça exames regulares.

SOLUCIONANDO UM PROBLEMA E CAUSANDO OUTRO: DEFICIÊNCIAS CRIADAS POR MEDICAMENTOS E EXERCÍCIOS COMUNS

Mesmo com a dieta perfeita, é possível desenvolver deficiências de nutrientes. Como? Usando medicamentos que evitam a absorção de nutrientes específicos ou fazendo exercícios demais que utilizam determinado sistema bioquímico.

Eis uma pequena amostra dos medicamentos e dos exercícios e das deficiências a eles associadas.

Você já usou algum deles?

Anticoncepcionais orais
Usados para: controle da natalidade
Deficiências associadas: ácido fólico, vitaminas B2, B6, B12 e C, zinco e magnésio

Estimulantes (por exemplo, as "ervas" usadas pelos jogadores de beisebol ou as "pílulas" usadas pelos pilotos da Força Aérea, ou, ainda, altas doses de cafeína)
Deficiências associadas: molibdênio, B5, potássio, magnésio, vitamina C

Antibióticos
Usados para: infecções bacterianas
Deficiências associadas: vitamina B, ácido fólico, vitaminas D e K[3]

Antidepressivos
Usados para: depressão
Deficiências associadas: vitamina B2

Álcool
Usado para: recreação
Deficiências associadas: ácido fólico, tiamina, vitamina B6

Antiácidos
Deficiências associadas: vitaminas B12 e D, ácido fólico e cálcio, ferro e zinco

3 Nota importante: há também alguma evidência de que certos antibióticos podem tornar as pílulas anticoncepcionais menos eficientes por causa do impacto negativo na flora intestinal e na absorção de estrogênio. Para evitar uma gravidez indesejada, consulte seu médico se estiver tomando antibióticos juntamente com anticoncepcionais.

Anticonvulsivos
Usados para: epilepsia, transtorno bipolar
Deficiências associadas: biotina, ácido fólico, vitaminas B6, D e K

Colestiramina
Usada para: colesterol alto
Deficiências associadas: vitaminas A, D, E e K

Óxido nitroso
Usado para: anestesia dental e recreação
Deficiências associadas: vitamina B12

Quimioterapia
Usada para: tratamento de câncer
Deficiências associadas: ácido fólico

Antipsicóticos
Usados para: esquizofrenia, transtorno bipolar
Deficiências associadas: vitaminas B2 (riboflavina) e D

Anticoagulantes (por exemplo, varfarina)
Usados para: fibrilação atrial, evitar a coagulação sanguínea
Deficiências associadas: vitaminas E e K

Anti-inflamatórios (corticoides)
Usados para: artrite, urticária, hepatite, lúpus, doença de Crohn, inflamação ocular e insuficiência suprarrenal
Deficiências associadas: cálcio, DHEA, magnésio, melatonina, potássio, proteína, selênio, vitaminas B6, B9, B12, C e D, zinco

Metformina
Usada para: diabetes tipo 2
Deficiências associadas: ácido fólico, vitamina B12

Esteroides anabólico-androgênicos
Usados para: crescimento muscular, desempenho atlético, doenças autoimunes
Deficiências associadas: vitaminas B6, B9, B12, C e D

Clenbuterol
Usado para: asma, perda de gordura entre fisiculturistas
Deficiências associadas: taurina e magnésio cardíaco (potencialmente fatal)

Deficiências específicas associadas a exercícios, por Charles Poliquin:

Entre arremessadores
Característica: exige demais do GABA e do sistema nervoso
Deficiências associadas: taurina

Jogadores de futebol americano, hóquei e fisiculturistas
Sistema exigido: muscular
Deficiências associadas: lisina

A MÁQUINA SEM CARNE I

Por que experimentei uma dieta vegetariana por duas semanas

Bacon: a porta de entrada da carne.
— Bóton em uma bolsa em San Francisco

O poder da restrição positiva

Limitar suas opções é geralmente encarado como algo ruim.

Como sua fala melhoraria se você não pudesse usar o adjetivo "interessante" e tivesse de ser mais preciso?

Como sua capacidade de se organizar melhoraria se você saísse sem celular por duas semanas?

Na verdade, existem tanto restrições *positivas* quanto negativas. As positivas são geralmente empregadas no mundo dos negócios para melhorar a criatividade e os resultados em determinada área. A famosa "produção enxuta" da Toyota foi resultado de se aplicarem restrições positivas ao processo de desperdício.

Como você aplica isso à dieta? Simples: eliminando certos alimentos por um período limitado de tempo. Para a maioria dos onívoros, eliminar a carne é o mais difícil e, portanto, o mais valioso. Citando o doutor John Berardi (um carnívoro, como eu), com quem nos encontraremos mais tarde: "Em nossa ânsia por enchermos 1/3 do nosso prato com carne, às vezes nos esquecemos dos outros 2/3."

As restrições de se experimentar uma dieta primariamente vegetariana (à qual chamarei de "DPV"), seja ela pescetariana, vegan ou qualquer outra variação, exige um conhecimento dos alimentos que transcende o que quer que você esteja eliminando do cardápio. Até mesmo uma experiência de duas semanas gera enormes benefícios permanentes.

Por exemplo: se você sabe que vai sofrer de deficiência de vitamina B12 numa DPV, aprenda sobre ela e todas as vitaminas do complexo B e vitaminas em geral, o que talvez desperte seu interesse por fígado seco (uma boa fonte) e o leve a comer bife orgânico produzido localmente uma vez por semana aos sábados, em vez de optar por se tornar vegan.

Tudo é uma questão de encontrar o que é melhor para você.

Sugiro um teste de duas semanas de DPV, depois de três a quatro meses sob a Dieta Slow Carb. Não importa o resultado final, a consciência o levará a tomar decisões melhores que serão benéficas para sua aparência, seu desempenho e o planeta como um todo.

Do ideal para o prático em cinco etapas

Umas poucas definições antes de começarmos:

1. O termo "vegetariano" é tão usado que acabou obsoleto. Eu o defino aqui como alguém cujo volume de alimento consumido será composto de 70% de plantas. É a já mencionada "dieta primariamente vegetariana" (DPV), e esse é o termo que usarei para substituir "vegetariano". Na Dieta Slow Carb, consumo uma DPV de, no mínimo, 60%; isto é, 60% do prato está coberto de legumes e verduras.
2. Defino "vegan" aqui como alguém que não ingere nenhum produto de origem animal, exceto por bens produzidos por insetos, como mel. Isso é um assunto polêmico para alguns vegans, mas é tema para outro livro.

Se você está pensando em experimentar a DPV, o que espero que faça, sugiro que sua transição seja gradual.

É melhor para o meio ambiente que você consuma indefinidamente uma DPV de 70% cujo conteúdo seja produzido nas proximidades[1] do que consumir produtos 100% vegan por dois meses e desistir porque descobre que é insustentável. Alguns vegans, afundados na guerra ideológica, também fecham os olhos para os efeitos acumulados: fazer com que 20% da população dê alguns passos na direção certa gerará um impacto positivo no mundo muito maior do que ter 2% da população seguindo uma dieta 100% baseada em plantas. Tanto para os carnívoros quanto para os vegetarianos mal informados: parem os ataques pessoais e se atenham à questão como um todo.

Lógico que há muitos vegetarianos e vegans que são contrários ao consumo de qualquer produto de origem animal porque o consideram imoral, até mesmo

1 Isso presume que as plantas não venham de monoculturas como soja, trigo e milho. Acredito que a produção de grãos em escala industrial faz tão mal ao meio ambiente quanto as "fábricas de animais", com base na destruição do hábitat natural (portanto, causando a extinção de espécies) e na taxa de emissão de carbono.

se os animais forem criados em condições sustentáveis e humanas. Não trato disso aqui, já que há várias definições envolvidas. Ao contrário, vou me ater às implicações nutricionais e logísticas de se seguir uma DPV.

As cinco etapas seguintes são fáceis de ser implementadas. Cada etapa o tornará mais consciente como consumidor e serve para diminuir seu impacto sobre o meio ambiente.

Etapa 1. Retire os amidos (arroz, pão, grãos) e adicione leguminosas. Estimula-se o consumo de produtos densos, como hambúrgueres de feijão-preto sem pão. Coma o que quiser uma vez por semana. Leia os capítulos sobre a Dieta Slow Carb para refrescar a memória, se necessário.

Etapa 2. Certifique-se de que toda a carne que você consumir venha de animais criados em pastos ou seja produzida a até 80 km da sua casa.

Etapa 3. Coma carne apenas depois das 18 horas (o que Mark Bittman e outros chamam de plano "vegan até as 18h") *ou* coma carne apenas nos finais de semana ou nos dias de esbórnia.

Etapa 4. Elimine toda a carne exceto os peixes (pescetariano) e/ou ovos e laticínios (ovolactovegetariano). Bill Pearl ganhou o concurso Mister Universo em 1967 e 1971 como ovolactovegetariano e criou braços de mais de 50 cm, com 99 kg. Carne vermelha não é uma exigência para se ficar forte.

Etapa 5. Faça uma dieta vegan 100% baseada em plantas.

Tirar coisas demais da sua rotina, e com muita rapidez, leva ao abandono de mudanças positivas. Pular as etapas desse processo cria um vácuo calórico que o fará (1) se sentir horrível e voltar aos velhos hábitos ou (2) preencher o vácuo com *junk food* vegetariana, como carne de soja processada, batata frita, néctar de agave e leite adoçado vendido como leite de soja ou de amêndoa.

Faça uma etapa por vez e pare quando você achar que chegou a seu limite sustentável. Eu experimentei até a quinta etapa, mas decidi que opero com mais constância até a segunda.

Organizando-se

Não cometa erros: num mundo onde a carne e a proteína animal barata são onipresentes, você precisará ser mais organizado do que seus primos carnívoros.

O grau de organização depende da sua ambição. Tornar-se um "vegetariano" adequado requer muito mais comprometimento do que se tornar um atleta vegan recordista.

Vamos analisar toda a variedade de exemplos reais, incluindo um seguidor da Dieta Slow Carb, um dos mais famosos atletas de ultrarresistência de todos os tempos, e um cientista onívoro que experimentou o veganismo por 28 dias.

Meu objetivo é ajudá-lo a seguir suas próprias diretrizes éticas e ambientais sem causar danos à sua saúde ou ao bolso. Este capítulo também responderá às perguntas mais comuns submetidas por vegans entre meus mais de 100.000 seguidores no Twitter:

Como consumir proteína suficiente numa dieta vegan?
Como seguir a dieta sem soja?
O que posso comer, como vegan, em viagens?
Que suplementos devo usar para evitar deficiências?

Como essas são as maiores preocupações, vamos respondê-las antes de irmos para os estudos de caso:

COMO CONSUMIR PROTEÍNA SUFICIENTE NUMA DIETA VEGAN... SEM SOJA?

A resposta: antes de mais nada, precisamos definir o que é "suficiente".

Para o padrão da maioria dos carnívoros, os atletas de resistência citados neste capítulo consomem proteínas em quantidade insuficiente, mas mesmo assim são capazes de competir nos níveis mais altos dos seus esportes. E isso não se limita à corrida. Mike Mahler, um conhecido atleta de força, que é vegan, consome de 100 a 130 g de proteína por dia durante o treinamento e cerca de 90 g quando não está treinando. Levando em conta seu peso de 89 kg e presumindo que sua massa magra seja de 80,4 kg (10% de gordura), isso quer dizer que ele consome no máximo 1,60 g/kg de massa magra nos dias de treinamento e 1 g/kg de massa magra quando não está treinando. O doutor John Berardi, que conheceremos a seguir, consome muito mais, mas vamos adotar a variação de Mahler como objetivo.

A maior parte dos vegans usa soja como fonte primária de proteína. Uma péssima ideia.

Com base em toda a literatura que li, os fitoestrogênios da soja são perigosos para adultos e mais ainda para crianças, mesmo quando usados com moderação. As pesquisas demonstram que apenas 30 g de soja por dia (cerca de duas colheres de sopa), durante 90 dias, podem causar distúrbios na tireoide, e esse estudo foi feito com japoneses. O Serviço de Saúde da Suíça afirmou que **100 mg** de isoflavona (fitoestrogênio) equivalem a uma única pílula anticoncepcional em termos de impacto no estrogênio. Quantas pílulas anticoncepcionais você está inadvertidamente tomando todos os dias?

ALIMENTO	ISOFLAVONA TOTAL (EM PORÇÕES DE 100 G)
Bebida instantânea à base de soja	109,51 mg
Soja crua	118,51 mg (em menos de meia xícara)
Tofu frito	48,35 mg (de 7 a 8 pedacinhos)
Carne de soja	43,52 mg (em menos de 2/3 de xícara)
Leite de soja infantil comum	25 mg

Uma superdose de estrogênio não faz bem para nenhum dos sexos, a não ser que você pretenda ficar estéril.

Então, como você pode fazer isso sem soja?

A resposta: ou com alimentos integrais, que exigem mais tempo de preparo, ou com proteína em pó, que exige dinheiro.

As opções de alimentos integrais serão abordadas em estudos de caso, apesar de você encontrar no meio deles alguns produtos à base de soja. Para a suplementação, as proteínas em pó mais recomendadas pelos atletas vegans são:

Proteína de arroz sabor chocolate Sun Warrior
Proteína isolada de ervilha Pure Advantage
Nitro Fusion Plant Fusion (proteína de arroz, ervilha e alcachofra)

Também confirmei que cada uma dessas proteínas não induz ao vômito quando misturadas a uma ou duas colheres de sopa de manteiga de amêndoa junto com água fria, leite de amêndoas ou de coco.

O QUE POSSO COMER, COMO VEGAN, EM VIAGENS?

A resposta: se você está se referindo aos alimentos integrais, a maneira mais fácil é comer comidas mexicanas ou tailandesas, exatamente como na Dieta Slow Carb.

Os vegans que optam pela comida mexicana pedem vários acompanhamentos como feijão-preto (sem banha de porco), legumes e verduras no vapor e guacamole (este é um alimento calórico e rico em gorduras e não deve ser esquecido), sozinhos ou com tortilhas. Sugiro que se evite o trigo, como fazem os atletas vegans de primeira linha que entrevistei.

Se você for pego de surpresa sem nada por perto além de McDonald's e Pizza Hut, um saco de cerca de 50 amêndoas cruas o sustentará por mais ou menos 10 horas, até que você encontre algo mais substancioso. Podem-se encontrar amêndoas em quase todos os postos de gasolina e nas livrarias de aeroporto.

No pior dos casos, opte por uma fome suportável em vez de quebrar as regras.

QUE SUPLEMENTOS DEVO USAR?

A resposta: para se garantir contra problemas graves de saúde, certifique-se do seguinte:

NUTRIENTE	COTA DIÁRIA RECOMENDADA (USRDA)
Iodo	150 mcg
Lisina	12 mg/kg de peso
Biotina	30 mcg (não há cota diária recomendada)
Vitamina K (kimchi, chucrute etc.)	90 mcg (mulheres), 120 mcg (homens)
Creatina[14]	5 g por dia (não há cota diária recomendada)
Leite de coco (para gorduras saturadas)	No mínimo 1/2 xícara (não há cota diária recomendada)
Abacate (gordura e potássio)	1 a 2 abacates (1 a 5 xícaras de 150 g) (não há cota diária recomendada)

Minhas recomendações adicionais:

NUTRIENTE	COTA DIÁRIA RECOMENDADA (USRDA)
Vitamina B-12	2,5 mcg
Ácidos graxos essenciais	500 mg a 4 g
Proteína	55 g (mulheres), 65 g (homens)
Cálcio	1.000 mg
Ferro	18 mg (mulheres), 8 mg (homens)
Vitamina D	No mínimo 5 mcg (leia "A máquina de sexo")
Zinco	8 mg (mulheres), 11 mg (homens)
Ácido fólico	400 mcg
Selênio	55 mcg
Riboflavina	1,1 mg (mulheres), 1,3 mg (homens)
Vitamina E	15 mg

O conselho mais importante de todos: só podemos identificar deficiências e, portanto, a suplementação daquilo que os cientistas isolaram.

Veja a conclusão do próximo capítulo para importantes advertências referentes a isso.

2 Como tornar os vegetarianos mais inteligentes? Dê a eles creatina. Num estudo duplo-cego controlado por placebo (http://www.ncbi.nlm.nih.gov/pmc/articles/PMC1691485/?tool=pmcenrez), 45 jovens vegetarianos receberam 5 g de creatina diariamente, durante seis semanas, e os pesquisadores concluíram que a suplementação teve efeito positivo significativo ($p < 0,0001$) tanto na memória (amplitude de memória de dígitos) quanto na inteligência (matrizes progressivas avançadas de Raven). Dois gramas por dia não repetiram esses resultados em experimentos separados.

Estudos de caso

De cada estudo de caso, extraí as lições mais importantes e incluí tanto listas de compras quanto, nos exemplos de atletas, refeições principais.

Marque Boseman (homem) — vegetariano
Atividade: Atleta amador
Objetivo: Perda de peso usando a Dieta Slow Carb
Peso: 86 kg (100 antes da dieta)
Altura: 1,70 m
Custo semanal com alimentos: US$60
Complexidade dos alimentos: Baixa

Scott Jurek (homem) — vegan
Atividade: Corredor de nível internacional de provas de ultrarresistência
Objetivo: Resistência
Peso: 75 kg
Altura: 1,88 m
Custo semanal com alimentos e suplementos: de US$400 a US$500
Complexidade dos alimentos: Alta

Doutor John Berardi (homem) — onívoro (experimentou o veganismo por 28 dias)
Atividade: Treinador profissional e olímpico, Ph.D. em fisiologia
Objetivo: Força
Peso: 85 kg
Altura: 1,75 m
Custo semanal com alimentos: US$80
Custo semanal com suplementos: US$60
Complexidade dos alimentos: Moderada

Os estudos de caso seguintes não foram incluídos neste capítulo por causa de restrições de espaço, mas podem ser encontrados em www.fourhourbody.com/vegan-athletes.

Steph Davis (mulher) — vegan
Atividade: Alpinista de renome internacional
Objetivo: Resistência

Peso: 53 kg
Altura: 1,66 m
Custo semanal com alimentos: de US$60 a US$80

Mike Mahler (homem) — vegan
Atividade: Atleta de força
Objetivo: Força e condicionamento metabólico
Peso: 89 kg
Altura: 1,83 m
Custo semanal com alimentos: de US$100 a US$125 (mais US$60 com suplementos)

Marque Boseman

Marque Boseman perdeu 14 kg com a Dieta Slow Carb (mais de 5 kg no primeiro mês) sem comer carne e desde então se tornou vegan.

Eis aqui seu perfil básico:
Engenheiro de programação de 35 anos
Casado, uma filha e um filho a caminho
Começou com 100 kg e 33% de gordura
Terminou com 86 kg e 25% de gordura

Em menos de três meses, ele perdeu 14 kg, sendo 12 kg só de gordura.
Ele correu 5 km, quatro vezes por semana.
Seu colesterol diminuiu de 220 para 160.

LISTA DE COMPRA DE MARQUE
Marque gastava apenas US$60 por semana em alimentos, e sua lista exigia apenas 10 a 15 minutos:

Grandes embalagens de clara de ovos e/ou proteína em pó de tofu/leite/legumes. Tentei consumir por volta de 19 g de proteína por refeição.
Cerca de dois sacos de feijão-preto e/ou grão-de-bico e/ou lentilha. (Mais econômico do que enlatados.)
Três a quatro sacos grandes de legumes congelados.

Um pote de manteiga de amendoim natural sem açúcar, ou castanhas (um modo fácil de suplementar as gorduras)
Óleo de linhaça e/ou azeite de oliva e/ou guacamole
Tahine (combine com grão-de-bico e faça uma pasta, boa com legumes)
Molho salsa (natural e sem açúcar. Faça seu próprio molho se tiver tempo. Eu o adiciono a meus ovos quando canso deles.)

As porções exatas não são importantes, já que os ajustes lhe darão as quantidades exatas na terceira semana.

As pessoas talvez comprem pouco ou muito na primeira ou na segunda semana, mas na terceira semana já saberão do que precisam.

Marque explica seu modo de ajustar o sistema da Dieta Slow Carb:

O que me ajudou a adaptar a Dieta Slow Carb ao vegetarianismo foi usar DailyBurn (www.dailyburn.com) para analisar minha comida.

Depois de alguns dias registrando meus alimentos, notei que minha proporção de nutrientes, calculadas pelo DailyBurn, era 40:30:30 (carboidratos:proteína:gordura). Minha esposa sempre fez uso da Dieta da Zona, por isso reconheci imediatamente as proporções como sendo idênticas. Estava alcançando essa proporção diariamente apenas ao seguir suas instruções, mas comendo só ovos para obter minhas proteínas. Desde que eu reduzisse meu consumo de carboidratos na forma de feijão e legumes, para contrabalancear os carboidratos adicionais que eu consumia com produtos de soja e laticínios, as proporções seriam as mesmas, e eu assim continuei a perder peso.

Em outras palavras: todas as fontes de proteína na sua versão original são o que eu chamaria de fontes "isoladas" (peito de frango, peixe etc.) que contêm quase nenhum carboidrato. É difícil encontrar proteína "isolada" em alimentos integrais para um vegetariano, por isso, ao adaptar essa dieta para um, pensei em todos os carboidratos nos produtos de soja e laticínios, contando-os tendo em mente seu limite total. Depois subtraí os legumes e as verduras e leguminosas de acordo. Para cada 9 g de carboidratos que eu consumia de uma fonte de gordura ou proteína, eu comia 9 g a menos de carboidratos na forma de legumes e verduras e leguminosas. Isso me ajudou a manter as proporções sem muito esforço. A solução mais simples para esse problema é evitar laticínios e soja, o que fiz na maior parte do tempo. Alguém pode perguntar: por que simplesmente não passei a usar a Dieta da Zona? Não mudei de dieta porque a Slow Carb descrita por você é mais simples e não dá lugar a alimentos "menos preferidos", que produz resultados "menos preferidos". Mantenho as coisas simples, e é mais fácil de seguir. Se eu tivesse apenas uma única dica para dar a quem pretende seguir a Dieta Slow Carb sendo vegetariano, seria apenas: coma mais gorduras boas. Uma vez que está abdicando da gordura das fontes de proteína animal, você precisa de suplementação com óleo de linhaça, azeite de oliva e castanhas. De 0,5 a 1 colher de sopa, duas vezes ao dia, resolveu o problema para mim. Se não suplementava meu consumo de gorduras, me sentia cansado e mentalmente desligado.

Desde então me tornei vegan e tirei totalmente a soja da minha dieta. Atualmente, minha principal fonte de proteína isolada é proteína em pó de ervilha e arroz, e a preferida é a Plant Fusion, da Nitro Fusion.

BISCOITOS PROTEICOS DE BAUNILHA E NOZES DE MIKE MAHLER

Mike Mahler não se enquadra no estereótipo do vegan.

Ele treinou atletas como o ex-campeão do UFC Frank Shamrock; consegue fazer desenvolvimento unilateral com um *kettlebell* de 44 kg 10 vezes e um arranco com um *kettlebell* de 48 kg 17 vezes em cada braço. Ele tem massa magra de 89 kg.

Mike prepara suas próprias barras de proteína, e sua receita preferida é a seguinte:

4 colheres de proteína em pó Sunwarrior sabor baunilha (60 g de proteína de alta qualidade e ferro)
2 colheres de sopa de manteiga de amêndoa (boa proteína, gordura e magnésio)
1 colher de sopa de manteiga de castanha-de-caju
3 colheres de sopa de linhaça em pó (contém ômega 3 e fibras; aumenta a taxa de bom estrogênio em relação ao ruim)
1 colher de sopa de maca (esteróis de plantas, suporte hormonal)
¼ de xícara de nozes
¼ de xícara de goji (fruta rica em vitamina A, vitamina C e ferro)
2 colheres de sopa de tempero para torta de abóbora (cheio de temperos saudáveis)
1 colher de chá de estévia
1 ½ xícara de água

Preaqueça o forno a 220 graus. Misture tudo numa tigela com uma colher até que vire uma pasta. Divida em oito partes e depois molde os biscoitos. Coloque-os sobre uma assadeira própria e asse por 15 minutos.

Perfil nutricional total (para os oito biscoitos)
Proteína: 79 g
Carboidratos: 63 g
Gordura: 30 g

AS REFEIÇÕES PREFERIDAS E PRINCIPAIS DE MARQUE

Não há necessidade de complicar as coisas:

> Algo que me ajudou muito foi deixar de lado a diferença entre alimentos para o café da manhã e alimentos para as "outras refeições".
>
> Minha refeição mais comum era ovos com molho salsa, um pouco de feijão, provavelmente um pouco de pasta de grão-de-bico e algumas castanhas. Com frequência os ovos eram substituídos por proteína em pó, o molho, por legumes variados, e as castanhas, por óleo de linhaça. Tentei manter as coisas bem simples.

Escolha uns poucos pratos e os repita. A simplicidade ganha.

Scott Jurek

Scott Jurek é um verdadeiro semideus no mundo das ultramaratonas, que envolve corridas mais longas do que a maratona tradicional. De forma inacreditável, ele ganhou a 100-Mile Western States Endurance Run, com 160 km, sete vezes consecutivas; venceu duas vezes a ultramaratona Badwater, descrita como a "corrida mais difícil do mundo", e também detém o recorde norte-americano para a corrida de 24 horas, na qual percorreu 266,676 km, batendo o recorde de 20 anos de Rae Clark.

A LISTA DE COMPRAS DE SCOTT

Prepare-se para conhecer a mina de ouro. A abordagem "não esqueça nenhum detalhe" de Scott é oposta ao minimalismo de Marque.

Pedi para que um dos meus pesquisadores de confiança, Charlie Hoehn, fosse ao supermercado Whole Foods e calculasse o tempo dentro da loja.

Ele chegou ao Whole Foods às 15h38 e saiu às 18h20, num total de **2 horas e 42 minutos.** Essa foi, lógico, sua primeira expedição, e Charlie teve de procurar tudo. Para compensar essa primeira visita, pedi que ele visse onde estavam os produtos no dia seguinte e repetisse a compra posteriormente.

Na segunda tentativa, Charlie arrumou todos os itens da lista em grupos, com base nas áreas do mercado (para não ter de ir de um lado para o outro), e levou consigo um amigo que ia lendo a lista e marcando os itens comprados. O trabalho de Charlie foi feito em pura velocidade.

Correndo pelo mercado com o carrinho como uma criança numa loja como a Nickelodeon, ele reduziu seu tempo total na loja para **1 hora.**

O custo total, a despeito do tempo, foi de **US$541,09.**

Alguns dos itens (suplementos, proteína em pó) podem ser usados durante várias semanas, por isso pedi a Charlie que determinasse o valor semanal dos itens com base nas porções. A diminuição foi de US$121,83, dando-lhe um novo custo semanal de **US$419,26**.

A lista semanal de compras de Scott está a seguir, juntamente com os itens substitutos que Charlie comprou (em negrito), quando não conseguiu encontrá-los no Whole Foods. Tenha em mente que essa é a lista para o auge do treinamento, quando Scott estaria consumindo de 5.000 a 6.000 calorias por dia, com aproximadamente 60 a 70% de carboidratos, 20 a 30% de gordura e 15 a 20% de proteínas. Sinta-se livre para pular esta parte, pois a lista tem três páginas.

80 g de Green Magma, da Green Foods
60 cápsulas vegetarianas de Udo's Choice Adult Probiotics, da Flora Health

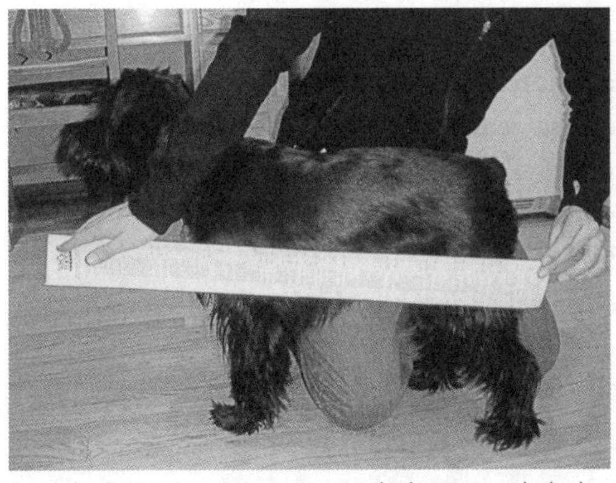

Este recibo de 60 cm representa uma semana de alimentos na vida do ultracorredor Scott Jurek. Ele é comparado, aqui, ao schnauzer preto de Charlie, que também foi comprado no supermercado Whole Foods para um churrasco naquela noite.

30 cápsulas vegetarianas de Udo's Choice Super Bifido Plus, da Flora Health (**90 cápsulas de *Primadophilus bifidus* da Nature's Way**)
2 xícaras de amêndoas orgânicas cruas
3 xícaras de tâmaras orgânicas cruas da The Date People (**340 g de tâmaras orgânicas cruas Whole Foods**)
850 g de proteína de cânhamo orgânico + fibras da Nutiva (**2 × 450 g de proteína de cânhamo orgânico Bob's Red Mill**)
14 bananas orgânicas
2 embalagens de mirtilos selvagens orgânicos congelados da Trader Joe's
1 embalagem de morangos orgânicos congelados da Trader Joe's
1 embalagem de manga congelada em pedaços da Trader Joe's
1 embalagem de abacaxi congelado em pedaços da Trader Joe's
1 embalagem de mamão congelado em pedaços da Trader Joe's (**Eles não tinham mamão, por isso comprei uma embalagem a mais de manga em pedaços. Todas as embalagens de frutas eram da marca Whole Foods**)
450 g de pó de alfarroba orgânica da Earth Circle

200 g de coco orgânico ralado da Earth Circle (**250 g de coco ralado sem açúcar Let's Do... Organic!**)
400 g de proteína em pó Jarrow Fermented Soy Essence
½ xícara de sal marinho celta
¼ de xícara de baunilha em pó orgânica
200 g de maca em pó orgânica da Earth Circle
480 g de Udo's Oil DHA 3-6-9 da Flora Health
480 g de Floradix Iron + Herbs da Flora Health
5 unidades de So Delicious Coconut Milk Yogurt Plain da Turtle Mountain
7 maçãs orgânicas
8 laranjas valência orgânicas (**vêm em embalagem com 12**)
6 toranjas orgânicas
7 peras orgânicas
450 g de néctar de agave
450 g de manteiga de amêndoa feita em casa com uma centrífuga Champion (**apenas comprei a manteiga de amêndoa orgânica Whole Foods em vez de prepará-la com a centrífuga**)
1 pão Ezekiel 4:9 de uva-passa e canela da Food 4 Life
450 g de nozes orgânicas cruas (**comprei 340 g**)
1 kg de polenta orgânica desidratada
120 g de erva-mate orgânica (**comprei saquinhos de chá pré-preparados**)
60 g de chá verde
7 barras Clif C
400 g de quinoa orgânica
400 g de arroz integral orgânico
200 g de feijão-rajado seco orgânico (**comprei 400 g**)
200 g de lentilhas vermelhas secas orgânicas
100 g de lentilhas francesas secas orgânicas
3 embalagens de tempeh
850 g de tofu nigari cru da Wildwood (**2 × 530 g de tofu Denver**)
200 g de batatas orgânicas Yukon ou batatas vermelhas pequenas
2 couves pretas orgânicas
2 maços de rúcula orgânica
1 alface romana orgânica
4 cenouras orgânicas
2 cebolas amarelas orgânicas
2 cabeças de alho orgânico

2 pimentões vermelhos orgânicos
1 maço de brócolis orgânico
2 maços de couve orgânica
2 abacates orgânicos
2 jalapeñas orgânicas
6 tomates orgânicos
240 g de macarrão soba integral orgânico da Eden Foods
480 g de macarrão de trigo integral da BioNature
1 xícara de fermento nutricional
240 g de Nama Shoyu orgânico
180 g de massa de missô da South Mountain (**240 g de missô orgânico Master**)
480 g de azeite de oliva extravirgem prensado a frio da Bariani (**500 g de azeite de oliva extravirgem prensado a frio da Bella**)
425 g de óleo de coco extravirgem da Nutiva
240 g de óleo de gergelim não refinado orgânico da Eden Foods (**marca Whole Foods**)
4 barras de chocolate amargo orgânico de vários sabores da Dagoba
4 batatas-doces médias orgânicas
200 g de sementes de abóbora orgânica
200 g de sementes de girassol orgânicas
100 g de sementes de cânhamo orgânico
1 pote de sorvete Coconut Bliss Vanilla Island
½ cabeça de repolho orgânico
1 l da bebida Clif Electrolyte de maçã (**2 × 450 ml de Clif Quench Limeade**)
10 géis Clif Shot
5 embalagens de Clif Shot Blocks

REFEIÇÕES PREFERIDAS E PRATOS PRINCIPAIS DE SCOTT

Café da manhã ou recuperação pós-treino

Vitamina de proteína em pó com mirtilo

1 banana fresca ou congelada (descasque, divida-a em pedaços de 5 cm e congele de um dia para o outro num recipiente ou saco plástico apropriado)
½ xícara de amêndoas deixadas de molho (deixe as amêndoas de molho na água por 3 a 4 horas ou durante a noite)
1 xícara de mirtilo congelado ou fresco

2 ½ xícaras de água
3 colheres de sopa de proteína de cânhamo em pó
3 colheres de sopa de proteína em pó vegan Green Foods
4 a 6 tâmaras ou adoçante natural
3 colheres de sopa de Udo's Oil DHA 3-6-9 Blend
½ colher de chá de sal marinho
½ colher de chá de extrato de baunilha ou de baunilha em pó crua

Bata no liquidificador todos os ingredientes até que adquira consistência de vitamina. Serve quatro porções.

Vitamina de alfarroba e caju

2 bananas frescas ou congeladas (descasque-as, divida-as em pedaços de 5 cm e congele de um dia para o outro num recipiente ou saco plástico apropriado)
½ xícara de castanhas-de-caju cruas deixadas de molho (deixe-as de molho na água por 3 a 4 horas ou durante a noite)
2 ½ xícaras de água
3 colheres de sopa de proteína de cânhamo em pó
¼ de xícara de alfarroba em pó
3 colheres de sopa de Udo's Oil DHA 3-6-9 Blend
½ colher de chá de sal marinho
½ colher de chá de baunilha crua em pó

Bata todos os ingredientes no liquidificador. Rende quatro porções.

Pudim verde

1 banana
1 abacate
2 maçãs
2 peras
3 colheres de sopa de espirulina

Tire o miolo das maçãs e peras (deixe-as com casca). Tire o caroço do abacate e recolha a polpa do abacate com uma colher. Misture tudo num liquidificador poderoso como o Vitamix por um ou dois minutos ou até que fique homogêneo, com a consistência de um pudim. Rende quatro porções.

Almoço

Salada de couve preta

1 maço grande ou 2 maços pequenos de couve preta
1 abacate pequeno maduro ou ½ abacate grande maduro
½ a 1 colher de chá de sal marinho
Suco de 1 ou 2 limões-sicilianos ou laranjas
½ xícara de sementes de abóbora (deixadas de molho em uma xícara de água durante 4 a 6 horas)
2 tomates em fatias
Uma pitada de pimenta-de-caiena (para um pouco de tempero, mas opcional)

Lave e tire os talos das folhas da couve preta (2,5 cm). Corte o restante da couve em pedaços de 2 a 3 cm e coloque-os numa tigela. Retire o caroço, colha a polpa do abacate com uma colher e a fatie. Acrescente-a à couve preta juntamente com o sal e o suco. Usando uma colher, misture os ingredientes por cinco minutos, até que o abacate, o sal e o suco formem um molho e a couve esteja totalmente coberta. Acrescente os ingredientes restantes e misture levemente. A salada pode ser servida imediatamente ou marinada por uma ou duas horas à temperatura ambiente, de modo que a couve absorva os sabores. Serve de quatro a seis porções.

Pasta de grão-de-bico rápida

3 xícaras de grão-de-bico
3 colheres de sopa de tahine
3 colheres de sopa de tamari
3 dentes de alho
¼ xícara de suco de limão-siciliano, limão ou laranja
½ colher de chá de cominho
¼ a ½ xícara de água

Misture todos os ingredientes, exceto a água, num liquidificador ou processador. Vá acrescentando um pouco de água de vez em quando para manter os ingredientes em movimento, se necessário. É ótimo com tortilhas ou pão árabe, acompanhado por azeitonas gregas, para um almoço à beira da pista naquelas corridas enormes. Para um ótimo sanduíche, acrescente fatias de pimentão vermelho, tomates e vegetais. Rende de seis a oito porções.

Jantar

Jantar 1: Batatas-doces, vegetais ao alho e tempeh à la Scott

Batatas-doces

4 batatas-doces fatiadas em cunha
1 colher de sopa de azeite de oliva ou óleo de canola
1 ½ colher de chá de sal marinho
1 colher de chá de páprica
1 colher de chá de alecrim

Preaqueça o forno a 190°. Jogue as batatas com azeite de oliva e os temperos, ou arrume-as numa assadeira já temperada. Deixe no forno por 20 a 30 minutos, até que as batatas estejam assadas e ligeiramente douradas.

Vegetais ao alho

1 colher de sopa de azeite de oliva
2 dentes de alho picados
1 jalapeña, sem sementes e picada (opcional)
1 maço de couve, repolho ou acelga, sem talo e picados grosseiramente
½ colher de chá de sal marinho ou tamari

Preaqueça uma frigideira com azeite de oliva. Frite rapidamente o alho e a pimenta por um a dois minutos. Acrescente os vegetais e o sal. Frite por cinco a oito minutos. Rende quatro porções.

Calorias por porção: 230; carboidrato: 38 g; proteína: 4 g; gorduras: 7 g

Carne de soja com limão e tamari

1 embalagem com 240 a 360 g de carne de soja
½ colher de chá de azeite de oliva
Suco de um limão ou limão-siciliano
1 a 2 colheres de sopa de shoyu ou 2 colheres de sopa de missô misturadas a ¼ de xícara de água

Preaqueça uma frigideira grande com óleo em fogo baixo ou médio. Corte o tempeh em fatias de meio centímetro. Acrescente-o à frigideira. Frite por cinco a oito minutos de cada lado ou até que esteja ligeiramente dourado. Em fogo bem baixo ou com o fogo desligado, esprema o limão sobre o tempeh e espalhe o tamari ou shoyu, deixando que os sabores se misturem por dois a cinco minutos.

Jantar 2: Tacos de tempeh

½ cebola média fatiada
3 dentes de alho picados
1 jalapeña picada
2 colheres de sopa de azeite de oliva
2 embalagens com 300 g de tempeh, cortado em cubos de meio centímetro
4 colheres de sopa de tempero mexicano
1 colher de chá de sal
1 xícara de água
¼ de xícara de coentro picado
12 tortilhas de milho ou trigo integral
Qualquer combinação de tomates, abacate, alface romana, coentro, pimentões e jalapeñas como acompanhamento

Frite a cebola, o alho e a jalapeña em azeite de oliva até amolecerem. Acrescente o tempeh em cubos e continue fritando por dois minutos. Acrescente o tempero, o sal e a água. Cozinhe a mistura por 10 a 25 minutos, até que o líquido se evapore e você obtenha um molho espesso. Pouco antes de servir, acrescente o coentro.

Aqueça as tortilhas numa grelha ou embrulhadas em papel-alumínio no forno. Encha cada tortilha com duas a três colheres de sopa da mistura de tempeh e seus acompanhamentos de preferência. Rende de quatro a seis porções.

Como um onívoro se adapta quando tenta começar uma DPV? É o que leremos no próximo capítulo, apresentando o doutor John Berardi. Também é no próximo capítulo que analisaremos o perigo da DPV e minhas conclusões.

FERRAMENTAS E TRUQUES

Não há! Você precisará ler o próximo capítulo antes.

A MÁQUINA SEM CARNE II

Uma experiência de 28 dias

O Ph.D. John Berardi se especializou em Bioquímica do Exercício e dos Nutrientes. Ele publicou artigos científicos sobre temas que vão desde a suplementação à base de plantas e probióticos até os efeitos dos exercícios na demanda por proteína.

Por meio de sua empresa, a Precision Nutrition, ele orientou mais de 50.000 clientes em mais de 100 países. Somente nas últimas duas olimpíadas de inverno, os atletas do doutor Berardi ganharam mais de 20 medalhas; ele ainda dá consultoria para times como o Cleveland Browns, Toronto Maple Leafs, Texas Longhorns e as equipes olímpicas canadenses de esqui.

Entre os atletas por ele orientados estão:

O campeão dos meios-médios do UFC, Georges St. Pierre
A medalhista de ouro na prova do esqui de fundo nas Olimpíadas de 2006, Chandra Crawford
O medalhista de ouro no skeleton nas Olimpíadas de 2010, Jon Montgomery
A campeã mundial de remo de 2006, Jane Rumball
Os medalhistas de ouro no bobsled nas Olimpíadas de 2010, Steve Holcomb e Steve Messler
O vencedor do Ironman Brasil de 2009, Dedé Griesbauer

Berardi é também um carnívoro que decidiu seguir uma dieta quase 100% vegan durante 28 dias (de 12 de janeiro a 8 de fevereiro de 2009), tentando ganhar peso no mesmo período.

Foi uma experiência que muitos sentiram que estava destinada ao fracasso, e... Deu certo.

Ele ganhou 3,2 kg: 2,2 kg de massa magra e 0,9 kg de gordura.

Elegante é ser eficiente

John consumiu as mesmas refeições durante 30 dias:

ANTES DO CAFÉ DA MANHÃ

5 pastilhas de BCAA (Biotest — total 5 g)
2 cápsulas de resveratrol (Biotest)
1 multivitamínico (Genuine Health)
1 pastilha de vitamina D (Webber Naturals — total 1.000 UI)
1 comprimido sublingual de vitamina B12 (Webber Naturals — total 1.000 mcg)
500 ml de água

CAFÉ DA MANHÃ

3 ovos e uma fatia de queijo (isso foi uma exceção que discutiremos posteriormente)
2 fatias de pão multigrãos
1 xícara de legumes
500 ml de água
1 xícara de chá verde
1 colher de chá de Lorna Vanderhaeghe's Omega Vega (contém cerca de 150 mg de DHA)

LANCHE 1

2 xícaras de granola caseira (mistura que inclui sementes de abóbora, coco sem açúcar, aveia integral, amêndoa, noz-pecã, castanha-de-caju, pistache e frutas secas)
1 colher de sopa de mel
1 xícara de leite de soja sem açúcar (marca So Nice®)[1]

ALMOÇO

½ xícara de pasta de grão-de-bico caseira
2 tortilhas de trigo integral
1 xícara de legumes
½ xícara de feijões variados (não enlatados)
1 batata-doce com canela

1 Berardi enfatizou que usaria leite de amêndoa sem açúcar no lugar do leite de soja se repetisse a experiência.

LANCHE 2

2 xícaras de granola caseira (mistura que inclui sementes de abóbora, coco sem açúcar, aveia integral, amêndoa, noz-pecã, castanha-de-caju, pistache e frutas secas)
1 colher de sopa de mel
1 xícara de leite de soja sem açúcar

BEBIDA DURANTE O TREINO

2 colheres de chá de BCAA (Xtreme Formulations — total 14 g)
2 porções de carboidrato (Avant Labs — total 22 g)
1 l de água

DEPOIS DOS EXERCÍCIOS

1 xícara de feijões variados
1 xícara de quinoa (medida sem cozimento)
2 xícaras de verduras
2 dentes de alho
1 colher de sopa de azeite de oliva
1 colher de sopa de óleo de linhaça com alho e chili da Jarrow Formulas (Omega Nutrition)
1 colher de sopa de curry em pó
1 multivitamínico (Genuine Health)
1 pastilha de vitamina D (Webber Naturals — total 1.000 UI)

LANCHE ANTES DE DORMIR

2 colheres de proteína (Genuine Health Vegan)
1 colherada de verduras (Genuine Health Perfect Skin)
Um punhado de castanhas cruas
1 sanduíche com mel e manteiga de amendoim natural sobre uma fatia de pão multigrãos

Quando cientistas se tornam cobaias

Como cientista, John foi capaz de apontar e explicar o que não é óbvio, tanto fisiológica quanto logisticamente.

Primeiro, um exemplo de algo fisiologicamente não óbvio: os efeitos colaterais das fibras e da lectina:

Refeições vegetarianas altamente calóricas são de difícil digestão. Dietas à base de plantas contêm uma tonelada de fibras e lectina. As fibras são benéficas para nós na quantidade certa, mas, quando consumidas em excesso, evitam a digestão e a absorção de outros nutrientes. Elas também irritam o estômago, levando à diarreia, gases e inchaço.

Além disso, as lectinas podem ser problemáticas por si mesmas. Muitas pessoas são intolerantes à lectina e o consumo leva a sintomas semelhantes aos da intolerância à lactose: inchaço, flatulência e diarreia. Na verdade, quando segui minha dieta vegetariana, ao fim do dia, a circunferência da minha barriga, que era de 81 cm pela manhã, chegava a 107 cm. Nada atraente nem confortável.

Em segundo lugar, um exemplo logístico: a importância de deixar os alimentos "de molho" e de preparar certos alimentos em grande quantidade com antecedência de dias ou até de uma semana. Isso ajuda a evitar que se recorra às *junk foods* vegetarianas:

Com todas as minhas compras em casa, fiz duas coisas de imediato.

Primeiro, misturei minha granola e comi uma tigela enorme.

Depois, comecei a deixar os feijões de molho. Deixando-os de molho por 12 horas com um pouco de bicarbonato de sódio, você consegue realmente diminuir os seus, digamos, efeitos gasosos. Essa estratégia também ajuda a eliminar alguns dos antinutrientes presentes.[2]

Cerca de 12 horas mais tarde, fervi duas panelas grandes com os grãos que ficaram de molho. Uma panela continha uma mistura de feijão-branco, feijão-rajado e grão-de-bico, juntamente com lentilhas vermelhas e verdes. A outra continha apenas grão-de-bico. Ao preparar os grãos, também cortei alguns pimentões vermelhos e verdes, brócolis, couve-flor, ervilhas e vagens para a semana. Desse modo não podia usar o preparo como desculpa para não comer.

Os grãos variados foram guardados na geladeira, e o grão-de-bico foi transformado numa espécie de pasta caseira e colocado, juntamente com os legumes pré-cortados, em embalagens apropriadas.

2 Eis outro problema de se comer grandes quantidades de legumes crus: os antinutrientes. Eles são chamados assim porque evitam a absorção de outros nutrientes, em geral minerais essenciais. Entre os exemplos estão o ácido fítico (que interfere na absorção de cálcio, zinco e cobre), os inibidores de tripsina e nossas amigas que provocam o inchaço, as lectinas, que agem como inibidoras enzimáticas e atrapalham a digestão. Eis um dos motivos por que os vegans comem muito de todas as coisas e, ainda assim, acabam nutricionalmente deficientes.

Entrevista com o doutor Berardi

QUAL ERA SUA COMPOSIÇÃO DIÁRIA DE MACRONUTRIENTES DURANTE ESSA DIETA?

A composição de macronutrientes, incluindo a suplementação, era:

5.589 kcal [aproximadamente o mesmo de Scott Jurek durante o treinamento]
247 g de gordura (38% do total calórico)
68 g de gordura saturada
64,5 g de gordura poli-insaturada
92 g de gordura monoinsaturada
653,7 g de carboidratos (46% do total calórico)
112 g de fibras
246 g de proteínas (16% do total calórico)

Mesmo com a alta carga calórica, sem suplementação de vitaminas B12 e D, eu não chegaria nem perto da cota diária recomendada de ambos os nutrientes. Com suplementos, o consumo das vitaminas foi mais adequado.

QUANTO VOCÊ GASTOU SEMANALMENTE COM A ALIMENTAÇÃO?
Durante a experiência vegetariana, gastei cerca de US$80 por semana com alimentos. Isso é cerca de US$20 a 30 a menos do que o meu normal (isto é, quando estou comendo uma dieta mais variada que inclui produtos de origem animal).

QUAL SUA ESTIMATIVA DO CUSTO SEMANAL COM SUPLEMENTOS (SUPONDO QUE VOCÊ PRECISE DIVIDIR ALGUNS CUSTOS, JÁ QUE UM FRASCO DEVE DURAR ALGUM TEMPO)?
Durante a experiência, estava gastando cerca de US$60 por semana com suplementos (BCAA, resveratrol, multivitamínico, D, B12, proteína, verduras, DHA, carboidrato líquido). Isso é cerca de US$20 a 30 a mais do que gastaria normalmente.

Isso significa que, ao combinar as minhas despesas com alimentos e suplementos, eu gastaria normalmente a mesma quantia que gastava ao consumir produtos de origem animal.

SE VOCÊ NÃO TIVESSE COMIDO OS OVOS, O QUE ACHA QUE TERIA ACONTECIDO?

Acho que teria os mesmos resultados.

SE VOCÊ CONTINUASSE COM A DIETA VEGETARIANA POR SEIS MESES, O QUE ACHA QUE TERIA ACONTECIDO?

Certamente, teria continuado a ganhar peso.

Contudo, acho que teria desenvolvido sérios problemas digestivos. Muitos especialistas acreditam que o consumo regular de alimentos que provocam transtornos gastrointestinais levam a uma inflamação crônica do intestino, à síndrome de hiperpermeabilidade intestinal e a vários outros problemas autoimunes.

OS VEGANS FALAM SOBRE COMBINAR ALIMENTOS PARA COMPLEMENTAR AS PROTEÍNAS — ARROZ E FEIJÃO, POR EXEMPLO, OU LEGUMINOSAS E SEMENTES OU CASTANHAS. O QUE VOCÊ ACHA DISSO?

A pesquisa está mostrando que, para evitar a má nutrição de proteína, a combinação de alimentos não é necessária. Em vez disso, se todos os aminoácidos essenciais forem consumidos num único dia, as pessoas ficam bem.

Entretanto, para uma melhora ou sob uma perspectiva de desempenho esportivo, acho que um complemento de aminoácidos deve ser consumido a cada refeição. Há alguns dados que apoiam a ideia de que há um "sensor" no cérebro que regula os aminoácidos no sangue. Se consumimos proteínas de forma inadequada, o corpo libera os aminoácidos deficientes dos músculos para equilibrar os aminoácidos no sangue... É difícil criar músculos ou se recuperar adequadamente de um treinamento se sua dieta está atrapalhando a sequência catabólica muscular.

É POSSÍVEL SER UM VEGAN A LONGO PRAZO INGERINDO APENAS ALIMENTOS INTEGRAIS E SEM SUPLEMENTAÇÃO DE PROTEÍNA?

Sim, sem suplementação de proteína é totalmente possível, mas é muito mais difícil. E sem alguma orientação é improvável que as pessoas cheguem a fazer isso adequadamente se o objetivo for a musculatura ou o desempenho de alto nível nos esportes.

É possível.

QUAIS SÃO OS ERROS MAIS COMUNS QUE OS AUTODENOMINADOS "VEGETARIANOS" COMETEM?

Simplesmente abandonar os alimentos de origem animal. O pior erro que qualquer aspirante a vegan pode cometer é simplesmente parar de comer carne. Nesse caso, sua escolha de estilo de vida não é positiva; trata-se de uma negação.[3] Em vez disso, as pessoas deveriam se ater mais ao que consomem. Em ou-

3 Scott Jurek concorda: "Tento fazer com que as pessoas pensem no que como, e não no que não como, já que é assim que vejo as coisas."

tras palavras, uma refeição realmente vegetariana se baseia em comer boa parte ou apenas alimentos de plantas: frutas, legumes e verduras, grãos não processados, leguminosas etc. Não se trata simplesmente de evitar carne e se encher de porcarias. E é isso que alguns vegetarianos fazem. Ao se aterem somente ao que estão abandonando, não têm um plano para consumirem calorias, proteínas e micronutrientes suficientes para garantir uma transição tranquila para o vegetarianismo.

Usar laticínios para conseguir todas as proteínas. Muitos ovolactovegetarianos se voltam para os laticínios para compensar suas necessidades de proteína quando deixam de consumir carne. Isso pode ser um grande erro por vários motivos. Primeiro, a intolerância à lactose e à proteína do leite é bastante comum — mais comum do que a maioria das pessoas pensa. Em segundo lugar, a maior parte do leite comprado em lojas e dos laticínios contém resíduos de hormônios e antibióticos, que hoje se sabe que têm impacto negativo na saúde humana. Lógico que, em pequenas doses (isto é, uma xícara de laticínio por dia), não é um problema, a não ser que você seja extremamente intolerante à lactose, mas usar laticínios várias vezes ao dia pode gerar uma série de problemas.

Não usar suplementos. Como já foi dito, ao retirar todo um grupo de alimentos do seu cardápio, você está prestes a criar algumas deficiências nutricionais se não tomar cuidado. Por isso você tem de consumir suplementos, e poucos atletas vegetarianos sabem o que fazer quanto a isso.

Uso os suplementos no meu cardápio diário como um guia básico. Pode parecer uma lista bastante longa de nutrientes, e é. Se você pretende escolher um estilo de vida vegan ou vegetariano, tem de aceitar as responsabilidades que tal escolha impõe na sua vida. Se não, você estará sendo apenas negligente e pode esperar por problemas de saúde.

O QUE VOCÊ CONCLUI DESSA EXPERIÊNCIA?

Cheguei à conclusão de que o vegetarianismo pode funcionar, mas geralmente requer a ajuda de um nutricionista. Do modo certo, ele pode ser satisfatório, saudável e aumentar seu desempenho.

Dito isso, também concluí que ele é um verdadeiro desafio para a pessoa comum. Sem um planejamento meticuloso e orientação nutricional, a maioria está condenada à perda de massa muscular e a várias deficiências de nutrientes, de medianas a graves.

É uma mudança para se levar a sério, e a maioria das pessoas não tem a disciplina para evitar desvios ou atalhos que, com o tempo, terão consequências graves.

Carne *versus* plantas – unindo os extremos

Alguns dos apoiadores carnívoros de John ficaram irados com seu experimento de 28 dias, e um deles chegou a lhe enviar um lombo de boi dentro de um isopor com gelo. Os carnívoros podem levar o vegetarianismo para o lado pessoal.

Por outro lado, vegans extremistas o atacaram por fracassar em algumas áreas e não ter sido 100% vegan. O ódio à carne é abundante.

Como sempre, os extremistas de ambos os lados estão ignorando a questão central.

Isso foi uma experiência, e não uma afirmação moral, e há lições valiosas a serem aprendidas pelos puristas dos dois lados.

Para os vegans militantes, a principal lição é a de que os onívoros podem mudar rapidamente para uma dieta quase vegan se mantiverem o consumo de alguma proteína animal (como dois ou três ovos por dia). Se isso estiver proibido, cruzar o abismo pode levar meses e, com frequência, não acontecerá.

Para onívoros e carnívoros, os benefícios de se considerar uma dieta vegan são vários, mesmo que seja apenas como um exercício de imaginação: *Se não pudesse comer qualquer produto de origem animal por 28 dias, o que eu comeria?*

John resume alguns campos nos quais os vegans "certos" (a minoria organizada e bem informada) vencem 99% dos carnívoros:

"Os vegans 'certos' tendem a comer mais alimentos não processados, produzidos localmente, naturais e integrais do que a maioria dos onívoros. Estou falando de coisas como castanhas e sementes cruas, grãos integrais, como quinoa e amaranto, e várias frutas e legumes cultivados nas redondezas. Isso é tudo o que eles comem, por isso eles se certificam de comerem corretamente.

"Falando como onívoro, em nosso objetivo de encher 1/3 do nosso prato com carne, às vezes nos esquecemos dos outros 2/3. E isso pode ser um grande erro para o intestino e para a saúde.

"Vegans 'certos' também tendem a passar mais tempo procurando saber de onde vêm seus alimentos. Em outras palavras, eles fazem questão de entender a origem, de que região do mundo são, quais os alimentos indicados para cada estação e quais os métodos de cultivo mais saudáveis.

"Não apenas é bom para o meio ambiente e saudável; é também uma coisa bem legal de se aprender."

COMIDA CRUA E OS GATOS DE POTTENGER: PANACEIA OU CIÊNCIA EQUIVOCADA?

Quando Francis M. Pottenger Jr. acabou de se formar como médico na Califórnia, em 1932, ele passou 10 anos estudando os gatos. Novecentos gatos de três gerações, para ser mais preciso. Os experimentos de Pottenger geralmente são citados pelos entusiastas dos alimentos crus como prova da superioridade deles.

Experimento 1: Carne crua *versus* carne cozida. Pottenger alimentou um grupo de gatos com uma dieta composta por 2/3 de carne crua, 1/3 de leite cru e óleo de fígado de bacalhau. Ele alimentou um segundo grupo com 2/3 de carne cozida, 1/3 de leite cru e óleo de fígado de bacalhau. Os gatos alimentados com carne crua se mostraram, em todas as medições, normais e mais saudáveis. Já os gatos alimentados com carne cozida geraram filhotes com deformidades esqueléticas, problemas cardíacos, problemas de visão, infecções múltiplas, irritabilidade, alergias, partos difíceis e até mesmo paralisia. Uau!

Experimento 2: Leite "cru" *versus* leite processado. Dessa vez, Pottenger usou quatro grupos de gatos. O primeiro grupo recebeu 2/3 de leite cru, 1/3 de carne crua e óleo de fígado de bacalhau. Os outros três grupos receberam ou 2/3 de leite pasteurizado, 2/3 de leite condensado sem açúcar ou 2/3 de leite condensado com açúcar no lugar do leite "cru". Ele viu o mesmo padrão de gatos felizes e saudáveis com leite "cru" e todos os tipos de anormalidades nos outros grupos, agravando-se à medida que o leite era mais processado.

Com base nesses experimentos, Pottenger concluiu que "os elementos na comida crua que ativam e apoiam o crescimento nos jovens parecem facilmente alterados e destruídos pelo processamento dos alimentos". Ele chegou a extrapolar, afirmando que os seres humanos sofriam das mesmas deficiências nutricionais que provocavam mais problemas de desenvolvimento a cada geração: "enlatar, embalar, pasteurizar, homogeneizar — tudo contribui para o colapso hereditário".

Hummm. Isso parece um ótimo argumento alarmista. Mas eis o que Pottenger não sabia quando disse isso: os gatos precisam de taurina.

A taurina é um componente do ácido biliar que os gatos não conseguem sintetizar sozinhos, mas os seres humanos conseguem. Ela ajuda na digestão e é um suplemento encontrado na ração para gatos. Se os gatos têm deficiência de taurina, eles apresentam problemas de visão, de coração e de desenvolvimento. Parece familiar? Adivinha o que mais? A taurina é desativada pelo calor. Assim, a carne e o leite processados de Pottenger deviam ser deficientes em taurina.

Outro fator a considerar: gatos são carnívoros, enquanto os seres humanos são onívoros. É como comparar maçãs e laranjas, já que temos exigências nutricionais diferentes. Um modelo melhor para os seres humanos seriam camundongos, ratos ou primatas. Sem nem discutir quão bem controlado era o experimento de Pottenger, o fato é que não há muito sentido científico em transferir o que ele aprendeu sobre os gatos para os seres humanos.

De volta ao ponto principal do debate: os seres humanos deveriam comer alimentos crus ou cozidos? Depende. Eis aqui alguns exemplos, cada qual apoiado na literatura científica:

ALIMENTO	CRU OU COZIDO?	CONSELHO
Feijão comum	Cozido	Deixe de molho ou cozinhe diretamente, ou compre enlatado
Brócolis	Cru	Mastigue com gosto
Cenouras	Cozidas	No vapor ou como purê
Atum	Cru	Tenha certeza de que seja atum de qualidade
Amaranto (grão)	Cozido	Misture com água e cozinhe por cerca de 10 minutos ou mais
Bife	Cozido	Frite em vez de usar o micro-ondas
Vegetais	Em forma de suco	Legumes espremidos demonstraram uma biodisponibilidade maior de nutrientes em comparação com legumes crus ou cozidos para pacientes com câncer de mama
Mexilhões	Crus	Sugue-os diretamente da concha
Tomates	Cozidos	Cozinhe com azeite de oliva
Feijão-mungo	Cozido	Deixe germinar primeiro, depois cozinhe
Couve-flor, repolho, couve-de-bruxelas	Cozidos	Cozinhe no vapor até que fiquem tenros
Pão	Cozido (dã!)	Tire a casca para evitar a exposição à acrilamida

De todo modo, vá em frente e consuma alimentos crus, se quiser, ou seja vegan, ou consuma alimentos sem glúten, ou coma alguns gatos (sugiro na forma de fajitas). Apenas se certifique de fazer sua lição de casa. Não confunda ideologia com ciência. Analise honestamente as pesquisas disponíveis (aplicáveis aos seres humanos), de modo que você possa estar bem informado para tomar uma decisão.

É o seu corpo, afinal de contas.

A regra de Darwin – comendo para a fertilidade

Se o vegetarianismo é possível, por que não sou um vegetariano no sentido estrito da palavra?

Citar apenas os benefícios seria irresponsável, por isso deixe-me explicar os motivos:

1. Não consegui localizar um único povo nativo que tenha prosperado com uma dieta 100% DPV, mesmo depois de pedir aos meus mais de 100.000 seguidores no Twitter que me ajudassem nessa busca. O pouco consumo de produtos animais é fácil de encontrar, mas mesmo os famosos jainistas indianos são, com raras exceções, ovolactovegetarianos. O doutor Weston

Price (leia "A máquina de sexo II") e outros também não encontraram povos vegans em expedições antropológicas.

2. Nossos parentes mais próximos, os chimpanzés, às vezes comem carne, e os humanos produzem a enzima elastase, que serve para quebrar o tecido conjuntivo na digestão.

Há, dos dois lados, debates ávidos sobre a biologia evolucionista e dados conflitantes, mas o que me fez chegar a uma conclusão definitiva foi minha experiência empírica:

3. Durante a pesquisa e as entrevistas para este livro, encontrei dezenas de mulheres que já foram vegans e aspirantes à maternidade que tiveram vários abortos espontâneos até que reintroduziram os produtos de origem animal em suas dietas, depois do que foram capazes de engravidar em poucas semanas.

Com base no dado acima e nos meus próprios experimentos, concluí que alguma forma de produto de origem animal é necessária para a produção adequada de hormônios. Isso pode se dever às longas cadeias de ácidos graxos, à gordura saturada, ao colesterol, às vitaminas lipossolúveis ou (o mais provável) a uma combinação de elementos interdependentes, alguns dos quais sequer identificamos. Também é comum que refeições vegetarianas provoquem o problema, por causa da soja ou do glúten. De qualquer modo, é significativo que meninos que nascem com hipospádia, a abertura da uretra na parte de baixo do pênis, e não na ponta, tenham cinco vezes mais probabilidade de terem mães vegetarianas e não onívoras. O doutor Richard Sharpe, diretor do Centro de Pesquisas Médicas para Biologia Reprodutiva, em Edimburgo, na Escócia, faz eco a minhas conclusões sobre a soja:

> **"Vi vários estudos mostrando o que a soja faz às fêmeas dos animais. Até ter certeza de que ela não tem esse efeito nos seres humanos, não darei soja a meus filhos."**

A alimentação é uma coisa complexa, e os seres humanos são muito cheios de si. Pense nos antioxidantes que identificamos lá longe no tomilho comum, listado por Michael Pollan num artigo para a revista do *New York Times*:

4 - Terpineol, alanina, anetol, apigenina, ácido ascórbico, betacaroteno, ácido cafeico, canfeno, carvacrol, ácido clorogênico, crisoeriol, eriodictol, eugenol, ácido ferúlico, ácido gálico, ácido gama-terpineno isoclorogênico, isoeugenol,

isotimonina, canferol, ácido labiático, ácido láurico, acetato de linalila, luteolina, metionina, mirceno, ácido mirístico, naringenina, ácido oleanólico, ácido p--coumárico, ácido p-hidroxibenzoico, ácido palmítico, ácido rosmarínico, selênio, tanino, timol, triptofano, ácido ursólico e ácido vanílico.

E isso apenas no tomilho.

Então compreendemos tudo, não é? Minha opinião: de jeito nenhum. Pollan citou a lista para defender o mesmo argumento:

É também importante nos lembrarmos de que aquilo que a ciência redutiva é capaz de manipular, de forma que seja possível compreender o suficiente para isolar e estudar, está sujeito a alterações e que temos tendência a presumir que o que somos capazes de enxergar é tudo. Quando William Prout isolou os três grandes macronutrientes, os cientistas acharam que entendiam os alimentos e o que o corpo extraía deles; quando as vitaminas foram isoladas, décadas mais tarde, os cientistas pensaram: "Tudo bem, agora nós entendemos mesmo os alimentos e aquilo de que o corpo precisa para ser saudável." Hoje são os polifenóis e os carotenoides que parecem importantes. Mas quem sabe o que está mesmo acontecendo no fundo da alma de uma cenoura?

Nunca se esqueça:

1. Só podemos determinar deficiências de coisas que já isolamos.
2. Usar esses nutrientes isolados, fora do contexto alimentar, pode produzir efeitos colaterais imprevisíveis.

O escorbuto foi um misterioso problema durante mil anos. Só em 1932 é que os cientistas isolaram a vitamina C e determinaram que os dois estavam relacionados.

Muito mais tarde, quando o betacaroteno se tornou popular na imprensa como uma molécula milagrosa, fomos mais proativos e começamos a tomá-lo na forma de suplementos. Melhor garantir, certo? Infelizmente, como descobrimos, o betacaroteno na forma de suplemento pode causar problemas. Ele bloqueia a absorção de outros carotenoides benéficos e aumenta o risco de câncer na próstata e de hemorragia craniana, entre outros problemas. É melhor consumi-lo em combinação com outros primos em alimentos, nas dosagens que ocorrem na natureza.

Haverá erros e descobertas semelhantes nos anos vindouros.

Nos casos em que somos capazes de encontrar um povo nativo que viveu sem determinado alimento por centenas de anos (no caso das frutas, por exemplo, é fácil), não me importo muito em excluí-lo. Se não sou capaz de encontrar tal povo, sugiro que nossa ciência ainda não acompanha o darwinismo.

Tome cuidado, comedor.

Minha regra geral, a que chamo de "regra de Darwin", é simples: alimente-se para uma melhor fertilidade e tudo o mais se ajeitará.

Até porque, se você se alimentar para uma fertilidade melhor, terá um nível mais alto de desempenho atlético e o que a maioria das pessoas define como saúde máxima. Não importa qual dieta você escolha, aconselho-o a realizar os seguintes exames, no mínimo, a cada seis meses. Se você eliminar completamente os produtos de origem animal, sugiro que os faça a cada três meses.

Todos esses exames são comuns o bastante para que seu médico possa, em teoria, prescrevê-los. Em muitos casos, serão cobertos pelo plano de saúde, mas esteja disposto a pagar, se preciso. Se você optar por ser vegan, não pode cortar custos. Os clínicos gerais não se sentirão à vontade para administrar um exame ginecológico e recomendarão um obstetra/ginecologista. Tudo bem, desde que você realize os exames.

Você não precisa saber o que tudo isso significa; você só precisa de uma cópia deles e de uma conversa com seu médico.[4]

Se você for homem, faça estes exames:

Análise do sêmen (inclui volume, que deve ser maior do que 1,5 ml; concentração/contagem maior do que 20 milhões/ml; motilidade maior do que 40%; morfologia maior do que 30%, valores normais de acordo com a OMS)
Testosterona (total e livre)
Estradiol
Hormônio luteinizante (LH)
Hormônio foliculestimulante (FSH) (examina o funcionamento do hipotálamo)
Prolactina (nível hipofisário)
Colesterol total (160 a 200)
TGO (20 a 30)
TGP (20 a 30)

Se você for mulher, faça estes exames:

4 Um agradecimento especial ao doutor Nassim Assefi, conferencista da TED e especialista em saúde da mulher e medicina global, por me ajudar com essa seção de exames. Acrescentei vários exames não comuns em exames de fertilidade, como o colesterol total e as enzimas hepáticas.

Estradiol

Hormônio luteinizante (LH)

Hormônio foliculestimulante (FSH) (examina o funcionamento do hipotálamo)

Prolactina (nível hipofisário)

Colesterol total (160 a 200)

TGO (20 a 30)

TGP (20 a 30)

FSH e E2 (estradiol) no 3º dia do ciclo menstrual (analisa o ovário; o médico também pode fazer uma contagem da cavidade folicular por ultrassom e/ou verificando o hormônio antimülleriano no sangue)

Isso é o básico. Para as mulheres, pode valer a pena prestar um pouco mais de atenção a certas áreas:

1) Pode parecer óbvio, mas uma mulher precisa primeiro menstruar para saber se está ovulando. É importante não tomar anticoncepcionais orais para determinar isso. Infelizmente alguns médicos prescrevem a "pílula" para vegetarianas com o fim de regular a menstruação, o que simplesmente esconde os sintomas em vez de solucionar o problema. Faça um "**exame de urina de LH caseiro**", começando aproximadamente no 9º dia do ciclo (a maioria das mulheres atinge o máximo de LH e a subsequente ovulação de 24 a 36 horas depois do 12º ao 15º dia). Usar testes caseiros de LH é muito mais fácil do que tirar a temperatura basal e analisar um aumento na temperatura para saber se está ovulando.
2) Para examinar o útero e as trompas: faça uma **histerossalpingografia (HSG)** (contraste aplicado ao cérvix e imagens) e/ou um sono-histograma salino (o primeiro é um exame melhor)
3) Para verificar o corpo lúteo, faça um **exame "combinado" de progesterona** na fase lútea — de cinco a nove dias depois do pico de LH, três dias depois do início da segunda metade do ciclo. Descubra sua progesterona média.

O resultado de tudo isso:

Não é pecado pensar em consumir produtos de origem animal uma vez por semana se você já for vegan, se isso for significar mais saúde e maior possibilidade de converter outras pessoas a um modo de alimentação semelhante.

O ideal, lógico, é encontrar uma maneira que seja boa em nível tanto pessoal quanto global. O erro é tentar fazer o bem para o mundo e esquecer o lado pessoal.

Até mesmo Dave "O Cara" Scott, seis vezes campeão do Ironman do Havaí e famoso atleta vegetariano, voltou a comer carne após anos competindo com uma dieta 99% DPV. Apesar de não comer carne vermelha há 33 anos, hoje ele consome peixe, frango e peru.

> "A ironia de tudo é que, quando voltei a comer frango e peixe, estava muito mais forte e magro. Quero dizer, estava com uma forma melhor aos 40 anos como onívoro do que jamais fui como vegetariano... Quando disputei o Ironman de 1994, senti que minha força, minha recuperação e a resistência dos meus músculos estavam melhores do que nunca."

Só porque você não quer ter filhos agora, não há motivo para criar problemas hormonais que afetam tudo, desde as funções cognitivas até o sexo. Vi muitas vidas arruinadas por problemas hormonais causados pela alimentação. Pense no futuro.

Quanto à minha história pessoal, leia "A máquina de sexo I: aventuras para triplicar a testosterona".

Boa sorte e faça sua lição de casa. Lá fora pode ser uma selva ameaçadora, mas sempre há um modo de simplificar. Tenho esperança de que a progressão em cinco etapas do último capítulo beneficie você e o mundo a seu redor, uma refeição consciente por vez.

Pequenas mudanças fazem diferença.

FERRAMENTAS E TRUQUES

The Good Guide (http://www.goodguide.com/) Fundada pelo professor Dara O'Rourke, da Universidade da Califórnia em Berkeley, essa empresa "filantrópica" fornece um guia do consumidor para produtos comuns, listando-os em ordem de saúde, impacto no ambiente e na sociedade. Que produtos químicos estão no xampu do seu bebê? Sua camiseta foi feita com trabalho escravo? Aquele cereal integral é realmente bom para você? O Good Guide pode lhe dizer e ajudá-lo a direcionar seu comportamento como consumidor.

Entrevistas adicionais (www.fourhourbody.com/vegan-athletes) Nate Green, que ajudou com a pesquisa neste capítulo, conseguiu entrevistar os seguintes vegans e ex-vegans, entre outros: Brendan Frazier, Bill Pearl (várias vezes vencedor do concurso Mister América e Mister Universo), Mike Mahler e Dave Scott. Também entrevistei Scott Jurek e o fenômeno das escaladas, Steph Davis. Todas as entrevistas estão disponíveis on-line.

Howard Lyman, *Mad Cowboy: Plain Truth from the Cattle Rancher Who Won't Eat Meat* [Caubói louco: a verdade pura e simples do criador de gado que não come carne] (Scribner, 2001) (www.fourhourbody.com/cowboy) Esse é um dos três livros (os outros são *Cura espontânea* e *Saúde ideal em oito semanas*, de Andrew Weil) que convenceram Scott Jurek a se tornar vegan. Howard Lyman, da terceira geração de criadores, apareceu no programa *Oprah Winfrey Show* e faz parte de uma batalha jurídica contra os pecuaristas texanos.

Lierre Keith, *The Vegetarian Myth* [O mito vegetariano] (www.fourhourbody.com/myth) Esse é o outro lado da moeda. Lierre Keith foi vegan por 20 anos. Ela não é mais, e esse livro explora as realidades morais, ecopolíticas e nutricionais do veganismo que a levaram a reincorporar à sua dieta produtos de origem animal limitados. Cheio de referências e bem escrito, é com certeza o livro mais interessante sobre o assunto que já li.

Beyond Vegetarianism (www.beyondveg.com) BeyondVeg, que tem a curadoria do vegetariano Thomas E. Billings, contém relatos de veteranos dos alimentos crus e de vegetarianos (incluindo vegans e frutarianos), além de novas descobertas científicas sobre nutrição. A intenção do site é discutir os problemas sérios que podem ocorrer em dietas alternativas, mas que geralmente são ignorados. Como essas pessoas resolveram seus problemas, seja modificando a dieta de alguma maneira "não aprovada" ou adotando opções não vegetarianas? BeyondVeg é um dos melhores compêndios de respostas que já encontrei.

Material bônus (em inglês)

Este livro não é só o que você tem em mãos. Há muito, muito mais. Eis aqui apenas alguns exemplos de capítulos divertidos que não entraram no livro por uma questão de espaço:

Redução localizada revisitada: eliminando a teimosa gordura da coxa
Virando Brad Pitt: usos e abusos do DNA
O estudo da China: uma crítica bem-intencionada
Metais pesados: seu mapa pessoal de toxinas
10 razões por que o IMC é uma enganação
Hiperatividade e danos relacionados: como aumentar sua força em 10% em uma sessão de exercícios
Criatividade sob demanda: promessas e perigos das drogas inteligentes
Uma alternativa às dietas: o limite da gordura corporal e enganando o hipotálamo

Para tudo isso e mais, por favor, visite www.fourhourbody.com. É só clicar no link "*Bonuses*" para continuar a aventura em fóruns de discussão livres e posts de blogs (onde também publico respostas e sugestões).

Junte-se a nós e veja como as grandes mudanças podem ser simples.

AGRADECIMENTOS

Primeiro, tenho de agradecer aos autoexperimentadores, cientistas e atletas cujos métodos incríveis são a fonte vital deste livro, incluindo aqueles que preferiram se manter anônimos. Mesmo que o nome não apareça nestas páginas, a contribuição não é menor. Se por acaso omiti alguém, só posso pedir sinceras desculpas. Por favor, entre em contato comigo se eu de algum modo esqueci você, e farei o possível para corrigir meu erro.

A Stephen Hanselman, o melhor agente literário do mundo, agradeço por ter "entendido" a ideia do livro à primeira olhada e ter me ajudado a torná-lo realidade. Da negociação ao trabalho incansável, você foi incrível.

Heather Jackson, sua edição inteligente e seu incrível entusiasmo tornaram um prazer o trabalho de escrever este livro. Obrigado por acreditar em mim! A toda a equipe da Crown Publishing, especialmente àqueles que incomodei (porque os amo) mais do que quatro horas por semana, vocês são a espinha dorsal deste livro: Tina Constable, Maya Mavjee, Michael Palgon, Linda Kaplan, Karin Schulze, Jacqueline Lebow, Jill Flaxman, Meredith McGinnis, Jill Browning, Mary Choteborsky, Robert Siek, Elizabeth Rendfleisch, Tara Agroskin e Jennifer Reyes. Este livro foi originalmente escrito usando o Scrivener, um maravilhoso aplicativo, e Keith Blount me manteve são enquanto eu testava os limites do programa.

Devo gratidão especial a Charlie Hoehn e Alexandra Carmichael. Por onde começar?

Charlie, você foi um cocriador e coconspirador desde o início. Só posso esperar que o produto final o deixe orgulhoso. Só Deus sabe que passamos noites insones suficientes para matar uma girafa, e elas só precisam de 1,5 hora de sono por noite. O Photoshop foi valioso e só me arrependo de não ter mais capítulos vistosos e coloridos para lhe dar ainda mais dor de cabeça. Muitas aventuras nos aguardam no futuro, e só essa brincadeira já se tornou lenda. Alexandra, você é uma princesa e uma mente brilhante. Este livro não existiria sem sua capacidade de criar histórias interessantes com base em publicações científicas. Não poderia tê-lo escrito sem você. O CureTogether.com é ótimo!

Nate Green, as entrevistas (e, portanto, vários capítulos) simplesmente não seriam possíveis sem sua ajuda. Obrigado pela ajuda mais do que necessária e pelo empurrãozinho. Eu fico com o sumô.

Jack Canfield, você é uma inspiração e me mostrou que sempre é possível ser um sucesso e ainda assim ser um ser humano gentil e maravilhoso. O *Trabalhe 4 horas por semana*, que me abriu a possibilidade de escrever também este livro, era apenas uma ideia até que você me encorajou a dar o próximo passo. Não consigo agradecer-lhe o suficiente por sua sabedoria, apoio e incrível amizade.

Sifu Steve Goericke e treinador John Buxton, que me ensinaram a agir apesar do medo e a lutar como um louco pelo que acredito: este livro — e minha vida — é produto da influência de vocês. Que Deus abençoe os dois. Os problemas do mundo seriam muito menores se os jovens tivessem mentores como vocês.

Por fim, mas não menos importante, este livro é dedicado a meus pais, Donald e Frances Ferriss, que me orientaram, me estimularam e me consolaram durante toda a vida. Amo-os mais do que sou capaz de expressar com palavras.

CRÉDITOS DAS IMAGENS E ILUSTRAÇÕES

Agradeço especialmente às seguintes fontes por me permitirem usar suas fotografias, suas ilustrações e seus gráficos.

Página 43 © Philippe Halsman, The Halsman Archive
Página 53 © James Duncan Davidson
Página 54 © Marty Chobot, National Geographic Stock
Página 58 © Luiz da Silva, Ph.D.
Página 59 © Body Composition Center, Redwood City, Califórnia
Página 66 © Trevor James Newell, Ray Cronise, Mike Wolfsbauer, Nathan Zaru
Página 67 © Anônimo, Erin Rhoades, Julee, Andrea Bell
Página 76 © Ramit Sethi
Página 79 © Phil Libin
Página 98 © Deborah Chud, M.D.
Página 109 © Cortesia do autor
Páginas 120 e 121 © B. Jeffrey Madoff
Página 122 © Glenn McElhose
Páginas 137, 140 e 145 © Ray Cronise
Página 149 © DexCom International
Páginas 152, 154 e 155 © Cortesia do autor
Página 168 © Wikipedia Commons: Harbin, Klaus Hoffmeier
Páginas 173 e 174 © Mark Reifkind
Página 175 © Cortesia do autor
Página 177 © Mark Reifkind
Páginas 179 e 181 © B. Jeffrey Madoff
Página 186 © Cortesia do autor
Página 189 © Mike Moran
Página 190 © B. Jeffrey Madoff
Páginas 192 e 193 © B. Jeffrey Madoff

Páginas 198 e 199 © Cortesia do autor
Página 202 © Fotos feitas por Inge Cook e gentilmente cedidas por Ellington Darden, Ph.D.
Páginas 212, 213, 214, 215, 216, 226 e 227 © B. Jeffrey Madoff
Página 249 © Usada com permissão do autor
Página 303 © Dustin Curtis
Páginas 306, 307 e 308 © Cortesia do autor
Página 313 © Phil Hoffmann Archive
Páginas 318, 321 e 324 © Cortesia do autor
Página 327 © Fotosearch
Páginas 344 a 346 © Gray Cook
Página 345 © Cortesia do autor
Página 353 © Gray Cook e Brett Jones
Páginas 364 e 368 © B. Jeffrey Madoff
Página 370 © Cortesia do autor
Página 375 © B. Jeffrey Madoff
Página 387 © Tertius A. Kohn, Ph.D.
Páginas 388, 389 e 390 © Cortesia do autor
Páginas 393, 394 e 395 © Brian MacKenzie
Página 418 © Pavel Tsatsouline
Página 422 © Mike Lambert, revista *Powerlifting USA*
Página 427 © Barry Ross
Página 428 © Mike Lambert, revista *Powerlifting USA*
Página 433 © Pavel Tsatsouline
Páginas 443 e 444 © Cortesia do autor
Páginas 449, 450 e 451 © Terry Laughlin
Páginas 459 e 460 © Jaime Cevallos
Página 460 © Major League Baseball Photos
Páginas 460 a 463 (além de MLB, no alto) © Jaime Cevallos
Página 489 © Fotosearch
Página 498 © Universal Uclick
Páginas 516 e 518 © Cortesia do autor
Página 541 © Katie Hoehn

ÍNDICE

intrinseca.com.br

@intrinseca

editoraintrinseca

@intrinseca

@editoraintrinseca

editoraintrinseca

1ª edição NOVEMBRO DE 2024
impressão SANTA MARTA
papel de miolo LUX CREAM 60 G/M²
papel de capa CARTÃO SUPREMO ALTA ALVURA 250 G/M²
tipografia SABON LT PRO